Ingo Insterburg

Die ersten 23 456 Tage meines Lebens

KEINE NUR

DICHTUNG UND WAHRHEIT

anschließend:

35 Märchen

Das Bühnen-Programm „Kunst & Müll“

15 Denkschriften über die Vor- und Nachteile bestimmter Musik-Instrumente bezüglich des Erlernens und Handhabens im täglichen Gebrauche und der Zukunftsaussichten derselben im Berufe oder zur persönlichen Erbauung, gedacht als Empfehlung.

16 farbige Kunst-Drucke.

Viele Zeichnungen und handschriftliche Musik-Noten.

Ur-Alte Fotos.

Raucher- und Trinker- Lyrik
500 Zwei- und Mehrzeiler

Bemerkung: Der gepflegte, vielfältige Schreib-Stil in diesem Buche ist Beweis: Keine Mitwirkung eines „Ghostwriters“!
Nur selbstgeschriebene Wahrheiten des Berufs-Dichters und Musikers, sowie Instrumenten-Bastlers und Kunstmalers, Schriftstellers und Schaum-Gummi-Schnitzers, Nichtrauchers und Vegetariers und selbstverständlich Nicht-Trinkers, Marathon-Läufers und glücklich Unverheirateten

Ingo Insterburg
mit bürgerlichem Namen:
Ingo Hutzelgrumpel.

Impressum

ISBN 393639900-X

3. Auflage 28. August 2005 (Kollege Goethes Geburtstag)
mit 500 gefärbten Gedichten
Bearbeitung der farbigen Seiten: Dieter Trautmann
2. Auflage 32. Februar 2003, mit weniger Fehlern und mehr Fußnoten und
Raucher- und Trinker- Lyrik
1. Auflage 31. November 2001
Herstellung: Druckhaus Berlin-Mitte

Berlin Concert Verlag
Grevesmühlener Str. 10
13059 Berlin
Tel. 030 - 96201577
Fax.030 - 96201578
Berlin-Concert@t-online.de
www.Berlin-Concert.de

Vorwort

Dieses Buch muss man nicht von Anfang bis Ende lesen.
Einen Kriminal-Roman sollte man schon von vorn bis hinten lesen.
Bei diesem Buche kann man eine beliebige Seite aufschlagen und lesen. Dann eine, die vorher kommt, oder eine spätere. Vielleicht gibt es den einen oder anderen, oder einen dritten, der aber doch dieses Buch von Anfang bis Ende liest. Wenn das der Fall sein sollte, schreiben Sie mir bitte, damit ich weiß: Ich bin nicht der einzige!
Denn ich muss es ja lesen, schon wegen der Ausbesserungen.

Viel Spaß!

Ihr,

Euer

Ingo

31. Dezember 2000
23:59 Uhr

Bemerkungen des Dichters

Mein Buch sollte man im Schulunterricht durchnehmen, damit die Kinder und Jugendlichen wieder etwas bescheidener werden. Ich erwarte aber nicht, dass ein jeder Schüler, eine jede Schülerin mein wertvolles Buch durchliest. Am besten, jede Schulklasse kauft sich ein Buch und jeder reißt sich die Seiten heraus, die ihm am wertvollsten erscheinen.
Außerdem ist dieses wertfreie Machwerk sehr gut geeignet für den Deutsch-Unterricht in den Oberstufen. Der Lehrer könnte zum Beispiel die Aufgabe stellen, auf Schreibfehler-Suche zu gehen, oder stilistische Unzulänglichkeiten herauszufinden. Auch für Abitur-Aufsätze oder später für Doktor-Arbeiten ist dieses Buch eine reichhaltige Quelle. Deshalb ist es auch „pädagogisch wertvoll".

Ingo Insterburg (Berufs-Dichter)

*****

Mein Kollege Johann Wolfgang von Goethe hat in seinen Lebenserinnerungen „Dichtung und Wahrheit", wie es der Titel verkündet, etliches darin gedichtet, um sein Buch interessanter zu machen. Das habe ich nicht nötig, da mein Leben interessant genug ist. Alles, was ich hier schildere, entspricht der Wahrheit. Das heißt aber nicht, daß ich auch alles schreibe, was ich erlebt habe. Aus verschiedenen Gründen, - besonders aber aus Höflichkeit Ihnen gegenüber: wenn ich zum Beispiel verschweige, dass ich noch mit sieben Jahren in die Hosen gemacht habe einmal, weil das Schlittenfahren so`n Spaß gemacht hat, dass ich das verdrängt hatte. Oder dass meine Mutter, als ich sechzehn Jahre alt war, mir die Bettdecke wegriss, weil sich darunter etwas bewegte, rhythmisch, - mit den Worten: „Was machst du da!" -, und dann aber sagte: „Ach so, du streichelst die Katze", – was auch zutraf. Ich möchte nicht wissen, was gewesen wäre, wenn ich die Katze, - sie hieß übrigens „Purzel", nicht im Bett gehabt hätte. Also, - alles solche für uns alle peinlichen Sachen lasse ich einfach weg, - so auch, dass es bei der allerersten Liebesnacht Schwierigkeiten gab, - wie gesagt, um Sie oder auch mich nicht mit Überflüssigem zu belasten.

Übrigens, wenn ich von meinen Eltern schreibe, werde ich immer, wenn es etwas Gutes zu berichten gibt, „Meine Mutter" und „Mein Vater" schreiben, also mit großem „M", - wenn es etwas Schlechtes zu erzählen gibt, mit kleinem „m".

03.12.2000 {im Flugzeug nach Lanzarote}

*****

Abschied von Ostpreußen

1. Weit weg im Nebel war ein Land,
in dem seit vielen hundert Jahren
manch heimatliches Haus dort stand,
mit Menschen, die da glücklich waren.

2. Weit weg im Nebel war ein Land,
mit wilden Wäldern, reichem Korn,
Haff und Seen, und Meer und Dünen-Sand, -
in diesem Land bin ich gebor`n.

3. Weit weg im Nebel war ein Land,
Königsberg,Eydkuhnen, Ortelsburg, -
Agnes Miegel, auch Immanuel Kant, -
und Trakehnen, Tilsit, Insterburg.

4. Weit weg im Nebel war ein Land,
dort sprach man langsam, breit und schwer, - -
ich hab` noch Ostpreußen gekannt, - -
doch das ist schon lange, lange her - - - .

1. Teil
Insterburg

Meine frühesten Lebenserinnerungen habe ich an die Zeit in Insterburg, als ich drei Jahre alt war. Mein Kollege Johann Wolfgang von Goethe soll sich ja, wenn ich mich recht erinnere, schon an Ereignisse im Alter von zwei Jahren erinnert haben. Das ist aber kein Beweis für Intelligenz oder Genialität.

Ich wurde am 06. April 1934 (die Uhrzeit weiß ich nicht) in Insterburg* geboren, im Ortsteil „Sprindt". Einige Jahre später zogen meine Eltern zum Schloss-Platz. Auf der linken Seite, wenn man ankam, standen 5 – 7 Häuser, auf der rechten Seite ein altes Schloß, das Teile einer uralten Raubritterburg enthielt. In einem dieser Häuser wohnten wir nun, im 1. Stock. Eines Tages kam Mein Vater vormittags nach Hause, - er hatte eine Drogerie und Foto-Handlung im Stadt-Zentrum von Insterburg, - es war das Jahr 1937, - und sagte zu uns: „Gleich kommt der Onkel „Sowieso" (den Namen habe ich vergessen) mit seinem Auto und wir können mit ihm spazieren fahren."

Das war eine großartige Angelegenheit für uns, denn private Autos waren selten damals in Insterburg im Jahre 1937. Mein Vater hatte auch eins, einen „Hanomag" (der hatte noch kein Differentialgetriebe). Aber das

war schon vom Deutschen Heer eingezogen worden, als Militärfahrzeug. Viel Militär passte da allerdings nicht rein, sondern nur zwei Leute und vielleicht noch ein Minen-Hund. Das war also die erste Auto-Fahrt in meinem Leben. Mit dabei waren außer Meinem Vater und dem Onkel „Sowieso" noch meine ältere Schwester. Die war 5. Und meine jüngere, die war fast ein Jahr alt, - aber ich glaube, die blieb zu Hause. Mein älterer Bruder war 7 und war zu dieser Zeit in der Schule. An die Autofahrt kann ich mich nur schwach erinnern, aber wir kriegten ein paar Stückchen Schokolade, die

* in Ostpreußen, 42000 Einwohner

mir sehr gut schmeckten und etwas ganz Seltenes waren zu dieser Zeit. Die nächste Schokolade habe ich dann erst wieder 1950 gegessen. Die war in einem „Westpäckchen“ drin, das zu uns in den Osten geschickt worden war.

*****

Die zweite Erinnerung, die ich habe, bezog sich auf ein Ereignis einige Wochen später. Ich spielte „Soldat“ auf dem Schloßplatz, und zwar auf der Seite, wo das Schloß war, und ging laut singend „Lo-lo-lo, lo-lo-lo, („O“ wie in „Horde“) lo-lo-lo“ im Marsch-Schritt auf dem Fußweg entlang, zwei Holz-Stöckchen aufeinanderschlagend, weil ich ein Trommler war. Da machte eine alte Frau, - wahrscheinlich so 35, - ihr Fenster auf und schrie mich an:

„Wenn du nicht sofort aufhörst, lass ich den Hund raus!“ Da hörte ich auf und lief rüber zu unserem Haus und ging nach oben. Der Hund war übrigens schwarz und ziemlich groß und lief im Vorgarten dieser Frau ständig hin und her.

*****

Im Herbst zog die Familie um in das Haus, in dem sich die Drogerie von Meinem Vater befand. Ich hatte das aber nicht verstanden, weil ich im Alter von drei Jahren noch nicht wußte, was ein Umzug ist. Während die Möbel hochgetragen wurden, ging ich deshalb nach Hause. Ich fragte Leute nach dem Weg zum Schloßplatz, und eine Frau brachte mich dorthin. Als ich ankam, waren da schon Maler und rissen die Tapeten ab. Da sagte ich: „Wat wöll ju hier in unser Wohnung!” (was wollt ihr hier in unserer Wohnung) Da lachten mich die Handwerker aus und telefonierten mit Meinem Vater in seiner Drogerie. Er hatte schon Telefon und eine vier-

stellige Nummer. Eine Cousine, deren Vater Bäcker war, und der der Bruder von Meinem Vater war, der in der Nähe eine Bäckerei hatte, holte mich ab. Sie brachte mich in das „Neue Zuhause“. Vor der Haustür wartete sie noch etwas, um sich zu vergewissern, ob ich den Umzug nun auch begriffen hätte, - worauf ich sagte: „Wat wöll ju noch, jo do no Hus!” („O“ wie in „pochen“, das „J“ in „jo“ wie „ch“ in „pochen“, aber mit weichem Anfang, hinten im Hals), (was willst du noch, geh’ doch nach Hause).
Das war meine dritte Erinnerung. Bei den folgenden zähle ich nun nicht mehr mit.

*****

06.12.2000

Heute ist der 06. Dezember 2000, Nikolaus-Tag. Ich bin auf einer der Kanarischen Inseln, - auf Lanzarote, - und sitze auf der Terrasse eines gelb gestrichenen Hauses, und sehe auf das tiefergelegene und etwa sechs Kilometer entfernte Meer. Dazwischen stehen ungefähr 200 weiße Häuser und am Ufer des Meeres liegt der Ort Puerto del Carmen. Einer ehemaligen Freundin gehört das Haus, auf dessen Terrasse ich sitze, und ihrem Mann. Sie arbeitet hier auf Lanzarote und ihr Mann arbeitet in Berlin, zwei Kilometer von meiner Wohnung entfernt. Sie vermietet Ferien-Appartements und er vermietet in Berlin Wohnungen. Zwar besucht er sie, aber nicht sie ihn, - weil ihr das Klima in Berlin körperliches Unwohlsein bereitet. Und ich besuche sie 5- bis 7- mal im Jahr, - gehe mit den Schäferhundartigen Inselhunden in die Berge, spiele Gitarre und male Aquarelle, - einmal 42 Stück in 14 Tagen. Lange bleibe ich hier nicht, weil ich dann Heimweh kriege nach Berlin. Die besten Aquarelle, jedenfalls nach meiner Meinung, - nehme ich mit und die besten Aquarelle nach ihrer Meinung lasse ich da. Sie hängen bei ihr im Haus, die besten, - und die auch ganz guten in den Appartements, die sie vermietet. Zwei sind schon geklaut worden, aber ich weiß nicht mehr welche, weil ich schon über 100 gemalt habe. Sie ist Koreanerin und war die Freundin, mit der ich am längsten zusammen war, nämlich 5 Jahre. Das war aber nicht meine Schuld, sondern ihrer asiatischen Geduld zu verdanken. Wenn ich den ganzen Tag Gitarre übte, gefiel ihr das sogar. Auch eine Stunde „Singende Säge“ ertrug sie ganz gut, oder eine halbe Stunde Kuh-Glocken. Das war 1975 – 1980. Aber all die späteren Jahre hatte ich Kontakt zu ihr. Das lag hauptsächlich daran, daß sie am Kurfürsten-Damm in Berlin einen Laden hatte mit asiatischen Lebensmitteln, Tee, Vasen und kleinen Möbeln, Porzellan und Stäbchen. Paarmal in der Woche ging ich da einkaufen und so blieben wir in Verbindung. Hätte sie ein Schmuck-Geschäft gehabt, wäre ich da natürlich nicht so oft einkaufen gewesen.

Seit 6 Jahren wohnt sie nun ständig auf Lanzarote. Einen Nikolaus-Stiefel habe ich heute nicht gekriegt. Erst mal, weil so was in Korea nicht bekannt ist und zweitens, weil bei uns zu Hause, als wir Kinder waren, auch nichts zum Nikolaus-Tag gemacht wurde. Der Grund war der, daß meine jüngere Schwester am 07. Dezember Geburtstag hatte, und dieser Tag sowieso gefeiert wurde. Und zwei Tage hintereinander feiern soll man nur bei Weihnachten und Ostern, oder Pfingsten. In Wirklichkeit hatte meine jüngere Schwester aber am 06. Dezember Geburtstag, wie sich viel später nach dem 2. Weltkrieg herausstellte. Unsere Geburtsurkunden waren bei einem Bombenangriff abhanden gekommen, und ungefähr 1957 konnte man ins Standesamtregister von Insterburg einsehen, das in Ost-Berlin auftauchte. Meine Eltern waren immer der Meinung, meine jüngere Schwester und ich hätten an einem „6." und einem „7." Geburtstag, im Dezember bzw. im April. Wenn also meine jüngere Schwester nun am 06. Geburtstag hatte, müsste ich am 07. haben. Ich hatte auch zweimal am 07. April meinen Geburtstag gefeiert, aber das war sehr ungewohnt, wenn man es jahrelang gewohnt war am 06. Dann habe ich aber wieder immer am 06. gefeiert. Als ich später an die Standesamtunterlagen in Ost-Berlin rankam, stellte sich heraus, daß ich doch am 06. April geboren wurde. Na ja, meine Eltern hatten sechs Kinder, von denen zwei gestorben waren, eins bei der Geburt, eins nach der Geburt, - da ist es schwierig, alle Geburtstage zu behalten. Es kommen ja auch noch die Geburtstage der Großeltern dazu, die des Mannes und die der Frau. Dann die der Geschwister und Cousinen und Cousins, - da kann man schon mal was verwechseln. Wenn Eltern 9 Kinder haben, so wie es die Eltern meiner Großmutter mütterlicherseits hatten, ist das noch viel schwerer. Und wenn die heiraten, kommen noch 9 dazu und deren Großeltern und später deren Kinder, ganz zu schweigen von den künftigen Enkeln. Irgendwann ist es dann mal so weit, daß an jedem der 365 Tage des Jahres einer Geburtstag hat, an manchen sogar zwei. Andererseits ist es dann auch wieder leichter. Man kauft jeden Tag ein Geburtstagsgeschenk, kuckt zu Hause im Kalender nach, wer Geburtstag hat, und verschenkt es. So kann nie ein Geburtstag vergessen werden.

Weil Meine Mutter vier Kinder hatte, kriegte sie ein Mutter-Kreuz in Bronze. Hätte sie sechs Kinder gehabt, hätte sie eins in Silber gekriegt. Manche hatten acht Kinder, da gab es das Mutter-Kreuz in Gold. Die Soldaten hatten auch Kreuze gekriegt, die hießen aber Eisernes Kreuz. Aber nicht weil sie Kinder auf die Welt gebracht haben, sondern weil sie Feindliche Soldaten totgeschossen hatten. Wenn einer nur paar Feindliche Soldaten erschossen hatte im Krieg, bekam er ein Eisernes Kreuz Zweiter Klasse. Wenn es schon mehr waren, gab es eins Erster Klasse. Wenn einer viele Feinde im Kampf getroffen hatte, bekam er aber ein Ritter-Kreuz. Und wenn einer nun noch viel mehr Feindliche Soldaten im Krieg erschossen hatte im Kampf, bekam er ein Ritter-Kreuz mit Eichenlaub. Das war aber schon selten. Aber dann gab es noch ein Ritter-Kreuz mit Eichenlaub und Schwertern. Da musste aber einer schon einen ganzen Haufen Feinde erschossen haben. Und zum Schluß gab es noch ein Ritter-Kreuz mit Eichenlaub und Schwertern und Brillanten. Wahrscheinlich musste der, der so eins haben wollte, eine ganze Kompanie totgeschossen haben. Die Totgeschossenen kriegten aber nur meistens Holzkreuze. Ja, so war das damals.*

So einer wie Napoleon wird immer noch geehrt. Alexander der Große wird verehrt und bewundert. Wie viele Menschen sind gestorben allein durch diese beiden und noch immer werden sie wie etliche andere auch verehrt und bewundert. Die Menschen lieben etwa den Krieg, und bewundern deshalb solcher Art Helden??? Sind die Menschen etwa Bestien ??????? Na ja, alle aber nicht. In einer Fernsehsendung wurde gesagt, daß in der Schlacht bei Waterloo 70000 (siebzigtausend) Französische Soldaten gestorben sind und trotzdem verehrt und bewundert man Napoleon? Vielleicht ja, weil das schon so lange her ist. Und Karl der Große?

*****

Sonntag, am 03. Dezember, also vor drei Tagen, kam ich an auf Lanzarote, und im Flugzeug, das 4 ½ Stunden braucht von Berlin bis hierher, habe ich angefangen, meine Erinnerungen an die ersten 23 456 Tage meines Lebens aufzuschreiben, nachdem ich ein paar Monate vorher mich schon innerlich und vor allem gedanklich darauf vorbereitet hatte. Alles kann man natürlich nicht aufschreiben, das würde viel zu lang werden, und keiner würde das lesen, - nicht mal ich. Nun aber wieder zurück zur Vergangenheit, - das hier war ja aus der Gegenwart.

*****

Ja, ja, - Vergangenheit, Gegenwart, Zukunft. – Mein Latein-Lehrer, er hieß Studienrat Lange und wurde „Kenke“ genannt in Bernburg auf der Karl Marx-Oberschule, sagte öfter mal: „Langsam kommt die Zukunft auf uns zu, pfeilschnell vorüber zieht die Gegenwart, und ewig dauernd fest steht die Vergangenheit.“ „Gegenwart“, - genaugenommen, - gibt es ja gar nicht: Wie lang soll die Gegenwart denn sein? Ein Tag? Ein Monat? Ein Jahr? Eine Woche? Eine Stunde, eine Minute, eine Sekunde, eine Nanosekunde? Wenn ich jetzt zum Beispiel den Buchstaben „A“ schreibe. Der besteht aus drei Strichen. Wenn ich den ersten Strich schreibe, sind

* Viele Soldaten, die den Krieg hinter sich haben, nehmen ihn immer noch wichtig, sonst wäre ja auch damals alles Quatsch gewesen. Jedenfalls ihre Eisernen Kreuze schmeißen sie nicht weg.

die beiden nächsten Striche Zukunft. Wenn ich den zweiten Strich schreibe, ist der Gegenwart, der dritte Zukunft und der erste Vergangenheit.

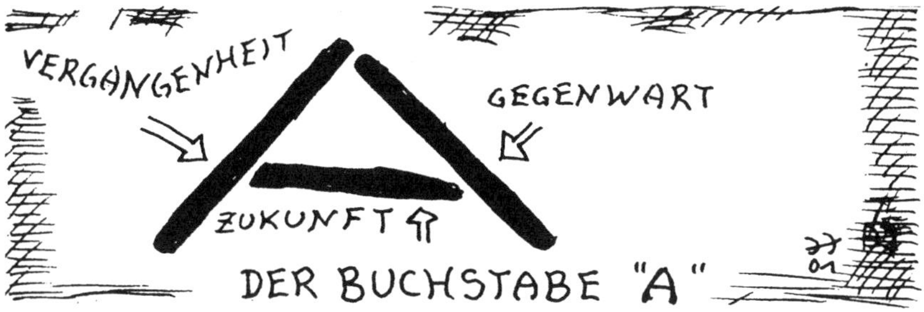

Oder gar: Der erste Punkt des ersten Striches ist Vergangenheit, wenn ich den zweiten Punkt des ersten Striches gerade geschrieben habe. Eigentlich gibt es gar keine Gegenwart, - aber man sagt es so. Nun zurück zu den Jahren 1938/39.

Die neue Wohnung war im 2. Stock und hatte drei Zimmer: Wohnzimmer, Schlafzimmer und Kinderzimmer, und eine Küche mit Gasherd. Die Toiletten waren unten, also zwei Treppen tiefer in einem Gang gegenüber der Treppe. Unsere war die zweite. Die erste gehörte zum ersten Stock und die dritte zum Dachbodengeschoß. Sie hatten alle drei Wasserspülung. Abends waren wir immer etwas ängstlich allein da hinunter zu gehen. Deswegen kam immer ein Geschwister mit. Aber dort machten wir nur das große Geschäft, und in solchem Falle sagten wir: Ich muß „Groß“. Beim kleinen Geschäft sagten wir: Ich muß „Vorne machen“. Wenn wir Vornemachen mußten, nachts, - brauchten wir aber nicht extra runter zu gehen, dann konnten wir in den Nachtstopf machen, der in der Ecke stand. Später, nach der Flucht aus Ostpreußen, - hatten wir wesentlich schlechtere Toiletten, - aber ich will nichts vorwegnehmen. Die Sommer waren immer sehr schön und wir gingen baden in einer Badeanstalt etwa ein bis zwei Kilometer entfernt. Da waren auch Sportplätze und Turnierplätze für Pferdeveranstaltungen, denn ganz in der Nähe, in Georgenburg im Gestüt, wurden die berühmten “Trakehner Pferde“ großgezogen. Oder wir badeten in der Angerapp. Das war der Fluß, der durch Insterburg floß. Eigentlich, - so lernten wir später in der Schule, - hätte deshalb Insterburg „Angerburg“ heißen müssen. Aber es gab schon eine Stadt, die so hieß, und deshalb nannte man Insterburg nach der Inster. Das war ein Fluß, aber der floß so zwei Kilometer an Insterburg vorbei und mündete hinter Insterburg mit der Angerapp in den Pregel, - und der floß 80 km später durch Königsberg, und dann endlich in die Ostsee, und zwar in die östliche Ostsee. In der Angerapp badeten wir aber nur, wenn Eltern oder Onkel oder Tanten dabei waren. Da konnte man auch „Bootchen fahren“, weil da ein Verleih war. Aber erst als wir schwimmen konnten. Ich lernte mit acht Jahren schwimmen, mit einem alten Auto-Schlauch. Der ging dann kaputt, aber da konnte ich schon schwimmen, aber nur auf dem Rücken, einen Monat später auch Brustschwimmen. Manchmal, wenn Essen knapp war, weil schon Krieg war, krichten wir nur Brot mit Salz bestreut mit.*

(Die Luther-Kirche war für Insterburg so wie der Kölner Dom für Köln)

Die Winter waren aber noch schöner. Es gab immer viel Schnee und Meine Mutter heizte immer mit Briketts das Wohnzimmer und das Kinderzimmer, und bevor wir schlafen gingen, hielt sie das Federbett, - wir sagten „Zudeck“ dazu, - an den Ofen und wärmte es an. Dann rief sie: „Das Bett ist warm, kommt schnell“, und dann liefen wir ins Bett und sie

* Sonntags zog uns unsere Mutter schön an und wir gingen stundenlang spazieren bis zu einem Ausflugslokal. Oder wir fuhren mit dem O-Bus nach Sprindt, und gingen dort an der Inster lang oder im Wald. Der O-Bus war ein Oberleitungsbus. Durch manche Straßen liefen parallele Elektrokabel in 4 m Höhe lang, an denen 2 zweimeterlange Stromabnehmer entlang glitten, die auf dem Dach des Elektrobusses angebracht waren.

deckte uns zu. Wenn sie keine Lust dazu hatte, überredete ich meine jüngere Schwester, mein Bett anzuwärmen, und ich kam dann dazu, und danach wärmte ich ihr Bett an, und sie kam dazu. Danach ging ich in mein Bett. Meine beiden älteren Geschwister machten das nicht.

Rodeln gingen wir jeden Tag runter zum Schloßteich oder wir liefen ab und zu Schlittschuh auf dem Gawehnschen Teich. Aber im Sommer schwammen da Schwäne. Am schönsten aber, - war immer Weihnachten. Meine Mutter nähte immer neue Puppenkleider für meine Schwestern, und Mein Vater baute aus Holz und Sackleinwand, die er in Leimflüssigkeit tränkte, einen Felsen mit einer Höhle. Als die zu Felsen geformte Sackleinwand hart war, bemalte er alles grün und braun. Das stand dann alles unter dem Weihnachtsbaum, und wenn alle Kerzen brannten, durften wir alle rein, mußten zuerst ein paar Weihnachtslieder singen, und konnten uns schon mal die Geschenke ankucken dabei. Gedichte brauchten wir nicht aufsagen. Meine Mutter spielte dazu Klavier und mein Vater Cello, - aber nur auf einer Saite, weil er nur drei Stunden Unterricht hatte. Er war damals Laufbursche in einer Drogerie, und dann Lehrling, und mußte 12 Stunden arbeiten, auch Sonnabend, - und Sonntag bis Mittag auch. Da war er zum Cello-Unterricht zu müde, hatte er uns erzählt. Er war am 02. Februar 1890 geboren in Insterburg und 1904 Laufbursche. Meine Mutter war am 07. Juli 1897 geboren, und hatte nichts gelernt als Beruf. Höhere Töchter-Schule hatte sie 9 oder 10 Klassen, und Klavier-Unterricht, aber nicht in Insterburg, sondern in Eydkuhnen. Das lag noch weiter im Osten 60 km, also an der russischen Grenze. Damals war es jedenfalls Russland, später Litauen, dann wieder Russland und jetzt wieder Litauen. Eydkuhnen hieß später Eydkau, weil Hitler das besser gefiel, heute heißt sie irgendwas „russisches", und Insterburg heißt heute "Tschernjachowsk", nach einem Russen, der General war oder so was und Tschernjachow hieß. Ach so, - Meine Mutter war noch mal Telefonistin gewesen im 1. Weltkrieg, dann nichts mehr, weil sie auf Heirat wartete. Bei einer Geburtstagsfeier hatte sie dann meinen Vater kennen gelernt in Insterburg. Er wollte von ihr einen Kuß, aber nicht Sie. Sieben Jahre später trafen sie sich wieder, - dann klappte es mit dem Kuß und sie heirateten 1928. Mein älterer Bruder kam dann am 28. Januar 1930, meine ältere Schwester auch am 28. Januar, aber erst 1932, dann ich am 06. April 1934 und schließlich meine jüngere Schwester am 06. Dezember 1936. Mehr waren wir nicht. Zwei Omas hatten wir noch und einen Opa, den von Meiner Mutter, - der von Meinem Vater war schon 1899 gestorben. Meine Mutter brachte noch einen Onkel mit, sonst nichts. Mein Vater drei Onkels und eine Tante. Mehr waren wir nicht, ach so, - noch fünf Cousinen und fünf Cousins, und die Frauen und Männer von den Tanten und Onkels. Mehr waren wir nicht.

Als ich 5 Jahre alt war, da träumte ich oft einen dummen Traum, immer den selben. Ich wollte bei uns die Treppe runtergehen, aber da kamen zwei Pferde die Treppe hoch und wollten mich auffressen. Dann lief ich zurück die Treppe wieder hoch und wachte auf. Zu der Zeit gab es ja sehr viele Pferde-Wagen, da die Last-Autos alle im Krieg waren. Das träumte ich fast 5 - mal. Wenn ich wach war, ärgerte ich mich über den Traum. Aber einmal, als im Schlaf wieder die dummen Pferde die Treppe hochkamen mit samt Wagen immer, dachte ich im Traum: ich bleib` jetzt stehen, dann fressen mich die Pferde auf und der Traum ist zu Ende. Ich blieb also, mutig und ängstlich zugleich, stehen, die Pferde kamen ganz nah ran, und dann wachte ich auf. Seitdem habe ich diesen Traum nicht mehr geträumt. Darüber freute ich mich, und erzählte den anderen, wie mutig ich war gewesen in dem dummen Traum.

Am 23. April 1940 kam ich in die Schule.* Meinen Namen konnte ich aber schon vorher schreiben. Wir lernten erst mal „Sütterlin“ - Schrift, und ab der dritten Klasse lernten wir um auf „Lateinische“ Schrift.
Mein Name sah so aus:

* Es waren nur Jungens in der Schule

Später so:

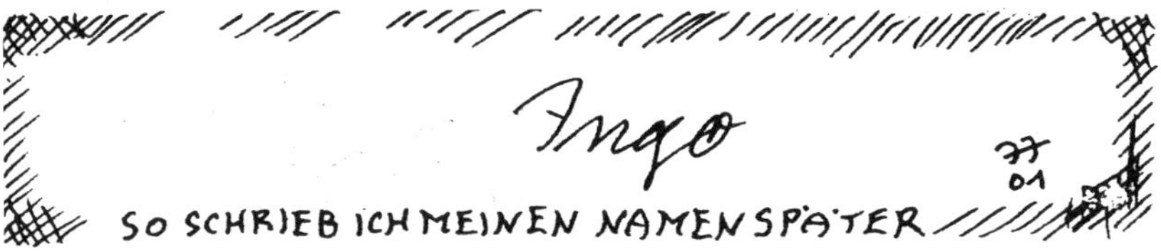

Wir hatten jeder eine Schiefertafel mit ein paar Griffeln, die kaputt gingen, wenn sie auf die Erde fielen. Am Holzrand von der Schiefertafel war ein Loch, da hing ein Schwamm und ein Lappen dran, zum Tafel abwischen. Ich glaube aus heutiger Sicht, war das wahrscheinlich pädagogisch gesehen falsch. Hatte man doch eine Stunde mühsam lange Sätze geschrieben, und nachdem die Lehrerin, - sie hieß Frau Denk, - einen Blick darauf geworfen hatte, wurde alles wieder gelöscht. Auf der Vorderseite waren Linien zum Schreiben, zwei schmalere und eine breitere immer, - und auf der Rückseite waren Rechenlinien, auf denen man rechnen mußte. Da wurde auch dann alles weggewischt, wenn man fertig gerechnet hatte. Einmal hatten wir als einzige Schularbeit auf, daß uns unsere Mutter die Tafel mit Seifenlauge abwaschen sollte. Und am nächsten Tag zeigten wir alle die blanke Tafel auf beiden Seiten. Am Ende des ersten Schuljahres hatten wir das „Einmaleins“ mit der „Zwei“. Da war ich ganz schön stolz, daß wir schon so weit waren, - und Zuziehen und Abziehen, und Lesen. Eine Geschichte aus der Fibel ging so, - und zwar als wir das „D“ lernten. Dazu waren auf einem Bild Hitlerjungen gemalt, die marschierten, und einer schlug auf die Jungvolk-Trommel:

Dum, dum, dum,
Dieter schlägt die Pauke.
Durch das Dorf marschieren wir.
Dort sehe ich schon Dächer.
Das gibt Durst.

Die Geschichten zu den anderen Buchstaben weiß ich nicht mehr. Der schönste Tag war immer der letzte Schultag, der auch zugleich der erste Ferientag war. Da hatten wir nämlich keinen richtigen Unterricht mehr, sondern der Lehrer oder die Lehrerin, - je nachdem, lasen uns Geschichten vor. Um zehn Uhr versammelten sich dann alle Schulklassen auf dem Schulhof der „Ludwig Jahn-Schule“, - so hieß sie, und wurde benannt nach dem Turnvater Jahn, - und dann hoben wir die rechte Hand mit dem ganzen Arm und sangen: Deutschland, Deutschland über alles, und danach gleich: Die Fahne hoch, die Reihen fest geschlossen. Das Lied hieß „Horst Wessel-Lied“. Horst Wessel war einer, der hatte was für

Hitler getan, und war dann gestorben. Weil der Arm dann aber müde wurde, legten wir ihn immer auf die Schulter des Vordermanns zum Ausruhen. Bloß der erste musste die ganze Zeit alleine hochhalten. Dann sagten alle „Heil Hitler“ und die Ferien fingen an, 6 Wochen lang.

„Heil Hitler“ mussten wir immer sagen und den rechten Arm heben, und zwar hoch. Manche Ältere sagten nur noch „Heitler“, und hoben kurz die Hand. Aber wir Jüngeren mussten immer den Arm ganz hoch heben und deutlich sagen. Einmal, in einem Geschäft, sagte ein Mann: „Geh’ noch mal raus und sage anständig Heil Hitler.” Da musste ich noch mal rausgehen und wieder rein und deutlich Heil Hitler sagen und den rechten Arm ganz hoch heben. 1945, Ende April, als die Russen gekommen waren, waren wir froh, dass wir nicht mehr „Heil Hitler“ sagen mussten, sondern lieber „Guten Tag“. Aber viele Male haben wir uns noch versprochen, aber dann nicht mehr.

In meines Vaters Drogerie unterhielt sich mal ein Mann mit mir, - ich war 5 Jahre alt, - über das Autofahren. Mein Vater sparte nämlich für eins. „Na Ingo, kannst du denn auch schon Auto fahren?” - „Ja, ich drücke aufs Knöpfchen und dann geht der Motor an und dann fahre ich los.” - „Und was machst du, wenn du um die Ecke fahren willst?“ - „Dann mach` ich den Motor aus, drehe das Steuerrad rum, dann mach` ich den Motor wieder an und dann fahr` ich um die Ecke.” Da lachte der Mann, Mein Vater auch. Beim nächsten Mal fragte er das selbe. Und dann noch ein drittes Mal. „Du darfst aber nicht vergessen, den Winker rauszumachen!” –„Nein.” Mein Vater hatte für einen „KDF-Wagen“ gespart, ihn aber nie bekommen, wie viele tausend andere auch. „KDF” hieß Kraft durch Freude. Man konnte für einen VW-Käfer damals sparen mit monatlichen Beiträgen und nach dem Krieg sollte man einen bekommen. Keiner hat einen bekommen.

Im zweiten Schuljahr kam dann das ganze Einmaleins, aber nur das kleine, das große kam erst später. Wir hatten ein dickes Märchenbuch, das hieß “Bechsteins Märchen“, und das konnte ich dann schon alles lesen.

Der erste Ferientag nach dem zweiten Schuljahr war fast mein schönster Tag im Leben. Da schien die Sonne und ich saß den ganzen Tag auf der Treppe vor der Haustür und dachte immer: “Heute ist der erste Ferientag“ – und freute mich, „heute ist der erste Ferientag“, - bis zum Abend. Dann ging ich hoch. Wenn ich mal keine Lust hatte zur Schule zu gehen, sagte Meine Mutter: „Wenn du nicht willst, brauchst du nicht,“ und ich blieb zu Hause. Sowas war aber nur 2 bis 3 - mal im Jahr.

Wir hatten einen langen Tisch, an dem wir vier Kinder saßen, den hatte mein Vater gebaut, - und aßen „Klunker-Suppe“. Das waren Mehlklöße mit Suppe. Am liebsten aßen wir „Mehl-Flinsen“, Mein Vater am liebsten „Kartoffel-Flinsen“ mit Salz. Danach trank er ein Schnäpschen und rauchte eine Zigarre. (Kartoffel-Flinsen = Kartoffel-Puffer).

Wir trugen immer kurze Hosen, auch im Winter, die Mädchen Röcke oder Kleider. Dafür hatten aber alle lange Strümpfe an. Zum Schlittenfahren trugen wir immer lange Trainingshosen. Wir hatten jeder ein Wistchen, das hinten zugeknöpfelt wurde. An den Seiten waren zwei Waschknöpfe angenäht, die mit Stoff überzogen waren. An den Strümpfen war auch an jeder Seite außen ein Knopf angenäht. Mit Strumpfbändern wurden die Strümpfe dann angeknöpfelt. Die Strümpfe waren immer braun. Ab 1. Mai jedesmal durften wir Kniestrümpfe anziehen. Aber wenn es warm war schon vor dem 1. Mai manchmal, krempelten wir die langen Strümpfe runter bis unters Knie, wenn wir von der Schule nach Hause kamen. Aber kurz vor unserer Haustür rollten wir sie wieder nach oben, damit meine Mutter nichts merkte. Später in Zschopau nach der Flucht trugen wir sowas nicht mehr, sondern lange Hosen wie alle Kinder dort im Winter.

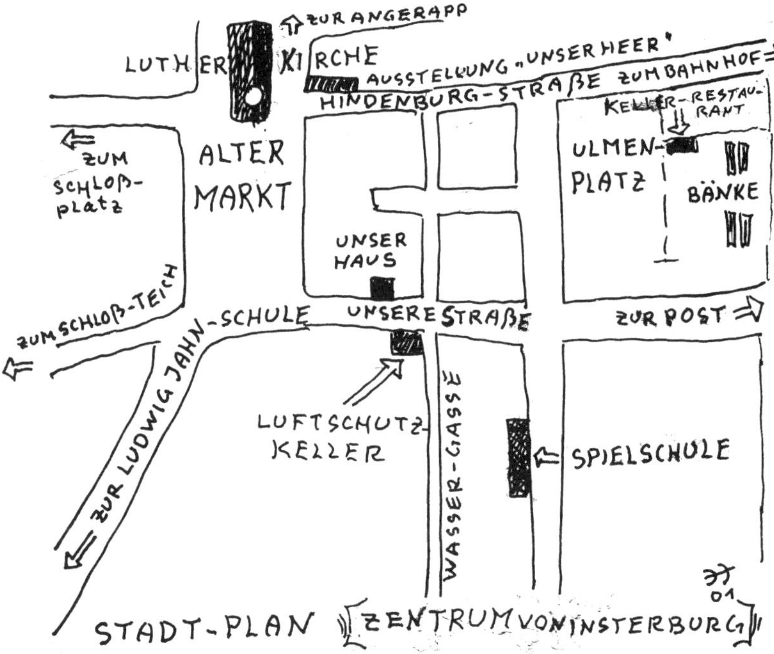

Das dritte Schuljahr, - das war dann schon 1943, - da waren immer viele Soldaten in der Stadt. Einmal musste ich Mittagstunde schlafen, was ich gar nicht wollte, - aber ich musste, - da schlief ich gleich durch bis zum anderen Morgen. Da wachte ich auf und alle waren weg. Da zog ich mich an und ging auf den Alten Markt, gleich um die Ecke und da war eine Ausstellung, die hieß „Unser Heer“. Da ging ich rein und da waren große Tische, wo Landschaften aufgebaut waren, mit Kanonen drauf und

Panzern, Bäumen, Flüssen mit Brücken. Manchmal kam ein Soldat und legte Zündplättchen unter die Brücke und drückte auf einen Hebel und dann knallte es, und die Brücke war kaputt. Da habe ich eine Weile zugekuckt und dann ging ich nach Hause, und da waren alle da. Mein Vater war ja sowieso immer in seiner Drogerie, die „Adler Drogerie“ hieß, Horst Wesselstrasse 1.* Danach musste ich nicht mehr Mittagstunde schlafen.

Die Lehrer waren ganz gut, aber manche waren Schläger. Einmal war unsere Lehrerin, die Frau Denk, krank, - da mussten wir für eine Stunde in eine andere Klasse. Der Lehrer dort war ein Schläger und hieß Iglinsky. Ich hatte ganz schön Angst und bewegte mich kaum. Und wenn er was fragte, meldete ich mich nicht, obwohl ich alles wusste. In der einen Stunde hatte er ungefähr 13 - mal die anderen Schüler geschlagen, mit einem Stock auf die Hände oder auf den Hintern, und Ohrfeigen. Ich hatte nichts abbekommen. Er soll die Kriegszeit überstanden haben und noch 1970 in Hannover gesehen worden sein. Wenn ich ihn gesehen hätte, ich hätte ihm ein paar in die Fresse gehauen, für die Stunde Angst 1943 in Insterburg in der Ludwig Jahn-Schule. Schönschrift hatten wir bei einem, der hieß Ohler, - aber nicht richtig, wir nannten ihn nur so. Ohler hieß „Alter“ oder „Oller“, und er war schon sehr alt. Wenn er was fragen wollte, dann sagte er: „Wer weiß das?“ Wer sich meldete, zu dem sagte er: „Weißt du das!“, – und wenn der „ja“ sagte, musste er antworten. Wenn er aber nicht genau alles wusste, bekam er einen Schlag mit dem Stock. Ich wußte aber immer alles, aber ich habe mich nie gemeldet. Einmal rief er mich auf und sagte: „Weißt du das?!“ – Da sagte ich, obwohl ich alles wußte, lieber „nein“, und da konnte ich mich wieder setzen, und bekam nichts ab. Aber wenn wir „Schönschreiben“ mussten, ging er durch die Reihen, und kam immer von hinten. Als ich merkte, dass er hinter mir stand, bekam ich Angst und zitterte beim Schreiben und die Buchstaben wurden wacklig. Da bekam ich einen Schlag auf den Rücken von ihm. Die anderen auch immer. Dann sagte er: „Ich habe gesagt, ihr sollt schönschreiben!“ Bei den nächsten Malen, wenn ich merkte, dass er hinter mir war, habe ich aufgehört zu schreiben und den Kopf gehoben und so getan, als ob ich nachdenke. Dann ging er weiter und ich schrieb in Ruhe zuende. Der Ohler war aber nur paar Monate unser Lehrer. Wahrscheinlich hat er den Krieg nicht überlebt, obwohl er selbst für den Volkssturm schon zu alt war, sonst hätte ich ihm, wenn ich ihn mal getroffen hätte, ihm ganz schön eine geknallt, am liebsten mit einem Knüppel, für die Schön-Schreiben-Stunden in Insterburg in der Ludwig Jahn-Schule.

Dann kam die vierte Klasse und die Begabten, die aufs Gymnasium sollten, mussten rechts sitzen, und die auf die Mittelschule sollten, in der Mittelreihe, und die auf der Volksschule blieben, links. Ich saß bei denen, die aufs Gymnasium sollten. Wir bekamen immer schwerere Aufgaben als

* früher hieß sie Generalstraße

die anderen. Als Lehrer hatten wir Dr. Mauerhoff, der war auch der Rektor von der Ludwig Jahn-Schule, und betete immer, wenn die erste Stunde anfing, und zwar, - ach so, alles weiß ich nicht mehr, bloß den Schluß:

... Laß auf unsers Führers Pfade
leuchten deine Huld und Gnade,
AMEN!

Wir mussten aber nicht mitsprechen, er betete bloß alleine. Er schlug auch manchmal, aber nur, wenn was Schlimmes passierte. Einmal, da spielten die anderen in der Pause ein dummes Spiel, und zwar sagte einer: „Deine Eier sind noch nicht gestempelt!" – und haute mit der Faust den anderen zwischen die Beine. Bei mir auch paarmal. Aber ich hab`das Spiel nicht mitgespielt, weil es ein dammliges Spiel war (dummes Spiel). Am Abend tat mir das alles ganz schön weh, und Meine Mutter fragte mich, was los ist, und da sagte ich ihr das, und am nächsten Morgen ging sie mit zur Schule, und sprach mit dem Dr. Mauerhoff, und die, die Eierstempeln gespielt hatten, bekamen 3 Schläge mit dem Stock und mussten sich vorher bücken. Am Ende des vierten Schuljahrs mussten wir die Aufnahmeprüfung machen im Gymnasium, und ich hatte mit „1" bestanden, aber viele andere auch aus meiner Klasse. Aber dazu kam es nicht mehr, weil wir bald flüchten mussten.

Als ich 10 war, ging ich ins Jungvolk. Da waren die von 10 bis 14 Jahren, und dann erst konnte man in die Hitlerjugend gehen. Ich musste immer hinten marschieren, weil ich keine Hitlerjungen-Uniform hatte. Zwei- oder dreimal in der Woche mussten wir marschieren, und zwar mit einem ganzen Fähnlein. Ein Fähnlein bestand aus drei Jungzügen, und ein Jungzug aus, - weiß ich nicht mehr, aus wie viel Jungschaften. Mein älterer Bruder war Jungschaftsführer, und hatte eine rot-weiße Kordelschnur an der Uniform. Ein Jungzugführer hatte eine grün-schwarze Kordelschnur, ein Fähnleinführer eine weiß-grüne, und ein Stammführer, das war der höchste, eine weiße.

An einem Tag mussten alle zum Neuen Markt marschieren, mit Lieder singen und so, - und da fand dann eine feierliche Feier statt, und da war ein Stammführer, der zu uns sprach, und wir mussten geloben. Und dann sangen alle: Vorwärts, vorwärts, schmettern die hellen Fanfaren, - und dann konnten wir nach Hause gehen.

Wenn man einen Mantel kaufen wollte, - oder so, brauchte man einen Bezugschein. Einmal kriegte Meine Mutter einen Bezugschein, und wollte mir einen Mantel kaufen, aber ich sagte: „Mama, ich möchte lieber eine Uniform, dann brauch` ich nicht immer hinten marschieren." Sie wollte erst nicht, aber dann kriegte ich eine Uniform. Einen schwarzen Ledergürtel hatte ich schon, von einem der über uns wohnte, mit Koppelschloß. Das war zwar aus dem 1. Weltkrieg, aber das war nicht so schlimm. Und nun konnte ich immer vorne marschieren. Aber nur noch paar Wochen, weil wir dann flüchten mussten vor den Russen. Einmal hatte unser Fähnlein ein Geländespiel gemacht. Ich gehörte zu denen, die sich verstecken mußten. Jeder kriegte ein Tuch um den Arm gebunden. Wenn das einem weggenommen wurde, hieß das, man ist tot, oder gefallen, beides ist aber dasselbe. Ich hatte mich mit einem anderen Pimpf, - wir hießen alle Pimpfe, die Älteren hießen Hitlerjungen, - mit einem anderen Pimpf so versteckt, dass uns niemand fand. Nach einer Stunde kuckten wir mal, was los ist, - da war keiner mehr da. Wenn ich zehn Jahre älter gewesen wäre, und hätte Soldat werden müssen, wär` es mir wahrscheinlich genauso gegangen. Danach fuhren wir mit der Kleinbahn nach Hause. Die Kleinbahn war eine ganz kleine Eisenbahn, und fuhr so langsam, dass wir nebenherlaufen konnten, was wir auch paarmal gemacht haben. Unser Fähnlein hieß Fähnlein 8.

Einmal war auf dem Ulmenplatz ein Ritterkreuzträger. Der Ulmenplatz war gleich um die Ecke von der Horst Wesselstraße, und da spielten wir immer „Versteckchen“ oder „Greifchen“. Der Ritterkreuzträger ging dann mit anderen Soldaten in das Kellerrestaurant. Manche von uns hatten das Ritterkreuz schon gesehen, aber die anderen noch nicht. Deshalb warteten wir, bis er wieder rauskommt, weil wir es auch sehen wollten. Nach 1 ½ Stunden kam er endlich heraus, hatte aber seinen Mantelkragen hochgekrempelt, und wir konnten nuscht seh'n. Da haben wir uns geärgert, und gingen nach Hause.

Einmal auf dem Ulmenplatz fing ich an, mit einem anderen Jungen zu spielen, - da kam ein Hitlerjunge und sagte: „Mit dem kannst du nicht spielen, der ist ein Judenkind.“ Da ging ich weg und wunderte mich, und die Mutter hatte einen Judenstern am Mantel und sah mir nach. Ein Junge vom Ulmenplatz erzählte mal, dass er in Polen war, und dass er gesehen hat, wie ein Mann ein Judenkind aus dem Fenster gestoßen hatte und die Mutter geschrien hatte. „In Polen, da kann man mit Juden alles machen“, sagte er. Ich erzählte Meiner Mutter das und sie sagte: „Ach, das glaub` ich nicht, das hat der Junge sich ausgedacht.“ Einmal, da lief ich zu Meiner Mutter nach Hause, - aber das war schon länger her, 1939, - und sagte: „Mama, die Judenkirche brennt!“ Da sagte Meine Mutter: „Das hätten sie nicht tun dürfen, das ist Unrecht.“ Meine Mutter hatte etliche Freundinnen in Eydkuhnen, die Jüdinnen waren, und sie erzählte uns oft davon. Eine hieß Meta Henseleit.

In Insterburg sah ich mal wie ein russischer Kriegsgefangener, der die Strasse fegte, eine Mohrrübe aus dem Rinnstein aufhob, sie abwischte und aß. Da wunderte ich mich und mein älterer Bruder sagte: „Die Kriegsgefangenen haben solchen Hunger, dass sie alle Sachen essen, die sie auf der Straße finden.“

Meine Mutter, rechts

Bisher hatten wir vom Krieg nicht viel mitbekommen. Nachts mussten wir einmal alle Fenster zumachen und Licht ausmachen, und keiner durfte auf die Straße. Da rollten die ganze Nacht Soldatenautos durch die ganze Stadt, unaufhörlich, alle nach Russland. Aber ich weiß nicht mehr genau, wann das war. Dann kamen Sirenen auf die Dächer von Kaufhäusern und so. Wenn feindliche Flugzeuge kamen, wurden sie angestellt, und dann heulten sie sehr laut. Hoch und tief in Wellen hieß: Fliegeralarm, und in gleichmäßigem Ton, ohne Welle hoch und runter, hieß: Entwarnung. Dann konnten wir alle aus dem Keller wieder raus. Bei Fliegeralarm mussten wir alle in den Keller schnell rein. Unser Keller war nicht so gut, deswegen mussten wir immer über die Straße in den Keller vom Nachbarhaus, der war sicherer.
Weihnachten 1943 war die schönste Weihnacht die wir alle hatten.

*****

10. Dezember 2000

Heute ist der 10. Dezember 2000. Ich bin den 8. Tag jetzt auf Lanzarote und es sind 26 Grad, - die Sonne scheint. Abends sind es dann nur 18 Grad und man muss sich warm anziehen, da das Haus meiner ehemaligen Freundin hoch liegt und meistens Wind weht. Im Sommer, so bei 30, 32 Grad, ist das aber sehr angenehm, während weiter unten es ganz schön warm wird. Nun ist es 20:00 Uhr, abends, - Lanzarotezeit, und ich schreibe endlich wieder weiter. Die letzten Tage kam ich nicht dazu. Eine 45jährige Frau habe ich kennen gelernt, die ein Appartement von meiner ehemaligen Freundin gemietet hat, pro Tag 60,00 DM, zwei Personen. Sie war mit ihrem Sohn da, der ist aber wieder schon in Berlin. Ich wollte sie kennenlernen, weil sich herausgestellt hat, dass sie seit sieben Jahren in dem gleichen Haus wohnt, in dem ich mit meinem älteren Bruder zur Untermiete gewohnt hatte von 1954 bis 59 bei Frau Dietrich. Mein älterer Bruder studierte Mathematik an der FU, und ich an der H.f.B.K.* Kunstpädagogik. Und eine Freundin von ihr wohnt in der gleichen Wohnung, in der wir damals 5 Jahre lang lernten. Mein Bruder und ich wollen nun irgendwann mal uns die Wohnung ansehen, besonders unser Zimmer, nach so langer Zeit.

MIt dieser Frau nun habe ich einige Fahrten mit dem Auto gemacht, quer durch Lanzarote. Sie sagte, wenn man sich den Nackenwirbel reibt, bis die Stelle warm ist, werden die grauen Haare wieder wie vorher. Sie kann auch meditieren und Chi-Gong. Wir haben zwei Höhlen besichtigt. Die erste war interessant, aber die Führung zu lang (1 Stunde). Die zweite war ohne Führung und deshalb die Besichtigung kürzer. Außerdem war da ein Café, und wir aßen Kuchen. Nebenan war ein Konzertsaal in dieser Höhle. Da wär' ich gern mal aufgetreten mit meinem neuen Programm „Kunst & Müll". Aber das geht nicht. Ich habe in dem Programm ungefähr 20 Musikinstrumente, und die alle herschleppen mit dem Flugzeug, das wäre zu kompliziert. Außerdem dürften dann nur deutsche Zuhörer was davon haben. Wenn ich „Singende Säge" spiele oder „Eimer-Cello" oder „Kuh-Glocken", die ich mir an Arme und Beine klemme, bin ich international. Ebenso wenn ich „Guten Abend, Gut' Nacht" von Johannes Brahms vortrage, werde ich in der ganzen Welt verstanden. Da spiele ich nämlich Geige und Gitarre gleichzeitig.

Die Gitarre stelle ich senkrecht auf den Boden, auf ein Stück Teppich, greife mit der linken Hand die Akkorde, und schlage die Saiten mit dem linken Fuß an. In die rechte Kniekehle klemme ich mir den Geigenbogen, die Spitze nach außen, die Haare zu mir, und mit der rechten Hand halte ich die Geige, greife die Töne, und führe gleichzeitig die Geige mit den Saiten am Bogen entlang. In der zweiten Strophe singe ich die zweite Stimme dazu, mit Text. Es hat nur eine Woche gedauert, bis ich mir das eingeübt

* Hochschule für Bildende Künste

(hier auf Hocker und Barhocker)

hatte, aber ich habe 30 Jahre darüber nachgedacht, eh' ich überhaupt darauf gekommen bin. Dieses Kunst-Stück kommt beim Publikum außergewöhnlich gut an.

Meine ehemalige Freundin meinte, als wir gestern wieder losfuhren, um uns einen kleinen grünen See anzuschauen in El Golfo: „Bist du etwa verliebt in diese Frau?" – „Nein, nein", antwortete ich, „ich bin viel zu alt für sie, - und sie ist auch viel zu alt für mich." Da war sie beruhigt. Meine ehemalige Freundin ist zwar schon 53, aber sie sieht aus wie 35. Koreanerinnen bleiben länger jung, außerdem hatte sie sich fast vegetarisch ernährt. Deswegen hatte ich es auch mit ihr so lange, also 5 Jahre, ausgehalten. Denn ich bin ja seit 1956 Vegetarier, Eier-Milch-Vegetarier (lateinisch Ovo-Lakto). Viele Freundinnen vorher hatten beim Küssen nach Bockwurst geschmeckt, eine mal nach Schweinebraten oder Schaschlik, das geht natürlich nicht. Manchmal habe ich mich gefragt, warum ich so viele Freundinnen hatte, - vielleicht lag das ja daran. *
Manchmal stelle ich mir vor, wie schön es wäre eine Frau zu küssen, die nach Erdbeeren, Stachelbeeren, Pfirsichen oder Camembert schmeckt, sogar nach überbackenem Camembert. Wenn ich mit einer Neuen

* Bei jeder hatte ich gehofft, sie würde Vegetarierin werden, aber die Zeit reichte meistens nicht.

Freundin in meine Stammkneipe die „Kleine Weltlaterne“ kam, und die sich eine Bockwurst bestellte, sagte der Kellner, der Taddäus hieß, immer: „Bockwurst hab`n wir nicht.“ Das tat er mir zuliebe. Danke Taddäus! Er starb 1985 ungefähr wegen Alkohol.

In Berlin gehe ich meist so um 2:00 Uhr nachts schlafen, - gestern ging ich hier schon um 11, also 23:00 Uhr ins Bett. Deshalb bin ich heute schon um ½ 9 aufgestanden. Hätte ich gewusst, dass der Tag so schön wird, wär` ich wahrscheinlich schon um 8 aufgestanden. Nach dem Rasieren hab’ ich mich erst mal in die Sonne gesetzt. Dann hab’ ich mir Müsli gemacht: drei Esslöffel Vier-Korn-Flocken, Banane, Apfel, Basika (Mineralstoff-Pulver), Kieselerde für die Fingernägel, die brauche ich zum Gitarrespielen, allerdings nur die der rechten Hand zum Anzupfen der Saiten. Es gibt natürlich keine Kieselerde nur für die rechte Hand, dann könnte man Geld sparen, - und Vitamin „C“- Pulver und Magnesium-Tabletten, weil ich sonst Herzrasen kriege, wenn ich viel laufe oder gehe. Um 10:00 Uhr ging ich dann mit den beiden Hunden meiner ehemaligen Freundin zum Wandern los. Obwohl es nur zwei Hunde sind, haben sie eine Rang-Ordnung. Blondy ist der intelligentere, er kann mit der Pfote das Gartentor aufmachen, und einen Rucksack zum Auto tragen und ihn in den Kofferraum legen. Morena kann auch das Gartentor aufmachen, aber sie hat es sich von Blondy abgekuckt. Die Ranghöhere ist aber Morena, also die Dümmere. Bei den Menschen ist es auch oft so: der Intelligentere lässt sich von dem Dümmeren unterdrücken. Zum Beispiel Forscher und Professoren von Adolf Hitler. Wir gingen über zwei Berge. Der höhere ist 600 Meter hoch, und das dauerte 2 Stunden. Der kleinere ist nur 400 Meter hoch und da trafen wir zwei gleichaltrige Männer, also gleichaltrig mir gegenüber, nicht Morena und Blondy. Der eine bemerkte lobend mir gegenüber, dass ich ganz schön schnell gehe. Der andere nickte zustimmend. Ich habe ihnen aber nicht erzählt, dass ich bis vor paar Jahren noch Marathon-Läufer war, und einundzwanzig Marathon-Läufe mitgemacht habe (Bestzeit: drei Stunden-zwölf Minuten-46 Sek., in München am 27. September 1980, als 159. von 565 Läufern, die durchgekommen sind, ca. 10% geben mittendrin auf), und jetzt zum Sport-Wandern übergegangen bin, und dass das schonend für die Gelenke ist, allerdings 1 ½ Stunden für 10 km dauert, - das hab’ ich ihnen nicht erzählt, denn dazu kannte ich sie nicht lange genug. Unsere Begegnung hatte nur ungefähr 20 Sekunden gedauert.

Im Hause meiner ehemaligen Freundin angekommen, tranken die Hunde Wasser und ich auch, und machte mir ein großes Käse-Brötchen mit grünen Paprikaschoten und roten Tomaten. Nach dem Essen spielte ich ½ Stunde Gitarre, - die Romanze in G-Dur von Ludwig van Beethoven, aber in E-Dur.

Ich habe dieses Musikstück früher auf der Geige gespielt, auch öffentlich, mit Klavier-Begleitung, und habe sie mir, die Romanze, für Solo-Gitarre zurechtgelegt, aber nur die Hälfte, und zwar die erste. Das klingt sehr gut. Dann spielte ich noch die „Traum-Sonate - in fünf Träumen“. Die ist nicht

von Ludwig van Beethoven, sondern von mir. Ich habe mich aber bemüht, dass sie nach Möglichkeit die gleiche Qualität etwa so ungefähr von meinem Kollegen Beethoven erreicht. Ich glaube, das ist mir auch ganz gut gelungen.* Und dann um 13:00 Uhr habe ich endlich an meinem neuen Aquarell weitergemalt, nämlich an dem „Vegetarischen Osterhasen“! Ich weiß nicht, ob ich das schon erwähnt habe, ich habe auch keine Lust, noch mal nachzublättern, - eh ich das finde. Ich schreibe nämlich in Schnellschrift, oder besser gesagt in Schmier-Schnell-Schrift,** die ich mir in den letzten Jahren vor dem Abitur in Bernburg (Sachsen-Anhalt), 40 km südlich von Magdeburg, 40 km westlich von Dessau, 40 km nördlich von Halle und 40 km östlich von Quedlinburg gelegen, entwickelt habe. Und das Lesen dieser Schrift dauert doppelt so lange wie Schreibmaschinen-Schrift.

Lieber nehme ich in Kauf, dass ich mich wiederhole. Vielleicht merk’ ich es ja noch beim Abschreiben mit der Schreibmaschine. Ja, der Vegetarische Osterhase, - das Format ist DIN A3. Da kann ich dann Farb-Foto-Kopien machen lassen, und sie in der Pause meiner Veranstaltungen von der Bühne herab verkaufen. Mit meinem Raucher-Buch mach’ ich das schon. Es kostet 10,- Mark und hat 80 handgeschriebene und handgezeichnete Seiten. Ein Gedicht daraus zitiere ich jetzt mal:

Meine Lungen sind voll Teer,
denn ich rauche nun mal sehr.
Fällt mir im Asphalt ’n Schlagloch auf,
bleib’ ich steh’n, und huste drauf.

Ach, gleich noch eins:

* Meine Kunstrichtung in Malerei, Musik und Dichtung ist:
Real-Romantischer Phantastizismus

** oder noch besser gesagt in Schul-Schmier-Schnell-Schreib-Schrift

Ein Raucherbein macht mich nicht krank,
ich hab' ein Holzbein schon im Schrank.*

Und noch eins:

Lügen haben kurze Beine, -
Raucher auch, und manchmal keine.

So, das reicht, Sie können das Buch ja später lesen, es heißt: Raucher- und Trinker- Lyrik (Seite 541-620).
Auf dem Aquarell (Vegetarischer Osterhase) ist ein Osterhase zu sehen, der aus einer Osterhasen-Maske besteht und einem menschlichen Gerippe.** Er ist gerade dabei, mit einem Messer über ein Osterlamm herzufallen. Daneben liegen schon viele tote Schafe. An der Seite steht ein Tisch mit Oster-Eiern. Durch das offene Butzen-Scheiben-Fenster sieht man in der Ferne auf einem Berg ganz klein ein Kreuz an dem, ganz schwach zu erkennen, Jesus gekreuzigt ist, aber nur von hinten aus gesehen. Ans Fensterglas geklebt befindet sich ein Zettel auf dem steht: das 5. Gebot: Du sollst nicht töten! Und zwischen den Schafen steht ein Eimer mit Blut. Jesus soll ja Vegetarier gewesen sein. Ich habe mal im Fernsehen einen Kultur-Film gesehen, der hieß: Ostern in der Mongolei. Da waren zwei junge Männer, die legten ein Schaf auf die Seite, dann stach ihm der eine ein Loch in den Hals, und griff mit der Hand in das Loch, und zerriß die Luftröhre, und der Kommentator sagte, das wäre seit Jahrhunderten so Tradition. Also was seit Jahrhunderten Tradition ist, - klang da hervor, - das ist damit gerechtfertigt. Na ja, Sklaverei gab es auch Jahrhunderte gemäß einer Tradition, - Leibeigenschaft, das Schächten von Schafen, usw. Aber mein Vegetarischer Osterhase wird natürlich nicht die Welt verändern. Mein Kollege, der vor 2500 Jahren lebende Pythagoras, war auch Vegetarier, außer dass er sich mit Dreiecken beschäftigt hat, - und hat ganz sicherlich versucht Einfluß auszuüben bei seinen Mitmenschen, und immer noch gibt es bloß ein paar Millionen Vegetarier in jedem Land, also in den kultivierten Ländern. Tendenz steigend.
Um 17:30 Uhr ist es dann so langsam dunkel geworden und ich habe bis auf die zwanzig toten Schafe fast alles geschafft. Noch 5 Stunden, und es ist fertig (die toten Schafe im Hintergrund sind klein, und das geht dann schnell). Dann kam meine ehemalige Freundin zurück, - sie hatte etliche Zimmer vermietet, und musste ihre Gäste begrüßen. Sie kochte ein gutes vegetarisches Abendbrot, - Kartoffeln, Gemüse, überbackenen Käse und Kim-Chi. Kim-Chi ist ein Salat aus China-Kohl und viel Paprika-Pulver, Knoblauch und saftiger Soße. Kim-Chi (kim-tschi) ist die Koreanische National-Speise. Dazu ißt man Reis und Gemüse, und Tofu (Sojabohnen-

* Ich fragte mal eine Frau nach einer Veranstaltung, warum sie raucht. Sie sagte: "Das machen hier alle im Ort." Was alle machen ist wohl richtig. Reisegruppen gehen manchmal bei "rot" über die Straße und keiner achtet auf den Verkehr. Menschen in Gruppen sind manchmal bescheuert.

** Seite 525

Eiweiß). Ohne Kim-Chi kriegen die Koreanerinnen und Koreaner Verdauungsschwierigkeiten. Ich hatte mal meine ehemalige Freundin auf eine Tournee mit Insterburg & Co (Karl Dall, Peter Ehlebracht und Jürgen Barz) 1976 mitgenommen, nur 5 Tage, - dann hatte sie genug, - übrigens alle Frauen oder Freundinnen kamen nur einmal mit, dann hatten sie genug von der Rumreiserei von einer Stadt in die andere, kreuz und quer durch Deutschland, manchmal Schweiz (deutschsprachige). Ja, - und da hatte sie kein Kim-Chi mit und nach drei Tagen kaufte ich ihr einen Liter Sauerkohl-Saft. Das war ein guter Kim-Chi-Ersatz, aber nur von der Wirkung her, vom Geschmack natürlich nicht.

Dann hab' ich noch etwas Gitarre gespielt, und dann hörte ich mir auf der guten Tonanlage von meiner ehemaligen Freundin meine neue Doppel-CD an. Sie heißt: 3 x 7 Liebeslieder, und die zweite heißt: Liebesspiel-Sonate. Sie schildert die schönsten Liebesverhältnisse, die ich hatte, in 5 Sätzen. Die Sätze heißen: Andrea, - Gila, - Gabriela, - Kim und Katarina. Ich glaube, noch nie ist romantische Liebe so realistisch dargestellt worden in der Musik der Weltgeschichte. Meine Kollegen würden mir darob sicherlich ihre große Anerkennung zukommen lassen, wenn sie noch leben würden. Also Beethoven würde meine Liebesspiel-Sonate vielleicht nicht so gut gefallen aber Mendelssohn-Bartholdy um so mehr, vielleicht auch Robert Schumann. Sie leben zwar nicht mehr, aber manchmal spüre ich sie, - glaube ich.

Und dann endlich sitz' ich nun am Küchentisch und schreibe. Übrigens schon seit 2 ½ Stunden. Sogar ein halbes Glas Rotwein steht vor mir, an dem ich nippe, ab und zu. Meine ehemalige Freundin hat einen Mitarbeiter, der ihr hilft und zur Zeit ein Appartement renoviert, - Badewanne raus, neue rein, Kacheln raus, neue rein usw. Er heißt Pablo, ist 25 Jahre alt und stammt aus Argentinien. Während ich jetzt schreibe, kucken sie zusammen Fußball im Fernsehen. So, nun komme ich endlich, wie schon geplant, zum Heiligabend 1943.

Es war die schönste Weihnacht in meinem Leben, auch in dem meiner drei Geschwister, und zugleich die letzte in der Ostpreußischen Heimat. Das heißt, mir fällt noch ein, eine einmalige Begebenheit, die ich schnell noch dazwischenschiebe. 1939 war unsere Familie eingeladen zum Geburtstag bei Familie Pauli in der Quandelstraße. Die Erwachsenen wollten noch eine Weile für sich sein, und schickten mich und ihre beiden gleich kleinen Kinder, es waren Zwillinge, in den Kindergarten. Die älteren Kinder kamen nicht mit. Der Kindergarten hieß damals bei uns in Insterburg „Spielschule". In der Spielschule waren alle sehr nett zu mir, und das Fräulein sagte: „Der Ingo darf aussuchen, womit ihr spielen könnt heute, weil er bei uns zu Besuch ist, darf er das." Und ich suchte aus, dass wir mit Autos spielen konnten. Und wir spielten alle mit Autos, Blech- oder

OST-SEE
KURISCHES HAFF
TILSIT
INSTER
KÖNIGSBERG
PREGEL
EYDTKUHNEN
INSTERBURG
PISSA
TRAKEHNEN
ANGERAPP
HAFF
FRISCHES
HEILSBERG
ELBING
ALLENSTEIN
ORTELSBURG
OST-PREUßEN
DER NÖRDLICHE TEIL IST JETZT RUßLAND,
DER SÜDLICHE POLEN
2002

KÖNIGSBERG
DANZIG
HANNOVER
BERLIN
KÖLN
02

INSTERBURG AN DER ANGERAPP 1943

Holzautos, je nach dem. Abends gingen wir dann nach Hause und ich sagte: „Mama, ich will auch in eine Spielschule bei uns." – „Hat es dir denn so gut gefallen, Ingomann?" Meine Eltern nannten mich manchmal Ingomann, wenn sie nett sein wollten zu mir. „Ja, sehr gut, und ich habe mit Autos gespielt." Also meldete mich Meine Mutter am nächsten Tage bei der Spielschule bei uns um die Ecke gleich, gleich an, und meine kleine Schwester gleich mit. Die war da 2 ½ Jahre, ich aber schon 5. Da mussten wir durch die Räume marschieren und jeder auf ein Triangel schlagen, und was Dammliges singen, ich glaube „la, la, la". Dann mussten wir Mittagstunde schlafen, und uns vorher die Zähne putzen. Ich hatte nach dem Zähneputzen meine Zahnbürste verkehrtrum in den Becher gestellt, also die Borsten nach unten. Da kam eins von den Fräuleins, und zwar die dammligere (dämlichere) von beiden, und knallte mir eine, und danach sagte sie, dass ich meine Zahnbürste die Borsten nach oben in den Becher stellen soll, jetzt immer. Die Fräuleins kümmerten sich danach darum, dass alle ins Bett gingen zum Mittagstunde schlafen, und als sie mich gerade nicht sahen, nahm ich meine Schwester an die Hand und sagte: „Komm, wir hauen ab, das is hier nich so gut." Und wir hauten ab, und zwar zum Ulmenplatz. Da hatten wir immer gespielt jeden Tag, und wussten gut Bescheid. Da standen viele Bänke zum Sitzen für Spaziergänger, und zwar immer zwei zusammen, Rücken an Rücken. In den Zwischenraum von zwei solch Bänken krochen wir, und durch die Ritzen konnten wir durchkucken und konnten sehen, wie die Fräuleins uns suchten, ganz aufgeregt.

AUF DEM ULMENPLATZ "IM VERSTECK"

Meine kleine Schwester und ich blieben da aber zwei Stunden, und keiner fand uns. Spät am Nachmittag gingen wir dann nach Hause, und ich sagte

Meiner Mutter alles, und sie sagte, ich brauch' nicht mehr in die Spielschule, wenn ich nicht will. Na ja, ich wollte nu auch nich mehr. Meine kleine Schwester wurde gar nicht gefragt.

Eh' ich zum Weihnachten 1943 komme, nur noch, dass über meinem Bett, und zwar an der Wand, eine Geige hing, und Mein Vater sagte immer und sehr oft: „Wenn der Ingomann 10 Jahre ist, lernt er Geige spielen." Und ich sagte: „Ja, Papa." Mein Vater konnte nämlich nicht Geige spielen, aber er konnte schon, aber nur etwas. Auch Cello, aber nur auf einer Saite, meistens auf der hohen. Wenn meine Mutter Klavier spielte, - richtig nach Noten, - hörte er ein paarmal zu, und dann spielte er mit, auf einer Saite, aber mit 4 Fingern. In der Kriegsgefangenschaft nach dem zweiten Weltkrieg, in Russland, hatte er sich aus einer Kiste ein Cello gebaut, mit einer Saite. Die Saite war ein Stück Telefon-Draht, der da rumlag. Den Bogen hatte er sich gemacht aus einem biegsamen Stock, und dann einem Soldaten-Pferd ein paar Haare vom Schwanz abgeschnitten, und Kolophonium suchte er sich bei einem Baum, wo aus der Rinde Harz tropfte. Dann musste er einem russischem Offizier vorspielen, und bekam 3 Zigarren geschenkt.* In der Gefangenschaft leitete er die Sanitäts-Baracke, weil er Drogist war. Einmal hat er auch für seine Mitkriegsgefangenen Schnaps gebrannt, heimlich, - nachts, - aus gesparten Kartoffeln. „Und das hat dann geschmeckt!!!" hat er immer gesagt, wenn er uns das erzählt hatte. Einmal hatte er Lymphdrüsen-Schwellung, und schon einige sind daran gestorben. Da saß er einmal auf einer Bank, und dachte, jetzt käm' das auch bei ihm so, und da sah er Breitwegerich-Blätter. Und da er Drogist war, wusste er, dass das eine Heilpflanze ist, Breitwegerich und Spitzwegerich. Dann dachte er: Vielleicht hilft es ja. Und er legte sich eine Menge Breitwegerich-Blätter an den Hals, eingehüllt mit einem Tuch, weiter nichts, - und am nächsten Tag war es schon besser, und nach ungefähr einer Woche war er zum Glück wieder gesund. Seine anderen Mitkriegsgefangenen, die auch Lymphdrüsen-Schwellung kriegten, hat er so auch behandelt, und ihnen das Leben gerettet. Auch nachdem er entlassen war, machten die dann so weiter. Aber die Geige, die an der Wand hing über meinem Bett, war aus der ersten Kriegsgefangenschaft in Russland, im 1. Weltkrieg. Hinten hatte er eingeritzt „Kamenskoje". Das war die Stadt, in der er in Gefangenschaft war. Kamen heißt auf deutsch, weil das russisch ist, Stein. Kamenskoje könnte also Steiningen oder Steinlingen oder so heißen. Da ging's ihm gut. Er hatte eine Apotheke unter sich, da er Drogist war, und hatte eine Freundin und einen Hund, war gar nicht eingesperrt in einem Lager, sondern lief frei rum. Der Hund hieß Wudka. Oft haben wir als Kinder gesagt: „Papa, erzähl doch noch mal vom Wudka." Und dann erzählte er, dass es ein Dobermann war, und wenn er nur ein ganz klein bißchen den Zeigefinger bewegte, dass er dann ankam.

* In Insterburg früher machte Mein Vater zu Hochzeiten oder Geburtstagsfeiern manchmal Bauchreden und Zauberkunststückchen, und spielte Geige, und hielt dabei den Bogen zwischen den Zähnen, und trug eigene Gedichte vor. Eins handelte davon, daß Onkel Hermann einmal seinen Gästen Pferdefleisch zu essen gab, und die dachten aber, es wäre Rindfleisch.

Den anderen hat er dann gesagt, Wudka kann fremde Sprachen verstehn, dass er herkommen soll. Und wenn er dann in irgendeiner Sprache sagte: „Komm her!“ – dann wackelte er ganz klein wenig mit dem Zeigefinger, was die anderen gar nicht merkten, und der Hund kam, und alle dachten, weil er die fremde Sprache verstanden hat. Als die Kriegsgefangenschaft zu Ende war, wurde er mit einem Motorschiff abgeholt, und musste Wudka aber dalassen, also, er konnte ihn nicht nach Deutschland mitnehmen. Als das Motorschiff sich in Bewegung setzte, war Wudka am Ufer bei seinem neuen Herrchen, sprang aber rein ins Wasser und schwamm zu meinem Vater. Er holte ihn aus dem Wasser raus, und streichelte ihn noch mal, und warf ihn dann wieder rein, und Wudka schwamm noch eine Weile hinterher, aber das Boot wurde immer schneller, und irgendwann ist er dann wohl umgekehrt. Da waren wir als Kinder immer ganz traurig und ich dachte immer: Ich schaff' mir nie einen Hund an, dann brauch ich auch nicht traurig sein, wenn er mal wegkommt.

Einmal sollte die ganze Familie nach Königsberg fahren zum Zoo dort.* Als ich morgens aufwachte, hatte ich aber keine Lust zu verreisen und wollte lieber in Insterburg bleiben. Mein Vater kam ans Bett und redete mir eine viertel Stunde lang gut zu: „Da gibt es Elefanten, Affchen, Tiger, Löwen und Krokodile, komm doch mit, Ingomannche, das wird dir sicher alles gut gefallen.“ Na ja, dann stand ich auf und fuhr mit und es war auch ein schöner Tag geworden. Aber Lust zu verreisen habe ich immer noch nicht. Am liebsten bin ich zu Hause. Kultur konnte ja auch nur entstehen, weil die Menschen gern zu Hause blieben. Nomaden hätten ja nicht mal Bücher erfinden können, - wer sollte die dann immer mitschleppen? Aber hin und wieder reisen, - bildet ja natürlich, deswegen mach ich auch die vielen Tourneen. **

Mit zehn Jahren bekam ich aber dann doch keinen Geigenunterricht, weil wir vorher noch flüchten mussten. Einmal war eine Cousine da, die hieß Kätchen. Die anderen hießen Lieschen, Hildchen und Dorchen. In Wirklichkeit hießen sie Käte, Liesa, Hilde und Dora. Kätchen hatte ein Schifferklavier mitgebracht und spielte allen was vor. Dann sagte sie: „Na, Ingomannche, willst auch mal?“ und ich spielte ein Kinderlied, nachdem sie mir gesagt hatte, mit welcher Taste ich anfangen soll, - wahrscheinlich C-Dur, weil da keine schwarzen Tasten vorkommen. Sie behielt aber das Schifferklavier um, und drückte den Blasebalg. Und dann noch ein Lied und noch eins. Da sagte Kätchen zu meinen Eltern: „Der Ingo ist musikalisch, er kann gleich ein Lied spielen, und wenn er sich mal verspielt, ist der nächste Ton immer gleich richtig.“ Aber ich wollte ja Geige spielen lernen. Da kann man nicht einfach so sagen: drück' mal einen Ton. Geige ist viel schwerer als Schifferklavier. Und nun kommt Heiligabend 1943.

Schon am Nachmittag waren wir ganz aufgeregt, und kuckten unter der

* Den gibt es noch, sonst kaum was von früher.

** Später verreiste ich immer nur, weil mir das Autofahren so`n Spaß machte, einmal in 5 Tagen Berlin-Kopenhagen-Stockholm-Oslo-Berlin.

Türritze durch, konnten aber nuscht sehen. „Papa, wann können wir reinkommen," riefen wir dauernd, und Mein Vater sagte dann: „Gleich, ich muß nur noch die Lichter anzünden." Aber nach dem zehnten Mal sagten wir: „So lange dauert das doch gar nich, de Lichter anstecken." So um zehn war es dann soweit, aber war nicht schlimm, - Heiligabend konnten wir aufbleiben, ganz lange, - Sylvester auch.

Dann schloß mein Vater die Wohnzimmertür auf, und wir konnten reinkommen, die Kleinen zuerst und dann die Großen, - Au warte! Das glänzte aber alles ganz schön, du meine Güte!!!

Also, bei uns war nichts Eingepacktes, alles stand gleich so da. Weihnachten alles einpacken finde ich deshalb auch blöde. Ich sah gleich ein großes Schaukelpferd, auf das sich auch Mein Vater nachher gesetzt hat, und mein Bruder sah gleich eine elektrische Eisenbahn, Spur „Null". Und meine kleine Schwester sah gleich viele Puppen, und meine ältere Schwester sah auch gleich Puppen, aber andere. Meine Mutter hatte für alle Puppen neue Puppenkleider genäht, abends, wenn wir schon schliefen. Sie fing manchmal im Sommer schon damit an. Mein Vater kuckte immer erst in die Zeitung, bevor er den Laden aufmachte, auf die Seite, wo man gebrauchte Sachen kaufen konnte, und ging gleich die Geschenke kaufen, also das Schaukelpferd und die elektrische Eisenbahn, und eine Puppenstube, und dann machte er erst die Drogerie auf.* Wir mussten wieder keine Gedichte aufsagen, bloß drei Weihnachtslieder singen, und Meine Mutter spielte wieder Klavier dazu, und Mein Vater wieder Cello auf einer Saite. Übrigens, das Cello habe ich noch. Es ist ein halbes. Das heißt nicht, dass ich nur eine Hälfte habe, sondern dass es im Vergleich zu einem ganzen Cello nur die halbe Größe hat. Es gibt auch ¼ Cellos, und ¼ Geigen, ½, ¾ Geigen, bis 1/32 Geigen. Noch kleinere kann man nicht mehr spielen, die sind nur zum Ankucken.

Das dritte Lied war immer „Stille Nacht", das zweite „Es ist ein Ros' entsprungen". Aber schon während der ganzen Advents-Zeit haben wir Kinder, außer mein älterer Bruder, der war schon in der Hitlerjugend, immer alle Weihnachtslieder durchgesungen, und der Adventskranz brannte dann immer, also die Kerzen, die vier, - aber am ersten Advent natürlich nur eine usw.

Nach den drei Weihnachtsliedern durften wir dann die Geschenke nehmen. Ach du meine Güte, haben wir uns gefreut!!! Und der Tannenbaum, der war schön geschmückt, und mit richtigen Kerzen, nich man bloß mit elektrischen. Und die bunten Teller, au wei! Da war alles drin. Aber Schokolade gab es keine, auch keine Apfelsinen, aber Kekse, selbstausgestochene. Es war ja der 2. Weltkrieg gerade. Wir waren so aufgeregt, dass wir im Schlaf aufstanden und schlafwandelten. Mein Bruder sagte immer die ganze Zeit und die Augen waren zu: „Wo ist mein Rasierpinsel!"

* In den Geschäften gab es damals nur bescheidene Spielsachen zu kaufen.

Und ich geisterte rum nach meinem Schaukelpferd. Meine große Schwester auch, auch mit den Augen zu.* All die schönen Spielsachen mussten wir dann dalassen bei der Flucht. Bloß meinen großen braunen Teddy-Bär konnte ich mitnehmen, aber den hatte ich schon länger, aber dann kam auch der weg.

Wir durften lange aufbleiben, ich glaube bis eins. Dann kamen ja noch zwei Weihnachtstage, der erste und der zweite und als Trost, dass Weihnachten immer so schnell vorbeigeht, Sylvester und Neujahr. Zu Sylvester und Neujahr gab es immer Rader-Kuchen. Die waren aus Teig.

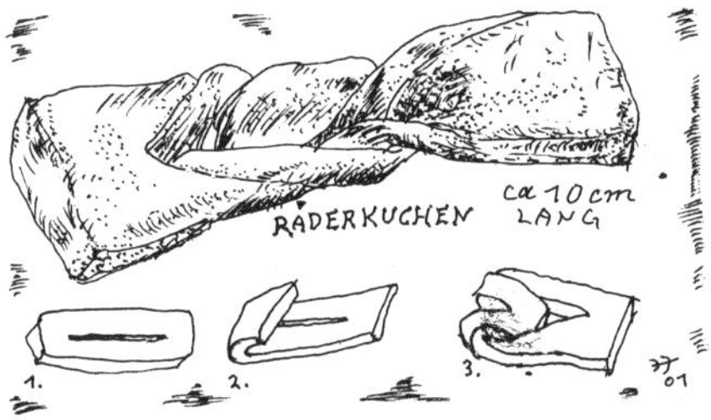

Der wurde breitgerollt mit der Nudelrolle. Danach wurden viereckige längliche Stücke rausgeschnitten, dann ein Schlitz rein und umgekrempelt, und in heißes Öl getan, und mit Puderzucker bestreut. Fliegeralarm war nicht Weihnachten. Der kam erst später. Deshalb wurden ja auch die Sirenen auf die Dächer von den hohen Häusern gestellt. Wie schon mal gesagt: Auf und ab der Ton war Fliegeralarm, gleicher Ton war Entwarnung, auf und ab kurz, aber fünfmal alles, war Panzer-Alarm. Das war das Schlimmste. Haben wir aber nur einmal gehört in Zschopau im Erzgebirge, aber nie erlebt. Zum Glück! - - -

Das war heute ein Tag! Jetzt trinke ich noch den Rotwein und dann gehe ich schlafen. Gute Nacht!

Ich hab' noch schnell Wäsche aufgehangen. Es ist Voll-Mond. Viele große Sterne sind zu sehen. Auch mein Lieblingsgestirn, das Siebengestirn. Wenn ich mir das ansehe, habe ich immer so ein merkwürdiges Gefühl. Vielleicht war ich schon mal da.

Lanzarote 10. Dezember 2000, 8:30 Uhr – 0:30 Uhr

Ich habe mir noch mal mein Bild angekuckt, also den Vegetarischen Osterhasen, - es gefällt mir sehr gut. Morgen mache ich die Schafe fertig, wenn ich mit den Hunden gegangen bin, aber morgen nur ein Berg.

(abgeschrieben vom 27. Feb. – 03. März 2001) (1. Oktav-Heft/dünnes)

(es folgt 2. Oktav-Heft/dickes) (04. März 2001)

11. Dezember 2000

Heute schreibt man den Elften des Monats Dezember im Jahre zweitausend nach der neuen Zeitrechnung. Ich weile den neunten Tag auf diesem

* Die Mutter von meiner Mutter war oft Schlafwandlerin in Eydkuhnen. Einmal stand sie auf, um Kuchen zu backen. Am nächsten Morgen lag dann ein Kissen in der Wasserschüssel.

herrlichen Eiland namens Lanzarote. Das Thermometer zeigt am heutigen Mittage sechsundzwanzig Grad Celsius an und die helle Sonne strahlt am blauen Himmel und erleuchtet den Horizont, auch den meinen, denn ich verließ mein Nachtgemach bereits nach dem dritten Hahnenschrei um halb neun in der Früh. Hinausbegeben wollte ich mich also bald, um die Schönheit der Natur dieser einmaligen von Vulkanen in Mitleidenschaft gezogenen Insel wahrnehmen zu können. Aber die Natur wäre nicht Natur, wenn sie nicht aus dem einen das andere machen würde, aus einem Unglücke ein Glück. Dieses herrliche von vulkanreichen Bergen durchzogene Land ist so recht nach meinem Gusto. Erzeugt durch die hell leuchtende Sonne erscheinen immer neue Farben und Schatten an der Berge schroffe Wände, - alles bräunlich, gelblich und rötliche Töne. Dutzende, zwar karge, aber das Landschaftsbild belebende Pflanzengruppen von bescheidenen grünen schattigen Kakteen ragen stolz in den blauen Himmel, mal von länglichen, mal von rundlichen Formen, und geben dem Ganzen ein fröhlich bizarres Aussehen, - dazwischen die immerwährend schwarzen Feuerbergsteine in den vielfältigsten Ausführungen. Die Phantasie des größten Künstlers reicht nicht annähernd an die Vielfältigkeit der Natur. Welch ein Wunder ist doch unser Planet! Da zieht er durch das unermessliche Weltall in Gesellschaft so naher und doch so ferner Planeten, Lichtjahre weit, und ist doch einmalig.

Ich brauche die Hunde nicht erst aufzufordern, mit mir die Natur zu durchstreifen, - sie haben längst ungeduldig das für sie großartige Ereignis erwartet, und sind nur allzu bereit, den Spaziergang mit mir zu beginnen. Vorbei an des Nachbarn Häuschen geht es zu einem halben Hundert an vielfältigen Metern entfernten villenartigen Gebäude. Hier, am Rande einer ruhigen Straße beherbergt man sechzehn Hunde aller erdenklicher Rassen, von kleinen Weißen bis zu braunen Großen, von flinken Mittleren bis zu trägen Riesen. Dazugelaufen oder aus Erbarmen aufgenommen führen sie bei diesen großmütigen Leuten ein doch recht menschliches Dasein. Welch lebhaftes Bellen, welch temperamentvolles Jaulen ertönt da aus sechzehn Kehlen, durch flinke Sprünge bereichert. Und meine, - unsere Hunde? – sie stimmen gleichmütig ein in diesen Chor der herrenlosen Geschöpfe, und lassen sich nicht nehmen hundegemäß Grüße hinüberzusenden. Dann biegen wir linker Hand ein in den Weg, der zu den erhabenen Bergen führt.

Sicher wundern Sie sich jetzt, was ich da plötzlich geschrieben habe, und sind bestimmt mit mir einer Meinung, dass das fast schon literaturverdächtig ist. Aber es ist sehr anstrengend so zu schreiben.* Deswegen schreibe ich jetzt wieder, wie mir der Schnabel gewachsen ist. Im Abitur-Aufsatz 1953 in Bernburg habe ich ja eine „2“ gehabt bei Herrn Dr. Kühlhorn, den sie „Trapper“ nannten, weil er früher immer gesagt hat:

* und zu lesen

„Na Kinder, nun macht mal trapp, trapp, trapp!“, wenn die Pause zu Ende war. Der Herr Dr. Kühlhorn sagte in der 11. Klasse zu uns im Deutsch-Unterricht: „Wir wollen dieses ganze Schuljahr versuchen, Fremdwörter zu vermeiden.“ Das war manchmal gar nicht so einfach, deutsche Wörter zu finden für ein bestimmtes Fremdwort. Das habe ich beibehalten bis heute: Ich versuche Fremdwörter zu vermeiden. Das Aufsatz-Thema beim Abitur war ein gesellschafts-politisches gewesen. Aber der Direktor, Herr Sprotte, hat mir eine „3“ gegeben, weil er SED-Mitglied war. Doch das war ganz gut so, da meine Vorzensur auch „3“ war. Ich wäre sonst nämlich beim mündlichen Abitur in „Deutsch“ rangekommen, und das wäre schiefgegangen, weil ich nicht damit gerechnet hatte, und nicht dafür lernte. So hatte doch alles sein Gutes. Die SED (Sozialistische Einheitspartei Deutschlands) war ja auch nicht immer schlecht gewesen, sie hat auch hin und wieder Gutes bewirkt. Wie sagte doch mein Kollege Johann Wolfgang von Goethe in seinem Faust: „So ist der Teufel eine Kraft, die stets das Böse will, und doch das Gute schafft.“

Ich schreibe übrigens keinen „Faust“, obwohl das nahe liegen würde. Habe nur mal ein „Faust- Musical“ geschrieben 1969. Heute ging ich aber, wie ja auch gestern geplant, nur auf einen Berg und wieder gemütlich zurück. Die dämlichen Köter kläfften natürlich wieder, als wir an dem betreffenden Haus vorbeikamen, und das hört sich ganz schön bescheuert an, wenn 16 Hunde loslegen. Wenn meine, - unsere auch noch bellen, sind es 18. Aber sie blieben ruhig, und so blieb es bei 16. Dann aß ich wieder Käse, Brötchen, Tomaten und Avocado und malte ab 12:30 Uhr an meinem Vegetarischen Osterhasen weiter. Ich machte öfter Pause und spielte Gitarre. Und dann um 17:30 Uhr waren alle Schafe fertig und damit auch das ganze Bild. Morgen mach' ich dann noch einige Korrekturen, und dann ist das Bild fertig. Manche Korrekturen ziehen sich über Tage hin. Aber das macht Spaß, wenn etwas gut geworden ist, es dann noch besser zu machen. Ich glaube fast, es ist ein Kunstwerk geworden, und zusammen mit dem Vegetarischen Weihnachtsmann mit seinen toten Gänsen, der ja schon seit einem halben Jahr fertig ist, wird es alle Vegetarier erfreuen und Fleischfresser erschrecken. Na ja, nicht ganz, aber vielleicht zum Nachdenken anregen.* Jetzt, wo dauernd BSE im Fernsehen ist, soll man aber die Nichtvegetarier nicht noch zusätzlich erschrecken, aber, da fällt mir ein, an dieser Stelle könnte ich Ihnen mein BSE-Gedicht mitteilen, das Sie im häuslichen Kreise mit Betonung vortragen sollten!

Seit ein'ger Zeit gibt's BSE,
die armen Menschen ach, oh weh!
Mit Rindfleisch füll'n sie sich die Bäuche, -
nun krieg'n sie alle Rinderseuche.

* siehe Seite 523

Aber nur die Ruhe bewahren,
man kriegt sie erst in fünfzehn Jahren.
Bis dahin steigen um die Schnellen
auf Hühnerfleisch mit Salmonellen.
Die andern sind beim Schlachtefest,
und warten auf die Schweinepest.
Geht einst die ganze Menschheit ein,
dann hab'n die Vegetarier Schwein.

Jetzt bin ich nur noch 5 Tage auf Lanzarote. Sonntag geht's wieder

zurück in die Dezember-Kälte, aber ich freue mich doch immer auf zu Hause. Ich war ja gewissermaßen ewig heimatlos, - aber seit ich in Berlin 1974 in eine Eigentums-Wohnung am Roseneck gezogen bin, fühle ich mich endlich zu Hause. Als ich mich also das erste Mal zu Hause fühlte nach der Flucht aus Ostpreußen, war ich immerhin schon 40 Jahre alt. Und seitdem habe ich immer Heimweh nach Berlin, wenn ich länger als eine Woche weg bin.

Meine ehemalige Freundin ärgert sich dann immer, wenn ich sage, ich hab' HEIMWEH!

*****

Anfang 1944 merkte man noch nicht sehr viel vom eigentlichen Krieg. Es gab höchstens mal Probe-Alarm. Das war ganz schön laut immer. Oft saßen wir auf der Chaiselongue und sangen Volkslieder aus dem großen Lieder-Buch Meiner Mutter. Aber nur meine beiden Schwestern und ich, mein großer Bruder war schon bei der Hitlerjugend. Stundenlang ging das so. Meine Mutter hatte uns die Melodien beigebracht, weil sie ja Klavier spielen konnte. Die Texte lasen wir aber ab. Meine Mutter war eine ganz gute Frau, bloß manchmal war sie zänkisch. Das war immer furchtbar. Auch mein Vater fand das nicht gut. Aber er blieb mit ihr verheiratet bis zum Schluß. Wenn ich mal was angestellt hatte, knallte mir meine Mutter eine. Manchmal sagte sie auch zu Meinem Vater: „Der Ingo war ungezogen, du musst ihn mal windelweich schlagen." Da sagte Mein Vater zu mir in dem andern Zimmer dann, ich soll schreien, er tut nur so, er haut mich aber nicht. Dann schrie ich, und meine Mutter war zufrieden, und ich hatte aber nichts abgekriegt. Das letzte Mal schlug mich meine Mutter als ich 15 war, das vorletzte Mal im gleichen Alter. Ich hatte wohl gerade Liebeskummer, und deswegen schlechte Laune, aber das wusste sie nicht. Das war in Bernburg. Da hatte ich meine Arme vors Gesicht gehalten, und da sagte sie: „Nimm die Arme runter, ich schlag' dich nicht". Ich nahm die Arme runter, und da schlug sie mich doch. Ich sagte da: „Du hast gesagt, du schlägst mich nicht". Da sagte sie nichts. Paar Tage später war das gleiche. Sie sagte, dass ich die Arme runternehmen soll, sie schlägt mich nicht. Da sagte ich: „Das hast du schon mal gesagt, und dann hast du doch mich geschlagen." Ich behielt die Arme vorm Gesicht und sie schlug. Aber ich wehrte mit den Armen ab, ziemlich stark. Da sagte sie: „Der Ingo hat mich geschlagen, der Ingo schlägt seine Mutter." Und ich sagte: „Ich habe mich nur gewehrt." Jedenfalls merkte sie, wie das ist, wenn was weh tut, und seit diesem Mal schlug sie mich nie wieder.

Die Flieger-Alarme wurden nun häufiger und wir rannten jede dritte Nacht in den Keller gegenüber. Dann, - es war glaub' ich im Juni 1944, - ging im Nachbarhaus eine Bombe runter. Das Nachbarhaus war zum Glück etwas weiter weg, weil die Wasser-Gasse da durchging. Die Wassergasse war zwar nur ungefähr zwei Meter breit, und zog sich fast durch die ganze Stadt, aber immerhin. Das hatte sich angehört, als die Bombe runterkam, - erst als ob viele Säcke Sand geschüttet würden, und dann knallte es ganz laut. Wir hatten ja öfter mal Feuerwerk knallen gehört, weil Mein Vater in seiner Drogerie für Sylvester welches immer da hatte, - aber das war viel, viel lauter gewesen. Ich hab' mich erschreckt, aber richtig Angst hatte ich erst, als plötzlich alle Frauen im Luftschutzkeller anfingen zu beten: Vater Unser, der Du bist im Himmel.* Da dachte ich, jetzt ist das Ende. Es war aber die einzige Bombe in unserer Gegend gewesen. Als wir rauskamen aus dem Luftschutz-Keller, waren bei den ganzen Häusern die Fensterscheiben kaputt, und in unserer Wohnung war vieles kaputt gegangen und umgeflogen. Bloß die Porzellan-Figur vom Goethe stand noch auf dem Klavier unversehrt. Die Fenster wurden dann am nächsten Tag mit Pappe zugenagelt. Erst zwei Wochen später war wieder Glas drin, weil so viele Scheiben der Glaser nicht hatte im Lager. Mein Bruder war zu dieser Zeit mit der Hitlerjugend in Litauen, zum Ernte-Einsatz. Meine Eltern dachten nach diesem Bomben-Angriff, dass es besser für uns Kinder wäre, wenn wir aufs Land kämen. Sie kannten eine Bauernfamilie in Adamshausen. Die wollte uns aufnehmen, und hießen Herr und Frau Witt. Da kamen wir dann auch hin. Wir hatten außerdem Sommerferien. Meine Eltern besuchten uns öfter. Meine Schwestern und ich sangen im Bett immer vor dem Einschlafen. Meistens: Stehn zwei Stern' am hohen Himmel, leuchten heller als der Mond usw., sogar zweistimmig. Das hörte sich sehr schön an.**

Auf dem Bauernhof war auch ein Pole. Er hieß Felix und half dort, weil er Kriegsgefangener war. Er bekam manchmal ein Päckchen vom Roten Kreuz, und dann schenkte er uns Süßigkeiten. Auf dem Bauernhof waren 2 Pferde, 4 Kühe, Enten und Hühner und Puten, und eine junge Gans, das war ein Gissel. Das Gissel lebte mit den Enten zusammen, und ging immer als erste, wenn die Enten zum Ententeich gingen.

Abends kamen sie wieder alle zurück. Wenn ein Habicht am Himmel war, rief immer eine Pute: „Tschljaug, - tschljaug!" Der Habicht war manchmal so hoch, dass wir ihn kaum sehen konnten, da rief sie schon als Warnung „tschljaug, tschljaug". Wenn er aber runterkam, rief sie öfter und etwas lauter. Wenn der Habicht nur noch zehn Meter hoch war, rief sie ganz schnell,

* Angst ist eine Quelle der Religion.
** In Filmen sagen dauernd die Kinder zu ihren Eltern und ebenso umgekehrt: ich liebe dich. So was haben wir nie gesagt, das war für uns selbstverständlich.

ganz laut und ganz aufgeregt „tschljaug, tschljaug, tschljaug, tschljaug", und im Nu waren alle Hühner und Enten samt Gissel im Hühnerstall oder im Entenstall verschwunden, die Pute selber natürlich auch. Und der Habicht haute wieder ab.

Manchmal sahen wir ein zerfetztes Huhn auf dem Feld. Das ist sicher nicht gewarnt worden. Einmal alle zwei Wochen schlachtete die Frau Witt eine Ente, und fragte uns, ob wir zukucken wollten. Sie setzte sich auf einen Baumstumpf, der da stand, nahm die Ente, die sie sich ausgesucht hatte, zwischen die Beine, und klemmte die Ente ein. Dann nahm sie mit der einen Hand den Kopf von der Ente, und hielt ihn fest, und rupfte ein paar Federn aus, aus dem Hals von der Ente, - und an der Stelle schnitt sie mit einem Küchenmesser den Hals auf von der Ente, und ließ das Blut in eine Tasse fließen, die voll wurde bis oben. Dann war die Ente tot, wenn alles Blut raus war. Dann rupfte sie die Federn raus, schnitt die Füße ab, und den Kopf auch, und schmiss alles weg, oder schmiss es zum Hund. Der hieß Nero, - und war ein Bernhardiner-Hund.*

Bei Witts war auch ein altes Fahrrad. Da lernte ich Fahrrad fahren. Ich konnte auch bald Fahrrad fahren aber noch nicht absteigen. Und so fuhr ich immer seitlich gegen einen 4 Meter hohen Stroh-Haufen und stieg danach ab. Nach einer Weile konnte ich auch normal absteigen. Aber dann mussten wir erst mal flüchten.

Nachts wurden wir einmal wach, weil in der Nähe Bomben fielen und Christbäume standen am Himmel. Die Christbäume** waren aber von den Engländern. Die warfen sie, damit alles hell war nachts, und die Flugzeuge besser mit den Bomben zielen konnten. Wir kuckten eine Stunde lang zu und es gingen viele Bomben runter, aber nicht in unserer Nähe. Es war die Bombardierung von Tilsit, nördlich von Insterburg. Einmal, nachmittags, sahen wir hinterm Wald ein brennendes Flugzeug abstürzen. Dann kam die Nachricht, dass wir morgen flüchten müssen, die Russen kommen. Die Witts hatten einen Leiterwagen, um Heu zu ernten, - aber die eine Leiter war kaputt und die andere auch, aber nicht ganz so. Deshalb baute der Felix schnell eine neue Leiter aus zwei langen dünnen Baumstämmen, und machte Sprossen dazwischen.

Zum Glück war sie am Abend fertig, und es wurde schon gepackt und alles auf den Leiterwagen gelegt, auch mein großer brauner Teddy-Bär. Der hatte aber nur ein Auge.

Am nächsten Morgen hörten wir schon Artillerie-Granaten über unsere Köpfe pfeifen, - von rechts die russischen, von links die von unseren Soldaten. Da fuhren wir schnell los zum Treff mit den anderen Bauern. Aber schon nach hundert Metern brach die nicht ganz so kaputte Leiter durch, die neue hatte gehalten. Da mussten wir den ganzen Leiterwagen stehen lassen mitsamt den Sachen drauf, und gingen zu Fuß weiter. Die

* Bei der Kinderlandverschickung in "Dolle" bohrte die Bauersfrau mit einem Kartoffelmesser im Kopf der Ente herum bis sie tot war.

** Leuchtbomben

Pferde wurden später von Herrn Witt geholt. Ich lief aber gleich noch mal zurück, und holte meinen Teddy-Bär. Ein anderer Pferdewagen nahm uns mit und der Nero lief neben uns her. Da kam ein Gutsbesitzer und sagte:

„Hunde dürfen nicht mit“ und schoß in die Luft mit einer Pistole, und der Nero hatte Angst und haute ab in den Wald. Wir haben noch gerufen, aber er haute ab. Abends kamen wir in ein Dorf, und übernachteten alle in einer Scheune auf der Erde mit vielen anderen Leuten. Das Schießen hatte aber aufgehört. Wir deckten uns mit Stroh zu, aber es war zu wenig Stroh da und wir froren in der Nacht. Am nächsten Morgen sagte die Frau Witt, wir sollten nach Hause fahren nach Insterburg zu unseren Eltern. Sie brachte uns zur Kleinbahn und wir fuhren damit los, meine beiden Schwestern und ich. Im Zug merkte ich, dass ich meinen Teddy-Bär vergessen hatte in der ganzen Aufregung und meine kleine Schwester tröstete mich und sagte: „Die Frau Witt findet ihn bestimmt und dann schicken sie ihn zu uns nach Insterburg.“ Ich habe ihn aber nie wiedergesehen. Dann kamen wir in Insterburg an und gingen in die Horst-Wesselstraße 1, aber da war die Wohnung leer. Es hing nur ein Zettel. Meine Eltern waren umgezogen in die Gartenstraße 9. Die fanden wir dann auch, nachdem wir Leute gefragt hatten. Meine Eltern waren erstaunt, dass wir plötzlich da waren, und wir halfen beim Wohnungseinrichten. Es war eine Sechs-Zimmer-Wohnung mit Innen-Toilette und Badewanne und Korridor. Die Lampen hingen noch nicht an der Decke, bloß nackte Glühbirnen. Meine Eltern wollten erst alles gemütlich einrichten, und uns damit überraschen. Aber nun war alles ganz anders gekommen. Drei Wochen später hieß es, wir müssen mit der Eisenbahn weg, es wäre der letzte Zug. Da haben wir Koffer gepackt, und gingen zum Bahnhof. Das war am 09. November 1944, 16:00 Uhr.* Meine Oma und mein Opa waren aus Eydkuhnen gekommen, damit sie mitflüchten konnten. Mein Schaukelpferd konnte ich leider nicht mitnehmen.

* Es waren nur noch sehr wenig Menschen in Insterburg. Eigentlich hatten wir großes Glück. Wenn ich auf Tournee Ostpreussen treffe, erzählen die mir, sie wurden an einer zeitigen Flucht gehindert, da der Gauleiter „Koch“ zum Durchhalten aufgerufen hatte. Der soll sich dann beizeiten abgesetzt haben. Viele starben auf der Flucht, zum Beispiel als das Schiff „Gustloff“ in der Ostsee versank.

Zwei Wochen vorher waren wir noch mit der Eisenbahn ins Sudetenland geflüchtet, über Görlitz, aber die Flucht hatte nur drei Tage gedauert, weil wir da keine Wohnung kriegten, und sind dann wieder nach Insterburg zurückgefahren, und zwar über Berlin. In Berlin hatten wir drei Stunden Aufenthalt auf dem Görlitzer Bahnhof. Mein älterer Bruder war auch dabei, und wir wunderten uns über die großen Häuser, und wie groß Berlin war. 1963 wohnte ich in Kreuzberg 7 Jahre lang in der Forsterstraße 3, und hatte praktisch in meine Straße hineingeschaut damals 1944 auf dem Görlitzer Bahnhof. Wir staunten immer wieder alle, wie groß Berlin war, denn wir fuhren fast zwei Stunden nur durch die Stadt.

„Mama", sagte ich an diesem 09. November 1944, - mein Vater war dageblieben, weil er zum Volkssturm* musste, - „Mama, wenn ich einschlaf`, weck' mich, wenn wir über die Weichsel fahren." Ich wollte unbedingt wach sein, wenn wir über diesen breiten Fluß fuhren. Ich schlief bald ein, denn es war mittlerweile Nacht, und meine Mutter weckte mich nicht. Als ich aufwachte, waren wir schon längst woanders. „Du solltest mich doch wecken." „Ach, du hast so schön geschlafen, da wollt' ich dich nicht wecken", sagte meine Mutter. Ich habe mich noch jahrelang geärgert, dass ich die Weichsel nicht gesehen hatte. Und mein Teddy-Bär war auch weg.

Nun fuhren wir nach Zschopau im Erzgebirge, 20 km von Chemnitz entfernt. Alle dachten, das dauert alles nicht so lang, und wir kommen bald wieder zurück.** 1995 war ich mal wieder in Insterburg mit zwei Bekannten, die auch daher stammten. Das Zentrum war eine Wiese. Von der Lutherkirche stand nur noch ein Durchgangstor zur Bogenbrücke. Die Bogenbrücke über die Angerapp war gelb angestrichen. Die Badeanstalt war verwildert und verwahrlost.

Badeanstalt / Neuer Markt mit der Bank von Tschernjachowsk

* Zum „Volkssturm" mussten alle Männer, egal wie alt sie schon waren, und sollten kämpfen.

** Mein Vater hatte 40.000,- Mark gespart und sie in einer zugenagelten Kiste, als er wegmußte, in die Wand seiner Drogerie eingemauert. Paar Monate später ging er als Kriegsgefangener durch Insterburg und sah, daß die ganze Gegend ein Trümmerfeld war.

Der Ulmenplatz stand noch, auch die Bänke, unter denen ich mich mit meiner kleinen Schwester nach der Flucht aus der Spielschule versteckt hatte. Meine kleine Schwester starb 1996. Mein älterer Bruder lebt mit seiner Frau in Hannover und hat einen Sohn. Meine ältere Schwester hat nach Österreich geheiratet, und lebt mit ihrem Mann in Eisenerz. Meine jüngere Schwester lebte mit ihrem Mann bis zum Mauerfall in Halle an der Saale und danach bei Lücho-Dannenberg glücklich und zufrieden, und hatte eine Tochter und drei Enkel.

*****

Es ist jetzt 0:15 Uhr und ich trinke nun ein halbes Glas Rotwein. Mal sehen, was ich morgen male, - ich glaube ein Bild mit dem Titel: Das Blonde Duo. Auf dem Aquarell werden, wenn es fertig ist, zu sehen sein zwei nackte Blondinen, die im Wald musizieren auf Cembalo und Geige. Ein blondes Symphonie-Orchester habe ich schon fertiggestellt. Es dauerte fünfzig Stunden.*
Prost Rotwein und Gute Nacht.

Euer Ingo.

Die Katze sitzt auf meinem Schoß und schnurrt.

*****

2. Teil
Zschopau und Bernburg

Am nächsten Abend kamen wir in Zschopau an. Der Zug war voll gewesen mit Leuten aus Insterburg. Wir wurden in einen großen Saal gebracht. Dort standen in drei Reihen doppelstöckige Betten, ungefähr 30, das waren dann also 60 Betten, also 60 Leute in einem Saal. Nebenan war ein kleiner Raum noch mit 20 Betten. Als wir da mal reingingen, war die Luft wie dicke Butter, - so sagte ich damals, weil ich es so empfand.

Wenn sich die Erwachsenen auszogen, hielten zwei andere immer eine Decke davor, damit die anderen nicht zusehen konnten. Es waren auch Männer dabei, zum Beispiel mein Opa, also der Vater von meiner Mutter. Mein Opa hatte 1944 einen Schlaganfall gehabt, und konnte nur ganz langsam mit einem Krückstock gehen. Später ging er mal spazieren zu einer Kirche und da fiel sein Krückstock auf die Erde. Da musste er eine halbe Stunde warten, bis ein kleiner Junge kam, den er bitten konnte, den Krückstock wieder aufzuheben. Dann ging er nach Hause und passte besser auf seinen Krückstock auf.

* Seite 521

Der Saal hieß „Stern“, und ist heute wieder ein Tanz-Saal. Ich war 1993 mal da. 1995 war er wieder geschlossen, wahrscheinlich pleite. Fünf Wochen blieben wir im Stern, dann bekamen wir ein Zimmer in der Adolf-Hitler-Straße 9. Da wohnte auch ein Schlosser, der hieß Herr Seyrich. Das Zimmer war klein, aber wir hatten alle Platz, Meine Mutter, meine drei Geschwister und ich.* Ein Eisen-Ofen stand drin, der glühte, wenn man Feuer machte, aber er wärmte sehr das Zimmer. Wenn er aus war, war aber das Zimmer wieder kalt. Dann lagen wir aber im Bett. Mein Vater war beim Volkssturm. Er war schon 54 Jahre alt. Einmal kam er zu Besuch zu uns. Da hatte er auch noch Platz in dem Zimmer in Zschopau in der Adolf-Hitler-Straße 9. Na ja, der wurde ja nun schon angezweifelt, der Adolf Hitler. Aber viele glaubten daran, dass wir den Krieg gewinnen, weil eine Geheimwaffe bald kommen sollte. Mein älterer Bruder und ich hatten nun keine Lust mehr, in der Hitlerjugend zu sein. Wir hätten uns eigentlich anmelden müssen in Zschopau, und als dann bald das Kriegsende war, waren wir froh, dass wir nicht mehr zum Dienst mussten. Mein Bruder war ja Jungschaftsführer, mit rot-weißer Kordelschnur an der Uniformjacke, und musste in Insterburg immer zum Dienst bestellen gehen. Er musste so ungefähr zu sechs Pimpfen bei denen zu Hause klingeln und sagen: ich möchte dich zum Dienst bestellen, - und der andere musste dann unterschreiben auf einem Blatt Papier. Manchmal sagte mein Bruder: „Ingo, kannst du nicht mitkommen zum Dienst bestellen, dann ist das nicht so langweilig“. Deshalb ging ich manchmal mit, und deshalb weiß ich das alles. Aber noch war ja der Krieg nicht zu Ende. Zur Schule mussten wir noch angemeldet werden, als wir das Zimmer hatten und der Direktor von der Oberschule prüfte mich, ob ich für die 5. Klasse geeignet wäre, und ich musste Rechenaufgaben ausrechnen. Aber der Herr Mauerhoff in Insterburg hatte uns gut eingefuchst, wie er immer sagte, und der Direktor aus Zschopau lobte mich, und Meine Mutter war stolz auf mich. Viel Schule war aber nicht mehr.** Meistens gab es Flieger-Alarm und dann mussten wir schnell nach Hause rennen. Nur die weit weg wohnten mussten in den Luftschutzkeller von der Schule. Die Schule war übrigens grün und hatte drei Gebäude, die durch Übergänge im ersten Stock verbunden waren. Manchmal hatte ich keine Schularbeiten gemacht, weil ich dachte, es gibt sowieso wieder Flieger-Alarm. Und einmal kam ich dran und der Lehrer sagte: „Ingo, lies mal deine Schularbeiten vor.“ Ich sagte: „Ja“, und stand auf, hatte aber ja gar keine gemacht, und tat so, als ob ich im Schulheft danach suche, und der Lehrer redete noch etwas mit anderen Schülern, und dann sagte er: „So, nun lies mal vor.“ Und ich wollte gerade sagen, ich hab` gar keine gemacht, - da kam Flieger-Alarm und alle rannten auseinander. Da hab’ ich mich gefreut. Aber der Flieger-Alarm war meistens harmlos, aber einmal, da war inzwischen überhaupt gar keine Schule

* Drei Betten hatten wir übereinander gestellt. Mein Bruder schlief oben, ich in der Mitte, meine große Schwester unten, meine kleine Schwester im Kinderbett. Meine Mutter auf der Chaiselongue.

** Die war auch nur für Jungens.

mehr wegen dem ganzen Krieg, da knallte es ganz schön. Wir waren schon im Keller und mein Bruder und Meine Mutter standen vor der Luftschutz-Keller-Tür und kuckten sich die feindlichen Flugzeuge an. Da kamen aber plötzlich 4 Bomben angeflogen!!!! Da rannten sie aber ganz schnell in den Keller und dann knallte es auch schon. Eine Bombe ging runter auf die Grünanlage vor dem Haus, wo mein Opa wohnte mit meiner Oma, - die wohnten nämlich etwas weiter. Aber der war ja nun gelähmt, und konnte nicht in den Keller gehen, auch nicht mit dem Krückstock. Da saß er gerade vor dem Fenster, und sah, wie die Bombe runter kam in 50 Meter Entfernung. Es gingen aber nur die Fensterscheiben kaputt und meinem Opa war nichts passiert, der Oma auch nichts.* Ich hatte meinen Opa gern. Am Gründonnerstag zu Ostern kam er immer extra aus Eydkuhnen, das inzwischen Eydkau hieß, nach Insterburg bei uns zu Besuch und brachte immer Gründonnerstags-Kringel mit. Die Rosinen pulten wir aber raus, und aßen nur den Kringel.

Die Fenster wurden mit Pappe zugenagelt paar Stunden später, denn der Flieger-Alarm war am Nachmittag gewesen. Die zweite Bombe ging auch in der Nähe runter und das Haus wurde getroffen, und ging kaputt. Da konnte man nun in alle Zimmer reinkucken und sehen, wie der Gasherd noch stand oder ein paar Möbel. Die anderen Möbel waren aber runtergefallen in dem ganzen Trümmerhaufen. Mein Bruder und ich waren gleich kucken gegangen, gleich nach der Entwarnung. Da waren schon Hitlerjungen da in Uniform, und halfen aufräumen. Mein Bruder und ich wollten helfen, aber die jagten uns weg, weil wir keine Uniform anhatten. Als wir noch im „Stern" wohnten, machten wir öfter Krieg mit den fremden Kindern. Mein Bruder hatte Knall-Frösche ein paar gerettet bei der Flucht und ließ einen knallen. Da rannten die alle weg. Außerdem redeten wir Ostpreußisch-Platt, da kriegten die andern noch mehr Angst, und riefen: „Das sind Russen!" Damals konnten wir alle noch Ostpreußisch-Platt sprechen. Ich kann nur noch einen Satz, der stand in der Fibel: For e Dittje nuscht. Das war die Überschrift von einer Geschichte und heißt: Für einen Groschen nichts.

Als uns nun die Pimpfe weggejagt hatten, sagten mein Bruder und ich: „Bei uns müsste das mal einschlagen, dann würden w i r die aber wegjagen", - und dann gingen wir nach Hause.

* Zu mir sagte er ein paar Mal: Den Stalin müsste man an den Füßen aufhängen, bis er krepiert. Als der Krieg zu Ende war, sagte er zu mir: Den Hitler hätte man an den Füßen aufhängen müssen, bis er krepiert. Dabei war er dann immer sehr wütend.

Die Flieger-Alarme wurden immer öfter, manchmal dreimal in der Nacht. Deshalb schliefen wir in Kleidern, damit wir schneller in den Keller rennen konnten. Einmal gab es Panzer-Alarm, da hatten wir richtig Angst. Besonders Meine Mutter hatte vor den Russen Angst, weil sie ja an der Grenze aufgewachsen ist. Und es gab grausige Geschichten über die Russen, die ermordeten Kinder und so.* Die Sirenen heulten also 3 x hoch und runter, insgesamt fünfmal. Aber nach einer Stunde kam Entwarnung, also ein gleicher Ton. Die russischen Panzer waren wahrscheinlich wieder umgekehrt. Zu essen hatten wir noch genug gehabt, auch zu Weihnachten. Aber Weihnachten in Insterburg war natürlich besser gewesen. Aber wir hatten uns im Wald einen kleinen Tannenbaum geklaut, als es dunkel war. Zu meinem Geburtstag am 06. April 1945 gab es Mohrrüben-Torte. Die hatte sich Meine Mutter ausgedacht. Essen war noch da, aber nicht mehr so gut, deswegen die Mohrrüben-Torte.** Dann hieß es: Die Russen kommen! Im Radio kamen ja immer Durchsagen, wo die Russen schon gerade waren in Deutschland. Mein Bruder hatte eine Deutschland-Karte an die Wand genagelt, und immer mit Rotstift reingemalt, wo die Russen schon wieder waren. Dann kam im Radio, dass der Führer gestorben sein soll. Aber viele dachten und sagten, dass er in Wahrheit nach Spanien heimlich gegangen ist und wir den Krieg gewinnen, auch wegen der „V1“ und „V2“ [Fernraketen], und noch wegen einer ganz neuen Wunder-Waffe, die bald fertig ist. Aber dann hieß es: Morgen kommen die Russen! – Das war so am Ende vom April. Da haben wir alle gedruckten Sachen, egal ob geschrieben oder bloß Bilder, auf dem Hof verbrannt, weil da überall Hakenkreuze drauf waren, auch die Schulbücher, weil wir dachten, wenn die Russen die Hakenkreuze sehen, schießen sie. Später erzählte mein Bruder, dass meine Mutter den Gas-Hahn aufdrehen wollte aus Angst vor den Russen, damit unsere ganze Familie sterben sollte. Aber mein Bruder, der ja schon 15 war, hielt meine Mutter zurück, und so sind wir immer noch am Leben. Meine Mutter ist aber schon gestorben 1975, und Mein Vater 1971 in Halle an der Saale, und meine kleine Schwester, wie schon mal gesagt, 1996.

Am nächsten Vormittag nach dieser Nacht, liefen wir auf den Marktplatz und da waren schon die Russen mit Panzern und auf Lastwagen und haben uns Kindern Kakao-Bohnen geschenkt. Die musste man reiben und mit Zucker vermischen, dann schmeckte das wie Schokolade. Und wir liefen schnell nach Hause und sagten: „Mama, die Russen haben uns Kakao-Bohnen geschenkt!“ Und meine Mutter wunderte sich und danach freute sie sich. Einen ganzen Tag lang zogen deutsche Soldaten als Kriegsgefangene durch unsere Straße, die Adolf-Hitler-Straße, von morgens bis abends müde marschierend in Sechserreihen. Wir Kinder staunten, wie viele es waren. So viele.

* In Nemmersdorf soll das gewesen sein. Vor paar Jahren wurde bekannt, daß das in Nemmersdorf die Nazis selber gemacht hatten, um den Kriegs-Willen zu erhöhen bei der Bevölkerung.

** Einmal hatten wir eine Torte gebacken, aber es gab kein Backpulver. Die war so hart, daß sie mein Bruder mit der Säge zersägen mußte.

Paar Tage später mussten wir alle Fotoapparate und alle Radios abgeben bei den Russen. Mein Bruder und ich mussten drei Stunden anstehen bei dem Haus, wo wir alles abgeben mussten, und dann kamen wir endlich dran. Wir gaben ab 3 Fotoapparate, eine Schmalfilm-Kamera und ein Radio.* Und nu hatten wir nuscht mehr!!! Das wurde alles aufgeschrieben und wir kriegten einen Zettel mit nach Hause, aber was wiedergekriegt haben wir natürlich nie. An dem Abend gab es Kartoffel-Flinsen, deswegen freuten wir uns, dass wir endlich drangekommen waren, und rannten nach Hause und aßen uns satt. Dann begann die Hungerzeit. Am Schlimmsten war, als es mal kein Salz gab 6 Wochen. Ohne Salz schmeckte nuscht mehr, besonders die Kartoffelsuppe. Aber dann gab es wieder Salz.

Wir mussten Kartoffeln betteln gehen. Meine Mutter schickte uns auf Bauernhöfe, und als Erster klopfte immer mein Bruder an die Tür und sagte: „Kann ich bitte eine Kartoffel haben?“, und meistens gab die Bäuerin oder der Bauer gleich zwei oder drei. Dann kam meine ältere Schwester dran, und klopfte an die gleiche Tür, und bekam auch welche. Dann kam ich dran und dann meine kleine Schwester. Da hatten wir schon zehn Kartoffeln. Dann gingen wir auf den nächsten Bauernhof. Dann hatten wir 30 Kartoffeln zusammen, und brachten sie unserer Mutter, und die freute sich. Aber paar Tage später gaben die Bauern nichts mehr, weil zu viele Kinder das machten. Da brauchten wir dann nicht mehr zu gehen. Deswegen gingen wir Ähren lesen, aber die ganze Gegend war sehr arm.

Am 08. Mai war dann die Kapitulation und wir freuten uns am meisten, dass wir nicht mehr die Verdunklungs-Rollos runterziehen mussten, bevor wir Licht machten abends. Wir konnten einfach Licht machen und fertig. Dann mussten wir umlernen, nicht mehr mit der Hand „Heil Hitler“ sagen, sondern „Guten Tag“. Das kam uns erst komisch vor, weil wir das noch nie gesagt hatten im ganzen Leben, und auch noch „Guten Morgen“ und „Guten Abend“. Manchmal vergaßen wir das aber noch oft und sagten „Heil Hitler“, - ach so, „Guten Tag“. Später merkten wir dann schon bei Heil, dass wir was Falsches sagten. Aber nach einem halben Jahr haben wir dann nicht mehr „Heil Hitler“ gesagt. Auch unsere Straße wurde umbenannt von Adolf-Hitler-Straße in Oststraße.

Im Herbst fuhr Meine Mutter mit Frau Kühnapfel, die auch aus Insterburg war, mit der Eisenbahn in eine andere Gegend, weil sie Angst hatte, dass wir im Erzgebirge verhungern mussten. Drei Tage war sie weg. Meine große Schwester und ich hatten gerade Kartoffeln gesammelt auf einem abgeernteten Acker, - da kam Meine Mutter zurück und sagte: „Wir waren in Bernburg, da haben wir riesige Pferdewagen mit Mohrrüben gesehen, dahin zieh'n wir um.” Und so geschah es.

Es wurde auch Zeit. Meine Mutter war noch mal im Dezember 1944 nach Insterburg gefahren und mein Vater hatte viele Kisten gepackt mit unseren

* 1 Mikroskop und 1 Fernglas

BERNBURG AN DER SAALE

Sachen: Teppiche, Ölbilder, Bücher und Geschirr. Die schickte er alle mit der Eisenbahn nach Zschopau. Dann ging er wieder zum Volkssturm und Meine Mutter kam wieder zurück, und hatte noch oft Klavier gespielt in der neuen Wohnung, wohin wir noch schnell umgezogen sind. Den ganzen Kram tauschten wir dann bei den Bauern ein gegen Essen. Ich weiß noch, ein Ölgemälde, da war der Königssee gemalt, konnte Meine Mutter für einen Zentner Kartoffeln und eine Flasche Öl eintauschen. Aber nun war alles wieder aller, und deswegen zogen wir nach Bernburg, wegen der vielen Mohrrüben.* Wir fuhren mit einem Lastauto. Meine Mutter mit der Eisenbahn. Mein Vater war wahrscheinlich in der Kriegsgefangenschaft, so dachten wir, - manchmal dachten wir auch, er ist vielleicht gefallen. Aber dann sagten wir: „Der Papa ist ein Sonntagskind." Er war nämlich an einem Sonntag geboren am 02. Februar 1890, - da wird er schon Glück gehabt haben. Im ersten Weltkrieg hat er ja auch immer Glück gehabt und außerdem kann er ja russisch sprechen, da wird er es ganz gut haben. Ich hatte meinen Vater noch zum Bahnhof gebracht, als er in Zschopau auf Besuch war, ich glaube sogar zu Weihnachten. Außerdem war er nachtblind, das heißt, er konnte im Dunkeln nichts sehen, und wegen der Verdunklung war sowieso kaum was zu sehen im Dunkeln. Also nahm ich

den Papa an der Hand, und führte ihn zum Bahnhof, wo er dann zum Volkssturm fuhr. Er musste aber nicht kämpfen, er wurde gleich gefangengenommen mit den anderen. Oma und Opa nahmen wir natürlich mit. Die fuhren auch mit der Eisenbahn. Wir holten den Opa mit einem geborgten Handwagen ab. Da wurde er reingesetzt und wir zogen ihn ins

* Meine kleine Schwester und ich gingen am letzten Abend vor der Abreise auf die Straße und sagten: „Jetzt können wir andere Kinder ärgern geh`n , weil wir ja morgen für immer wegfahren." Aber wir trafen keine Kinder.

Flüchtlingslager in Bernburg. Das lag an der Eisenbahn hinterm Bahnhof. Das waren Baracken. Aber wir konnten alle in einem Raum wohnen. Da gab es auch keine Wanzen. In Zschopau im „Stern“ gab es ja Wanzen. Mitten in der Nacht sagte dann einer: „Achtung, - bei drei mache ich Licht an!“ Dann setzten wir uns im Bett auf und zogen die Zudecke beiseite, und lauschten aufgeregt. Dann zählte der bis drei, und machte das Licht an, und so schnell konnten wir fast nicht kucken, wie die Wanzen da wegliefen in die dunklen Ritzen von den Betten. Zwei konnte man jedes Mal fangen. Es war schwer, sie zu zerquetschen, weil sie sehr hart sind. Manche stachen eine Stecknadel durch und spickten sie am Tisch fest, da lebten sie manchmal noch am Vormittag, wenn wir aufstanden. In Bernburg gab es aber keine Wanzen. Läuse haben wir mal bei Witts gehabt auf dem Bauernhof. Da hatte Mein Vater Spiritus mitgebracht aus seiner Drogerie, und die Frau Witt hatte uns paarmal eingerieben damit, dann waren sie weg. Von dem Geruch wurde mir schlecht, meinen beiden Schwestern aber nicht. Ich hatte schon zweimal Narkose gekriegt früher in Insterburg. Einmal, als mir die Mandeln gekappt wurden, die waren nämlich zu groß, und das zweite Mal auch in Insterburg, weil ich von Natur aus einen Nabel-Bruch hatte, und ich deshalb operiert wurde, - und deshalb wurde mir auch schlecht bei dem Spiritus wegen der Läuse. Die waren aber immer auf dem Kopf.

Später hatte ich mal Filz-Läuse, die hatte ich von einem Mädchen gekriegt. Weil ich mich schämte, ging ich in eine Nacht-Apotheke, und holte mir Lysoform, weil der Peter Ehlebracht das mir sagte. Da tränten mir ganz schön die Augen und beim Einreiben blieb mir die Luft weg, aber den Filzläusen auch, und ich war sie los. Das war aber erst 1969.

Endlich haben wir zwei Zimmer, ein kleines als Küche, da schlief auch Meine Mutter drin, und ein großes, da schliefen wir vier Kinder. Später, als mein Vater aus der Kriegsgefangenschaft kam, war auch noch Platz da, und er schlief bei uns im Zimmer. Bevor wir das Lager verlassen durften, wurden wir alle entlaust. Die Entlausungs-Baracke war gleich neben dem Klo. Das Klo bestand aus einem langen Brett mit acht Löchern, da konnte man sich draufsetzen, wenn man wollte. Da drunter war eine Jauche-Grube.

Bei Witts auf dem Bauernhof war auch ein Brett mit einer Jauche-Grube drunter, aber nur ein Loch.* Neben dem Raum aber mit dem langen Brett

DIE ACHT-LÖCHER-TOILETTE IM BERNBURGER LAGER

* Da schwammen haufenweise Mistkäfer drin. Ich machte später ein Lied darüber: Ein Mistkäfer schwamm in der Jauche / am Rücken schwarz und auch am Bauche. / Doch weil er lebt nur im Gestank, / drum frißt ihn keiner „Gott sei Dank“!

mit den acht Löchern war ein kleines Holz-Klo mit einem Loch wie bei Witts. Das hatte auch eine Tür zum Zumachen. Da warteten wir Kinder immer bis die frei war, und gingen da natürlich rauf. Auf dem langen Brett habe ich nur ein Mal gesessen, als alles ganz leer war, und meine große Schwester hat aufgepasst vor der Tür, dass keiner kommt. Bei der Entlausung waren Frauen und Männer getrennt. Bloß kleine Kinder waren mit bei den Frauen. Mein Bruder und ich, also 15 und 11, mussten bei den Männern sitzen. Wir mussten uns nackend ausziehen, aber die Frauen durften ein Hemd anbehalten.
Mein Bruder und ich schämten uns und wir klemmten den Schnickel zwischen die Beine, und schlugen die Beine danach übereinander, damit ihn

keiner sehen konnte. Manche erwachsene Männer rannten nackend durch die Gegend, - das ohne sich zu schämen. Wir waren ungefähr zu fünfzehnt in der Entlausungs-Baracke. Die ganzen Kleider wurden durch ein Fenster gereicht, wo sie dann entlaust wurden bei 200 Grad, glaub ich. Dann bekamen wir sie wieder zurück, und konnten uns wieder anziehen. Das ganze dauerte eine halbe Stunde. Wir haben aber gar keine Läuse gehabt, das war nur zur Sicherheit. Dann zogen wir in die neuen Zimmer. Die gehörten zu einer ganzen Wohnung und in der wohnten Frau und Herr Saupe, und hatten eine Elektro-Handlung, und zwar in der Roschwitzerstraße 38. Opa und Oma wohnten 500 Meter weiter in der Zepzigerstraße, gleich um die Ecke. Da mussten wir immer Essen hinbringen, mittags und abends, mal ich, mal die andern.* Zur Schule mussten wir nun auch wieder. Ich bin zwar nicht sitzen geblieben, aber ein Jahr ging doch verloren durch den Krieg. Ich kam nämlich schon wieder in die fünfte Klasse, in der Oberschule. Bernburg gefiel uns sehr gut und wir sagten: „Das ist hier wie Insterburg, ja, Bernburg ist Insterburg sehr ähnlich“, und so fühlten wir uns wohl.

*****

Jetzt mach’ ich erst mal Schluss für heute mit Schreiben, es ist halb eins

* Einmal träumte ich, meine Oma beugte sich über mich und ihre Zähne klappten runter. Tagelang graulte ich mich noch.

nachts und im Rotwein-Glas ist noch ein Schluck. Das Bild übrigens, also der Vegetarische Osterhase, ist heute fertig geworden. Ich hab' noch zwei Stunden daran gemalt, also verbessert. Dann hab' ich noch Gitarre gespielt. Der 2. Satz aus Beethovens 2. Symphonie, der gefällt mir überaus gut, den hab' ich auf der Gitarre probiert, aber in E-Dur. Aber nur was ich behalten habe, ich habe sie erst ein paar Mal gehört auf CD.

2. SYMPHONIE 2. SATZ VON LUDWIG VAN BEETHOVEN

Mit den Hunden habe ich heute nichts unternommen, sie haben auch nicht gebettelt, sie waren sicher noch müde. Bei meinem vorigen Lanzarote-Besuch im September hatte ich mit ihnen am vorletzten Tage eine Drei-Stunden-Wanderung gemacht über vier Berge, alle hinterm Haus von meiner ehemaligen Freundin, - danach hatten sie Wasser getrunken, und den ganzen Tag nur noch gelegen.

Das neue Bild habe ich schon angefangen, also mit dem Pinsel und Ocker-Farbe vorgezeichnet, das mit den beiden nackten Blondinen an Cembalo und Geige. Im Vordergrund blühen 9 Rosen und im Hintergrund stehen 9 Hirsche, und hören zu. Der erste Hirsch ist ein Ein-Ender, und der neunte ein Neun-Ender. (Siehe Seite 511. Es ist mein Lieblingsbild aus dieser Reihe.)

GUTE NACHT!

Noch 4 Tage bin ich hier auf Lanzarote. Meine ehemalige Freundin und ihr Mitarbeiter Pablo renovieren schnell das dazugekommene Apartment. Sie will auch, dass ihre Apartments immer schön eingerichtet sind, und Weihnachten ist hier immer alles ausgebucht. Wenn ich weg bin, kommt auch ihr Mann auf Besuch für vier Wochen. Ich freue mich schon wieder auf Berlin.

*****

Unser Klosett in der Roschwitzerstraße 38 in Bernburg war auf dem Hof links in einem Gang. Unser war das zweite. Insgesamt waren es vier. Sie hatten aber alle schon Spülung. Das Klo in Zschopau war im gemeinsamen viereckigen Korridor, in den die Treppe führte, und gehörte allen, die da wohnten. Frau Seyrich hatte manchmal ein kleines Kind zu Besuch, dem sang sie immer etwas vor und wir konnten es durch die Wand hören. Sie sang dann immer nur ein Lied, und zwar: „Hopp, hopp, hopp, Pferdchen lauf Galopp. Über Stock und über Steine, aber brich dich nicht die Beine". Wir lachten dann immer und wunderten uns, dass sie nicht wusste, dass das „... brich DIR nicht die Beine" heißen muss. Ach nein, - jetzt tue ich aber der Frau Seyrich Unrecht, - das eben war bei Frau Saupe, die sang immer falsch, und das war ihr Enkelkind zu dem sie sang und das hieß Trautchen. Mit Trautchen spielten wir auch manchmal. Öfter kam sie deshalb in unsere Wohnung.

Wir hatten auch dort mal ein Haustier. Das war eine Biene. Durch die Luftklappe in der Küche oben kam sie immer geflogen mehrmals täglich, und kroch dann in ein Loch an der Wand neben dem Herd. Da blieb sie eine Weile und flog dann wieder nach draußen durch die Luftklappe. Das ging so drei Wochen lang, dann kam sie nicht mehr. Vielleicht hatte sie einen Bienen-Stock gefunden. Aber es war schon später Spätherbst. So, - wo war ich jetzt, ach, - bei den Toiletten. Am Ende des Ganges war ein Ausguss mit Wasserhahn. Da konnten wir Vorne machen, die anderen Hausbewohner machten da auch rein, nur hinterher mussten wir immer spülen. Groß machten wir aber auf dem Klosett. Als wir später in die Beethovenstraße 7 umzogen, hatten wir unser Klosett, - also wir mussten vom 1. Stock runter und über den Hof gehen, drei Stufen runter in die Waschküche, und da durch und dann drei Stufen wieder hoch, und da war das Klo. Eine Tür war da aber nicht, - und wenn Wäsche gewaschen wurde, gingen wir da nicht rauf, außer wenn unsere eigene Mutter wusch. Im Winter war sie mal zugefroren, und da gingen wir dann um die Ecke auf den Friedhof, wo aber keiner mehr begraben wurde, er war eigentlich ein Park geworden. Manchmal war sie auch verstopft. Dann ging mein älterer Bruder mit dem bloßen Arm rein, um das Verstopfte rauszuholen. Danach hat er sich aber immer gewaschen. Als ich mal nach West-Berlin fuhr, um meinen Bruder zu besuchen, - das war 1952, - wohnte der bei Frau Reich zur Untermiete. Da war das Klosett von der Küche aus zu erreichen. Wenn Frau Reich aber kochte, ging mein Bruder nicht aufs Klo, ich auch nicht. Erst wieder wenn sie aus der Küche raus war. Die Toilettentür war auch sehr dünn, und man konnte alles hören. 1953, als ich abhaute nach West-Berlin, wohnte mein Bruder zur Untermiete bei Frau Knick, in der Belzigerstraße 38, in der Nähe vom Rathaus Schöneberg. Da war das Klo neben der Küche, aber der Eingang war vom Korridor aus.* 1954 zogen wir im April in die Sylterstraße in Schmargendorf. Das Zimmer war aber so doof, dass wir nach 14 Tagen in die Marburgerstraße 5 zogen, und wohnten da von 1954-59. Da war das schönste Klo bis jetzt, im Badezimmer stand es. Dann war ich ein halbes Jahr in Wien bei Familie Ofner im 21. Bezirk, da war auch das Klo im Badezimmer. Danach wohnte ich 1959-60 ein Jahr lang bei Klaus Kinski in der Uhlandstraße, also wieder in Berlin, auch alles

* Zwischen Küche und Klo war ein Loch in der Wand, durch das die Katze kroch, wenn man auf dem Klo saß. Das Loch war ein Kriegsschaden.

wieder in Ordnung. Dann zog ich mit meiner schwangeren Frau 1960 im Oktober zu meiner Schwiegermutter nach Neukölln in die Pannierstraße, * da war auch ein Badezimmer mit Klo im 4. Stock. Aber da war ein Badeofen, den man heizen musste mit Briketts. Dann zogen wir dauernd um (1961-62) und dann in die Wilmersdorferstraße für ein Jahr mit Badewanne und Klo und Ofenheizung. Aber meine Frau ging nach Afrika, und da wohnte ich mit meinen beiden Kindern (1963-69) in Kreuzberg in der Forsterstraße 3. Da war das Klo eine halbe Treppe tiefer im Hausflur. Da machte ich auch immer Klein im Ausguß in der Küche mit Spülen hinterher und die Kinder in den Nachtstopf, der dann auch am Morgen immer voll war.** Dann zog ich, weil ich wieder allein war, - die Kinder waren in München bei ihrer Mutter, - in die Kaiser-Friedrich-Straße in eine Einzimmer-Wohnung mit Warmwasser durch Durchlauferhitzer (1969-74) mit Badewanne und Innentoilette. Und endlich 1974 im Februar in meine Eigentumswohnung am Roseneck, wo ich immer noch wohne. Da hab` ich drei Toiletten, alles Innentoiletten, - und zwar eine im Badezimmer, eine als Gäste-Toilette, da steht im Sommer auch mein Mountain-Bike drin, und unten, wenn man die Treppe runtergeht, neben der Werkstatt, die dritte in der Wohnung. Wenn also, was auch schon mal passiert ist, zwei Leute bei mir zu Besuch sind, kann jeder gleichzeitig aufs Klo, nach einem Kneipenbesuch zum Beispiel. Das war die Geschichte, - Geschichte als historische Geschichte gemeint, - von unseren Klosetts. Aber jetzt hab' ich den Faden verloren, ich muß mal schnell zurückblättern, - einen Augenblick, - so, - hier bin ich wieder. Also, in dem Gang, wo die Klosetts waren bei Saupes in der Roschwitzer Straße Nr. 38 in Bernburg, lag in dem Ausguß ab und zu mal ein Gummi. Ich fragte meinen großen Bruder, wozu so was eigentlich ist, und er sagte: „Manche alte Männer können nicht mehr richtig einhalten und damit nichts in die Hosen geht, machen sie sich den Gummi rüber. Erst als Rudi aus der Beethovenstraße mich aufklärte 1950, wusste ich so richtig erst Bescheid. Rudi war zwar zwei Jahre jünger als ich, aber seine Eltern hatten ein Doktor-Buch. In Insterburg fragte ich mal meine Mutter: „Mama, wo kommen denn die Kinder her, ich glaub` nicht mehr an den Klapperstorch." - „Ach, natürlich bringt der Storch die Kinder." - „Nei, Mama, ich glaub' nich' mehr dran. Wo kommen denn die Kinder nu her?" - „Na gut", sagte meine Mutter, „also, die Kinder wachsen im Bauch von der Mutter." - „Und wie kommen sie da raus?" - „Da geht der Bauch auf von der Mutter, und dann kommt das Kind raus." - „Ach so." Alles weitere Wissen musste ich mir selber aneignen.
Meine Tante Lenchen in West-Berlin, als ich sie mal besuchte 1952, hatte auch ein Doktor-Buch, das war aber nicht so modern wie das von Rudis Eltern, sondern von 1890. Als Tante Lenchen mal paar Stunden weg ging, - ich glaub' nach Ost-Berlin (Onkel Hermann war sowieso immer bei seiner

* Ecke Pflügerstraße

** 2 x kippten sie ihn aus Versehen um. Das Saubermachen dauerte lange. Einmal ging beim Spielen ein Federkissen kaputt als ich schlief, und sie spielten Schneetreiben. Es hat 1 Woche gedauert, eh`ich alle Federn gefunden hatte. Die anderen Federkissen steckte ich danach in den Ofen.

Freundin in der Badstraße jeden Tag, - Onkel Hermann war der Mann von Tante Lenchen und Lokomotiv-Führer gewesen in Insterburg, er fuhr jeden Tag von Insterburg nach Königsberg und wieder zurück), also nach Ost-Berlin einkaufen, das war billiger, für eine West-Mark bekam man 4-6 Ostmark, - nahm ich mir heimlich das Doktor-Buch, und blätterte darin rum. Es waren viele Zeichnungen drin über alle möglichen Körperteile, und ich las einige Seiten. Ab und zu kuckte ich nach, ob Tante Lenchen schon zurück ist womöglich. Eine Sache habe ich noch behalten, da waren auch Zeichnungen dabei, zu dem Thema, - also, da habe ich gelesen, dass, wenn man so wie ein gewisser Onan was macht, das war ein Grieche oder Römer, weiß ich nicht mehr, oder so, - jedenfalls, dass dann das Rückenmark vertrocknet und noch Schlimmeres. Und da waren Hosen abgebildet, die Unterhosen sein sollten, und die sollte man Kindern anziehen, damit nichts passiert oder so, also die Kinder sollen nicht dauernd da anfassen. Die Unterhose hatte eine Art Schlauch, damit man urinieren konnte, und das ganze war aus ganz festem Stoff. Da kam plötzlich Tante Lenchen zurück und ich konnte das Doktor-Buch gerade noch in den Bücherschrank stellen. Leider ging Tante Lenchen nicht mehr einkaufen, höchstens um die Ecke, und dann fuhr ich auch schon wieder mit meinem ollen Fahrrad nach Bernburg zurück, und brachte für 5,- Mark Schokolade mit, die ich mir zusammengespart hatte die eine Woche in West-Berlin, - also 5,- Mark West natürlich. Eine Tafel Block-Schokolade kostete 45 Pfennig. Einmal kaufte ich am S-Bahnhof Beusselstraße eine Tafel Blockschokolade in einem Kiosk auf der Brücke. Die junge Verkäuferin hatte keine Tafel mehr im Regal oben vorrätig, und musste sich bücken, um von unten eine zu holen. Da konnte ich ihr in den Ausschnitt kucken. Sie war sehr prall gewesen. Ich bezahlte und ging dann weiter. Aber nach ein paar Schritten dachte ich, wenn ich mir noch eine Tafel Schokolade kaufe, kann ich noch mal so was Schönes sehen. Ich ging zurück und sagte: „Eine Tafel Blockschokolade bitte“, und sie holte eine aus dem Regal, das sie inzwischen wieder aufgefüllt hatte, ohne sich zu bücken. Nun hatte ich zwei Tafeln Schokolade.

Ich glaube in Rudis Eltern's Buch stand so was nicht drin. Jedenfalls habe ich das sowieso nicht geglaubt, das mit dem vertrockneten Rückenmark und so. Außer Rudi war auch noch Franz mein Spielfreund und Klaus, auch Hannelore, Hugo und Hartmut, aber der war noch sehr klein, der durfte aber manchmal „auf Butterbrot“ mitspielen. Auf Butterbrot mitspielen hieß bei uns in Insterburg, dass die älteren Kinder so taten, als ob ein kleines Kind mitspielte, aber nicht richtig. Dann Renate von der Nr. 13, im Haus von Frau Dr. Wilsing, Kinderärztin, - die war die Hübscheste. Nr. 9 wohnte Christel, auch sehr hübsch, - und paar Doofe wohnten auch noch, aber mit denen spielten wir kaum.* Meistens spielten wir Treibe-Ball über die

* Im Sommer schwammen wir die Saale stromabwärts. Zurück kletterten wir in die Rettungsboote der Lastkähne und ließen uns zurückfahren, manchmal dreimal am Tag. Unterwegs klauten wir Äpfel in den Gärten und aßen sie.

gesamte Länge der Straße, etwa 130 Meter.

Der Winter in Bernburg 1945 bis 46 war sehr kalt. Wir gingen sehr oft Holz suchen, also kleine Äste, die auf der Erde lagen im Wald. Aber kaum waren die entflammt im Ofen, waren sie auch schon wieder verbrannt. Briketts waren da besser, aber die gab es nur selten. Eines Tages ging meine ältere Schwester, - sie war da 13 Jahre alt, - mit anderen Kindern Kohlen klauen. Ein Junge war da, der wusste immer wann Güterzüge mit Kohlen vorbeifuhren, und dass die dann ganz langsam fuhren, wenn sie auf den Bahnhof kamen. Zu der Stelle gingen sie hin. Es waren immer so 6-8 Kinder und draußen war es schon dunkel. Der eine Junge sprang auf den fahrenden Zug, auf einen Kohlenwagen, und schmiß schnell Briketts runter, und die anderen Kinder sammelten sie schnell auf. Hinterher teilten sie alles gerecht auf. Meine Schwester kam mit 25 kleinen Briketts nach Hause, - in ihrem Krepsch.* Krepsch ist eine einfache Stoff-Tasche in Ostpreußen. Meine Mutter hatte aber Angst um meine Schwester, und sagte ihr, dass sie das nicht mehr tun soll. Aber sie freute sich über die Briketts. Meine Schwester ging dann auch nur noch paarmal Kohlen klauen.

In der Schule kam ich ganz gut mit, musste aber viel nachholen. Englisch konnte ich ganz gut. In Zschopau, als ich da mitten im Schuljahr anfangen musste, konnte ich überhaupt noch kein Englisch. Deshalb brachte mir mein Bruder das bei. Er hatte ein Buch, das hieß „Audio Vox", und da lernten wir draus. Meine Mutter konnte gut Englisch noch von dem Lyzeum in Eydkuhnen her. Und da hatte sie die Idee, dass wir einen Monat lang uns alle nur Englisch unterhalten sollen. Das hat viel Spaß gemacht und wir haben das dann drei Monate lang gemacht, und ich hatte immer eine „2" im Zeugnis, außer beim Abitur. Da zog ich eine Frage, die war politisch und handelte von Gewerkschaften. Das hätte ich nicht mal in Deutsch verstanden. Und da bekam ich eine „4". Im Osten damals gab es Zensuren von 1 – 5. Im Westen 1 – 6. 1 – 5 ist aber besser, zumal es ja auch noch 2+, 2-, 3+, 3- gab. 1+ und 5- gab es nicht. Die Schule in Bernburg war schön gelegen und auch noch heute steht sie da und heißt Carolinum, zu meiner Zeit hieß sie Karl Marx-Oberschule.** Ein Lehrer hieß Herr Kaiser. Als ich mal im Unterricht mich mit einem Nachbarn unterhalten hatte, gab er mir eine Strafarbeit auf. Ich sollte hundertmal schreiben: ich darf im Unterricht nicht stören. Eine Weile später redete ich wieder im Unterricht und der Herr Kaiser sagte, ich soll 100- mal schreiben, ich darf den Unterricht nicht stören. Da sagte ich dummerweise: „Das hab' ich schon aufgekriegt". Da sagte er, ich soll vorkommen, und dann hat er mir eine geknallt. Daraus habe ich gelernt, dass man manchmal die Wahrheit zurückhalten soll. Der Lehrer war damals 25-30 Jahre alt. Eigentlich müsste er noch leben. Wenn ich ihn treffen würde, würde ich ihm den Schlag von damals zurückgeben, so'n dummes Schwein! Manchmal war er auch nett,

* Krepsch: „e" wie in „schnell"
** Die war auch nur für Jungens

und las uns am Sonnabend „Paschleb'ner Geschichten“ vor. Die waren sehr ulkig. Paschleben ist ein Dorf bei Bernburg. Aber das war das letzte Mal, daß ich in der Schule geschlagen wurde. Es kam nämlich die Einheitsschule. Ab da war das Schlagen verboten. Da mussten alle Kinder erst mal bis in die 8. Klasse gehen, und dann erst auf die Oberschule. Ich kam in die Franz Mehring-Schule in der Liebknechtstraße.* Da bekam ich auch Russisch-Unterricht, und das war in der 6. Klasse. Die Lehrerin hieß Frau Backe und war sehr nett. Ich hatte sie gern, und habe auch gern gelernt. Wenn ein Lehrer doof war, hab' ich immer schlecht gelernt, erst aber gut. Rechnen hatten wir bei Herrn Backe, das war der Schwager von Frau Backe, und der Rektor war auch ein Herr Backe, aber das war der Bruder von dem Rechenlehrer Backe. Bei dem Rektor Backe hatten wir aber keinen Unterricht. Nur ein Mal musste ich zu ihm, aber das war schon in der 8. Klasse. Da hatte ich ein Gedicht gemacht, deswegen musste ich zu ihm. Ein Mädchen in unserer Klasse, also in der 8., hatte nämlich schon einen Busen gekriegt und wir kuckten manchmal immer hin zu ihr, und ich hatte ein Gedicht darüber gemacht:

Rätsel: Was ist das?

Es ist rund, ich seh's gern an,
es hat nur 'ne Frau und kein Mann.

Das Gedicht hatte ich auf einen Zettel geschrieben, und ihn weitergereicht, aber ohne Namen von dem Mädchen. Alle lasen mein Gedicht und lachten. Aber nun kam der Zettel auch zu diesem Mädchen und die lachte nun nicht, weil sie merkte, dass sie gemeint war, weil sie ja die Einzige war, die einen hatte, - einen Busen. Da gab sie den Zettel dem Herrn Backe, aber dem Rechenlehrer, - und der gab ihn seinem Bruder, dem Rektor, - und in der Pause musste ich ins Rektorzimmer. Der Rektor Backe fragte, was das für ein Rätsel sein sollte, und was damit gemeint war „hat nur 'ne Frau und kein Mann?“, und da sagte ich: „Die Brust.“ Da sagte der Herr Backe, ich soll so was nicht mehr machen, und ich konnte wieder gehn. In Rechnen hatte ich eine „2“, in Geometrie sogar eine „1“. Das hatte mir auch viel Spaß gemacht mit Dreiecken, Quadraten, Rechtecken und dem Pythagoras $a^2 + b^2 = c^2$. Auch Algebra konnte ich gut $(a+b)^2 = a^2 + 2ab + b^2$. Aber jetzt kommt ja erst die 6. und die 7. Klasse.

In die 7. Klasse kam ich mit drei Wochen Verspätung, weil ich zur Kinderlandverschickung war in Störpke, 20 km vor Salzwedel. Vorher war ich schon mal zur Kinder-Land-Verschickung, sogar zusammen mit meiner älteren Schwester, und zwar nach Dolle. Aber ich weiß nicht mehr, wo das ist, in der Nähe war auch Fleetmark glaube ich. Das Ziel war, daß wir zunehmen sollten. Aber wir haben höchstens ein Pfund zugenommen

* Ab hier waren immer Jungens und Mädchen in den Klassen

nachher am Schluß, - manche aber hatten 20 Pfund zugenommen. Wir wurden mit einem Omnibus nach Dolle gebracht, und mussten dort in einem Gasthof warten, bis die Bauern kamen, und sich immer ein Kind aussuchten. Meine Schwester wurde gleich ausgesucht. Ich erst fast am Schluß. Da kam eine Frau, die mir aber nicht gefiel, und die sagte zu mir: „Na, kommst bei mich?“ Da sagte ich: „Nein!“ Da ging sie wieder und dann saß ich allein in dem Gasthof und alle Kinder waren schon ausgesucht. Aber nach einer Weile hatte ich doch noch Glück und es kam ein junges Mädchen und fragte, ob ich mit ihr mitgehen wollte, und ich sagte „Ja!“, und freute mich. Ich dachte schon, ich muß wieder nach Hause. Das Mädchen brachte mich zu einem Bauernhof, und als ich in die Küche kam, stand da die Frau von vorhin und sagte: „Nu biste ja doch bei mich gekommen“. Es war aber ganz gut da. Sie hatten 5 Morgen Land und der Bauer war auch nett zu mir. Er aß immer Harzer Käse, der lag in einem Einmachglas, und da krochen zehn bis zwölf Käsemaden rum auf dem Harzer Käse, und die schob er mit dem Messer beiseite, und aß dann den Käse. Aber als er mich fragte: „Na, willste auch ein Stück Käse essen?“, sagte ich: „Nein!“ Meine Schwester ging jeden Tag Ähren lesen, und hatte zehn Pfund Weizen gesammelt. Ich ging sie oft besuchen auf ihrem Bauernhof. Ich bekam immer viel Schmalz zu essen und Brot dazu, bei dem Bauern, wo ich untergebracht war. Davon kriegte ich den ganzen Körper voll Eiterbeulen. Wenn ich aufwachte, waren schon 10 neue wieder da, die waren so groß wie Erbsen, - also wie halbe Erbsen, - auch von der Form her. Manchmal spickte ich sie auf, dann kam der ganze Eiter raus. Beim Gehen taten die Beine weh, beim schnellen Rennen aber nicht, deshalb rannte ich zu meiner Schwester. Da bekam ich auch zu essen. Als ich meinen Bauern erzählte, dass meine ältere Schwester 10 Pfund Weizen gesammelt hatte durch Ährenlesen, gaben sie mir auch zehn Pfund Körner, aber Roggenkörner, und zwar die, die bei der Dreschmaschine daneben fielen, die durfte ich mir auflesen, aber das ging schneller. Die anderen freuten sich, als wir das alles mitbrachten.

Aber in Störpke kam ich zu einem Bauernhof, da war nur die Bauersfrau, ein Knecht und eine Magd. Die Magd hieß Herta Knochen und der Sohn von der Bauersfrau war 8 Jahre alt und hieß Werni. Da melkte ich oft eine Kuh abends, aber langsam. Die Herta Knochen hatte in der Zeit schon die drei anderen Kühe gemolken, und bei mir holte sie noch den Rest raus. Meine Kuh hieß „Rose“, und gab einen ganzen Eimer voll.* Morgens um sieben musste ich immer die vier Kühe auf die Weide treiben,** das war ungefähr ein Kilometer weit, und ein Kalb war auch noch da, und das kam auch immer mit. Das war aber immer langsam. Ein Hund war auch da, der hieß „Netti“. Es war ein kleiner grauer Hirtenhund, und der trieb die Kühe immer zusammen. Dort hatte ich auch Eiterbeulen, aber nicht so viele,

* Die Kühe konnte ich an den Flecken erkennen, die bei jeder anders waren.

** und abends wieder abholen

dafür aber eine ganz große am Bein. Die traute ich mich nicht aufzuspicken und da färbte sie sich schon ganz blau. Als ich mal wieder das langsame Kalb antrieb und mit einer Stoff-Tasche nach ihm haute, weil es schneller laufen sollte, sprang es plötzlich weg, und ich traf es nicht mit der Tasche und die Tasche haute auf meine Eiterbeule und die platzte. Da war ich ganz froh. An der Stelle am linken Bein vorn zwischen Knie und Fuß habe ich immer noch eine Narbe, und die Haut ist da ganz dünn auf dem Knochen.* Bei der Kartoffelernte musste ich immer die Körbe schleppen, die die anderen beim Rausziehen der Kartoffeln aus der Erde gefüllt hatten, und auf einen Haufen kippen. Die ganzen Haufen wurden später mit einem Pferdewagen abgeholt und auf den Bauernhof gebracht. Einmal wurde der Eber kastriert. Aber das wollte ich nicht essen. Aber die anderen gaben das weg paar anderen, und die aßen das. Der Eber tat mir leid. Mit Werni verstand ich mich gut. Vier Jahre nach der Wiedervereinigung hatte ich eine Veranstaltung in Salzwedel mit der neuen Gruppe Insterburg & Co, und da fuhr ich auf dem Hinweg mal zu dem Dorf. Das Dorf besteht aus einer Straße und etwa 20 Bauernhäusern. Ich erkannte auch gleich das große Holztor, das auf den Hof führte, und schaute kurz hinein. Während ich noch zögerte, kam ein Bauer heraus, und ich sagte zu ihm: „Sind Sie Werni?“, und er sagte: „Und du bist Ingo!“ Da hatte er mich doch tatsächlich wiedererkannt nach 50 Jahren, und wir waren uns auch sehr vertraut. Er lud uns ein zu einem Bier und zum Essen, und wir unterhielten uns eine Stunde lang, dann mussten wir weiter, und ich schenkte ihm eine Schallplatte von uns zum Abschied. Auch seine Frau war sehr nett. Er hatte aber nicht gewusst, dass ich zu der Gruppe Insterburg & Co damals gehört hatte. Der Bauernhof war aber noch so wie früher.

*****

Nach sechs Wochen war die Zeit um und ich war froh, wieder zu Hause zu sein. Obwohl ich den Tag herbeigesehnt hatte, war ich doch traurig beim Abschied. In der Schule holte ich alles gut auf.** Russisch machte mir viel Spaß. Während ich in deutscher Schrift meistens eine „4“ kriegte, hatte ich in der russischen Schrift immer eine „2“. Die russischen Buchstaben schreiben sich irgendwie besser. In Zeichnen hatte ich eine „1“, da unterrichtete auch Frau Backe. Ein Bild habe ich noch aus jener Zeit. Es hängt bei mir an der Wand.*** Das Thema, das wir damals malen sollten, hieß: Der Sack ist kaputt. Wir sollten also einen Weihnachtsmann malen, dem der Sack kaputtgegangen war, aus dem die Spielsachen fielen, - und ein Junge sollte hinterherlaufen, und sich einiges davon auflesen.

Über diese „1“ freute ich mich sehr und ich zeigte sie allen. Es war meine erste in Zeichnen. In Zschopau hatte ich irgendwann mal einen

* Ich wurde oft in ein 4 km entferntes Dorf geschickt zum Einkaufen. Das machte ich barfuß im Dauerlauf.

** Es war die 6. Klasse.

*** Seite 37 unten

Tannenwald gezeichnet. Das waren schon richtig gezeichnete Bäume, und nicht so wie Kinderbäume. Als Meine Mutter das Bild sah, rief sie aus: „Der Ingo hat Talent, der Ingo hat Talent zum Malen, der wird mal Zeichenlehrer.“ Ihr Bruder war nämlich Kunstmaler, aber nicht als Beruf, sondern er arbeitete bei der Bank. Und er hatte, so sagte Meine Mutter oft,

er hatte es immer bereut, nicht Zeichenlehrer geworden zu sein. Deshalb sollte ich das nun tun. Im Prüfungs-Aufsatz von der 8. Klasse schrieb ich dann auch über dieses Thema: Warum ich Zeichenlehrer werden will. Nach dem Abitur im Osten hätte ich nach Greifswald gehen können und das dort studieren. Ich ging aber lieber nach West-Berlin, schon wegen der vielen Schokolade und der schönen neuen Fahrräder mit Gangschaltung und Felgenbremsen.* Und nach dem West-Abitur, ging ich dann ja auf die H.f.B.K, pädagogische Abteilung, also Abteilung 4, und lernte dort Malen und Zeichnen, Bildhauern und Werken. Aber dann hatte ich kurz vor dem Examen, - die Prüfung in Werken hatte ich mit „1“ bestanden, - da hatte ich dann keine Lust mehr, Zeichenlehrer zu werden, sondern lieber Musiker. Meine Mutter ärgerte sich, solange sie lebte, darüber, und sagte immer wieder, dass ihr Bruder, also mein Onkel, es zeitlebens bereut hatte, nicht Zeichenlehrer geworden zu sein.**

Im Sommer 1948 kam Mein Vater aus der Kriegsgefangenschaft zurück. Er hatte uns eine Postkarte schreiben können, dass er am kommenden Sonntag nach Bernburg zu uns kommt. Wir warteten den ganzen Tag, aber er kam nicht. Am nächsten Tag gingen alle in die Schule und auch

* Außerdem graute mir vor dem jahrelangen Pflichtfach „Marxismus-Leninismus“, das auch geprüft wurde.
** siehe Seite 403

Meine Mutter musste weg. Ich sagte: „Mama, ich will zu Hause bleiben, vielleicht kommt der Papa ja heute." Und Meine Mutter sagte: „Na gut, meinetwegen." Und alle gingen weg. Und um 10 klingelte es, und ich drückte auf den Türöffner und der Papa kam durch die Tür und ich schrie: „Der Papa!" und rannte die Treppe runter, und umarmte ihn. Er sah sehr mager aus, und hatte noch die Uniform an. Dann lief ich gleich zu meiner kleinen Schwester in die Schule, da war gerade Pause und sagte ihr das, dass der Papa da war, und sie kriegte frei und kam gleich mit. Die andern kamen dann nach und nach und wir alle freuten uns wahnsinnig. Ich war der Letzte gewesen in Zschopau, der unseren Papa gesehen hatte, und nun war ich der Erste, der ihn wieder gesehen hatte nach so vielen Jahren.*

Als ich 13 war, kriegte ich große Lust, Geige spielen zu lernen.

*****

Es ist halb zwei und ich bin wahnsinnig müde. Ich ging heute mit den Hunden über vier Berge. Es dauerte drei Stunden und fünf Minuten. Die Füße von den Schafen bei dem Osterhasenbild hab' ich geändert. Ich hatte meine Schwester in Österreich heute Vormittag angerufen, und ihr Mann wusste, dass Schafe zu den Paarhufern gehören. Ein Glück, dass ich das noch gemerkt hatte. Schafe mit Hundepfoten! - Das neue Bild hat auch schon die erste Farbschicht, das Cembalo ist fast fertig, reich verziert mit Bildern. Die Hirsche male ich morgen. Die beiden Mädchen sind sehr hübsch und sehen gut aus so nackend im Wald musizierend bei Sonnenuntergang. Sie spielen gerade die „Liebes-Spiel-Sonate" von mir.

GUTE NACHT!

Morgen ist Donnerstag, der 14. Dezember 2000, d.h. er ist es schon heute. Aber morgen ist erst, wenn man geschlafen hat.

*****

14. Dezember 2000, 20:00 Uhr

Die 9 Hirsche konnte ich grade noch malen, dann war es dunkel. Das geht dann sehr schnell, wenn die Sonne erst mal weg ist. Genau 10 nach 6 legte ich den Pinsel hin. Der Neun-Ender sieht gewaltig aus. Aber die Hirsche sind nur ganz klein zu sehn, so ungefähr 4 cm mit Geweih. Auf dem Cembalo stehn zwei Kerzen in gläsernen Behältern wegen des Abend-Windes. Die Geige ist keine Geige, sondern eine Bratsche, das klingt besser zum Cembalo. Die neun Rosen blühen schön und zwei Krähen lauschen der Musik. Die Geigerin ** steht in der Wiese zwischen Blumen, und die Cembalistin sitzt auf einem Baumstumpf und ihre Füße

* Oft dachte ich, wenn ich ein Kind mit seinem Vater sah, ich würde jetzt auch mit meinem Papa gern spazieren gehen. Und nun war er da.

** Gemeint ist die Bratschistin, Seite 511.

sind von Gräsern und Blättern und Blüten umgeben. So etwas möchte ich mal in Natur sehen, und natürlich auch hören. Meine ehemalige Freundin ist zum Essen eingeladen worden, und ist für ein paar Stunden weg. Ihr Mitarbeiter Pablo, er ist 26 Jahre alt, und ich haben gemeinsam Abendbrot gegessen, Käse, Tomaten und Brot. Er spricht kein Deutsch und ich kein Spanisch, so können wir uns gut verstehn. Aber er hat Englisch-Unterricht genommen und ich sagte zu meiner ehemaligen Freundin, wenn er richtig lernt, bezahle ich die ersten beiden Monate den Unterricht. Heute haben wir uns schon ein bißchen englisch unterhalten, dass ich am Sonntag nach Berlin fahre, und dass der Ehemann von ihr kommt. Da dürfen die Hunde nicht ins Haus. Aber es ist schon gemütlich, wenn sie im Haus sind. Wenn wir musizieren, tun sie so, als ob sie zuhören. Sie spielt Klavier und ich improvisiere dazu mit Geige oder Flöte. Das eine Stück, das wir mal zusammen gespielt haben, übe ich jetzt als Solo-Stück auf der Gitarre, es geht folgendermaßen:

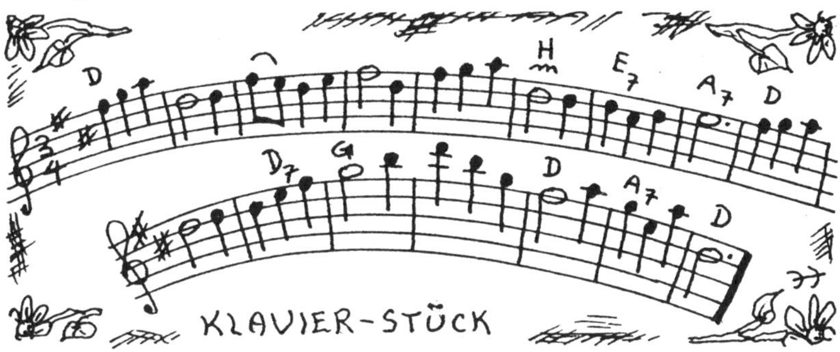

Meine ehemalige Freundin sagte neulich dem Pablo, er sollte sich bedanken bei mir für das Geld für den Englisch-Kurs, und er war aber irgendwie gehemmt in dem Moment und tat es nicht. Sie wunderte sich darüber, aber ich erzählte ihr, dass es mir auch mal so ging, dass ich mich nicht bedanken wollte oder konnte, und dass ich das verstehen kann. Und dann erzählte ich ihr die Geschichte:

Es war in Insterburg. Ich war 5 Jahre alt und uns gegenüber im ersten Stock wohnte der Rechtsanwalt Faltin. Als meine Mutter mal was mit ihm zu tun hatte, nahm sie mich mit und er schenkte mir beim Weggehen Bonbons und meine Mutter sagte: „Du musst danke sagen!“, und ich sagte: „Danke.“ Einen Tag später saß ich vor der Haustür auf der Treppe und der Rechtsanwalt Faltin sah mich und winkte mir zu, und gab mir zu verstehen, dass ich hinaufkommen sollte, was ich auch tat, und ich bekam Bonbons geschenkt. Am nächsten Tag stand ich vor der Haustür und dachte: Vielleicht kuckt ja der Rechtsanwalt Faltin heute auch wieder mal aus dem Fenster, und ich kuckte ständig nach oben. Und richtig, er winkte mich hoch, und ich bekam Bonbons. So stand ich dann jeden Tag vor der Tür und kuckte hoch, und er bewegte nur kurz seinen Zeigefinger, - wie mein Vater damals bei seinem Hund „Wudka“ in der ersten Kriegsgefangenschaft in Russland, und schon rannte ich hoch und bekam Bonbons. So ging das zehn Tage lang. Mein älterer Bruder lachte mich aus, weil ich nicht mit spielen kommen wollte, sondern lieber vor der Haustür stand, um Bonbons zu kriegen. Dann hatte ich mal die Bonbons nicht alle gleich gegessen, und sie mit nach oben genommen, und meine Mutter fragte: „Wo hast du die Bonbons her?“ - „Von dem Rechtsanwalt Faltin“, sagte ich. „Hast du auch schön Danke gesagt?“ - „Nei, das hab’ ich vergessen.“ - „Dann musst du noch mal hoch gehen und Danke sagen!“ - „Nei, das will ich aber nich.“ - „Doch, du musst!“ - „Nei, ich will nich.“ - „Du gehst jetzt hoch, klingelst und bedankst dich bei Herrn Rechtsanwalt Faltin.“ Dabei schrie sie schon. Na, da musste ich dann losgehen und sie rief mir noch hinterher: „Ich frage demnächst Herrn Faltin, ob du auch wirklich oben warst.“ Ich ging hoch mit einem dummen Gefühl und klingelte, und als der Rechtsanwalt Faltin aufmachte, sagte ich: „Ich hab’ vergessen Danke zu sagen“, und dann ging ich wieder. Danach hatte ich keine Lust mehr, auf Bonbons zu warten, und stand nie wieder vor der Haustür deshalb.

Meine ehemalige Freundin lachte über diese Geschichte, und verstand nun Pablos Gehemmtsein. Einen Tag später bedankte er sich bei mir von ganz alleine, auf Englisch.

Mein Vater war also aus der Kriegsgefangenschaft nun wiedergekommen, und da waren die 2 Zimmer, eigentlich anderthalb, zu klein. Eine Weile ging das aber. Wir Kinder sagten manchmal zu uns selber: Mal gespannt, wann sich Mama und Papa zum ersten Mal wieder zanken. Aber es ging 6 Wochen gut alles, na ja, nach drei Jahren verständlich. Doch dann gab’s den ersten Krach, wie immer, wegen irgend so ’ner Kleinigkeit.

Einmal haben sie sich gezankt, als sie ein West-Päckchen bekommen hatten mit Pralinen drin, von jeder Sorte aber nur eine Praline, und mein Vater meinte, er könnte doch jede Praline durchschneiden, damit jeder von ihnen beiden von jeder Sorte was kriegt. Meine Mutter sagte: „Aber Ernst, das ist doch Unsinn so was.“ Und mein Vater sagte: „Wieso denn Erna, das ist doch ein guter Gedanke von mir.“

Und daraus entwickelte sich ein riesiger Krach mit Tür schmeißen und rumschreien. Ich war gerade zu Besuch und hatte mich in einem anderen Zimmer aufgehalten. Das war 1955 in Halle an der Saale, Mozartstraße 1.

Mein Vater war ja immer sehr ruhig und gemütlich, bloß meine Mutter war immer dauernd so zänkisch. Viele Jahre später, als mein Bruder schon Mathematik studierte, las er mal ein Buch über so was, und sagte: „Die Mama kann nuscht dafür." Na ja, so wie sie für uns immer sorgte, hatten wir froh sein können, solch eine Mama zu haben. Ähren lesen ging sie noch bis spät in den Herbst, dann Zuckerrüben aufsammeln und Kartoffeln.* Und dann hat sie für die Bauern Kleider genäht, um dafür Kartoffeln oder Getreide zu bekommen, also, - dank unserer Mutter mussten wir nie hungrig ins Bett gehen, außer ein Mal, gleich nach dem Zusammenbruch in Zschopau. Da gab's auch rein gar nichts. Da haben wir Breitwegerich gepflückt und gekocht. Aber Gas gab es nur immer paar Stunden am Tag, und da haben wir sie noch ganz hart gegessen. Mein älterer Bruder aß sieben Teller, und dann musste er brechen. Meine Schwestern mussten auch brechen. Ich aß nur einen Teller und der blieb auch drin. Eicheln haben wir gekocht und gegessen.

Wir mussten alle immer Ähren lesen gehn. Wir hatten jeder eine Stofftasche um den Bauch gebunden, wo die Ähren reinkamen. Bis 1949 mußten wir das machen, immer in den Sommerferien und im Herbst. Roggen-Ähren, Weizen-Ähren, auch Kartoffeln und Zuckerrüben und Zwiebeln. Die Ähren wurden zu Hause getrocknet im Wohnzimmer ** und dann mussten wir die Körner auspulen. Dann gingen wir damit zur Saale runter, ließen die Körner und Spelzen von einem Topf aus in eine Wanne fallen, und der Wind trennte die Spelzen von den Körnern. Wir hatten immer so ungefähr drei Zentner zusammen. Das reichte dann bis zur nächsten Ernte. Abends drehte mein Bruder die Körner durch die Kaffee-Mühle, und wir kochten Brei daraus. Das aßen wir jeden Abend, meistens mit Zucker. Einmal haben wir Zuckerrüben-Saft gekocht in der Waschküche in dem Waschkessel.*** Die Zuckerrüben wurden geschnitzelt und dann gekocht. Beim Kochen musste immer umgerührt werden, bis der Saft dick und braun war. Das dauerte 8 Stunden, dann hatten wir einen Eimer voll Sirup. Meine kleine Schwester und ich kratzten den Waschküchen-Kessel aus mit Teelöffeln und hatten dann ein ¾ Marmeladenglas voll Sirup für uns. Zum Ährenlesen mussten wir manchmal bis zu fünf Kilometer laufen**** bis mal ein Feld kam, das schon abgeerntet war. Und dann natürlich wieder zurück. Weil ich noch klein war, durfte ich immer schon mittags wieder nach Hause gehn. Da kam ich mal an einem Baggersee vorbei und ich dachte: Wenn ich da jetzt reinspringe, kriege ich einen Herzschlag, bei der Hitze und dem kalten Wasser, und dann brauche ich nicht mehr Ähren lesen. Aber dann war ich endlich zu

* Und bei den Deutschaufsätzen hat sie uns auch immer geholfen. Sie hatte auch heimlich Gedichte gemacht. Mein Vater auch, aber nicht heimlich. Ein Lied (Text und Melodie) ist auf der Doppel CD „Symphonie Nr. 1" drauf.

** Auf einem alten Laken.

*** Das war noch in der Roschwitzerstraße.

**** fast immer barfuß, auch über die Stoppelfelder und zwischen den Disteln,

Hause und schlief auf dem Sofa ein, und die Vögel zwitscherten durch die offenen Fenster und es war ganz warm.

Meine Mutter ging also zur Wohnungsstelle, und sagte, dass mein Vater aus der Gefangenschaft gekommen war, und dass wir eine größere Bleibe brauchten. Na, das war nicht so leicht. Aber da kennt ihr Meine Mutter nicht! Die hat geredet und geredet, - in diesem Fall kam ihr das Hysterische zugute, und uns natürlich auch, - und sie sagte, dass sie erst wieder raus geht, wenn sie eine größere Wohnung kriegt. Da gaben sie ihr eine, sonst wären sie sie nicht wieder losgeworden. So hat sie uns das dann erzählt, und dass die auf dem Amt froh waren, sie endlich los zu sein.

Wir zogen dann gleich um mit einem Last-Auto. Das war aber nur für die paar Möbel, Betten und ein Schrank und noch einiges. Wir selber gingen aber zu Fuß, das war auch nur ungefähr 1 km weit. Und dann wohnten wir in der Beethovenstraße 7, - und um die Ecke war gleich die Mozartstraße, besser konnten wir es gar nicht treffen. Das war dann die Wohnung mit der Toilette Treppe runter übern Hof in die Waschküche runter Treppchen hoch.

In der Waschküche war ein Ofen, der hauptsächlich mit Holz geheizt wurde. Da drauf war ein riesiger Kessel, in dem die Wäsche gekocht wurde, manchmal auch Zuckerrübensaft. Die Wäsche wurde dann auf dem Waschbrett geschrubbt, danach gespült und auf dem Hof aufgehängt, im Winter auf dem Dachboden. Da war sie dann manchmal ganz steif gefroren. Die kleine Wäsche wurde in einem riesigen kesselartigen Kochtopf in der Küche auf dem Gasherd gekocht. In Insterburg trugen wir die Wäsche zur Bleiche ans Ufer der Angerapp. Das war eine große Wiese, auf der die Bettwäsche ausgebreitet wurde wenn die Sonne schien. Diese Wäsche wurde hin und wieder mit der Gießkanne besprüht, weil sie sonst hätte gelb werden können. Deshalb wurde die Wäsche auch nicht so häufig gewechselt wie heute, weil das alles ganz schön Arbeit gemacht hatte. Ein Glück, daß es heute Waschmaschinen gibt. Dank den Erfindern der Waschmaschine!

Eigentlich war es eine halbe Wohnung, aber vorne raus. Hinten raus zum Hof, wohnte eine andere Familie. Die hatten aber dafür das Klo in der Wohnung. Unseren Korridor mussten sie benutzen, um in ihre Wohnung zu kommen. Es waren zwei ganz schön große Zimmer, der Korridor und zum Hof hin die Küche mit Speisekammer. Im Korridor stellten wir Sachen ab, die wir nicht immer gleich brauchten.* Und dann hatten wir auch noch einen Keller. Einmal im Jahr, im Sommer oder im Herbst kam dann immer eine Kohlenlieferung, dreißig Zentner Braunkohle. Die wurde aber einfach vors Haus geschüttet auf den Bürgersteig, und alle mussten die dann selber in den Keller tragen. Wir auch. Nach ein paar Eimern kam ich auf die Idee, die Eisenstäbe vorm Kellerfenster durchzusägen, was ich dann auch

* Dort fingen unsere Katze „Mietze" und ihr Sohn „Purzel" hin und wieder mal Mäuse, auch auf dem Hof und in der Speisekammer. Da hatte mal eine Maus unser Brot von innen ausgefressen. Nur die äußere Kruste war noch da. Damit kochten wir Brotsuppe.

tat. Meine Mutter hatte zwar nicht ja gesagt, aber auch nicht nein. So konnten wir die Eimer einfach durchreichen. Im nächsten Jahr baute ich aus alten Brettern eine Art Rutsche für die Kohlen. Dann bekamen wir auch zum Teil Briketts.*

Gleich bei der Beethovenstraße und der Mozartstraße befand sich der alte Friedhof, der „Alte Bibel“ genannt wurde, und ein Park geworden war. Dort spielten wir den ganzen Tag. Da war auch ein alter Mann ohne Zähne, der da auf alles mögliche aufpaßte, und der uns öfter anmeckerte oder wegjagte, weshalb weiß ich nicht mehr. Einmal verfolgte er uns und wir flüchteten in die Friedhofskapelle, die eine alte Ruine war. Wir wußten aber, daß man durch den Keller laufen kann, und auf der anderen Seite durch die Kellerfenster wieder rausklettern konnte. Das taten wir dann auch und schlichen uns weg. Von weitem konnten wir sehn, wie der Friedhofswärter, wie wir ihn nannten, vor der Tür der Friedhofskapelle stand, und wartete, daß wir irgendwann mal rauskommen mußten. Meine Idee war es, ihn dort eine Weile warten zu lassen. Erst nach einer halben Stunde gingen wir wieder hin, und da stand er immer noch, und von weitem zeigten wir uns, und lachten ihn aus, daß er da so lange um uns zu fangen gestanden hatte, und wir aber schon längst draußen waren. Der hat sich aber da geärgert. Uns hat das aber gefreut, denn wir konnten ihn nicht leiden. Im nächsten Jahr gab es dann einen anderen Friedhofswärter, der war aber nicht so blöde.

Mein Vater bekam Arbeit bei der Heilkräutersammelstelle in Bernburg, da er als Drogist viele davon kannte.** Nach einem Jahr fand er aber Arbeit bei Halle im Buna-Werk im Fotolabor. In Insterburg hatte er auch eins. In seiner Drogerie entwickelte er Filme, und machte Abzüge, und verkaufte Foto-Apparate und Filme. Er übernachtete die Woche über auch im Buna-Werk, und zum Wochenende kam er nach Hause. Auf diese Weise gab es auch kein Gezank. Meine kleine Schwester und ich holten ihn immer vom Bahnhof ab, und am Sonntagabend um 8 fuhr er wieder zurück. Die Fahrt dauerte ein und eine viertel Stunde mit der Eisenbahn. Von Bernburg nach Halle sind es 42 km. Wenn Mein Vater dann da war, am Sonnabendnachmittag, fing für mich der Sonntag an und Sonntagnachmittag hörte er für mich auf, weil ich dann Schularbeiten machen musste. Mathematik fiel mir immer sehr schwer. Mein Bruder war ja sehr gut in Mathematik, immer nahe einer „1“, und sein Studium später in West-Berlin hatte er dann auch mit „1“ und Auszeichnung bestanden, er hatte nämlich eine eigene Formel gefunden, in der Zahlentheorie, mehr weiß ich nicht. Und ich hatte dafür immer in Zeichnen und Musik eine „1“, - so verschieden können Geschwister sein. Meine ältere Schwester wurde später Krankenschwester, meine kleine Schwester Fotografin und Fotolaborantin. Ihr Ausbilder rauchte 60 Zigaretten am Tag, bekam ein

* Im Keller waren auch paar Zentner Kartoffeln. Da mußten einmal im Monat die verfaulten rausgesucht werden. Das hab` ich nicht gern gemacht, aber ich mußte.

** Als eine alte Frau aus dem Bekanntenkreis Lymphdrüsenschwellung bekam, heilte er sie durch die Umschläge mit Breitwegerichblättern.

Raucherbein und verlor es, das andere auch, und dann ging es zu Ende. Ich habe ihn noch kennen gelernt, - er war nett. Schade! Das nur wegen rauchen.

*****

Tja, - ich wollte also unbedingt Geige spielen lernen. Schließlich sagte ja Mein Vater damals in Insterburg: „Wenn der Ingomann zehn ist, soll er Geige spielen lernen.“ Nun war ich schon 13. Aber das Geld war knapp und ich brauchte Schuhe und was Anzuziehen. Meine Mutter nähte zwar für uns, aber es gab keinen Stoff, nur Reste aus alten Kleidungsstücken, die sie zu was anderem zusammennähte. Als wir noch in der Roschwitzerstraße 38 wohnten, kuckte ich immer zu, wenn Meine Mutter nähte und ich fädelte auch immer den Faden ein in die Nähmaschinennadel, weil Meiner Mutter das schwer fiel. Ich glaube, sie brauchte inzwischen eine stärkere Brille. Ich bekam kleine Stoffreste und nähte dann Puppenkleider für meine kleine Schwester. Ich saß oft stundenlang und kuckte zu. So lernte ich auch zuschneiden und Knöpfe annähen und alles das. Später, in der Kunsthochschule im Werkunterricht Fach „Nähen“, durfte ich als einziger zu Hause nähen, weil die Professorin sich überzeugt hatte, dass ich das selber konnte, und keine andere für mich nähen ließ heimlich. Sie hatte gesehen, wie ich während ihres Unterrichts ein kleines weißes Oberhemd genäht hatte für eine Puppe. Ich bekam dann auch eine „1“, - in Weben auch. In den anderen Fächern, glaub’ ich, nur eine „2“, also in Metall-Arbeit, Holz- und Papier-Arbeit. Vielleicht aber auch eine „1“, denn meine Professorin, die mich gern hatte, sagte mir heimlich, ich hätte die ganze Werkprüfung mit „1“ bestanden. Aber das nützte nichts ohne das Hauptexamen, das ich ja nicht machte, weil ich sowieso Musiker wurde.*
In Bernburg nähte ich mir mal selber eine Badehose, weil ich keine hatte, aus altem, oder besser aus ganz altem, oder noch besser aus ganz, ganz altem Stoff, und zwar Futter-Stoff. Dann liefen wir, der Rudi und ich, nachmittags in Badehosen barfuß zur Saale, da wo die Fuhne, ein kleiner Nebenfluß der Saale, in dieselbe mündete, aber da gegenüber. Da war eine Badeanstalt. Die Fuhne war äußerst dreckig und sah ganz schwarz aus. Nach ein paar Minuten Schwimmen war die Badehose kaputt. Völlig kaputt! Der Stoff war morsch und zerriß im Wasser. Nun konnte ich nicht raus, aus der Saale. Wäre nicht Rudi dagewesen, ich hätte warten müssen, bis es dunkel ist. Im Sommer ist es lange hell draußen. Ich hielt die Reste der Badehose mit beiden Händen zusammen und Rudi ging langsam vor mir her bis zu den Umkleide-Kabinen. Dort wartete ich nackt in einer, und Rudi rannte schnell die zwei bis drei Kilometer nach Hause, und brachte mir von sich eine Badehose mit. Er hatte nämlich zwei und ich nun keine.

* Die 63 jährige Professorin lud mich mit paar anderen öfter ins Theater oder Konzert ein. Einmal tröstete sie mich an solch einem Tage. Ich hatte vorher 8 1/2 Stunden in einer Eierlikör-Fabrik gearbeitet, die ganze Zeit Eierlikör-Flaschen zugekorkt mit einer Handmaschine. Um mich herum waren 4 dicke vom Eierlikör besoffene Weiber, die furchtbar ordinär rumquatschten und sich ständig gegenseitig in den Hintern traten. Ich fühlte mich danach sehr niedergeschlagen, auch vom Eierlikör.

Die zog ich an und wir schwammen zum anderen Ufer, durch die schwarze Brühe des Mündungswassers der dreckigen Fuhne, weil so der Heimweg viel kürzer war, und rannten nach Hause. Mir war nämlich inzwischen kalt geworden. Danke Rudi!

Vor paar Jahren hörte ich von Franz aus der Beethovenstraße, daß Rudi nicht mehr lebt. Er war Klempner geworden.

Meine Mutter räufelte auch unsere Kinder-Pullover auf, und strickte größere daraus. Zu meiner Konfirmation in der Martins-Kirche bei Herrn Pfarrer Heide in Bernburg nähte sie mir auch eine lange Hose, aus alten Resten. Mit kurzer Hose wäre ich nicht hingegangen, da schämte ich mich, alle anderen übrigens auch. Nur einer kam mit kurzer Hose, das sah aber sehr komisch aus für uns alle. Meine Hose sah auch sehr schön aus, aber beim nächsten Mal Anziehen ging sie kaputt. Der Stoff war schon zu morsch. Aber sie hatte ja auch ihre Schuldigkeit getan. Doch dann bettelte ich ständig zu Meiner Mutter, dass ich Geigen-Unterricht kriegte und sagte: „Mama, du brauchst mir keine Schuhe kaufen, ich kann doch barfuß gehen, ich will lieber dafür Geigen-Unterricht.“ So geschah es dann auch, ich erhielt Geigenunterricht und ging barfuß.* Der Unterricht kostete 12,- Mark im Monat, 4 Stunden. Mein Vater verdiente 1,02 Mark in der Stunde im Buna-Werk. Im Herbst, als es kälter wurde, rannte ich einfach in die Schule, dann merkte ich die Kälte nicht so an den Füßen, genauso, wie ich die Eiterbeulen in Dolle nicht merkte, wenn ich rannte. In der Pause, sagte die Klassenlehrerin, soll ich in der Klasse bleiben, da es auf dem Schulhof zu kalt wäre für mich. Dann besorgte die Lehrerin, es war die Frau Backe, mir einen Bezugschein, und ich bekam dafür ein paar neue Schuhe.** Auch war ich wieder mit den anderen Schülern auf dem Schulhof in der Pause. Die Geigenstunden erhielt ich bei Herrn Schneidewind. Er war etwas kleiner als ich, und konnte auch Klavier spielen. In der letzten viertel Stunde jeweils begleitete er mich auf dem Klavier. Das war immer besonders schön. In der ersten Stunde lernte ich die einzelnen Teile der Geige kennen und sie zu bezeichnen. Eine Geige hatte ich ja, also die von Insterburg aus Kamenskoje und Meine Mutter nähte eine Hülle aus Deckenstoff. Später schenkte mir die Englisch-Lehrerin, die Frau Storz, einen alten Geigenkasten aus Holz, schwarz und mit Henkel auf dem Deckel.

Herr Schneidewind sagte: „Das ist der Körper mit den Zargen, das der Hals mit dem Griffbrett, da oben die Schnecke, unten der Saitenhalter, der hängt an dem Knöpfchen, der Kinnhalter, die F-Löcher oder auch Schall-Löcher genannt, am Griffbrett oben der Sattel, der Wirbelkasten mit den Wirbeln und der Steg auf dem die vier Saiten liegen G-D-A-E.“ Ich musste alles wiederholen und darauf zeigen. Dann kam der Bogen dran, aber der hatte nicht so viel Teile, nämlich die Stange, die Spitze, der Frosch mit der Schraube (zum Spannen) und die Pferdehaare, und sehr wichtig, das

* Meine älteren Geschwister heulten oft, wenn sie Klavier üben mußten, und meine Mutter saß daneben und meckerte sie an. Das war noch in Insterburg. Trotzdem wollte ich unbedingt Geige lernen.
** Nun hatte ich beides: Schuhe und Geigenunterricht.

Kolophonium zum Einreiben der Haare, damit die die Saiten anspielen können. Noch zum Merken der Saiten G-D-A-E „Geh Du Alter Esel".

Dann lernte ich die Geige richtig halten, ebenso den Bogen, und die leeren Saiten streichen, das heißt, ohne Töne zu greifen. Dann war die erste Stunde um und ich war etwas enttäuscht. Aber beim nächsten Mal konnte ich schon Töne spielen, mit drei Fingern, und das auf jeder Saite. Der 4. Finger kam erst viel später dran.* Aber in der vierten Stunde lernte ich schon ein Lied spielen. Da war ich glücklich. „Mama, ich kann schon ein Lied spielen, und der Herr Schneidewind hat gesagt, zu Weihnachten kann ich dann schon Weihnachtslieder spielen." Ich spielte immer wieder das eine Lied. Es hieß: „Ich bin vom Berg der Hirtenknab`."

Jeden Tag, mal eine halbe Stunde, nachmittags mal eine Viertelstunde, und abends noch mal 10 Minuten, immer wieder dieses Lied, so einen Spaß hat mir das gemacht. Einmal sagte Meine Mutter: „Meinst du nicht Ingo, daß du das Lied nun lang genug geübt hast?". „Ja, aber ich spiel es so gerne", und spielte die ganze Woche immer dasselbe Lied. Meine Mutter muß ganz schön Verständnis für mich gehabt haben. Dann ging es aber flott weiter und bald konnte ich alle Volkslieder spielen, die ich kannte, auch ohne Noten.
Als ich mal zum Geigenunterricht ging, sagte Herr Schneidewind, er müsse Kohlen in den Keller tragen, ich solle in der Zeit Noten abschreiben. Als er aus dem Keller wieder hochkam, wusch er sich die Hände, und da war die Unterrichts-Stunde um. Da habe ich mich geärgert. Irgendwann kam dann mal die Serenade von Haydn.

Einmal im Jahr veranstaltete Herr Schneidewind ein Schüler-Konzert, zu dem alle Eltern geladen wurden, und da spielte ich die Serenade von Haydn und Herr Schneidewind begleitete mich auf dem Klavier. Das hatte sich schön angehört und alle Eltern klatschten laut Beifall. Einer, der war da, der hatte Lampenfieber, und zwar so sehr, dass die ganze Zeit der

* Der Daumen zählt bei der Geige nicht als Finger und ist nur Stütze, beim Klavier ist er Finger. Noten lesen und schreiben lernte ich auch im Laufe der Zeit.

Geigenbogen zitterte, weil sein ganzer Arm zitterte mitsamt der Hand. Das hat sich traurig angehört, aber die Leute haben trotzdem geklatscht. Vielleicht hätte er lieber Klarinette lernen sollen, da fällt es nicht so auf,

wenn der ganze Arm zittert. Ein Jahr später lernte dann auch meine kleine Schwester Geige, auch bei Herrn Schneidewind. Da brauchten wir aber nicht jeder 12,- Mark im Monat bezahlen, sondern nur 10,- Mark, weil wir aus einer Familie kamen.*

Johannes Schneidewind
Violinpädagog
staatlich anerkannt
Bernburg / Saale Augustastraße 17

NOTA

Ingo u. Christel Wetzker

APRIL - MAI 40.- D.M.

BERNBURG 30.5.50.

Betrag erhalten
Schneidewind

* An der Saale standen drei Walnußbäume, die ich mit zwei Jungens aberntete im Herbst. Das sah der alte Friedhofswärter und schrie, er zeigte uns bei der Polizei an wegen Diebstahl. Da rannte ich ganz schnell mit den beiden anderen zum Polizeirevier und sagte dort, daß wir nicht wußten, daß man die Nüsse nicht auflesen darf. Da sagte uns der Polizist, die Nüsse sind Eigentum der Stadt, wir sollen das nicht mehr machen, und können gehen. In dem Moment kam der Friedhofswärter rein, machte wütend sein Maul auf, - und da sagte ihm der Polizist, die Sache wäre schon erledigt. Und da kuckte der Friedhofs-Olle ganz dumm, daß wir schon längst da waren. Na, das hatten wir aber gut gemacht.

Unser Onkel Erwin kam eines Tages aus der Kriegsgefangenschaft zurück, - auch aus Russland. Er konnte ja gut malen, aber ob ich das auch konnte, sagte er nie. Eines Tages spielte ich die „Träumerei" von Schumann, da brüllte er mich fast an und sagte: „Nein, so kann man das nicht spielen, du musst mit Gefühl spielen, mit viel mehr Gefühl! So, nun mach mal." Ich fing noch mal von vorn an und er brüllte: „Mit mehr Gefühl musst du spielen, na los, mach mal, mit Gefühl!" Da legte ich die Geige hin und ging nach draußen.

Hinterher beschwerte er sich bei meiner Mutter, also bei seiner Schwester, dass ich nicht auf ihn gehört hatte und einfach abhaute. Da sagte ich zu meiner Mutter: „Wenn mich der Onkel Erwin anbrüllt, dass ich mit Gefühl spielen soll, kann ich nicht." Meine Mutter sagte nichts mehr und ich übte nur noch Geige, wenn der nicht da war. Nach 3 Wochen haute er sowieso ab. Meine musikalischen Gefühle haben sich durch diesen Vorfall wahrscheinlich um Jahrzehnte verspätet.

Unter uns in der Beethovenstraße 7 wohnte ein Mädchen, die hieß Edeltraud, die fing nun auch an Geige zu lernen bei Herrn Schneidewind, die musste aber 12,- Mark zahlen. Wir spielten oft mit ihr, also mit Spielsachen und Kreiseln und so, auf dem Hof, auch auf der Straße, oder in unserer Wohnung. Beim nächsten Schülerkonzert im nächsten Jahr spielten wir drei ein Trio. Es hieß „Die Schlittenfahrt“. Es klappte auch ganz gut, bloß einmal hatte sich die Edeltraud verspielt. Aber da fingen wir noch mal an. Vorher hatten wir öfter zusammen geübt, aber wahrscheinlich nicht oft genug. Öffentlich traten wir danach aber nicht mehr auf zu dritt. Ich spielte dann in der Karl Marx-Oberschule im Schulorchester, und zwar in der 10. Klasse die 3. Geige, dann in der 11. die 2. Geige und in der 12. die 1. Geige, und zur Abitur-Feier mit meinem Klassenkameraden Helmut Richter (Klavier) Solo-Geige, irgendwas von Mozart. Das gefiel mir nicht, aber mein Abiturzeugnis auch nicht.

Wenn aber etwas Besonderes los war, zum Schuljahr-Anfang, zum Schuljahr-Ende, zu Weihnachten, da spielte ich im Trio in der Aula für alle Schüler und Lehrer, - Alfred Nezold 1., manchmal 2. Geige, Helmut Weidhase Klavier bzw. Flügel, und ich 1. oder 2. Geige. Die Weihnachtsferien waren immer sehr kurz, weil am, - ich glaube am 21. oder 23. Dezember Stalin Geburtstag hatte, und am, - ich glaube am 03. oder 04. Januar, Wilhelm Pieck. Damit diese Geburtstage überhaupt einer feierte, wurden die in der Schule gefeiert in der Aula, und da spielte dann auch das gesamte Schulorchester. Ja, deswegen waren die Weihnachtsferien immer so kurz. Aber dafür gab es noch mal Winterferien. Als Stalin gestorben war, da waren gerade irgendwelche Ferien, da wurde unser Trio benachrichtigt, dass wir uns den Trauermarsch von Liszt einüben sollten. Der Leiter des Schulorchesters, Herr Studienrat Zimmermann, ordnete das an. Der war noch kleiner als Herr Schneidewind und zum Dirigieren stieg er immer auf einen Stuhl. Ich weiß nicht mehr, ob die Ferien verkürzt wurden wegen Stalin und seinem Tod, jedenfalls spielten wir in der Aula den Trauermarsch. Der Helmut Weidhase war damals schon richtiger Komponist, studierte aber später Germanistik, und ein sehr guter Klavier-Spieler. Da übten wir immer alles so lange, bis wir es sicher konnten. Und deswegen haben wir uns auch bei Stalins Begräbnis-Feier nicht verspielt. Meine ältere Schwester, die gerade Krankenschwester lernte in der Friedensallee, gleich um die Ecke von der Beethovenstraße, sollte Ehrenwache stehn in Schwesterntracht und Gewehr in der rechten Hand und geschultert. Ich hab' das mal gesehen. Da standen zwei Schwesternschülerinnen vor der Eingangstür, rechts und links ganz stramm mit der Flinte, und bewegten sich nicht, eine Stunde lang. Meine Schwester weigerte sich aber, und da kam die Stasi (Staats-Sicherheitsdienst im Osten) und drohte, sie von der Schwesternschule zu schmeißen. Da ist sie in den Westen abgehauen, und hat in Itzehoe und Eutin in Schleswig-Holstein ihre Ausbildung fertig gemacht. Ihr Freund blieb in Bernburg und wurde Arzt.*

Noch was passierte mit Stalin, aber da hat er noch gelebt. In der neunten Klasse im Gymnasium in der Friedensallee hing an unserer Klassentür außen ein Stalin-Plakat mit Reißzwecken angemacht. Wir mussten ja immer warten nach der Pause, bis der Lehrer kam, und die Klassentür aufschloss. Da hat ein Mädchen dem Stalin die Augen ausgerissen. Da haben wir alle gelacht. Als der Lehrer das sah, ging er gleich zum Direktor, Kersten hieß der, und das Mädchen musste am nächsten Tag in der Aula vor allen Schülern sich eine Ermahnung anhören, und sie musste öffentlich bereuen, dass sie so was Schreckliches getan hat. Dann gingen wir wieder alle in die Klassen. Ein paar Tage später kam das Mädchen dann nicht mehr, wahrscheinlich war sie mit ihren Eltern in den Westen abgehauen.

Mit den Lebensmittelkarten kamen wir oft nicht zurecht, d.h. am Monats-Ende waren keine Marken mehr da und ohne Marken konnte man kein Essen kaufen. Körner vom Ährenlesen waren aber fast immer noch da. Einmal, wir wohnten in der Beethovenstraße, erklärte ich mich bereit, wieder Ordnung zu bringen in die Lebensmittelkarten, jedenfalls rechnete ich den Verbrauch der Familie aus und wieviel Marken noch da waren, und

* Er hieß Karl-Ernst und bei ihm hatte ich ein halbes Jahr sehr, sehr guten Geigen-Unterricht, auch Theorie und Übungen, die für alle anderen Instrumente wichtig sind.

teilte dann jedem seine tägliche Ration zu. Es waren 7 Brotscheiben, die jeder täglich bekam. Die hatte ich aber so dünn geschnitten wie nur möglich. Nach sechs Wochen waren wir wieder im Lebens-Mittel-Karten-System drin.*

Ein Jahr lang bekamen wir von der Volksküche Essen. Da wurde in der Franz-Mehring-Schule kesselweise Essen gekocht, also Suppe, und wer wollte, konnte sich welche holen kostenlos. Wir waren da sechs Personen und bekamen jeden Tag einen dreiviertel Eimer voll Suppe, die wir uns immer abholen mußten.
In der großen Pause in der Schule bekam jeder ein Brötchen umsonst. Manche Kinder machten daraus ein Geschenk für ihre Mutter, wir Geschwister auch einmal, und das war so: Zwanzig Tage vor dem Geburtstag meiner Mutter am 5. Juli, boten wir Mitschülern unser tägliches Brötchen an, unter der Bedingung, daß sie es uns am 5. Juli zurückgeben mußten. Das haben viele auch gemacht, und an Meiner Mutter Geburtstag hatte ich 20 Brötchen zusammen, die ich ihr dann geschenkt hatte. Meine Geschwister hatten das auch so gemacht, und wir konnten uns tagelang satt essen alle.
Am Ersten des Monats, wenn die neuen Karten da waren und gültig wurden, ausgeteilt wurden sie schon paar Tage vor dem Ersten, bekamen wir von unserer Mutter immer einen 100-Gramm-Abschnitt für Zucker, und konnten uns dafür Bonbons kaufen, welche wir wollten. Geld hatten wir immer einigermaßen. Der Vorrat an Bonbons reichte aber meistens nur drei Tage. Dann mußten wir bis zum nächsten Ersten warten. Aber einmal

* Ich war auch mal Lebensmittelkarten-Verteiler für 5 Häuser in unserer Straße ein dreiviertel Jahr lang.

nach Weihnachten, Weihnachten gab es immer Sonderzuteilungen, war plötzlich immer genug Brot da, und die anderen Sachen auch. Und paar Monate später konnten die Lebensmittelkarten abgeschafft werden, weil es wieder von allem, oder fast allem genug gab in den Geschäften. Das muß so ungefähr 1950 gewesen sein.
Auf unserem Hof hatten manche Kaninchen. Edeltrauds Vater auch, und wir kriegten eins geschenkt, ein Weibchen. Mein Vater baute einen Stall und wir gingen immer Karnickel-Futter suchen. Im Frühling war das leicht, da pflückten wir immer Luzerne, später Löwenzahn. Im Winter bekamen die Kaninchen Kartoffelschalen. Dann kriegte unser Kaninchen 6 Junge, der Vater war ein Karnickel-Bock von Edeltrauds Vater. Ein paar Straßen weiter wohnte ein Mann, der in seiner Freizeit Kaninchen schlachtete. Da gingen alle hin. Meine kleine Schwester und ich auch. Wir sagten noch: „Sein Sie bitte vorsichtig, unser Kaninchen hat wunde Füße!" - Aber da hatte er es auch schon gepackt, und mit einem dicken Holzstück auf den Kopf, hinter den Ohren geschlagen. Dann schnitt er den Kopf ab, und zog das Fell ab. Das behielt er als Bezahlung. Geld wollte er nicht. Das andere alles packte er in eine Schüssel und wir gingen nach Hause damit, und aßen es nach und nach auf. Wir hatten das Kaninchen immer sehr gerne gehabt, weswegen wir uns ja auch Sorgen gemacht hatten wegen seiner wunden Füße. Aber es hat uns nichts ausgemacht, das geliebte Tierchen aufzuessen. Na ja, die Kinder machen eben alles, was die Erwachsenen machen. Die lieben ja auch alle die Tiere und es macht ihnen nichts aus, sie aufzuessen. Bloß ihre Hunde und Katzen nicht, - und die Kanarienvögel oder Pferde. In China aber auch diese. Na ja, jetzt bin ich ja Vegetarier seit 1956 und verabschiede mich bis morgen.

GUTE NACHT!!!

P.S. heute bin ich nur kurz mit den Hunden gegangen, eine dreiviertel Stunde, aber besser als gar nichts. Gestern war ja auch viel, die vier Berge.
14. Dez. 22:00 Uhr

*****

Die Edeltraud und ihre Eltern hauten auch ab in den Westen, und zwar nach Köln 1953, nach dem Abitur ich auch nach West-Berlin. Ein Jahr später besuchte ich meine Eltern und meine kleine Schwester in Bernburg, * und Edeltraud ihre Verwandten auch. Sie war 17 und ich 20. Na ja, - was kommt jetzt? - Sie war sehr hübsch, und aus heutiger Sicht, eigentlich bildschön, - und wir machten zu dritt eine Ruder-Boot-Fahrt auf der Saale, - also meine kleine Schwester, Edeltraud und ich. Am Toten Saale-Arm ruderte ich ans Ufer und wir stiegen aus, und gingen am schönen Ufer

* mit dem Westfahrrad

spazieren. Meine Schwester entfernte sich dann etwas, ich glaub', um Blumen zu pflücken. Ich war, wie schon zaghaft angedeutet, sehr verliebt in Edeltraud. Und wie wir da so gingen, überlegte ich, was ich wohl tun könnte, um ihr meine Liebe zu zeigen. Das war nicht so einfach. Aber da half sie mir. Als ich laut seufzte, sagte sie: „Hast du's so schwer?" Da umarmte ich sie und sagte: „Ich bin so verliebt in dich!" -, und dann gab ich ihr einen Kuß.

Aus heutiger Sicht war das kaum ein richtiger Kuß, aber aus damaliger Sicht war es „Das Größte"!!! !!! !!! *
Und dann kam auch schon meine Schwester mit Blumen in der Hand, und wir gingen wieder zum Boot und ich ruderte uns zum Bootsverleih zurück und ich kuckte immer Edeltraud an, und sie mich manchmal auch. Am nächsten Tag fuhr sie wieder zurück nach Köln, und ich blieb noch bißchen in Bernburg, denn meine Eltern zogen um nach Halle und da half ich beim Umzug.

Von West-Berlin aus, also aus der Marburgerstraße 5, schrieb ich ihr dann einen Liebesbrief, und daß ich gern mit ihr zusammen wäre. Aber sie antwortete mir, daß wir noch sehr jung wären, und jeder erst mal sich um seine Ausbildung kümmern sollte, und um einen Beruf, um Geld zu verdienen. Da war ich sehr enttäuscht, und schrieb ihr einen Brief, daß man, wenn man sich liebt, nicht an Beruf und Geld denken soll, sondern an die Liebe, weil Liebe das Größte ist! Oder so ähnlich schrieb ich. Und weil ich ja nun Latein gehabt hatte in der Schule, fügte ich noch auf Lateinisch was zu, das ich mir selber ausgedacht hatte. Auf Deutsch sollte das jedenfalls heißen: Liebe ist göttlich, und nicht, um damit zu spekulieren! - Und dann übersetzte ich es ins Lateinische, - aus heutiger Sicht glaube ich, - es war nicht einwandfreies Latein: Amor devinus est, non spekulatum! - Na ja, - sie hat mir nicht mehr geantwortet, und als ich dann im 2. Semester auf der Kunsthochschule war, machten wir eine Studienfahrt nach Paris für 14 Tage. Ein Kunststudent, er hieß Wolfgang, der mir schon etwas auf der Klarinette und einiges auf der Gitarre beigebracht hatte, fragte mich, ob ich Lust hätte, schon zwei Tage früher mit ihm zu fahren und in Köln, wo er eigentlich wohnte, zwei Tage zu bleiben. Das taten wir dann auch. In Köln suchten wir beide nun die Straße, in der Edeltraud wohnte. Es war die Viktoriastraße und wir fanden endlich das Haus. Ich ging die Treppen hinauf und der Wolfgang blieb einige Schritte hinter mir. Dann klingelte ich ziemlich aufgeregt und Edeltraud öffnete die Tür, und sagte: "Ingo?!?!??", - dann knallte sie die Tür zu. Und wir gingen wieder runter. In Paris schrieb ich ihr eine Postkarte, ich wollte sie doch sehr gern besuchen, und dann schrieben ihre Eltern an mich, ich könnte sie auf der Rückfahrt gern besuchen. Als nun endlich, endlich die Rückfahrt war, ich hatte kein Geld mehr und

* Es war mein 1. Liebeskuß mit beiderseitigem Einverständnis. Ich war 20 Jahre alt. Bei einer Klassenfahrt mit der Eisenbahn hatten wir mal Pfänderspiele gemacht alle zusammen mit anschließendem Küssen, aber das war nichts Richtiges. Wir waren in der 9. Klasse.

fing schon an zu hungern, wollte ich mit einem anderen Kunststudenten, - er hieß Werner, - in Köln zusammen aussteigen. Er wollte sich Köln ankucken und die Kunst in Kölner Museen, und ich Edeltraud. Die Eisenbahnfahrt fand nachts statt und wir schliefen etwas ein, und wachten in Bielefeld auf, - aber da war Köln schon vorbei. Ich habe sie nie mehr wiedergesehen, - vielleicht ja sie mich mal auf der Bühne oder im Fernsehen mit Insterburg & Co, - aber sie hat sich nie mehr gemeldet, - ich mich auch nicht. Vor zehn Jahren habe ich mal ein Lied gemacht, das hieß „Edeltraud“, aber das hat nichts mit ihr zu tun, außer der Name. - Der ist aber ein schöner Name! Auch aus heutiger Sicht!
Noch 14. Dez. 0:30 Uhr 2000
Ich habe doch noch weiter geschrieben, weil ich mich so gern an dieses Liebes-Erlebnis erinnert habe.
Nun aber wirklich G U T E N A C H T ! ! !
Bis morgen.

*****

15. Dezember 2000
Ich weiß, warum auf unserer Erde noch nie Fliegende Untertassen gelandet sind. Bevor sie nämlich landen, kucken sie sich vorsichtshalber erst mal die Fernseh-Programme an, - und dann sind sie so entsetzt, vor allem wegen der Gewaltfilme, dass sie gleich wieder abhauen. Manche Rundfunk-Programme sind auch zum Abhauen. Hier auf Lanzarote, - übermorgen fahre ich übrigens wieder zurück, - gibt es einen deutschen Insel-Sender. Aber nachts übernehmen sie einen Sender aus Deutschland, der heißt „Radio Regenbogen“. Der schafft es, in zwei Minuten sämtliche Nachrichten zu bringen, davon 1/3 Fußball, und in 20 Sekunden 5 mal den Namen des Senders zu nennen. Und alle halbe Stunde sagt der Moderator, dass der Sender die beste Musik bringt. Also, meine Kollegen und mich hat er noch nicht gesendet.

Meine Lieblingskollegen sind übrigens Beethoven, Bach, Händel, Schumann und Mendelssohn-Bartholdy. Ich kriege hier ja auch Deutschlandfunk, den ich in Berlin immer höre, - da dauern die Nachrichten 8 bis 10 Minuten, - aber da kommt immer Rauschen: „Der Bundeskanzler Gerhard Schröder ist heute schschsch und wird am morgigen Tage schschsch sprechen. Dienstag hebt er schschsch...“. Deswegen bin ich gezwungen, den Regenbogen-Sender zu hören, abends und morgens. Manche Rundfunk- und Fernsehanstalten sind vorzügliche Verdummungs - Sender. Manche nähern sich diesen an. Aber sie sind erwünscht vom Volk.

*****

Heute bin ich fast vier Stunden gegangen. Hinter der Stadt Uga sah ich von meinem 1. Berg aus einen schönen Kraterberg stehen, den ich mal unbedingt ausprobieren wollte, - die Hunde glaube ich, auch. Aber je näher ich kam, desto weiter war der Berg. Und als ich dann endlich da war, dauerte es eine halbe Stunde, eh' ich oben war, - und rund um den Trichter noch mal 20 Minuten, - und dann runterklettern zwischen Steinen und Geröll. Viermal habe ich mich hinsetzen müssen, aber kontrolliert, - ein Glück, dass ich Schlittschuh laufen kann. Dann wimmerte Blondy immer, weil er sich Sorgen machte um mich. Als wir dann endlich zu Hause waren, nach 3 Stunden und 50 Minuten um 15:00 Uhr, waren wir müde. Trotzdem malte ich an dem Bild (die blonden Musikerinnen) weiter, bis es dunkel war. Es ist fast fertig, - morgen werde ich aber einige Verbesserungen machen. Der Hintern von der Cembalistin ist noch etwas zu dick und die neun Hirsche sind noch in der Farbe zu kräftig. So, nun wieder zum Eigentlichen: In der 7. Klasse kam ich gut mit im Unterricht. Englisch machte mir Spaß und ich dachte, ich wäre der Beste in der Klasse. Aber die Lehrerin sagte mal mitten im Unterricht: „Bruno ist entschieden der Beste in Englisch!“ Da ärgerte ich mich, und beschloß, wie verrückt Englisch zu lernen. Aber am nächsten Tag war der Ärger vorbei und die Lust Englisch zu lernen auch. Der Zweitbeste war ich ja, - auch ganz schön.

Weil es knapp Papier gab, hatte ich die Schularbeiten eine Zeitlang mal in ganz kleiner Schrift gemacht. Zwischen zwei Linien hatte ich vier Zeilen geschrieben, das war sehr, sehr klein und sparte viel, viel Papier. Die Schularbeit von einer dreiviertel Seite nahm so nur zweieinhalb normale Zeilen weg. Als die Lehrerin das sah, mußte ich alles vorlesen, weil sie nicht glaubte, daß das die gesamten Schularbeiten sein sollten. Danach glaubte sie es. Ein halbes Jahr später gab es aber wieder genug Schul-Schreib-Hefte. Da schrieb ich wieder normal, ging auch schneller.

Später glaubte mir noch mal eine Lehrerin was nicht. Das war in der 9. Klasse in Erdkunde. Da sollten wir die Landkarte von Afrika zeichnen, aber nicht durchpausen. Das hatte ich so gut gemacht, daß die Lehrerin nicht glauben wollte, daß ich das nicht durchgepaust hatte. An kleinen Einzelheiten konnte ich das dann aber nachweisen. Ja, Begabte haben es manchmal schwer.

1949 war das Goethe-Jahr, weil er vor 200 Jahren geboren worden war, am 28. August. Da wurde viel im Unterricht über Goethe durchgenommen, zum Beispiel „Der Osterspaziergang”. Den habe ich später mal umgedichtet, d.h. ich habe ihn, weil er so schön ist, verlängert. Ich hatte mir 1967 eine Roman-Figur ausgedacht, und sie „Otto Darmstatt” genannt, und 1972 einen Roman über sein ganzes Leben geschrieben. Er lernte fast alle großen Dichter und Komponisten kennen, und war im Gegensatz zu

viel Berühmteren ein wohlhabender Dichter. Er hatte die Gabe, Astrale Wanderungen zu machen, d.h. er konnte, wenn er im Bett lag, aus seinem Körper austreten und durch die Gegend schweben, und andere Wesen kennenlernen. Einmal sagte ihm solch ein Geist: „Daß unsere Erde ein Garten wäre, den sich mal einer angelegt hatte, und als er merkte, daß dieser nur spärlich Früchte tragen würde, er ihn vernachlässigt hätte. Nur hin und wieder käme er vorbei, um die wenigen Früchte, die doch was geworden wären, abzuholen". Damit läßt sich fast alles erklären. Otto Darmstatt wurde 123 Jahre alt.
Natürlich lernte er auch Goethe kennen. Er war schon am 1. August 1749 geboren, also 27 Tage vor Goethe, und das hatte sich auch öfter später immer wieder bemerkbar gemacht. Er reiste mit ihm nach Italien. Dort zankten sie sich aber, weil Otto Darmstatt mehr Chancen bei den italienischen Frauen hatte als Goethe. Deswegen hat er, Goethe, ihn, Otto Darmstatt, auch in seinen Erinnerungen „Dichtung und Wahrheit" nicht erwähnt. Und den Osterspaziergang aus dem „Faust" dichteten sie eigentlich zusammen, jeder immer eine Zeile, - und das ging so:

Vom Eise befreit sind Strom und Bäche,
die Bäume erhol'n sich von ihrer Schwäche,
durch des Frühlings holden, belebenden Blick
erholen sie sich Stück für Stück.
Im Tale grünet Hoffnungsglück,
das sieht man auf den ersten Blick.
Der alte Winter in seiner Schwäche,
beherrschend einst die ganze Fläche,
zog sich in rauhe Berge zurück.
Na, da haben wir ja Glück.
Von dort her sendet er fliehend nur
auf die hinterlistige Tour,
ohnmächtige Schauer körnigen Eises,
man hört ein Prasseln, ein ganz leises,
über die grünende Flur.
Wolfgang und ich, wir lachen nur.

Das hatte ich immer zusammen mit Karl Dall aufgesagt, er sprach Goethe, und ich Otto Darmstatt (mit 2 „T").
In der Klasse waren viele Heimatvertriebene Kinder, und einmal veranstaltete der Deutschlehrer eine Mundart-Lesung. Ich lernte ein ostpreußisches Gedicht in Mundart auswendig und trug es vor, und Kinder aus Schlesien ein Schlesisches, und ein Sudetendeutsches und ein Westpreußisches. Das hat Spaß gemacht. Einmal machten wir eine Gemeinschafts-Lesung

(von Seite 81) In Berlin wird „berlinert". Aber warum wird in Dresden nicht dresdenert, in Leipzig leipzigert, warum nicht hannovert, münchnert, kölnert, parisert, londonnert, moskauert, warschauert oder sanfranciscotet, - es wird nur berlinert, ach so, - und in Kalau wird noch gekalauert.

der Geschichte „Als ich ausging, Christtags-Freude zu holen", aber nicht von Goethe, sondern von Rosegger. Jeder las ein paar Seiten vor von der ganzen Klasse, und der Lehrer sagte danach: „Der Ingo ist der beste Leser der Klasse."

Einmal kam ein Regisseur in die Schule, der suchte Jungens, die Lust hatten, bei einem Theaterstück mitzumachen, und zwar „Emil und die Detektive" von Erich Kästner. Da meldete ich mich natürlich. Aber beim Vorsprechen im Theater bemerkte der Regisseur, dass ich zu stark ostpreußisch spreche, und deshalb bekam ich nur eine stumme Rolle, weil in dem Theaterstück ja „berlinert" werden sollte. Aber es hat trotzdem Spaß gemacht.*

In der 10. Klasse habe ich mal einen Arbeitslosen gespielt bei einer Schüler-Aufführung, und zwar einen westdeutschen. Ostdeutsche Arbeitslose gab es ja nicht. Da musste ich sagen:

Stempeln, Stempeln ohne Murren,
laß den Magen ruhig knurren,
aber knurre selber nicht,
weil dir Adenauer was verspricht.

Die nächsten Zeilen weiß ich nicht mehr, und am Schluss hieß es dann noch:

Früher Hitler,
heut' Mac Cloy.

Der Regisseur fragte mich, ob ich Lust hätte, in einem richtigen Theaterstück mitzuspielen. Ich sagte natürlich „Ja", aber es kam nichts mehr.**

Am Ende der 8. Klasse mussten wir eine Abschlussprüfung machen. Es war ja 1946 zu Beginn des neuen Schuljahrs die Einheitsschule beschlossen worden, also alle Schüler 8 Jahre Grundschule und dann, wer wollte, Oberschule. Außerdem wurde den Lehrern verboten, die Schüler zu schlagen. Das hat bestimmt einige Lehrer geärgert, denn so manchem Lehrer hat das Prügeln Spaß gemacht, - vielleicht ist ja auch der eine oder andere nur Lehrer geworden, um sich an Kindern auslassen zu können, um seine Verklemmtheit abzureagieren. Die Disziplin war aber immer sehr gut. Es passierte kaum im ganzen Schuljahr etwas Schlimmes. Dass da erst der Osten drauf kommen musste! So viel ich weiß wurde die Prügelstrafe im Westen erst viel später abgeschafft. In England, glaube ich, noch viel mehr Jahre später.

Dann ging's weiter auf die Oberschule in der Friedens-Allee. In Mathematik, als gerade Geometrie dran war, kam ich gut mit, und einmal

* Siehe Fußnote Seite 80

**1951 ging ich mit dem Schulorchester der Lindenschule, in dem meine kleine Schwester Geige spielte, auf Tournee, - als Solo-Geiger. Ich begleitete ein 7 jähriges Mädchen zum Gesang. Das Lied hieß: \`S ist Feierab\`nd, \`s ist Feierab\`nd, - das Tag\`werk ist vollbracht. \`S geht jeder seiner Heimat zu, - ganz sachte schleicht die Nacht. Manchmal weinten die Leute im Publikum. Wir waren in Quedlinburg, Sangerhausen, auf dem Hexentanzplatz, auf der Roßtrappe und in Thale.

habe ich als Einziger eine „1“ bekommen, weil ich in der Klassenarbeit eine eigene Lösung gefunden hatte. Der Lehrer musste aber nach einem halben Jahr gehn und da wurde ich schlechter. Er war der Sohn vom Direktor Kersten, und es hieß, er hat eine Frau geheiratet, die der Vater nicht wollte, und da hat er ihn in eine andere Stadt versetzt. Na ja, und deswegen wurde ich schlechter. Wenn ich die Lehrer gut leiden konnte, war ich jedenfalls in dem Fach immer gut. Einmal auf dem Schulhof in der Pause dachte ich: 4 Jahre muss ich jetzt noch zur Schule gehn, so eine lange Zeit! So eine lange Zeit!!!! (für jedes Schuljahr ein Ausrufezeichen). Am 1. Mai mussten wir alle auf den Karls-Platz uns versammeln wegen der 1. Mai-Feierlichkeiten. Und da traf ich den Gerd, der in der 8. Klasse neben mir gesessen hatte, und der erzählte, dass er Zimmermann lernte, und immer um 6:00 Uhr früh aufstehen musste. Da dachte ich, dann ist die Schule ja doch besser, - immer um 6 aufstehen!?!?!
Ab da ertrug ich die Schule so ganz gut.

Als wir in die 10. Klasse kamen, mussten alle in die Karl-Marx-Oberschule umziehen. Mein älterer Bruder nicht, der hatte schon das Abitur, Mathematik aber nur „2“, was ihn sehr ärgerte. Seine Mathematik-Lehrerin hieß Fräulein Wunderlich. Na ja, und trotzdem hat er eine „1“ bekommen am Ende seines Studiums in West-Berlin bei Professor Ostmann 1959.

Wir waren 48 Schüler in der 10. Klasse. Ich saß ganz hinten und neben mir Hans-Georg. Vom Unterricht kriegten wir kaum was mit. Besonders schlecht wurde ich in Mathematik. Unser Mathematik-Lehrer hieß Herr Diestler. Der war schon sehr alt und wir nannten ihn alle „Opa Diestler“, aber nur, wenn er das nicht hörte. Ich hatte schon etliche „Vieren“ im Klassenbuch und da starb er aber und wir kriegten einen anderen Lehrer, da wurde ich dann wieder besser. Übrigens, die Klassenbücher lagen immer offen auf dem Pult und jeder konnte einsehen, was für Zensuren er hatte. Auch wurden die jeweiligen Zensuren im Unterricht besprochen, nachdem man rangekommen war. Also die Schulausbildung war wirklich sehr gut und wenig autoritär, und ich habe für meinen Lebensweg sehr viel im Osten gelernt. Ach so, im Herbst 1949, als ich also in der 9. Klasse war, wurde die DDR gegründet und wir mussten die neue National-Hymne auswendig lernen von einem Tag auf den andern, aber erst mal nur die erste Strophe. Die Melodie gefiel mir aber nicht, besonders den Tempo-Wechsel konnte ich nicht leiden, und vergessen habe ich auch noch, dass wir zu den Jungen Pionieren mussten. Da war ich aber nur paar Mal, und da lernten wir FDJ-Lieder: „Bau auf, bau auf, bau auf, bau auf, Freie Deutsche Jugend bau auf. Für eine bessere Zukunft, richten wir die Heimat auf“ (sehr billige Reime). So ähnlich war auch ein Lied in der Hitlerjugend gewesen: „Vorwärts, vorwärts schmettern die hellen Fanfaren“, das wurde wiederholt und dann ging es weiter: „Ist das Ziel auch noch so hoch,

Jugend schafft es doch". Dann in der 11. Klasse mussten wir alle in die FDJ. Nur einer, der Ludolf, wollte nicht rein gehen, dessen Vater war Arzt, und Ärzte waren schon so viele in den Westen abgehauen, dass man sie wohlwollend behandelte. Aber in der 12. Klasse musste er doch rein. Er wurde so 10 - mal aus dem Unterricht herausgeholt und bearbeitet, in die FDJ (Freie Deutsche Jugend) einzutreten. Da haben wir alle dann gesagt: „Mensch, geh' doch rein, das halbe Jahr ist doch nicht so schlimm", und da ging er dann rein. Aber vor dem Abitur ist er dann schon in den Westen abgehauen und wurde dort Arzt. Die Hälfte unserer Klasse haute auch ab. Die Hälfte vom nachfolgenden Jahrgang auch, von meinem Bruder auch die Hälfte. Von den anderen Jahrgängen weiß ich das nicht. Bei der FDJ war ich Zehner-Kassierer, das heißt, ich musste von 10 FDJlern den Monatsbeitrag kassieren, und Sondermarken verkaufen. Am Ende des Schuljahres wollte aber keiner das Geld von den Beiträgen haben, - ich glaube ein anderer hatte das Amt des Hauptkassierers bekommen, und da behielt ich es, und kaufte mir eine Sichel, um Kaninchen-Futter damit abzusicheln. Ich verdiente manchmal aber auch das Geld richtig. Ich hatte einen kleinen Fotoapparat, einen Box-Apparat, aber der war nur halb so groß, und hieß deshalb „Baby-Box". Damit photographierte ich die Lehrer während des Unterrichts, heimlich, - ließ den Film entwickeln, und machte dann selber Abzüge. Das hatte ich schon in Insterburg in meines Vaters Drogerie gelernt. Und dann verkaufte ich sie an meine Klassenkameraden.

Am Anfang der elften Klasse hatten wir uns alle zur Tanz-Stunde angemeldet, also fast alle. Ich wollte erst auch nicht. Ich hatte zwar eine lange Hose inzwischen, weil ich von der Schule monatlich 25,- Mark bekam als Unterstützung. Aber ich hatte keine Schuhe, jedenfalls keine, die auch nur einigermaßen für die Tanzschule geeignet waren. Ein Schulfreund, der Peter sagte dann aber, er könnte mir welche borgen, ich müsste mir nur Zeitungspapier vorn reinstecken, weil sie zu groß wären für mich. Peter war schon schnell gewachsen und seine Füße auch, während ich ja gleichmäßig jedes Jahr 7 cm immer wuchs.* Aber nach drei Tanz-Unterrichts-Stunden, wir hatten gerade langsamen Walzer gelernt und geübt, mit Zeitungspapier in den Schuh-Spitzen, da sagte der Peter, er brauchte jetzt selber seine Schuhe. Da hörte ich dann auf. Jahre später, in der Kunst-Hoch-Schule schnappte mich einfach mal ein Mädchen während eines Atelierfestes und sagte: „Das ist doch ganz einfach, einfach nur'n bißchen herumhopsen." So lernte ich dann doch noch tanzen. Aber ich benutzte es nur, um ein Mädchen aufzufordern. Nach dem ersten Tanz sagte ich dann immer gleich: „Komm, wir gehn was trinken." **

Mit Hans-Georg, der also neben mir saß in der 10. Klasse, unterhielt ich mich die ganze Zeit im Unterricht. Wir redeten hauptsächlich über Mädchen. Eines Tages fragte er mich, ob ich schon mal ein nacktes

* Sein Vater hatte, was äußerst selten war, ein Auto. Das wurde mit Holzgas angetrieben. Es hatte einen kesselartigen Ofen hinten, außen, der mit Holzstückchen gefüllt war und eine halbe Stunde vor einer Fahrt angeheizt werden mußte. Ich durfte mal mitfahren nach Nienburg. Das Auto fuhr 40 km/h Höchstgeschwindigkeit.

** Später tanzte ich nur, wenn ich ziemlich besoffen war. (weiter auf Seite 84)

Mädchen gesehen habe. Ich sagte: „Nein." - „Na du hast doch zwei Schwestern." - „Na ja, die ja, aber das sind ja meine Schwestern." Er konnte Akkordeon spielen und zu einer Schulfeier im „Parforce-Haus" begleitete ich ihn auf der Gitarre, und die anderen Mitschüler tanzten. Das war Ende der 11. Klasse. Ich konnte aber nur paar Griffe. Er konnte sehr viele Schlager, die ich dadurch lernte. Wir hatten etliche Male vor diesem Schulfest geübt. An einige kann ich mich noch erinnern: „Im Hafen von Adano, am blauen Meer". „Heut' ist Negerjazz auf dem Alexanderplatz, alle Neger jazzen schon auf dem Saxophon". Oder: „Liebe kleine Schaffnerin bim, bim, bim, sag wo fährt dein Wagen hin, bim, bim, bim". Oder: „Im Konsum steht ein Teddy-Bär, ach schenk mir doch den Teddy-Bär". „Hoch vom Norden her kam ein kleiner Bär, weiß vom Kopf bis an den Po, und der kleine Mann, sah sich alles an, und dann ging er in den Zoo". Und noch: „Küss mich, bitte, bitte küss mich, eh' die letzte Bahn kommt, und ich muss nach Hause".
Es war ein sehr schöner Abend und es ging bis in die Nacht.

In der 11. Klasse saß zwei Bänke weiter ein Mädchen, in das ich mich so allmählich verliebte. Jeden Tag, wenn ich zur Schule ging, kuckte ich, ob sie etwa von der Wilhelmstraße kam, und ich mit ihr den Schulweg gemeinsam gehen konnte bis zur Karl Marx-Oberschule. Das passierte aber nur etwa 5 mal in all den Jahren. Wahrscheinlich konnte ich damals noch nicht orakeln, oder es sollte nicht sein. Sie war ja auch katholisch und ich evangelisch, aber in dem verliebten Zustand wär` ich zur Not auch noch katholisch geworden. Ihre Kirche hatte ich mir schon mal angekuckt. Vor zwei Jahren war ich mal da und steckte einen 100-Mark-Schein in den Spenden-Topf und dachte an sie dabei. Ein großes Ereignis war es immer, wenn ich ihr die Hand geben konnte bei der Begrüßung. Sonst war nichts. Alle wussten das aber, dass ich in sie verliebt war, auch die Lehrer später. Einmal hatten wir eine Weihnachts-Feier. Da brachte ich sie nach Hause und im Hausflur wollte ich sie küssen. Aber sie sagte: „Wir sind doch noch so jung." Und dann wandte sie ihr Gesicht zur Seite. Einen kleinen kurzen zarten flüchtigen sanften Kuß hatte ich ihr aber doch abringen können. Dann ging ich nach Hause und war traurig und glücklich zugleich. Mein Vater merkte, dass ich litt, und versuchte mich zu trösten, meine Mutter nicht.

Mitten in dem 12. Schuljahr machten wir alle, also die gesamte Klasse, einen Theaterbesuch.* Das Theater war gleich um die Ecke von der Schule. In diesem Theater hatte ich die wunderschöne Vorstellung am 04. November 2000, und ich sah mich in Gedanken mit ihr sitzen im 2. Rang, ziemlich in der Mitte: Sie hatte es damals so eingerichtet, dass sie neben mir zu sitzen kam. Ich war ganz überrascht und verwirrt. Von dem Theaterstück hatte ich so gut wie nichts mitbekommen, was ja zu verstehen ist, deswegen weiß ich auch nicht mehr, was das überhaupt für ein

Fortsetzung von Seite 83 ... Einmal, in Benidorm in Spanien, tanzte ich sogar mit Karl Dall. Da war ich total besoffen von Rotwein, Bier und Whisky, alles hintereinander.

* Wir waren 18 Schüler, - Jungens und Mädchen, - in der Klasse 12 a, sprachlicher Zweig. Die 12 b war naturwissenschaftlicher Zweig. Die 12 c waren Arbeiter- und Bauernkinder, die wurden milder beurteilt und geprüft.

Stück war. Beim Schluss-Applaus klatschten wir alle Beifall. Und in einer kleinen Beifall-Pause fasste sie meine Hand und drückte sie warmherzig. Ich war völlig weg. Wir gingen in einer Gruppe nach Hause, und sie bog dann mit einer Freundin ab in ihre Straße. Ich konnte es nicht begreifen, sie hatte mir die Hand gedrückt. Was würde morgen sein? Was würde ich erleben in der nächsten Zeit? Paar Jahre hatte ich auf eine Annäherung gewartet.

Am nächsten Tag hoffte ich, dass ich sie auf dem Schulweg treffen würde, aber sie war nicht zu sehen. Ich ging dann voll Erwartung in die Schule morgens um acht. Ja, -- da erfuhr ich dann, dass sie mit der ganzen Familie in den Westen abgehauen war. Das Hände-Drücken war eine stille Verabschiedung gewesen. Sie durfte ja nichts sagen vorher. Ich legte den Kopf auf die Bank und das blieb so bis Ende der 6. Stunde. Kein Lehrer, keine Lehrerin, kein Schüler, keine Schülerin sagten etwas, in den Pausen blieb ich auch sitzen. Alle wussten wohl Bescheid, und merkten wie ich leide. Ich kam auch im Unterricht nicht ran, nichts, - alle litten wohl ein wenig mit mir mit, und dass schon wieder eine ganze Familie in den Westen abgehauen war. Bloß meine Mutter wusste nichts und rotzte mich an, weil ich schlechte Laune hatte. Meine Geschwister wussten auch Bescheid. Aber vielleicht wusste meine Mutter ja doch was. Gesagt hat sie aber nichts. Ja, so war das, - 1953 in Bernburg an der Saale.
Später, so 1955, war ich mal in Susi verliebt, das war in Halle. Sie war eine Freundin meiner jüngeren Schwester. Wir küssten uns. Ich wollte gern, dass sie zum Abendbrot bleibt. Aber meine Mutter sagte: „Das kommt überhaupt nicht in Frage, wir wissen ja noch nicht mal, wer ihre Eltern sind.“ Susi ging.* Ich war wütend.

Die 11. und 12. Klasse ging dann auch irgendwann mal vorbei und das Abitur kam.** Ich hatte das drittschlechteste Abitur von den drei Klassen, nur Zeichnen und Musik „1“. Das war mir auch die Hauptsache. Die Zeugnisse gab es erst 14 Tage später. Dann kam der 17. Juni 1953. Rudi sagte: „Hast du schon gehört, in Berlin ist Aufstand.“ Aber wir hatten kein Radio und ich wusste nichts davon. Dadurch hatte sich aber die Zeugnis-Ausgabe verzögert. Es wurden alle Zeugnisse verbrannt aus Angst vor dem Aufstand. Die Zeugnisse enthielten immer eine politische Beurteilung. Die war sehr wichtig, wenn man weiterkommen wollte, und deswegen wurden sie verbrannt, und die Beurteilungen neu geschrieben. Bei mir stand: Bemüht sich um klare politische Einstellung.

Ein viertel Jahr vorher war eine Prüfung. Mich prüfte ein ehemaliger Schulkamerad, der hinter mir gesessen hatte, in der Franz-Mehring-Schule in der Karl-Liebknecht-Straße. Er hieß Krüger. Der war inzwischen FDJ-Funktionär geworden. Meine Prüfungsfrage lautete: „Was hältst du von der Jungen Gemeinde?“ Die Junge Gemeinde, das waren diejenigen,

* Der kürzeste Satz in diesem Buch.
** Meine Mutter sagte vorher: „Gib dir große Mühe, wenn du es dann nicht schaffst, kannst du nichts dafür.“ Danach richte ich mich immer noch.

die sich nach der Konfirmation immer wieder trafen in der Kirche jahrelang. Ich sagte: Ich finde die gut. Da sagte er: Die begehen aber Verbrechen. Da sagte ich: Das glaube ich nicht. Er: Das steht in der Zeitung. Ich: Es muss ja nicht alles stimmen, was in der Zeitung steht. Er: Unsere Zeitung lügt nicht! Ich: Na wenn die Zeitung nicht lügt, und es in der Zeitung steht, dann muss es wohl stimmen. Das war die ganze Prüfung, und deshalb stand in meinem Abitur-Zeugnis: Bemüht sich um klare politische Einstellung.
Ich möchte nicht wissen, was vorher auf meinem Zeugnis gestanden hat.*
So, jetzt geh' ich schlafen, es ist 02:15 Uhr Lanzarote - Zeit.

G U T E   N A C H T !

Morgen geh' ich mit den Hunden nur kurz, so eine dreiviertel Stunde. Sie schlafen jetzt schon. Die weiße Katze locke ich jetzt mit Trockenfutter nach draußen. Sie soll nicht die ganze Nacht im Haus sein, falls sie mal muss. Bisher blieb immer ein Fenster auf, da konnte sie kommen und gehn. Aber sie brachte halbtote Mäuse nach Hause, die sind zwar nur halb so groß hier, aber trotzdem. Auch die kleinen Eidechsen fängt sie, und beißt ihnen ein Bein ab und quält sie eine halbe Stunde lang, eh sie die dann frisst. Ich möchte mal wissen, wer sich so was ausgedacht hat? Die Katze jedenfalls kann nichts dafür. Und der Liebe Gott ist ja wohl zu gut, sich solche Grausamkeiten auszudenken. Vielleicht war es der Teufel ?!?!?!?!!

*****

16. Dezember 2000
Alles was ich mache, mache ich erst mal für mich, wenn es anderen gefällt, umso besser. Ich unterhielt mich mal mit einem Malerfreund, - er hieß Heinz Otterson, - darüber, ob man malen würde, wenn man auf einer einsamen Insel wäre, und wüsste, dass man da nie wieder runterkäme. Ich war der Meinung, man würde malen, eine Zeit lang. Aber wenn niemand da ist, der die Bilder ankuckt, würde man irgendwann mal aufhören. Er war davon überzeugt, dass er bis zum Lebensende weitermalen würde. Ich würde malen, um mein Haus oder meine Höhle zu verschönern, und wenn die Wände voll wären, würde ich aufhören.

*****

Ich sage immer, man muss viel machen, und das Geld kommt dann von alleine. Hoffentlich! Als ich Geige spielen lernte, dachte ich nie daran, dass ich damit Geld verdienen würde. Als ich Gitarre lernte mit Begeisterung, ebenfalls nicht. Als ich malte, auch nicht, und als ich bastelte, dichtete, schrieb, Melodien anfertigte, auch nicht. Alle meine Hobbys wurden so etwas wie Beruf. Mein letztes Hobby vor 4 Jahren war: Schaumgummi-

* In Westberlin 1968 war ich mal verliebt in ein 17-jähriges Mädchen. Den ganzen Tag sagte ich: „Ach ich bin so verliebt in Dich." Nach 3 Tagen sagte sie: „Nun hör doch mal auf, ich kann das schon nicht mehr hören." Bei einer Diskussion verteidigte sie die FDJ, worauf ich sagte: „Du bist wohl in der Westberliner FDJ." Sie sagte: „Ja." Da ließ ich sie stehen und rannte weg. Sie rief mir nach: „Bloß weil ich in der FDJ bin, soll jetzt alles aus sein." Und weg war ich.

Schnitzereien. Ich baute mir Instrumentenkisten für mein Ein-Mann-Orchester, die auch gleichzeitig Orgelständer und Noten-Pult sind, und polsterte sie aus mit Samt und darunter Schaumgummi. Die Schaumgummi-Form schnitt ich aus mit einer starken Schneider-Schere. Als ich mal Pause machte, schnippelte ich eine Blume und malte sie mit Wasserfarben an. Einen Stiel aus Gartenzaundraht steckte ich in einen Stein, in den ich ein Loch gebohrt hatte, - und nun ist mein Tisch voller bunter Schaumgummiblumen, die hauptsächlich in Lanzarote-Steinen

stecken.

Dann ergab sich das so, dass ich auch Tiere schnitzte. Das macht Spaß! An einem kleinen Hund habe ich sechs Stunden geschnitzt und in drei Phasen angemalt. In Holz hätte das eine Woche gedauert. Man muss jede Schicht immer erst trocknen lassen. Das dauert so eine halbe Stunde jedes Mal, das Malen, das Trocknen länger, je nach Temperatur oder der Nähe der Heizung. Man kann bei dem Schaumgummi-Hund die Schnauze öffnen und die Zunge schnitzen und die Zähne, das geht mit Holz nicht. Entweder das Maul ist auf oder zu, es sei denn, man baut einen beweg-

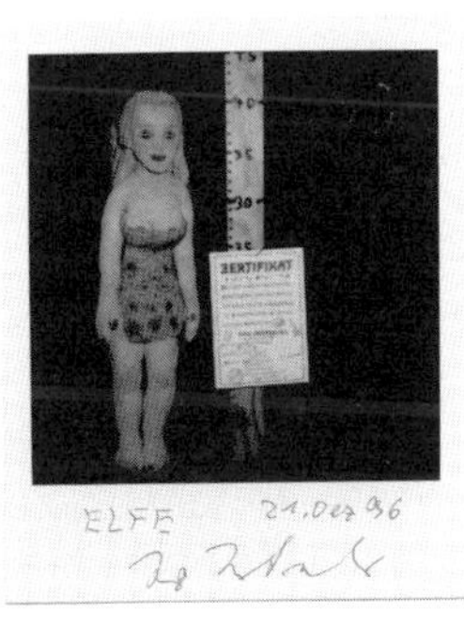

ZERTIFIKAT

BEI DEM HIER AUFGEFÜHRTEN KUNSTWERK HANDELT ES SICH UM EINE ECHTE HANDBEMALTE SCHAUMGUMMI-SCHNITZEREI DES KÜNSTLERS

INGO INSTERBURG

ART DES GEGENSTANDES: ELFE

HERSTELLUNGSJAHR: 1996

21.DEZ 96

BERLIN [DEUTSCHLAND GERMANY ГЕРМАНИЯ]

ORIGINAL-UNTERSCHRIFT:

lichen Unterkiefer. Ich habe einen Löwen, einen Tiger, einen Vogel-Strauß, drei Papageien, die auf einer Schaukel aus grünem Gartenzaun-Draht sitzen, fünf Vögel, darunter ein fliegender Adler, aber er kann nicht fliegen, es sieht nur so aus, eine Elfe und einen Waldschrat, dem ich einen Blumenstrauß in die Hand geklemmt habe. Der Elfe und dem Waldschrat kann man unter den Rock kucken, und sieht da allerlei, auch das, was zur Vermehrung notwendig ist. Doch sie haben sich nicht vermehrt, weil die Elfe den Waldschrat nicht leiden kann. Der Hund ist 20 cm lang, der Strauß und die Elfe 40 cm, die andern dazwischen. Und zwei kleine Wildkatzen habe ich noch vergessen, und Obst und Gemüse. Bei diesem Hobby dachte ich wirklich, dass ich damit nicht Geld verdienen würde. Aber meine Sammlung war schon paarmal im Fernsehen, und die bezahlen ja für alles Mögliche. Schaumgummi hält aber nur eine begrenzte Zeit, so 20 Jahre.*

Und so schreib' ich auch über die ersten 23 456 Tage meines Lebens, weil es mir Spaß macht. Aber unter den Vielen, die lesen können, werden vielleicht ein paar das durchlesen, und wenn sie gleichaltrig sind, viele ähnliche Erlebnisse gehabt haben, z.B. die Schulzeit.

Zur Abiturfeier weigerte ich mich zunächst, Geige zu spielen in der Aula wegen der „4“ in Englisch. Aber der Schul-Orchester-Dirigent Studienrat Zimmermann, genannt „Zeo“, sagte, dann würde ich mein Zeugnis nicht kriegen. Das glaubte ich auch, aber dann war es mir egal, im Gegenteil, wann wird man schon mal von allen angekuckt in der Aula. Und die werden auch noch gezwungen, mich Geige spielen zu hören.

Abends bei der Abiturfeier packte ich die Geige aus, und spielte einfach mit der Kapelle mit, obwohl ich die meisten Schlager gar nicht kannte. Dann ging ich mit der Geige unter die Tanzenden und spielte dort weiter. Ich hatte vorher heimlich eine halbe Taschenflasche Kirsch-Likör getrunken.

Alkohol enthemmt
Menschen, die verklemmt.

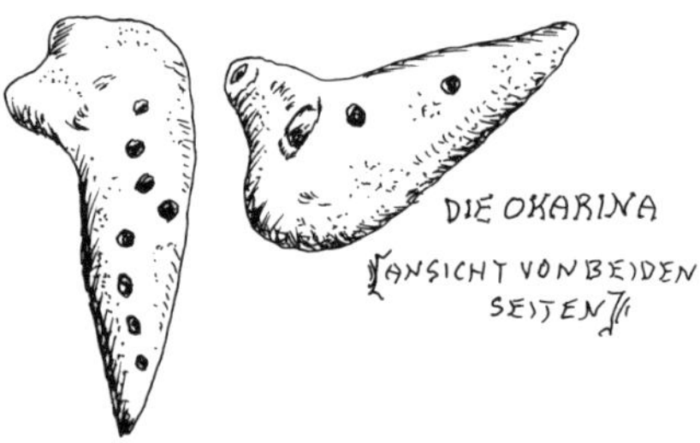

In Bernburg hatte ich also Geigenunterricht. Außerdem zeigte mir Mein Vater, wie man „Singende Säge“ spielt. In seiner Schreibtisch-Schublade lag eine metallene Pan-Flöte. Natürlich spielte ich darauf. Rudi zeigte mir Mundharmonika spielen. In unserer Wohnung stand ein Leih-Klavier. Da lernte ich einfache Lieder spielen, auswendig, aber nur in C-Dur. Meine ältere Schwester war mal zur Kur und lernte dort fünf Gitarrengriffe. Als sie

* Man kann auch im Urlaub schnitzen, wenn es regnet. Auch nachts.

wieder zu Hause war, borgte ihr Freund ihr eine Gitarre. Also lernte ich das auch. Außerdem borgte mir ihr Freund eine „C“ - Klarinette, auf der ich spielen lernte. In der Schlosskirche gab es einen Posaunen-Chor. Dort lernte ich Flügel-Horn, was fast genau so wie Trompete ist, bloß bißchen dicker.* Block-Flöte konnte ich auch, wenn eine da war. Auch hatte Mein Vater eine ganz dicke Okarina. Die konnte ich dann auch.
So gut gerüstet ging ich nach West-Berlin. Die Öl-Malerei hatte ich auch erlernt. Alles war natürlich noch nicht so doll, aber für 19 Jahre doch schon ein ganz schönes Rüstzeug. Die „Kolben-Flöte“ muss ich nicht extra erwähnen. Die funktioniert wie eine Luftpumpe, bloß dass statt dem Loch, wo die Luft rauskommt, ein Block-Flöten-Mund-Stück steckt. 11 Instrumente.
„Schreibtisch-Schublade“, schreibt die sich nun mit einem „Sch“ oder mit zwei „Sch's“. Oder nach der neuen Recht-Schreib-Reform mit drei „Sch's“. Ist mir auch egal, ich schreib sie mit zwei „Sch's“ und Bindestrich.

Da sitzen also einige gutbezahlte Staats-Menschen und langweilen sich. Irgendwann kriegen sie ein schlechtes Gewissen, dass sie für so ein großes Gehalt so wenig tun. Und dann denken sie sich etwas aus. Zum Beispiel die neue Rechtschreib-Reform. Aber ohne mich. Ich schreibe nach der alten Rechtschreib-Weise, auch wenn ich da Fehler mache. Aber lieber mache ich Fehler nach der alten Schreibweise, als nach der neuen. Was sich die Menschen alles ausdenken, wenn sie nichts zu tun haben?!?

Im Osten gab es ja Zensuren von „1“ bis „5“. Und wenn man eine „4“ mal hatte auf dem Zeugnis, und nirgends weit und breit eine „2“ als Ausgleich war, dann blieb man Sitzen, auch wenn man in Zeichnen und Musik eine „1“ hatte. Wenn man aber in Gegenwartskunde oder Geschichte eine „4“ hatte, blieb man garantiert sitzen, auch wenn man sonst überall „Einsen“ hatte. Unser Gegenwartskunde-Lehrer wurde 2-mal von Schülern verprügelt, weil er ihnen in der 11. Klasse wegen ihrer politischen Meinung eine „vier“ gab, und sie deshalb „sitzenblieben“. Beim 2. Mal, nach dem Krankenhausaufenthalt, zog er in eine andere Stadt.**
In diesen beiden Fächern wurde auch jeder beim Abitur geprüft, in den anderen Fächern nur, wenn man ungenaue Zensuren hatte, „3+“ oder „2-“ oder ähnliches. Ich kam dann noch in Mathematik und Englisch dran. In Mathematik hatte ich schriftlich eine „5“ und mündlich eine „1“. Das glich sich aus. Die Prüfungsfragen musste man selber ziehn, und ich zog die „Hyperbel“. Da war auch als Einzige keine Rechenaufgabe drin, nur so was Ähnliches, denn dann wäre ich schlecht gewesen. Und die ganzen Kegelschnitte machten mir richtig Spaß, und ich hatte sie mal auf schwarzes Papier mit weißer Tinte gezeichnet, bzw. konstruiert. Das sah so gut aus, dass der Mathematik-Lehrer, der Herr Scholz, nicht glaubte, dass ich das selbst gemacht hatte. Falls Sie vergessen haben was Kegelschnitte

* Wegen des nahen Abiturs, verbot mir mein Vater dann, zum Posaunenchor zu gehen. Da ging ich heimlich.
** Die Schüler wurden gefragt, ob sie für die Rückgabe der Ostgebiete an Deutschland sind. Wenn sie „ja“ sagten, blieben sie Sitzen.

sind, hier eine Zeichnung: Kreis, Ellipse, Parabel, Hyperbel.

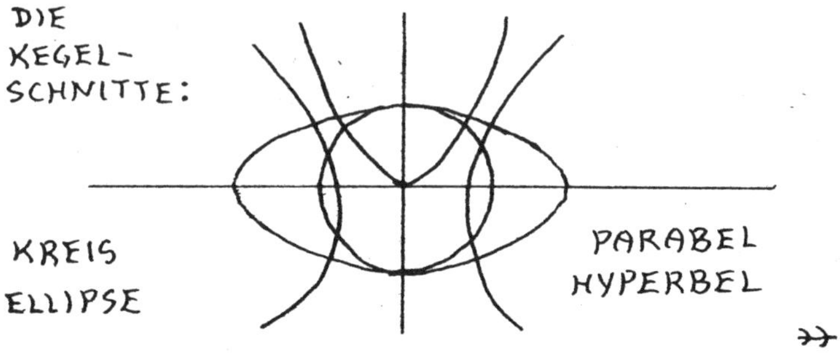

Heute weiß ich fast nichts mehr davon. Was man nicht ständig benutzt, vergisst man. In Moskau beim Marathonlauf konnte ich mich gerade so mit einfachen Sätzen verständigen.* In Erdkunde, Biologie, Physik oder Chemie, - na, da weiß ich fast nichts mehr. Aber die Lehrer sagten immer, die Schule soll das Denken schärfen und man soll lernen, wo man was Bestimmtes findet zum Nachlesen. So gesehen war ich richtig gut.

*****

3. Teil
Berlin

Nun konnte ich auch nach West-Berlin. Mein Bruder war ja schon da, und hatte mir geholfen, mich für eine Schule anzumelden. Dann fuhr ich noch mal zurück nach Bernburg mit dem Fahrrad. Und im Oktober 1953 mit dem Fahrrad wieder zurück nach Berlin, weil ja Fahrkartensperre nach Berlin herrschte, - wegen des 17. Junis, und weil sowieso sehr viele abhauten.** Ich fuhr die Landstraße entlang nach Köthen, - da wo mein Kollege Johann Sebastian Bach lange gelebt hatte, - dann weiter nach Dessau. Durch Dessau durch zur Auto-Bahn bis zur Elbe. Unter der Elbbrücke befand sich eine Treppe nach oben. Die trug ich das Fahrrad hoch und fuhr dann auf der linken Fahrbahn der Auto-Bahn, auf der rechten Seite, also auf der Überholspur in Gegenrichtung. Das war zwar nicht erlaubt, aber ich hatte das schon paarmal gemacht, auch von Halle aus. Das hatte mir ein Spielfreund so beigebracht. Kurz vor Berlin war eine Polizei-Kontrolle. Zum Glück hatte ich die schon von weitem gesehn. Da ging ich nach links in den Wald, durchwatete einen Bach und dann wieder zurück auf die Auto-Bahn. Die Autofahrer sagten nichts, nur ein uralter DKW mit Holzlatten verkleidet meckerte mich an. In Beelitz-Heilstätten stieg ich dann in die Dampfbetriebene S-Bahn und fuhr bis Baumschulen-

* Die 20 russischen Lieder kann ich immer noch. Die letzten beiden Schuljahre hatten wir Russisch bei Frl. Mehlhose.

** Ich hatte einen Beutel mit Kleidung in den Satteltaschen, meine Geige und 3 Klappstullen.

weg. Dann wieder mit dem Fahrrad nach West-Berlin. Ich kam an in Berlin in der Belzigerstraße 38, als gerade eine Gedenkfeier für den gerade verstorbenen Regierenden Bürgermeister Ernst Reuter auf dem Platz vor dem Rathaus Schöneberg stattfand. Deshalb war mein Bruder auch nicht zu Hause, sondern vor dem Rathaus Schöneberg, das nur etwa 1/2 Kilometer wegstand. Aber die Frau Knick, die Wirtin, und ihr gelber Kater ließen mich rein. Und nach einer Weile kam auch mein Bruder nach Hause. Das Zimmer war ziemlich groß und der Ofen auch.* Wir hatten mal geheizt im Winter, und zwar mit 25 Briketts, und da waren mal grade 16 Grad im Zimmer. 70 Briketts waren ein Zentner, da konnten wir uns ausrechnen, wie teuer das werden könnte, und deshalb heizten wir gar nicht erst. Es waren gerade Herbstferien, und als ich in die Schule fuhr mit der S-Bahn, sagte man mir, dass ich Ferien hatte eine Woche. Das war schon mal ein guter Anfang. Ich wurde der Wald-Oberschule zugeteilt, am S-Bahnhof Heerstraße. Im Herbst und Sommer fuhr ich mit dem Fahrrad, dem Ost-Fahrrad. Das war ganz schön weit, ** aber ich wollte Geld sparen, und zwar für ein neues Fahrrad, ein West-Fahrrad. Fast um die Ecke, in der Hauptstraße, Ecke Eisenacher, befand sich ein Fahrrad-Geschäft, und da stand im Schaufenster ein blaues Fahrrad mit Felgenbremsen und Drei-Gang-Ketten-Schaltung. Da stand ich jeden Tag 5 Minuten davor, und kuckte es an. Das gab mir die Kraft zu sparen, denn es gab ja auch Schokolade, Kino, Kaugummis, Langnese-Eiskrem für 30 Pfennig ein Schnittchen, Studenten-Stundenlohn damals 90 Pfennige. Das Fahrrad kostete 180,- Mark. Ein Jahr später war der Stundenlohn 1,- Mark, paar Jahre später 1,30 Mark. Aber ich musste sowieso immer an dem Laden vorbei, weil ich im S-Bahnhof Schöneberg einstieg. Geld kriegte ich vom Sozialamt, weil ich noch kein Student war, sondern bloß Schüler. Da war aber eine Wartezeit von etwa zwei Monaten. Aber mein Bruder ernährte mich erst mal. Als dann die Nachzahlung kam, kaufte ich mir als Erstes für 5,- Mark Schokolade, - alle möglichen Sachen, auch Pralinen, und aß drei Tage davon. Meinem Bruder gab ich auch was ab. Aber der hatte ja selber West-Geld und rauchte lieber, und zwar „Iplig", für 30 Pfennig 4 Stück.***

Die Schule kotzte mich an, und zwar deshalb, weil ich merkte, dass ich schon wieder fast alles vergessen hatte. Und nun in dem Bewusstsein zu lernen, dass man ja doch nach paar Monaten alles wieder vergisst, da kotzte mich die ganze Lernerei an. Deswegen lernte ich auch nicht. Außerdem war da auch bald Winter. Es war der kälteste Winter überhaupt, den ich in West-Berlin erlebt habe. Es waren einmal 27 Grad minus nachts, wie wir aus dem RIAS, dem West-Berliner Rundfunksender, erfuhren (RIAS = Rundfunk im Amerikanischen Sektor). Mein Bruder hatte sich nämlich ein Radio gekauft, im Osten, 1:4 Wechselkurs, also 1,- DM West für 4,- Mark Ost, manchmal auch 1:7. Deswegen musste man auch im

* Die Wohnung war im 2. Stock.
** ca 8 km
*** Zigaretten

Osten, immer wenn man einkaufte, den Ausweis zeigen, den Ostausweis natürlich, sonst bekam man nuscht. Aber das war in diesen Jahren noch nicht, und so fuhr ich immer Brot kaufen im Osten. Die Margarine nicht, die schmeckte nach „Ost".

Oft fuhren wir zum S-Bahnhof Friedrichstraße Würstchen essen für 50 Pfennig, * wir aßen aber immer zwei. Brötchen gab's umsonst. Damals war ich aber noch nicht Vegetarier. Hätte ich gewusst, was da alles reinkommt in die Würstchen, also alles, aber auch alles, weil man ja in dem Brei die einzelnen Sehnen, Därme, Knochenhaut usw. nicht sehen kann, ich hätt' es nicht gegessen. Mein älterer Bruder und ich hatten Monatskarten für die S-Bahn, die kosteten 5,- Mark.

Gespannt verfolgten wir immer die Nachrichten und den anschließenden Wetterbericht: „Rias Berlin, Sie hörten Nachrichten gesprochen von Eberhard Matusch". Na ja, im Winter konnten wir die Nachrichten gesprochen von Eberhard Matusch manchmal kaum hören, weil wir uns die Bettdecke über den Kopf gezogen hatten, weil es so kalt war im Zimmer. Das Haus war nämlich Bombengeschädigt und von drei Seiten nach außen hin frei. Und das bei bis zu 27 Grad minus. Ich wollte mal Gitarre spielen, die ich mir im Osten für 100,- Mark gekauft hatte, also 25,00 West, aber das ging nur 10 Minuten, dann taten mir die Hände weh ohne Handschuhe. Handschuhe hatte ich schon, aber mit Handschuhen kann man nicht Gitarre spielen. So nahm ich meine Monatskarte und fuhr S-Bahn, und zwar von Schöneberg aus den S-Bahnring. Eine Runde dauerte 1 Stunde und 10 Minuten. Ich konnte sehen, wie die Beton-Stützen für die Stadtautobahn schon gebaut wurden, in der Nähe vom S-Bahnhof „West-End". Mittlerweile kannte ich alle Stationen auswendig: Ostkreuz, Zentralviehhof, Papestraße, usw. Außer ein paar weiß ich jetzt nichts mehr, - was man nicht ständig benutzt, das vergisst man. So fuhr ich meist drei Runden und dann ging ich nach Hause und mein Bruder fror aus geschwisterlicher Verbundenheit mit.**

Nun ging ich aber ganz gern zur Schule, weil es da nämlich warm war, obwohl die ganze Waldoberschule aus Baracken bestand am Rande des Grunewalds. Nur der Physik- bzw. Chemieraum war eine Steinbaracke, wahrscheinlich, damit bei physikalischen oder chemischen Versuchen nicht die ganze Bude abbrennt.

Im Zimmer war es also sehr kalt. Wie kalt, wussten wir nicht. Das Waschwasser in der Porzellan-Schüssel war jedenfalls zu Eis gefroren. Nur eine kleine Pfütze in der Mitte *** war noch zum Waschen übrig. Als ich mal etwas aufschreiben wollte, nahm ich meinen Füllhalter aus der Jacken-Innen-Tasche, aber der schrieb nicht. Ich kuckte warum nicht, - und da war blauer Schnee im Füller. Es müssen also mehrere Grad minus im Zimmer gewesen sein, denn wann friert schon Tinte im Füller in der

* Ost-Geld

** Einmal, als es nicht ganz so kalt war, spielte ich auf der Geige eine 3/4 Stunde lang eine kurze Melodie, immer die gleiche. Da kam mir der Gedanke: Mein Bruder ist bei Wilfried und dieser sagt ihm, daß er sich mit seiner Wirtin verlobt hat. Nach 2 Stunden kam mein Bruder, - und erzählte mir genau dieses.

*** ca 10 cm Durchmesser

Jacke zu Schnee.* Duschen gingen wir immer im Stadtbad Schöneberg für 25 Pfennige, 20 Minuten lang. Da wuschen wir auch schnell noch unsere Wäsche. Zum Schlafen behielten wir immer die lange Unterwäsche an, zogen uns die Decke über den Kopf, und machten einen Luftschacht, damit wir atmen konnten. Morgens stand ich immer im letzten Moment auf, also um halb acht, - zog über die lange Unterwäsche Hose, Pullover, Jacke und Mantel, und schon war ich auf der Straße und rannte, damit ich die letzte S-Bahn kriegte, ohne zu spät zu kommen. Ich brauchte acht Minuten, dann die beiden Treppen hoch, und dann lief der Zug auch schon ein, - pünktlich war er immer. Wenigstens war ich da schon warm und in der Schule ging die Wärmung ja weiter und es gab auch was zu essen bei der Schulspeisung in der großen Pause. Nach der Schule konnten Wir 5 Ostabiturienten in einem Caritas-Heim in der Nähe kostenlos Mittagessen. Mein Bruder sonntags auch. Das hatte die Deutsch- und Geschichtslehrerin Frau Dr. Forsting organisiert. Dann wieder in die Kälte. Ich war aber total glücklich! Ich war in West-Berlin! Ich war in dem schönen West-Berlin!!! Zwar war noch fast alles zerbombt, aber die bunten Geschäfte und Buden verdeckten durch ihren Glanz die Ruinen.**

Am Abend, bevor ich nach West-Berlin abhauen wollte, kam noch mein Vater ans Bett und sagte: „Hast du dir das auch gut überlegt, willst du nicht doch lieber hier bleiben, hier könntest du es doch auch gut haben." Aber ich sagte immer: „Nein Papa, ich fahre morgen", und je länger mein Vater zu mir redete, desto sicherer war ich: Morgen haue ich ab! Das total sichere Gefühl hatte ich: Morgen um 8:00 Uhr haue ich ab, und ich haute ab, pünktlich um 8 mit dem Fahrrad.

Ein Jahr später war ich ja dann schon wieder auf Besuch in Bernburg, mit dem neuen West-Fahrrad, in 9 Stunden, mit dem Ost-Fahrrad hatte es 12 Stunden gedauert. Und die Fahrkartensperre war auch schon wieder aufgehoben. Meinen Personalausweis schickte ich an meine Mutter, und sie brachte ihn den Eigentümern zurück. Meinen FDJ-Ausweis behielt ich. Als ich mal ein Pass-Bild brauchte, schnitt ich das Foto raus, und schmiss ihn weg, und damit war ich w e g !!!

*****

* Die Jacke hatte ich aber nicht angehabt, sie hing an der Stuhllehne über Nacht.

** Ich mußte ein 3/4 Jahr zur Schule gehen. Der Jahrgang nach mir hatte nur einen 3 - monatigen Sonder-Kursus, das Abitur von meinem Bruder war noch anerkannt worden.

Morgen fliege ich nach Berlin zurück, ha, ha, ha, - und jetzt geh' ich mich noch ein bißchen mit meiner ehemaligen Freundin unterhalten.

So, ich bin wieder da. Sie war schon eingeschlafen.
Mit den Hunden war ich auf meinem ersten Berg, aber ganz langsam nach der Strapaze gestern.

Der Winter war dann aber auch irgendwann vorbei, und im April beschlossen wir, umzuziehen in ein wärmeres Zimmer. In der Sylterstraße gefiel es uns nicht, aber in der Marburgerstrasse 5 sehr gut, also 5 Jahre gefiel es uns da sehr gut.* Der Ofen verbrauchte auch nur 7 Briketts am Tag und dann war es warm. Das Zimmer war im Hinterhaus, Parterre rechts, und gut geschützt von allen Seiten. Unsere Fenster sahen in den Garten. Die Wirtin, Frau Dietrich, war immer sehr nett, und starb nach vier Jahren. Mein Bruder betreute sie regelmäßig, als sie im Bett liegen mußte. Ich auch manchmal. Einmal bot sie mir Kaffee an und ich kippte mir ein. Dann fragte sie: „Möchten Sie auch Milch?", und ich sagte: „Ja." Ich wollte die Milchbüchse gerade nehmen, aber da lagen ihre Zähne drauf, und da sagte ich: „Ich trinke doch lieber ohne Milch, Frau Dietrich", und sie sagte: „Na, wie Sie wollen." Mein Bruder konnte das gut, also sie zu pflegen. Er hatte schon meine Großmutter in Bernburg in der Zepzigerstraße gepflegt. Ich hatte dafür meinen Opa betreut. Ich war ja schon damals 11 Jahre alt. Ich brachte Oma und Opa Essen hin, holte die Ente, schob die „Pfanne" ihm unter, und wischte ihn hinterher ab, und brachte die Pfanne ins Klo, leerte sie und spülte sie aus. Mein Opa starb dann, als ich bei der Kinderlandverschickung in Störpke bei Schulz war. An seinem Begräbnis hatte ich deshalb nicht teilgenommen. Er war noch ins Krankenhaus gebracht worden und ich besuchte ihn immer, aber er konnte nicht mehr gesund werden. Er war Ende 70. Im ersten Weltkrieg hatten sie schon flüchten müssen, und nun noch mal, das war schon schlimm.

Meine Oma starb ein oder zwei Jahre danach. Bei deren Begräbnis war ich dabei. Einen Sarg gab es nicht, nur einen Leih-Sarg. Der wurde ins Grab gelassen, und wenn der Sarg unten war, wurde von oben mit einem meterlangen Vier-Kant-Schlüssel eine Verriegelung aufgeschlossen, und unten öffneten sich beim Herausziehen des Sargs zwei Klappen, und meine Oma blieb auf dem Boden des Grabes liegen in ein Laken gehüllt, ihre grauen Locken konnte man sehen, als ob sie schlief. Als der Sarg wieder rausgezogen war, wurde sie mit Erde zugedeckt. Dann gingen wir nach Hause, und aßen Kuchen, und dachten an Oma, und redeten von ihr. Auf Frau Dietrichs Begräbnis waren mein älterer Bruder und ich auch. Sie hatte aber schon einen eigenen Sarg, die gab's dann schon wieder genügend.

Die Schule erreichte ich von hier aus bequemer, vom Bahnhof Zoo bis Heerstraße, oft ohne umzusteigen in Westkreuz, wie vorher von Schöneberg aus, und das ging in ca. 17 Minuten + 2 mal 5 Minuten laufen.

* 25,- DM Miete und 5,- DM für Licht und Gas, für jeden von uns, monatlich. Es stand ein Klavier drin. Nach einem Jahr konnte ich alle Lieder und Schlager spielen, auswendig, - aber nur in C-dur.

Auf dem Bahnhof Westkreuz sprach mich mal ein älterer Mann an, ob ich Lust hätte, mit ihm ein Bier zu trinken, er würde mich einladen. Ich ging mit in eine Kneipe und er erzählte mir, dass er Trainer in einem Sportverein wäre, und dass manchmal Jungen bei ihm zu Hause übernachten würden. Nach dem Bier war ich schon bißchen doof im Kopf, weil ich ja nie Alkohol trank, ich war 20 Jahre alt, da sagte er mir, wir sollten Brüderschaft trinken. Wir nahmen einen Schluck und er umarmte mich und wollte mir einen Bruderschaftskuss geben, so wie es bei Onkel Hermann oder Tante Lenchen war, ein „Butsch", wie wir in Insterburg sagten, jedenfalls so dachte ich in dem Augenblick, da gab er mir aber einen Kuss auf den Mund und wollte gerade seine Zunge reinstecken, da sagte ich „Aächchchchch." Er kuckte komisch und ich haute sofort ab. Meinem Bruder zu Hause erzählte ich das, und er sagte: „Ja, ja, es gibt Männer, die mit anderen Männern so was machen." „Ja, so was gibt es?" wunderte ich mich. „Ja, ja." Das war meine letzte Aufklärung. Ich wundere mich noch heute, dass ich mit 20 Jahren noch nichts davon wusste. Wir hatten uns in der Schule immer die dreckigsten Witze erzählt und alles Mögliche über Frauen und Männer, aber von so was war nie die Rede. Vor zwei Jahren traf ich in Moers einen aus meiner Klasse von Bernburg, der mir alles Mögliche erzählte. Auch kriegte er raus, dass meine große Liebe damals, also die heimliche, in Kassel lebt mit Mann und Kindern. Und ihn fragte ich, wie das käme, daß wir über so was, also über Homosexualität, nie gesprochen hätten. Ich kann mir das nur so erklären, dass wegen des Paragraphen 175, der ja so was unter Strafe stellte, nicht darüber geredet wurde. Mein Schulfreund wusste auch keine bessere Erklärung. Dann einmal auf dem Bahnhof Heerstraße wollte ich auf der Toilette „Vorne" machen, da haute ich gleich wieder ab, weil da ein Besoffener stand, der nicht pinkelte, sondern sich anderweitig vergnügte. Wenn er im Übrigen gepinkelt hätte, wäre das fast an die Decke gegangen. Ich setzte mich in die S-Bahn und als sie gerade losgefahren war, stieß mich einer an, und fragte, ob wir nicht noch mal rausgehen wollten. Es war der von eben aus dem Pissoir. Ich sagte, dass ich nur Mädchen mag und stieg am nächsten Bahnhof in Eichkamp in einen anderen Zug. Ich hatte dann mal eine Freundin, die in einem Schülerwohnheim am Ernst-Reuter-Platz wohnte. Dort musste ich um 22:00 Uhr immer raus. Da wurde ich fast immer von solchen Männern angequatscht. Na ja, so war das damals mit unserer Aufklärung. In der Schule im 11. Schuljahr erfuhren wir ja so alles Mögliche, aber davon nichts. Sonst wäre ich mit dem Mann damals natürlich kein Bier trinken gegangen.

Nach einem Jahr willensstarkem Sparen hatte ich 120,- Mark zusammen, und kaufte mir ein blaues Fahrrad mit Felgenbremsen und 3-Gang-Kettenschaltung, alles in Einzelteilen, die ich zu Hause zusammenbaute.

Dadurch sparte ich über 50,- Mark. Damit fuhr ich paarmal stolz zur Schule. Die anderen Ost-Abiturienten gingen mit Mädchen aus und verplemperten auf diese Weise ihr Geld. Ich sparte zudem später noch das Geld für 4 Jahre Monatskarten.
Mein erstes Fahrrad war eins aus dem Jahre 1920, für 20,- Mark. Ich strich es blau an und Mein Vater besorgte mir vom Buna-Werk Bereifung und da konnte ich glücklich fahren. Für ein älteres Ehepaar, das in den Westen abhauen wollte, transportierte ich heimlich im Dunkeln mit einem besseren ihm gehörenden Fahrrad von 1935, Pakete mit seinen Sachen in unsere Wohnung, die Meine Mutter ihm dann später nachschickte mit der Post in den Westen. Dafür schenkte es mir das Fahrrad, mit dem ich dann in den Westen abhaute. Das verschenkte ich dann an die Eltern der Frau des Sohnes von dem geflüchteten Ehepaar, die in Ost-Berlin lebten, als ich mir das neue West-Fahrrad gekauft hatte.
Aber dann war ja auch die Schule zu Ende.
Endlich!!! !!! !!! !!! ! (dreizehn Ausrufungszeichen – für 13 Schuljahre).

Das Abitur kriegte ich so leidlich hin und der Direktor entschuldigte sich für die Zensuren: Alles Vieren, wegen der Umrechnung: 3 im Osten = 4 im Westen, weil es wie gesagt im Westen noch eine 6 gab. Zeichnen und Musik „1"! Was will man mehr.*

Ich ging dann zur Pädagogischen Abteilung der H.f.B.K. (Hochschule für Bildende Künste) in der Grunewaldstraße, nahe Potsdamer- oder Hauptstraße, weiß ich jetzt nicht, muss ich mal nachsehen zu Hause. Dort sagte man mir, ich soll am Montag ein paar Bilder von mir hinbringen und da eine Bewerbung ausfüllen. Es war Freitag, und bis Montag nur 3 Tage Zeit. Ich hatte nämlich grade meine ganzen Bilder verschenkt an meine Eltern, glaube ich, jedenfalls malte ich in den drei Tagen 10 Aquarelle und wurde angenommen.

Die ersten beiden Semester waren die Grund-Semester und für mich die schönsten. Der Professor Kuhr war sehr gut, und weckte in mir immer sehr viel Lust am Zeichnen und Malen, erst mal mit Wasserfarben und schwarzer und weißer „Plaka"-Farbe. Die ganzen Ferien über war ich in unserem Atelier, und malte von morgens bis abends. Einige andere Kunststudenten waren auch da. Aber oft nur ich allein. Es war eine schöne Zeit und ich hatte einen Haufen Bilder fertig, und der Prof. Kuhr sagte, ich wäre sehr begabt. Aus Geldmangel malten wir alle auf Packpapier, auf der rauhen Seite, sah aber auch alles ganz gut aus, auf dem bräunlich-grauen Papier.

Danach kam ich in die Klasse von Prof. Thoma. Da sollten wir uns Pinsel-Halter bauen, damit alles schön ordentlich aussah im Atelier. So malte er auch, immer ganz ordentlich und abstrakt. Aber ich kam ganz gut mit ihm aus. Zwanzig Jahre später traf ich ihn mal am Grunewaldsee während des Dauerlaufs, und begrüßte ihn, und er wusste immer noch meinen

* Wenn man im Osten in einem Fach eine „3" hatte, und im Westen eine „2", behielt man die „3".

Namen, den bürgerlichen.

Eines Tages hatte ich mir Dachlatten gekauft und 10 Meter Nessel-Stoff, und baute mir riesige Leinwände und grundierte alles. Es waren 7 Stück. Das erste Bild, das ich zu malen anfing, war 2 x 1 Meter groß, Querformat. Das hab' ich immer noch und es hängt in meinem Musik-Zimmer.

Wir hatten im Atelier mal für ein paar Monate ein Skelett stehen. Auf dem Zettel am Skelett stand drauf: Mr. Klautsch. Das sollten wir abzeichnen. Danach kriegte ich die Idee, eine Landschaft mit Skeletten zu malen. Ein anderer Kunststudent sagte mir, als ich mal nicht wusste, was ich malen sollte: „Mal` doch surrealistisch!“ Ich lieh mir ein paar Bücher aus über Surrealismus: Max Ernst, Chirico und Salvador Dalí, und so kriegte ich die Idee. Auf der linken Seite ist ein Weg zu sehen, auf dem 23 Skelette entlang gehen, und am Horizont verschwinden. Auf der rechten Hälfte liegt ein See inmitten einer grünen Landschaft. Auf einem Blatt sitzt ein Marienkäfer in natürlicher Größe. Deshalb hab' ich das Bild auch genannt: Landschaft mit Marienkäfer. Genau in der Mitte steht eine leere Litfaß-Säule. Ein Skelett kuckt sich um und blickt den Betrachter an, natürlich ohne Augen.
Dieses Bild zu malen dauerte drei Monate.*

Prof. Thoma kam mal in unser Atelier und meinte etwas ungehalten, als ich an dem 13. Skelett malte: „Wie lang soll denn das noch dauern, die Skelette könnte man doch in 14 Tagen fertig malen.“ Aber ich ließ mich nicht beirren. Wahrscheinlich konnte er aber gar nicht so gut malen, jedenfalls nicht für einen Professor, sonst hätte er wissen müssen, dass 23 Skelette malen so seine Zeit dauert. Als er die anderen 6 Leinwände sah, sagte er: „Und die wollen Sie alle noch voll malen?!“, und schüttelte den Kopf. Ein paar Tage später ging er zum Direktor, zu Professor weiß ich nicht mehr, und erzählte diesem, dass er Schwierigkeiten mit mir hätte, und die Verantwortung nicht länger übernehmen könnte. Er wolle mich

* Als ich es meinem Bruder und seinem Freund Richard zum ersten Mal zeigte, sagten beide: „Ohhh!“

nicht mehr in seiner Klasse haben, vielleicht fände sich ja ein anderer Professor bereit, mich in seine Klasse zu übernehmen, - er wolle mich nicht mehr.

Da musste ich zum Direktor (Fritsch, oder Fritsche hieß er glaub' ich), und der sagte mir, ich solle alles, was ich auf künstlerischem Gebiet bisher gemacht hätte ins Direktorzimmer bringen, er wolle dann beurteilen, ob ich begabt genug sei, weiterhin auf der H.f.B.K. zu bleiben. Da schleppte ich dann alles an, was ich hatte: Bilder, Skulpturen, Marionettenpuppen, selbst gebaute Musikinstrumente und genähte Stoff-Sachen. Das alles legte ich ins Direktorzimmer auf die Erde. Es war ein ganz schöner Haufen, und die Sekretärin sagte: „Das haben Sie alles gemacht?!", und wunderte sich. Einen Tag später sagte mir der Direktor, daß ich sehr vielseitig sei und sehr begabt, und daß Professor Laves mich in seine Klasse nehmen würde. Ein Glück, denn der Prof. Thoma meckerte auch immer, wenn ich Gitarre spielte in der Klasse.

Als ich 17 war, bekam ich von Meiner Mutter ein Buch geschenkt, wie man sich Marionetten-Puppen bauen kann. Ich bastelte ungefähr fünf 40 – 50 cm große Puppen und machte dann in unserem Haus vom Küchenfenster der Wohnung eines Spielfreundes, Hans-Jürgen, im Erdgeschoß zum Hof raus eine Märchenvorstellung für die Nachbarkinder. Eine Hexe und der "Hans" konnten sogar Schach spielen. An die Hände hatte ich Magneten befestigt, an den Schachfiguren aus Sperrholz, Blechstückchen, dadurch ging das. Ein Boxer-Paar hatte ich gebaut. Die hingen an einem Spielkreuz und hießen Langhals Dünnbauch und Kurzhals Dickbauch. Die sahen auch so aus und hauten sich überall hin und liefen im Vorprogramm. Es waren so ungefähr 10 Kinder anwesend.

Alle diese Sachen, Marionetten-Puppen, Bilder und Bastelsachen, habe ich nicht mehr, sie gingen in den Wirren meines Lebens verloren. Dazu kamen noch die Wirren der Geschichte. Als ich das Zimmer in der Marburgerstraße aufgab, stellte ich alle diese Sachen in der Wohnung der Mutter meines Jugend-Freundes, mit dem ich in Marseille später war, in Karlshorst in Ost-Berlin unter. Das war 1959 im Herbst. Dann kam der 13. August 1961, und die Mauer wurde gebaut. Mein Vater fuhr mal von Halle aus nach Berlin-Karlshorst und holte Sachen ab, so viel wie er tragen konnte. Deshalb habe ich auch das Bild mit den Skeletten noch, das er abnahm und die Leinwand zusammenrollte. Dann konnte man aber wieder Jahre später zu Besuch fahren nach dem Berlin-Abkommen und ich nahm es nach einem Besuch aus Halle mit. An der Grenze musste ich es zeigen, aber mein Name stand ja darunter. Im allgemeinen durfte man ja so große Kunst- Werke nicht ausführen (2x1 Meter).

In der Kunsthochschule waren zu dieser Zeit drei Studenten, die gut Gitarre spielen konnten. Ich hatte ja keinen Unterricht auf diesem

Instrument, außer dass meine ältere Schwester mir ein paar gerade gelernte Griffe beigebracht hatte. Mit zwei davon, also den Gitarrespielern, freundete ich mich an. Der eine, er hieß Horst, zeigte mir neue Griffe und Harmonienfolgen, und den Rumba-Schlag, aber ohne Melodiefinger. Das habe ich mir selber ausgedacht, z.B. in meinem Gitarren-Solo „Kon-Tiki".* Auch brachte er mir Schlager und Lieder bei. Der andere hieß Wolfgang, der zeigte mir auch, wie man Klarinette spielt, und danach kaufte ich mir in Halle, also im Osten, ein Sopran-Saxophon für 80,00 Ost, also 20,- Mark West. Darauf spielte ich sehr gern, auch weil es versilbert war und der Schall-Trichter vergoldet. Es wurde mir beim Fasching, beim „Schrägen Zinnober", als wir da Musik machten, nachts geklaut.

Mit Horst traf ich mich öfter und wir spielten zusammen, er Akkorde und ich Melodien, und improvisierten auch. Aber er hatte dann oft keine Zeit, und wir machten nicht mehr zusammen Musik. Und da dachte ich, das müsste doch auch alleine gehn, Melodien und Harmonien zu spielen. Und da entdeckte ich für mich, dass man mit dem Barré-Griff wunderbar Melodien spielen kann mit dem rechten Zeigefinger, und mit dem Daumen die Akkorde streichen kann. Dann dachte ich mir noch etliche andere Spielmöglichkeiten aus. Ich traute mich nicht, zu Gitarrenveranstaltungen zu gehen, aus Angst, ich könnte zu wenig und verlöre dann die Lust, wenn ich mitkriegte, wie gut andere spielen konnten. Aber eines Tages fand ich dann, dass ich schon so viel kann, dass ich nicht unsicher würde, wenn ich gute Gitarristen hören würde. Da ging ich in eine Veranstaltung mit „Susanna und José". Es waren Spanier. Sie sang und klapperte mit Kastagnetten und er spielte Gitarre. Da hörte ich zum ersten Mal im Leben „Tremolo". Mit drei rechten Fingern, Zeige-, Mittel- und Ringfinger wird durch schnelle gleichmäßige Bewegung ein Tremolo erzeugt, so ähnlich wie Mandoline mit Plättchen. Nach 14 Tagen konnte ich es auch.

Bei Prof. Laves hatte ich schnelles Aktzeichnen. Die Modelle standen nur 10 Minuten in abwechslungsreichen Stellungen, und wir mussten in 10 Minuten eine Zeichnung schaffen. Es waren also Bewegungs-Studien. Das machte Spaß und man lernte das schnelle Auffassen der Formen. Ebenso ging ich oft in den Zoo Tiere zeichnen. Wir kamen umsonst rein mit dem Kunststudentenausweis. Die Tiere wechseln ja auch immer ihre Stellungen und dann muss man die Formen als ganzes erfassen und begreifen, wie die Tiere gebaut sind von der Funktion her, also dass man die Beine nicht dahin zeichnet, wo oben die Schulterausbuchtung nicht ist. Auch schnelle Landschaftszeichnungen machte ich. Einmal, als es zu regnen anfing, und die Tropfen aufs Blatt fielen, zeichnete ich mit flacher schwarzer Kreide schnell ein paar Landschaften am Wannsee. Das sah sehr reizvoll aus, weil die Kreide bei den Wassertropfen nicht haftete, und

* auf Doppel CD 3 x 7 Liebeslieder, Noten Seite 469 - 473

farblose kleine runde Flächen ein schönes Muster gaben. Dem Prof. Laves gefiel das auch sehr gut. Er sagte mir übrigens irgendwann mal, daß er mich genommen hätte wegen eines Mädchenbildnisses, das er sehr schön fand.
Ich war mal im Osten, in Halle zu Besuch, und kriegte Lust zu malen.

Farben gab es zu kaufen, aber keine Leinwände und auch kein Nessel oder Leinen. Da gab mir Meine Mutter ein weißes, grobes Küchenhandtuch, das ich grundierte mit Schlemm-Kreide. Und dann malte ich meine jüngere Schwester, von der Seite mit Gitarre. Durch den groben Stoff konnte ich nur großflächig malen und ohne Schattierungen und Übergänge. Gezwungenermaßen sah das Bild sehr modern aus, und das gefiel also dem Professor, und deshalb nahm er mich. Sonst wär` ich rausgeflogen, wenn mich keiner genommen hätte.
Obwohl ich ständig wenig oder oft auch gar kein Geld hatte, kam ich mir nie arm vor, nur einmal: Da war ich wieder mal im Osten zu Besuch bei meinen Eltern und meiner jüngeren Schwester in Halle. Ich hatte nur noch dreißig Pfennig Ost-Geld, sonst nichts mehr. Da kaufte ich mir von einem Straßenverkäufer drei Zigaretten, Ost-Zigaretten, „Salem", „Turf", „Casino" oder „Karo". „Carmen" kosteten 16 Pfennig das Stück, Ost, die waren zu teuer. Als ich die dann aufgeraucht hatte, kam ich mir so richtig arm vor:

Im Osten noch nicht mal Ostgeld für Ost-Zigaretten.

Ärmer geht es nicht. Was das Rauchen betrifft hatte ich insgesamt nur sechs Jahre geraucht. Immer wieder gab es Versuche aufzuhören. Als ich dann mit Dauerlauf anfing, ging es ziemlich leicht, das Aufhören. Der Dauersport ist ein vorzügliches Gegengewicht zur Sucht.
Aber meine Zeit war eigentlich schon abgelaufen auf der Kunsthochschule. Ich hatte auch genug gelernt, jedenfalls das, was mir Spaß machte und das, was ich wichtig fand.
Während die meisten der Studenten in den Ferien verreisten, ging ich arbeiten durch Vermittlung der „Tusma". Das heißt: Telefoniere und Studenten machen alles. Dann kaufte ich mir ein gebrauchtes Musik-Instrument, meistens bei mir um die Ecke, Nürnberger Ecke Augsburgerstraße, im „Musikhaus am Zoo", bei Herrn Simonowsky, der oft betrunken war. Und waren die Ferien um, erzählten die anderen von ihren Reisen und ich spielte ihnen etwas auf dem neuen Instrument vor.*
Trompete übte ich immer in der Marburgerstraße 5 in dem großen Kleiderschrank in unserem Zimmer wegen der Lautstärke, Posaune auch. Einmal kam mich ein Mädchen besuchen und die Wirtin sah nach in unserem Zimmer, konnte mich aber nicht sehen, und das Mädchen ging wieder. Mußte ich gerade zu diesem Zeitpunkt Trompete üben?! Aber wer weiß, wozu es gut war.**
Ich hatte am Ende der Studienzeit eine Trompete, Posaune, Klarinette, ein Saxophon, natürlich eine Geige und Gitarre, Banjo, Flöte, Mandoline und Bass-Blockflöte, kleines Metallophon, eine aus einer Kokosnuß selbstgebaute Okarina und eine Kokosnuß-Geige. In späteren Zeiten kamen noch etliche dazu: Oboe, Fagott, Horn, Bratsche, Cello, Baß, Spinett, Klavier, Orgel, eben alles, was man so braucht. Wenn ich gefragt werde, welches nun mein Lieblingsinstrument ist, antworte ich immer folgendermaßen: Wenn ich im Gefängnis wäre *** und nur ein Instrument haben dürfte, wäre das die Gitarre. Wenn ich Virtuose wäre, wünschte ich mir ein Geiger zu sein. Wenn ich in einem Symphonie-Orchester spielen würde, wäre ich gern ein Flötist. In einem Streichquartett wäre ich am liebsten der Bratschist. In einer Dixieland-Band möchte ich der Posaunist sein, und in einer Big-Band ein Alt-Saxophonist, im Bläser-Quintett Klarinettist.
Ab 1974 fing ich dann an, alle Instrumente nach Noten spielen zu lernen. 1990 lernte ich bei der Klarinette vom Deutschen zum Böhm-System um. Es ähnelt der Flöte. 1979 bis 1982 hatte ich Oboenunterricht bei Herrn Müller.
Ich blieb immer vor jedem Schaufenster mit Musikinstrumenten stehn, und dachte mir: Wenn du mal viel Geld hast, dann kaufst du dir alle Instrumente, die es gibt,- also von jedem eins. Und so geschah es auch. Ich habe dreimal gezählt und es waren ungefähr 120 Musikinstrumente,

* Eigentlich studierte ich 2 Fächer gleichzeitig: Malerei und Musik.
** Es war die mit dem 1. Liebeserlebnis, aber vor diesem.
*** weil ich was geklaut habe, von Beethoven.

die in meiner Wohnung sind. Möbel habe ich fast keine, einen Tisch, einen barocken Schreibtisch, ein Bett 2 x 2 Meter, ein Gästebett, einen Gartentisch und vier Stühle, wenn mal Besuch kommt. Und in der Küche

war schon alles drin. Vor drei Jahren hat mir mein Sport-Freund beim Renovieren und Aufräumen geholfen. Aus der Küche schmiß ich zwei Mülltonnen voll weg, und aus den anderen Zimmern 5 Mülltonnen, ein paar Späneplatten-Schränke und ein Drei-Sitzer-Sofa. Ich hab' aber noch ein ganz neues Zwei-Sitzer-Sofa, deshalb neu, weil ich die ganzen 25 Jahre da nie drauf gesessen habe, andere auch nicht. Inzwischen ist es aber schon gebraucht.*

Manchmal sitze ich 16 Stunden vor dem Fernseher. Man muß ja einen Überblick haben, rein beruflich. Jedenfalls weiß ich, in welche Sendungen ich nicht gehen würde. Bei „Vera am Mittag" war ich aber doch mal, aber das war wichtig, ich ging da nämlich als Vegetarier. Da hatte ich etliche Fleischfresser vergrault.

Als ich mal zwei Urlaubs-Semester genommen hatte, bekam ich ja kein

* Kleidung gab ich auch weg. 3 Samthosen, die ich mir 1971 schneidern ließ, verwendete ich zur Auspolsterung von Instrumentenkästen. Die 1. zerriß hinten, beim Aussteigen aus dem Auto, die 2. am Schluß einer Vorstellung, und ich mußte rückwärts von der Bühne, die 3. beim Aufheben eines plötzlich heruntergefallenen Notenblattes, bevor ich die G-Dur Romanze von Beethoven bei einem Konzert zu spielen begann. Ich geigte mit zerrissener Hose und ging ebenfalls rückwärts von der Bühne. Aus Mode mache ich mir aber nichts. 1998 schneiderte mir Franks Frau Simone 3 Samthosen und eine Samtjacke für festliche Anlässe.

Stipendium das ganze Jahr lang. Da übte ich schon mal Existenz-Kampf. Wenn ich kein Geld hatte, mußte ich durch Vermittlung der Tusma arbeiten gehn. An einem Tag hatte ich mal drei verschiedene kleine Aufträge: Einem Hochzeitspaar einen Blumenstrauß hinbringen zum Standes-Amt, einen Schäferhund zum Tierheim bringen, der dort getötet werden sollte. Aber der dortige Arzt weigerte sich, einen völlig gesunden Hund einzuschläfern und glückseelig brachte ich den Hund zurück, und ich glaube, der alte Mann, dem der Hund gehörte, behielt ihn, als ich ihm die Äußerungen des Tierarztes erzählte. Und als dritten Auftrag hatte ich bekommen, an einer Straßenbaustelle in Spandau mit einem drehbaren "Rot-Grün"-Schild den Straßenverkehr zu regeln von 18:00 Uhr bis 24:00 Uhr. 50 Meter weiter saß ein anderer Student. Wir drehten nach Absprache unsere Schilder auf "Rot" alle beide, und wenn ein Auto kam, hupte es, und dann ließen wir es durch. Ich war paarmal eingeschlafen im Sitzen. Am Abend hatte ich dann 14,- Mark verdient, mit Trinkgeld von dem Hochzeitspaar.

Wenn ich keine Lust zu arbeiten hatte oder es keine Aufträge gab, hatte ich kein Geld. Deshalb bestand meine Nahrung aus billigen Lebensmitteln. Ich war ja auch schon Vegetarier. Ich aß meistens am Tage drei Brötchen und einen Camembert. Das reichte mir. Und weil es immer dasselbe war, empfand ich auch keine große Gier auf das Essen. Nach drei Monaten hatte ich absolut keinen Appetit mehr auf Camembert und die drei Brötchen. Da tat ich etwas sehr Weises: Ich aß einen Tag lang gar nichts. Am nächsten Tag hatte ich großen Appetit auf Camembert und Brötchen und aß sie gierig.

So ging es mir dann mit vielen Dingen und ich habe es gelernt, in vielen Bereichen Pausen zu machen, damit mir hinterher wieder alles Mögliche Freude bereitet, auch die Liebe.*

Im Herbst 1958 lernte ich in der freien Abteilung der H.f.B.K., also am Steinplatz, ein Mädchen kennen, die singen sollte beim Rias in der Sendung "Sprung-Brettl", und die einen Gitarrenspieler brauchte. Sie selber konnte nur paar Griffe auf der Gitarre. Wir probten einige Male und dann gingen wir zum Rias vorsingen, und ich sollte mal ein Solo-Stück von mir vorspielen, und so kam es, daß ich die Barbara begleitete und hinterher 2 Solo-Gitarren-Stücke spielen mußte. Das war im Ernst Reuter-Saal in Tegel oder Reinickendorf glaub` ich. Ein Freund von meinem Bruder** borgte mir eine Hose mit Bügelfalte, und der Auftritt ging gut. Sie sang sehr schön hebräische Lieder und ich begleitete sie mit der Gitarre. Für meine eigenen zwei Solo-Stücke erhielt ich auch guten Beifall, und der Herr Ivo Veit sagte, er würde mich gern mal für die „Rias-Kaffee-Tafel" mit Hans Rosenthal haben. Da bekam ich 150,- Mark, so viel wie heute 1.500,- DM! Jetzt erst dachte ich daran, mit der Gitarre Geld zu verdienen, und die

* Wenn es mit einer längeren Freundin zu Ende gegangen war, ruhte ich mich immer erst mal paar Monate aus.

** Es war der Richard, der beim Skelette-Bild ebenfalls "Ohhh" gesagt hatte

Hochschule sausen zu lassen, egal, ob meine Mutter darüber sauer war.

UND SO GESCHAH ES AUCH.*

Jetzt gehe ich schlafen, es ist ½ 1, und morgen im Flugzeug schreibe ich, wie ich Klaus Kinski mit der Gitarre begleitete, und wie es dazu kam.

GUTE NACHT!

Ich fliege um 17:00 Uhr, da kann ich gut ausschlafen. Bei Flügen morgens um 5, da gehe ich gar nicht erst schlafen und mache um 3:00 Uhr einen Dauerlauf von 5 Kilometern, um munter zu werden. Auf Berlin freue ich mich. 14 Tage weg, welch lange Zeit! Ach, ich hab' noch vier Stunden heute an dem Bild gemalt „Das Blonde Duo". Die Hirsche waren viel zu stark in der Farbe für die Entfernung, und ich mußte alles wegwischen. Aber die Umrisse blieben noch, und jetzt sieht alles schön aus, mit Blümchen, Gras und Blättern. Eigentlich ist es fertig, aber manchmal male ich noch Tage immer mal daran, so paar Kleinigkeiten, - man will ja sein Bestes geben. Schlechtes gibt es genug.

*****

17. Dezember 2000
So, nun sitze ich im Flugzeug. Die Hunde waren erwartungsgemäß traurig. Wenn ich den Koffer auf die Terrasse stelle, legen sie sich hin und sind traurig. Sie lassen sich streicheln aber stehen nicht auf. Na ja, nun geht erst mal keiner für eine Weile mit ihnen. Meiner ehemaligen Freundin Ehemann habe ich noch auf dem Flughafen Arrecife getroffen, als er auf seine Koffer wartete. Wir unterhielten uns ein paar Minuten und dann wurde er abgeholt und ich ging durch die Sicherheitskontrollen. Die beiden die ihn dann abholten, hatten mich auch hingebracht. Ich schenkte jedem die CD 3x7 Liebeslieder von mir. Es waren ein Amerikaner und ein Australier. So werden meine Lieder auf der ganzen Welt verteilt. Ich mach' es wie die Bäume: Die lassen Samen fallen und der Wind trägt sie in die Welt hinaus.
Es ist jetzt 17:15 Uhr, der 17. Dezember 2000.

Es war ein schöner Arbeitsurlaub: Zwei schöne Bilder gemalt und eine Menge geschrieben, gewissermaßen bis hierher. Wenn ich in der Luft bin, bin ich mit den Gedanken schon zu Hause. Lanzarote liegt schon weit weg, ich kann es nicht mehr sehn, wenn ich aus dem Fenster kucke.

*****

Also, Klaus Kinski war befreundet mit einem Mädchen, das Yorka hieß, und die Yorka war befreundet mit Heinz, und Heinz war befreundet mit mir.

* Meine Mutter schrieb mir in etlichen Briefen, daß meine Berufswahl falsch wäre und ich eines Tages in der Gosse landen würde. Die letzten Briefe zerriß ich ungelesen. Manche Eltern sind noch schlimmer und betrachten ihre Kinder als Eigentum, verheiraten sie womöglich zwangsweise und zwingen ihnen obendrein ein ungewünschtes Leben auf. Von solchen Eltern sollten sich die Kinder entfernen, natürlich ohne Schlechtes Gewissen. Kinder sind kein Eigentum. Eltern sind Zufall.

So habe ich ihn kennengelernt. Heinz Otterson war Kunstmaler, noch auf der H.f.B.K., weil er Meisterschüler war bei Prof. Stabenau. Er ist 1979 gestorben. Sein Herz war schwach, und er hatte immer kannenweise Kaffee getrunken. Er malte Phantasievolle Bilder, man kann sagen Märchenbilder, aber von seinen eigenen Märchen. Dann machte er Schrott - Plastiken. Er verschweißte Schrott-Gegenstände zu phantasievollen Figuren. Mir schenkte er mal einen Ritter, so 40 cm hoch. Nach ein paar Wochen hatte er einen Interessenten für seine Schrottplastiken, aber gerade keine fertig. Da fragte er mich, ob ich ihm die schnell mal geben könnte, er brauchte ja Geld, er würde mir bald eine neue machen, so ähnlich wie diese und noch besser. Ich gab sie ihm selbstverständlich und er verkaufte sie. Aber ich habe nie eine gekriegt.*
Ich hatte auch mal einem Maler, der sich „Märchen" nannte, 70 Mark gegeben. Er wollte mir eine Zweitfassung von einem Bild malen, auf dem Gespenster zu sehen waren, die von einem Kirchturm fielen. Das habe ich auch nie gekriegt. Einem Schmuckverkäufer in meiner Stammkneipe, dem „Go In", hatte ich auch mal 30,- Mark gegeben, damit er mir am nächsten Tag einen bestimmten Armreif verkaufen sollte. Den habe ich nie gekriegt. Mehr Reinfälle dieser Art habe ich nicht erlebt.
Klaus Kinski brauchte einen Gitarristen, der ihn zu Brecht-Balladen begleiten sollte, und deshalb sagte er der Yorka, und die dem Heinz, und der mir, ich sollte mal vorbeikommen und zeigen was ich so kann auf der Gitarre. Es gefiel ihm sehr gut und er gab mir Klavier-Noten. Ich konnte aber nur die Melodiestimme lesen, aber auch nur auf der Geige. Ich spielte sie ein paar Mal durch, bis ich sie auswendig konnte, und machte sie mir dann für die Gitarre zurecht. Eine Woche später ging ich zu ihm, und wir konnten zu proben anfangen. Heute kann ich immer noch nicht Gitarren-Noten lesen. Aber ich spiele sowieso immer auswendig. Als ich aber die „Traum-Sonate" angefertigt hatte, habe ich die Melodien aufgeschrieben und die Harmonien in Buchstaben, dazu noch Zeichen, welche der ungefähr 10 Griffe ich drücken muß, damit ich mit der Melodie zurechtkomme. Das klappt ganz gut. Aber wenn andere nach meinen Noten spielen wollen, müssen sie auch frei spielen können, sonst klappt das nicht. Nach meiner Spielweise kann ich alle Lieder, Schlager oder leichte klassische Stücke spielen, nur nach Gehör. Wenn mir einer eine leichte Melodie vorsummt, also stückweise, kann ich sie sofort spielen mit Begleitung. Ich spiele also eine sehr freie Gitarre. Meine Solo-Stücke sind aber festgelegt. Ich finde, wenn einer ein Lied singt, auch sofort die Tonart. Diese Gabe war bei Klaus Kinski auch vonnöten, sonst hätte es nicht geklappt. Er konnte froh sein, daß er mich hatte, was er auch tat. Vor dem Auftritt sagte er mir: „Gib' mir mal den Anfangston, den merk' ich mir dann." Dann ging er auf die Bühne. Nach dem Begrüßungs-Applaus kam ich, und nach meinem

* Er wohnte in der Haubachstraße 22 im Hinterhof, in einer ehemaligen Schmiede. Heute ist da ein hübsches Lokal.

Begrüßungs - Applaus, der kürzer war, fing er an zu singen, aber in einer ganz anderen Tonart als verabredet. Das machte mir aber nichts und er dachte dann immer, daß er die richtige Tonart getroffen hätte. Aus pädagogischen Gründen ließ ich ihn auch in diesem Glauben. Manchmal wechselte er auch mitten im Lied die Tonart und ich immer hinterher. Das Publikum merkte aber nichts und dachte sicher, das wäre seine moderne Art, Brecht-Balladen zu singen. In den Kritiken stand auch nichts davon, wobei Kritiker ja nicht unbedingt musikalisch sein müssen. Ich wurde in manchen Kritiken auch lobend erwähnt. Er nannte mich "Guitar-Ingo". So stand es auf den Plakaten.

In einer Kritik stand, - das war in Wien gewesen, "die Überraschung des Abends, - Guitar-Ingo mit seinem Spanischen Solo". Mehr stand über mich nicht drin, aber trotzdem habe ich diese Kritik gesammelt, und meinem älteren Bruder am Telephon vorgelesen.*
Wir haben, glaube ich, vier bis fünf Wochen geübt, einmal ein Drei-Minuten- Stück 7 Stunden lang, also von morgens bis abends. Durch Klaus Kinski habe ich diszipliniertes Üben gelernt. Er hatte auch ein kolossales Gedächtnis. Er ist mal in Berlin, das muß so 1961 oder 62 gewesen sein, eine Woche lang hintereinander aufgetreten, und hat fast an jedem Tag ein anderes Zwei-Stunden-Programmm gebracht, alles auswendig: Villon, Rimbaud, Shakespeare, Oskar Wilde und Schiller, mehr weiß ich nicht.

Draußen ist es jetzt schon fast dunkel. Es ist genau 19:00 Uhr, aber ich habe schon meine Uhr, eine goldene Longines Armband-Uhr mit Stopp-Uhr um eine Stunde vorgestellt, weil zwischen Deutschland und Lanzarote eine Stunde Zeitverschiebung ist.

Die Brecht-Ballade, an der wir 7 Stunden geübt hatten, hieß „Kohlen für Mike". Da warf ein Eisenbahner immer einen Sack Kohlen aus dem Zug, damit Mike ** etwas zu heizen hatte. Das erinnerte mich an meine ältere Schwester, wenn sie Kohlen klauen ging in Bernburg. Zwischendurch klopfte die Frau, die unter Klaus Kinski wohnte, immer mal mit dem Besen an die Decke. Er wohnte in der Uhlandstraße 161 in einer 4-Zimmerwoh-

* Bei der Ballade sollte ich einen Satz sprechen: „Der Kutscher lief zum Telephon." Als das Publikum daraufhin lachte , sprach Kinski diesen Satz später selber.
** gesprochen: Meik

nung im Hinterhaus vier Treppen rechts, zwischen Lietzenburger und Pariser, Alt-Bau, in Berlin. Wir hatten aber gar nicht mit Tonanlage geprobt, sondern nur so. Irgendwann merkte die Frau unter Klaus Kinski wohl, daß wir immer dasselbe übten, und da haute sie besonders laut gegen die Decke, also von uns aus, - unter den Boden, daß wir nicht mehr weiterüben konnten. Da stieg Klaus Kinski auf einen Stuhl mitten im Zimmer und sprang hinunter, und das paarmal. Da hörte sie auf zu klopfen und wir konnten die „Kohlen für Mike“ weiterüben, bis er es konnte. Ich konnte es schon lange. Er sang aber nicht „Kohlen für Mike“, sondern sprach es, und ich machte auf der Gitarre die Eisenbahn nach musikalisch, und zwar in F-Moll, also mit Barré-Griff. In E-Moll wäre es leichter gewesen, weil ohne Barré-Griff, aber er wollte F-Moll. Na ja, er hat recht gehabt, denn mit Barré-Griffen kann man schön schnell abdämpfen, so daß der Rhythmus interessanter wird. Die zweite Veranstaltung war im Mai 1959, - im Titania-Palast, den es jetzt nicht mehr gibt. Mit meiner Hochschule kam ich klar, weil ich sowieso zwei Urlaubssemester genommen hatte, um das eklige Examen etwas hinauszuschieben. Davor hatten wir einen Auftritt in Wien im April, in einer Riesenhalle, im kleineren Saal, ich glaub', 1200 Zuschauer gingen da rein, die dann auch alle da waren. Beim Ausprobieren der Tonanlage knarrte eine Stelle auf dem Bühnenboden, und Klaus Kinski sagte dem Bühnenmeister, das müsse geändert werden, da er bei einer leisen Stelle einen Schritt vorgehen wollte und das Knarren dabei natürlich stören würde. Da sagte der Bühnenmeister: „Das geht nicht.“ Da brüllte Klaus Kinski extrem wütend los, und dann legte der Bühnenmeister ein großes Brett auf die Stelle. Es ging also doch. Manchmal muß man brüllen, sonst macht keiner was. Mich hat er übrigens nie angebrüllt. Einmal war er ungehalten, weil ich bei einer Probe früher weg mußte, zu einer Probe bei der Rias-Kaffee-Tafel, und obwohl ich es einen Tag vorher schon gesagt hatte und er einverstanden gewesen war, war er ungehalten. Da wurde ich auch ungehalten, aber dann war wieder alles zum Besten. Hätte er mich angebrüllt, wäre ich abgehauen. Einmal war ein Mitarbeiter seiner Agentur da, der Jürgen, er hatte was falsch gemacht, den hat er 15 Minuten lang angebrüllt und angemeckert. Der stand aber ganz ruhig da und machte später den Fehler wieder gut. Den treff` ich manchmal immer noch, der geht öfter in die Kneipe am Roseneck, wo ich wohne, und dann denken wir beide immer an Klaus Kinski. Der lebt ja nun leider nicht mehr. Er war etwa 7 Jahre älter als ich, ich damals 24, und er 31.

Die Veranstaltung in Wien war sehr gut, und wurde für eine Schallplatte aufgenommen, und in der Kritik stand eben der Satz über mich, daß ich die Überraschung des Abends war. Bei einer Ballade, bei der „Seeräuber-Jenny“, wollte er, daß ich einen Flamenco -Teil spiele, und er stieg erst

wieder ein, wenn ich fertig war damit, deshalb der Satz in der Zeitung. Später hat er dann schon am Anfang des Flamenco-Teils weiter gesprochen, sodaß ich ihn gar nicht mehr spielen konnte, das war auch eine Vorstellung in Wien, aber woanders, im Musikvereinssaal glaube ich. Mehr Vorstellungen hatten wir dann leider nicht mehr. Wir hatten in Wien für die Firma „Amadeo" die Balladen aufgenommen, auf Tonband und geschnitten, und als alles fertig war, gaben die Brecht-Erben nicht die Verlagsrechte, weil Klaus Kinski vieles geändert hatte. Da war alles umsonst gewesen, und er hatte da keine Lust mehr, mit den Balladen aufzutreten, - war auch richtig so.*
Als die Veranstaltung im Titania-Palast damals zuende war, - ich sollte 500,- Mark bekommen, - da war der Gerichtsvollzieher da, und nahm alles Geld mit, meins auch. Ich glaub' es waren 4.000,- Mark, insgesamt. Aber der Rechtsanwalt, der Herr Dr. Stieger aus der Fasanenstraße, klagte, und ich kriegte meine 500,- Mark, - aber nicht gleich, denn der Klaus Kinski brauchte erst mal das Geld. Ich wollte dann mit meinem Jugendfreund, der Architektur studierte an der H.f.B.K., nach Spanien trampen. Und Klaus Kinski sagte, daß er mir das Geld nachschicken würde, wenn ich von unterwegs ihm ein Telegramm schicken würde, wo ich gerade war. So trampten wir los. Es war vereinbart, daß mein Jugendfreund die erste Zeit bezahlte, und wenn wir in Spanien sind, ich dann alles bezahle.**
Als wir in Marseille angekommen waren endlich nach fünf Tagen, ging ich auch gleich zur Post, und schickte ein Telegramm ab, daß Klaus Kinski uns das Geld nach Marseille schicken sollte, postlagernd. Unser Geld ging zur Neige.

5 Minuten Pause.

Eben war ich auf der Toilette, deswegen die Pause. Ich glaube, wir fliegen gerade über Marseille, - das paßt ja gut. Es ist jetzt 20:00 Uhr Berliner Zeit.

Wir übernachteten mal unter einer Baumaschine, - unter der Plane, im Sitzen. Morgens um 6 mußten wir aufstehn, weil die Bauarbeiter kamen. Aber das Aufstehn war ganz schön schwer, weil wir die Knie kaum gerade kriegten. Aber wir hatten wenigstens nicht gefroren. Es war mittlerweile September. In der nächsten Nacht hatten wir dann gefroren, aber die Knie taten nicht weh. Na ja, alles kann man nicht haben. Dreimal täglich ging ich zur Post, aber es war noch kein Geld da. Der Postbeamte kannte mich dann schon, und ich brauchte nichts mehr zu sagen, weil ich sowieso kein Französisch konnte, nur Russisch, Latein und Englisch. Der Postbeamte konnte aber gut Französisch, aber sonst nichts weiter. Am Nachmittag des dritten Tages orakelte ich dann, ob wir noch hier bleiben sollten oder nicht. Vielleicht fahren wir ja gerade zurück, und das Geld kommt gerade an.

* Die Brechtballaden sind nun doch noch herausgebracht worden bei „Deutsche Grammophon", nach so vielen Jahren, im September 2003.

** In Lyon standen wir mal den ganzen Tag, ohne dass uns jemand mitnahm. Wir übernachteten frierend im Straßengraben. Dann ging es aber weiter.

Wenn ich nicht weiter weiß mit meinem Verstand, orakel ich, d.h. ich versuche zu erspüren, was wahr ist, - aber was ich nicht weiß. Außerdem habe ich später rausgekriegt, daß ich Drei Schutz-Geister habe. Der Erste hilft mir bei den Schwierigkeiten des allgemeinen Alltags-Lebens. Der Zweite ist da, wenn ich lebensgefährliche Schwierigkeiten habe. Der Dritte achtet auf Vorgänge, die meine Seele belasten oder gar verderben könnten. Ich fühle mich also nie einsam, auch nicht, oder gerade nicht, wenn ich allein bin. Schon als Kind war das so.
Manche glauben ja, dass ihr ganzes Leben vorherbestimmt ist, sogar bis in die kleinsten Kleinigkeiten. Ich denke, einige Sachen sind vorherbestimmt, das kann ja auch jeder sehn. Wird man hier in dem schönen Deutschland geboren, hat man viele Möglichkeiten groß zu werden, zu lernen, gesund zu bleiben. Wird man in einem trostlosen Land geboren, kann es einem ganz schön elend gehen, auch wenn man intelligent und fleißig ist. Aber zwischendurch da gibt es Weichenstellungen. Man kriegt einen manchmal kaum merkbaren Schubs, und landet ganz woanders. Manchmal sind die Schubse so klein, daß man schon genau darauf achten muß, damit man sie befolgen kann. Ich habe auch Glück gehabt, daß ich zwischen zwei Kriegen hier in Deutschland leben konnte, hoffentlich fällt aber der zweite aus. In meinem vorigen Leben hatte ich ja Pech gehabt, vielleicht deshalb jetzt so ein Glück. Hoffentlich.
Zurück zu Marseille.
In diesem Fall also mußte ich erspüren, ob Klaus Kinski das Geld schon geschickt hat oder nicht. Und da orakelte ich, daß er es nicht hat, und wir beschlossen, wieder nach Hause zu trampen. Schade für Spanien, denn wir hatten eine Gitarre und eine Trompete mit. Kurz vor Marseille auf der Hinfahrt wurden wir vor einem Bauernfeld abgesetzt und da machten wir erst mal Musik, er Gitarre, ich Trompete. Die Bauern waren fröhliche Leute, und fingen gleich an zu tanzen mitten in der Feldarbeit, und sie sagten, wir sollten doch bleiben, aber wir waren so dumm und wollten unbedingt nach Marseille, und dann nach Spanien. Na ja, wer weiß, wozu es gut war. Vielleicht hätten mein Jugendfreund und ich eine Bäuerin geheiratet, und wir wären immer noch in Frankreich, und könnten womöglich französisch sprechen.
Mein Freund gab mir seine Armbanduhr, die ich verkaufen gehen sollte. Wir kampierten so 2 km vor Marseille, in einer Beton-Rinne. Er hatte keine Lust zu laufen und sagte: „Ich bleibe hier jetzt liegen, und wenn ich verhunger - geh`du los." Und so ging ich nach Marseille rein und verkaufte die Uhr für 10 Franc an einen Markthändler. Dann kaufte ich Baguette und Fromage, das heißt auf Deutsch: Brötchen und Käse, Camembert. Dann ging ich wieder zu meinem Jugendfreund, und gab ihm zu essen. Ich hatte schon unterwegs gegessen und Wasser getrunken von einer Pumpe. Der

Gang dauerte mindestens eine halbe Stunde. Er aß gierig und war auch satt. Dann kriegte er Durst, und er mußte 1 km bis an diese Pumpe gehen um zu trinken. Da ging es mit einem Mal. Der Durst scheint wohl schlimmer zu sein als der Hunger. Kaum war er vom Trinken wieder zurück, da hielt auch schon ein Auto, und er mußte die letzten Schritte sogar rennen, - mein armer Jugendfreund. In Aix, 30 km weg von Marseille, sah schon alles anders aus. In Marseille lagen dauernd Menschen auf der Straße, um die sich niemand kümmerte, und wir sagten: „Wir müssen raus aus Marseille, hier kannst du verhungern, das kümmert keinen." Einer sammelte blaue Zigarettenschachteln und zerriß sie. Den ganzen Tag. Wir sind ihm in den drei Tagen mindestens 20 - mal begegnet. Da war es wohl angebracht, aus Marseille zu flüchten.* In Aix hätte man nicht auf der Straße schlafen können, das wäre aufgefallen. Wir setzten uns in ein Café und dann war das Geld auch aller. Wir gingen durch Aix in Richtung Deutschland, und da standen schon 7 Tramper und warteten auf ein Auto. Es war schon so um 18:00 Uhr. Ordnungsgemäß stellten wir uns ganz an den Schluß, und mein Jugendfreund sagte: „Los, jetzt machen wir erst mal Musik." Wir hatten kaum drei Minuten gespielt, da hielt ein Auto vor uns und ein Ehepaar sagte: „Na, wollt ihr nicht einsteigen?" Da waren wir aber überrascht. Es sagte später, also das Ehepaar, es hätte uns mitgenommen, weil wir so schön Musik gemacht hätten, und wir spielten im Auto eine Zeit lang. Dann gab es uns zu essen und zu trinken, und es ließ uns in seinem Zelt übernachten, während es selber in seinem Auto schlief. Am nächsten Morgen gingen wir uns an einem See waschen. Wir waren ja nun schon 5 Tage ungewaschen gewesen, und das Ehepaar gab uns abermals zu essen, und fröhlich fuhr es mit uns weiter.
Ich hatte, als ich mit Klaus Kinski einiges im Tonstudio aufnahm, bei einem mit ihm befreundeten Ehepaar gewohnt in Wien, auf dem Dachboden. Es hatte ein Häuschen im XXI. Bezirk im Grünen. Das war eine sehr glückliche Zeit für mich gewesen. Ich hatte bei „Amadeo" eine Gitarren-Solo-Platte aufgenommen, und 1.000,- Mark Vorschuß bekommen. Mehr wurden es auch nicht. Und da lebte ich ein halbes Jahr bei dem Ehepaar. Es hatte eine Tochter und einen Sohn. Wir gingen baden und spielten Tischtennis. Einmal in der Woche fuhr ich ins Zentrum von Wien zum Stephansplatz, ging ins „Hawelka", das ist ein Künstlercafé, ich vermute, das gibt es immer noch. Als ich 1981 da war, gab es das noch, - und dann kaufte ich mir eine Stange „Pall-Mall". Das sind amerikanische Zigaretten, die gab es in Berlin nicht zu kaufen. Es waren meine Lieblingszigaretten, und ich rauchte morgens im Bett erst mal 3 Stück, eh` ich aufstand. So gut schmeckten sie mir, ohne Filter natürlich. Der Wolfgang damals, der mir was auf der Gitarre gezeigt hatte und auf der Klarinette, hatte mir auch damals gleich im ersten Semester an der H.f.BK. das Rauchen beige-

* Einmal waren wir mit der Straßenbahn zum Hafen gefahren, ob wir Arbeit auf einem Schiff kriegten.

bracht. Ich hatte damals 100,- Mark Stipendium im Monat, und er bekam damals von seinem Vater 400,- Mark. Der Wolfgang, das war der, der mit mir das Erlebnis damals mit Edeltraud in Köln später teilen durfte.
Das Flugzeug wackelt und wir müssen uns alle anschnallen. Manche haben bestimmt Angst, aber ich lebe ja sowieso bis zum Jahr 2021, Juni oder Juli. Wenn ich aber auf der Toilette bin im Flugzeug, so wie eben gerade und so dastehe beim Vorne machen, dann denke ich immer, wenn es dann wackelt, hoffentlich stürzt es nicht jetzt gerade ab, in so einer Situation. Jetzt fliegt es wieder ruhig und es ist Viertel vor neun.
Der Wolfgang lud mich immer ein in die Kneipe schräg rechts gegenüber von der Abteilung 4 der H.f.B.K. zum Bierchen, und dann spendierte er immer ein Bier und bot mir Zigaretten an.* Der Professor Schrieber, er war Professor für Bildhauerei, saß auch manchmal da, besonders am späten Nachmittag, besoffen. Am Tage muß er auch öfter besoffen gewesen sein. Als wir den ersten Tag bei ihm studierten im ersten Semester, gab er uns als Aufgabe, ein Kaktus-Blatt aus Ton zu formen, und stellte einen Blumentopf mit einem solchen in der Mitte des Ateliers auf. Nach drei Stunden kam er wortlos rein, kuckte sich die 9 Kaktusblätter von den 9 Studenten und Studentinnen an, nahm eins und schmiß es in die große Ton-Kiste, die dort stand. Die Kaktusblätter waren so ungefähr 30 - 40 cm hoch, meins war 35 cm. Dann kuckte er sich das nächste an und schmiß es wortlos in die Kiste. Du meine Güte, - nach drei Stunden kneten, so ein Ende! Dann kam das nächste. Als er bei mir war, wollte ich schon was sagen, also meckern über sein Tun, - - - Ich muß jetzt Whisky und Zigaretten kaufen, der Wagen mit den Stewardessen ist gerade bei mir, ich sitze Reihe 23, habe eine Reihe für mich. Die Zigaretten kriegt mein Tournee - Begleiter, also der Bruder von meiner ehemaligen Freundin auf Lanzarote, - ach du meine Güte, jetzt ist schon wieder alles Vergangenheit, die armen Hunde, jetzt ist Essens-Zeit oder Fressens-Zeit für sie, hoffentlich sind sie nicht so traurig über meine Abreise, daß sie wieder nicht fressen wollen, wie beim letzten Mal. Den Whisky stelle ich nur so hin.
Ich hatte ja mal 1971 jeden Tag eine Flasche getrunken, Chivas Regal (12 Jahre alt **) und Chivas Royal Salute (21 Jahre alt ***), und abends 4 Liter Bier, aber nur 3 - 4 Monate lang. Dann kaufte ich mir einen Jaguar 12-Zylinder-Sportwagen für 38.000,- Mark, und da hatte ich Angst, besoffen zu fahren, und ging oft zu Fuß in die Kneipe. Doch vorerst hatte ich Angst, nüchtern zu fahren, und trank erst mal 2 Whisky. Damals waren noch 1,6 Promille die Höchstgrenze, und dann hatte ich den Mut das Auto zu fahren. 270 PS, 240 Stundenkilometer, 12 Zylinder. Dauernd mußte ich für meine Bekannten die Motorhaube aufmachen und die 12 Zylinder zeigen.**** Wir drehten gerade die Fernseh-Show: Reinhard Mey trifft seine Freunde für's ZDF, mit Reinhard Mey, Schobert und Black (Schobert lebt nicht mehr,

* Ein Pils kostete 40 Pfennig (0,25 Liter), ein Helles 35 Pfennig, eine Schachtel mit 12 Zigaretten 1,- DM.
** 40,- DM
*** 130,- DM
**** Mein Jugendfreund sah mich zufällig gleich am 1. Tag mit dem Jaguar über den Kurfürstendamm flitzen. Wahrscheinlich dachte er da: Nun ist ja doch was aus ihm geworden.

MIN 2.40

INGO INSTERBURG 1998

Die Krumme Lanke

INGO INSTERBURG 1972

R
Und dann ging ich mit ihr erst einmal um die Krumme Lanke herum,
und dann fragte sie:Warum gehst du mit mir um die Krumme Lanke herum?

AN
"Die Kumme Lanke ist ein See mitten im Herzen von West-Berlin gelegen,
"Krumme",weil er krumm ist und "Lanke",wahrscheinlich,weil er lang ist."

EINL
Ach wie viele Mädchen hab' ich bereits kennengelernt,
ach wie viele Mädchen hab'n sich schon wieder von mir entfernt,
Doch an die eine,die Suse,
an die denk' ich noch immerzu.

R
Und dann ging ich mit ihr erst einmal....

1
Ich küßte sie im Mondenschein,
wir waren beide ganz allein,
da öffnete ich ihre Haare,
meine Augen glänzten wie zwei Klare.

R
Und dann ging ich mit ihr erst einmal....

2
Ich küßte sie im Mondenschein,
wir waren beide ganz allein,
da öffnete ich ihre Bluse,
meine Augen schauten tief in Suse.

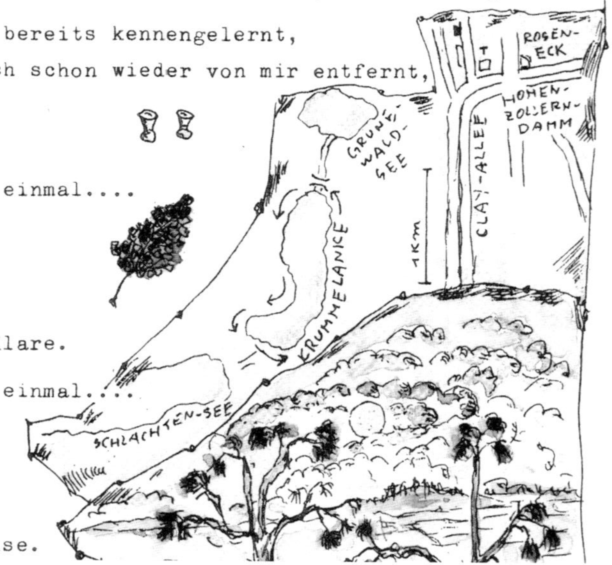

R Und dann ging ich mit ihr erst einmal....

(3) Ich küßte sie im Mondenschein,
wir waren beide ganz allein,
da öffnete ich ihr Mieder,
meine Ohren wurden rot wie Flieder.

R Und dann ging ich mit ihr erst einmal....

(4) Ich küßte sie im Mondenschein,
wir waren beide ganz allein,
da öffnete ich ihre Schuh',
meine Nase ging dabei zu.

R Und dann ging ich mit ihr erst einmal....

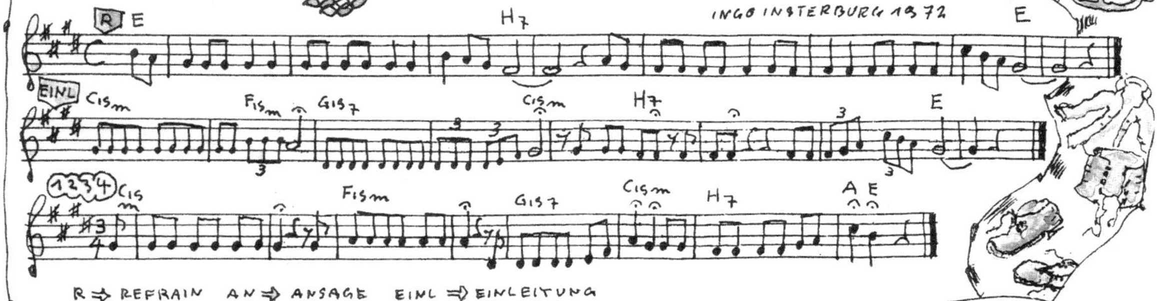

wegen Alkohol), und Ulrich Roski. Schobert und Black hatten sich jeder einen Porsche gekauft, und der Karl Dall hatte sich deshalb auch einen Porsche gekauft, aber einen gebrauchten, Peter Ehlebracht hatte keinen Führerschein, und Jürgen Barz hatte mir meinen dunkelblauen Alfa Romeo 1300, Sportcoupé, auch gebraucht, abgekauft. Wir hatten uns geärgert, daß die Show „Reinhard Mey trifft seine Freunde" heißen sollte. Wir kannten ihn gut, waren aber nicht seine Freunde. Schobert und Black waren seine Freunde, deshalb hatten sie auch nichts gegen den Titel. Ich hätte am liebsten alles sausen lassen, aber der Produzent sagte, daß er ernsthaft Pleite machen würde, wenn wir aus der Show aussteigen würden, und da machten wir dann mit. War ja auch eine schöne Sendung. Jürgen und ich sangen das Lied „Und dann ging ich mit ihr erst einmal um die Krumme Lanke herum", und wir saßen in einem Boot und kamen langsam von der Film-Studio-Decke herunter, bis wir unten waren. Sehr schön!
Den Jaguar Zwölfzylinder hatte ich aber nur ein halbes Jahr.* Das erste Mal blieb ich stehen auf der Autobahn Salzburg-München. Wie sich hinterher herausstellte, war die Batterie verdampft. Der Motor entwickelte solch eine Hitze, daß das Batterie-Wasser nach 200 bis 300 Kilometern weg war. Danach füllte ich es dann dauernd nach. Später, so sagte man mir, wurde ein Ventilator vor die Batterie gesetzt. Ein Mercedes-Fahrer schleppte mich ab, alle anderen Vorbeifahrenden lachten mich regelrecht aus. Paar Monate später hatte ich kurz vor St.Tropez in Frankreich einen Unfall, weil ein 2CV-Combi plötzlich ausscherte.** Drei Jahre später bekam ich 10.000,- Mark Entschädigung. Am nächsten Tag hatte ich einen Auffahr-Unfall, den meine Versicherung bezahlte, in Nizza. Danach verkaufte ich ihn für 10.000,- Mark und nahm ein silbriges Cabriolet von Alfa Romeo. Als der abgefahren und verrostet war, kaufte ich ein rotes Cabriolet von Alfa Romeo. Dieses Auto verkaufte ich, weil ich lieber ein Motorrad haben wollte. Eine Vespa hatte ich auch noch und dann noch die beiden Tournee-Busse von Mercedes. Wenn mich jemand fragt, wie viel Geld ich eigentlich habe, sage ich immer:

„Reich ist nur der Bescheidene."

Für meine kleine Schwester im Osten kaufte ich 1971 einen „Wartburg". Das war „Das Luxus-Auto des Ostens". Es kostete 8000,- Mark West, und wurde nach 6 Wochen geliefert. Das ging über die Dänische Firma „Genex". Wenn die Ost-Ur-Einwohner einen Wartburg bestellen wollten, mußten sie natürlich Ost-Geld zahlen, und zwar 20 000,- Mark Ost und acht bis zehn Jahre warten. Dann hatten sie aber auch einen schönen Drei-Zylinder-Zwei-Takter-Luxus-Schlitten. Den nächsten bestellte man

* Karl kam mit zur Bank die 38.000,- DM holen, als ich ihn kaufte, weil ich Angst hatte, den einen Kilometer über den Kurfürstendamm alleine zu gehen, mit so viel Geld.
** Ich landete im Straßengraben.

dann praktischerweise gleich wieder, und wenn der nach 10 Jahren kam, war der andere auch schon wieder abgefahren. Nach der Wiedervereinigung waren die Wartburgs nichts mehr wert.
An folgende Geschichte dachte ich mal, die mir mal einfiel:
Zwei Männer, die Nachbarn sind, haben jeder ein Auto. Der eine einen VW 1200er ziemlich neu, der andere einen VW 1200er ziemlich alt. Es sind „Käfer". Wenn sie Ausflüge machen zusammen, aber jeder in seinem eigenen Auto, ist der neuere Käfer etwas schneller als der ältere. Der, der schneller ist, freut sich darüber; - der, der etwas langsamer ist, ärgert sich etwas darüber. Der Nachbar mit dem langsameren Auto spart nun wie verrückt Geld, und kauft sich voller Freude einen neuen VW-Käfer 1300. Als die beiden Nachbarn nun Ausflüge machen, ärgert sich der, der erst schneller war, daß er nun langsamer ist, und der, der vorher langsamer war, kommt sich sonst wie vor, weil er nun schneller ist, und zwar 7km/h. Wie verrückt versucht der, der erst schneller war, auf der Auto-Bahn den, der erst langsamer war, einzuholen.
Eines Tages hat er extra seine etwas dickliche Frau zu Hause gelassen und seinen dicken, vollgefressenen, schweren, fetten, sabbernden Hund. Er war dennoch 6 Stundenkilometer langsamer, und trotz Super-Benzin und frischem Ölwechsel und bißchen Rumfummeln am Motor. Er ärgert sich richtig. Der schnellere freut sich richtig.
An ihnen vorbei auf der Überhol-Spur rasen Jaguare, Mercedesse, Porsches, Lotusse, BMWs, Cadillacs, Alfa Romeos, Audis, Karmanns, Fords, Citroëns und Opel-Kapitäne mit hunderten von Stundenkilometern, einfach an diesen beiden vorbei: „SSssst!" - Trotzdem freut sich der eine Nachbar wegen 7 km/h schneller und trotzdem ärgert sich der andere Nachbar wegen 7 km/h langsamer, wenn seine Frau und der Hund nicht mitkommen sogar nur wegen 6.
Wären sie nicht Nachbarn, würde es diese Geschichte gar nicht geben. Aber so verhalten sich viele Menschen auf vielen anderen Gebieten.

*****

Als ich den Jaguar zwei Wochen hatte, dachte ich, was passiert, wenn ich mit dem und seinen 270 PS, besoffen geschnappt werde. Der nächste Gedanke war danach: Was passiert mit mir und meinem Körper, wenn ich von heut' auf morgen aufhöre mit Alkohol, bei einer Flasche Whisky und vier Litern Bier täglich? Ich war richtig neugierig! Am nächsten Tag hörte ich auf mit dem Alkohol. Nachmittags bekam ich starke Beklemmungen, ein ständiges Angstgefühl, so als ob man gerade über die Straße gegangen war, und beinahe von einem Auto überfahren worden wäre. Aber so gegen 18:00 Uhr war das so ziemlich vorbei. Der Abend verging normal und ich trank in meiner Stamm-Kneipe, dem Go-In, 3 Liter Mineralwasser. Als ich am nächsten Morgen aufwachte, fühlte ich mich so unbeschwert, so leicht, so glücklich, ohne die Alkohol-Folge-Schrecken, daß ich beschloß, eine lange Sauf-Pause zu machen.* Ich blieb im Go-In wie immer bis um 4:00 oder 5:00 Uhr früh und fuhr dann mit meinem Jaguar am hellen Morgen über die leere Stadt-Autobahn spazieren. Das war vielleicht ein Unterschied. Nüchtern, statt besoffen. Ich hatte dann noch mal paar Phasen mit Rotwein oder Sekt, auch Bier und Whisky aber das schlimme jahrelange Saufen war vorbei. Na, da hab` ich aber Glück, daß ich solch einen Willen habe!!! Und der Jaguar hatte mir dabei geholfen.

*****

Als ich den Jaguar hatte, geschah es dann noch, dass man zum ersten Mal nach langer Zeit Ost-Besuche machen konnte, und zwar zu Ostern, und anschliessend zu Pfingsten auch. Ich rief meine Schwester in Halle an, dass ich natürlich komme. Um neun Uhr fuhr ich los zur Avus am Funkturm. Aber da standen schon viele Autos. Also, die ungefähr 12 Kilometer lange Autobahn bis zur Grenze in den Osten war voll. Es dauerte fünf Stunden, eh' ich an der Grenzabfertigung in Berlin Drewitz war. Der halbe Tank war leer. Um 16:00 Uhr war ich dann in Halle und um 20:00 Uhr fuhr ich wieder zurück. Da war das Benzin so ziemlich aller. Ich hielt kurz vor 22:00 Uhr an einer Ost-Tankstelle und bekam Benzin. Hinter mir stand noch ein Ost-Auto und wartete. Als ich bezahlt hatte, sagte der Tankwart, nachdem er auf die Uhr gesehen hatte, zu dem Autofahrer hinter mir: „Es ist jetzt 22:00 Uhr, die Tankstelle ist geschlossen.” Der Autofahrer musste woanders hinfahren. Es war 1 Minute nach zehn. So war die Ost-Wirtschaft, unfreundlich, rotzig und uninteressiert. Ich hatte nun so die Schnauze voll, dass ich 140 bis 150 Stundenkilometer schnell mit dem Jaguar nach Hause fuhr, obwohl im ganzen Osten nur 100 erlaubt waren. Aber ich hatte das Cello von Meinem Vater und die Spiel-Uhr aus Insterburg mitgenommen. Auf der 3. Doppel-CD „Heimat-Sonate“ sind drei Lieder der Spiel-Uhr drauf. Ich kam gut an in Berlin und fuhr gleich ins Go-In. Dann schmeckte das Mineralwasser aber gut nach DIESEM Tag.
Aber jetzt hab' ich den Faden verloren, es ist 21:11 Uhr, Berliner Zeit, - ich muß mal zurückblättern in meinem Oktav-Heft, - ach so, - ja, - also der Wolfgang, der Professor Schrieber, - ich wollte also gerade meckern über sein Tun, da sagte er „gut” und ging weiter, um die tönernen Kaktusblätter in die Kiste zu schmeißen. Nur zwei blieben übrig, meins und das von einem anderen. Als mein Blatt fertig war, lobte er es und fragte am Ende des Grundsemesters, ob ich nicht bei ihm Wahlfach Bildhauerei machen wollte? Aber ich sagte aus Höflichkeit, ich überleg' mir das, aber ich woll-

* Die anderen drei von unserer Gruppe Insterburg & Co machten auch gleich eine längere Alkohol-Pause, zur Verwunderung ihrer Stammkneipen.

te nicht. Vielleicht hatte er ja keine Pädagogen-Ausbildung gehabt, der Professor Schrieber. Seine Absicht mit den Kaktusblättern war, daß wir eine spannungsreiche Form zustande bringen sollten. So wie ein Luftballon ganz glatt und gleichmäßig und spannungsreich ist. Die Figuren sahen aber aus wie Baguettes, schrumplig und krumm, aber nach drei Tagen sahen alle Kaktusblätter ganz gut aus, vielleicht war er ja doch ein guter Pädagoge, der Professor Schrieber, - ich hab' ihn aber gern gehabt. Wenn ich mal eine Gips-Plastik gemacht hatte, zeigte ich sie ihm, und er gab mir Ratschläge, wenn ich nicht weiter wusste. - - - So, - weiter mit dem verlorenen Faden, aber rückwärts. Der Wolfgang, - immer bot er mir Zigaretten an, bis ich es mir angewöhnt hatte so nach einem Jahr, und dann sagte er: „Nun kannste dir aber mal welche selber koofen." Ja, so war das, und jetzt kommt noch, ach so, ja, - das halbe Jahr in Wien.
Der kleine Sohn war 4 Jahre alt, wollte aber nichts von mir wissen. Einmal kriegte er eine kleine Kindergitarre geschenkt, da bastelte ich ihm aus Pappe einen Gitarrenkoffer. Da wich er nicht mehr von meiner Seite. Einmal nahm ich ihn zum Stephansplatz mit zum Einkaufen. Und da sagte die Verkäuferin: "Du hast aber einen netten Papa." Da war ich ganz stolz, und sagte nicht, daß ich der Papa nicht war. Ja, da deutete sich schon was an. Als das halbe Jahr zuende war, schrieb mein Jugendfreund, daß ich nach Berlin kommen sollte, weil wir die Reise nach Spanien machen wollten. Ich mußte mich auch mal wieder in der Hochschule melden, ach nein, - <u>die</u> Zeit war ja schon zuende. Als ich die 1.000,- Mark für meine erste Gitarren-Langspiel-Platte gekriegt hatte, bin ich ja auch schon nach Berlin wieder zurück. Tausend Mark waren sehr viel. Stundenlohn bei der Tusma war damals 1,30 Mark. Übrigens „Tusma" heißt ja wie gesagt: Telefoniere und Studenten machen alles. Da hatten mein älterer Bruder und ich mal einen Studenten kennengelernt, - wir erzählten uns immer gegenseitig den ganzen Tag Erlebnisse, - der hatte folgendes Erlebnis: Eine Frau bestellte ihn her, und als er klingelte, machte sie auf nur im Bademantel. Nach einer Weile zog sie sich aus, und der Student mußte für sein Geld was tun. Dann ging sie mit ihm in die Badewanne, und am Schluß jagte sie ihn mit der Peitsche aus der Wohnung.* Er hat aber gut bezahlt bekommen, wie viel hab' ich vergessen. So, - also mit den 1.000,- Mark in der Tasche gingen mein Jugendfreund und ich in ein Striptease-Lokal in der Kleiststraße, den lange verlängerten Ku-Damm. Ein Mädchen hieß Inge. Die setzte sich zu uns an den Tisch und sagte: „Darf ich etwas trinken?" - „Ja," sagte ich, mein Jugendfreund nicht, denn ich hatte ja das Geld, die 1.000,- Mark. Dann kam Striptease und wir lachten uns kaputt. Wir waren aber auch schon besoffen und die Inge sagte, weil wir lachten: „Das sind aber unsere besten Künstlerinnen." Da lachten wir noch mehr, und Inge ging weg. Vielleicht waren wir zu albern für sie. Morgens um drei gingen wir nach

* Draußen konnte er sich dann wieder anziehen.

Hause, ich in die Marburgerstraße 5 und er nach Karlshorst zu seiner Mutter. Mein Bruder war schon ausgezogen und wohnte bei einer Frau zur Untermiete, bei der schon sein Schulfreund Wilfried gewohnt hatte. Der nahm sich das Leben nach einer manisch-depressiven Phase. So wachte ich ganz allein auf am nächsten Morgen, und fühlte mich hundeelend. Ich mußte um 9 in der Hochschule sein bei Prof. Laves, unbedingt, weil ich schon 2 Wochen geschwänzt hatte, auch wegen der Plattenaufnahme, aber da waren zum Teil auch Ferien gewesen. Und dann kriegte ich so das kalte Grauen! - Scheiß Examen! - Wenn ich es mache, dann muß ich mich innerhalb von paar Jahren zum Assessor anmelden, und dann nach paar Jahren zum Schuldienst, sonst nützt mir das ganze Examen nuscht mehr. Und dann dachte ich, Scheiß Prüfung, ich kriege, wenn ich sie überhaupt schaffen sollte, sowieso nur eine miese Zensur, und dann komme ich in ein Provinznest, wenn überhaupt. Und dann fing ich fast an zu Heulen und sagte: Nein! Ich geh` nicht mehr in die Kunstschule, lieber verhungere ich, - ich versuche es lieber mit der Gitarre, und wenn ich es nicht schaffe, fahr' ich in den Bayerischen Wald und verhungere oder lebe von Blättern. Vegetarier war ich schon längst.
Ich hatte mich ja in jedem Jahr in mindestens ein Mädchen verliebt, also bei den Neuzugängen. Bei einer klappte es dann auch endlich, - ich war schon 22 und immer noch nicht hatte ich die letzte Erfüllung der Liebe erleben können, - der körperlichen, der anderen hatte ich schon. Und das klappte auch ganz gut. So einigermaßen, gewissermaßen, in Maßen. Und ihr erzählte ich, daß mir immer ganz schlecht wird in der Seele, wenn ich Tiertransporte sehe, und daß ich vielleicht aufhören werde mit Fleisch essen. Dann gingen wir mal was zu essen kaufen in einer Bude gegenüber der Hochschule, und als ich sagte: „Ein viertel Pfund Fleischsalat bitte," - da sagte sie: „Iiiihh! Da ist was vom Tier drin!" - Da bestellte ich was anderes und seit dem bin ich Vegetarier, seit Sommer 1956. Die ersten Monate sagte ich immer zu Anderen, ich wäre magenkrank. Erst nach Jahren sagte ich dann, daß ich Vegetarier bin und nicht am Elend der Tiere beteiligt sein will. Damals galt vegetarische Ernährung noch als Mangel-Ernährung.
So, also den Tränen nahe, aber auch wegen dem Striptease und der Sauferei, und der ganze Abend hatte 80,- Mark gekostet, in Worten: Achtzig, - das wären heute 800,- Mark gewesen oder ungefähr 400,- Euro, - und dann schluckte ich nochmal, - und dann wurde ich ganz ruhig und sagte: „Da gehe ich nie mehr hin". Das war der Wechsel zum schweren aber freien Beruf.

*****

4. Teil
Der Freie Beruf

In den Bayerischen Wald mußte ich aber nie gehen und von Blättern leben oder gar verhungern. Einmal ging ich aber doch noch mal in die Hochschule, um eine Unterschrift für den Stipendienzettel zu kriegen, für das Ferienstipendium. Ich hatte den Professor Laves schon mal anbetteln müssen, eh' er mir eine Unterschrift gab.* Ich klopfte an seine Tür, er sah mich, und machte nur einen Spalt weit auf und sagte: „Was wollen Sie, ich gebe Ihnen keine Unterschrift mehr." Darauf sagte ich: „Ich wollte mich nur von Ihnen verabschieden Herr Professor, ich höre auf mit der Hochschule." Da sagte er: „Alles Gute", und „klapp", war die Tür zu. Zum Glück hatte ich den Stipendiumszettel in der linken Hand versteckt. Er hatte ihn auch nicht gesehen, und so war das doch noch ein annehmbarer Abgang für mich.

So, - und dann kam noch ein Auftritt in Wien, und dann fuhr ich nach Berlin, um mit meinem Jugendfreund nach Spanien zu verreisen. Und da sagte ich zu meinem Jugendfreund: „Wollen wir nicht nach Wien fahren, da kenne ich nette Leute, da können wir sicher wohnen, sie hatten mich sogar überreden wollen, für immer da zu wohnen." Er war Frisör und hatte inzwischen 3 Frisörgeschäfte, und da hätte ich Geschäftsführer werden können von dem einen, nur den Kunden aus dem Mantel helfen, und nachher wieder in den Mantel helfen und aufpassen, daß die „Katzen" sich nicht zanken, also die Frisörinnen, und kassieren. Mein Jugendfreund sagte: „Ja." Er schämte sich nämlich auch, schon wieder nach Berlin zurückzukommen, und noch nicht mal in Spanien gewesen zu sein. Wir teilten dem Ehepaar das mit, - also dem, das uns von Aix mit dem Auto mitgenommen hatte, - es gab uns noch was zu essen mit und dann setzte es uns am Rande der Schweiz ab. Wir winkten ihm noch einmal zu, und dann verschwand es für immer in der Ferne. Wir trampten dann zur österreichischen Grenze. In Österreich borgte ich mir 20,- Mark in Schillingen in einem Musikgeschäft und hinterließ die Gitarre als Pfand, - die Trompete wollte er nicht, obwohl sie mal 100,- Mark gekostet hatte. Dann rief ich in Wien an, sie sollten mir 100,- Mark schicken telegraphisch. Als das Geld kam, löste ich die Gitarre aus, wir kauften uns zwei Eisenbahnfahrkarten nach Wien, gingen in eine Jugendherberge, und hatten noch Geld für Zigaretten und eine Flasche Rotwein. Nun waren wir glücklich und es war uns warm ums Herze und im Bauche. Denn in der Schweiz mußten wir eine Nacht draußen schlafen, das heißt fast draußen, nämlich in einem Geräteschuppen. Obwohl wir nicht schwul waren, wärmten wir uns gegenseitig. Er hatte durch diese Nacht eine jahrelange Verletzung am Knie. Deswegen genossen wir nun von ganzem Herzen die warme Nacht in der

* Um das Stipendium zu kriegen, mußte man jeden Monat bei der Auszahlung eine Unterschrift des Haupt-Professors und die eines Neben-Professors vorlegen.

Jugendherberge und die sorglose 600 km-lange Fahrt nach Wien am nächsten Tag. Dort blieb ich drei Monate. Aber angesichts der Möglichkeit, Geschäftsführer in einem gutgehenden Frisörgeschäft zu werden, immer umgeben von hübschen Mädchen, da bin ich dann fluchtartig nach Berlin gefahren mit der Eisenbahn. Mein Jugendfreund blieb da.* Ich war zur Plattenfirma noch gefahren, und habe mir Geld geben lassen wie vereinbart für eine 2. Platte. Da die erste aber nicht lief, machten sie die zweite nicht.** Abends um 23:00 Uhr fuhr ich von Wien los, und am nächsten Tag kam ich um 22:00 Uhr in Berlin an, - in Nürnberg hatte ich 6 Stunden Aufenthalt. Ich ging gleich vom Bahnhof Zoo in die City-Bar in der Uhlandstraße, und da sprach mich einer an, als er die Gitarre sah, ob ich in seinem Lokal zu Sylvester spielen will mit noch paar anderen. Er gab mir 50,- Mark Vorschuß und nahm meinen Personalausweis als Pfand. Die Band kriegte ich aber nicht zusammen und sagte ihm das auch. Mutig ging ich hin, um alleine zu spielen, - dort war aber schon ein Trio, das gerade spielte. Da war ich erleichtert, aber den Ausweis war ich los.
Die Nacht also, als ich aus Wien kam, verbrachte ich in der City-Bar. Ich war dort oft mit meinem Jugendfreund gewesen.*** Sie hatte auf bis 6:00 Uhr früh. Dann fuhr ich zu Tante Lenchen. Da wohnte zur Zeit mein älterer Bruder, der musste um 7 aufstehen, und ich legte mich hin, - „aber nur für dies eine Mal", sagte Tante Lenchen. Sie gab mir noch zu essen, Bratkartoffeln mit Setz-Ei ohne Speck, und dann schlief ich. Nachmittags dachte ich, daß ich mal den Klaus Kinski besuche. Ich kriegte ja auch noch die 500,- Mark von ihm, vom Titania-Palast. Und da traf ich ihn auf der Straße nicht weit von seinem Haus in der Uhlandstraße, und da sagte er: „Nanu du bist nicht mehr in Wien?" - „Nein", sagte ich. „Weißt du schon wo du wohnst?" - „Nein", sagte ich. „Hier ist der Wohnungsschlüssel, das letzte Zimmer links, da kannst du wohnen." Das Zimmer enthielt ein Bett, einen Tisch und einen Stuhl. Die Wohnung war im 4.Stock und hatte Innentoilette und Zentralheizung. Was will man mehr und ich war glücklich. Aus der Scheiße ins Paradies! Aber noch nicht ganz. Es kamen noch paar Ereignisse. Ach so, - Klaus Kinski hatte 6 Wochen, nachdem wir in Marseille das Telegramm aufgegeben hatten, einen Brief nach Marseille geschickt, postlagernd, daß er das Geld im Moment nicht hat. Der Brief war uns nach Wien nachgeschickt worden. Die Wiener Adresse hatten wir nach Marseille geschickt, falls das Geld kommt. Aber jetzt hatte er es auch nicht, aber dafür konnte ich bei ihm wohnen, - umsonst. Aber Essen war nicht da für mich, nur die ersten Tage.

UND NUN KOMMT DIE GESCHICHTE MEINER EHE!

* Er blieb über ein Jahr und arbeitete dort in einem Architektur-Büro.
** Aufgenommen war sie schon im Tonstudio.
*** Später spielte ich dort Gitarre einige Nächte für 3,-- Mark in der Stunde, bis mir der linke Arm wehtat.

Die 500,- Mark bekam ich 1963. Davon kaufte ich mir ein gebrauchtes Goggomobil für 350,- Mark. Den Rest verbrauchte ich normal.
Jetzt landen wir, es ist 22:30 Uhr. Es wackelt. Wenn wir aufgesetzt haben, höre ich auf zu schreiben.

GUTE NACHT!

Du meine Güte, da bin ich ja vom Hundertsten ins Tausendste gekommen, wahrscheinlich liegt das an der hohen Flughöhe und der dünnen Luft. Aber ich habe die Zeit wenigstens genutzt und nicht so wie viele andere, einfach geschlafen. Mir tun die Ohren weh, ich nehm` mir einen Bonbon aus meiner Westentasche, Salbei, das ist gut für den Hals. So, jetzt steck` ich den Bonbon in den Mund und das Stechen in den Ohren wegen des Luftdrucks läßt nach.* Ich freue mich auf zu Hause. Morgen werde ich im Grunewald wandern. Der hat zwar keine Berge, aber dafür eine Menge Bäume, aber keine Palmen. Jetzt setzt er gleich auf, 22:35 Uhr, 22:36, 22:37, 22:38, es wackelt, 22:39 Uhr, die Ohren sind in Ordnung - 22:39 noch immer, gleich 22:40,- jetzt 22:39 Uhr und 50 Sekunden.

ICH BIN ZU HAUSE!

*****

20. Dezember 2000, 20:50 Uhr
So, jetzt bin ich den dritten Tag in Berlin, und es ist der erste, an dem ich wieder was schreibe. Ich habe mir Kopfhörer aufgesetzt, höre Musik, und so bin ich abgeschlossen von der äußeren Welt, und steige hinab in die innere. Mein neuer Tournee-Begleiter hatte mich abgeholt am Sonntag vom Flughafen Tegel. Er ist seit einem Monat Taxi-Fahrer in Berlin, aber ich brauchte nichts zu bezahlen. Ich hatte ihm auch eine Stange Zigaretten mitgebracht, zollfrei aus dem Flugzeug. Er raucht aber nur 5 Zigaretten am Tag. Ich glaube sogar, es stimmt. Die meisten Raucher lügen ja, wenn sie sagen sollen, wieviel sie rauchen, z.B. beim Arzt. Es sollte ein neues Gebot eingeführt werden: „Du sollst Dich nicht selbst belügen!“ Die Menschen belügen sich sehr oft selbst, bei allen möglichen Gelegenheiten, und suchen nach Ausreden, z.B. die Fleischesser. Im Konfirmanden-Unterricht lernte ich, daß es ganz früher mal 10 Gebote gab, von denen dann eines weggelassen wurde. Ich weiß nicht mehr aus welchen Gründen und wie das hieß, das weggelassen wurde. Damit es aber 10 Gebote wieder sind, weil sich zehn besser anhört als neun, jedenfalls damals bei jenen Menschen, hat man das 9. Gebot geteilt in zwei, damit es wieder Zehn sind. „Du sollst nicht begehren deines Nächsten Weib, Knecht, Magd ...“ und: „Du sollst nicht begehren deines Nächsten Haus, Hof, Vieh ...“. Man könnte nun wieder das 9. und 10. zusammenfü-

* Ich habe mir aus Jeans-Jacken Westen umgenäht, mit doppelten Innentaschen und Reißverschlüssen, so wie etliche zusätzliche Außentaschen für Schreiber, Taschenmesser, Handy usw. . Dicke Druckknöpfe schließen die Weste bis zum Hals.

gen, dann würde ein Platz frei werden für das neue Gebot: Du sollst Dich nicht selbst belügen!
Wenn wir auf Tournee sind, raucht mein Tourneebegleiter den ganzen Tag nicht im Auto. Ein richtiger Sucht-Raucher hält so was nicht aus. Er hat 7 Monate für die Taxi-Schulung gebraucht. Die schriftliche Prüfung hatte er sofort gleich beim 1. Mal bestanden, die mündliche beim 3. Mal. Manche, sagt er, schaffen es erst beim 10. Mal. Er mußte eine Strecke fahren, also theoretisch, von einem Ende von Berlin bis zum anderen. Bei einem kleinen Umweg fällt man durch. Bei einem großen kann man die nächste mündliche Prüfung erst in 6 Wochen machen. In dieser Zeit soll man lernen. Er kann aber trotzdem mich begleiten weiterhin, weil er seine Arbeitstage selbst bestimmen kann. Der nächste Termin ist am 6. Januar 2001 in Hagen, Westfalen, da muß ich vorher noch die ganzen Texte wiederholen, nach zwei Monaten Pause vom 4. November in Bernburg bis zum 6. Januar jetzt in Hagen. Das mache ich immer beim Sport-Wandern. Heute bin ich 12 Kilometer gegangen, d.h. ich wollte, aber nach 8 km war mir so kalt, daß ich rennen musste. Zu Hause hatte ich rotgefrorene Oberschenkel. Ich war zu leicht bekleidet für's Gehen, für's Laufen reichte es. Es waren so ungefähr „0" Grad. Unterwegs mußte ich mal. Ich hatte auch Toilettenpapier im Rucksack, aber es war mir zu kalt. Aber ich habe wenigstens „Vorne" gemacht. Die armen Frauen! - Auch am Dahlemer Feld kam ich vorbei. Da hatte ich 1975 begonnen mit Dauerlauf. Ich schaffte nur 400 Meter. Nach 2 Monaten 3 Kilometer. 1978 am 23. April machte ich den ersten Marathonlauf in 3 Stunden und 56 Minuten in Unterhaching bei München. Von einem Sportplatz ging es 3 km zu einer Runde, die mußte man 4 mal rumlaufen, und dann wieder die 3 zurück. Bei der Runde standen ja viele Zuschauer, die einen ermunterten, meistens Verwandte. Bei dem Berlin-Marathon-Lauf stehen 500 000 und mehr Zuschauer, je nach Wetter, das sind dann aber nicht mehr nur Verwandte. Die letzten 3 km stand überhaupt keiner mehr, und ich hatte Angst, daß ich gar nicht mehr auf der richtigen Strecke bin. Da stand dann ein Polizist an einer einsamen Kreuzung, um die Autofahrer vor den Marathonläufern zu warnen. Da wußte ich wieder, ich bin richtig, und es kamen auch nur noch 2 km, und da war dann das Ziel. Ich habe mich noch nie im Leben so über einen Polizisten gefreut. Die letzten Kilometer beim Marathonlauf ist man ja immer im Ausnahmezustand.* Polizisten sind ja manchmal gar nicht so beliebt. Bei den Verbrechern ist es ja verständlich, daß die keine Polizisten leiden können. Aber wenn es keine Polizisten geben würde, müßte man sofort welche erfinden. Wenn ein Flugzeug mit 300 Menschen irgendwo in der Wildnis landete, müßte man als Erstes einen Polizisten erwählen, der z.B. auf die Lebensmittel und Wasservorräte aufpaßte. Wenn einem das Auto geklaut wird, oder einem hinten einer reinfährt, ist man froh, daß

* Da besteht man nur noch aus Willen. Ich kam glücklich und gesund an. Auf Mallorca lief ich mal 26 km bei 30 Grad mit einer Wasserflasche. Ich war sehr durstig, aber den letzten lauwarmen Schluck hob ich mir für den letzten Kilometer auf. Er gab mir unglaublich Kraft, als ich ihn getrunken hatte. Erstaunlich.

Polizei kommt und hilft. Oder wenn in der Wohnung eingebrochen wird. Die Unbeliebtheit entstand wohl damals, als die Bereitschaftspolizei aufgestellt wurde, die bei Demonstrationen sich die Beliebtheit versaut hatte, damals die Zeit mit Fritz Teufel und Rudi Dutschke. Als ich nach Berlin kam 1953, war es so üblich, daß die Verkehrspolizisten, die die Kreuzungen damals regelten, zu Sylvester haufenweise Schnaps- oder Weinflaschen geschenkt kriegten, - welche die Autofahrer, die vorbeifuhren, ihnen an die Ampel stellten. Das waren bergeweise Geschenke. Vielleicht lag es aber auch daran, daß automatische Ampeln eingeführt wurden, daß das heute nicht mehr üblich ist, und nicht an dem Verhalten der Polizisten bei Demonstrationen. Ich kam mal vorbei an einer Ausbildungsstätte und sah zu, wie die Polizisten fast wie die Soldaten beim Militär gescheucht wurden, und dann funktionierten sie eben bei Demonstrationen. Also es gibt nette, und nicht nette, wie das auf unserer Welt so ist. Heute sind sie ja auch psychologisch geschult und zur Zurückhaltung angehalten. Die Vopos damals waren ja auch manchmal nett, und manchmal rotzig an der Grenze. Wir mußten ja dauernd durchfahren. Mit manchen konnte man sich sogar unterhalten ein paar Sekunden. Einmal hat mich einer, der kam wohl gerade frisch von der Ausbildung, ziemlich angerotzt. Es war Nacht. Wir waren als Insterburg & Co unterwegs und ich hatte geschlafen. „Bitte aussteigen! Machen Sie das Ohr frei!" Das machte ich alles, das war ja immer so. Dann sagte er: „Stehn Sie mal gerade!" Da sagte ich: „Ich bin kein Soldat, ich brauch` nicht gerade stehn." - „Dann hole ich den diensthabenden Offizier." Ich stand da und dann kam er mit dem. Der sah aber intelligenter aus als der kontrollierende Vopo. Er fragte: „Was ist hier los?" Ich sagte: „Ich habe im Auto geschlafen, bin müde, und der hat gesagt, ich soll grade stehn, und ich sagte, ich bin kein Soldat, ich muß nicht grade stehn. Er war sehr unfreundlich, Sie sind da freundlicher." „Ich kann aber auch anders sein“, sagte er. „Sie sind ja auch Offizier", sagte ich. Beinahe huschte der Anflug eines zurückhaltenden flüchtigen Lächelns über sein Gesicht. Damit war die Angelegenheit beendet, ich stieg ein und wir fuhren weiter.
Die erste Zeit fuhren wir öfter mit zwei Autos, Karl und Peter in einem und Jürgen und ich in einem, also in meinem, die andern beiden in Karls. An der Grenze wurden wir dann immer gefragt, was wir mit so vielen Musik-Instrumenten wollen, und ich antwortete den Vopos, wir wären eine Musikgruppe. Was für 'ne Art von Musik wir machen würden? - Kabarett. „Hm, hm," machten dann die Vopos und dann sagten sie: „Fahr'n Sie mal in die Garage dort." Und wir fuhren in so'n Schuppen. Da mußten wir dann alles auspacken, jedes Instrument, jeden Kram-Koffer. Dann wollten die Vopos unsere Brieftaschen sehen. Bei jeder Adresse und Telefonnummer fragten sie, wer das ist, und so weiter. Das dauerte über eine Stunde, dann

konnten wir fahren. Beim nächsten Mal dasselbe. Dann überlegte ich, warum filzen die blöden Vopos uns bloß dauernd. Und nach einigem Nachdenken kam ich drauf, weil ich sagte, wir würden Musik machen, - und welche Art, - „Kabarett". Ab dem Zeitpunkt sagten wir immer an der Grenze dann, wenn wir danach gefragt wurden: Wir machen Folklore. Seitdem wurden wir nicht mehr gefilzt. Ganz schlimm war es mal, als wir zu viert in Karls VW-Käfer von Hamburg kamen auf der Landstraße durch den Osten.* Ich hatte eine Spielzeug-Pistole mit, ein vergoldetes Modell aus dem Mittelalter, aus Plastik. Als die Vopos die sahen bei der Kontrolle, wurden sie ganz aufgeregt, und wir mußten erst mal eine halbe Stunde warten und alles auspacken. Ich erklärte ihnen dann, daß wir ein Theater-Stück aufführen, „Die Schiffsbrüchigen", und daß die Pistole da mitspielt. Da sagten die Vopos, wir könnten fahren, sollten aber solche Sachen nicht mehr durch den Osten mitnehmen, und wir müßten sie an der Berliner Grenze vorzeigen bei der Kontrolle, damit man sicher gehen könnte, wir hätten sie nicht im Osten gelassen. Als wir in Berlin endlich ankamen auf dieser unmöglichen Klapper-Holper-Ost-Land-Straße, wurde auch gleich nach der Pistole gefragt bei der Vopo-Kontrolle. Wir zeigten sie und mußten noch mal alles wieder auspacken. Da wurden wir ganz schön sauer und ich sagte: „Wir haben Ihren Kollegen doch nun schon alles gezeigt bei der Einfahrt und die Pistole haben Sie ja nun schon gesehn, daß wir die immer noch mithaben." Na ja, dann konnten wir wieder alles einpacken und fuhren nun schon ganz schön genervt in West-Berlin ein. Die Grenzposten standen dort an jenem Übergang so dicht beieinander, daß die West-Polizisten alles mit angesehen hatten. Kaum waren wir nun bei denen, da sagten die: „Packen Sie mal alles aus!" Da waren wir so wütend, daß wir alle unsere Säcke, Koffer und Instrumente nahmen und sie den West-Polizisten direkt vor die Füße kippten und schrien dabei alle Vier: „Da habt Ihr alles, da, da könnt ihr kontrollieren, hier, da, sucht nur all den Scheiß durch." Da beruhigten uns jene und wir konnten wieder mal alles einpacken und hauten ab laut schimpfend. Diese Strecke fuhren wir dann nie wieder. Sie war im Grunde eine nicht so viel befahrene Strecke und die Polizisten, hüben wie drüben, langweilten sich und verhielten sich deshalb so wie Provinzler. Wenn wir nach Hamburg mußten, fuhren wir seit dem immer über Hannover, die Autobahn. Nach dem Berlin-Abkommen 1971 kam aber so was alles nicht mehr vor.
Jetzt noch schnell der Moskau-Marathon-Lauf am 13. August 1983. Ich las in der Sport-Zeitung „Spiridon", die ich über 10 Jahre abonniert hatte, daß ein Marathon-Lauf in Moskau stattfinden sollte. Ich bin meistens sehr zögernd bei spontanen Sachen, aber in diesem Falle, kaum hatte ich die Anzeige gelesen, rief ich die angegebene Nummer an und bestellte einen Platz. Ich erhielt dann von einem Reisebüro in der Uhlandstraße alle

* Wir hatten die allererste Tournee-Veranstaltung als Gruppe gehabt in der „Lila Eule" in Bremen mit den „Schiffsbrüchigen" und einem reichhaltigen Liederteil. Es war so voll, daß in einem Nebenraum Lautsprecher aufgestellt wurden, damit die Leute uns wenigstens hören konnten. Die mußten dann auch nur den halben Preis bezahlen.

Reise-Unterlagen. Am 10. August 1983 ging es los um 5:00 Uhr früh vom Busbahnhof am Funkturm in West-Berlin. Ich schlief wie immer vor Marathonläufen sehr schlecht, d.h. sehr kurz. Um 23:00 Uhr legte ich mich schlafen. Um drei Uhr früh wachte ich auf und merkte, daß ich viel zu nervös war, um noch mal einschlafen zu können. Deshalb stand ich auf und machte einen 5-Kilometer-Lauf. Zwei anderen Läufern begegnete ich um diese frühe Zeit. Dann fuhr ich mit dem Taxi zum Bus-Bahnhof. Ungefähr 30 Marathonläufer standen da, manche mit ehelichem Anhang. Pünktlich um 5 fuhren wir los zum Flughafen Schönefeld im Osten. Um 8 sollte das Flugzeug fliegen, aber es hatte 2 Stunden Verspätung. Die Imbiß-Buden im Flughafengebäude waren noch zu. Aber es gab auch nichts Besonderes. Um 10:00 Uhr flogen wir los und kamen nach zwei Stunden an in Moskau, also um 14:00 Uhr. Es sind zwei Stunden Zeitverschiebung bis dorthin. Zoll und Paßkontrolle, die Busfahrt zum Hotel „Kosmos", Hotelzimmer belegen, da war es dann schon so 19:00 Uhr.* Ich fuhr mit der U-Bahn zum Kreml und als ich da ankam, war es schon dunkel. Aber der Kreml und die Kirche dort waren natürlich angestrahlt. Ich fühlte mich unglaublich wohl dort. Des Öftern wurde ich von Russen angesprochen, die mich nach dem Weg fragten oder nach der Uhrzeit. So viel russisch konnte ich auch noch von der Schule her. Ich glaube, die haben mich alle für einen Russen gehalten. In der U-Bahn sieht man ja viele Menschen, und ich stellte fest, zumal ich ja auch Kunstmaler bin und Portraits gemalt habe, daß ich eine russische Kopfform habe. Jedenfalls fühlte ich mich dort zu Hause. Normalerweise möchte ich, wenn ich in einer anderen Stadt bin, kurz vor dem Einschlafen am liebsten zu Hause sein. Hier aber nicht, ich glaube, ich fühlte mich in Moskau zu Hause. Nach den 5 Tagen, als ich wieder in Berlin war, träumte ich, ich hätte eine Eigentums-Wohnung in Moskau, und als ich aus dem Fenster sah, konnte ich den Kreml sehen. Kurz vor dem Einschlafen in der ersten Nacht dachte ich: in solch einem großen Land bin ich! In solch einem großen, großen Land. Und beim Einschlafen stellte ich mir die Landkarte von Rußland vor. Am nächsten Tag machten wir natürlich alle eine Stadtrundfahrt, und am nächsten Tag einen Ausflug zum Kloster Jekaterinenburg, da, wo die Toiletten auch nur ein Brett, aber mit 6 Löchern hatten. Zurück in Moskau ging ich in der Altstadt spazieren in der Nähe des Kreml und fühlte mich seltsam zu Hause. Seltsam!
Am 13. August nachmittags um vier war dann der Start. Die 42,195 km lange Strecke war auch die Olympiastrecke gewesen. Es waren kaum Zuschauer an der Straße, nur im Gorki-Park. Ungefähr 300 Russen liefen mit und Läufer aus ungefähr 10 verschiedenen westlichen Ländern, insgesamt 600. Ich lief 3 Stunden und 25 Minuten und 39 Sekunden, ohne Quälerei. Auf dem Rückflug am 14. August flogen wir über Ostpreußen und das Land sah so aus, wie im Atlas, - aus solcher Höhe. Das war ein

* Geldumtausch: Ein Rubel = 3,- DM West. Ein Bier im Hotel: 1 Rubel oder 3,- DM, U-Bahn: 20 Kopeken.

gefühlsbeladener Anblick. Die Russen bekamen keine Urkunden, nur die Läufer aus Westeuropa.* Die Feier danach war auch ohne die Russen. Zu essen gab es für sowjetische Verhältnisse gut, immer dasselbe. Ich hatte mir aber fünf Camembert mitgenommen.
Das Gute am Marathonlauf ist ja, daß man täglich oder fast täglich einen Anreiz zum Laufen hat. Ausdauersport, also Schwimmen, Gehen, Rad-Fahren und Laufen ersparen einem einen Haufen von sogenannten Zivilisationskrankheiten. Das Herz wird stärker und muß nicht mehr so oft schlagen, um die gleiche Leistung zu erbringen. Die ganz guten Läufer haben einen Ruhe-Puls von ca. 32, ich hatte mal einen von 42, normal ist so ungefähr 70-80. Ruhe-Puls: man setzt sich oder legt sich 5-10 Minuten ruhig hin und dann zählt man die Puls-Schläge pro Minute. Wenn man sich sagt: heute muß ich laufen, weil das gesund ist, motiviert das nicht so, als wenn man sagt: ich muß beim nächsten Mal meine Bestzeit verbessern.
Als ich meinen neuen VW-Sharan hatte ein paar Monate, kam ich so müde von einer Fernseh-Aufzeichnung „Weiß der Geyer" aus Chemnitz, daß ich Mühe hatte nicht einzuschlafen. Es war 18:00 Uhr im dunklen November und nur eine enge Baustellen-Fahrspur gab es auf der Autobahn. Ich konnte also nicht anhalten, ohne den gesamten Verkehr zu stoppen. Da sagte ich mir ständig: bloß aufpassen, sonst kriegt dein neues schönes Auto Kratzer ab. Ich hatte nicht Angst um meine Gesundheit oder um mein Leben, sondern sorgte mich um mein neues Auto. Dann kam endlich eine Raststätte. Ich kaufte und aß eine Tafel Schokolade und war wieder munter. Wenn die Menschen nicht so pingelig wären mit ihren Autos und einfach mit Pinsel und Gummihammer ihre Beulen ausbessern täten, würden sie so fahren wie auf dem Rummelplatz mit den Auto-Scootern. Man fürchtet um sein Auto und schont so automatisch seine Gesundheit. Man denkt an den Marathonlauf und fördert so automatisch seine Gesundheit. Deshalb trage ich auch die Ringe, aber nicht nur.** Manchmal wundere ich mich, woher all meine gelegentlichen Weisheiten herkommen. Doch nicht etwa von mir selbst? Vielleicht bin ich nur das Radio und der Sender ist ganz woanders. Noch eine Lebens-Lauf-Weisheit:

Dauerlauf ist Duschen von innen!

Bei vielen bleibt der Dreck drinnen***

Laufen ist ja nun mal die einfachste und schnellste Art, sich gesundheitlich zu stärken. Auch spielt das Wetter kaum eine Rolle. Zum Schwimmen braucht man Wasser, zum Radfahren ein jeweils geeignetes Fahrrad und Wege, wo es erlaubt und möglich ist zu fahren. Beim Gehen braucht man viel Zeit, - wenn es regnet, läuft man lieber, dann macht einem die Nässe nichts aus. Nur gute Laufschuhe braucht man, sonst nichts, - oder auch

* Urkunde Seite 316
** Damit ich aufpasse und keine Verletzungen bekomme, z.B. beim Ein- und Ausladen auf Tourneen.
*** Viele Schadstoffe werden mit dem Schweiß ausgeschieden.

gar nichts, wenn man im F.K.K. - Gelände läuft.

Das Dahlemer Feld, über das ich heute ging, und auf dem ich angefangen hatte mit Dauerlauf, ist 800 Meter lang und 400 Meter breit. Früher haben da amerikanische Panzer trainiert. Man hatte auch zwei Berge künstlich errichtet, die ca. 3 m hoch und 20 m breit waren, damit die Panzerfahrer bergauf- und bergabfahren üben konnten. Nach der Wiedervereinigung wurden sie wieder abgetragen und nun sieht das Dahlemer Feld aus wie die Lüneburger Heide ohne Heidekraut und ohne Hermann Löns. Von dem haben wir als Kinder immer die Lieder gesungen. Auf meiner 2. Doppel-CD, die noch nicht ganz fertig ist, sind zwei Löns-Lieder drauf: Rose im Schnee (Rose weiß, Rose rot, wie süß ist doch dein Mund...) und Die Nonne (viel hundert weiße Lilien im Klostergarten stehn). Wenn ich über das Dahlemer Feld gehe oder laufe oder fahre mit dem Mountain-Bike, denke ich immer daran, wie ich anfing mit Laufen.*

Was ich heute gar nicht mehr verstehen kann ist, daß ich mich schämte zu laufen, obwohl kein Mensch weit und breit war, aber es hätte ja sein können. Deshalb schob ich als Tarnung mein Fahrrad neben mir her, die rechte Hand am Sattel. Später hatte ich das mit meinem Sport-Freund** aus einem anderen Grund gemacht. Wir wollten Dauerlauf und Radfahren kombinieren. Wir fuhren in den Wald, bis eine schöne Stelle kam, dann zogen wir uns die Jacke aus, und ich steckte sie in meinen Rucksack, denn beim Laufen entwickelt man viel mehr Wärme, als beim Radfahren (und Gehen, wie heute). Beim Radfahren kommt noch der kühlende Fahrtwind dazu. Dann faßten wir das Rad mit der rechten Hand um den Sattel und liefen 5 bis 10 km so. Das macht Spaß und das Rad behindert einen kaum, im Gegenteil, wenn z.B. Pfützen kommen, kann man sich kurz auf das Rad stützen und große Schritte machen. Wenn es steil bergauf geht, muß man es besser mit beiden Händen am Lenker anfassen,

* Ich bin mal 1 Jahr lang jeden Tag 5 km gelaufen. Das war manchmal zeitlich gar nicht so einfach, wenn wir auf Tournee waren. Einmal lief ich, während die anderen in der Autobahnraststätte aßen. Zwei Tage hatte ich ausgesetzt wegen starker Grippe. Im Hotel wachte ich völlig krank um 9 Uhr auf. Da machte ich vorsichtig einen 3-km-Lauf, nahm ein heißes Bad, schlief danach 3 Stunden und wachte fast gesund auf.
** Wir fuhren nach der Maueröffnung viel mit den Rennrädern durch die Landschaft, 60, 80, manchmal 100 km

beim leichten Bergauf hinten unter dem Sattel. Danach haben wir uns die Jacken wieder angezogen wegen des Fahrtwindes, und fuhren nach Hause. Das hat Spaß gemacht. Daß ich mich schämte am Anfang beim Laufen, war aber nur paar Tage. Früher riefen einem auch dauernd Leute nach: Schneller, schneller, oder hopp, hopp, hopp, oder eins-zwei, eins-zwei. Besonders Schüler meinten, sich von ihren Qualen beim Schulsport mit „Eins-zwei, eins-zwei-Rufen“, wie sie der Turnlehrer benutzt, abreagieren zu können. Seit die Marathonläufe früher durch den Wald, - heute durch die Stadt gehen, und alle sehen, wie hart aber auch schön so etwas ist, schreit einem keiner mehr nach. Wenn man den Marathonlauf geschafft hat, ist das der schönste Tag im Jahr. Man ist noch Tage danach glücklich. Wenn man abbrechen mußte, - ich hab' 3 - mal abbrechen müs-

sen, wegen Verletzungen am Knie, - dann geht man am besten nicht aus dem Hause, schon gar nicht unter Marathonläufer.* So, - zurück zum Dahlemer Feld, ach so, - da war ich schon längst weit entfernt, als ich an das Schämen dachte damals.

Nach dem Duschen habe ich noch ein paar Verbesserungen an dem Blonden Duo gemacht, und, fast hätte ich es vergessen, den Titel „Das Blonde Duo” auf das Bild gemalt, auf ein Schild, das an einen Baumstumpf genagelt ist. Ich male demnächst noch „Das Blonde Quartett”, eine Mädchen-Rock-Gruppe natürlich auch im Wald auch nackend. Dann „Das

Foto: Ziel-Einlauf beim Marathonlauf auf Mallorca 25.03.1984. 3:20:45 h. Mein 14. Marathonlauf.

* Bei einem Marathonlauf in Berlin hatte ich eine Geige mitgenommen, und wollte die ganze Zeit spielen. Aber nach 7 km fing es an zu regnen. Ich packte sie erst wieder aus der Plastiktüte die letzten 3 km bis zum Ziel.

Blonde Streich-Quintett": Geige, Geige, Bratsche, Cello und Baß, auch im Wald, auch nackend, - und „Das Blonde Blues-Sextett", auch so wie die anderen. Das „Blonde Symphonie-Orchester" ist ja schon fertig. Das Format ist immer Din A3, damit ich Farbkopien machen kann zum Verkaufen in der Pause meiner Vorstellungen. Denn die Welt soll ja erfahren von meiner Liebe zu Blonden Musikerinnen. Und jetzt schreibe ich.
Am 12. Januar fliege ich mit meinem Tournee-Begleiter nach Hamburg zu einer Fernseh-Aufzeichnung des N3. Karl Dall hat nämlich am 1. Februar Geburtstag. Ich weiß das, weil mein Vater immer am 2. Februar Geburtstag hatte, - er wäre jetzt 111 Jahre alt.* Da wird eine schöne Fernseh-Sendung gemacht, zwei Tage lang, mit einem Haufen anderer Künstler, z.B. den Jacob-Sisters, mit denen wir mal in dem Spielfilm „Quartett im Bett" zusammen waren, Regie hatte Ullrich Schamoni, Produzent war sein Bruder Peter. Dann Mike Krüger, Peter Ehlebracht, Jürgen Barz, Reinhard Mey und ich. Die anderen weiß ich noch nicht. Aber ich werde darüber dann berichten. Karl wird 60. Am 1. Februar wird das ganze dann gesendet. Bis dahin will ich mein Buch „Die ersten 23 456 Tage meines Lebens" auch geschafft haben. Immerhin sitze ich dann zwei Monate dran, fast jeden Tag 3 bis 4 Stunden, einmal 8, das strengt an. Aber wenn es nicht so anstrengen würde, würde ja jeder so'n Buch schreiben. Dann könnte man es gar nicht mehr verkaufen, jeder würde mit jedem tauschen, so wie man es mit Visitenkarten macht. Viele lassen ja einen Geister-Schreiber, - einen „Ghost-Writer" das für sich machen. Sie quatschen ihn voll und er muß zu Hause alles sortieren, ordnen und aufschreiben. Da wäre ich viel zu eitel zu, als so etwas von anderen machen zu lassen. Jeder Satz, jedes Wort, ja - jeder Buchstabe ist von mir, auch der, an dem ich klarmachen wollte, was Vergangenheit, Gegenwart und Zukunft ist. Da war ich noch auf Lanzarote, als ich mir das ausgedacht hatte. Meine ehemalige Freundin hatte einen leichten Hexenschuss und ist ihn wieder so gut wie los, und ackert weiter an den Apartments. Ich habe noch nie so fleißige Leute gesehen, wie Koreanerinnen. Besonders aber meine ehemalige Freundin. Sie will ja auch ihre Lebenserinnerungen schreiben, angesteckt durch mich. Ich hatte auch schon einen Titel gefunden: „Wie ich Millionärin wurde". Gefiel ihr auch gut. Ich bezahle auch alles selber bei dem Buch, also Drucken, Abholen und Auspacken. Wenn man das Manuskript einem Verlag schicken würde, wer weiß, was die einem da alles sagen würden: zu lang, oder zu langweilig, oder stellenweise gut, oder: Sie sollten das Buch nochmal überarbeiten. Na, bin ich denn doof! Ich mache mir die Schweinearbeit und quäle mich, bis mir die schreibende Hand lahm wird, und denke Tag und Nacht an mein verflossenes Leben, und irgend so ein Verleger sagt mir dann, ich soll noch mal alles überarbeiten, ja ist der denn nicht ganz dicht, - jetzt bin ich aber ganz schön

* Bei seinem Begräbnis war ich nicht dabei, es gab Schwierigkeiten, einen „Passierschein" zu bekommen für Westberliner. Beim Begräbnis meiner Mutter war ich nach Halle gefahren. - Das ist nun auch schon wieder so lange her.

sauer, schon bei dem Gedanken, so was könnte passieren. Deshalb habe ich beschlossen, die paar Bücher, die ich schreibe, da selber alles zu machen, also auch alles selber bezahlen, aber dafür kassiere ich auch alles selber. Von den Raucherbüchern habe ich ja schon 10.000 Stück verkauft, allerdings in 7 Jahren, aber trotzdem. Spätestens aber am 1. Februar, zu Karls Geburtstag und anschließend dem meines Vaters, will ich das Buch fertig haben. Entweder beeile ich mich oder ich verzögere etwas. Jedenfalls will ich pünktlich sein. Dann stelle ich mir ein halbes Glas Rotwein hin und kucke auf die Uhr, die geht sehr genau, und drei Sekunden vor 12:00 Uhr nachts sage ich: „Prost Karl!" und nippe an dem Glas, und drei Sekunden nach 12 sage ich: „Prost Papa!" Und dann schreibe ich unter das Buch:

ENDE

Und dann höre ich auf. Natürlich muß ich noch alles abschreiben und Zeichnungen machen und alte Fotos raussuchen. Aber das ist was anderes, viel leichter.

GUTE NACHT!

Ach so, ich habe ja noch kaum was von früher geschrieben. Aber mein Oktavheft ist voll, obwohl es dick ist und 193 Seiten hat. Aber irgendwann geht alles mal zuende, auch unsere Sonne in etlichen Milliarden Jahren, - aber zuende geht sie, so wie mein Oktavheft.

*****

20.Dezember 2000

Es ist ja erst 10 vor 11, also 22:50 Uhr, da kann ich ruhig noch etwas schreiben. Gerade habe ich noch eine Stelle ausgewaschen auf meinem Blonden Duo, - da kommt eine ganz kleine rote Rose hin, und dann ist das Bild endgültig fertig (links von den blonden Haaren der linken Blondine). Übrigens den Titel „23 456 Tage" habe ich gewählt, also die Zahl, weil sie sich leicht merken läßt, also fast wie 1,2,3,4,5,6. Wieviel Tage es genau sind, kann man nicht genau sagen, man müßte alles genau ausrechnen bis zum 1. Februar, d.h. bis zum 2. Februar 00:00 Uhr und 3 Sekunden. Also so pingelig braucht keiner zu sein. Die restlichen Tage, - weiß ich nicht, ob ich die auch noch schreibe. Ich lebe ja bis zum Juni oder Juli 2021, zwischen 2:00 Uhr und 4:00 Uhr morgens. Um diese Zeit gehe ich sowieso immer schlafen, - und dann stehe ich einfach nicht mehr auf. Das heißt, - natürlich stehe ich auf, aber ich schwebe erst mal in die andere Welt, oder in die eigentliche Welt, je nach dem. Da bleibe ich diesmal 30

Jahre nach unserer Zeitrechnung, und komme dann wieder im Jahre 2051. Das letzte Mal war ich ungefähr 20 Jahre weg. Aber jetzt kommt ja erst mal die Geschichte meiner Ehe, ach nein, - doch nicht, - ich bin gerade in Stimmung über das eben zu erzählen. Ich war mal mit meinem älteren Bruder wie sehr oft zur Nachtvorstellung um 23:00 Uhr Sonnabend im Steinplatz-Kino.* Da gab es eine Zeit lang immer Eddy Konstantin-Filme, also Krimis, mit Sachen zum Lachen. Da waren fast alles Studenten drin, weil die billiger Karten kriegten. Das Steinplatz-Kino mit Café, - heute ist es nur noch Café, - lag gegenüber der H.f.B.K., der Musikhochschule und der T.U. (Technische Universität). Da gab es dann Zwischenrufe: Eddy, los, - hau rein u.s.w. Als Vorfilm lief ein 10 Minuten - Dokumentarfilm über den Ersten Weltkrieg. Mitten im Film wurden Soldaten gezeigt, die aus dem Schützengraben rennen mußten, um die Gegenseite zu beschießen. Plötzlich hält einer, - es waren alle von hinten zu sehen, - beide Hände an die Stirn und fiel um. Er hatte wohl einen Kopfschuß bekommen. In dem Moment dachte ich: DAS WAR ICH. Das war ein seltsames Erlebnis. Dann fing auch schon Eddy an, die Gangster zu erledigen, und das ganze Kino jubelte und die Stimmung war wie immer ausgelassen.
Also die, die an Wiedergeburt glauben, haben es eigentlich besser. Wenn es nicht stimmt, merken sie ja nichts davon, dann haben sie sich aber das Leben verschönt. Und die, die nicht an so was glauben, die ärgern sich, wenn es stimmt und sie nicht daran geglaubt haben. Denn es ist ja ein schönes Gefühl anzunehmen, daß nicht alles vorbei ist. Also die, die glauben, haben es in jedem Fall besser. Später, als ich mit meinen beiden Kindern in Kreuzberg lebte, hatte ich viel Zeit zum Rumdösen, wenn ich mit ihnen spazieren ging zum Spielplatz. In der Falkensteinstraße hatte ich eines Tages so'n merkwürdiges Gefühl, - besonders bei einem Haus, - die Nummer hab' ich vergessen, es ist auch inzwischen abgerissen und neu gebaut worden. Ich war neugierig, traute mich aber nicht rein. Das war schon komisch. Ich hatte als Kunst-Student öfter als Telegramm-Bote mit Fahrrad bei der Post in der Winterfeldtstraße gearbeitet, da war ich es gewohnt, in fremde Häuser zu gehn. Aber nach drei Tagen ging ich dann doch rein, durch den Flur in den Hinterhof, und links der Seitenflügel, der war, - also so grüne Fensterrahmen wie bei einem Wintergarten waren da, und ich kriegte fast einen Schreck, und ging schnell raus. Die Kinder hatten draußen gewartet. Ich war da auch nie wieder drin. 20 Jahre später war ich noch mal da, aber wie gesagt, das ganze Haus war neu gebaut worden. Nun seh´ ich mich immer zum U-Bahnhof Schlesisches Tor gehen im Jahre 1916 und denken: Ach, so schlimm wird es schon nicht werden, wenn ich jetzt an die Front muß. Ich denke mir, ich war da so ungefähr 22 Jahre alt. Ich weiß aber nicht, wie ich damals ausgesehen habe.
Als ich 2 Jahre alt war, bekam ich eine große Spieluhr geschenkt. Ich habe

* Das war so 1957

sie immer noch und sie heißt Kalliope, wir nannten sie „Klingerkasten". Dazu gibt es Stahlblechplatten, in die kleine Häkchen gestanzt sind. Die legt man auf, und die Häkchen reißen kleine zähnernde Rädchen an, und

diese wiederum klingende Metall-Zungen, wenn sich die Platte dreht. Dazu schlagen hin und wieder metallene Klöppelchen auf sechs wie Fahrrad-Bimmeln aussehende Glocken, die man aber abstellen kann. Ungefähr 30 verschiedene Platten gab es dazu: Choräle, Walzer, Volkslieder, Weihnachtslieder und Operettenmelodien, - also alles zu diesem Instrument Passende oder Unpassende. Mein Vater hatte die Kalliope seiner älteren Schwester Concordia geschenkt, so ungefähr 1910, die krank war und im Bett liegen mußte. Als sie starb, nahm er die Spiel-Uhr als Andenken an sich und 1936 schenkte er sie mir zu Weihnachten. Ich konnte, als ich drei war, die Platten selber auflegen, die Andruck-Rolle einklinken, und die Spiel-Uhr aufziehen mit dem „Nuddel", wie wir zu der Kurbel sagten. Die Spiel-Uhr spielt immer nur in „Es-Dur". Vielleicht ist deshalb diese Tonart meine Lieblings-Tonart, jedenfalls vom Klang her, zu spielen ist sie nicht so einfach auf den verschiedenen Instrumenten. Ich glaube, ich habe so was wie das absolute Gehör. Jedenfalls bei der

Gitarre. Wenn sie nicht genau nach dem Kammerton „A” gestimmt ist, hört sie sich für mich falsch an. Dann stimme ich so lange, bis es für mich richtig klingt, und das ist dann der Kammerton „A”. Aber am liebsten habe ich alles einen Hauch tiefer. Karajan hatte das „A” ja ziemlich hoch genommen. Früher war der Kammerton etwas tiefer als heute.

Ich konnte ja noch nicht lesen, aber dennoch fand ich meine Lieblingsplatte leicht heraus, da war eine dicke „457” raufgedruckt. Das Lied heißt „Morgenrot”.* Es ist ein Soldaten-Lied. Der Text ist von Wilhelm Hauff (1824), die Melodie eine „Volksweise”. Hauff's Märchen habe ich früher gern gelesen, Bechstein's und Grimm's Märchen auch.

Morgenrot, Morgenrot,
leuchtest mir zum frühen Tod.
Bald wird die Trompete blasen,
dann muß ich mein Leben lassen.
Ich und mancher Kamerad.
Ich und mancher Kamerad.

Ach wie bald, ach wie bald,
schwindet Schönheit und Gestalt.
Heute noch auf stolzen Rossen,
Morgen in die Brust geschossen.
Ach die Rosen welken bald.
Ach die Rosen welken bald.

Die Spiel-Uhr kann natürlich keine Texte wiedergeben. Das Lied habe ich

* Auf Doppel-CD Symphonie Nr.1

mir dauernd angehört als Kind. Viel später wußte ich erst den Text, als ich mit meinen beiden Schwestern, - mein Bruder war schon in der HJ, bei Regentagen stundenlang Volkslieder sang. Dann fand ich auch andere Lieder besser. Zum Beispiel: „Stehn zwei Stern` am hohen Himmel",- oder: „Du, Du liegst mir im Herzen". „Oh wie ist es kalt geworden, und so traurig öd' und leer. Kalte Winde weh'n von Norden, und die Sonne scheint nicht mehr".

In einer Fernseh-Sendung, die von so was handelte, wurde gesagt, daß Klein-Kinder merkwürdiger Weise sich für Dinge interessieren, die man sich nicht so ohne weiteres erklären kann. Na ja, wie gesagt, es macht Spaß, so etwas zu denken. Vielleicht war das ein Lied, was ich damals oft gehört oder gesungen hatte. Mein älterer Bruder hatte mir zu meinem 60. Geburtstag eine Mappe geschickt mit Fotokopien von alten Briefen, die ich meiner älteren Schwester geschrieben hatte, als ich ungefähr 15 war. Da erzählte ich von gegenwärtigen Alltäglichkeiten. An nichts konnte ich mich mehr erinnern. Von seinem gegenwärtigen Leben weiß man nur noch einige Sachen, das meiste hat man vergessen. Und von einem eventuellen früheren Leben weiß man dann natürlich noch weniger. Jedenfalls ich glaube, da in dem Haus in der Falkensteinstraße in Kreuzberg habe ich mal gelebt, so bis 1916. Wenn man davon ausgeht, daß man mehrmals auf die Welt kommt, läßt sich vieles unheimlich leicht erklären. Zum Beispiel, wenn einer schon mit 10 Jahren virtuos Geige spielen kann, dann war er vielleicht vorher ein guter Geiger. Georg Friedrich Händel hatte einen Haufen Geschwister, aber nur er war Komponist. Er ist eben in diese Familie hineingeboren worden. Bach's Söhne wurden allesamt Komponisten, ja, vielleicht weil ihr Vater sie von Anfang an zur Musik gebracht hatte. Wie viele musikalische Menschen gibt es, und sie wissen gar nichts davon, und wenn sie nie eine Geige in die Hand kriegen, können sie es nie erfahren. Also, ich denke mir, der menschliche Körper ist so etwas wie ein Haus in dem einer wohnt. Eines Tages ist das Haus alt, und der Bewohner zieht aus, - woandershin. Aber besser ist noch, wenn man statt des Hauses ein Auto nimmt.

Da kriegt einer ein Auto, und fährt damit rum. Das Auto fährt natürlich nur, wenn einer drin sitzt. Und einen Führerschein muß er haben. Nachts steigt er aber aus, und geht in seine Wohnung. Manchmal übernachtet er auch in seinem Auto, aber dann fühlt er sich nicht so wohl am Tage drauf. Besser er schläft in seinem Bett. Mancher sucht sich ein Auto aus, mit dem er gar nicht gut umgehen kann. Es ist viel zu schnell und sportlich für ihn. Mancher kriegt ein langsames, lahmes Auto, und ist aber ein guter Autofahrer, der mit schnellen Autos gut umgehen kann. Mancher hat viel Geld geerbt, und kann sich genau das Auto aussuchen, das für ihn am besten geeignet ist. Mancher kriegt ein anfälliges oder gar kaputtes Auto.

Mancher kriegt eins, das überhaupt nicht fahren kann, weil die Zündkerzen oder die Lichtmaschine fehlt oder fehlen. Manchmal geht das Auto kaputt, vielleicht weil man es nicht gut behandelt hat. Mancher macht Total-Schaden durch eigene oder eines anderen Schuld. Dann kriegt er von der Versicherung Geld und kauft sich eines, vielleicht ein viel besseres als vorher. Mancher hat ein wunderschönes Auto, aber keinen Führerschein, aber fährt dennoch und landet bei mehrmaliger Wiederholung im Knast. Da muß er dann warten, bis er endlich rauskommt, und ehe er sich ein neues Auto leisten kann, vielleicht auch erst mal ein gebrauchtes, muß er sich viel Mühe geben. Wer sein Auto pflegt, hat länger was davon. Es kann aber auch ein wahnsinnig guter Autofahrer in einem mickrigen Auto besser fahren, als ein unbegabter im schönsten Alfa Romeo.
So ungefähr könnte es ja auch mit den Menschen sein, die in immer mal andere Körper kommen.
Also, die Hölle sieht so aus: Jede Seele hat ihr Eigengewicht. So wie Helium nach oben schwebt und Kohlenmonoxid nach unten, so schwebt die Seele in die ihr gemäße Schicht, da kann einem auch keiner helfen,

das ist so etwas wie ein rein physikalisches Gesetz gewissermaßen. Und wenn man sich verbessern will, wird einem natürlich geholfen. Dann kriegt man einen neuen Körper, wird in eine bestimmte Familie hineingeboren, und kann sich dann verbessern. Wenn er dämlich ist, landet er wieder da, wo er hergekommen ist. Wer zufrieden ist mit seiner Schicht, in der er sich befindet, kann da natürlich bleiben. Ganz unten ist es muffig, düster, trübe, trostlos und langweilig. Da passiert NICHTS! Da dösen vor sich hin wahrscheinlich Hitler, Stalin, Mussolini, Franco u.s.w.- Manchmal allerdings denke ich, manche solcher Wesen wie Adolf Hitler, sind so 'ne Art Schachfiguren, die benutzt werden von Wesen aus höheren oder ganz hohen Schichten, um etwas Bestimmtes zu bewirken. Vielleicht wenn so einer wie Hitler paar Jahre später gekommen wäre, und es dann schon Atombomben gegeben hätte, - vielleicht wäre dann schon die Menschheit am Ende, - vorerst. Zumindest wären ein paar Millionen, oder ein paar Zig-Millionen Jahre Pause. Das würde dem Planeten mal ganz gut tun. Aber

zum Glück ist so was nicht passiert. So ist also die Hölle, ganz unten und muffig und lichtschwach. Auch alle die foltern, Folter zulassen oder anordnen mit einigen Ausnahmen, hängen da rum, oder Tierquäler und Mörder, alle Henker und Hexenverbrenner.* Also die Schlechten unten, die Guten oben. Das wäre ja auch sinnvoll. Denn die von einer unteren Schicht würden in einer oberen alles kaputt machen, und die aus einer oberen würden in einer unteren zugrunde gehen. Man stelle sich vor, ein kleines Kind müßte in einem Gefängnis unter Schwerverbrechern leben und ein solcher würde in einem Kindergarten wohnen dürfen. Das geht nicht. Wann kommt eigentlich die Seele in den Körper? Schon gleich nach der Vereinigung der ersten beiden Zellen? Ich glaube nicht. Vielleicht wartet die Seele ja erst mal ab, was das überhaupt für'n Körper wird in dem sie künftig wohnen soll. Vielleicht lehnt sie den Körper ab und wartet auf einen anderen. Lebt die Seele überhaupt ständig in dem Körper oder verschwindet sie zwischendurch immer mal, z.B. in der Nacht, oder bei schlimmen gefährlichen Vorfällen. Vielleicht wohnt die Seele bei Neugeborenen nur ab und zu mal in dem jeweiligen Körper, um sich erst so langsam dran zu gewöhnen. Fragen über Fragen. Manchmal ist vielleicht die Seele jahrelang abwesend, oder fast gar nicht im Körper. In der Jüdischen Religion kommt die Seele 45 Tage nach der Verschmelzung der ersten beiden Zellen von Vater und Mutter in den beginnenden Menschen. So wurde es im Fernsehen gesagt, wegen der Stammzellenforschung.
Ich fuhr mal nach einer Vorstellung von Homburg ** nach Berlin zurück am 19. November 1999 vormittags mit meinem Manager Frank Nietsch. Man sieht ja eine Menge Ortsnamen an vielen Abfahrten. Plötzlich las ich: Büdesheim. Da dachte ich, da muß ich mal hin, mir den Ort ansehen. Warum eigentlich? Naja, - vielleicht werde ich ja da wiedergeboren. Wenn ich in dieser Gegend war auch schon früher, hatte ich immer ein so angenehmes Gefühl, als wenn ich in einer ganz besonderen Gegend wäre.
Also Monate später habe ich mir den Atlas genommen, weil ich eine Vorstellung in Remagen hatte, ob da Büdesheim in der Nähe ist. Aber im Inhaltsverzeichnis war nur ein Büdesheim das bei Gerolstein lag. Da fuhr ich auch hin, aber es regte sich nichts in mir. Paar Monate später war ich in Darmstadt im Theater „Halb Neun". Vom Wirt meiner ehemaligen Stammkneipe, der „Hundekehle", den ich nach langer Zeit wieder mal traf, erfuhr ich, daß es ein Erbes-Büdesheim gibt in der Nähe von Bad Kreuznach. Dahin fuhr ich um 10:00 Uhr vormittags, wir waren schon am Vorabend angekommen in Darmstadt. Dann sah ich aber ein Hinweisschild nach „Worms". Auf der Landkarte hatte ich beim Suchen nach Büdesheim ein „Biedesheim" gefunden, bei Worms. Da dachte ich, dann fahr ich eben erst mal nach Biedesheim. Biedesheim hört sich auch besser an als Büdesheim. Büdesheim hört sich an, als ob ein kleines Kind

* auch die, die sagen, sie hätten nur ihre Pflicht getan
** Saar

nicht „Rüdesheim" sagen kann. So 'ne kleinen Nester sind gar nicht so leicht zu finden, auf der Karte nicht, aber in Wirklichkeit erst recht nicht. Der Ort ist „T"- förmig, also wie ein „T" in Blockschrift. Ehe ich einen Parkplatz gefunden hatte, war ich auch schon raus aus dem Ort, und ich fuhr ganz langsam. Unterwegs lächelte ein Mann mich an. Wahrscheinlich kamen nicht oft Besucher in den Ort. Ein anderer schaute mich an, als ob er dachte: Ach, der ist auch wieder hier, war ja lange weg. Dann war ich eben schon wieder raus aus dem Ort. Und da war ein mit Betonplatten belegter Feldweg, da parkte ich und stieg aus und ging spazieren. Ein merkwürdiges Gefühl hatte ich, na ja, als ob man auf Wohnungssuche ist, und mehrere Wohnungen schon besichtigt hat, und plötzlich empfindet: Die nehme ich. Warum gerade die, weiß man manchmal gar nicht. Dann ging ich zurück zum Auto. Alles war irgendwie wie in einem Märchen, so was ähnliches wie verzaubert, auch die Zeit war, als ob sie langsamer vergeht. Dann sah ich ein Haus von weitem, und dachte, vielleicht ist das ja mein zukünftiges Zuhause, und stieg ins Auto. Aber dann dachte ich, nu biste schon mal hier, nu kuckste dir das Haus an. So hundert Meter ging ich den leicht abschüssigen Feldweg hinunter und das Haus war neu und der Garten wirkte auf mich wie ein gemalter Garten in einem Kinderbuch: ein kleiner Birnbaum, und alle möglichen anderen Bäume, richtig gemütlich, und ich dachte, ein Kind, das da lebt, fühlt sich bestimmt wohl in solcher Umgebung. Das ganze Haus war auch gemütlich. Es war aber keine Hausnummer dran. Dann ging ich wieder zurück zu meinem roten Auto, das etwas bergan stand, und dachte, ich wäre ein kleines Kind und sagte zu meiner Mutter: „Mama, ich hab' heute von einem roten Auto geträumt, das da oben stand." Und es kam mir vor, als ginge ich von der Gegenwart in die Vergangenheit zurück, mit jedem Schritt zu meinem Auto. Ich war wohl in der Zukunft gewesen. Dann fuhr ich zurück und in der engen Straße am Anfang des Ortes kam eine bunte mittelgroße ganz alte Gans angegangen, und überquerte die schmale Straße und schaute mich an sehr freundlich, dafür, daß ich angehalten hatte, damit sie in Ruhe die Straße überqueren konnte, und dann ging sie weiter, und ich dachte, ich fahr` mit dem Auto noch mal zu dem Haus, zu dem ich vorhin gegangen bin. Gegenüber parkte ich, vor einer Gärtnerei glaub' ich, und stieg aus. Ich wollte die Hausnummer wissen, aber es war ja keine dran. Das linke Nachbarhaus war ein verfallenes Haus, das keine Nummer hatte, und das daneben war Nummer 5. Die graden Zahlen auf der anderen Seite. Dann entdeckte ich an der Ruine doch eine Nummer, die 7, also mußte <u>das</u> Haus Nr. 9 sein. Rechts von dem Haus war der Feldweg, den ich vorhin hinuntergekommen war, und dann kam das nächste Haus, da arbeitete ein junger Mann (30 Jahre alt) im Garten und ich fragte ihn, welche Nummer sein Haus hatte. Er sagte: „13". „Und welche Nummer hat das Haus da,

Nummer 11?" fragte ich. „Nein", sagte er, „das ist Nummer 9." - „Ist das ein ganz neues Haus?" – „Ja", sagte er, „so ungefähr 3 Jahre alt." Da dachte ich, na, dann steht es ja noch, wenn ich da im Jahr 2051 wieder auf die Welt komme. Eine Frauenstimme die rief dann: „Was will der Mann?" - „Ach, der will nur wissen, welche Nummer das Haus da drüben hat", antwortete der junge Mann. „Warum will er das wissen?" - „Das weiß ich nicht." Dann fuhr ich weiter nach Göllheim, und dann auf die Autobahn nach Erbes-Büdesheim. Na ja, dachte ich, jetzt kuck' ich mir auch noch schnell Erbes-Büdesheim an 40 km weiter. Da verpaßte ich die Straße, die in den Ort führt, drehte um, und kam von der nördlichen Seite in den Ort. Da stand erst mal eine Fabrik. Aber im Ort war da eine romantische Straße mit einem Weinlokal nach dem anderen, sehr gepflegt und gemütlich. Dahin machten bestimmt viele, die in der Gegend wohnten, Ausflüge, um den heimischen Wein zu trinken, ähnlich wie in Wien die Gegend, in der es den „Heurigen" gibt. Das ist der heimische Wein dort. Schon war ich dann hier durch und empfand nichts, gar nichts. Nun wollte ich noch mal kucken, ob an der Autobahn Kaiserslautern-Berlin ein Abfahrtsschild „Biedesheim" steht, und fuhr nach Kaiserslautern und von da in Richtung Mannheim. Aber da war kein Schild. Ich hatte die Strecke verwechselt mit Kaiserslautern-Mainz, auf der ich damals mit meinem Manager von Homburg nach Berlin zurückfuhr. Da stand nämlich das Schild Erbes-Büdesheim. Aber im Vorbeifahren hatte ich „Erbes" gar nicht mitgekriegt. Ja, so bin ich auf Biedesheim gekommen. Die Adresse meines künftigen Hauses nenne ich aber nicht, um die Leute, die jetzt darin wohnen, nicht zu beunruhigen. Meine nächsten Eltern werden Vegetarier sein. Als ich die ganz alte bunte Gans da über die Straße gehen sah, dachte ich, die wohnt sicher bei Vegetariern. Meine zukünftige Großmutter wird in ungefähr 9 Jahren geboren. Wo weiß ich nicht. Falls ich es bis dahin noch rauskriege, fahre ich natürlich hin mit einem Blumenstrauß. Es ist sehr selten, daß man bei der Geburt seiner Großmutter dabei ist. Ich habe mir überlegt, vielleicht hat meine künftige Mutter ja nicht viel Geld, vielleicht komme ich auch unehelich auf die Welt, oder mein künftiger Vater hat auch wenig Geld, - nein, jetzt, wo ich das schreibe, werde ich wohl ohne Vater, spüre ich jetzt, - auf die Welt kommen, also, - da dachte ich, ich hinterleg` 100.000, - Mark, oder 50.000 Euro bei einem Notar, und der legt das Geld gut an, oder später sein Sohn, oder Enkel, oder eine Bank da in der Nähe, und wenn in diesem Haus im Jahre 2051 ein Kind geboren wird, kriegt die Mutter das Geld, oder einen Teil und den Rest krieg` ich dann, wenn ich 18 Jahre alt bin, oder nein, lieber erst mit 21, weil ich ein Spätentwickler bin. Könnte mal einer ausrechnen, wieviel das dann ist, also vom Jahr 2002 ab, früher werde ich das nicht machen, bis 2051, mit Zinsen und Zinseszinsen. Ich werde wieder Musiker werden und Kunstmaler, aber wie ich aussehen werde, weiß ich nicht, und damit ich nicht wieder so 'ne Scheiße erleben muß wie jetzt am Anfang dieses Lebens, werde ich vorsorgen. Im vorigen kam ich ja erst gar nicht dazu, Geld zu haben oder nicht zu haben. Der Kaiser rief, und alle mußten in den Krieg. Da zieht eine Mutter ihr Kind groß, 5x am Tag Windeln wechseln die ersten 3 Monate, dann, wenn es „Breichen" gibt nur 4x, - mit ihm zum Spielplatz gehen, jeden Abend baden, ohne Seife, das ist nicht so gut für die zarte Haut, dann Kinderlieder vorsingen: Hänschen klein, dann singen am Abend: Schlaf Kindchen schlaf, - vor dem Schlafen gehn: Hoppehoppe Reiter, - Hopp hopp hopp, Pferdchen lauf Galopp, über Stock und über Steine, aber brich dich nicht die Beine, ach so, - brich dir nicht die Beine, dann bei den Schularbeiten helfen, Wäsche waschen, Betten beziehen, Pausenbrote schmieren, Geburtstagsgeschenke kaufen, Weihnachtssachen kaufen, oder neue Puppenkleider nähen, Konfirmationsanzug kaufen oder nähen, Fahrradfahren beibringen und eins kaufen, beim Lernen fremder Sprachen helfen, Englisch, Latein, Französisch oder Russisch, die Verlobungsfeier ausrichten mit Kerzen, Blümchen, Tellern, die Gabeln links, die Messer rechts, die Löffel über den Tellern, Tischkarten schreiben, für den besten Sekt sparen, die künftige Schwiegertochter auf die Wange küssen, den Sohn auf die Stirn, ihm alles Gute wünschen und Geld sparen für ein Studium, - und dann kommt der „Kaiser" und ruft, und der Sohn muß in den Krieg, kommt mit 40 anderen Kameraden in ein Transportflugzeug, das wird abgeschossen, explodiert, - und alle sind weg, und die Mutter sitzt zu Hause und weint. Meine Mutter erzählte von einer Frau während des 2.Weltkrieges, die hatte 3 Söhne und ihren Ehemann. Eines Tages bekam sie die Nachricht, daß einer von ihren Söhnen im Krieg gestorben war. Da weinte sie furchtbar und war krank vor Trauer. Bald danach starb im Krieg ihr Mann, da weinte sie furchtbar. Dann starb im Krieg ihr zweiter Sohn, da weinte sie. Dann starb im Krieg ihr dritter, - letzter Sohn, - da weinte sie nicht mehr. Manchen aber scheint der Krieg Spaß zu machen, das Kämpfen steckt wohl in den Menschen drin, besonders bei Jugendlichen. Wenn grade kein Krieg ist, gehen sie zu Fußball-Spielen, oder suchen sich andere Gelegenheiten zum Randalieren.* Es gibt 2 Sorten von Kindern: die Einen bauen Sandburgen am Strand, die Anderen machen sie kaputt, weil sie zu doof sind, sich selber welche zu bauen. So ist es auch bei den Erwachsenen. Sie machen andere schlecht, um sich dadurch selbst zu erhöhen. Sie machen Kunstwerke kaputt, weil sie unfähig sind, selber welche anzufertigen. Etwas kaputt zu machen, gibt ihnen das Gefühl, etwas geleistet zu haben.**

So ist das. Auf vielen Gebieten. Leider. Bis in alle Ewigkeit? Wenn nun ein Kaiser in der Nähe ist, steckt er solche in Uniformen, lobt sie, wie schick sie aussehen, und wie da Deutschland stolz auf sie ist, und dann entzündet er ein Feuer,

* Zum Beispiel die sinnlosen Chaos-Krawalle am 01. Mai immer in Berlin-Kreuzberg.

** Es gibt auch zwei Sorten von Dummheit, - die eine, für die ein Mensch nichts kann, - die andere gibt es, obwohl ausreichend Verstand vorhanden ist. Sie ist sehr verbreitet. Sehr.

und brennt es erst einmal, - kann es niemand mehr löschen und dann sagt der Kaiser: „Das Vaterland ruft", und dann müssen alle hin, und das Feuer brennt, bis nichts mehr da ist, was brennen kann. Und dann ist eine Weile Pause, und wenn alle den letzten Krieg vergessen haben, fangen sie einen neuen an.* Die Menschen sind ganz schön bescheuert. Das liegt daran, daß sich ihr Verstand schneller entwickelt als die Moral oder Vernunft. Manche bezeichnen ja den Menschen als „Krone der Schöpfung". Na, bis jetzt jedenfalls ist er das nicht. Bis jetzt scheint er das Schlimmste zu sein, was unser Planet hervorgebracht hat.** Aber vielleicht kommt ja doch noch alles irgendwann mal. Der Ausflug nach Biedesheim hatte übrigens 5 Stunden gedauert, aber die Vorstellung in Darmstadt am Abend um halb neun im Theater „Halb Neun", - war sehr gut. Als Zensur gab ich eine „1".

*****

Ich ging mal spazieren auf Gran Canaria am Strand entlang in der Totensonntagwoche, - da durften wir nicht auftreten damals mit Insterburg & Co, - und döste zufrieden vor mich hin. Es war eine alkoholfreie Zeit. Ich hatte einen Dauerlauf über die Sand-Dünen gemacht, auf dem Fagott geübt, das ich mitgenommen hatte, und das ich gerade angefangen hatte zu lernen, da plötzlich, - vielleicht in einer viertel Sekunde, kam es über mich: Eben gerade mit diesem Schritt, hab` ich die Hälfte meines Lebens überschritten. Zuerst bekam ich einen Schreck, - ich dachte: hoffentlich ist noch nicht so bald Schluß. Dann dachte ich aufgeregt nach: Wie alt bin ich eigentlich, na ja, dann wußte ich es auch wieder, - 43. Und das Doppelte war 86, na, das geht ja noch. Eigentlich, - es war ja November und am 6. April habe ich Geburtstag, 43 ein halb ungefähr, also 87, - na ja, und dann rechnete ich genau nach, und da kamen schließlich 87 ein halb raus. Leider habe ich mir die Uhrzeit und das genaue Datum nicht aufgeschrieben, deswegen kann ich nur sagen, so ungefähr im Jahre 2021, im Juni oder Juli. Da es aber mittags war ca. 13 oder 14 Uhr, kommen bei der Verdoppelung 26 oder 28 Stunden raus, der Tag hat 24 Stunden, bleiben 2 oder 4 übrig. Also, zwischen 2:00 Uhr und 4:00 Uhr morgens. Im Sommer. Das ist doch ganz gut. Vielleicht kriege ich das ja gar nicht so richtig mit. Es muß ja auch nicht Altersschwäche sein oder Herzversagen. Es kann ja ein Eisenbahnunglück sein, oder ein Flugzeugabsturz, oder ein Komet knallt auf die Erde, oder BSE ist auch im Gemüse und nicht nur die Fleisch-Fresser gehen drauf. Oder ich bekomme Alzheimer und weiß von nichts mehr oder ich falle beim Dauerlauf im Walde um, oder in einen Vulkan mit `ner Flasche Whisky, und spare 10.000,- Mark Begräbniskosten (heutiger Preis). So, jetzt zu der Geschichte meiner Ehe, oder nein, - da ich gerade bei so 'nem Thema bin, mach' ich noch das Letzte, was zu die-

* Wenn es Menschen erlaubt ist, Schlechtes zu tun, tun sie es. Wenn sie dafür auch noch gelobt und sogar belohnt werden und Orden kriegen, tun sie Entsetzliches.

** Manche sagen ja auch „Die Bestie Mensch".

sem Thema gehört, schnell fertig, und dann kommen wieder heitere Sachen. Es ist jetzt halb 4 morgens, und ich bin noch munter, hab' eine Tafel Schokolade gegessen aus dem Reformhaus.

Als ich in Kreuzberg wohnte die 7 Jahre, schlief ich immer so bis Mittags. Ich war um 6:00 Uhr früh zu Hause. Es war November 1964, die beiden Kinder, zwei Jungen, 3 und 4 Jahre alt, wachten um 7 oder 8 auf, als es hell draußen war, und aßen die Stullen, die ich ihnen abends vorher geschmiert hatte, eine Banane und was zu trinken stand immer da, dann spielten sie. So gegen 10:00 Uhr hatte ich so was ähnliches wie einen Traum, jedenfalls, - ich weiß nicht mehr, ob ich das gesagt kriegte, oder nur so gedacht übermittelt gekriegt hatte, - jedenfalls wachte ich auf mit dem Gedanken: Wenn dein Sohn 18 ist, stirbt er. Welcher von beiden war nicht in der Nachricht enthalten. Ich machte die Augen auf, und spürte an meinem Bett irgend etwas, na ja, so 'ne Art Wesen, sah aber nichts, na jedenfalls kriegte ich richtig Angst und sprang aus dem Bett und ging in das andere Zimmer. Die Kinder spielten weiter. Nach 2 Minuten dachte ich, ach, alles Quatsch, und ging in das Zimmer zurück. Aber da war noch immer irgendwas neben dem Bett an der Wand wie eben gerade, und da hatte ich noch mehr Angst, und blieb eine viertel Stunde im andern Zimmer. Dann war alles weg. Ich legte mich hin und schlief weiter bis mittags. Die Kinder spielten mit elektrischen Drähten, kleinen Birnen und Batterien und kleinen Lampenfassungen, legten Kontakte zusammen und freuten sich, wenn ein Glühbirnchen leuchtete. Später waren sie große Bastler mit elektronischen Bauteilen. Ich hatte ihnen mal für viel Geld, fast 10,- Mark, Kabel, Lampenfassungen und Stecker gekauft, weil sie sich das wünschten. Als sie 5 und 6 Jahre alt waren, durften sie alleine raus auf die Straße. Ich leistete mir den Luxus und kaufte für 15 Pf. täglich die BZ (Berliner Zeitung), - manchmal auf Kredit, - und las sie. Zwischendurch kamen die Kinder hoch, und holten sich eine Stulle, erst der eine, dann der andere. Das war gemütlich und es war Sommer. Ich hatte ihnen gesagt, daß sie aber nicht über die Straße gehen durften. So gingen sie um den Häuserblock, der war wie fast alle anderen in Berlin ganz schön groß. Da entdeckten sie eine Elektro-Werkstatt und nahmen sich aus der Abfallkiste haufenweise Elektrokram, da hätte ich mich dumm und dämlich zahlen können. Jetzt hatten sie ganz umsonst eine Fülle von Bastelmaterial. Und das war nicht umsonst, denn sie machten komplizierte elektronische Basteleien als sie 17 und 18 waren. Und der Ältere hat das ja nun auch als Beruf gewählt. Der Jüngere wäre auch in der Richtung was geworden. Es war gut, dass wir die Jahre in Kreuzberg gewohnt hatten.

Als ich dann aufstand, dachte ich an das Vorangegangene und war ärgerlich. Ich wusste nicht, ob ich das nun glauben sollte oder nicht. Und welcher von beiden. Das war ganz schön schlimm. Tagelang dachte ich beim

Baden der Kinder: Nun wäschst du sie, fütterst sie, jeden Tag anziehen, - später Schule, - und dann ist es mit 18 Jahren zuende. Aber mit der Zeit dachte ich nicht mehr so oft daran. Als der Ältere 16 war, fuhr er immer wie wild die Berge runter mit Ski im Winter, mit dem Fahrrad im Sommer, - sie wohnten mit meiner geschiedenen Frau in Rottach-Egern. Und wenn ich das sah, dachte ich, ist es der? Der Jüngere war immer vorsichtig mit dem Fahrrad und später mit dem Mofa. Als der Ältere 18 war, dachte ich, na ja, vielleicht ist das damals nur eine merkwürdige Täuschung gewesen, und an seinem 19. Geburtag war ich froh, und dachte, es war wohl doch damals nur eine grausige Sache, die nicht wahr wurde. Einen Monat später wurde der Jüngere 18 und als er 18 ½ war, kriegte ich im Sommer am 28. Juli 1980 einen Anruf um 22:00 Uhr von einem, den ich nicht kannte, der mir sagte am Telefon: „Ihr Sohn ist gestorben." Ich hatte ein paar Jahre davor mal einen Anruf gekriegt: „Ihre Mutter ist gestorben." Das stimmte aber nicht. Ich rief meine jüngere Schwester an im Osten, in Halle. Ich konnte sie von West-Berlin anrufen, sie mich aber nicht von Halle aus, und da stellte sich heraus, daß es meiner Mutter gut ging. Den Anruf kriegte ich im Ton-Studio bei Hermann Hoffman, wo wir für den W D R Hörfunk Beiträge für die Sendung „Unterhaltung am Wochenende" produzierten. Deshalb dachte ich im ersten Moment, es wäre auch wieder so was. Das ging aber in einer halben Sekunde. Und dann fragte ich, weil er sagte: Ihr Sohn ist gestorben: „Ja welcher." Da sagte er: „Das weiß ich nicht." Das waren die schlimmsten drei Sekunden meines Lebens. Dann überlegte er wohl und sagte: „Der, der jetzt zur Bundeswehr sollte." Dann nannte ich den Namen und er bestätigte ihn. Es war der Jüngere von meinen Kindern. Ich glaubte es aber noch nicht richtig. Wenn einer anruft, den man nicht kennt, und der sagt Ihr Sohn ist gestorben, und der nicht mal den Vornamen kennt, - na, ich rief meinen Schwager an in München und der wollte das erst auch nicht glauben, und rief die Polizei an in Rottach-Egern, und die teilte ihm mit, dass nur Angehörige eine Auskunft bekommen. Er gab mir die Telefon-Nummer von der Polizei, und ich rief an und ein Polizist sagte: „Ihr Sohn ist um 20:15 Uhr bei einem Verkehrsunfall ums Leben gekommen."

Er war als Beifahrer in einem PKW gegen einen entgegenkommenden Trecker geprallt auf einer Straße mit Rollsplitt. Der 18-jährige Fahrer lag 3 Tage bewusstlos im Krankenhaus*. Mein Sohn war sofort tot. Es war der Jüngere. Er war bis 3 Tage vorher in Berlin zu Besuch mit seiner Schulklasse, wohnte im Jugendhotel mit den anderen, und hatte mich jeden Tag besucht. Das Erste bei einem Besuch war immer der Gang in die Werkstatt unten. Da hatte ich an der Wand gleich neben der Tür Striche gemacht mit Datum, wie groß die Kinder gerade waren. Er war nun 4 cm größer als ich. Am Sonnabend fuhren alle zurück, und am Montag war das.

* Er überlebte.

Er wollte zum Funkertreffen und der Gruppenleiter bot sich an ihn gleich mitzunehmen. Aber da kam ein anderer und sagte, daß er ihn dorthin fahren würde. Und so passierte es dann.* Eine siebentel Sekunde früher oder später, wäre vielleicht nicht so Schlimmes passiert.
Ich hatte den ganzen Tag an diesem Montag das Gefühl jemand würde mich heute besuchen. Es war ein freudiges Gefühl, ein sehr schönes, und ich überlegte mir, wer denn das sein könnte. Mein Sohn war ja gerade dagewesen, und der andere war in Rottach-Egern. Am Abend wurde das Gefühl immer stärker, es war ein richtiges Glücksgefühl. Dann ging ich mit Marian in die Kneipe. Und als ich nach Hause kam um 22:00 Uhr, da kam dann der Anruf. Ich teilte meinem Schwager mit, dass es also stimmt, und er sagte, dass ich am nächsten Tag nach München kommen sollte. In Rottach-Egern machten wir alle einen Dauerlauf, mein Schwager, seine Frau und mein älterer Sohn und ich, und da dachte ich die ganze Zeit: Jetzt beweist es sich, ob ich wirklich daran glaube, daß man nach dem Tode weiterlebt oder nicht. Erst am Abend als ich im Bett lag und mir vorstellte, mein Sohn läge bei mir, so wie er es oft als kleines Kind gemacht hatte, glaubte ich daran. Später träumte ich, mein älterer Sohn und ich hätten ihn besucht, und ich sagte zu meinem Sohn, wir dürfen ihm nicht sagen, dass er gestorben ist, das braucht er nicht zu wissen. Na ja, solcher Art Träume kommen dann eine Weile. Erst dachte ich jede Sekunde des Tages an dieses traurige Ereignis. So nach 3 Wochen gab es einige Sekunden am Tage, wo ich nicht daran dachte. Nach einem halben Jahr mal eine Stunde nicht. Und nach 2 Jahren gab es ganze Tage, an denen ich nicht daran dachte, und dann hatte ich fast ein schlechtes Gewissen, dass ich nicht mehr an meinen Sohn denke. Erzählt habe ich es niemandem. Geweint habe ich, als mein Vater starb 1971, und meine Mutter 1975, - aber bei meinem Sohn habe ich nicht geweint, nicht eine Träne. Ich glaube aus Trotz nicht. Warum hatte ich diese Mitteilung eigentlich gekriegt 1964? Weiß ich nicht. - Ich hatte niemandem davon erzählt. - Vielleicht wäre ich dann noch trauriger gewesen. So dachte ich nach dem Telefonat mit der Polizei: Ach so, nun stimmt es also doch, was damals sich angekündigt hatte.
Nach einem Jahr war ich erst in der Lage, es meinen Verwandten und nahen Bekannten zu erzählen. Nur der Marian hatte das mitgekriegt am selben Abend. Erst 10 Jahre danach konnte ich sachlich darüber reden. Ungefähr zwei Jahre nach dem Unfall hatte ich einen kurzen Traum, dass ich durch eine Art Fenster blickte und meinen verstorbenen Sohn sah, im Alter von 5 Jahren, mit anderen Kindern spielen. Dieses Traumbild dauerte zweieinhalb Sekunden. Danach war ich ganz ruhig und fest überzeugt, dass er wohlgeborgen und behütet ist, irgendwoanders.
So, jetzt ist es ½ 5 Uhr. Im Kopfhörer klingt die Symphonie von Brahms,

* Er war beim Bremsen auf dem Rollsplitt ins Schleudern geraten.

die Nr.1. Jetzt male ich noch die kleine Rose auf das Bild und dann gehe ich schlafen. Aber morgen mache ich keinen Sport, sondern fahre zum Ku-Damm, mir bei Wertheim einen Wandkalender kaufen. Da kaufte ich immer früher ein, weil mein Stamm-Café da gegenüber war. In manchen Cafés stehn Milchkännchen auf dem Tisch, die zur gefälligen Bedienung für jeden Gast da sind. Wenn sie halb leer sind, werden sie wieder aufgefüllt im Laufe des Tages. Wenn nun sich Leute unterhalten rings um den Tisch sitzend, sprühen immer ganz schön Schwaden kleiner und kleinster Spucke-Teilchen über den Tisch und damit über die Milchkännchen. Ich weiß das deshalb, weil ich das, wenn ich auf der Bühne von Scheinwerfern angestrahlt werde, sehen kann. Auch bei den anderen früher, wenn die neben mir redeten, sprühten unglaublich große Schwaden aus dem Mund kommend nach vorne. Besonders wenn ein „P“ gesprochen wurde. Im Café sieht man so etwas aber nicht. Aber ich weiß es, und deshalb benutze ich nie offene Milchkännchen, die für alle da sind. Auch wenn eine Kellnerin mit einem Tablett voll Kuchen unterwegs von einem Gast angesprochen wird und sich beide unterhalten über die Kuchen hinweg, sprüht das ganz schön auf die Torte. Einmal habe ich die Torte auf meinem Teller nicht gegessen, weil vor mir am Tisch einer stand, der sich mit mir unterhalten hatte. Auch wenn nämlich die Sonne auf einen von vorne scheint draußen im Café sitzend, sieht man die Schwaden.*

Guten Appetit!

In den Toiletten der Hotels sind die Reserve-Toiletten-Papier-Rollen-Halter so nah an den Toilettenbecken angebracht, daß alles Mögliche darauf spritzt und sprüht. Wenn man diese Rolle dann benutzt nach paar Wochen, ist sie eigentlich schon ein gebrauchtes Exemplar. Ich benutze solche angepinkelten Rollen nie.

Heute war ich nach dem Einkaufen im „Wiener Café”, bei mir hier am Rosen-Eck, trank aber nur eine Tasse heiße Schokolade, weil mir schon wieder kalt war. Na ja, auf Lanzarote 26 Grad und Sonne! Die heiße Schokolade mit Sahne, kostete 7,80 Mark, mit Trinkgeld 10,- Mark, ganz schön teuer. Ein Glück, dass ich mir Kneipen - und Café-Sitzen abgewöhnt habe vor 7 Jahren. Jeder Tag 10,- Mark im Café, 15,- Mark abends in der Kneipe für 3 alkoholfreie Bier mit Trinkgeld, sind am Tag 25,- Mark, in 10 Tagen 250,- Mark, in 100 Tagen 2500,- Mark, in 300 Tagen 7500,- Mark, im Jahr 9000,- Mark, in 7 Jahren, ach du meine Güte, 63.000,- M A R K !!! Ja, die hab` ich nicht ausgegeben, - deshalb habe ich sie auch noch.

GUTE NACHT!

Aber morgen erzähle ich, wie ich meine Frau kennengelernt habe, und zwar in der H.f.B.K., in der Klasse von Herrn Professor Kuhn. Der sagte mal zu ihr: Ein Bild darf nicht zu voll sein. Jede Fläche muss Platz haben zum atmen. Das stimmt, und daran versuche ich mich auch zu halten. In

* Auch wenn im Fernsehen gekocht wird, spucken die über das Essen beim Quatschen. Wenn man Essen riecht und sieht, läuft einem nämlich das Wasser im Mund zusammen.

der Musik ist es auch so. Es müssen immer ruhige Stellen sein in einer Komposition. In meinem Programm auch. Es gibt, habe ich festgestellt, eine Aufmerksamkeits-Kurve beim Publikum. An mir selbst habe ich das auch beobachten können, bei einer Veranstaltung als Zuschauer.
Beginn 20:00 Uhr. 20.45 wird das Publikum etwas müde, da muss man ein ruhiges Lied bringen. Wenn man da ein flottes, sonst gut wirkendes bringt, kommt das nicht so gut an. Dann ist Pause 21:05 bis 21:25. Nach der Pause kann ein belangloses Lied kommen, weil sowieso noch keiner zuhört. Dann die dritte Nummer, da muss man ein sehr gutes Lied bringen, vielleicht das beste, das kommt dann besonders gut an an dieser Programmstelle. Dann ruhige, besinnliche Sachen. Um viertel vor zehn dann kurze Beiträge, die die Zugaben vorbereiten, und schließlich um 22:05 die Zugaben machen, kurze bewährte Sachen aus vorhergehenden Programmen und mit einem Knüller aufhören und dann absolut nichts mehr machen, außer sich verbeugen. Man kann mit einer missglückten Zugabe am Schluß sich den ganzen Abend versauen. So wie man sich auch das ganze Leben versauen kann, wenn der Schluß grässlich ist.
GUTE NACHT! Es ist 4 Uhr 55.
Morgen schreibe ich von meiner vierjährigen Ehe, aber eigentlich war sie nur 2 Jahre lang. Die rechte Hand tut mir weh. Ein Glück, daß ich mit einem Faser-Schreiber schreibe, und das nicht so anstrengend ist, wie mit einem Kugelschreiber.

Eine Geschichte mit Klaus Kinski fällt mir noch ein, nämlich eine Liebesnacht. Eigentlich war es ja ein Liebes-Nachmittag, mit Klaus und einer seiner Freundinnen in Wien. Die Geschichte ist aber nicht von mir, sondern aus einem Buch von ihm, - auch Lebenserinnerungen, - da werde ich erwähnt, weil ich dabei war. Aber ich wusste damals gar nicht, was die da machen, weil er zu mir sagte, als ich in der Wohnung seiner Freundin saß: „Ingo, ich muß ein wenig ruhen, du kannst ja in der Zeit Gitarre üben“, - was ich tat. Was ich nicht wusste damals, dass er nämlich gar nicht ruhte, sondern es nur sagte, kann man lesen in seinem Buch: „Wir liebten uns stürmisch. Im Nebenzimmer spielte Guitar-Ingo (das war ich) Gitarre. Sein Spielen wurde immer heftiger, und mit seinem Rhythmus auch unsere Liebe.“ - Ich weiß gar nicht, was ich da gespielt hatte. Aber doch sehr interessant, dass mein Gitarrespiel die Erotik anfetzt. Das war alles. Das Buch war zwar ganz schön dick, aber mehr stand da nicht drin über mich, und wörtlich habe ich auch nicht zitiert. Jürgen Barz hatte das ganze Buch mal gelesen auf einer Tournee, und mir die Stelle im Auto vorgelesen. Aber das ist schon 25 Jahre her. So, jetzt ist es 5 Uhr 13. Jetzt endgültig

GUTE NACHT für heute,

Euer Ingo Insterburg

*****

Es ist 23 Uhr 45, Donnerstag, der 21. Dezember 2000. Bald ist Weihnachten.

Sind Tannennadeln trocken,
fall'n sie vom Baum herab.
Oh Mädchen lasst Euch locken,
auch Eure Zeit ist knapp!

Das Gedicht oben kommt immer gut an auf der Bühne. Ich mache ja in jedem Programm immer eine kleine Weihnachtsfeier, weil Weihnachten so selten ist. Ich höre grade den 2. Satz aus der 2. Symphonie von Ludwig van Beethoven. Ich glaube, das wird eines meiner Lieblingsstücke. Ebenso der 2. Satz aus dem 2. Brandenburgischen Konzert von Johann Sebastian Bach. Das könnte ich mir vorstellen als Begräbnis-Musik. Auf Lanzarote hatte ich ja versucht, aus der Erinnerung auf der Gitarre den 2. Satz der 2. Symphonie von Beethoven nachzuspielen, oder zu „adaptieren", sagen glaube ich die richtigen Komponisten. Es ist wohl mehr ein Stück von mir geworden mit Ähnlichkeiten von Beethovens Symphonie. Aber was ist dabei. Wenn man in eine Gemälde-Ausstellung geht, und zu Hause aus der Erinnerung ein Bild malt, ist das doch was Schönes. Oder wenn man einen Film oder ein Theaterstück gesehen hat, und zu Hause einen Aufsatz darüber schreibt, da kann doch keiner was dagegen haben. So muss man das sehen, wenn ich Beethoven auf der Gitarre spiele. Die G-Dur-Romanze habe ich mir ebenfalls angeeignet, nur die erste Hälfte, das reicht, und auch noch das Menuett von ihm.

Drei Kompositionen von ihm, - das ist schon was.
Heute hatte ich nur 3 Stunden geschlafen, stand aber munter auf, holte von der Firma Format-Druck die 2. Auflage meines 2. Romans ab, 1000 Stück. Heute hab' ich`s mit den „Zweien": zweite Symphonie, zweiter Satz von Beethoven, - zweites Brandenburgisches Konzert, zweiter Satz von Bach, - zweiter Roman, zweite Auflage von Insterburg. Ja, meine Kollegen und ich.

Was 1000 Bücher oder 1000 CDs sind, weiß kaum einer. Die 1000 Bücher heute habe ich eine halbe Stunde ausgeladen und in meiner Wohnung verstaut. Ein Päckchen mit 20 Stück wiegt schon ganz schön schwer, und der Ganze Haufen mit 1000? Und alle Bücher der Welt? Was muss unsere Erde so alles rumschleppen. Und dann noch die ganzen Häuser, Autos und Eisenbahnschienen! Und die 600 000 000 Menschen! Manche haben Übergewicht. Und mit all dem Kram auch noch um die Sonne sausen, und mit der Sonne durch das ganze Weltall mitsamt der Milchstraße, ERSTAUNLICH!!!

Das Bild „Das Blonde Duo", ist nun endgültig fertig. Rechts oben habe ich noch ein Warndreieck aufgestellt. Als Nächstes male ich „Das Blonde Streich-Quintett" in einem Tal mitten im Rosenfeld. Alles nackt, auch die andächtig lauschenden Tiere. Diesmal male ich diese im Vordergrund, in das Rosen-Tal hinabsehend. Eine neue Brille habe ich heute abgeholt für 750,- Mark. Sieht schick aus. In der Druckerei habe ich heute beim Abholen der Bücher („Das armseelige Liebesleben des intelligenten Johnny Käse") gefragt wegen dieses Buches hier. Die Farbabbildungen sind heute bei weitem nicht mehr so teuer wie früher. Ich werde also 8 oder 16 farbige Abbildungen machen lassen, - ach, ich mach' einfach 16. Wer weiß, wann ich wieder mal ein Buch anfertige. Es macht ja doch ganz schön Arbeit mit dem allen Drum und Dran. Also, 16 Farbabbildungen. Dann können Sie sich ja das Blonde Duo und das Rosen-Quintett anschauen, oder herauslösen und an die Wand hängen. Aber nur in Din A 5 Format.

Meine Frau hatte ich kennengelernt in der H.f.B.K. am Steinplatz, in der „Freien Abteilung", also nicht da, wo ich war in der Grunewaldstraße. Das sind ungefähr 5 bis 6 Kilometer weiter und da hatte ich in einer Mal-Klasse Bekannte. Durch das jährliche Faschingsfest „Der Schräge Zinnober" lernte man sich da näher kennen, quer durch die vier Abteilungen: Malerei, Bildhauerei, Architektur und Kunstpädagogik.* Da kam Mitte Januar 1960 meine damals 19-jährige Noch-nicht-Ehefrau herein, weil sie da anfangen wollte. Sie war vorher 2 km weiter in der Meisterschule für Grafik gewesen. Da hatte ich schon mal mit ihr getanzt. Das war bei dem dortigen Faschingsfest „Laterna Magica". - Wir saßen da zu fünft, der Matthias, der Achim und der Richard, ich und sie. Um 19 Uhr sagte ich, ich müsste jetzt

* 1956 war ich Gründungsmitglied einer Faschings-Band. Da konnte mitspielen, wer wollte, auch wenn er nichts konnte. Die Band hieß „Selfmakers". Manchmal spielten 30 Leute. Sie existierte Jahrzehnte. Heinz Otterson spielte die „Rote Posaune", - er strich sie rot an, nachdem er sie mir abgekauft hatte.

los, ich hab' einen Auftritt beim Rias im „Club 18". Das war eine Veranstaltung im Rathaus Friedenau in einem Saal. Sie fand alle 14 Tage statt. Da traten so ziemlich alle Jazzer von West-Berlin auf. Die Veranstaltung leiteten John Hendrik und seine Frau Lotte. Hin und wieder wurden im Sender bei Veranstaltungen Tonaufnahmen gemacht, die dann in den nächsten Sendungen „Club 18" am Sonnabend Nachmittag zusammen mit Kollegen aus der ganzen Welt gesendet wurden. Ich war manchmal auch mit dabei. Manchmal war ich mit meinem Kollegen Louis Armstrong in einer Sendung, - also was nur die Musik betraf.
Sie sagte: „Ich komm` da mit." Und so fuhren wir mit der S-Bahn dahin. Es war mein erster Auftritt dort, und ich war ja gerade aus Wien zurück. Meine Gage war 20,- Mark. Ich kam um 21 Uhr dran und spielte als erstes „Oh when the Saints go marching in", als Gitarren-Solo. Es war mucksmäuschenstill im Saal, außer mir natürlich, und das machte mich etwas unsicher, keiner hustete oder räusperte sich. Das Stück dauerte 2 ½ Minuten, mal Melodie oben, mal im Bass, - dann in der Mitte, auch Tremolo dazwischen, und dann war ich auch schon fertig. Und da brach ein riesiger, wirklich ein riesiger Applaus los. Na ja, vorher die ganze Zeit lauter Jazz, immer mit Trompete, Posaune, Klarinette, Saxophon, Schlagzeug, Banjo u.s.w., und dann so was Zartes! Ich machte dann noch zwei Stücke und eine Zugabe, und bekam die 20,- Mark (die S-Bahnfahrt kostete damals 20 Pfennig). Nach der Veranstaltung kamen etliche Leute auf mich zu, und wollten mich für andere Veranstaltungen haben, z.B. in Jugend-Clubs. Dann fuhren wir zusammen los, sie nach Neukölln zum Hermannplatz und ich zur Uhlandstraße in Klaus Kinskis Wohnung, das letzte Zimmer links. Ich war so richtig glücklich. Den nächsten Tag trafen wir uns in der Hochschule und zogen los, ins Steinplatz-Café, ins Kino und so. Ich hatte ja 20 Mark, so viel wie heute etwa 200 (Tasse Kaffee 50 Pf.). Na ja, was soll ich viel herumreden, die Natur nahm ihren Lauf und sie wurde schwanger. Ich hatte ja nichts. Keinen Beruf, kein Geld, keine Wohnung, - und trotzdem freute ich mich auf ein Kind. Ich hatte es auch gleich gespürt, ich sagte zu ihr: „Du, ich habe so'n Gefühl, als ob ein neuer Stern entsteht, so'n richtiges Glücksgefühl." Wahrscheinlich dachte sie in diesem Moment: Der ist ja ganz schön romantisch. Ich war also der Erste, der wußte, dass sie ein Kind bekommen würde. Als sie es dann auch merkte, verlobten wir uns.*
Wir fuhren abends mit Matthias, Achim und Richard und Matthias` derzeitiger Freundin, mit ihr und mit mir in die Pannierstraße**, klingelten und sagten ihrer Mutter und ihren Schwestern (die eine Schwester war erst vier Jahre alt), wir verloben uns heute. Einer borgte uns zwei Ringe aus einem Kaugummi-Automaten. Wenn man für 5 Pfennig einen kugligen Kaugummi zog, kam hin und wieder etwas anderes mit heraus, ein Ring, ein Glückskleeblatt oder ähnliche Kleinigkeiten. Die Ringe mußten wir

* Im November 2003 machte ich einen Vaterschaftstest: Es stimmt alles.
** ca 10 km vom Stadtzentrum entfernt

dann aber wieder zurückgeben.

Zum „Schrägen Zinnober", er dauerte immer 5 Tage, bzw. 5 Nächte, da spielte ich Gitarre in einer Bar und sie war Bar-Mädchen. Beim „Schrägen Zinnober" wurde die ganze Hochschule am Steinplatz 4-6 Wochen vorher dekoriert.* Das Dekorieren gehörte auch mit zur Ausbildung. Und in allen, oder fast allen Räumen wurde getanzt, Musik gemacht und Getränke verkauft. Die Kunststudenten arbeiteten dann als Bar-Keeper, Bar-Damen, vor Toiletten, an der Garderobe oder als Ordner tagsüber und nachts, und verdienten sich so Geld. Ich kriegte 20 Mark pro Nacht. Von den hundert Mark kaufte ich dann zwei richtige Ringe aus Gold. Bei der Barbara, die ich damals im Rias-Sprungbrettl begleitet hatte, und die Goldschmiede-Arbeiten machen lernte, feilte ich in ihrer Werkstatt in der H.f.B.K. die Ringe flach. Das sah gut aus, und ich ließ auch die Feil-Spuren dran.** Im Juli heirateten wir. Bei ihr im Standesamt Neukölln gab es keine zeitlich nahen Termine mehr, bei mir im Standesamt Schmargendorf waren noch jede Menge Termine frei. Ich hatte keine Uhr. Wenn die Sonne schien, wußte ich, wenn der Schatten vor der Zwischentür von Klaus Kinskis Zimmer war, dann ist es ein Uhr. Am Hochzeitstag schien aber nicht die Sonne, und so stand ich aus Versehn schon um neun Uhr auf statt um elf. Nun war ich schon mal auf der Straße, da blieb ich dann auch gleich auf. Außerdem mußte ich mir noch Hosenträger kaufen. Für's Standesamt borgte mir einer eine Hose mit Bügelfalte, damit ich nicht in Jeans ins Standesamt mußte. Die Hose war aber, als wir sie am Tag vorher anprobiert hatten, zu groß, deswegen die Hosenträger. Ich bin übrigens 1,82 m groß. Ich holte mir die Hose ab von der Hochschule, und Helmut, der Trauzeuge von meiner Verlobten, holte mich mit seinem Auto ab, sie saß schon drin und Richard machte für mich den Trauzeugen. Auf dem Standesamt heirateten wir. Danach fuhr uns Helmut noch ein bißchen spazieren, ich gab die Hose zurück, er lud uns in ein Café ein, und dann fuhren wir zur Hochzeitsfeier nach Neukölln. Meine Schwiegermutter und deren Mutter hatten schon alles vorbereitet. Mein älterer Bruder und meine ältere Schwester waren auch da. Die Mutter meiner Schwiegermutter, also die Oma von meiner Nun-schon-Frau, kochte eine Suppe. Ich fragte, ob da auch kein Fleisch drin wäre, weil ich Vegetarier bin, und sie sagte: „Nein, da ist kein Fleisch drin". Hinterher sagte sie: „Da war doch Fleisch drin, er hat gar nichts gemerkt", und freute sich darüber, daß sie mich reingelegt hatte. Ich rächte mich und ging nicht auf ihr Begräbnis, als sie ein halbes Jahr später starb. Später, als ich mal bei einem Bekannten eingeladen war, kriegte ich auch Suppe mit kleinen Fleisch-Stückchen drin. Die anderen Leute sagten aber, das wäre gar kein Fleisch. Als ich alles aufgegessen hatte, meinten sie: das war doch Fleisch. Da ging ich schnell nach

* Paar Jahre später gab es Unstimmigkeiten bei den Abrechnungen, mit gerichtlichem Nachspiel, und der „Schräge Zinnober" wurde nicht mehr veranstaltet.

** Vor der Scheidung sagte meine Frau: „Ich borge mir mal deinen Ring, ich habe meinen verloren." Nun sind beide weg.

Hause, steckte den Finger in den Hals und brach alles aus. Dann ging ich wieder zurück und aß mit den anderen weiter, Vegetarische Sachen natürlich.

Klaus Kinskis Frau war zu dieser Zeit auch schwanger geworden, die Wände waren sehr hellhörig. So zog ich dann zu meiner Schwiegermutter. Klaus Kinski und seine Frau bekamen ein Mädchen, das sie „Nastassja" nannten, und wir einen Sohn im November, den wir „Wolf" nannten. Die Schwester meiner Frau mit ihrem Mann, die zogen dann auch noch in die Wohnung. Also in einem Zimmer waren meine Frau, mein Sohn und ich, in dem anderen Zimmer meine Schwägerin und ihr Mann, und in dem dritten und letzten Zimmer meine Schwiegermutter mit ihrer fünfjährigen Tochter. Die Wohnung war im 4. Stock und hatte einen Badeofen. Da badete dann die ganze Familie immer an einem Tag, also gruppenweise. Geld war nicht immer da. Einmal, weiß ich noch, gingen meine Frau und ich spazieren, und kuckten immer auf die Erde, ob wir vielleicht Geld fänden, um ins Kino gehen zu können, oder in die Stadt zu fahren.* Aber wir fanden nichts. Ich hatte ja hin und wieder Auftritte. Miete brauchten wir nicht zu zahlen. Aber das Geld war knapp.** Von der HfBK bekamen wir einen Kinderwagen geliehen, doch der war so altmodisch, so aus Korb geflochten, daß wir ihn nicht benutzten. Wenn man Straßenbahn fuhr, brauchte man für den Kinderwagen nicht zu zahlen, aber nur, wenn ein Kind drin war. Das war noch eine Nachkriegsregelung, weil damals viele die Kinderwagen als Transportmittel benutzten. Da mußten sie zahlen. Wir kauften für 30,- Mark eine Tragetasche. Die konnte man auf den Schoß nehmen, wenn man Straßenbahn fuhr. Ich besuchte hin und wieder meine ältere Schwester, die als Krankenschwester im Moabiter Krankenhaus arbeitete, und fuhr dann mit der Straßenbahn „2". Das dauerte ein und eine viertel Stunde, und mein Sohn in der Tragetasche hielt meinen Zeigefinger mit seiner Hand fest, und ich war glücklich. Eines Morgens wachte ich auf durch den Lärm, den meine Schwiegermutter machte. Sie hatte erfahren, daß meine Frau schon wieder schwanger war. Der Frauenarzt sagte zu meiner Frau: „Wo ein Kind satt wird, wird auch ein zweites satt." Aber die Wohnung wurde dann etwas klein, und die Ofenheizung war ja auch recht unbequem, vor allem, wenn man keine Kohle für die Kohlen hatte.*** So zogen wir in die Martin Luther-Straße in eine halbe Wohnung. Die vordere Hälfte bewohnten die Hauptmieter, ein junges Ehepaar. Sie war Pfarrerstochter, aber davon merkte man nichts, denn sie schmissen uns raus nach einem halben Jahr, nachdem wir unsere drei Zimmer renoviert hatten, Tapeten, Türen und Fenster gestrichen, und tapeziert vorher. Wir hatten zwar Schwierigkeiten, die Miete zu zahlen manchmal, aber wir zahlten, bloß nicht pünktlich. Einmal hatten sie uns die Küche abgeschlossen. Da konnten wir kein „Breichen" machen für unser kleines Kind. Meine Frau hatte von ihrer Oma 600,- Mark geerbt. Davon

* Es war an einem traurigen Sonntag.

** Meine Schwiegermutter berechnete uns Waschpulver, Seife und Strom. Für Toilettenpapier z.B. sollten wir im Monat 20,- Pfennig zahlen. Aber wir hatten kein Geld.

*** Außerdem wollte uns die Hausbesitzerin raus haben, sagte eines Tages meine Schwiegermutter.

kaufte ich für 400,- Mark ein 4 - Spur - Tonband-Gerät. Da konnte ich dann mehrstimmige Musikstücke aufnehmen. Ich hatte mir aus Bambus kleine Klarinetten gebaut, eine mittlere und eine tiefe. Da spielte ich dann einfach drauf los und ließ das Tonband laufen. Danach spielte ich eine zweite Stimme drauf, und dann eine dritte mit der tiefen. Die gelungenen Sachen ließ ich drauf. Ein Stück von damals habe ich für meine 1991 angefertigte

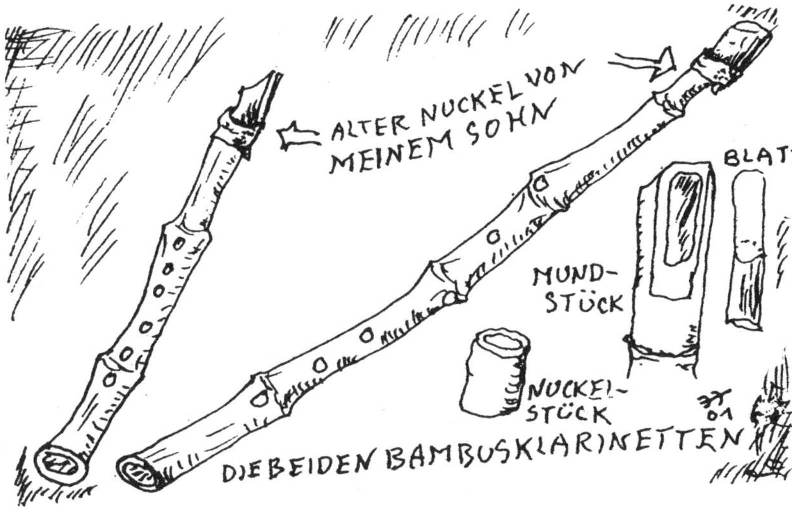

„Symphonie Nr.1, - die Vollendete" übernommen, für den zweiten Satz. Er heißt: „Largo Praehistoricum". Bisweilen in der Martin Luther-Straße war ich bei den tagelangen Aufnahmen manchmal so versunken, daß ich dachte, ich bin in der Steinzeit. Und die Instrumente waren ja auch sehr ursprünglich. Der zweite Satz übrigens fängt auch genau mit diesen 3 Bambusklarinetten an. Sie sind ca. 2 cm dick und ca. 30 bzw. 50 cm lang. Dazu spielt eine indische Sitar, aber immer nur einen Akkord. Dann übernehmen richtige Klarinetten das Thema, und die Sitar hört auf. Meine Agentur, Berlin Concert, hatte sich vor zwei Jahren aufgelöst, und jetzt hat sich mein Manager Frank Nietsch mit einem anderen wieder zusammengetan, Matthias Schramm. Der hat ein modernes Ton-Studio und da werden wir im kommenden Jahr, also 2001 die Symphonie aufnehmen. Ich will ja alle Instrumente allein spielen. Deshalb habe ich sie auch nicht zu schwer gemacht, die Noten. Aber mit der modernen Technik wird`s schon gehn. Man kann nämlich einzelne Töne, die man versaut hat, korrigieren, muß also das ganze Stück nicht nochmal machen.

Dann kam der 13. August 1961. Ich war auf einer Party in Zehlendorf. Meine Frau war nicht mit. Sie war im 5. Monat, und hatte keine Lust. Es war ein schönes Fest und wir haben viel russische Lieder gesungen zu meiner Gitarre. Da hörten wir, ich glaube so um 2:00 Uhr nachts, dass Stacheldraht um ganz West-Berlin gerollt würde, und dass keiner mehr raus könnte aus Ost-Berlin. Es gab schon Gerüchte, aber jeder dachte oder sagte: Wie wollen die denn so ein großes Gebiet wie West-Berlin absperren. Aber der Teufel hat Fähigkeiten, die man nie unterschätzen sollte. Einer von den Gästen wurde richtig blaß und haute gleich ab. Er stammte aus Ost-Berlin. Wir anderen feierten weiter und plünderten den Weinkeller der Villa. Die Verstacheldrahtung West-Berlins wirkte sich makaber lustig auf die Stimmung aus. Als wir früh um sechs zum S-Bahnhof gingen, war kein Personal auf dem Bahnhof und wir konnten umsonst fahren. Die S-Bahn gehörte ja dem Osten. Meine Frau war erstaunt und wir kriegten wie viele andere auch etwas Angst, in West-Berlin zu bleiben. Ich hatte keine Lust, nochmal unter den Russen zu leben und der ganzen politischen Ost-Scheiße. Ein Bekannter von uns haute sofort ab nach Westdeutschland, nach Düsseldorf. Er sagte, wir könnten in seiner Wohnung am S-Bahnhof Nikolassee wohnen. Das kam uns nur gelegen, denn die Pfarrerstochter aus der Martin Luther-Straße und ihr Mann wollten uns raus haben. Wir schickten Pakete mit Wäsche nach Düsseldorf und wollten dann bald übersiedeln. Die Umzugsfirmen waren übrigens alle ausgebucht in jenen Tagen. Dann beruhigte sich aber die Lage. Ich fuhr für zehn Tage nach München. Dort wollte mir ein Künstler helfen Fuß zu fassen.* Ich hatte sogar einen Wettbewerb gewonnen, mit meiner Gitarre, in einem Musiklokal. Aber das ging alles nicht so schnell. Am Telefon sagte mir dann meine Frau, ich sollte lieber wieder zurückkommen. Ich trampte mit einem Lastwagen nach Berlin und kam um sechs Uhr morgens an, legte mich hin, - und um neun Uhr klingelte es an der Tür. Da standen drei junge Leute. 2 Männer und eine Frau. Sie kämen von unserem Bekannten aus Düsseldorf und würden in die Wohnung ziehn, und wir müßten sofort raus. Wir packten die zwei Koffer und fuhren zur Stiefschwester meiner Frau mit unserem kleinen Sohn. Das war im Oktober 1961. Dort übernachteten sie, und ich kam unter bei einer Bekannten, die ich im Steinplatz-Café ansprach, und mit der ich auf der 13. August-Party so schön russische Lieder gesungen hatte. Meine Frau konnte da aber nicht bleiben, und so zogen wir für paar Tage zu diesem Mädchen. Und nun ging das so 4 Monate lang. Wir trafen uns im Steinplatz-Café und mal übernachtete sie mit Kind da, und ich dort, auch mal mit Kind. Einmal waren wir in einem Zimmer, da hatte einer die Fenster schwarz gestrichen. Da kriegte mein Sohn Angst und weinte. Er war mittlerweile ein Jahr alt. Den nächsten Tag zogen wir dann woanders hin. Eine nette Familie ließ uns einen Monat lang im Zimmer des einen Sohnes wohnen, der verreist war. Einen Monat wohnten wir noch in der Wohnung über dem „Old Eden". Die gehörte dem Besitzer dieses bekann-

* Er hatte mir auch ein Zimmer besorgt, kostenlos, für 14 Tage.

ten Lokals und meine Frau kannte ihn von früher. Später noch mal einen Monat. Ich treffe ihn jetzt immer noch manchmal. Er soll ja einer der letzten Playboys noch sein. Dann bekamen wir endlich eine Wohnung zum 15. Januar 1962. Eines nachts, es war fünf Uhr früh am 7. Dezember 1961, noch in der Wohnung über dem Old Eden-Saloon, da setzten die Wehen ein und wir fuhren mit dem Taxi in die Klinik in der Pulsstraße in Charlottenburg und um 7 kriegte ich den Anruf, daß ich einen Sohn bekommen hatte. Wir überlegten lange, wie wir ihn nennen sollten.* Nach einer Woche sagte die Oberschwester, wenn wir ihm nicht bald einen Namen gäben, würde sie einfach einen aussuchen. Ich dachte an den Dichter Matthias Claudius, und wir nannten ihn „Claudius". Mein erster Sohn war im Neuköllner Krankenhaus um 16:00 Uhr auf diese Welt gekommen, am 08.11.1960.

Dann mußten wir da raus und übernachteten bei dem Schauspieler Günter Meisner, in dessen Gemeinschaftswohnung in der Knesebeckstraße. Aber es war nur Platz in der Besenkammer, und es war nur Platz für ein Bett und ein halbes Matratzenlager für den älteren und die Tragetasche für den 4 Wochen alten Sohn. Das war aber nur eine Woche und dann zogen wir am 15. Januar 1962 in die 3-Zimmerwohnung in der Wilmersdorferstraße, Vorderhaus. Meine ältere Schwester hatte uns 1.000,- Mark geborgt. Die hat sie auch wiedergekriegt, aber erst 1974, dafür aber 7.000,- Mark. Dort hatten sie uns mal den Strom abgeschaltet für drei Monate. Aber vor dem Fenster hing eine Straßen-Lampe. In deren Licht konnte man sogar noch notdürftig lesen. In der Küche hatten wir Gas.**

Günter Meisner hatte mal eine Filmrolle in Wien bekommen und nahm mich mit, weil er mir beruflich dort auch was besorgen wollte. Das klappte dann aber nicht. Ich wohnte die eine Woche bei den Ofners und kriegte einen ganz schlimmen Schnupfen. Ich saß den ganzen Tag auf dem Sofa und hielt mir ein Handtuch vor die Nase, weil da ständig Wasser raus lief. Am Abend, es war Winter, im Januar 1963, kriegte ich plötzlich fast einen Wutanfall darüber, rannte raus und steckte mir Schnee in die Nase und zog ihn ein. Dann rieb ich die Nase mit Schnee und anschließend mit dem Schal. Danach ging ich wieder ins Haus und der Schnupfen war so ziemlich weg. Die Nase hatte sich wohl erschreckt. Am nächsten Tag fuhr ich dann wieder nach Berlin. Ich hätte zwar nach wie vor Geschäftsführer werden können bei einem Frisörgeschäft von Josef Ofner, aber die Natur in mir setzte sich durch, und ich flüchtete nach Hause. Meine Frau hatte sich schon erkundigt, wo es ein günstiges Heim für die Kinder gab. Ich kam also noch rechtzeitig.

Mit Günter Meisner hatte ich noch ein anderes Erlebnis. Ich ging ihn mal besuchen und hatte keinen Pfennig in der Tasche. Ich kam an einer Bäckerei vorbei und blieb am Schaufenster steh`n und dachte: wenn ich

* Auch im Steinplatz-Café überlegten alle stundenlang.

** Als der Verwalter meckerte , daß wir keine Gardinen hatten, zerschnitt ich alte Laken in schmale Streifen, drehte diese zusammen und knüpfte 2 großmaschige Gardinen daraus.

jetzt Geld hätte, was für Kuchen würde ich mir da alles kaufen und essen. Dann ging ich zu Günter in die Galerie „Diogenes". Er borgte mir 50,- Mark und ich ging gleich wieder zurück nach Hause, und als ich an der Bäckerei vorbeikam, kuckte ich ins Schaufenster, aber ich hatte keinen Appetit und kaufte nicht ein Stück. Die Gier auf Kuchen war nur da, solang ich kein Geld hatte. So ist es oft.

1994 ist Günter Meisner gestorben. Zur Begräbnisfeier in der Friedhofskapelle spielte ich auf Wunsch ein Gitarren-Solo, das ich zu einem kleinen Theaterstück von Arabal damals oft gespielt hatte. Es ist ein merkwürdiges Gefühl: traurig zu sein und Angst zu haben, sich zu verspielen.

Dann konnten wir aber die Miete nicht zahlen und wurden durch eine Räumungsklage rausgeschmissen am 1. April 1963.* Meine Frau fuhr nach München zu ihrer Mutter mit den beiden Kindern. Die Mutter war wegen des 13. August`s aus Berlin abgehauen, die Schwester auch mit ihrem Mann. Ich blieb noch in Berlin, weil ich in der „Schaubühne am Halleschen Ufer" mitspielte als Gitarrist auf der Bühne während des Stücks. Es hieß „Das Testament des Hundes" mit Gisela Trowe, Paul Edwin Roth und Ingo Osterloh in den Hauptrollen. Wir saßen die ganze Zeit auf der Bühne in einem Holzkarren, der Flötist Andreas und mit Hand-Trommeln der Oliver, und ein Gitarrist: Ich. Regie hatte Herr Swinarsky. Es war das erste Stück, das in der Schaubühne in Berlin aufgeführt wurde. Am Wochenende war es auch immer voll. In der Woche nicht so. Wir kriegten jeder 20,- Mark pro Tag. Einmal wurde die Vorstellung abgebrochen nach der Pause, das war als Kennedy ermordet wurde. Oh, ich glaube jetzt ist da was falsch. Das Attentat auf Kennedy war, als wir das Stück „Arden von Faversham" spielten mit Flöte: Andreas, Oboe: Weiß ich nicht mehr, Gitarre: Ich. Der Oboist war Vegetarier und aß hin und wieder Fleisch, wenn er es angeboten kriegte. Ich weiß noch: Gisela Trowe ging nach der Pause auf die Bühne und sagte: „John F. Kennedy ist soeben ermordet worden. Wir haben uns entschlossen die Vorstellung abzubrechen." Alle gingen bedrückt nach Hause. In dem „Testament des Hundes" spielten Gisela Trowe und Paul Edwin Roth gar nicht mit. Ich wohnte zu dieser Zeit bei dem Matthias von der H.f.B.K. kostenlos.

Im Sommer 1962, am 06.09. machte ich den Führerschein: 16 Fahrstunden. Kostete alles um die 200,- Mark. Die restlichen 70,- Mark konnte ich aber nicht zahlen. Ich ging zur Fahrschule und bat um Aufschub. Nach mehreren Mahnungen sollte ich dann einen Offenbarungs-Eid leisten. Ich ging zum Gericht und mußte ein Formular ausfüllen.

Der Gerichtsvollzieher, der uns betreute, war sehr nett. Es saßen da so ungefähr 5 Leute. Da mußte ausgefüllt werden: wieviel Handtücher, wieviel Laken, Bezüge man besitzt, Stühle, Tische, Radio und wieviel Bargeld

* Die Miete war 152,- DM. Schon ab 20. immer fing ich an zu zittern, aber meine Frau zog dann los, und borgte sich Geld, bis das dann nicht mehr ging.

im Moment in der Tasche ist. Ich hatte vierzig Mark dabei.* Dann schwor ich, daß alles der Wahrheit entsprach, und fühlte mich so richtig leicht. Ich

hatte nichts, war nichts und keiner konnte Geld von mir verlangen. Dann kaufte ich schön zu essen ein von den 40, - Mark.

Als die Theaterzeit zuende war, trampte ich nach München, und wir beschlossen, nach Antwerpen in Belgien zu trampen, zur dort verheirateten Schwester meiner Frau. Dort hatten wir auch eine Wohnung zur Verfügung, die die Mutter des Mannes der Schwester von meiner Frau gemietet hatte, dort aber nicht wohnte. Jeden Tag zog ich los in Lokale, Gitarre vorzuspielen. Sie fanden das auch alle sehr schön, aber für den Augenblick hatten sie keine Verwendung für mich.** Etwas Geld hatte ich noch.

Ich hatte vorher einen sehr schönen Auftritt in München im „Alten Simpel" bei Toni Netzle. Da wollte ich eigentlich nur Gitarre spielen. Aber sie sagte, ich solle unbedingt auch singen, das wäre besser. Und so spielte ich Solo-Gitarre und sang ausländische Volkslieder zwischendurch: russische, hebräische, ein indonesisches konnte ich und 4 spanische. Außerdem die „Mieder-Lieder", die Matthias in der H.f.B.K. gedichtet und komponiert hatte. Die kamen besonders gut an. Ich kriegte 50,- Mark, es waren 3 Auftritte von jeweils 20 Minuten. Am nächsten Tag ging ich sehr glücklich durch München und dachte: Jetzt habe ich es geschafft, Gitarre spielen und singen, jetzt kann mir nichts mehr passieren. Geredet hatte ich damals kaum auf der Bühne, das kam erst paar Jahre später.

Als ich eines Tages nach Hause kam in Antwerpen, - ich war zufrieden und hatte einen Termin für einen Auftritt 14 Tage später, da sagte mir die Schwester meiner Frau, meine Frau wäre nach München zurückgefahren,

* Keiner fragte mich, ob ich die nicht geben will, um das Verfahren zu verschieben.

** Ich fühlte mich sehr wohl in Antwerpen und wollte eventuell auch normal arbeiten gehen.

sie war der Meinung, das wird mit mir beruflich nichts werden in Antwerpen und überhaupt.* Ihr Mann sagte dann zu mir: „Ich fahr dich jetzt zur Autobahn. Es ist das beste, du trampst auch nach München.“ Er schenkte mir 5,- Mark und brachte mich zu einer Ausfahrt in Richtung München. Es war 16:00 Uhr aber es war ein langer heller Sommertag. Ich wurde auch gleich mitgenommen bis Köln. Da ging ich in eine Kneipe und kaufte mir was zu trinken.** Dann stellte ich mich an die Autobahn Richtung München. Da stand ich bis 2:00 Uhr nachts. Dann dachte ich, ich stell' mich mal auf die andere Seite in Richtung Berlin, vielleicht klappt es da besser. Morgens um sechs nahm mich einer mit, dann noch einer, dann einer bis zur Grenze hinter Helmstedt. Da fragte ich einen Lastwagen. Der Fahrer wollte aber 10,- Mark haben, die ich nicht hatte. Ein anderer Tramper borgte mir zehn Mark und wir konnten beide mitfahren. Paar Tage später hatte ich ihm die 10,- Mark mit der Post zurückgeschickt. Morgens um 7 kam ich an in Berlin und ging zu einem Bekannten, der Schlagzeug spielte. Wir hatten schon mal einen Auftritt in einer Kneipe, Gitarre und Schlagzeug. Das war in „Käpt'n Bilbo's Hafenspelunke“ in der Wielandstraße Ecke Kurfürsten-Damm. Der Käpt'n Bilbo verlangte aber, daß wir die ganze Nacht Twist spielen sollten, weil das gerade modern war. Aber die ganze Nacht Twist spielen mit Gitarre und Schlagzeug??? - In dieser Kneipe hatte ich übrigens 6 Wochen lang gekellnert nach der Hochzeit, bis ich Grippe kriegte. Dabei hatte ich auch den Schlagzeuger kennengelernt, bei dem ich jetzt klingelte und klopfte. Aber es machte niemand auf. Nach einer viertel Stunde klopfte ich noch mal, weil ich dachte, er und seine Frau würden noch schlafen. Dann rief ich leise seinen Namen. Da ging gleich die Tür auf und er sagte: „Warum hast du nicht gleich gerufen, ich dachte der Gerichtsvollzieher würde klopfen, ich stand die ganze Zeit hinter der Tür.” Ich legte mich erst mal schlafen und war wieder mal richtig glücklich. Die nächsten Tage übten wir Gitarre und Schlagzeug und seine Frau wollte dazu singen, aber sie konnte nicht sauber singen, d.h. die Töne entsprachen nicht der erforderlichen Schwingungszahl. Ich besuchte Klaus Kinski und der sagte, das Geld, also die 500,- Mark von der Veranstaltung im Titania-Palast 1959, läge beim Rechtsanwalt Dr. Stieger. Da rannte ich gleich hin so schnell wie ich konnte in die Fasanenstraße und der Dr. Stieger hatte beinahe die 500,- Mark schon an meine Schwiegermutter nach München überwiesen, deren Adresse ich bei ihm hinterlassen hatte. Ich hätte mich TOTGEÄRGERT †††.

Ich löste den Scheck bei der Berliner Disconto-Bank ein, Kudamm, - Ecke Fasanenstraße.

Da sahen wir, also der Schlagzeugspieler, seine Frau und ich, ein Goggomobil in der Joachimstalerstraße, Ecke Hardenbergstraße zum

* Die Schwiegermutter hatte nämlich einen Brief geschrieben, meine Frau soll nach München zurückkommen, und es wäre meine letzte Chance, ich soll endlich Geld verdienen, sonst verlässt sie mich. Die Schwester las mir den Brief vor.

** Da war es 20:00 Uhr

Verkauf stehn, das 320,- Mark kosten sollte. Die überredeten mich zum

Kauf, ich wollte natürlich auch, und wir riefen an und ich kaufte das Auto.* Ich war ja nach der Führerscheinprüfung noch nicht wieder Auto gefahren, und so kuppelte ich und schaltete und der Schlagzeuger lenkte. Ich musste beim schalten nämlich nach unten kucken. Gelernt hatte ich auf einem Opel Rekord mit Lenkrad-Schaltung, und das Goggomobil hatte Knüppelschaltung, aber quer, also der 1. Gang nach links vorn, der 2. nach rechts, der 3. nach links hinten, nach rechts der 4., - rückwärts mußte man irgendwie drücken.**

Das Auto war für vier Personen gedacht, und hatte 90 km/h Spitzengeschwindigkeit. Es hatte die kleinsten Räder, die es gab. Besonders bei Kopfsteinpflaster war die Fahrerei kaum zu ertragen. Ich schaute immer neidisch auf die „Lloyds". Die hatten nämlich etwas größere Räder. Nach 14 Tagen war die Batterie aller und kaputt und wir hatten alle kein Geld, eine neue zu kaufen. Sie kostete 50 Mark. So stand das Auto 3 Monate still. Da hatte ich mir vorgenommen, nie mehr ein gebrauchtes Auto zu kaufen, nur noch neue. Eines Nachts vor dem Einschlafen stellte ich mir vor, es würde eine Fee kommen, und mich vor die Wahl stellen, immer eine gute Frau zu haben oder immer ein Auto, das fahrfähig ist? Da entschied ich mich für das Auto. Und so kam es auch.

Dann hatte ich im „Berliner Theater" in der Nürnbergerstraße zu tun. Mit noch einem Gitarristen mussten wir in Kostümen auf der Bühne Gitarre spielen. Das Stück hieß „Tumult im Narrenhaus" von Lope de Vega. Es fing damit an, daß eine Schauspielerin ihre zarte Hand durch ein Loch in einer Holzwand steckte, und zwar hinter der Kulisse, - und ein Verehrer

* Später strichen wir es schwarz an.

** Beim „TÜV" fehlte ein Lenkradschloß. Da kaufte ich ein Fahrradschloß und bekam den Stempel.

auf die Bühne kam und die durchgesteckte Hand küsste. Dann ging die Schauspielerin gleich weg, und kam erst später wieder dran. Einmal war sie nicht da, als das Stück begonnen hatte und der Schauspieler vor der Wand suchte vergeblich die Hand, die er küssen sollte. Da lief ich schnell hinter die Bühne und steckte meine Hand durch.
Er sagte hinterher: „Ich war ja entsetzt, als da so eine große Hand rauskam!” Er hatte sie auch nicht geküsst, zum Glück! Die Schauspielerin, die

den Auftritt verpaßt hatte, schenkte mir eine Flasche Sekt, und bedankte sich, weil ich ihr so geistesgegenwärtig geholfen hatte. Einmal, in der Pause, klopfte es an unsere Garderobe, und meine Frau kam rein und sagte: „Ich hab' dir den Claudius gebracht.“ Es war der jüngere von meinen Söhnen. Sie war getrampt. Ich sagte: „Wo ist er jetzt?“ „Bei deiner Schwester, - Tschüss dann.“ Die wohnte im Krankenhaus Moabit in einem von den Schwesternhäusern. Nach der Vorstellung hatten wir noch eine lange Besprechung mit dem Regisseur, und dann fuhr ich zu meiner Schwester mit der U-Bahn nach Moabit. Die hatte gerade einen Freund da, und der fuhr mit seinem Auto meinen schlafenden Sohn, - er war anderthalb Jahre alt, - und mich nach Hause in die Argentinische Allee. Es war mittlerweile 1:00 Uhr nachts und die beiden Bekannten schliefen schon. Ich legte meinen Sohn auf das Sofa, auf dem ich sonst schlief, und legte mich auf die Erde davor. Ich wachte deshalb auch als erster von uns beiden auf, weil der Boden hart war. Es war 6:00 Uhr früh. Ich kuckte meinen Sohn an und der öffnete gleich danach die Augen und lächelte mich an und umarmte mich gleich. Ich hatte ihn ein halbes Jahr nicht gesehen. Als ich meinen älteren Sohn auf den Arm nehmen wollte, nachdem ich ihn ein halbes Jahr nicht gesehen hatte, begann er zu weinen, - er war da 2 Jahre alt.

Sonst standen wir ja immer gegen Mittag auf. Jetzt mußte ich erst mal warten, bis die Geschäfte aufmachten. Geld hatte ich zum Glück ja. Ich zog ihn an, nachdem ich ihn gewickelt hatte, und ging als stolzer Vater mit ihm einkaufen in der Passage am U-Bahnhof Onkel Tom's Hütte. Ich kaufte Milch und Haferflocken, Bananen und Äpfel. Dann machte ich ihm in der Küche Breichen und fütterte ihn. Er war glücklich, - Ich auch. Die Schwester meiner Frau hatte ihn paar Tage gehabt, und hatte ihn dann in ein Katholisches Heim gebracht in der Nähe von München. Da gab sie ihn ab. Aber während der Rückfahrt tat es ihr leid, und sie holte ihn wieder ab, und so kam er zu mir. Ich wollte ihn ja auch immer haben. Er hatte picklige Haut im Gesicht. Ich wusch ihm alle Stunde die Hände. Nach 2 Tagen war die Haut im Gesicht gesund.

Um elf Uhr wachten dann die beiden, also der Schlagzeuger und seine Frau, auf und staunten ganz schön über den Zuwachs. Aber ein Mann ohne Beruf, mit Kleinkind, - was soll daraus wohl schon werden, - und sie waren nicht sehr glücklich über die Situation und wurden muffig so allmählich. Auch fühlten sie sich gestört, weil ich ja nun früh aufstehen und dementsprechend früher schlafen gehen mußte. Im Steinplatz-Café sprach ich mit einem Bekannten, dessen Frau ihm abgehauen war und dessen Wohnung leer stand, weil er da nicht mehr wohnen wollte und deshalb zu seiner Mutter um die Ecke zurückgekehrt war. Da konnte ich mit meinem Sohn wohnen. Das Goggomobil ging wieder und ich fuhr mit meinem Sohn dorthin. Es war da schön und gemütlich eingerichtet und bezahlen mußte ich auch nichts. Der junge Mann konnte mal gut singen. Er hatte nachts im Winter bei großer Kälte mal jemandem draußen ein Ständchen gebracht und auf der Straße gesungen, - und sich dabei die Stimme versaut. Nun konnte er nicht mehr singen. Er war insgesamt immer etwas traurig. Nach 14 Tagen dachte ich, jetzt wäre es mal wieder an der Zeit sich polizeilich anzumelden, und füllte ein Formular aus. Das gab ich ihm, damit seine Mutter es unterschreibt, denn auf ihren Namen lief die Wohnung. Er sagte: „Ja, das geht glatt." 5 Minuten später klingelte es und seine Mutter kam und sagte: „Sie müssen sofort ausziehen, Sie müssen sofort hier raus!” Ich sagte: „Ich weiß doch gar nicht wohin.” - „Das interessiert mich nicht, Sie müssen sofort meine Wohnung verlassen!“ Ich sagte: „Nein!” - Danach ging sie dann. Am nächsten Morgen um neun klingelte es und ein Mann stand vor der Tür und sagte: „Ich bin Gerichtsvollzieher, und habe den Dienstauftrag, Sie aus der Wohnung zu weisen.” Da packte ich die Tasche und wir fuhren mit meinem Goggomobil wieder in die Argentinische Allee zu dem Schlagzeugspieler. Die waren nicht gerade erfreut und sagten, für paar Tage ginge es. Das Goggomobil verkaufte ich für 50,- Mark.* Es war wieder kaputt, und die Reifen total abgefahren, - man sah schon das Leinen. Dann besuchte ich einen Bekannten von der Kunsthochschule und er sagte, ich könnte vorübergehend bei ihnen wohnen. Ein Zimmer wäre frei. Er war verheiratet und hatte 2 Kinder, paar Monate älter als meine. Es war um die Ecke vom Innsbrucker Platz. Ich fuhr zurück in die Wohnung und packte die Tasche, nahm meinen Sohn und wollte die Wohnung verlassen. Da sagte die Frau vom Schlagzeuger, sie würden Geld von mir kriegen, und zwar Miete. Es war nie vorher darüber geredet worden und das Geld zum täglichen Leben hatten wir zusammengelegt. Ich sagte: „Nein, das war doch nie so vereinbart.” Da nahm sie mir ein paar Kinderjäckchen weg und sagte: „Die kriegst du erst wieder, wenn du bezahlt hast.“ Da rief ich meinen Bekannten an, den Schauspieler Günter Meisner: „Ich hab' hier Schwierigkeiten, kannst du mal kommen.” In einer halben Stunde war er da mit seinem VW Bus und klingelte. Da stellte sich die Frau vor die Tür und wollte mich nicht rauslassen. Ich schob sie beiseite und machte die Tür auf. Als sie sahen, daß der Günter Meisner da stand, schämten sie sich und ließen mich gehen mit meinem Sohn. Der Günter fuhr uns dann zu Klaus und Ruthchen am Innsbrucker Platz. Die Kinderjäckchen hatte ich auch wiederbekommen. Die beiden waren dann aber sehr nett. Klaus heizte das Zimmer in dem wir wohnen sollten. Es war Winter und sehr kalt draußen. Nach drei Tagen heizte er nicht mehr und ich nahm meinen Sohn zu mir ins Bett und wir schliefen zusammen. Weil es so kalt war, hatte ich ihn lieber bei mir im Bett, damit ich ihn immer zudecken konnte. Er schlief sonst in einem Laufställchen, das im Zimmer stand.** Morgens drängte er mich ganz schön aus dem Bett, und ich legte mich in das Laufställchen. Mit angezogenen Beinen konnte ich da auch ganz gut schlafen. Aber nach einer Weile mußte ich einfach mal die Beine ausstrecken, und steckte sie durch die Gitterstäbe. Das war zwar kalt, aber in dem Moment war das Ausstrecken wichtiger als die Wärme. Nach 6 Wochen sagte er,*** ich müßte jetzt so langsam mir eine Wohnung suchen. Ich fand eine in Kreuzberg für 28,- Mark, und unterschrieb gleich den Mietvertrag. Geld hatte ich ja glücklicherweise. Dann schaute ich mir die Wohnung an. Sie

* Bekannte von mir brauchten Ersatzteile.
** Als Kind schlief ich oft mit meinem Teddybär, deshalb war ich das gewohnt.
*** gemeint ist der Klaus

lag parterre im Hinterhof. Der Hausmeister sagte, man könne die Wohnung auch heizen. Das Ofenrohr zog sich durch die drei Räume quer durch die Wohnung. Als er im Ofen Feuer machte, verqualmte die ganze Wohnung. Da sagte ich: „Nee, also da kann ich mit meinem kleinen Kind nicht wohnen.” Er machte den Mietvertrag ungültig, aber die Anzahlung war ich los. Ich ging auch mal zu einer Hausverwaltung, aber als die sahen: alleinstehender Vater mit kleinem Kind, ohne festes Einkommen, - da sagte der Verwalter: „Ich habe zur Zeit leider keine Wohnung.“ Aber als meine Frau mal zu Besuch war, schaffte sie es eine zu finden: 1 ½ Zimmerwohnung mit Küche, Toilette eine halbe Treppe tiefer, Seitenflügel, 2.Stock, Forsterstraße 3 in Kreuzberg, in der Nähe vom U-Bahnhof Görlitzer Bahnhof. Da wo ich 1944 aus Schlesien kommend nach Insterburg fahrend paar Stunden auf dem Bahnsteig gestanden hatte. Bevor die Wohnung frei wurde, konnte ich in einem Leerzimmer wohnen in einer Wohnung in der Babelsbergerstraße, an der Bundesallee in Schöneberg. Es war das letzte Zimmer am Ende des Korridors. In der Wohnung wohnte ein älteres Ehepaar. Der Mann hatte ein Holzbein. Die Küche lag neben meinem Zimmer. Als ich ankam mit meinem Sohn, sagte die Frau: „Sie können in der Küche die Milch warm machen für Ihren Sohn.” Ich sagte: „Danke, aber heute nicht mehr, morgen.” Es war Abend. Da sagte sie: „Na ja, morgen nicht, das geht nicht, daß Sie die Küche benutzen.” Ich hatte eine dreiteilige Matratze für mich und meinen Sohn. Der Fußboden war staubig und ich wischte ihn mit einer nassen Windel ab. Der Fußboden war dunkelblau. Einen Besen hatte ich nicht. Ich fütterte ihn und wir gingen schlafen. Meine Frau war bei Bekannten woanders. Sie war nach Berlin gekommen und hatte mir die Wohnung besorgt, war aber nur zu Besuch da. Am nächsten Morgen wachte mein Sohn früher auf als ich, und spielte, und ich blieb noch etwas liegen. Als ich dann die Augen aufmachte, sah ich, was er spielte. Er hatte in der linken Hand eine Zuckertüte, die er auf den Fußboden langsam auskippte, und in der anderen Hand eine Tüte mit Salz, die er auch auskippte. Oh je, ich dachte an das Märchen vom Aschenputtel, als ich versuchte Zucker und Salz zu trennen. Es ging auch ganz gut, aber die Hälfte ungefähr mußte ich wegschmeissen. Öfter kam der Mann und klopfte an die Tür und meckerte über irgendwas. Ich ging doch hin und wieder in die Küche und holte Wasser oder machte schnell was warm. Jedesmal wenn der Mann den langen Korridor zur Küche ging, hörte ich: „Rummsta, rummsta,” wegen dem Holzbein, und da dachte ich immer, hoffentlich klopft er jetzt nicht an mein Zimmer, um wieder mal zu meckern. Das ging so am Tag 10-mal, „rummsta, rummsta.” Klopft er?! - Nein, na ein Glück. - Aber alle zwei Tage klopfte er dann doch. „Was ist los?“ sagte ich ungehalten. „Ja, Sie haben wieder bla, bla, bla ...” Da wohnte ich aber nur 14 Tage. Aber so was här-

tet ab. Dann, am 1. Februar glaube ich, nahm ich meinen Sohn und fuhr mit der U-Bahn nach Kreuzberg. Für meinen Sohn brauchte ich nicht zu bezahlen. Eine Fahrt kostete 40 Pfennig. Später mit 2 Kindern mußte ich für das zweite Kind den vollen Preis bezahlen. Einmal hatte ich kein Geld und wir mußten dringend zum Rias fahren, 70,- Mark abholen. Da sagte ich zu der Frau am Schalter: „Ich habe im Moment leider kein Geld, aber ich muß dringend zum Rias fahren, kann ich morgen bezahlen?" Da gab sie mir kurz nickend 2 Fahrkarten. Am nächsten Tag hatte sie keinen Dienst, und am Tag danach, gab ich ihr das Fahrgeld. Sie nahm es und nickte, als ich mich noch mal bedankte. Ich glaube, sie hatte mich an der Stimme erkannt, weil ich jeden Abend: „Einmal einfach", sagte, und mir deshalb die Fahrscheine geborgt. In diesem Bezirk, also in Kreuzberg, war alles damals sehr menschlich, wie in einem Dorf. Als ich wegen der Scheidung dringend in das 9 km entfernte Steinplatz-Café mußte, hatte ich kein Fahr-Geld und ging gegenüber der Forsterstraße 3 in eine Kneipe, in der ich nur ein paarmal ein Bier getrunken hatte und sagte: „Ich muß dringend zum Steinplatz fahren, meine Frau will sich scheiden lassen von mir, ich habe kein Fahrgeld, können Sie mir bitte einen Fuffziger borgen?" Die Wirtin griff in die Kasse und gab mir einen Fünfzig-Mark-Schein. Ich sagte: „Nein, nur 50 Pfennig, - Dankeschön." und sie gab mir 50 Pfennig.*
Als ich mit meinem Sohn vor der Tür der Wohnung stand und aufschließen wollte, den Mietvertrag in der Tasche, steckte innen ein Schlüssel, und ich klingelte. Da machte eine junge Frau auf und sagte: „Was möchten Sie?" „Ich ziehe hier ein." - „Nein, ich bin hier schon eingezogen." - "Aber ich hab' doch einen Mietvertrag." - „Ja, ja, ich wohne hier seit einer Woche, sehen Sie selbst, ich hab' meine ganzen Möbel hier", - und ich fuhr zu dem Hausverwalter. Der fuhr da hin, und am nächsten Tag war die Wohnung leer, und ich konnte mit meinem Sohn einziehen. Er war jetzt schon 2 Jahre alt. Die Miete betrug 56,76 Mark, monatlich. Die Gegend gefiel mir erst gar nicht, ich kam mir etwas vor, als ob ich in den Osten zurückgekehrt war. Deshalb fuhr ich mit meinem Sohn den ganzen Tag mit der S-Bahn und der U-Bahn spazieren. Aber nach einer Weile hatte ich mich dran gewöhnt. Und dann ging ich mal in die „Kleine Weltlaterne", die war nur so 1 1/2 km entfernt. Das war eine Kneipe, die Herta Fiedler führte mit ihrem Mann, der auch „Ingo" hieß.** Und Taddäus war der Kellner, der unglaublich lange Geschichten erzählen konnte. Aber schöne. Viel später übernahm Hertas Sohn Bernd die Kneipe.***

Da stellten Kreuzberger Maler Bilder aus, und man konnte anschreiben lassen, und manchmal erst nach paar Jahren zurückzahlen. Ich hatte auch mal 300,- Mark Sauf-Schulden, habe aber alles zurückgezahlt, als es mit der Gruppe Insterburg & Co losging, und die Geld-Sorgen ein für allemal zuende waren. Einer hatte 2.000,- Mark Sauf-Schulden. Der heiratete

* Wenn jemand mit mir telefonieren wollte, rief er den Tabakladen gegenüber an. Von dort aus holte mich dann einer zum Telefon.

** Wenn mal 4 Ingos in der Kneipe waren, kriegte jeder ein Freibier.

*** Seit vielen Jahren ist sie jetzt in der Nestorstraße in Wilmersdorf.

dann und bezahlte sie vom „Ehestands-Darlehn“ (jeder der heiratete, bekam einen zinslosen Kredit von, glaube ich 3.000,- Mark). Die Kneipe war sehr schön. Und viele kamen aus entfernten Bezirken hierher. Kurt Mühlenhaupt, der Berliner Kunstmaler, war auch öfter da, dann Jimmy Weitemeier, und vor allem der Maler „Märchen”. Das war schön. Wenn man grade mal kein Geld hatte, konnte man trotzdem da hinein. Viel trank ich ja nicht, ein oder zwei Biere 0,25 Liter, paar Jahre später dann zwei Bier 0,5 l, dann 4 l, und dann 5 Liter am Abend. Um zehn mußte ich aber immer zu Hause sein, weil mein Sohn sonst aufwachte und jammerte. Einmal hat er bei einem Ehepaar mit Baby übernachtet, weil ich außerhalb Berlins was tun musste. Da hat er gesehen, wie das Baby gestillt wurde. Am nächsten Abend fing er bei mir an zu nuckeln. Da musste ich lachen und erklärte ihm, was Stillen ist. Eines Tages klingelte es, und meine Frau stand vor der Tür mit meinem älteren Sohn. Der war da schon 3 Jahre alt. Als die Kinder sich sahen, immerhin nach einem halben Jahr Trennung, freuten sie sich sehr und tanzten wie Indianer immer im Kreise um einen Sonnenstrahl, der durch die Fensterscheiben gegenüber reflektiert wurde und riefen dauernd: „Sonne, Sonne, Sonne”, und tanzten um den Lichtfleck immer wieder und riefen: „Sonne, Sonne, Sonne”, bestimmt 10 Minuten lang. Nach paar Tagen fuhr sie zurück nach München und wir waren wieder komplett.* Jetzt konnte ich bis spät nachts weg sein, weil sie sich zu zweit nicht fürchteten. Dann kam meine Frau mal wieder und wir sprachen von Scheidung und danach kriegte ich einen Brief mit der Scheidungsklage.** Kurz vor der Scheidung passierte Folgendes: Ich kam um 23:00 Uhr nach Hause und die Kinder waren nicht in der Wohnung. Ich ging nochmal zurück in die Küche, - da war die Eingangstür zur Wohnung, - wollte wieder raus und zur Polizei, da lag auf dem Küchenherd ein Zettel auf dem stand: Ihre Kinder sind auf dem Polizeirevier Wienerstraße. Unterschrift „Vater”. Die Unterschrift verwirrte mich zusätzlich, aber der Polizist, der das geschrieben hatte, hieß „Vater” mit Nachnamen. Ich ging schnell zum Polizeirevier um die Ecke fast. Da sagte mir der Herr Vater: „Ihre Kinder sind im Kinderheim Ruhleben. Sie können sie aber erst morgen abholen.” Da ging ich nach Hause und vor dem Einschlafen dachte ich: morgen kannst du erst mal ausschlafen und ohne Kindergeschrei aufwachen. Als ich dann aufwachte, war ich aber doch ganz schön besorgt, und fuhr gleich in das Heim mit der U-Bahn, ungefähr eine Stunde. Das sah da nicht so schön aus alles. Da gab es Kinderwagen, da saßen so zehn Kinder drin, die von einer Kinderfrau spazieren geschoben wurden auf dem Gelände. Es war Folgendes passiert: Die Kinder waren aufgestanden, als ich weg war, und kuckten aus dem Fenster. Nachbarn sahen das und riefen, sie sollten von dem Fenster weggehen. Das fanden sie interessant, daß so viele Leute ihnen zuriefen, daß sie erst recht nicht

* Oft fragte ich mich manchmal, warum ich eigentlich lebe. Wozu das alles? Als ich die Kinder hatte, waren solche Gedanken einfach weg. Die Kinder mußten jeden Tag Satt und Sauber und Sicher sein. Mehr Sinn war nicht nötig.

** Man muß im Leben für alles bezahlen, entweder mit Geld oder mit Nerven, oder mit Beidem.

weggingen vom Fenster. Schließlich kletterten sie auf's Fensterbrett. Da riefen die Nachbarn die Polizei und die öffneten die nur zugeklappte Tür mit einem Dietrich und nahmen sie mit. Sie bemerkten, daß ich die Fenster mit Draht zugebunden hatte, und daß eigentlich nichts hätte passieren können. Die Fürsorge wurde auch gleich eingeschaltet, die Kinder wurden ärztlich untersucht und für gut befunden, sodaß ich sie gleich wieder mitnehmen konnte. Den Kindern hatte es nicht besonders gefallen im Heim, und sie kletterten nie wieder aufs Fensterbrett, wenn ich weg war. Alles in allem war das aber gut gewesen das ganze. Die Fürsorge wußte jetzt Bescheid, war mir wohlgesonnen, und das war wichtig vor der Scheidung. Jedenfalls konnte ich die Kinder behalten bei mir. Im Laufe der Wochen und Monate malte ich an die Wände große Märchenfiguren, an die Küchenwände kleine, während ich beim Kochen den Brei umrührte. Die Kinder lebten auch Ovo-laktovegetarisch.

Oft war es so dann später, daß die Wohnung ordentlich war, wenn die Frau von der Fürsorge kam, um nach uns zu sehen. Die Kinder spielten nämlich immer mit den Korbsesseln und dem Tisch und räumten alles kunterbunt um und drunter und drüber. Aber wenn die Fürsorge kam unvorhergesehen, hatten sie das nicht getan. Es passierte aber auch paar mal, daß die Wohnung besonders chaotisch aussah, wenn nämlich der Gerichtsvollzieher gerade kam. Wegen der 70,- Mark Führerschein-Geld, das inzwischen auf 150,- Mark angewachsen war. Der bedauerte dann mich und meine Armut mit den beiden Kindern und war freundlich und bot mir immer eine Zigarette an. Vielleicht hatten die Kinder einen 6. Sinn.
Drei Tage vor dem Scheidungs-Termin ging ich dann doch noch zu einem Anwalt, dem Vater von der Frau von Matthias, der mit den „Miederliedern", und wurde auf Armenrecht geschieden. Streitwert 300,- Mark.* Danach ging es mir gut. Ich fuhr am nächsten Tag gleich zum Rias zu Ivo Veit und der sagte: „Hallo Ingo, warum bist du nicht schon längst mal gekommen." Und ich trat 14 Tage später auf in der „Rias-Kaffee-Tafel". Ich verdiente 150,- Mark. Nun ging es uns gut. Öfter war das Geld natürlich hin und wieder ab und zu bisweilen vorübergehend ausnahmsweise mal knapp. Etliche Male musste ich die 9 Kilometer zum Steinplatz-Café zu Fuß gehen, weil ich kein Fahrgeld hatte. Dort, oder nach 20:00 Uhr in der „Dicken Wirtin", trafen sich so ziemlich alle meine Bekannten, die von Aufträgen wussten oder mir immer etwas Geld borgten. Besonders Achim. Danke Achim! Die „Dicke Wirtin" war eine Kneipe, in der eine ganz dicke Frau saß, die die Wirtin war. Sie arbeitete aber nicht mehr, sondern saß da nur so, bis sie eines Tages starb, - dort. Ein begabter Bildhauer von der H.f.B.K., also ein Student, bildete sie in Gips nach, lebensgroß, und da saß sie dann in Gips die vielen folgenden Jahre. 1984 gab ich Achim die letzten 1964 geborgten 20,- Mark wieder, als ich ihn zufällig im „Café

* Vor dem Scheidungszimmer fragte ich noch meine Frau, ob sie jetzt nicht doch noch die Scheidung abblasen will, - nicht, daß sie später dann mal sagt, es wäre unüberlegt gewesen. Sie sagte: „Nein, ich will jetzt geschieden werden."

Ludwig“ am Ludwig-Kirch-Platz traf, als Scheck über 100,- Mark, also mit Zinsen, den er aber nicht einlöste, sondern sich einrahmte. Damit hatte ich alle meine Schulden bezahlt. Die Schulden der Fahrschule habe ich noch nicht bezahlt, weil es diese schon lange nicht mehr gibt. Die Mietschulden von der Wilmersdorfer Straße mussten die Nachmieter übernehmen, die dann aber nicht mehr lange lebten. Einmal hatte ich nichts mehr, aber ich hatte drei Richtige im Lotto und es gab eine Zusatzausschüttung. Ich hatte 12,- Mark zu erwarten. Am Mittwoch früh ging ich in den Laden, den Gewinn abzuholen, aber der Mann sagte: „Auszahlung ist erst um 13:00 Uhr.” Es war nichts mehr zu Essen da. NICHTS ! Einmal habe ich die Kinder nur mit Wasser waschen müssen, weil ich wochenlang kein Geld für Seife hatte. Aber nach neuesten Erkenntnissen soll man ja auch nicht so oft mit Seife waschen, schon gar nicht Kinder. Trotzdem waren die Kinder immer sauber und die Fürsorge begutachtete sie auch als gesund, gepflegt und gut genährt. Also, - es war nicht mal Salz da, niiichts. Da nahm ich die Kinder und den Kinderwagen, setzte sie rein und ging spazieren. Sie haben aber nichts gesagt, daß sie Hunger hätten oder dergleichen, jedenfalls schliefen sie ein und um 13:00 Uhr kriegte ich dann die 12,- Mark. Da kaufte ich ein 2-Pfund-Brot, Leinöl, Salz, Haferflocken, Milch und Bananen. Und dann setzten wir uns um einen aus zwei Apfelsinenkisten und einer Schrankplatte gebastelten Tisch, - er war nur 20 cm hoch und aßen, - einen Teller mit Lein-Öl und Salz vor uns, - das halbe 2-Pfund-Brot auf. Das Brot hatte ich in Scheiben und dann in Streifen geschnitten, - und nun titschten wir es in das Lein-Öl. Das hatte uns allen aber gut geschmeckt und wir waren satt und glücklich.*
Über eine Leistung war ich besonders stolz, nämlich daß ich meinen Sohn, den jüngeren, von den Windeln auf den Topf umlernte. Ich hatte gehört,

* Manchmal hatte ich Zustände, wenn ich vormittags im Bett lag, in denen ich aus meinem Körper hinaustreten und durch die Wand nach draußen schweben konnte. Schon als Kind hatte ich solche Zustände, wußte aber noch nichts damit anzufangen, und war ängstlich. Mein Körper zuckte zusammen und ich war wie gelähmt. In der Kreuzberger Wohnung kam ich dann drauf, daß ich nun aus meinem Körper hinaustreten konnte. Wenn ich mich dabei selber anfaßte, fühlte sich aber alles ganz normal köperlich an. Ich war dabei immer etwas ängstlich.

daß man ein Kind nicht zu früh der Windeln entwöhnen sollte. Im Alter zwischen zwei und drei Jahren wäre es am besten. Als mein Sohn 2 ½ Jahre alt war, war gerade Sommer und in der Wohnung war es warm. Ich zog ihm morgens nur ein Hemdchen an und sagte alle fünf Minuten: „Mußt du auf`s Töpfchen?” „Nein”, sagte er jedesmal. Nach drei Stunden bemerkte ich plötzlich, als ich von der Zeitung aufsah, daß er sich die Hand vorhielt. Ich sagte schnell: „Mußt du auf's Töpfchen?“ Und er sagte: „Nein.“ Ich sagte: „Doch.” Er sagte: „Nein.” Da setzte ich ihn auf``s Töpfchen und sagte: „Nun mach!“ Er sagte: „Nein.” „Nun mach!” „Nein!” Und dann machte er. „Na siehst du, das hast du gut gemacht.“ Und er war auch zufrieden. Er hatte nie in die Hosen gemacht, und die Windeln waren endlich überflüssig, und ich brauchte sie nicht mehr zu waschen. Der ältere Sohn hatte mal ins Bett gemacht. Er hatte zu viel Weintrauben gegessen, und als ich nach Hause kam roch es so komisch. Ich hob die Bett-Decke an und da lag neben ihm der ganze verdaute Weintraubenrest. Ich machte alles weg und ihn sauber, und er ist nicht mal aufgewacht dabei. Deswegen wollte er mir das am nächsten Morgen auch nicht glauben. Insgesamt waren die Kinder 4 Jahre bei mir. Zuerst der kleine, ein halbes Jahr später der größere. Die ersten zwei Jahre waren wir ganz allein. Später nahm meine Schwester sie für zwei Tage, wenn sie frei hatte. Das war ungefähr ein - bis zweimal im Monat. Dies war eine große Erleichterung. Ich hatte dann einen Tag für mich ganz allein. Wenn ich jede Woche einen Tag frei gehabt hätte, wäre das alles kinderleicht gewesen. Einmal im Monat war aber auch schon ganz schön. Aber Kindergeschrei kann ich immer noch nicht hören, zum Beispiel im Flugzeug. Die sitzen meistens vorn. Hinten sitzen die Raucher, und dazwischen ich.*

So, jetzt ist es schon wieder viertel vor fünf morgens, und ich geh` schnell schlafen.

GUTE NACHT, BIS MORGEN!
Claudius, Wolf und Ingo.

Und dann kommen die drei schlimmsten Tage, und zwar im Herbst 1965. Das war als mein Sohn Claudius mir aus Versehen mit dem Zollstock ins Auge haute, und ich drei Nächte nicht schlafen konnte, und nach einem Jahr das erste Mal meine geschiedene Frau kam mit einer Tüte Essen und 100,- Mark.

Ich war jahrelang mit den beiden Kindern von der Forsterstraße in die Dieffenbachstraße gegangen nachmittags. Dort wohnte Heidi mit ihrer kleinen Tochter und ihrem Mann Nils, der war Fernsehtechniker. Heidi, ich und die Kinder gingen dann zusammen weiter bis zum Jahnpark und setzten uns auf die Wiese. Mein Sohn Claudius hatte sich zum Spielen einen

* Die Kinder zankten sich alle halbe Stunde, später, als sie 16 und 17 waren, nur noch einmal in der Woche. Einmal rief ein Mann quer über die Straße: „Mensch öl`mal dein`Kinderwagen!", weil der quietschte. Ich hatte aber kein Geld für Öl. Dann ging es mit Margarine.

Zollstock mitgenommen. Beim Auseinanderklappen brach ihm das Anfangsstück vom Zollstock ab und ich kriegte die Kante mit Stahlbelag ins Auge. Anschließend gingen wir wie immer zu ihr nach Hause und tranken Kaffee. Dann, so um 18:00 Uhr jeweils, ging ich mit meinen Kindern wieder nach Hause. Das Auge tat etwas weh, aber beim Einschlafen abends merkte ich, daß ich die Augen nicht richtig zumachen konnte. Es fühlte sich an wie ein großes Sandkorn. Ich versuchte einzuschlafen, aber immer wenn sich die Augen im Schlaf bewegten, wachte ich auf und riß die Augenlider auseinander. Ich konnte also nicht schlafen. Ich war aber nicht in der Krankenkasse und hoffte, daß das irgendwann weggeht. Ich wusste nicht, daß Unfallhilfe kostenlos sein kann. Das ging drei Nächte so. Immer wenn ich die Augen zumachte, tat es wie verrückt weh, und ich versuchte die Augen aufzubehalten, wenn ich mich nachts hinlegte. Nach der zweiten Nacht ging ich zu Heidi und Nils, um mir etwas Geld zu borgen. Der Nils sagte, mehr als 7,- Mark könne er mir nicht borgen. Ein Mann mit zwei kleinen Kindern ohne Beruf ohne Geld und krank, - da will keiner helfen. Das ist die totale Armut. Da kriegt man nichts. Da verbreitet man den Schrecken der Armut. Andere wollten mir auch nicht helfen, die ich anrief. Auf dem Nachhauseweg musste ich an einer Kreuzung zehn Minuten lang warten, bis mal kein Auto kam. Mit der linken Hand musste ich wegen des Herbststurms mein Auge zuhalten, und konnte deshalb nur das eine Kind an der Hand halten. Dann rannten wir rüber. Die dritte Nacht war auch wieder schlimm aber ich war nun schon so müde, daß ich minutenweise einschlief. Am nächsten Vormittag saß ich an dem Apfelsinenkisten-Tischchen und überlegte mir, was ich alles für die 7,- Mark am besten kaufen sollte. Es war ja nichts da. Es war so um 11:00 Uhr. Da klingelte es und die Kinder liefen zur Tür und machten auf und riefen: „Die Mama!" Da stand meine Geschiedene erstmals seit einem Jahr vor der Tür mit einer großen Tüte Essen und gab mir auch noch hundert Mark. Sie hatte ein Auto dabei und fuhr mich sofort ins Unfall-Krankenhaus. Die schickten uns in die Augenabteilung vom Westend-Krankenhaus am Spandauer Damm. Dort wurde ich dreimal behandelt. Es war ein kleines eitriges Geschwür auf der Pupille gewesen. Jahrelang spürte ich manchmal noch die Stelle, wenn ich mir unvorsichtig die Augen rieb.* Meine Geschiedene kam nun regelmäßig hin und wieder und half aus mit Geld und Essen und nahm auch mal die Kinder mit für paar Stunden. Dann verlobte sie sich in Afrika. Das waren die schlimmsten drei Tage in meinem Leben bis dahin, aber das Ende war ja richtig gut geworden, und so überraschend, wie man nie hätte vorher drauf kommen können. In Kreuzberg hatte ich mich dann auch endlich irgendwann polizeilich angemeldet. Und drei Monate später kriegte ich vom Finanzamt 300,- Mark. Ich hatte einen Antrag vor 2 1/2 Jahren auf Steuerrückzahlung gestellt und das Finanzamt Zehlendorf wußte nicht, wo

* Zum Sozialamt ging ich nicht. Man sollte dort nicht denken, ich würde es nicht alleine schaffen mit den Kindern.

es das Geld hinschicken sollte. Da war ich dem Finanzamt dankbar und dachte: Das ist erstaunlich, die sind immer pingelig, aber dafür geht auch nichts verloren.*

*****

Jetzt ist es 22:50 Uhr, am 22. Dezember 2000
Um zehn Uhr stand ich auf. Um 1/2 2 fuhr ich mit dem Bus am Finanzamt vorbei und steckte einen Brief ein, Umsatzsteuervorauszahlung. Dann fuhr ich zum Kaufhaus Wertheim, gegenüber dem ehemaligen Café „Pientka" an der Gedächtnis-Kirche. Na, da war es voll jetzt vor Weihnachten. Ein Glück, daß ich Weihnachten alleine bin, ich brauche keine Geschenke kaufen. In Korea schenkt man zur Hochzeit, zum Geburtstag usw. Geld. Wenn man gut befreundet ist viel, wenn man nur bekannt ist wenig. Das ist ganz praktisch und man braucht nach Weihnachten nicht alles Mögliche wieder umtauschen. 2 Klemmlampen und Glühbirnen und Kopfhörer kaufte ich, und einen Übersichts-Jahres-Kalender für die Wand. Die Klemmlampen habe ich gleich über meinem Schreibtisch angebracht und angefangen zu malen. Jetzt habe ich schön helles Licht, 5 Lampen. „Das Blonde Streichquintett" heißt das neue Aquarell. Die erste Schicht ist fertig. Morgen male ich weiter. Auf der Rückfahrt im Bus saß ein Mädchen mir gegenüber, die sah so aus wie die Cembalistin auf dem Bild „Das Blonde Duo", aber angezogen natürlich. Als ihre Freundin ausstieg, wurde sie nachdenklich und kaute ständig an ihren Fingernägeln. Merkwürdig, sie kümmerte sich um nichts, war völlig vertieft und gedankenversunken und kaute und kaute. Ich konnte gar nicht hinsehen und sah doch ständig hin. Sie war ungefähr 17 und sehr hübsch und aus gutem Hause und unterhielt sich vorher mit ihrer Freundin in gutem Englisch. Sie stieg mit mir am Roseneck aus. Kurz vorher sagte ich, - es war keiner mehr oben im Bus: „Kaust du deine Fußnägel auch nachher?" Da hörte sie auf und ging nach unten. Merkwürdig.

Es waren heute 2 Grad minus. Vorhin lief im Fernsehen im 3Sat (21:00 Uhr) ein Bericht über Japaner, die Rinder züchten und sie pro Kuh für umgerechnet 120.000,- (hundertzwanzigtausend) Mark versteigern. Die teuerste Kuh brachte 450.000,- Mark. Ein Stück Fleisch kostet dann wahnsinnig viel Geld, so 300,- Mark. Na ja. Der Rinderzüchter sagte: „Ich liebe meine Rinder wie meine Kinder, - mehr als meine Frau." Sie haben kaum Auslauf und werden mit gekochtem Reis und Reisstroh gefüttert (ich kann mich nicht mehr richtig erinnern, vielleicht war der Reis auch geröstet, oder getrocknet oder so), damit das Fleisch besser schmeckt. Sie werden kaum bewegt, damit sie Fett ansetzen, täglich massiert, „damit das Fett nach innen geht". Der Japanische Züchter (so 50 Jahre alt) sagte, er mache das gar nicht mal wegen des Geldes, sondern weil er die Rinder liebe, mehr

* Einmal hatte ich die Vorahnung, daß ich bald reich würde. Dieses Gefühl hielt an 10 Tage lang. Obwohl ich kein Geld in der Tasche hatte, fühlte ich mich reich. 1 1/2 Jahre später war es dann soweit.

als seine Frau. Da hat die Frau aber Glück, daß sie nicht geschlachtet wird. Der Moderator sagte, die Menschen hielten sich für die Krone der Schöpfung. Der Rinderzüchter sagte dann weiter, es täte ihm dann auch leid, wenn die Rinder geschlachtet werden. Was ist das denn? Sind die Menschen krank im Gehirn, in der Seele, im Gefühl, sind sie fehlgeschaltet, fehlprogrammiert? Da liebt einer seine Rinder und kauft neue Kälber, mästet sie, sperrt sie ein und läßt sie nach 3 Jahren schlachten und liebt sie.
Der Stief-Vater von einem Bekannten kam, als ich mal da war, gerade aus dem Keller und sagte: „Es tut mir so leid, daß ich meine Kaninchen eben geschlachtet habe, es tut mir immer so leid." Und ich sagte: „Warum züchten Sie überhaupt welche?" Er zuckte mit den Schultern. Die Menschen sind bescheuert! - Oder nicht?
B.S.E.! Jeden Tag im Fernsehen: „Ich weiß gar nicht mehr, was ich essen soll"! Die armen Menschen, die wissen nicht mehr, was sie essen sollen, sie müssen schon auf Schweinefleisch und Geflügel ausweichen. Die armen Menschen.

Seit ein`ger Zeit gibt's B.S.E.,
die armen Menschen, ach oh weh!
Mit Rindfleisch füll`n sie sich die Bäuche,
nun krieg`n sie alle Rinderseuche.

Ich glaub' , ich hab' das Gedicht schon erwähnt, macht nichts, doppelt hält besser.

Aber nur die Ruhe bewahren,
man kriegt sie erst in 15 Jahren.
Bis dahin steigen um die Schnellen
auf Hühnerfleisch mit Salmonellen.
Die andern sind beim Schlachtefest,
und warten auf die Schweinepest.
Und wissenschaftlich fest nun steht' s,
verspeist man Affen, kriegt man Aids.
Ach, ich bin fast von den Socken,
in Fisch und Fleisch Staphylokokken.
Die Kühe tun belohnen
den Bauern mit Prionen.
Harmlos für die Menschenbäuche
ist die Maul- und Klauenseuche.
Geht einst die ganze Menschheit ein,
dann hab'n die Vegetarier Schwein!

In Deutschland gibt es ungefähr 4 Millionen Vegetarier, also eine Minderheit, - die reichen aber grade aus, um die andern zu begraben. Ich werde auch, sofern ausreichend vorhanden, jedem ein Kreuz ins Grab stecken, aus zwei Rinderknochen. So, jetzt hab' ich's ihnen aber gegeben, den Kronen der Schöpfung.

Ich habe viele Bilder gesehen, auf denen Jesus abgebildet ist als Hirte inmitten einer Herde voller Schafe oder Lämmer. Ich habe nie ein Bild gesehen, auf dem Jesus Schafe oder Lämmer schlachtet. Warum nicht?

*****

5. Teil

Der Beginnende Aufschwung

1964 war ich also geschieden und im Januar 1965 verdiente ich richtig gut Geld.* Da gab es in Steglitz eine Bar, die hieß „Quartier Lautrec". Die lief nicht gut. Und ein Geschäftsmann hatte eine Idee und der Laden wurde plötzlich gerammelt voll. Er ließ nackte Mädchen für 10 Minuten „Modell stehen" und die Gäste zeichneten sie ab. Das war damals ganz neu, daß die Mädchen ganz nackt waren. Zur Auflage war gemacht worden, daß sie sich nicht bewegen durften. Sie kamen im Halb-Dunkel auf das Podest und wurden dann angestrahlt. Nach einer halben Stunde kam das nächste Modell. An Wochenenden standen die Leute sogar Schlange und wenn welche rausgingen, durften genau so viel neue rein. Es waren etliche Künstler da, die Lieder sangen, ich auch. Außerdem spielte ich, während die Mädchen standen, Solo-Gitarre. Das war den Mädchen, wie sie mir sagten, sehr angenehm, dann kamen sie sich nicht so billig vor. Während ich spielte, schaute ich die Mädchen automatisch an, und immer auf die selbe Stelle, das ergab sich so. Das ganze ging drei Monate lang, jeden Abend, 7 - mal in der Woche. Nachher hatte ich ein Jahr lang keinerlei erotische Gefühle mehr, wenn ich eine nackte Frau ansah. Daraus hab' ich natürlich gelernt: Man soll sich nicht zu viel mit einer Sache beschäftigen, sonst läßt das Interesse nach. Ich hatte mit dem Teilhaber ausgemacht: 30,- Mark von 22:00 Uhr bis 1:00. Dann wurde der Laden aber voll, und ich sollte 2 Stunden länger bleiben und bekam 10,- Mark mehr. Und dann noch mal 2 Stunden länger, und nochmal 10,- Mark. So hatte ich jeden Tag 50,- Mark, und das 3 Monate lang. 50,- Mark waren wie heute etwa 400 bis 500,- Mark. Nun konnten wir gut leben. Ich hatte 3000,- Mark gespart und

* 1977 fragte mich meine geschiedene Schwiegermutter, ob ich nicht wieder meine geschiedene Frau heiraten würde, weil ich so Steuern sparen könnte. 1980, nach dem Begräbnis von meinem Sohn, fragte sie, ob ich nicht einen Bauernhof kaufen würde für alle (ca 300.000,- DM). Ich sagte „nein", beide Male.

kam das ganze Jahr damit aus. 300,- Mark hatte ich verborgt, die ich nie wiederbekam.* Es kosteten damals: 2 Pfund Brot: 52 Pfennig, Margarine 45, Camembert 35, Tasse Kaffee im Steinplatz-Café 50 Pf.** Im Winter konnte ich auch genügend Briketts kaufen. Die wurden ins Haus geliefert. Ich stapelte sie in der Zwischentür, die vom Hausflur zum Wohnzimmer führte und eine Doppeltür war, die aber nicht benutzt worden war, und vom Wohnzimmer aus zutapeziert war. Da gingen drei Zentner rein. Am Tage reichten sieben bis neun Briketts. Ein Zentner waren 70 Briketts. Das kleine Zimmer war aber immer warm, weil da die Wärme von einem Ofen aus einer Wohnung im Vorderhaus durchkam. Die Wand war immer ganz warm. Nur wenn die Leute, die da wohnten, mal verreisten, war auch mein kleines Zimmer kalt. Es waren immer 16 Grad dort. Wenn ich kein Geld für Kohlen hatte, heizte ich mit allen möglichen Sachen.
Jedenfalls, haben die Kinder nie gefroren. Eine alte Matratze verheizte ich mal. Ich schnitt sie auf und wickelte in Zeitungspapier den Inhalt zu kleinen Päckchen. Das heizte gut. Auch alte Kaffee-Büchsen brannten schön und

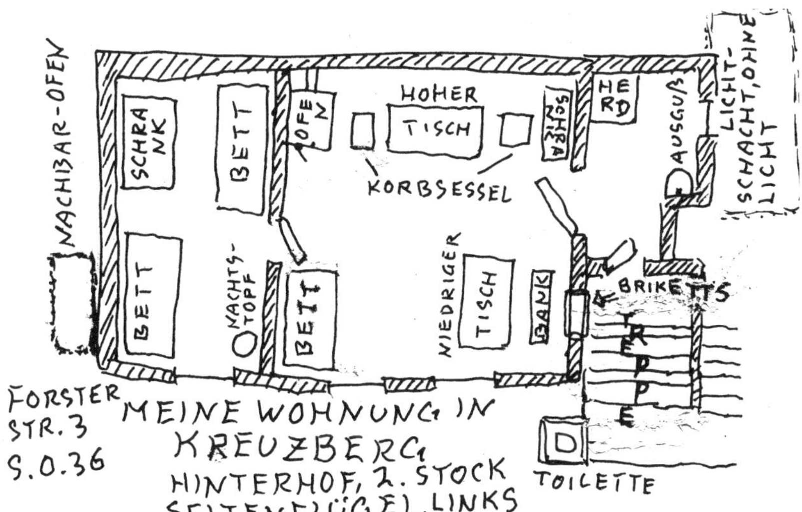

heizten schnell. Alte Kleider, alte Schuhe, die nicht mehr benötigten Windeln, und einen Monat lang reichte ein alter Teppich, den ich in Streifen schnitt. Dabei öffnete ich die Ofentür, damit der Staub durch den Luftzug abgesaugt wurde. Aber wenn ich Geld hatte, heizte ich immer mit Briketts. Abends, wenn es schön warm war , badete ich die Kinder im Wohnzimmer vor dem warmen Kachelofen, im Sommer aber in der Küche. Dann fütterte ich sie, - auch noch, als sie schon selber essen konnten, - aber so bekamen

* Manchmal war ich „Vorzeichner" und suchte die beste Zeichnung vom Publikum aus. Die bekam dann einen Preis: eine Flasche Sekt (am Wochenende) oder eine Flasche Bier (in der Woche). Die Mädchen bekamen 50,- Mark.
** Das Steinplatz-Café hatte übrigens so ungefähr 7 Tische.

sie das Essen wenigstens warm in ihre Bäuchlein.* Wenn sie nicht essen wollten, sagte ich immer: „Einen Löffel müßt ihr essen, wenn ihr dann nicht wollt, braucht ihr nicht.“ Meistens aßen sie dann aber doch nach dem ersten Löffel. Aber wenn nicht, dann brauchten sie auch nicht. Das war aber sehr selten. Im Sommer kaufte ich ein kleines Schlauchboot für mich und ein noch kleineres für meine Kinder. Dann fuhren wir mit der U-Bahn zur Krummen Lanke, das dauerte eine Stunde und paddelten über den See und badeten. Paar Mal kamen wir an und es war bewölkt oder es regnete, dann mußten wir wieder eine Stunde zurückfahren mit der U-Bahn, aber ohne umzusteigen.

In Berlin, in der Bleibtreustraße gab es neben der S-Bahn eine Galerie im Hinterhof. Die hieß wie schon erwähnt „Galerie Diogenes”. Der

Schauspieler Günter Meisner hatte sie ins Leben gerufen. Dort hielt ich mich oft auf und konnte Griechischen Wein (Retsina) trinken und Zigaretten rauchen. Günter Meisner rauchte so viel Zigaretten am Tag (mindestens 40), da fiel es gar nicht auf, wenn ich welche nahm. Wein trank ich wenig. Es wurden dort Bilder ausgestellt, vor allem aber Theater gespielt. Es gingen 60 Leute rein. Dann mußte aber die Hälfte stehn. Da habe ich oft mitgemacht, aber nur Gitarre gespielt. Ein Theater-Stück hieß „Die Unterrichtsstunde” von Eugen Ionesco. Da spielte ich immer die Vormusik. Bei der Premiere ging ich, wie geprobt, auf die Bühne, kurz nachdem die Scheinwerfer angingen, - setzte ich mich hin und spielte mein Gitarren-Solo „Kontiki”. Ich hatte nur ein paar Schritte zu gehen, das war ja auch ziemlich klein da. Aber die Leute fingen an zu lachen, als sie

* Ich hatte eine Baby-Badewanne aus Plastik. Nach den Kindern setzte ich mich da rein und wusch mich. Auf dem Herd war 1 elektrische Kochplatte.

mich gehen sahen, und bei der nächsten Vorstellung mußte ich im Dunkeln auf die Bühne gehen, und das Licht ging erst an, nachdem ich saß. Wir waren mal in Frankfurt/Main zu einem Theatertreffen mit den Galerie-Diogenes-Leuten und da spielten wir ein modernes Theaterstück.* Da wurden Kerzen versteigert und ich mußte die Kerzen auf die Bühne bringen. Und immer wenn ich auf die Bühne ging, lachten die Leute. Nu ja, das waren wohl schon Anzeichen, daß ich in die komische Berufsrichtung geraten würde. Aber keiner hat diese Anzeichen damals gedeutet. Nachts um ein Uhr sollte ich mit dem VW-Bus mich und drei Schauspielerinnen zurückfahren nach Berlin, um Hotel-Geld zu sparen. Das war sehr anstrengend. Ich hatte ja auch keine Fahrpraxis. Das Goggomobil hatte bereits nach einem halben Jahr den Geist aufgegeben. Nach 400 Kilometern, wir waren schon im Osten auf der Transit-Strecke, hatte ich ganz schön mit der Müdigkeit zu kämpfen. Die Mädchen schliefen hinten. Ich sah Häuser auf der Fahrbahn, und Pferde neben der Autobahn laufen. Und dann träumte ich: Ich war im Himmel und Petrus saß in einem Pförtner-Häuschen und sagte: „Zeigen Sie mal Ihren Einweisungsschein." Da wachte ich auf und hielt sofort an auf dem Seitenstreifen. Die Mädchen wachten auf und sagten: „Warum halten wir denn hier an?" Ich sagte: „Ich muß mal." - „Ach so." Dann wurde es hell draußen allmählich und ich war wieder munter.
12 Stunden waren wir gefahren. Mittags kamen wir in Berlin an. Der Traum hatte mir zu denken gegeben. Seitdem mache ich, wenn ich müde werde, immer eine Pause und laufe paarmal um das Auto rum.
In diesem Galerie-Theater verdiente ich auch immer etwas Geld. Aber es gab immer noch längere Lücken. Einmal spielten wir nur für einen Mann. Mehr Publikum war nicht gekommen. Aber das war ein Kritiker, und deshalb spielten wir. Es ist ganz schön abhärtend für einen Künstler, vor so wenig Leuten zu spielen. Im Quartier Lautrec spielten wir auch mal nur für einen Gast, wir alle, auch die Mädchen. Das war Anfang April 1965. Da schneite es abends, und um 20:00 Uhr lagen in ganz Berlin 20 cm Schnee. Keine Autos fuhren mehr, nur hin und wieder ein Bus. Deswegen war auch nur einer da im Laden. Aber wir bekamen alle unser Geld. Der Teilhaber hieß Herr Joffe. Ich hatte ja anfangs Hemmungen, Lieder zu singen, aber er sagte immer: „Ingo, du mußt Lieder singen, das kommt doch gut an. Spiel' die Gitarre, aber sing auch Lieder." Später war ich Herrn Joffe dankbar dafür, daß er mich gedrängt hatte.** Dort hatte ich auch die Mieder-Lieder vom Matthias gesungen und die Leute lachten immer. Die Lieder hießen: „Es steht noch ein Mieder von dir bei mir rum." - „Rosa war die Wiese." - „Ich hab' dein Mieder gesehn." - „Die Magd im Walde." - Manche sagten, sie sind wegen der Mädchen gekommen, aber wegen der Musik geblieben. Es traten immer so 5 bis 6 Liedermacher auf. Hannes Wader war auch paarmal da. Horst

* Das handelte von dem Totalen Stromausfall in New York, der da paar Jahre vorher war.
** In meinem Umfeld wurde öfter gesagt, das würde sich nicht gut anhören, wenn ich singe.

Steffen Sommer öfter. Ich immer. Im Grunde genommen war das die erste Folklore-Kneipe in Berlin. Mitte April gab es Ärger zwischen Herrn Joffe und dem Barbesitzer, wegen Geld, und die ganze Sache ging zuende.

*****

In Berlin gab es Ende 1965 (vielleicht auch 66) ein Kabarett, das hieß „Reichskabarett", in der Ludwig-Kirch-Straße, Ecke Uhlandstraße. Abends spielte Politisches Kabarett, linkes, Sonnabend und Sonntag nachmittags Kinder-Theater und Freitag um 23:00 Uhr sangen Berliner Liedermacher. Ein Bekannter sagte: „Geh'n Sie doch mal hin, da kann jeder singen, der will." Ich ging hin und sang die Mieder-Lieder und spielte paar Gitarren-Solo-Stücke. Es kam sehr gut an und ich ging jeden Freitag dahin. Es war meistens voll (120 Leute) mit Studenten, und wir bekamen jeder 30 bis 70 Mark. Schobert und Black hatten die freitäglichen Nachtvorstellungen ins Leben gerufen. Es kamen immer: Hannes Wader, Ulrich Roski, Reinhard Mey, Ich, Susanne Tremper, Elke und Alexander und einige andere, die ich vergessen habe. Da nannte ich mich dann schon nach meiner Geburtsstadt Insterburg.* Günter Meisner sagte mal: „Dein Familienname hört sich nicht so gut an", und ich dachte an Leonardo da Vinci, Andres Segovia, Otto von Habsburg, die hatten sich auch nach ihren Geburtsstädten benannt und so hieß ich jetzt

INGO INSTERBURG

Als das Politische Kabarett mal Ferien machte, spielten wir 14 Tage hintereinander jeden Abend von 20:00 bis 22:00 Uhr. Manchmal kamen

* Ein Glück, daß ich nicht in Pforzheim geboren bin.

wenig Leute, aber es war ganz gut besucht an den Wochenenden.* Als die letzte Vorstellung kam, sagte Schobert am Abend vorher: „Wollen wir nicht zur letzten Vorstellung morgen etwas Jux machen. Black und ich könnten unsere Bermudashorts anziehen.“ Susanne Tremper (die war später die Freundin von Hannes Wader) sagte, sie könnte ein Miederlied singen: „Ich hab' heut' nacht in deinen rosa Ohren... was verloren”. Und ich sagte: „Ich bringe meine Geige mit, und ihr begleitet mich mit den Gitarren.“ Und so machten wir es. Es wurde ein unglaublich lustiger Abend und die Leute wußten gar nicht, wie ihnen geschah und amüsierten sich ganz toll. Mir hatte das so viel Spaß gemacht, mit der Geige und der Gitarrenbegleitung, daß ich den Black bat: „Kannst du mich nächsten Freitag zur Nachtvorstellung wieder begleiten?” Und er sagte: „Na klar.” Und so geschah es und ich war so richtig glücklich. Nach dem 2. Mal da merkte ich, daß er es nur noch unwillig tat und ich dachte mir: Vielleicht macht es ihm keinen Spaß mehr, vielleicht auch die ganze Art nicht, vielleicht kommen Schobert und Black am Ende den nächsten Freitag gar nicht mehr. In der Kleinen Weltlaterne hatte ich mit dem Jürgen Barz, der Betriebswirtschaft studierte, schon paarmal an einem Tisch gesessen und ich wusste, daß er auch Gitarre spielte. Da fragte ich ihn, ob er Lust hätte, mich auf der Geige zu begleiten mit der Gitarre. Zwei andere hatte ich auch gefragt und die sagten, was das dann werden sollte und was man da verdienen kann. Jürgen Barz stellte solche Fragen nicht, sondern sagte gleich: „Ja.“ Wir übten uns 5 Lieder ein und ich nahm ihn mit ins Reichskabarett und Schobert und Black kamen nicht an dem Tag. Da trat ich mit Jürgen Barz auf und es klappte sehr gut und wir erhielten viel Applaus. Für die nächste Veranstaltung übten wir uns deshalb noch mehr Lieder ein. Ich baute mir zu dieser Zeit eine Bambusklarinette, 1,20 Meter lang, und ich nannte sie „Besenstiel”. Auf diesem Bambus-Besenstiel übten wir uns ein, ein russisches Volkslied, das die Don Kosaken immer gesungen haben, auf Deutsch „Oh Abendklang“ (wetscherni swon, - „s” wie in Suppe). Jürgen hielt die drei unteren Löcher zu, und ich die oberen fünf. Das war ein Knüller. Schobert und Black blieben immer häufiger weg, und manchmal

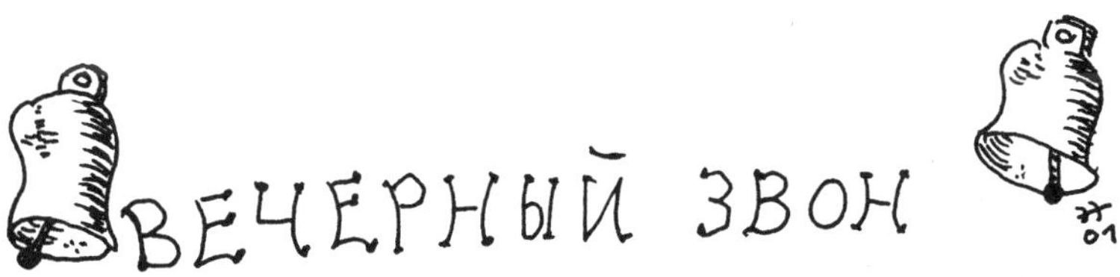

*Ich machte auch im Reichskabarett mal mit mit Gitarre und Gesang in einem Programm „Barocke Liebeslyrik”, zusammen mit 2 Schauspielerinnen und einem Schauspieler. Die barocken Melodien hatte ich selber gemacht. Mit Jürgen Barz bespielte und besang ich später eine Langspielplatte mit diesen Liedern.

waren Jürgen und ich nur noch mit wenigen anderen da, und an Publikum kam auch nicht mehr so viel, 30 bis 40 Leute nur noch. Eines Freitags kam Karl Dall mit Peter Ehlebracht zu mir und fragte, ob sie singen könnten. „Ja, natürlich", sagte ich und sie freuten sich. Es waren 30 Leute da, und jeder bekam 5,- Mark. Ich fragte, ob sie nächsten Freitag wiederkämen, und sie sagten beide: „Ja." Am nächsten Freitag waren 50 Leute da und es wurde ein lustiger Abend. Diesmal kamen auch Elke und Alexander, und Elke sagte: „Das sind ja nur so wenig Leute, da geh`n wir wieder, wir wollen euch ja nicht noch die paar Mark wegnehmen." Und sie hauten ab. Beim dritten Mal waren es schon 90 Leute, und es wurde eine richtig schöne Vorstellung. An dem Abend sagte uns der Geschäftsführer, der Herr Schäfer: „Wollt Ihr nicht mal 'ne Premiere machen mit Presse, usw.?" „Ja!" - „Ja!" - „Ja!" - „Ja!" riefen wir vier. „Na gut", sagte der Herr Schäfer, „so in zwei, drei Wochen." Dann gingen wir auseinander, Jürgen und ich in die Weltlaterne und Karl und Peter gingen woanders hin, d.h. sie fuhren. Karl Dall hatte einen alten VW-Käfer, denn er arbeitete in einem richtigen Beruf. Er hatte sich hochgearbeitet vom Schriftsetzer zum Druckereivertreter.*

*****

Um diese Zeit, es war 1967 mittlerweile, machte in Berlin, also West-Berlin, die erste Folklore-Kneipe auf, das „Dany's Pan". In München gab es schon eine und in Hamburg auch, alle hießen Dany's Pan, und die 3. nun in Berlin. Jeder, wer wollte, durfte da singen, aber nur 10 Minuten und nach 1 bis 2 Stunden nochmal 10 Minuten. Jeder bekam 10,- Mark und 3 Freibier. Das Dany's Pan war in der Fasanenstraße, neben dem Dephi-Kino an der Kantstraße, und zwar im Keller. Da drüber war ein Weinlokal, die „Winzer-Stuben". Vom ersten Tag an lief es gut, egal welcher Wochentag. Von 21:00 Uhr bis 3:00 Uhr war Programm. Da gingen Jürgen Barz und ich natürlich hin. Karl Dall und Peter Ehlebracht natürlich auch, Schobert und Black, Reinhard Mey, Hannes Wader, Horst Steffen Sommer, Elke und Alexander und noch mindestens 20 andere. Wenn einer mal nichts konnte, war das nicht so schlimm, weil es ja nur 10 Minuten waren, und die Leute lachten über ihn und klatschten trotzdem. Unter den Zuschauern war einer der quatschte mich an und hieß Andre, kam aus Ungarn, war aber ständig in Deutschland. Der sagte: „Ingo, schreib` doch mal ein Musical. Ich arbeite für's Fernsehen beim SFB, da könnten wir eine Fernsehaufzeichnung machen." Ich fing gleich an zu schreiben. Ach so. Ich hatte ja zwei Jahre lang gewartet, daß mir mal einige Lieder einfallen, und dann sprudelte es plötzlich wie mit Eimern aus mir heraus. Das war ungefähr um diese Zeit. Ich wollte immer so gern, daß mir

* 300 Meter von meiner Wohnung entfernt am U-Bahnhof „Görlitzer Bahnhof" gab es eine Kneipe, in der ich aber nur 2 - mal war, - die hatte 24 Stunden geöffnet, also immer. Einmal starb dort ein Mann sitzend am Tisch. Erst 1 1/2 Tage später wurde es bemerkt, dass er tot war. Da wurde dieser Kneipe die Auflage gemacht, dass sie 1 Stunde am frühen morgen zuhaben musste, damit es schneller bemerkt würde, wenn ein Alkoholiker hinüber war.

mal ein Lied einfiel, aber es kam nichts. Schlager hatte ich schon einige gemacht an der Kunsthochschule.* Nur eine Zeile fiel mir mal ein: „Nun roll `dich in den Teppich ein.“ Das war gewiß nicht viel, aber vielleicht war es ja so eine Art Samenkorn. Jedenfalls so ungefähr 1 1/2 Jahre blieb es ein Samenkorn. Immer wieder wiederholte ich es „nun roll` dich in den Teppich ein” monatelang, aber mehr kam nicht. Für einen Bekannten,** den Filmemacher Franz Baake, sollte ich dann mal paar Melodien machen für einen Spielfilm, der dann „Pension Clausewitz” hieß, eine Spionage-Komödie. Es waren zwei Lieder und ich sang sie auch für den Film. Der Text war: Es war eine uralte Tante, die hatte keiner mehr lieb. Das zweite ging so: Bei Vater Staat zu Gast, saß Lembke nun im Knast. Dann dachte ich: Schade um die beiden Melodien, da sollte ich einen eigenen Text drauf machen. Da fiel mir ein in Anlehnung an den Filmtext: Es war eine uralte Fliege, - . Nach paar Tagen kam es mir:

Es war eine uralte Fliege,
die kaute Kautabak.
Am Euter einer Ziege
da ließ sie sich kauend herab.

Na, ich war erst mißtrauisch, ob das nun schon was war. Aber manchmal fällt mir was ein, auch heute noch, und ich fühle mich gezwungen, das aufzuschreiben, fast gegen meinen Willen.

Folgendes Lied machte ich mal zwangsweise:
Ich fuhr auf der Autobahn Berlin - Hamburg (allein) zu einer Vorstellung nach Bad Zwischenahn (hinter Oldenburg) am 23. April 1998 in meinem VW Sharan. 100 km nach Berlin fiel mir eine Zeile ein: „Es war eine schwarze Rose!“ Na ja, dachte ich, hört sich gut an. Dann: „die wurde schwarz gezüchtet, die rot-weiß-gelben Farben, die war’n dabei vernichtet.“
Na, das ist doch nichts, das laß ich mal sein. Dann kam es mir: „Da sprach die schwarze Rose und schaute traurig drein, ach könnt’ ich eine schöne, bunte Rose sein.“ Na ja, da mach ich lieber nicht weiter, das wird nichts. Dann kam es über mich: „Da ging ich zu der Rose, und tat sie zart betasten, - - - - - dann holt’ ich aus der Hose meinen Farbenkasten.” Na das hört sich ja an, dachte ich, also ich hör’ jetzt auf damit. Nach ein paar Kilometern: „Und malte nun die Rose rot-weiß-gelblich an, - - - - - daß sie in schönsten Farben einmal leuchten kann.” So, jetzt aber aufhören damit. So 10 Kilometer weiter: „Da lächelte die Rose, und schaute glücklich drein, was kann ich eine schöne, bunte Rose sein.” Da dachte ich, das hört sich ja doch ganz gut an, das kann ich vielleicht für die CD „Rosenlieder” nehmen,

* z.B. 7 Rote Rosen (auf Doppel CD Rosenölsonate). Ich hatte 1957 zu meinem Geburtstag 7 rote Rosen geschenkt bekommen durch einen Kundendienst, ohne Absender, und ich weiß immer noch nicht, von wem die waren.
** dessen Frau hatte mein Sohn Claudius ja mal beim Stillen zugesehen

MIN 2,50

INGO INSTERBURG 1998

Die schwarze Rose

INGO INSTERBURG 23.-24. APRIL 1998

(1) Es war eine schwarze Rose, die wurde schwarz gezüchtet.
Die rot-weiß-gelben Farben, die war'n dabei vernichtet.
Da sprach die schwarze Rose, und schaute traurig drein:
Ach könnt' ich eine schöne bunte Rose sein.

ZW 1/4 A

(2) Da ging ich zu der Rose, und tat sie zart betasten.
Dann holt' ich aus der Hose meinen Farbenkasten.
Und malte nun die Rose rot-weiß-gelblich an.
Daß sie in schönsten Farben einmal leuchten kann.

(3) Da lächelte die Rose, und schaute glücklich drein:
A2 "Was kann ich eine schöne bunte Rose sein!
Was kann ich eine schöne bunte Rose sein!
Was kann ich eine schöne bunte Rose sein!"

ZW B12

(4) Drei lange Tage später fiel Regen dann herab,
und wusch der schwarzen Rose die Farben wieder ab.
Da lächelte die Rose noch immer glücklich drein:
B2 "Ich konnt' drei lange Tage eine schöne Rose sein!
Ich konnt' drei lange Tage eine schöne Rose sein!
Ich konnt' drei lange Tage eine schöne Rose sein!"

ANF ZW 1/4 A

(5) Nun ging ich zu der Rose nach jedem Regentag.
Und rot-weiß-gelb bemalet stand sie im Rosen-Haag,--
bis dann im kühlen Herbste ihr Blütenkelch verdorrt,--
doch lebt ihr stilles Lächeln immer, immer fort,

B2
doch lebt ihr stilles Lächeln immer, immer fort,
doch lebt ihr stilles Lächeln immer, immer fort.
INGO INSTERBURG 1998
EINL
A1
A2
B1
B2
NACH DIESEM LIED SOLLTE MAN ÜBERGANGSLOS „MÜDE KEHRT EIN WANDERSMANN ZURÜCK“ SINGEN IN E-dur.
SCHLUß
ANF ⇒ ANFANG
AUF DER FAHRT NACH BAD ZWISCHENAHN 23. APRIL 1998 IM VW SHARAN

passend zur Rosen-Öl-Sonate. Dann fuhr ich zu einer Raststätte und schrieb die drei Verse auf. Danach fuhr ich weiter und da fiel mir wieder was ein: „Drei lange Tage später fiel Regen dann herab, und wusch der schwarzen Rose die Farben wieder ab. Da lächelte die Rose noch immer glücklich drein: Ich konnt' drei lange Tage eine schöne Rose sein." Oh, dachte ich, das hört sich ganz gut an und ich fuhr auf einen Parkplatz und schrieb es auf. Dann fuhr ich weiter und freute mich, daß ich einen Liedertext gemacht hatte. Dann fiel mir ein: „Nun ging ich zu der Rose nach jedem Regentag, und rot-weiß-gelb bemalet stand sie im Rosen-Haag, bis dann im kühlen Herbste ihr Blütenkelch verdorrt, doch lebt ihr stilles Lächeln immer, immer fort." Da hielt ich wieder auf einem Parkplatz und schrieb diesen Vers auf. Nun merkte ich, dass das Lied fertig war. Eine Stunde vor der Vorstellung, nachdem ich alles spielfertig ausgepackt hatte, ging ich noch bißchen spazieren und da fiel mir die Melodie ein, die ich auf einen Zettel aufschrieb. Zu Hause schrieb ich alles ab und lernte das Lied. Es ist auf der CD „Rosenöl-Sonate" drauf. Danach kommt unmittelbar „Müde kehrt ein Wandersmann zurück, nach der Heimat, seiner Liebe Glück". Ja, so war das, als sich mir dieses Lied aufdrängte. Fast jeder Ton der Melodie hat eine Harmonie, und die Gitarre wird begleitet von 2 Geigen und 1 Bratsche, in Oktaven.

Zurück zu der uralten Fliege. Am nächsten Tag fiel mir dann ein:

Es trank die alte Fliege,
nachdem sie den Tabak gespuckt,
die Milch von dieser Ziege,
als plötzlich das Euter zuckt.

Da flog die Fliege von dannen,
sie hatte sich sehr erschreckt.
Sie trinkt nur noch Milch aus Kannen,
obwohl diese nicht so schmeckt.

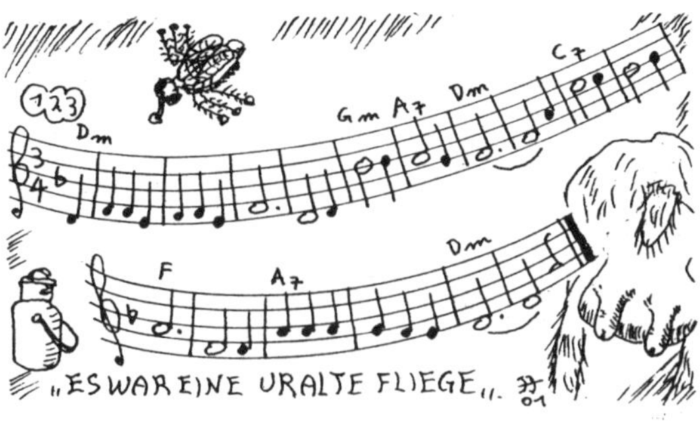

Ich übte mir später das Lied mit Jürgen ein und es kam gut an.
Aus dem 2. Filmlied entstand folgendes Lied:

Bei einem Schwein zu Gast
war eine Sau schon fast.
Doch auf dem Weg dahin,
da kam ihr in den Sinn:

Vielleicht wird mein Gastgeber,
ein schöner dicker Eber,
am Ende gar zudringlich,
ich bin darin sehr pinglich.

Da kehrt die Sau schnell um,
und denkt, ich wär ja dumm:
Bei meines Schwänzchens Schnörkel,
ich will noch keine Ferkel.
da, die, da, die, da Chrrrrrr (grunzen).

Das letzte haben wir sogar mal im Fernsehn gesungen. Das waren also meine beiden ersten Lieder. Dann kam:

Nun roll dich in den Teppich ein
und quieke wie ein kleines Schwein,
einmal, zweimal, dreimal gar,
oh du bist so wunderbar,
Gilbert!

(auf CD 3 x 7 Liebeslieder)

Dann sprudelten die Eimer.

Nun zu dem Musical.
Ich machte erst eine ungefähre Geschichte und mir fiel ein: Ich mache ein Steinzeit-Musical.12 Jungen und 6 Mädchen. Am nächsten Tag erzählte ich Andre davon, wir saßen immer im Möhring-Café, Uhlandstraße, Ecke Ku-Damm. Er sagte: „18 Leute sind viel zu viele." Ich sagte: „Na dann 6." „Hm", sagte er, „Wen könnten wir da nehmen?" und ich kam erst mal auf Karl und Peter, und er sagte: „Ja, die passen auch am besten zu dir und Jürgen." „Und noch Elke und Alexander?" Er überlegte und meinte: „Nee, mach doch nur mit euch vieren was." Am Abend im Dany's Pan fragte ich Karl und Peter: „Ich soll da für einen vom Fernsehn so 'ne Art Musical machen, habt ihr Lust mitzumachen?" „Ja", sagten beide sofort und dann dachte ich mir was aus, das hieß „Die Schiffsbrüchigen" und sollte davon handeln, daß wir vier auf eine Insel kommen, aber ganz allein sind. Nur ein älterer Mann, den Peter spielen sollte, hat eine Tochter, die aber alt und häßlich war,* - und die sollte einer von den anderen heiraten, damit wir auf der Insel nicht aussterben. Kurz vor der Hochzeit, das Hochzeitslied war gerade verklungen, kam aber ein Schiff, das uns rettete. Dann war Schluß. Das Hochzeitslied ging folgendermaßen:

Die Sonne geht unter,
die Nacht bricht herein,
ich bleibe noch munter,
denn Liebe muß sein!

Klatsch, klatsch Schenkelchen,
Opa wünscht sich Enkelchen!

Später, als die Demonstrationen begannen, sang ich manchmal im Reichskabarett:

Klatsch, klatsch Knüppelchen,
Schütz, der wünscht sich Krüppelchen.

Bei manchen Demonstrationen riefen die Studenten das auf der Straße.

* Ich spielte sie später, aber versteckt hinter einem Lattenrost.

Klaus Schütz war der damalige Regierende Bürgermeister von West-Berlin. Einige Zeit später saß er übrigens bei der Premierenfeier unseres Films „Quartett im Bett“ an unserem Tisch im „Quasimodo“, und feierte mit uns allen stundenlang. Das Gedicht stand auch mal in der Zeitung drin. Das war mein einziges Politisches Gedicht, das ich damals gemacht hatte. Wir übten uns erst mal ein paar Arien ein aus dem Musical, als ich fertig war, - das dauerte nur drei Tage,* und das ganze Musical dauerte später auf der Bühne 25 Minuten. Als wir 5 Lieder konnten, - wir übten bei Peter, der auch in Kreuzberg wohnte in einer Fabrik-Etage, - also, als wir 5 Lieder konnten, wollten wir noch am selben Abend damit im Dany's Pan auftreten.** Jürgen wohnte übrigens auch in Kreuzberg, und Karl direkt neben mir im Vorderhaus in einem ehemaligen Frisör-Laden. Und ich hatte ihn vorher nie gesehn, weil er immer um 7 aufstand, und ich um 5 morgens schlafen ging. Peter hatte noch eine gute Idee: Er sagte, daß wir uns etwas verkleiden sollten, er hatte etliche bunte Decken da. Die hingen wir uns um, und sahen ganz schön bescheuert aus (siehe Seite 314).

Meine Wandmalereien in der Kreuzberger Wohnung, kurz vor dem Abriß des Hauses

*****

* also dichten und Melodien aufschreiben
** da gingen so 150 Leute rein

6. Teil
Die Gruppe Insterburg & Co.

DIE GEBURT VON INSTERBURG & CO 1967 IN BERLIN IM "DANY'S PAN" MIT JÜRGEN BARZ, PETER EHLEBRACHT, KARL DALL UND INGO INSTERBURG IN DER FASANENSTRASSE ECKE KANTSTRASSE UM 23 UHR 30. 150 LEUTE WAREN ZEUGEN.

Abends stiegen wir alle in Karls VW-Käfer und fuhren ins Dany's Pan. Da saßen wir erst mal rum und sagten, dass wir so um 23:00 Uhr drankommen wollen. Es lag immer eine Liste aus und Gilbert, der ein Franzose und Geschäftsführer war, trug die Namen ein. Wer früh da war, konnte sich die besten Zeiten aussuchen. Der Inhaber war ein Italiener und hieß Dany. Er war mal in München, mal in Hamburg und mal in Berlin, jeweils in seinen Läden.

Halb zwölf waren wir dran, hängten uns die Decken um und sangen das erste Lied. Ich glaube, es war „Klatsch, klatsch Schenkelchen." So einen Beifall hatte ich noch nie erlebt. Das war wie eine Explosion. Karl und Peter, und Ich und Jürgen, hatten ja auch immer ganz schöne Erfolge, bessere jedenfalls, als mehrere andere, aber das war wirklich **G R A N D I 0 S !!!!**

Die Leute klatschten sehr lange und wir standen bißchen verlegen auf der Bühne, und ich sagte leise zu den anderen: *„Ich glaube, eben haben Wir eine Neue Tür aufgestoßen."* Es war wie die schöne Weihnacht 1943, als Mein Vater die Tür aufmachte, und wir die ganzen schönen Geschenke unter dem strahlenden Weihnachtsbaum sahen, das Schaukelpferd, die elektrische Eisenbahn, die Puppen, den Teddy-Bär in neuem Kleid, die bunten Teller. Danach sangen wir die restlichen 4 Lieder und Jürgen und ich noch einige, und Karl und Peter ebenfalls. Da sagte ich zu den anderen: „Das müssen wir jetzt immer so machen, das kommt besser an, als wenn wir immer nur zu zweit machen."

Dann kam die Premiere im Reichskabarett. Aber das Musical konnten wir noch nicht, und wir machten das so, wie wir es schon paarmal im Dany's Pan gemacht hatten. Im Dany's Pan trafen wir uns jeden Tag und kriegten jeden Tag 10,- Mark. Dann machte der „Steve-Club" auf in der Krummenstraße, Nähe Kantstraße, Charlottenburg.
Da bekamen Jürgen und ich jeder 20 Mark, Peter und Karl jeder 15 Mark. Dann machte das „Go-In" auf in der Bleibtreustraße, nahe Ku-Damm. Da kriegten Jürgen und ich jeder 25,- Mark für 20 bis 25 Minuten, und Peter und Karl 20,- Mark. Das war mein erstes regelmäßiges Einkommen im Leben. Ich war da 33 Jahre alt. Also: Jeden Tag im Dany's Pan 10,- Mark waren im Monat 300,- Mark, 2x die Woche im Go-In je 25,- Mark, 2x die Woche Steve-Club je 20,- Mark, 1x die Woche Reichskabarett 70,- Mark, macht zusammen 940,- Mark im Monat (neunhundertvierzig). Jetzt hatten die Geldsorgen endgültig ein Ende und meine Kinder und ich waren wohlhabende Leute. Nach heutigem Geldwert waren das so um 8.000,- Mark.* Die Miete in Kreuzberg war auf 76,40 Mark gestiegen.

Einmal morgens um 6:00 Uhr da klingelte es. Ich machte verstört die Tür auf und da stand ein Mann und der sagte: „Ich bin der Hausmeister von der Schule hier an der Ecke Reichenbergerstraße/Forsterstraße. Ihr Kind muß heute um neun in die Schule. Sie haben vergessen ihn anzumelden. Wenn Sie nicht kommen heute muß er leider von der Polizei abgeholt werden, und das wollen Sie doch nicht!" Ich war dann auch ziemlich pünktlich da mit meinem älteren Sohn, aber der Rektor meckerte trotzdem, weil es schon 10 nach 9:00 war. Mein Sohn machte dann einen Test, und kam nach 1 Stunde wieder nach Hause. „Ach du Scheiße!" dachte ich, der ist doch noch gar nicht so weit, und ich versuchte, ihn ein Jahr zurückstellen zu lassen.** Aber die Schulärztin wollte das nicht. Die war sowieso bißchen dämlich. Jedenfalls war ich froh und erleichtert, daß kurz darauf in München dann mein Sohn für ein Jahr zurückgestellt wurde und in die Vorschule kam, gleich zusammen mit dem anderen. Ein Glück mußte er nicht in diese dämliche Kreuzberger Schule. Später hatte ich mal ein Liebeserlebnis, und diese junge Frau wäre die Lehrerin von meinem Sohn gewesen. Das wär` wiederum gar nicht so schlecht gewesen. Und geworden ist ja so auch was aus ihm, wenn auch mit einem Jahr Verspätung.

Der Dany fragte mich und Jürgen, ob wir nicht auch mal in München auftreten wollten im Dany's Pan. „Ja", sagte ich, „aber dann muß ich meine beiden Kinder mitnehmen." „Ja, das macht nichts", sagte Dany und am nächsten Tag fuhren wir los. Dany fuhr. Es war ein großer Fiat. Ich saß auf dem Beifahrersitz und hinten saßen Dany's Mutter, dann meine Kinder, 5 und 6 Jahre alt, und rechts Jürgen Barz. So fuhren wir die 600 km nach München. In München konnte ich bei meiner geschiedenen Schwägerin und ihrem Mann wohnen. Also, meine geschiedene Frau war in Afrika, wo

* Nun gingen wir auch mal Kaffee und Kuchen trinken und essen in Kreuzberger Cafés, ja, so gut ging es uns.
** Er konnte noch nicht gut sprechen. Ich wußte damals nicht, daß man von Anfang an auf Kinder losquatschen muß.

sie sich mit einem deutschen Entwicklungshelfer verlobt hatte. Im Dany's Pan kamen Jürgen und ich wahnsinnig gut an. Es war die reine Freude. Wir blieben eine Woche. Ach so, der Jürgen wohnte auch bei meiner geschiedenen Schwägerin, die Kinder natürlich auch. Diese sagte dann: „Willst du dich nicht mal ein bißchen ausruhen und die Kinder paar Wochen hierlassen?“ - „Ja”, sagte ich, „aber höchstens drei Wochen.” Jürgen und ich fuhren dann mit Fredl Fesel und seinem Partner und dessen Frau mit dem Auto nach Hamburg zu dem Dany's Pan dort. Da kamen wir auch sehr gut an. Nur doof war, daß wir in der Kneipe übernachten sollten, nachdem alle raus waren. Der Jürgen telefonierte eine Stunde mit Dany's Bruder, nachts von 2:00 bis 3:00 Uhr, und er sagte uns dann zu, daß wir am nächsten Tag in einer Pension wohnen könnten. Am Morgen um 7:00 Uhr wurden wir von Presslufthämmern geweckt, die dicht vor der Kneipe, - sie war auch im Keller, - lärmten und dann wohnten wir in der Pension „Inge” für 10,- Mark pro Nacht, Jürgen und ich in einem Zimmer. Nach einer Woche fuhren wir mit der Eisenbahn zurück nach Berlin. Nun dichtete ich, was das Zeug hält. Nach meinem Leben mit den Kindern konnte ich nun tagsüber im Café Möhring sitzen, einfach ohne Kindergezanke, und ausschlafen, und nachts so lange aufbleiben wie ich wollte, denn ich wurde ja nicht durch Kinderkrach geweckt.* Und ich schrieb Texte den ganzen Tag, egal wo ich war, also in die kleinen Oktavheftchen, so wie jetzt auch grade. Neben dem Bett hatte ich immer Schreibzeug liegen, und konnte manchmal gar nicht einschlafen, weil mir so viel einfiel. Einmal fielen mir in einer Nacht sieben Lieder ein. Und am Vormittag dann gleich wieder weiter in der U-Bahn und dann im Café-Möhring. Meine geschiedene Schwägerin rief ich dann mal an und sie sagte: „Willst du die Kinder nicht noch'n bißchen hierlassen?” Und ich sagte: „Na ja, gut, - aber nur noch 'n paar Wochen.” „Dann melde ich sie aber im Vorschulkindergarten an.” „Ja, prima”, sagte ich, „das ist sehr gut.”

Nun kam die Premiere im Reichskabarett und sie verlief zwar etwas chaotisch, aber das Publikum jubelte, und es war natürlich „Ausverkauft.“ 120 Leute, - auch im Mittelgang. Wir kriegten unwahrscheinlich gute Kritiken. Bloß einen Namen hatten wir noch nicht für die Gruppe. Denn nun waren wir ja eine. In einer Zeitung stand „Ingo Insterburg und Compagnie im Reichskabarett”, und in einer anderen „Ingo Insterburg und Co.“ Und da sagten wir: „Dann nennen wir uns doch Ingo Insterburg und Co“, und ich sagte: „Nur Insterburg & Co, sonst ist es zu lang.“ Als dann das Publikum etwas weniger wurde, machten wir nach sechs Wochen wieder eine Premiere und nannten uns in den Inseraten „Insterburg & Co.“ ** Die Schiffsbrüchigen hatten wir dann auch schon drauf. Als Kulissen nahmen wir alte Apfelsinenkisten und ich holte paar Äste aus dem Grunewald, die unten rumlagen. Die Premiere verlief auch gut und die Kritiken waren auch

* Einen Winter lang stand ich immer erst um 17 Uhr auf.

** Unsere Gagen teilten wir uns immer in 4 gleiche Teile. So gab es nie Streit deswegen.

wieder gut.* Lampenfieber hatten wir eigentlich nie, weil wir von Natur aus immer etwas besoffen waren. Das heißt, wir tranken täglich immer drei bis sieben Bier, Null-komma-vier, denn:

Alkohol enthemmt
Menschen, die verklemmt.

Wenn man so vor Publikum steht, ist man ja erst mal etwas verklemmt. Aber schon nach dem Begrüßungs-Applaus geht das weg.
Ich unterscheide zwischen positivem und negativem Lampenfieber. Wenn einer so wie bei dem Schüler-Konzert bei Herrn Schneidewind in Bernburg damals am ganzen Leibe zittert beim Geige spielen, ist das negativ, auch alle Abstufungen davon. Das sollte man sich abgewöhnen lassen. Aber positives Lampenfieber stärkt die Konzentration, die Schlagfertigkeit, die Fähigkeit seine Fähigkeiten bereit zu haben. Das heißt, es soll ein innerlich starkes Anspannungsgefühl da sein. Dann kann man raus gehen zu seinem Publikum. Ich stehe immer 10 Minuten vor dem Auftritt auf, und gehe in der Garderobe etwas hin und her, und kein anderer außer den Mitwirkenden darf dann im selben Raum sein. Wenn man aber so einfach raus geht, und denkt, das schüttel ich mir aus dem linken Ärmel, kann das schief gehen. Ich habe zwar keinen Chef, so wie viele andere ihn haben, aber das Publikum ist mein Chef, wenn auch auf viele Personen verteilt, so wie ein Ladeninhaber seine Kunden als Chef hat.
Die drei bis sieben Bier täglich steigerten sich dann aber im Laufe der Wochen, Monate und Jahre. Ich trank am meisten von unserer Gruppe. Später machte ich die Erfahrung, daß man mehr als fünf Liter Bier nicht mehr trinken kann täglich. Deshalb wich ich auf Schnaps aus. In Basel, während eines einwöchigen Gastspiels, war ich mal so besoffen, daß mir auf dem 200 Meter langen Nachhauseweg ins Hotel zweimal eine gerade gekaufte Reiseschreibmaschine aus der Hand fiel. Ich hatte neben allem anderen Cola-Glasweise Schweizer Apfel-Schnaps getrunken.** Am nächsten Tag, nach dem grausigen Erwachen, beschloß ich, noch am selben Tag aufzuhören mit dem Saufen. Am Nachmittag bekam ich starke Beklemmungen, aber so ab 18:00 Uhr ging es. Die Vorstellung um 20:00 Uhr verlief gut. Ich sagte brav meine Texte auf. Aber improvisieren war nicht drin. Erst zwei bis drei Monate später improvisierte ich einen Satz und war sehr glücklich und dachte: Es geht, es geht auch ohne Alkohol. Danach merkte ich bald, daß es ohne Alkohol viel, viel besser ging, daß man viel schlagfertiger und schneller war, also insgesamt besser. Als ich dann nach jenem Apfel-Schnaps-Saufen und dem Ohne- Alkohol-Tag aufwachte, fühlte ich mich wie der Hölle entronnen und ging spazieren vormittags im warmen sonntäglichen Herbst-Sonnenschein in Basel in der

* besonders die von Annemarie Weber immer im Berliner „Abend"
** die Kneipe hieß „Hasenburg"

Schweiz.
Das war ein Erlebnis! Unbeschreiblich! Voller Glück!

Im Publikum saß hin und wieder Ulli Schamoni, einer von den „Jungfilmern”. Er plante, einen Kurzfilm zu machen mit vielen Künstlern, Kabarettisten, Sängern usw., und wir sollten auch mitmachen. Als das Publikum wieder etwas weniger wurde, machten wir wieder eine Premiere nach einem halben Jahr. Da führten wir das Musical „Jung Siegfried“ auf. Das dauerte 16 Minuten. Dann war Pause, und im 2.Teil machten wir Lieder und als Zugaben alte bewährte Sachen, bis 2 Uhr nachts. Der Termin dann – für die Dreharbeiten für den Kurzfilm fiel wegen schlechten Wetters aus, und wurde auf unbestimmte Zeit verschoben. Nach der Premiere lud Ulli Schamoni Karl und mich zu sich nach Hause ein. Er wohnte in der Furtwänglerstraße im Grunewald, 1 km weit weg, wo ich jetzt wohne. Da sagte er: „Ich mache keinen Kurzfilm mehr, ich mache einen Spielfilm mit euch vieren als Hauptdarsteller.” Karl und ich sagten kein Wort, als wir nach Hause gingen. Wir gingen zur Bushaltestelle, zum 19-er, weil Karls VW-Käfer kaputt war. Dann sagte ich: „Das wäre ja schön, wenn das klappen würde.” - „Ja”, sagte Karl, „das wär' das Größte.” Aber wir glaubten nicht so recht daran. Aber paar Tage später stand es fest, daß der Film gemacht wird. Ich fuhr mit dem Zug zur Weihnachtszeit nach München, um meine Kinder zu sehen und im April ging ich 10 Tage lang jeden Tag in Peter Schamonis Büro in München, - er war der Produzent des Films, - und schrieb dort alle Lieder-Texte und Gedichte auf, die ich gemacht hatte, auch die, die mir jetzt noch einfielen. Im Zug nach München hatte ich folgendes berühmte Weihnachtsgedicht gemacht:

Ich ging im Walde so für mich hin,
mir stand sehr weihnachtlich der Sinn.
Da sah ich ein frierendes Mägdelein,
das wollte so gerne gewärmet sein.
Ich nahm sie zu mir mit nach Haus,
und zog ihr die nassen Kleider aus.
Beim Anblick der vielen Kerzen
empfand sie Freude im Herzen.
Und weil ich wusste was sie denkt,
hatte ich sie reich beschenkt.
Da sah sie mich sehr böse an
und sprach: „Du bist kein Weihnachtsmann!“
Doch ich sprach: „Meine Gute,
siehst Du nicht Sack und Rute!“
Da sah sie mich nicht mehr böse an
und glaubt`, ich wär` der Weihnachtsmann.

Dann im Sommer 1967 wurde der Film gedreht und im Januar 1968 in Berlin im „Cinema Paris“ uraufgeführt. Er hieß „Quartett im Bett“. Alle möglichen bekannten Leute machten da mit: Werner Schwiers, Werner Finck, Dieter Kursave, die Jacob Sisters, Andrea Rau, Rainer Basedow und Insterburg & Co natürlich. Dann lief der Film in ganz Deutschland. Im Januar war in München ein Filmball, bei dem wir auftreten sollten. Als wir dran kamen, hörte aber kaum einer zu. Sie holten sich alle Essen vom kalten Buffet und aßen und unterhielten sich. Da ärgerten wir uns. Der Saal, in dem wir waren, hieß „Paulaner“. Wir machten da paar Bemerkungen: „Nu hört mal auf zu essen, wenn wir hier singen.“ Da war das Publikum sauer und beschimpfte uns. Es waren alles Filmschauspieler, Film-Produzenten, Kinobesitzer, Kritiker, Regisseure und Filmverleiher. Dann ärgerten wir uns immer mehr und ein Bayer rief zum Peter, der gerade noch die Zither in der Hand hatte: „Du bist koa Bayer, du spuilst a koa Zither.“ Da warf der Peter ihm die Zither vor die Füße von der ein Meter hohen Bühne herunter, und dann war Chaos. Wir gingen nach hinten von der Bühne und in die Küche, die da war, und die dort arbeitenden Köche sagten uns: „Geht lieber nach hinten raus, sonst verprügeln die euch.“ Wir aber gingen furchtlos nach vorne raus und alle beschimpften uns. Da sagte der Jürgen zu mir: „Ich hab` meinen Mantel vergessen.“ Und Jürgen und ich gingen noch mal zurück, und dann sagte der Jürgen: „Ach, ich hab` ihn gar nicht dabei gehabt“, und wir gingen wieder raus und da kamen uns drei Männer entgegen. Der mittlere war der Besitzer vom „Paulaner“ * und der haute mir eins auf`s Auge, auf`s linke. Das war dann blau. In der Nacht vorher war ein Fest gewesen, auf dem wir auch waren. Ich forderte Helga Anders zum Tanzen auf** und sie sagte nach ein paar Sekunden: „Ich hab` gar keine Lust, mit dir zu tanzen“, und ich sagte: „Nu hab` dich nicht so, sei nich` so zickig.“ Das erzählte sie ihrem Mann, dem Roger Fritz, und der wollte sich mit mir schlagen. Das wurde aber zum Glück nur ein Ringkampf und ich lag bald auf dem Rücken und er hatte gewonnen und die Sache war erledigt.*** Und der, also der Roger Fritz, sah gerade, wie mir der Mann eine auf`s Auge haute und: zack, zack hatte der ein paar in der Fresse, und die beiden jungen Männer, die daneben gingen, trauten sich nicht mehr, mir was zu tun, weil er ein berühmter Regisseur und ein guter Boxer war, und Jürgen und ich kamen heil raus. Am nächsten Tag stand der Vorfall in der Münchener „Abend-Zeitung“, aber fast alle Filmtheaterbesitzer nahmen den Film aus ihren Kinos. Bloß in Berlin, im „Cinema Paris“, lief er, und zwar drei Monate lang, täglich zwei Vorstellungen. Durch unseren 10-minütigen Auftritt hatten wir uns die gesamte Filmbranche in Deutschland versaut und Peter Schamoni, der Produzent sagte zu uns: „Das hat mich Millionen gekostet.“ Nur Eddi Arend, der vorher bei uns am Tisch gesessen hatte, sagte zu uns: „Ihr habt

* er war 60 Jahre alt
** sie spielte mit in der Serie „Die Unverbesserlichen“, mit Inge Meysel
*** Bei körperlichen Auseinandersetzungen schaffte ich es immer, einen Ringkampf daraus zu machen. Boxen ist brutal. In Thailand boxen schon 8 jährige Kinder für Geld.

das richtig gemacht, das Publikum war ja unmöglich."
Wir machten noch in einem zweiten Film mit, aber nur, weil die Verträge schon unterschrieben waren. Danach haben wir in keinem Film mehr mitgemacht, jedenfalls nicht als Gruppe. Der zweite Film hieß „Charly`s Onkel" mit Gila von Weitershausen in der Hauptrolle. Da machten dann auch wieder alle möglichen Leute mit: Werner Finck, Gustav Knuth, Karel Gott, Bubi Scholz, Loni Heuser, wir, Erna Selmer, Edith Hancke, Ralf Wolther, Willy Millowitsch, Andrea Rau u.s.w.. Ich war gerade von einer Gruppen-Tournee zurück, 5 Tage Schwaben, dann war ich dran. Ich sollte einen Kunststudenten spielen, der die Wände seines Untermieterzimmers bemalte und die Beine von Edith Hancke. Gila von Weitershausen war meine Freundin in dem Film, und erwischte mich, als ich mit meiner Wirtin, Loni Heuser, im Bett lag. Na ja, ich saß auch auf dem Kronleuchter und malte die Decke an und so was alles.
An dem Tag hatte ich eine stundenlange Pause und Gila auch, und wir unterhielten uns lange und hauptsächlich erzählte ich von unserer Tournee gerade, wie wir im Hotel Wasserschlachten gemacht hatten, na ja. Abends nahm ich sie mit ins „Quasimodo", das war eine Kneipe, in der hin und wieder Rock- oder Jazz-Veranstaltungen waren. Na ja, und dann verliebte ich mich in sie. Ich war so verliebt, dass ich tagelang nichts essen konnte, - vor Glück. Nach 14 Tagen war dann der Film zuende, und ich brachte sie zum Flughafen Tempelhof.* Sie hatte einen Film in Mexico. Das war dann das letzte Mal, dass ich sie gesehen hatte. Paar Jahre später noch mal in München im „Alten Simpel". Na ja. In meiner Liebes-Spiel-Sonate hat sie den 2. Satz bekommen. Mir gefällt der am besten von den 5 Sätzen. Den ersten Satz hat Andrea gekriegt. Andrea Rau war in dem Film „Quartett im Bett" meine Freundin, aber innerhalb des Films auch die von Peter und Jürgen. Aber im wirklichen Leben war sie nur meine Freundin, und das kam so:
Ulli Schamoni sagte mir nämlich vor den Dreharbeiten: „Freunde dich mit Andrea Rau ´n bißchen an, das ist gut für die Dreharbeiten." Ich nahm sie mit ins „LSX", die Kneipe bei mir um die Ecke und dann zu mir in die Wohnung, und dann zu mir ins Bett. So kam das. Aber Ulli Schamoni ärgerte sich darüber etwas, weil er dachte, dass ich jetzt eifersüchtig werden würde, weil sie ja mit den beiden andern auch ins Bett gehen sollte für den Film. Aber es ging alles gut, nur durfte ich bei diesen Szenen nicht dabei sein. Aber Andrea erzählte mir alles immer abends im Bett.
Weihnachten 1967 war ich in München bei den Kindern und Andrea in Stuttgart bei ihren Eltern. Am Sylvester-Tag 10:00 Uhr früh fuhr ich von München nach Stuttgart mit meinem Fiat 850 Sport, und holte sie vom Hauptbahnhof ab, wo sie auf mich wartete. Wir wollten Sylvester in Berlin feiern in dem Haus von Ulli Schamoni, mit der Gruppe und vielen

* Ich war so traurig, als ob es ein Abschied für immer war. Und so kam es dann auch.

Freunden und Bekannten, die auch in dem Film mitgemacht hatten. Ich wollte über Nürnberg nach Berlin fahren. Damals waren es 180 km Landstraße noch von Stuttgart nach Nürnberg. In Nürnberg merkte Andrea, daß sie ihre Handtasche vergessen hatte im Wartesaal des Stuttgarter Hauptbahnhofs. Also fuhren wir zurück, und sie bekam auch die Handtasche wieder. Ohne Personal-Ausweis kam man ja nicht über die Grenze nach Berlin. Nun wollte ich aber nicht noch mal denselben Weg fahren, und wählte den über Frankfurt-Braunschweig-Berlin. Dann fing es an zu schneien. Die riesigen Autoschlangen konnten nur 40 bis 60 Kilometer pro Stunde fahren. Wir auch. Um 23:00 Uhr fuhren wir von der Autobahn runter und nach Frankfurt rein. Dort nahmen wir ein Hotelzimmer und feierten in einer Pizzeria Sylvester. Am nächsten Tag lag noch mehr Schnee und wir waren dann endlich am Neujahrstag um 23:00 Uhr in der Forsterstraße. Die Sylvester-Feier soll sehr lustig gewesen sein bei Ulli Schamoni. Am nächsten Tag sprang das Auto nicht an. Die Zündkerzen waren feucht. Andrea sagte, sie hätte keine Lust zu warten, bis das Auto wieder geht, und fuhr mit der U-Bahn in unser Stamm-Café, Café Pientka am Kurfürstendamm. Das Auto wurde in die Werkstatt geschleppt und am nächsten Tag startete es wieder. Später blies der nette Tankwart bei mir an der Ecke mit einem starken Luftstrom aus einem Schlauch die Feuchtigkeit raus aus den Zündkerzen. Ein Glück, daß die Autos heute besser sind.

Die 4 Jahre, als die Kinder bei mir waren, wollte ich keine Frau in der Wohnung haben. Ich hatte Angst, dass ich sie, wenn sie sich mit den Kindern gut verstehen würde, womöglich heiraten müsste. Nur zwei flüchtige Liebschaften hatte ich deshalb. Und das eine Jahr, nachdem ich soviel nackte Frauen gesehen hatte im „Quartier Lautrec“, hatte ich sowieso keine Lust. Aber nun kam die Zeit des Nachholens. Andrea verließ mich nach drei Monaten, während ich auf Tournee war. Aber sie hatte vorher öfter gesagt: „Gewöhn` dich nicht zu sehr an mich, eines Tages bin ich weg.“ Und so war es auch. Aber es war schon ein richtiger Entschluss von ihr. So hab` ich sie immer in guter Erinnerung. Oft geht ja so was mit Theater und Zank und Streit auseinander. Sie hatte mir, falls ich sie gehabt haben sollte, alle Hemmungen genommen. Außerdem war sie vegetarisch aufgewachsen. Ihr Vater war Vegetarier. Deshalb hat sie auch bei meiner Liebes-Spiel-Sonate den 1. Satz gekriegt.

*****

Am 30. Dezember 1969, 14:00 Uhr, zog ich dann um in die Kaiser-Friedrich-Straße. Ein Bekannter aus dem Café Pientka zog nach West-Deutschland und seine Einzimmerwohnung wurde frei. Zum ersten Mal in meinem Leben: Zentralheizung, Telefon, Innentoilette, Kühlschrank, Badezimmer, Warmwasser, Neubau. Ein Paradies. 300,- Mark im Monat.* 1971, als mein jüngerer Sohn mal zu Besuch war, sagte er: „Papa, wie viel Geld hast du eigentlich?“ Ich sagte: „Das weiß ich nicht, willst du mal zählen?“

Ich hatte im Schrank einen Papp-Karton, in den ich alles Geld immer reinschmiß, das ich auf den Tourneen bekommen hatte. Ein Konto hatte ich noch nicht. Als Kind in Insterburg hatte ich mal eins, und tausend Mark gespart. Für jede „1“ kriegte ich von meinem Vater 10,- Mark, für jede „2“ 5,- Mark. Auf dem Zeugnis für jede „2“ 10,- Mark und für jede „1“ 20,- Mark. Nach dem Krieg wurden aber nur 100,- Mark ersetzt, und das waren dann nach der Währungsreform nur noch 10,- Mark. So war ich Sparbüchern gegenüber immer sehr misstrauisch gewesen.

Mein Sohn zählte dann das Geld aus dem Papp-Karton und sagte: „Papa, das sind siebzigtausend Mark.“ Da packte ich das Geld in die Tasche und eröffnete bei der Berliner Disconto-Bank am Ku-Damm ein Konto. Filial-Leiter war der nette Herr Wolff, den ich im Jahr 2000 bei mir im Roseneck-Café mal wiedergetroffen und herzlich begrüßt hatte. Er hatte mich 1973 dazu angeregt, die Wohnung am Roseneck zu kaufen.**

*****

Kurz vor einer Vorstellung im Reichskabarett kamen Jürgen und ich auf den Gedanken, uns die Haare so lang wachsen zu lassen, wie es geht. Karl sagte, da mache er nicht mit und wir sagten, das braucht er ja auch nicht. Aber dann ließ er sie sich doch wachsen. Peter hatte ja sowieso schon sehr lange Haare. Aber irgendwann hörten sie auf zu wachsen, so auf Schulterhöhe. Oft wurden wir wegen der langen Haare nicht in Kneipen oder Cafés reingelassen. In Bern, in der Schweiz, waren die Kellner und Kellnerinnen am höflichsten. Eine sagte mal zu uns: „Sie können hier gerne sitzen bleiben, aber Sie werden nicht bedient, wegen Ihrer langen Haare.“ Da gingen wir dann nach 5 Minuten. In Basel sagte der Wirt: „Verlassen Sie mein Lokal, wir wollen hier keine mit langen Haaren haben.“ In Berlin, im Wedding, hatten wir mal mit Schobert und Black einen gemeinsamen Abend in einer Jugendveranstaltung. Vorher wollten wir in eine Kneipe um die Ecke, da schrien Wirt und Stammgäste: „Haut ab hier, ihr langhaarigen Affen!” Wir beschimpften diese mit „Arschlöcher” und gingen dann zum Veranstaltungshaus. Schobert und Black machten während ihres Auftritts Witze über uns, die wir natürlich hörten, - und da machte ich ein Gedicht über sie, das sie dann auch hörten, weil ich es gleich aufsagte. Sie machten ja ständig „Limericks“ am laufenden Band. Das ist eine bestimmte Gedichtform. Deshalb machte ich auch einen Limerick über sie.

* Die Wohnung in Kreuzberg behielt ich noch sicherheitshalber 1 1/2 Jahre. Dann besorgte meine geschiedene Frau einen Nachmieter, als sie mal in Berlin war.

** Er sagte: „Herr Insterburg, wollen Sie sich nicht eine Wohnung kaufen?” - „Hm”, sagte ich. Er sagte: „Da hätte ich eine am Schlachtensee.” - „Hm” sagte ich. Er sagte: „Und eine am Roseneck.” - „Ja”, sagte ich, „die kuck ich mir an”, - und kaufte sie sofort. Endlich eine Wohnung, die noch ganz neu riecht.

Es war zugleich der einzige, den ich je gemacht habe:

Ja, die Herren Schobert und Black,
ach, die kommen wohl niemals weg, -
nicht ein Stück
vom Limerick, -
ich kann nicht mehr hören den Dreck.

Die Leute lachten, Schobert und Black nur etwas.

Jürgen und ich hatten mal eine Reifenpanne vor Hamburg und ich ging in ein Lokal und sagte: „Haben Sie ein Telefon, wir haben eine Reifenpanne." Da sagte der Wirt ganz freundlich: „Ja, wir haben ein Telefon, aber nicht für Langhaarige." Da sagte ich: „Sie sind ein dummes Schwein." Danach mußte ich schnell rausgehen, und wir wechselten den Reifen selber.
Jürgen und ich hatten so 1967 einen Auftritt innerhalb einer „Berlin-Woche" in Bad Godesberg bei Bonn mit dreißig anderen Berliner Musikern. Es war ein ganzer Bus voll. Nero Brandenburg leitete das Gastspiel. Der Jazz-Abend auf einer Burg verlief ganz gut, wenn auch etwas turbulent. Am nächsten Abend sollten wir und einige andere beim Amerikanischen Botschafter in seiner Villa auftreten. Eine Stunde vorher wollten Jürgen und ich in eine Kneipe gehen, bevor wir abgeholt wurden. Da sagte der Wirt: „Langhaarige werden hier nicht bedient." Da gingen wir die paar Meter zum Hotel zurück und wurden dann 20 Minuten später vom Dienstwagen des Botschafters abgeholt, - mit Chauffeur. Nach der Veranstaltung fuhren sie uns alle mit einem Militär-Jeep ins Hotel.
In Osnabrück wurden wir vier auch mal nicht reingelassen wegen unserer langen Haare, da zogen wir dann her über die ganze Stadt in Sketchen und Rundfunk-Sendungen. Danach wurden wir aber von etlichen anderen Kneipen eingeladen. So waren die Menschen. Bei den Tieren ist es auch so: Wer anders ist, wird weggebissen. Irgendwann hatte ich es mal satt, die langen Haare dauernd zu waschen und schnitt sie ab, aber allmählich, damit ich mich nicht erschrecke, wenn ich in den Spiegel sehe. In die Philharmonie fuhr ich öfter mit dem Moped im Sommer. Einmal wollte mich ein Pförtner nicht reinlassen am Künstlereingang, obwohl ich sagte, ich würde da heute auftreten. Er stellte sich mir in den Weg und ich drängte mich durch, er wollte mich festhalten und ich riß mich los. Ich sagte dem Veranstalter, dem Herrn Laur, er möchte dafür sorgen, daß so was nicht mehr passiert. Der teilte das der Geschäftsführung der Philharmonie mit und die schmiß den Pförtner raus. So war das, mal in höchsten Kreisen, mal in Niederungen.

Im Reichskabarett war es jetzt immer so voll, dass wir auch am Sonnabend 23:00 Uhr spielten. Ein paar Wochen später auch noch Sonntag, und dann Donnerstag. Da sagte Karl: „Eigentlich wäre es besser, wir würden in einem größeren Saal spielen, und das einmal in der Woche, anstatt wie jetzt 4 - mal." Und so gingen wir ins Ku-Damm-Theater zu Herrn Jürgen Wölffer und besprachen das. Und so spielten wir ungefähr 2 Jahre lang dort zur Nachtvorstellung an jedem Freitag. Die Karten waren manchmal schon 3 Wochen im Voraus weg und wurden auf dem Schwarzmarkt für bis zu 50,- Mark gehandelt. Gekostet haben sie vorher ungefähr 7 bis 12,- Mark.
Im September 1955 hatte ich mal dort im Theater am Kurfürstendamm eine Statistenrolle gespielt. Mein Bruder hatte auch mitgemacht. Das Theaterstück hieß „Die Chinesische Mauer" von Max Frisch. Es waren ungefähr 20 Studenten da, die chinesische Soldaten spielen sollten. Wir wurden asiatisch geschminkt, also gelb und mit asiatisch schmalen Augen. Ich schminkte mich, meinen Bruder und noch wenige andere selber. Dadurch mussten wir erst eine halbe Stunde vorher da sein. Das Stück wurde 6 Wochen gespielt und wir kriegten jeder 5,- Mark pro Vorstellung. Es spielten mit: Paul Esser, Hanne Hiob, Hans Putz, Christoph Grosser, Erich Fiedler, Tilla Durieux und ich. Regisseur war Oskar Fritz Schuh. Mir hatte das Theaterdasein unglaublich Spaß gemacht. Ich spielte dann noch mit in dem Stück „Der Graue" mit Ernst Jacobi, aber im Renaissance-Theater, nur 6 - mal. In dem Film „Der Eiserne Gustav" hatte ich auch eine Statistenrolle neben Heinz Rühmann.

Später arbeiteten wir mit der Konzertagentur Laur zusammen und hörten im Ku-Damm-Theater auf. Es war uns auch mittlerweile zu spät geworden. Zum Schluss fingen wir erst um halb zwölf an, weil die vorhergehende Abendvorstellung bis nach 23:00 Uhr dauerte. Wir traten in der „Urania" auf, in der Kongress-Halle und oft auch in der Philharmonie. Manchmal 5 mal im Monat allein in der Philharmonie. Da kamen hauptsächlich westdeutsche Reisegruppen hin. Einmal hatten wir davor die Philharmonie selber gemietet und es wurde auch voll. Wir hatten ungefähr 80 Termine in West-Deutschland im Jahr und 80 in Berlin. Die Tourneen nervten uns dann so langsam. Wir hatten mal 23 Tage hintereinander, das war furchtbar. Ich habe mal mit anderen darüber gesprochen, dass es etwas leichter ist, wenn man ein ernstes Programm machen muß, falls man schlechte Laune hat, als ein heiteres. Wir mussten ja immer gute Laune haben, wenn wir unser Programm machten, damit die Leute auch lachen können.

Wenn einer mal nicht gut drauf war, haben die anderen ihn mitgerissen. Aber manchmal hatten wir alle vier schlechte Laune, wenn zum Beispiel

die Hotels doof waren. Jetzt, wo ich allein bin, darf ich nicht so häufig im Jahr auftreten, - wenn ich schlechte Laune hätte, könnte mir keiner helfen. Dann beschränkten wir die Hintereinanderfolge auf 16 Tage. Aber die letzten Jahre graulten wir uns schon vor dem Herbst mit 3 x 16 Tagen. Aus heutiger Sicht hätten wir die Tourneen auf 30 bis 40 Tage im Jahr einschränken sollen, und in Berlin auf auch so viele. Wir hätten auch, ohne es breitzutreten, 2 Jahre Pause machen können, und jeder hätte machen können, was er wollte: Peter seine Afrikareisen für sein Afrika-Buch, ich malen oder Noten schreiben, und Jürgen sich auf Ibiza in seinem Haus sonnen, und Karl seine Fernseh-Sachen machen. So wurde der Peter etwas kränklich, dann etwas mehr. 1978 wollte er sich 3 Monate erholen. Dann schied er aber aus und wir machten ein Programm zu dritt. Am 16. November 1978, 19:30 Uhr rief mich Karl an, dass er keine Lust mehr hat, in der Gruppe weiterzumachen.* Ich war auch ziemlich erledigt und trug mich mit dem Gedanken aufzuhören. Na ja, Ende Mai 1979 war dann Schluss. Aber jetzt verstehen wir uns alle gut. Und zu Karls 60. Geburtstag, der im Fernsehen gefeiert wird, fahre ich hin und singe „ Ich liebte ein Mädchen ...". Jürgen und Peter hatten keine Lust zu singen, und nun bleiben sie zu Hause.
Die Fernseh-Aufzeichnung ist am 13. Januar 2001. Aber an Karl`s Geburtstag, am 1. Februar, wird sie erst gesendet im 1. Programm, ARD. So, es ist jetzt 4:00 Uhr früh. Morgen erzähle ich noch ein bißchen von meinen Liebeserlebnissen.

GUTE NACHT!

Im Dany`s Pan saßen wir immer zwischen den Auftritten am „Künstlertisch" etwas weg vom Publikum und tranken Freibier. Wir kriegten mittlerweile jeder 7, wenn wir wollten, - und wir wollten.

*****

23. Dezember 2000
Ich habe wieder etwas gemalt an dem neuen Aquarell „Das Blonde Streichquintett". Der Anfang ist immer schwer, aber sowie etwas auf dem Papier ist, hat man etwas zum Korrigieren, und Malen ist Korrigieren, bis es einem perfekt erscheint, jedenfalls bis zu dem Zeitpunkt.
Um 10 stand ich auf. 5 Stunden schlafen sind eigentlich viel zu wenig für mich, aber ich habe zur Zeit eine aktive Phase und da steh` ich immer mit großer Freude auf, egal ob ich müde bin oder nicht. Aber am Nachmittag schlafe ich dann immer auf dem Sofa ein. Heute fast 2 Stunden, manchmal nur 5 Minuten lang. Neben mir auf der selbstgebauten Lampe steht eine Uhr mit Datum, Wochentag, Monat und sogar Schaltjahrangabe. Diesmal war ja eins und da ist ein weißes Feld in einem kleinen 3 x 2 mm großen Fensterchen erschienen. Im nächsten Jahr, also, in ungefähr einer

* Ich bastelte gerade an meinem Tenor-Schlagzeug, und so malte ich das Datum auf die große Trommel.

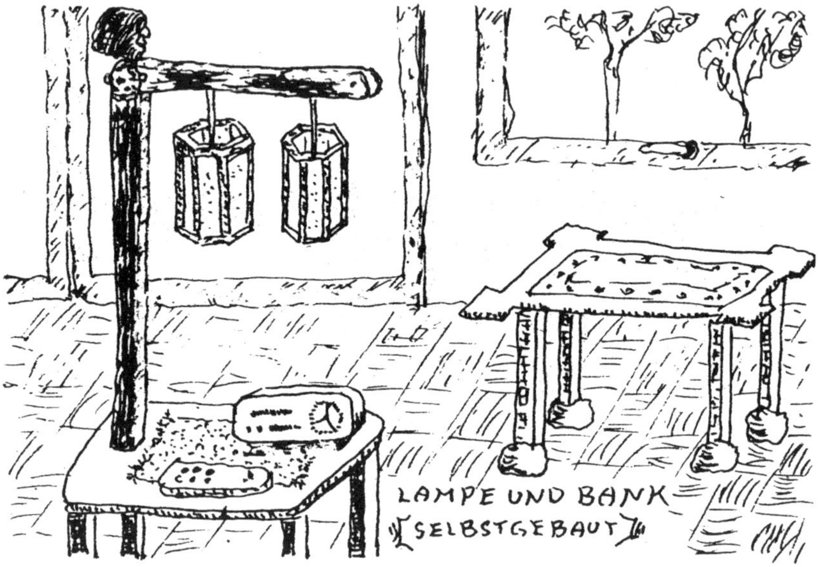

Woche, erscheinen dann 3 kleine Striche, das heißt: noch drei Jahre bis zum nächsten Schaltjahr.

Die Uhr habe ich mir mal während einer Tournee 1975 in Münster gekauft für 300,- Mark. Ich kam deswegen etwas zu spät zum verabredeten Zeitpunkt ins Restaurant unseres Hotels. Jürgen meckerte, während er kaute: „Du bist zu spät gekommen." –„Ich hab` die Uhr mir gekauft." - „Na und?" Wir waren immer sehr pünktlich, wenn wir uns zum Treffen verabredet hatten. Im Hotel trafen wir uns meistens um 18:00 Uhr, wenn die Vorstellung um 20:00 Uhr anfing. Karl, Peter und ich waren schon immer 15 bis10 Minuten vor 18:00 Uhr unten, unterhielten uns etwas und dann gingen wir pünktlich um 18:00 Uhr los. Jürgen kam immer genau um 18:00 Uhr, oder höchstens 1 Minute vorher. Das beunruhigte uns immer etwas, weil wir dachten, er hat vielleicht verschlafen. Wenn wir sagten: „Kannst du nicht etwas früher kommen?", sagte er: „Wieso, wir sind doch um 18:00 Uhr verabredet." Aber manchmal war er unpünktlich. An 2 x kann ich mich noch gut erinnern. Es war in Hamburg. Wir waren um 13:00 Uhr verabredet im Hotel-Foyer des Park-Hotels und er war um 5 nach immer noch nicht da. Wir dachten schon: was ist da los? Um 10 nach 1 wurden wir unruhig, denn wir wollten nach Aachen fahren, also wir vier und der Tournee-Begleiter Ingolf. Der wohnte in Hamburg. Um 15 Minuten nach 13:00 Uhr sagte der Herr an der Rezeption: „Ich gehe mal nach oben zu Herrn Barz, mal sehen, was da los ist.“ Nach 10 Minuten, es war schon 13 Uhr 25, kam er mit leeren Händen herunter und sagte: „Der ist wie tot. Ich hab` ihn wachgerüttelt, aber er reagiert gar nicht. Der ist wie tot.“ Danach sagte er: „Jürgen Barz ist noch mit zwei Leuten, einem Mann und einer Frau, um 10:00 Uhr früh erst ins Hotel gekommen, und wollte sich noch eine Flasche Sekt auf`s Zimmer mit hochnehmen. Aber ich habe ihm die nicht mehr gegeben, weil er schon blau war, - die andern beiden auch. Daraufhin ist das Pärchen wieder weggegangen und Herr Barz ist auf`s Zimmer gegangen.“ Da sagte Peter: „Da muß einer von uns mal hochgehen und den Jürgen wecken.“ Ich sagte: „Ich bleib hier sitzen, ich geh` nicht hoch.“ Ich hatte das schon paar mal gemacht. Das war immer sehr aufregend. Ich war mal mit ihm zur gleichen Zeit auf Ibiza und wir flogen mit dem gleichen Flugzeug zurück so gegen 11:00 Uhr vormittags. Um 9 weckte ich ihn und er sagte: „Ja, ja, wir haben noch Zeit.“ - „Aber wir müssen doch 1 ½ Stunden vorher da sein.“ - „Ja, ja, eine Stunde reicht auch.“ Dann half ich ihm einpacken. Er nahm auch hin und wieder einen Strumpf in die Hand und dann setzte er sich hin und döste rum. Ich nahm ihm dann die Sachen ab und packte sie in den Koffer. Das ging eine halbe Stunde so. „Ja, ja, wir haben noch Zeit“, sagte er zwischendurch immer mal. Ich bin immer gern zeitig auf dem Flugplatz und genieße es richtig, im Warteraum zu sitzen und mich auf Zuhause zu freu`n. Wir haben es dann auch geschafft und er schlief die ganze Zeit neben mir im Flugzeug. Na ja, der Flug dauerte ja auch nur 2 ½ Stunden. Deshalb hatte ich keine Lust, in Hamburg im Hotel um 13:25 Uhr nach oben zu gehen. Da sagte Karl mit ernster Stimme: „ Ich geh` hoch.“ Nach einer viertel Stunde kam Karl wieder runter und sagte mit ernster Stimme: „Er kommt runter.“ Nach einer viertel Stunde kam er runter. Peter und ich sagten mit ernster Stimme: „Hm.“ – „Hm.“ Dann stiegen wir ein und fuhren nach Aachen. Ingolf fuhr im eigenen Auto. In unserem Auto fuhren Karl oder ich, - Jürgen nicht. Der schlief die ganze Zeit. Der Peter hatte keinen Führerschein. In Aachen trafen wir uns abends ungefähr 18:00 Uhr im Foyer und Peter, Karl und ich waren schon eine viertel Stunde vorher unten und Jürgen kam 1 Minute vor 18:00 Uhr. An die Vorstellung kann ich mich nicht mehr erinnern, aber sie war sicher gut, wie fast alle 160 im Jahr, oder alle 1600 in zehn Jahren. Nach der Vorstellung gingen wir in eine Kneipe und tranken Bier. Wir gingen alle früh ins Hotel, so um 2:00 Uhr. Das heißt, ich trank zu dieser Zeit keinen Alkohol und war immer schon zu den Ein-Uhr-Nachrichten im Bett. Dann machte ich das Radio aus und schlief ein. Manchmal verpasste ich den Zeitpunkt und mein Radio dudelte die ganze Zeit. Zu Hause habe ich einen Schalter seit 1983, den mir mein Sohn Wolf gebastelt hat auf meinen Wunsch. Wenn ich bei einem Kästchen auf einen Knopf drücke, spielt das Radio immer 20 Minuten lang, dann geht es aus. Wenn ich dann noch wach bin, drücke ich auf den Knopf noch mal und finde ihn auch im Dunkeln.

Um drei Uhr nachts wachte ich auf, gestört durch einigen Lärm, der aus Jürgens Zimmer kam nebenan. Ich stand auf und ging nachsehen: da standen 2 Polizisten und wollten mit ihren Schlagstöcken auf Jürgen einhauen. Ingolf, er war auch besoffen, saß auf der Bettkante und ich sagte: „Was ist hier los!" Da ließen sie von Jürgen ab und sagten: „Der Nachtportier hat uns gerufen wegen Störung der Nachtruhe." - „Aber deswegen brauchen Sie doch nicht auf meinen Kollegen einschlagen", sagte ich, und da bemerkte ich, dass Jürgen Barz ein blaues Auge hatte, das dick anzuschwellen begann. Am nächsten Tag war es dick und blau wie eine halbe Pflaume. Dann antwortete der Polizist: „Als wir reinkamen ins Zimmer, hat er zu uns gesagt: na, was wollt Ihr denn, Ihr Micky-Mäuse." - „Und deswegen schlagen Sie den Jürgen." - „Ja, das ist Beamtenbeleidigung!" - „Na ja, aber deswegen müssen Sie doch nicht auf ihn einschlagen." - „Ja, die Musik war zu laut. Der Nachtportier hat den Hotelbesitzer angerufen und der hat gesagt, er soll die Polizei rufen, weil die anderen Gäste sich beschwerten." Also, der Jürgen hatte sich gerade eine Kassette mit Ernst Busch mit Brecht-Liedern mit einem Stereo-Kassettenrecorder gekauft und die ganze Nacht mit voller Lautstärke und besoffen zusammen mit Ingolf und mit paar Bierflaschen davor gesessen auf dem Hotel-Teppich und die Musik genossen, die die dieser Kunst so verbundenen Genossen Busch und Brecht geschaffen hatten. Ich sagte: „Das wird morgen die Presse interessieren, was da jetzt so hier passiert ist." - Da sagte der Polizist: „Also das war hier heute Beamtenbeleidigung, Widerstand gegen die Staatsgewalt und ruhestörender Lärm. Wir würden von einer Anzeige absehen, wenn Sie das nicht an die Presse weitergeben." Ich sagte: „Na gut, ist in Ordnung so." - „Sie müssen aber garantieren, dass keine Musik mehr gespielt wird." – „Ja", sagte ich, „also Tschüß." – „Tschüß," sagten die beiden Polizisten und gingen. Als sie weg waren stellte Jürgen den Kassettenrecorder wieder an und ich sagte: „Bist du bescheuert!" und er sagte: „Doch nur ganz leise." Da sagte ich: „Kommt, wir hauen hier ab, - jetzt. Ich sage Karl Bescheid." Ich klopfte an die Zimmer von Karl und Peter, aber die waren schon wach. Sie sagten: „Was ist denn los?" – „Ach, Jürgen und Ingolf haben laute Musik gehört, und die Polizei war da, wir hauen jetzt ab nach Heidelberg." – „Mitten in der Nacht?" – „Ja." – „Na, wir bleiben hier." – „Na gut." Aber dann zogen sie sich doch an und wir fuhren um ½ 4 Uhr früh nach Heidelberg. Wegen der Ton-Anlage mussten wir damals mit 2 Autos fahren. Dort kamen wir um 8:00 Uhr früh an. Jürgen hatte die ganze Zeit geschlafen. Im Hotel ging er als Erster auf`s Zimmer und ich hörte durch die Tür hindurch die Brechtlieder gesungen von Ernst

Busch. Am nächsten Tag nach der Vorstellung in Heidelberg saßen wir abends mit Studenten zusammen in einer Kneipe und einer nahm Jürgen mit in die Uni, weil er versuchen wollte, Jürgens dickes Auge dünn zu kriegen. Nach einer halben Stunde kamen sie wieder und der Medizin-Student sagte: „Das geht nicht so leicht weg, da hat sich Wasser angesammelt."
Am nächsten Tag fuhren wir nach Bremen zum Fernsehen, „Musikladen" bei Mike Leckebusch. In dieser Sendung traten wir einmal im Monat für 8 – 10 Minuten auf, so 2 – 3 Jahre lang. Auch zeichnete Mike Leckebusch immer unser Jahresprogramm auf und ließ es senden. Ich hatte mir schon einen erklärenden Satz zurechtgelegt betreffs Jürgens blauen Wasser-Auges, - aber dann war Jürgens Auge nicht mehr dick, nur noch blau, obwohl er braune Augen hat. Aber das hat die Maskenbildnerin wegge-schminkt. Das war das erste von den beiden Erlebnissen mit Jürgens Unpünktlichkeit, an das ich mich erinnere. Und nun kommt das zweite.
Wir holten Jürgen ab von zu Hause mit dem Taxi, um nach Köln zu fliegen. Ich ging hoch die 3 Treppen, um den Jürgen zu holen. Unterwegs nahm ich schnell 2 Tabletten in den Mund gegen Erkältung und wollte sie runterschlucken, aber sie blieben im Halse stecken. Na, macht nichts, ich laß` mir von Jürgen ein Glas Wasser geben zum Unterschlucken. Ich klingelte und klopfte, - nachher mit der Faust, aber es regte sich nichts.* Da fuhren wir drei zum Flughafen. Vielleicht war er ja schon da, und ich würgte an den Tabletten. Dann sammelte ich Spucke** und kriegte sie endlich runter. Am Flughafen Tegel angekommen ging ich zum Telefon und rief Jürgen an und er nahm auch ab und sagte: „Was is`n los?" ich sagte: „Wir sind schon auf dem Flughafen." – „Wieso denn? Warum habt ihr mich nicht abgeholt?" „Ich war da, du hast nicht aufgemacht, komm` ´ne Maschine später. Aber geh` nicht wieder ins Bett." – „Nee, nee, ich steh` jetzt auf." – „Also bis nachher, das Hotel weißt du ja, Tschüß." – „Tschüß." Am Nachmittag kam er dann auch.
Ich erzähle diese beiden Erlebnisse, damit Sie besser verstehen können, warum ich mich gewundert hatte, dass Jürgen mir Vorwürfe gemacht hatte, als ich wegen des Uhren-Kaufs in Münster 1975 ¼ Stunde zu spät gekommen war ins Restaurant. Ich aß da übrigens nichts mehr und wir fuhren pünktlich los in die nächste Stadt zur nächsten Vorstellung, zu einer von den 2000 Vorstellungen in den 12 Jahren.

*****

Nun erzähle ich von meinen Liebeserlebnissen. Aber jeden Abend immer nur von einem, damit das keine Massenanfertigung wird. Es ist jetzt ½ 2 und auf der Uhr aus Münster, derentwegen ich zu spät gekommen war

* es war 11:00 Uhr vormittags
** im Mund, und nicht im Trinkglas

damals, ist jetzt zu lesen: 24. Dezember. Sonntag. Heiligabend steht nicht da, aber das weiß man ja.
Das erste Mühe volle Liebeserlebnis mit körperlichem Einsatz habe ich ja schon kurz erwähnt, damals mit der Kunststudentin von der H.f.B.K 1956.*

Das zweite war 1959, also schon nach 3 Jahren. Mein Bruder war inzwischen ausgezogen aus der Marburgerstraße 5, - und nachts um 12 klopfte es an mein Fenster. Wir wohnten ja Parterre. Ich machte es auf, und das Mädchen, das ich paar Wochen vorher kennengelernt hatte, kletterte herein. Das Hotel, das da jetzt steht, das Steigenberger-Hotel am Los-Angeles-Platz, gab es noch nicht, sondern nur Trümmerberge mit deren Hilfe das Mädchen über den Zaun steigen konnte. Sie wollte sich von mir verabschieden, weil sie am nächsten Tag nach Amerika fliegen wollte. Dort sollte sie jemanden heiraten. So, das war mein zweites Liebeserlebnis. Vor etwa 5 Jahren war im „Tagesspiegel", das ist eine Zeitung, die es in Berlin gibt, ein Artikel über mich. Und der ist irgendwie nach Amerika, also die USA gelangt, und dieses Mädchen hat ihn gelesen und mir einen Brief geschrieben. Ich habe eine Weile gebraucht, ehe ich wusste, wer das war. Ich habe nicht geantwortet, weil ich nicht gern Briefe schreibe. Ein Fax-Gerät hatte ich da noch nicht.
Das dritte Liebeserlebnis war die Heirat mit meiner Frau. Kurz vor der Scheidung hatte ich das vierte, aber auch nur sehr kurz. Ich hatte sie im Steinplatz-Café kennengelernt und angesprochen. Meine Frau hatte ich übrigens das ganze Jahr nicht mehr gesehn. Wir waren also praktisch schon auseinander.
Ich bin übrigens niemals in meinem Leben einer Frau untreu gewesen, NIE. Vorher hatte ich immer Schluß gemacht oder drauf gewartet, bis sie mich verließ. Manchmal schon nach einem Tag. Einmal sogar nach einer Stunde schon. Einmal dauerte es drei Monate, eh sie mich verließ. Ich ging mit ihr jeden Tag ins Kino. Nach drei Monaten sagte sie: „Ich komme

* Wir merkten danach beide, daß wir nicht zusammenpaßten.

heute mal nicht mit.“ – „Na gut”, sagte ich, „dann gehe ich alleine.“ Dann aber kam sie noch einmal mit, und dann verließ sie mich. Das war die 6. Die 5. war vorher. Die hatte aber einen Freund und sagte mir, dass sie mit ihm immer noch was hätte, mich aber nicht seelisch betrügen würde. Ich fand das nicht gut. Da verließ sie mich. Das war in der Kreuzberger Wohnung. Aber da wollte ich ja auch wegen der Kinder nichts mit Frauen zu tun haben. Die Fürsorgerin kam mich hin und wieder besuchen und sie fragte ja auch im Haus herum, und ich wurde nur gelobt, besonders von der 60-jährigen Hauswartsfrau. Sie hieß Frau Lutat und kam auch aus Ostpreußen. 2 Jahre nach dem Wegzug von der Forsterstraße besuchte ich sie mal. Da umarmte sie mich und meinen älteren Sohn, der mit dabei war und küsste uns auf die Wange. Da sie einen Tropfen immer an der Nase hatte, kriegten wir den ab, jeder einen. Ich sagte zu meinem Sohn: „So etwas muß man hinnehmen.“
Die Kinder blieben dann damals in München, bei meiner geschiedenen Schwägerin, und als meine geschiedene Frau aus Afrika zurückkam von ihrer Verlobung, sagten die Kinder: „Wir wollen bei Mama wohnen!“ Und da blieben sie dann auch.* Meine geschiedene Frau machte eine Ausbildung als Masseurin und hatte viel zu tun in Tegernsee und Umgebung in den vielen Kur-Einrichtungen und verdiente gut Geld. Ich kaufte dann eine Wohnung in Rottach-Egern und da wohnten sie, bis mein Sohn bei dem Verkehrsunfall ums Leben kam.
Mein älterer Sohn kam dann nach seiner Prüfung als Feinmechaniker nach West-Berlin und wohnte 5 Jahre bei mir. Die Wohnung in Rottach-Egern verkaufte ich 1982. Meine geschiedene Frau lebte die meiste Zeit mit meiner geschiedenen Schwiegermutter, also ihrer Mutter, zusammen. Vor 5 Monaten waren alle in Berlin zu Besuch, und ich hatte sie besucht, auch meine geschiedene Schwägerin und ihren 2. Mann. Im Süden von Berlin haben sie ein Häuschen zurückbekommen, das ihnen vor 1945 gehört hatte, und meine geschiedene Frau will dort gern wieder wohnen. Mein Sohn wohnt und arbeitet seit 5 Jahren in Bonn. Er hat sich Elektronik-Kenntnisse angeeignet und in Verbindung mit seiner Feinmechaniker-Ausbildung arbeitet er dort am Max-Planck-Institut an Forschungsgeräten, die in den Weltraum gebracht werden. Jetzt im November ist er 40 Jahre alt geworden, meine geschiedene Frau 60, und ich 66, - meine geschiedene Schwiegermutter glaube ich 86. Daran merkt man, dass die Zeit vergeht.
Viele sagen, im Himmel später sehn sie ihre Verwandten wieder. Aber wie oft werden sie das tun. Wie oft sehen Menschen ihre Verwandten so lange sie noch leben hier auf der Erde? Einmal im Monat, im Jahr.
So, nun das 7. Liebeserlebnis. Oh, da muß ich nachdenken. aber das wird jetzt häufiger passieren, dass ich nachdenken muß. Ich habe zwar keins

* Sie wohnten mit meiner geschiedenen Schwiegermutter im gleichen Hause. Die brachte ihnen dann auch das Fleischessen bei, indem sie sagte: das ist Käse. Wir hatten ja vegetarisch gelebt. Ich schickte monatlich Geld.

vergessen, aber die Reihenfolge kriege ich manchmal nicht mehr zusammen.

*****

Als die Kinder dann in München waren, merkte ich, dass ich jetzt mal wieder mich umsehen könnte in der Frauen-Welt. Das war ganz einfach.
Im Dany`s Pan, wenn wir da nach dem Auftritt am Künstlertisch saßen, wurden wir oft von Mädchen angesprochen: „Hat mir gefallen, Euer Auftritt!“ – „Ja“, sagte ich dann, „setz` dich doch, - möchtest du was trinken?“ – „Ja, ein Bierchen.“ Die anderen sagten nichts, also Karl, Peter und Jürgen. Der Peter war verheiratet und Jürgen auch inzwischen. Wir waren alle auf seiner Hochzeit. Sein Sohn war unterwegs. Das war anstrengend, schon ab Mittag Alkohol. Abends in der Kneipe kriegten wir ja nichts mehr runter dann.
Und Karl hatte einen ganz anderen Geschmack als ich, und die Frauen, die mir gefielen und denen ich gefiel, hatten auch einen anderen Geschmack als Karl. Karl hatte mal mit einem Mädchen geflirtet im Quasimodo und sagte nach einer Stunde: „Woll`n wir noch woanders hin gehen?“ Sie sagte „Ja“ und stand auf. Karl war ca. 1,91 m groß und sie war etwas größer und Karl sagte: „Du bist ja so groß.” Und sie sagte: „Ja.“ Seit dem habe ich mich erst immer mit einem Mädchen verabredet, nachdem sie aufgestanden war.
Ich bin 1,82 groß, wiege zwischen 70 und 75 Kilo. Ab 14 Jahre fing ich an, mich zu messen, wie groß ich war, und machte an der Tür Striche. Ich wuchs in jedem Jahr 7 cm. Als alle so 17 Jahre alt waren, wuchsen sie sehr schnell, ich aber immer genauso langsam, 7 cm im Jahr. Meine Mutter sagte öfter: „Wenn du wenigstens so groß wie der Opa wirst, das wär` dann schon ganz gut. Napoleon war auch nicht groß, und war ein großer Mann.“ Dabei wuchs ich ja nur gleichmäßig, was auch viel gesünder ist. Mein Opa war übrigens 1,62 m. In der 12. Klasse war ich der Kleinste und musste beim Turnunterricht als Letzter stehn. Eineinhalb Jahre nach dem Abitur kam mich in West-Berlin der Größte von der ganzen Schule besuchen, der auch abgehauen war, und da war ich größer als der. Schließlich war ich auch der Größte von unserer ganzen Verwandtschaft und 1 cm größer als mein älterer Bruder, bloß weil ich immer weitergewachsen war, jedes Jahr 7 cm. Bei einmeterzweiundachtzig hörte ich dann auf. Wenn ich sitzen geblieben wäre von der 11. zur 12. Klasse, hätte ich später erleben können, wie ich innerhalb eines Jahres vom Letzten zum Ersten aufgerückt wäre im Turnunterricht. Aber ich freute mich, daß ich nicht sitzenblieb.
Ein Schüler hatte sich vor der Lehrer-Konferenz in ein Schulzimmer geschlichen und konnte von dort aus hören, dass im Nebenraum gesagt

wurde, dass von unsrer Klasse 11a sieben Schüler sitzenbleiben. Als er uns das erzählt hatte, ging ein Rätseln los, wer das sein würde. Bei einigen stand es ja fest, aber bei mir nicht und paar anderen. Mein Zeichenlehrer hatte zwar den andern gesagt: „Der Ingo braucht sich keine Sorgen zu machen," aber sicher war ich mir nicht. An dem Tag kam dann der Lehrer rein, es war „Kenke", und sagte, er lese nun in alphabetischer Reihenfolge vor, wer versetzt wurde und wer sitzengeblieben ist. Ich zählte aufgeregt mit. Mein Name war ja ziemlich als letzter im Alphabet dran (Hutzelgrumpel ist ein Ausgedachter Bürgerlicher Name von mir, so heiße ich natürlich nicht. Zum Glück weiß kaum einer, was das bedeutet. „Hutzel" ist ein Brötchen, und „Grumpel" ist ein Haufen, entweder von einem Hund oder von einem Menschen, von einer Kuh aber nicht, der heißt „Fladen"). Als nun der Lehrer ungefähr bei „P" war, waren schon sieben Sitzenbleiber oder –rinnen genannt worden, und ich konnte aufatmen, schon etliche Sekunden früher. Aber man glaubt gar nicht, wie lang paar Sekunden sein können in solcher Situation. Ich war den ganzen Tag glücklich, und die ganzen Sommerferien auch, bis der Kampf in der 12. Klasse weiterging.
In der 12. Klasse wären beinahe 10 Schüler rausgeflogen. Wir hatten aus Schabernack den Mädchen die Schulmappen genommen im Umkleideraum, und alle Hefte und Bücher durcheinander wieder rein getan. Danach, - die Mädchen hatten Turnen, - machten wir Faxen vor der Turnhalle draußen vor den Fenstern. Diese Faxen wurden uns als „Sabotage am Unterricht" ausgelegt, und wir kriegten eine „Androhung der Verweisung von der Schule". Die Mädchen hatten vorher unsere Mäntel verknotet gehabt. Dann ging aber alles doch noch gut aus.* Zurück zu Karls großer Freundin.
Sie hatte eine kleinere Schwester, mit der freundete ich mich an. Sie hatten aber einen strengen Vater und mussten um 20:00 Uhr immer zu Hause sein in Zehlendorf. Da trafen wir dann immer alle zusammen, aber nicht direkt vor der Tür, sondern an der Straßenecke. Karl brachte seine nach Hause und ich meine. Dann gingen die Schwestern zusammen nach Hause zu ihrem strengen Vater, um Schularbeiten zu machen, und Karl und ich gingen zusammen zurück ins Go-In, um Frauen kennen zu lernen und Bier zu trinken. Ihren strengen Vater hatten wir nie kennengelernt, dazu reichte die Zeit nicht. Meine Mutter sagte immer früher in Bernburg, als meine ältere Schwester bei ihrem Freund blieb bis kurz vor Mitternacht: „Wenn sie was Schlechtes tun will, kann sie das auch am helllichten Tage tun." – So war es auch bei Karl und mir und den beiden Schwestern. Wir taten Das Schlechte am Nachmittag, nach der Schule. Sie standen kurz vor dem Abitur.
Meine Freundin, also die kleinere von den Schwestern, verließ mich nach 2 Wochen, Karls Freundin, also die etwas größere als er, schon nach 10

* Zur gleichen Zeit hatten in der Parallelklasse einige Schüler Stinkbomben losgelassen im Zeichenunterricht. Sie kippten Salzsäure auf Schwefelstücke, in einer leeren Konservenbüchse. Sie kriegten aber nur einen Verweis.

Tagen. Ich tröstete den Karl und sagte: „Jede Frau, die dich verlässt, macht Platz für die nächste.“ Und Karl nickte zustimmend.
Also, mit dem Zählen klappt das jetzt nicht mehr. Ich lasse einfach Meinen Erinnerungen freien Lauf.

*****

Ein Liebeserlebnis war besonders romantisch. Draußen schneite es und im Hotelzimmer war es warm und gemütlich. Zärtlich umschmeichelte Sie mich wie schon so oft und ich ließ es mir wohlgefallen. Ein schwaches Licht ließ Sie nur noch verführerischer aussehen, als Sie es schon war. Im Liebesglück schwanden mir allmählich die Sinne, ich umarmte Sie wild und doch bedächtig. Aber schließlich übermannten mich meine Gefühle und plötzlich wie aus dem Nichts sagte Sie und zwar genau in dem Moment wo mich meine Gefühle beinahe total und willenlos übermannten: „Ich möchte ein Kind von dir.” Da entmannten mich meine Gefühle, und Sie versuchte mit allen Variationen, die ihrer Phantasie zur Verfügung standen, meine Glut zu entfachen, aber - - - Ich blieb entmannt. Jedenfalls in dieser Nacht. Eines Tages verließ sie mich dann sowieso.

Liebe ist so vielfältig wie die Musik

Mein Tag lief folgendermaßen ab:
Um 12:00 Uhr aufstehen. Von 13 bis 16:00 Uhr im Café Pientka am Ku-Damm gegenüber Wertheim, Frühstück und Texte schreiben: Lieder oder Gedichte, Geschichten oder einen Roman, oder ein Musical. Nach den „Schiffsbrüchigen“ kam „Jung Siegfried“, „Die große Epoche“: Karl spielte den Goethe, Jürgen den Mozart, Peter den Beethoven und ich Otto Darmstatt. 16 bis 20:00 Uhr Quasimodo. 20 bis 23:00 Uhr Go-In. 23 bis 2:00 Uhr Kleine Weltlaterne. 2:00 Uhr bis 5:00 Uhr LSX.
Jürgen und ich fuhren mal, das war noch ganz am Anfang, da hatten wir immer mal noch Zweier-Auftritte, also Jürgen und ich, und Karl und Peter, – also wir fuhren mal von Köln nach München mit dem Zug, und ich sagte: „Jürgen, ich brauche einen Dichter, einen ausgedachten, dem ich meine Texte zuschreiben kann.“ Matthias hatte das gemacht. Alle seine „Mieder-Lieder“ schrieb er „Gottfried Ofen“ zu. Ich kuckte auf die Landkarte von Deutschland im Zug und kam auf „Darmstadt“ und „Pforzheim“ als interessante Namen. Es stand also zur Wahl: Otto Darmstadt oder Franz Pforzheim. Jürgen meinte, Otto Darmstadt klänge besser. „Na gut“, sagte ich, „aber dann wenigstens mit zwei T am Ende.“ Ich schrieb dann auch das dicke Buch später: „Das Leben des Otto Darmstatt“, mit 12 selbstge-

malten Ölgemälden, die von seinem Leben handelten, und vielen Zeichnungen.
Das zweite, glaube ich, war das Weihnachts-Musical, „Die Suchenden Hirten", die die Krippe suchten im Jahre „Null", vor unserer Zeitrechnung. Dann kam mal „Die Flucht aus Tarangua". Da flüchteten wir aus dem von uns erfundenen Land namens „Tarangua", und rannten ständig über die Bühne und hinten wieder zurück, und quatschten dabei in Reimen, bis wir in Deutschland endlich ankamen, und im Reichskabarett wohlbehalten landeten. Dann machte ich noch ein letztes, das wurde aber nie uraufgeführt, und hieß „Der Gang nach Canossa". Ich weiß nicht mehr, wie das ging, jedenfalls Karl war der, der den Gang nach Canossa gehen musste und Peter, zu dem dieser Gang führte. Jürgen und ich, weiß ich nicht mehr, nur noch, dass wir sagten bei den Proben: „Du musst jetzt niederknien, Karl!". Und Karl kniete unterwürfig nieder, und Peter lachte dann immer. Wir hatten da dann schon große Säle, immer so um 800 bis 1500 Leute im Publikum, und die Theaterstücke waren nicht mehr möglich, wegen der Mikrophone. Wir machten auch mal eins und sprachen dann immer in das stehende Mikrophon, aber Theatermäßig war das nichts mehr. Auch der Aufwand an Gepäck wurde zu groß mit den Kulissen und Requisiten. Deswegen machten wir hinfort nur noch Musik-Programme. Ach du meine Güte!!! Das schönste Musical habe ich ja vergessen. Das war der „Faust". Peter spielte den Faust, Karl den Mephisto, wir hatten ihm extra einen Pferdefuß gebastelt, der Peter und ich, und ihm einen 1 Meter 20 langen Schwanz hinten an eine weiße Strumpfhose genäht, die mit roten Adern bemalt war, und Hörner natürlich, die ich an einen Blechreifen befestigt hatte. Und Jürgen war das Gretchen, mit zwei aufgeblasenen Luftballons in der Bluse, die beim Flirt mit dem Teufel platzten. Ich war, - oh, weiß ich nicht mehr, aber ich war wahrscheinlich Otto Darmstatt, nein, ich glaube ich war ein Schuster, Gretchens Freund, denn sie sang:

Mein Liebster ist ein Schuster,
er wohnt in Königswuster-
hausen an der Bahn,
flickt Schuh`, so gut er`s kann.

Oder ich glaube, ich war des Teufels Großmutter. So war das wohl. Ach so, die Schiffsbrüchigen wurden damals zwar für`s Fernsehen aufgezeichnet von Andre, aber nur auf Umkehrfilm (nur 1 Exemplar), und nie gesendet. Karl hat ihn vor paar Jahren zufällig auf dem Flohmarkt gekauft. Ein Liebeserlebnis noch, und dann gehe ich schlafen. Es ist jetzt 3:00 Uhr morgens, Heilig Abend. Also, Heilig Abend am Morgen. Beim SFB im Fernsehn gibt es ja jetzt auch die Abendschau am Nachmittag, am Abend auch, aber auch die Abendschau am Vormittag. Demnächst gibt es dann womöglich: Frühstücks-Fernsehn am Abend oder Mittagsmagazin zum Frühstück. Einmal hatte ich eine Freundin, mit der hatte ich am Vortage schon mal was gehabt, - und die brachte aber ihre Freundin mit am nächsten Tag und mit der flirtete der Karl. Danach beschlossen wir, nach Kreuzberg in die Kleine Weltlaterne zu fahren mit Karls VW-Käfer, der fuhr wieder. Und Karl fuhr und ich saß mit der Freundin meiner Freundin hinten, also mit Karls neuer Freundin und knutschte heimlich mit ihr. Karl mußte ja auf den Verkehr achten. Die Weltlaterne hatte aber zu, immer am Dienstag war sie zu, und wir fuhren zu mir in die Wohnung in der Forsterstraße 3. Ich hatte ja zwei Zimmer, und in dem einen knutschte ich mit der Freundin meiner Freundin, und im andern Zimmer, weil Karls neue Freundin ja bei mir war, versuchte Karl mit meiner Freundin, also der vom Vortage, was anzufangen. Das klappte aber nach einer viertel Stunde nicht, und sie wollte nach Hause, und Karl erklärte sich bereit, sie nach Hause zu fahren. Endlich klappte dann die Tür zu, und unsere lange aufgestauten Gefühle konnten sich endlich entladen. Nach 2 Stunden verließ sie mich, - und ihre Freundin habe ich auch nie wiedergesehn. Sie hatte mich wohl auch verlassen. Hätte ich damals ein Auto besessen, dann hätte Karl hinten gesessen, und das gleiche wäre passiert, nur umgekehrt.

GUTE NACHT!

Dann heiratete Karl heimlich und nur noch ich hatte Liebeserlebnisse. Ich kaufte mir einen Alfa-Romeo 1300er Coupé, dunkelblau, für 13.000,- Mark und fragte ein Mädchen, mit dem ich mich schon paar mal im „Quasimodo" unterhalten hatte, ob sie mit mir eine Reise machen wollte. Sie war 19 Jahre alt, blond, hübsch und jung und wohnte im Heim. Sie kriegte auch Urlaub vom Heim und wir fuhren los, und zwar nach Amsterdam. Es war Ostern und wir kriegten grade noch ein Hotel-Zimmer für eine Nacht, für 90,- Mark. Abends versuchte ich, mich in ihr Bett zu legen, aber sie wollte nicht, und ich ging wieder in meins. Am nächsten Tag fuhren wir nach Antwerpen, da gab es leicht Hotel-Zimmer. Ich wollte mich zu ihr ins Bett legen, aber sie schob mich weg. Da ging ich in mein Bett. Karl und Jürgen waren über Ostern in Paris und deshalb fuhren wir nach Paris, um sie dort zu besuchen. Sie hatten ihre Frauen mit dabei. In Paris war es aber dermaßen voll, daß wir uns erst gar nicht ein Zimmer suchten. Wir tranken mit Karl und Jürgen und deren Frauen in einem Café etwas, und dann fuhren wir zum Eiffelturm und fuhren nach oben. Dann merkten wir irgend wann, daß wir unsere Ausweise im Hotel in Antwerpen hatten liegenlassen,* und fuhren wieder nach Antwerpen in dasselbe Hotel. Da versuchte ich wieder, mich in ihr Bett zu legen, aber sie schubste mich raus, und ich ging in mein Bett. Nur ein paar Küsschen bekam ich. Dann fuhren wir wieder nach

* an der Reception, wo wir sie hatten abgeben müssen

Berlin zurück.
Jürgen hatte mir eine schöne Kassette überspielt mit allen möglichen Schlagern und Chansons, die hörten wir dauernd im Auto, bis sie kaputt war. In Berlin fuhren wir ins Quasimodo, da wollte sie zu einem Jungen, in den sie verliebt war etwas. Nach einer Stunde kam sie zu mir an den Tisch und sagte, der hätte nichts von ihr wissen wollen und sei abgehauen. Da sagte ich: „Kommst du noch mit nach Kreuzberg", und sie sagte: „Ja." Nach der Kleinen Weltlaterne und dem „LSX" gelangten wir dann in meine Wohnung. Ja, da legte sie sich zu mir ins Bett. Es war sehr schön, obwohl es in Antwerpen oder Amsterdam romantischer gewesen wäre, weil ja bei mir in der Wohnung auch nur eine Außentoilette war ohne Bad und Dusche und schöne Möbel. Danach sagte sie, sie wolle aber nicht mit mir zusammen bleiben, auch ihre Mutter hätte gesagt, ich wäre nicht der Richtige für sie. Da trennte ich mich innerlich von ihr, äußerlich aber nicht. Und nach paar Tagen sagte sie mir im Quasimodo, sie würde doch gern mit mir zusammen sein, aber ich sagte: „Nein." Da sagte sie, ihre Mutter würde es doch gut finden, wenn sie mit mir zusammen wäre und ich sagte: „Nein." Nach paar Tagen gab sie auf. So ist es mir öfter gegangen: Erst rannte ich einer hinterher und sie wollte nicht, und wenn ich dann mich innerlich entfernt hatte von ihr, wollte sie, aber ich nun nicht mehr. Ich habe sie 1993 ungefähr wiedergetroffen zufällig und mich mit ihr unterhalten 1 Stunde. Sie hatte eine 20 jährige Tochter. So vergeht die Zeit. Die Reise war 1969 gewesen. Es war eine schöne Reise. Nach mir damals hatte sie einen Freund, und der hatte ihr die Tochter geschenkt aber ohne sie zu heiraten.* Ich glaube, ich habe keine unehelichen Kinder so wie Boris Becker oder Franz Beckenbauer. Aber vielleicht besucht mich ja doch mal eine, die müßte dann aber jetzt schon 25 sein. Und sicher sehr hübsch und intelligent. Aber ich glaube nicht, daß das der Fall sein könnte. 3 Uhr 12 morgens. 24. Dez. 2000 - Heiligabend. Mein schnellstes Liebeserlebnis übrigens war folgendes: Ich glaube, es war in Brake. Das ist eine Stadt. – Morgen geht's weiter, also heute, aber später.

24. Dezember 2000
Heute ist Heiligabend, - da stand ich sehr schnell auf. Es sind minus 1 Grad und es liegt 1/2 cm Schnee. Ich hatte beim Ausstrecken des linken Beins einen Krampf bekommen und da hilft nur aus dem Bett springen und mit dem Bein auftreten. Der Krampf ging danach weg. Ich legte mich noch mal 10 Minuten hin, gewissermaßen aus Trotz, - aber dann stand ich doch auf und sah den Schnee im Garten. Es schneit jetzt und es ist viertel vor 11, vormittags. Sollte es eine weiße Weihnacht werden? Abwarten.
Es ist jetzt 10.55. - Die Mauer ist schon mit Schnee bedeckt, dreiviertel Zentimeter hoch, also der Schnee, - die Mauer ist 1,60 m hoch und hat

* Sie zog das Kind alleine auf. Als die Tochter 2 Jahre alt war, besuchte sie mich mal mit ihr.

eine Blech-Abdeckung.
11:05 Uhr. Es fallen vereinzelt Flocken.
11:15 Uhr. Ich habe mich rasiert mit Pinsel, Seife und Rasierapparat.
11:30 Uhr. Es hat aufgehört zu Schneien, es war wohl nur ein Versuch.
12:15 Uhr. Im Fernsehen läuft ein Bericht des „Spiegel-TV" im Sender Vox. Die ersten schriftlichen Aufzeichnungen über Jesus wurden 70 Jahre nach seinem Tode aufgeschrieben. Alles andere vorher war mündliche Überlieferung. Wenn heutzutage Überlieferungen von Geschehnissen aus dem Jahre 1930 aufgezeichnet würden, wäre das schon schwierig. Aber damals, wo nur wenige lesen und schreiben konnten? - Ich hatte ja jetzt auf Lanzarote einen Vegetarischen Osterhasen gemalt. Durch ein Fenster sieht man ein Kreuz auf einem Berge. Während ich es malte, tat mir Jesus richtig leid, daß er viel leiden mußte, und daß er so wenig erreicht hat in dieser Welt, und daß er so oft für irgendwelche Zwecke benutzt wurde und wird. Daß er über's Wasser gehen können sollte, aus Wasser Wein machen und derartige Zaubereien, war wohl nötig, um die Menschen einzufangen für eine Religion. Na ja, der eigentliche Grund ist der, daß die Menschen so was glauben wollen, und deswegen glauben sie so was, wenn es ihnen erzählt wird und sogar schriftlich niedergelegt ihnen gezeigt wird, auch wenn das 2000 Jahre her ist. Man kann immer sagen: Das steht in der Bibel, und damit stimmt alles.*

Man merkt schon, heute ist Heilig Abend.

Es ist jetzt 12 Uhr 30. Die Sendung über Jesus läuft noch. Zwischendurch kommt bescheuerte Werbung, - dann schalte ich um.**

Ich esse jetzt mein Müsli, vegetarisch also. Viele tragen ja ein Kreuz an einer Kette um den Hals als Schmuck. Ich trage auch gern Ketten, aber nicht mit Kreuz. Ich habe einen Pfennig dran. Im „Go-In" hatten wir 1972 unser 5-jähriges Gruppen-Jubiläum gefeiert, und ich hatte vorher angekündigt, - da würde ich dem Personal einen ausgeben, und zwar für so viel Geld, wie man in die Registrier-Kasse eingeben konnte. Die höchste Summe, die man drücken konnte, war 99,99 DM. – Den Rest wollte ich rausbekommen. Das tat ich dann am Jubiläumstag, zahlte mit einem Hunderter und den einen Pfennig, den ich rausbekam, hing man mir mit einer vergoldeten Kette um den Hals. Ich habe mir in diesem Jahr eine goldene Venezianische Kette machen lassen ohne Verschluß, und trage den Pfennig nun wieder täglich. Wenn Jesus nicht am Kreuz gestorben wäre, würden dann die Menschen was anderes um den Hals tragen? Wahrscheinlich nicht, sie hätten sich vielleicht ein anderes Symbol ausgedacht. Es ist 10 vor 1, aber Schnee fällt nicht. 14:05 Uhr. Es schneit wieder, draußen sind es + 1 Grad. Na mal sehen, was das wird. Es ist der zweite Versuch einer Weißen Weihnacht. 14:24 Uhr. Es sieht gut aus. Wenn es so weiter geht, kann ich morgen Ski-Langlauf machen. Im

* Oft ist Religion nur Aberglaube. Ist das nun Gut oder Schlecht, - oder Beides?
** Das Schlimme an der Werbung ist der Ton, die Bilder sind meistens ganz gut.

Fernsehen gibt es im ZDF „Die Reise zum Mittelpunkt der Erde". 14:27 Uhr. Es schneit wie verrückt. Ein Glück! Mein Auto hat eine Garage. Es ist ein so schöner Anblick, wenn draußen Schnee liegt und man macht die Garage auf und da steht ein sauberes trockenes Auto.* Ich habe seit 4 Jahren einen VW-Sharan, eine Groß-Raum-Limousine. Dieses Auto ist das am besten für mich geeignete. Ich bekomme meine 20 Instrumente rein, die Ton- Anlage mit zwei Bose-Boxen,** und eine Person, außer dem Beifahrer, hat auch noch Platz. Er fährt 180 km/h. Ich bin aber schon auf 198 km/h gekommen zwischen Hermsdorfer Kreuz und Leipzig, da geht es leicht bergab und die Autobahn ist dreispurig. Wenn ich da an „Ost-Zeiten" denke, wie wir da mit „100" über die Schlaglöcher gefahren sind! Vielleicht werde ich ja auch eines Tages vernünftig, und suche eine für mich am besten geeignete Frau. Aber es müßte schon eine sein, die auch über ihren Tagesablauf verfügen will, wie ich über den meinen, Künstlerin oder so was, jedenfalls eine Freiberufliche, und natürlich Vegetarierin! Ich habe gerade eine Tafel Schokolade gegessen, mit Ingwer, aus dem Reformhaus. Jetzt ist mir schlecht. Wenn ich nur eine halbe esse, denke ich dauernd an die zweite Hälfte. So denke ich auch an Schokolade, aber nicht mit Appetit, sondern mit Abneigung. Deswegen habe ich auch die ganze Tafel gegessen. Jetzt ist erst mal Schluß. Auf Lanzarote neulich habe ich keine gegessen und auch keine vermißt. 14:45 Uhr. Jetzt ist schon der ganze Garten mit Schnee bedeckt. Das Gute an Heilig Abend ist, daß es ein Tag ist, an den man sich sehr leicht ein ganzes Leben lang erinnern kann. - Der erste Heilig Abend, an den ich mich erinnern kann, ist der im Jahr 1942. Ich kriegte ein Kinder-Telephon zu Weihnachten und spielte immer damit. Der Papa war im Krieg und nur die Mama, meine Geschwister und ich waren zusammen Heilig Abend. Ich telefonierte dauernd mit Meinem Papa und meine älteren Geschwister lachten und sagten: „Das kann der Papa ja gar nich hören, das is man bloß ein Kindertelephon." Aber ich sagte immer: „Vielleicht hört mich der Papa doch." Das einzige an dem Telephon, was mich gestört hat, war, daß es eine grüne Schnur hatte und keine schwarze. Ich konnte auch keine Blech-Autos leiden, auf denen die Türen nur aufgemalt waren und gar nicht aufgingen. 15:05 Uhr. Die Bäume sind mit Schnee bedeckt.

Ich war mir nicht sicher, ob das mit dem Telefon mit der grünen Schnur 1942 war und rief meinen Bruder eben an in Hannover und der sagte mir, daß der Papa 1939 den Polenfeldzug mitgemacht hatte. Also war das 1939. Da war ich 5 3/4 Jahre alt, mein Bruder fast 10. Als mein Vater wiederkam, erzählte ich ihm das mit dem Telefon und er sagte, daß er den ganzen Heiligabend an uns gedacht hatte. „An mich auch, Papa?" fragte ich da. „Ja, auch an dich, mein Ingomannche." Vielleicht hatte das Telefon doch funktioniert. 1940 bekamen wir einen „Stabil-Baukasten" geschenkt.

* und nichts sieht trostloser aus als ein eingeschneites Motorrad am Straßenrand

** wenn ich sie brauche, auch vier

Der enthielt viele mit Löchern versehene metallene Bauteile der verschiedensten Art, mit denen man mittels Schrauben und Muttern vielerlei Gegenstände bauen konnte.* Ich baute einen Turm, eine Brücke, einen Kran, ein Riesenrad und ein Auto. Das war sehr lehrreich für meine spätere Bastel-Zukunft. Mein Bruder baute auch so etwas, aber nicht so begeistert wie ich.
1941 bekam mein Bruder eine „Flak" geschenkt (Flak=Fliegerabwehrkanone) und ich einen Mörser (dicke Kanone, genannt „Dicke Berta"), und einen Felsen, den Mein Vater gebaut hatte.
1942 bekam mein Bruder eine Feldhaubitze (Kanone) geschenkt und eine richtige Burg mit Felsen und einer Burg obendrauf und einer Zugbrücke.

Ich bekam Soldaten geschenkt, aus Ton, 10 bis 12 cm groß. Einer war Hindenburg. Mein Bruder hatte einen Mackensen und einen Adolf Hitler, auch nur 10 bis 12 cm groß. Die Kanonen waren mit Zündplättchen, aber man konnte auch mit runden Holzstückchen schießen, am besten mit Paket-Haltern. 1943 kennen wir schon. 1944 in Zschopau, da hatten wir noch genug zu essen.
1945 in Bernburg.
Das Küchenfenster kriegte man nicht mehr auf, es war ganz vereist, so 10 cm dick, und die graue Decke, die vorgehängt war wegen der Kälte, war mit angefroren. Es gab Mehlflinsen, bis alle satt waren. 1949, in der Beethovenstraße 7, war mein Bruder zur Lehrerausbildung in Staßfurt. Ich bekam einen Hammer geschenkt und einen von meinem Vater selbst

* Merkwürdig: die Mehrzahl von Mutter ist „Mütter", von Schraube und Mutter aber „Muttern".

gebauten Handwerkskasten. Ich freute mich den ganzen Heilig Abend über den eigenen Hammer und den eigenen Kasten, und träumte davon, irgendwann mal alles mögliche Werkzeug zu haben. Jetzt habe ich so ziemlich alles, was man braucht.* Mit meiner kleinen Schwester ging ich immer Heilig Abend in die Kirche um 6 abends. Das war so richtig feierlich und ohne das war uns nicht richtig weihnachtlich. 1953 war ich bei Tante Lenchen in Berlin in der Sickingenstraße 1 in Moabit mit meinem Bruder, und wir konnten uns satt essen. Zu Hause froren wir dann. Aber satt sein ist besser als ein warmes Zimmer. Nachts im Bett war es aber nie kalt, auch nicht bei minus 3 - 4 Grad im Zimmer, oder bei wieviel Grad friert die Tinte im Füller zu Schnee in der Jacken-Innentasche möchte ich mal wissen?**

15:28 Uhr. So, jetzt kann man es schon sagen: Es ist eine Weiße Weihnacht in diesem Jahr 2000, mindestens seit 5-7 Jahren das erste Mal wieder.

Setzen SIE sich doch mal hin am Heilig Abend, und schreiben auf, an was Sie sich noch alles erinnern können und an wie viele Heilige Abende. Es ist sehr besinnlich. Oder an Ihre Liebeserlebnisse, - aber nun die natürlich nicht am Heilig Abend, vielleicht am Frühlings-Anfang.

Ein Liebeserlebnis werde ich auch heute gar nicht aufschreiben, weil ich Heilig Abend nie eins hatte. Das lag wohl daran, daß die Mädchen dann zu Hause waren bei ihren Eltern. Heilig Abend ist ja ein reines Familienfest.

15:34 Uhr. Es hat aufgehört zu schneien, aber es reicht auch erst mal.

1955 habe ich mit Heidi gefeiert.*** Sie kam auch aus Bernburg und Sylvester waren wir bei Ruth und Klaus. Dann verließ sie mich und heiratete bald.

Mit ihren beiden Kindern kam sie immer in unsere Vorstellungen, wenn wir in Würzburg waren. 1959 war ich allein in Klaus Kinskis Wohnung, 1960 in meiner Schwiegermutters Wohnung mit Frau und Kind, 1961 in der Wohnung über dem „Old Eden” mit Frau und zwei Kindern, 1962 in der Wilmersdorferstraße, 1963 mit meinem zweijährigen Sohn bei Ruth und Klaus am Innsbrucker Platz, 1964 in Kreuzberg in der Forsterstraße 3 mit meinen beiden Kindern. Beim Rias hatten sie gesammelt im Hause und Kinderkleider und paar Spielsachen mir geschenkt. Lotte Hendrik hatte das getan. Zu unserer Hochzeit im Sommer 1960 ließen John und Lotte Hendrik im „Club 18” im Rathaus Friedenau einen Pappkarton rumgehn im Publikum. Da kamen fünfzig Mark zusammen, fast alles Groschen. Mit einer Hand voll Groschen, so 3 bis 4,- Mark, kamen wir aus am Tag. Tasse Kaffee am Steinplatz 50 Pfg., eine Rolle Schokoladenkekse 70Pfg.. 1965 kaufte ich meinen Söhnen eine elektrische Eisenbahn für 50,- Mark. Eine Lokomotive, zwei Wagen und einen Kreis Schienen und Trafo. Sie spiel-

* Es hängt in der Werkstatt an der Wand, jedenfalls das meiste davon. Wegen dieses Raumes hatte ich die Wohnung spontan genommen.

** Ich hatte die Jacke aber nicht angehabt.

*** Sie lernte Spanisch und von ihr lernte ich 3 spanische Lieder.

ten aber meist nur jeder mit einem Wagen und machten „Sch-sch,sch-sch" dazu. 1966 saß ich mit anderen in der Kleinen Weltlaterne. Vorher hatte ich mit den Kindern gefeiert. Die Kneipen durften ja damals nicht aufhaben am Heilig Abend, - grade dann, wenn sich Alleinstehende einsam fühlen. Zum Glück ist das heute nicht mehr so. Die Heilig Abende in der Weltlaterne waren „Geschlossene Gesellschaft", da ging das. Das war immer sehr schön, und mit Kerzen und wir waren Herta Fiedler immer sehr dankbar. Sie wurde ja auch „Künstler-Mutter" genannt, kriegte auch später ein Bundesverdienstkreuz. Jetzt hatte sie ihren 80. Geburtstag gefeiert. Ich war auf Tournee. 1967 und 1968 war ich in München bei der geschiedenen Verwandtschaft. 1969 im Go-In und wohnte ab 1. Januar 1970 in der Kaiser Friedrichstraße, endlich ohne Außentoilette. Man kann sich das gar nicht vorstellen, wie gern ich nachts immer aufstand und schön im Warmen gleich nebenan „Vorne" machen ging, oder gar „Groß". Nachts, eine halbe Treppe tiefer, im Winter auf dem kalten Klo in Kreuzberg! Mir wird immer noch kalt, wenn ich daran denke.* 1974 dann in dieser Wohnung hier, am Rande des Grunewalds und heute mit Schnee und mollig warm.

I S T D A S G E M Ü T L I C H !!!**

16:07 Uhr. Jetzt wird es dunkel. Ich schreibe nachher weiter. Werde Gitarre spielen. Ich hatte gestern noch mal den 2. Satz aus der 2. Symphonie von meinem Kollegen Beethoven gehört. Es hört sich doch besser an, als was ich daraus auf der Gitarre gemacht habe. Vielleicht

* Oft wartete ich, bis ich im Café Pientka war am nächsten Tag.

** Ich habe es mal abgemessen: es sind 160 Meter bis zum Grunewald

gleiche ich es im Laufe der Zeit noch an, und ich habe ja Zeit. An dem Bild mache ich auch nachher weiter. Hell genug ist es jetzt. Ich war gestern noch mal im Kaufhaus Wertheim und habe noch 2 Klemmlampen gekauft. Jetzt habe ich 6 x 60 Watt-Lampen und eine Stehlampe mit zwei Sparlampen. Das ist hell genug. Die Lampe hatte ich mir auf die Schnelle gebastelt im Sommer.
Für die Bodenauflage habe ich einen Spann-Ring von einer Tom-Tom-Trommel genommen. Dann hatte ich noch ein Alu-Band 2 m x 4 cm. Als Stütze 3 schmalere und kürzere Alubänder. Da kann ich mir nach Wunsch die Klemm-Lampen anmachen.*

Heute fange ich an mit den Mädchen, natürlich werde ich höchstens eine oder zwei halbwegs schaffen. Sie sind, wenn sie sitzen, und das tun sie ja die ganze Zeit, 6 cm groß. Die stehende Bassistin 9 cm. Aber die kommt erst morgen oder übermorgen dran, nach der Bratschistin und der Cellistin. Hoffentlich werden sie hübsch im Gesicht. Das ist nicht so einfach. Ein Hauch von Strich kann ein Gesicht hübsch oder weniger hübsch machen. Die Dicke eines Strichs von Zeitungs-Buchstaben ist schon eine große Fläche und entscheidet über die Schönheit, mehr oder weniger, bei einem so kleinen Gesicht. Der kleine Pinsel ist ganz spitz.
1973 fuhren Karl, seine Frau und ich nach Südspanien, Benidorm, um dem Weihnachtstrubel zu entgehen. Wir waren eingeladen in eine von Deutschen betriebene Kneipe, und da stand dann ein Weihnachtsbaum und alle sangen Weihnachtslieder. Da war ich so sauer, daß ich am nächsten Tag abhaute. Als ich dann im Go-In stand, war ich wieder glücklich.
16:25 Uhr. Jetzt ist es dunkel draußen.
1982 waren mein älterer Sohn und meine geschiedene Frau hier. Deshalb kaufte ich einen kleinen Tannenbaum. Aus dem hatte ich dann die Tannenbaum-Geige gebaut, auf der ich immer „0 Tannenbaum" spiele in meinen Vorstellungen.
1974-84 war ich immer im Folk-Pub in der Leibnizstraße. Danach im Café Ludwig am Ludwig Kirch-Platz.
1986 habe ich mir im November ein Motorrad gekauft, Suzuki 450, Chopper, schwarz, und fuhr Heilig Abend über den leeren Kurfürstendamm.
1988 hatte ich mit der neuen Gruppe Insterburg & Co eine Veranstaltung in Norddeutschland am 2. Weihnachtstag. Das war sehr schön. 1990 Heilig Abend war ich sehr glücklich und saß in der „Luise" in der Königin Luisestraße in Dahlem. Ich hatte gerade den 1. Satz meiner Symphonie fertig. Ich war so glücklich, weil ich es tatsächlich konnte. 1993 war ich im „Café Hemingway" am Rosen-Eck und seitdem immer zu Hause. Endlich bin ich vernünftig geworden.
17:05 Uhr. Jetzt fangen im Fernsehn so langsam die Weihnachtsfeiern an. Ich habe lieber ausgemacht. Es sollte gesetzlich verboten werden, daß

* auf dem Boden ist eine Verteiler-Dose mit Schalter

Schlagersänger und - Sängerinnen Weihnachtslieder singen in der Öffentlichkeit. Das ist nicht zum Aushalten. Meine Lieblingslieder sind: Es ist ein Ros' entsprungen, Vom Himmel hoch und Herbei oh Ihr Gläubigen, hauptsächlich die Melodien. Deshalb sind sie auch in meiner „Heimat-Sonate" für Ein-Mann-Orchester enthalten im 4. Satz „Weihnachten in Insterburg". Jetzt gehen die Leute auch in die Kirche und singen fromme Lieder, und dann gehen sie nach Hause und bringen Tiere um, oder haben andere das schon für sich tun lassen vorher.* Und dann essen sie diese mit frommem Herzen, und das Fleisch der Tiere geht in den Magen, in den Verdauungstrakt, und dann in das Blut und damit in die Körperzellen und ins Gehirn, in`s gesamte Gehirn - - -

IGITT ! IGITT ! IGITT ! IGITT ! IGITT ! IGITT ! IGITT ! IGITT ! IGITT !
IGITT ! IGITT ! IGITT ! IGITT ! IGITT ! IGITT ! IGITT ! IGITT ! IGITT !
IGITT ! IGITT ! IGITT ! IGITT ! IGITT ! IGITT ! IGITT ! IGITT ! IGITT !
IGITT ! IGITT ! IGITT ! IGITT ! IGITT ! IGITT ! IGITT !

Ich glaube, jetzt merkt man, daß ich Vegetarier bin.

Jesus soll ja Vegetarier gewesen sein. Aber er hätte nie so viele Anhänger gefunden, wenn er das verlangt hätte von den Leuten, und ohne Anhänger keine Religion, jedenfalls nicht in größerem Rahmen. So geht es vielen Religionen.

Die falscheste Religion ist die, die behauptet, die einzig richtige zu sein.

Zwei Ameisen unterhalten sich. Die eine ist die klügste, also der „Einstein" unter den Ameisen, die andere eine der dümmsten, also noch dümmer als ich. Die Kluge weiß nicht was ein Mensch ist, was ein Finanzbeamter ist, was eine Symphonie ist, was Geld ist, was Atom-Physik ist. Nichts weiß sie, und versucht der dummen Ameise zu erklären, was ein Mensch ist, und wie die Welt aussieht. Die Dumme jedoch krabbelt dann aber mal über einen Menschen, der gerade schläft, und kann etwas ahnen, etwas begreifen oder bekrabbeln, von dem, was ein Mensch ist.
So geht es uns Menschen auch, wenn wir zu wissen glauben, was so alles im Jenseits ist. Na, wir werden ja sehen früher oder später. Die, welche schon mal wiedergeboren wurden, wissen ja einigermaßen Bescheid. Aber wer glaubt ihnen das. Wenn man wissen würde, wie schön es im Himmel ist, würden wahrscheinlich fast alle sofort abhauen dorthin.
Eben wird mein Lieblings-Weihnachtslied im SFB gespielt auf Cembalo „Es ist ein Ros` entsprungen". Es stammt aus dem 16. Jahrhundert. Jeder Ton ein anderer Accord.
Am Heilig Abend wird ja wieder viel gebetet in den Kirchen, und viele Wünsche werden geäußert.

* Haben vielleicht die Menschen die Religion erfunden, um sich wertvoller zu machen gegenüber den Tieren, damit sie dann alles mit den Tieren machen können?

Wenn nun in der Kirche alle beten zum Schluß, sind das ja ein paar Hundert. In der Kirche einer anderen Stadt auch. In ganz Deutschland paar Tausend.
In anderen Ländern auch. Durch die Zeitverschiebung von jeweils einer Stunde in weiteren anderen Ländern. Irgendwann kommt dann mal Wasser dazwischen, da nicht.* Dann kommt wieder Land und dann beten auch wieder Tausende, - bis einmal um den Erdball herum. Da muß der Liebe Gott ganz schön zuhören, - fast 24 Stunden lang. Aber außerhalb der Kirche wird noch mehr gebetet. Der eine will eine Arbeit haben, der andere will gesund werden. Eine Schülerin will wenigstens eine „3" haben im Deutsch-Aufsatz beim nächsten Mal, ein junges Mädchen den jungen Mann, in den sie verliebt ist, ein Fußballspieler betet, daß er ein Tor schießen möge, damit seine Mannschaft gewinnt, ein anderer braucht ein neues Sofa und so weiter.** Pro Minute sind das ein paar tausend Gebete, - wer soll das alles bewältigen?
Also ich stelle mir das so vor: Wenn man eine Wohnung braucht, geht man nicht zum Bundes-Kanzler sondern zum Wohnungs-Amt. Da stellt dann der Beamte fest, daß Wohnungen knapp oder gar nicht vorhanden sind. Der Beamte sagt das seinem Abteilungsleiter und der dem Stadtverordneten. Der sagt es dem Senator, daß es nämlich zu wenig Wohnungen gibt, und der sagt es einem Abgeordneten, und der einem Minister und dann erfährt es der Bundeskanzler. Und der sagt zum Minister: „Mach da mal was, in Berlin gibt es zu wenig Wohnungen". Und der ordnet an, daß vermehrt Geld zur Verfügung gestellt wird und der Senator macht Dampf, daß endlich Wohnungen gebaut werden. Und irgendwann, so nach 5 bis 8 Jahren, kriegt man einen Brief, daß eine Wohnung nun da ist. Deshalb heißt es ja auch immer: Gottes Mühlen mahlen langsam.
Es ist 17:50 Uhr. Vielleicht zähle ich mal, wie viele Menschen heute am Heilig Abend im Fernsehen umgebracht werden. Wenn mal Sex im Fernsehen gezeigt würde, also so richtig, würde ein Aufschrei durch das Land gehen. Die armen Kinder werden gefährdet, die Moral, und das womöglich zum Weihnachtsfest! Undenkbar! Jeder Bischof würde das verurteilen auf's Schärfste und es würde der Sache nachgegangen werden und einige würden vielleicht entlassen werden. Wie Menschen umgebracht werden in allen möglichen Variationen, da regt sich keiner auf um die armen Kinder. Keiner stört sich daran. Warum sehn die Menschen sich so was an. Wenn es keiner sehen wollen würde, gäbe es solche Filme nicht. Sind die Menschen die Krone der Schöpfung? Bis jetzt noch nicht. Aber wir haben ja noch Zeit, noch 3 - 5 Milliarden Jahre. Der Mensch trägt eine angeborene Mordlust in sich. Deshalb funktionieren ja auch Kriege. Manche gehen auf die Jagd, manche gehen Angeln.

* außer wenn ein Schiff unterwegs ist
** Manche verwechseln den Lieben Gott mit dem Weihnachtsmann

Jagd ist die gesetzlich erlaubte Befriedigung der angeborenen Mordlust bei Menschen, - Angeln die des kleinen Mannes.

Zum Glück gehen nicht alle dem nach.* Erich Honecker soll ja massenweise zusammengetriebene Tiere erschossen haben. Was ist das??? -- Würden eigentlich Menschen auch Menschen essen, wenn es erlaubt wäre? Wie der Japaner gestern im Fernsehn, der seine Rinder mehr liebte als seine Frau, - wie gesagt wurde. Zum Glück hat er ja wenigstens seine Frau nicht weggebracht zum Schlachthof. Vielleicht habe ich solche Gedanken schon mal erwähnt, - aber solcher Art Wiederholungen sind sogar angebracht. Würden Menschen ihre Kinder essen? Verkaufen tun sie sie ja manchmal. Das sind aber jetzt keine Weihnachtsgedanken, - aber wie habe ich doch mal gedichtet:

Weihnacht ist zum Jahresrest
das allergrößte Schlachtefest.

Oder:

Weihnachten ist das Fest des Friedens,
das größte Schlachtfest des Nordens und Südens!

Na ja, solche Gedichte sage ich aber nicht auf. Pythagoras war schon Vegetarier vor 2500 Jahren und trat sicher dafür ein. Seitdem hat sich kaum was geändert, und da werde ich erst recht nichts ändern. Vielleicht ja BSE. Die Natur denkt sich ja immer was Neues aus. Mal sehen, wie es in 50 Jahren so ist, wenn ich wiedergeboren werde. Habe ich da als Baby schon ein Handy?

Vor drei Jahren kaufte ich mir eins. Wir waren mal vor fünf Jahren in Stuttgart vor einem Fußball-Stadion verabredet. Das hatte aber ungefähr acht verschiedene Eingänge. Na, da war das Handy meines Managers aber nützlich! **

Wenn ich in Berlin in dem Koreanischen Lebensmittel-Laden bin, rufe ich meine ehemalige Freundin an, und gebe der Laden-Inhaberin, die sehr wenig deutsch spricht, und ich noch viel, viel, viel weniger Koreanisch, das Handy, und meine ehemalige Freundin kann dann auf koreanisch alles bestellen, was sie haben möchte, und ich nehme es dann mit nach Lanzarote. Herzlichen Dank den Handy-Erfindern! Per Handy unterhalte ich mich immer nur im Telegramm-Stil. Meine ehemalige Freundin hat auf meinem Handy-Speicher die Nummer 1, mein Sohn die Nummer 2, und mein Manager Frank Nietsch die Nummer 3. So ist das.

18:30 Uhr. Eine Frau mit goldenen Flügeln sang ein Weihnachtslied. Ich

* Ganz brutal ist der Thunfisch-Fang. Die Tiere werden mit großen spitzen Haken lebendig aufgespießt und ins Boot gezogen. Total brutal. Wann ist ein Mensch ein Mensch? In Brandenburg gibt es Angelwettbewerbe für Kinder ab 8 Jahren. Es müßte mal ein großer Fisch kommen und alle Angler für 2 Minuten unter Wasser ziehen. Die Menschen sehen ungerührt zu, wie Fische ersticken. Und es müßte eine Fee kommen, die alle Verantwortlichen für Tiertransporte in einen Transporter steckt. Mal sehen nach wieviel Stunden oder Tagen die Gesetze geändert würden. ** Auf meinem Handy habe ich mein Lied „Ich liebte ein Mädchen ..." als Signal-Melodie eingespeichert. Beim Ertönen anderer Handys im Cafè zucke ich also nicht zusammen.

habe auch auf der Bühne Flügel aus Sperrholz, aber damit kann ich richtig flattern, wenn ich einen Seitenhebel betätige. Ein Weihnachtsgedicht fällt mir noch ein:

Oh Weihnachtsgans, oh Weihnachtsgans,
auch du verlierst den Federschwanz.
Die Leut' mit kleinen Renten,
die leisten sich nur Enten.

Jetzt läuft wieder Weihnachts-Scheiße im SFB, und zwar amerikanische. Die Amerikaner haben ja auch die Schnulze und den Kitsch erfunden. Ich schalte mal um.
Jetzt singt eine richtig schön zu Oboe und Cembalo und Cello, es geht auch so, - richtig schön!

18:40 Uhr. RTL habe ich jetzt. Gerhard Schröder, unser Bundeskanzler, war eben bei RTL im Fernsehn 18:50 Uhr und erzählte, daß seine Adoptiv-Tochter es nicht wollte, daß eine ihr geschenkte Gans getötet werden sollte zum Heilig Abend, und er hatte sie nicht töten lassen und es gäbe Spaghetti bei den Schröders. Dagegen die Pfarrerstochter Angela Merkel sagte da im RTL-Fernsehn: „Ich esse gern eine Weihnachtsgans zum Heiligen Abend." Hoffentlich kricht sie keinen Schluckauf beim Beten in der Kirche, falls sie hingeht. Dazu fällt mir ein Gedicht ein:

Frau Merkel
ißt kein Ferkel,
sondern `ne Gans
mit Federschwanz.
Wie das so ist
als guter Christ
mit frommem Magen
an Weihnachtstagen.

Tja, die wird bestimmt nicht Bundeskanzlerin. Ich glaube, Gerhard Schröder schafft es noch mal.* Meine Mutter sagte auch mal zu mir, als ich sagte, daß ich Vegetarier geworden bin: „Mir tun die Tiere ja auch leid, aber es schmeckt doch so gut", dann lachte sie laut. Sie war eine gebildete Frau, vielleicht nicht so wie Angela Merkel.**
19:05 Uhr. Im WDR-Fernsehn ist jetzt von Josef Mohr die Rede, der den Text zu „Stille Nacht" geschrieben hat. Die Melodie ist von Franz Gruber, 1818. Ich singe jetzt auch dieses Lied, aber nur für mich, und mit eigenem Text:

* 22.September 2002: Er hat es geschafft
** Die Gier ist größer als der Verstand - Und den hat man zum Nachdenken

Stille Nacht, Heilige Nacht,
die Tiere werden nun umgebracht.
Sie kommen in den heißen Ofen,
werden braun, können nicht mehr wegloofen.
Schlaf` in Himmlischer Ruh, -
mach` deinen Backofen zu.*

Ich hab's schon mal im MDR-Fernsehn in der Sendung „Weiß der Geyer" gesungen, aber nur den Anfang. So nun singe ich es. - - -
19.13 Uhr. Ach, das hat sich aber schön angehört. Erst eine Strophe-Solo-Gitarre, dann hab' ich gesungen mit Ausdruck und warmer Stimme, nur mit Akkord-Begleitung in A-Dur, und dann noch ein Solo-Nachspiel, ab der Stelle: Schlaf in Himmlischer Ruh...
Das war meine Vegetarische Weihnachtsfeier!
Die Geschenke habe ich schon bekommen: 4 Klemm-Lampen, eine Brille für 750,- Mark, vergoldet, der Rahmen nur Halb-Gestell, von BVLGARI. Auf dem Brillengestell steht 6 - mal der Name Bvlgari, - auf jedem Teil. Und die neuen Kopfhörer, richtige, mit großen Ohrmuscheln. Ich hatte bisher die Ohr-Stecker, da tun einem nach paar Stunden die Ohren weh.
Im TVB-Fernsehen sagte die Moderatorin: „Die letzte weiße Weihnacht an allen drei Feiertagen gab es 1986." Das war, als ich mir das Motorrad gekauft hatte. Kaum war ich damals zu Hause, fing es an zu schneien. Es soll morgen und übermorgen weiter schneien.
20:30 Uhr. So, jetzt habe ich eine Stunde geschlafen, im Sitzen vor dem Fernseher. Es lief auch nichts Anstößiges. Als der klassische Schnulzen-Geiger André Rieu spielte, wachte ich auf und schaltete um, auf 3Sat. Da liest jetzt Senta Berger die Weihnachtsgeschichte vor und richtige Musik von richtigen Kollegen wird gespielt, - von Bach, Mozart und Händel (eine Wiederholung von 1999 aus dem Freiburger Münster) und mit alten Instrumenten, - eine schöne große Querflöte ist auch dabei. Das Schlafen im Sitzen habe ich richtig trainiert. Vor einer Vorstellung, wenn alles spielfertig auf der Bühne steht, setze ich mich auf einen Stuhl, lasse den Kopf etwas nach unten hängen. Das dauert manchmal eine halbe Stunde, ehe es klappt, und dann schlafe ich ein, manchmal nur 5 - minutenweise. Und danach bin ich prima munter. In Hannover, im „TAK",** saßen schon die Leute drin. Es erklang leise Jazz-Musik, und ich saß direkt neben der Bühne in der Garderobe, - das war so richtig gemütlich, - und wachte 20:15 Uhr auf und um 20:30 Uhr war Anfang. Die ganze Rückfahrt war ich munter.
Wenn ich mich hinlege, dann wache ich auf, und weiß erst mal gar nicht, was los ist, ob Abend oder Vormittag, habe das Gefühl, ich muß mich waschen und rasieren, und werde lange nicht wach. So ist das ganz

* Leben die Menschen noch in der Steinzeit und benutzen sie die Religion als Tarnung?
** Theater am Küchengarten

prima. Auch in der Fernseh-Garderobe mache ich das und bei langen Flügen nach Lanzarote zum Beispiel. Im Auto geht das schlecht, außer wenn ich hinten sitze. Auch in der Eisenbahn. Da muß man aber aufpassen, daß einem nichts geklaut wird. 22:21 Uhr. Ich habe an den 5 Mädchen gemalt, möglichst gleichzeitig. So langsam ist was zu sehen, - nicht so einfach aus der Phantasie heraus so komplizierte geigende Mädchen zu malen. Aber irgendwann sind sie dann erstaunlicherweise fertig, und ich wundere mich, daß ich es geschafft habe. Im 3Sat lief ein Film über einen Kollegen, Peter Paul Rubens. Dessen Bilder waren viel größer als meine. Aber wo sollen die alle hin. Aquarelle, 100 Stück nehmen kaum Platz weg. Ölgemälde, die 2000, die Rubens gemalt hat, hätten gar keinen Platz in meiner Wohnung, nicht mal ohne Rahmen. Ich habe hin und wieder gekuckt während des Malens, aber nicht mal eine Geigerin war dabei, obwohl viele nackte Frauen zu sehen waren.* Jetzt läuft im WDR Aschenputtel, der tschechische Film, den hab' ich schon 7 bis 8 - mal gesehen und kucke ihn mir jetzt an.
22:35 Uhr. Aschenputtel muß gerade die Körner auflesen, aber die Tauben kommen. Ein hübsches Mädchen!!!
23:45 Uhr. Nun ist der Heilig Abend des Jahres 2000 bald zuende. Im MDR läuft das Weihnachts-Oratorium von Johann Sebastian Bach. Ich habe bis jetzt gemalt. Es geht gut voran. Es ist nun die Phase, wo alles schon da ist, und nur noch verbessert werden muß. Der Hirsch im Vordergrund und das Schwein an der linken Seite sehen schon sehr gut aus. Und die Mädchen sind im Rohbau fertig, aber noch ohne Gesichter. Da muß ich gut ausgeschlafen sein. Heute geh' ich auch früher schlafen, nicht erst wieder um fünf. Morgen muß ich auch mal wieder etwas Sport machen. Noch zehn Minuten, dann lass ich den Tag ausklingen. Es war ein schöner Tag, ein sehr schöner Tag. Hätte ich nicht alles aufgeschrieben, könnte ich mich schon bald nicht mehr daran erinnern. So ist das eben. Aber ich mache das sowieso viel zu wenig, nämlich den Augenblick genießen. Ich glaube in 10, nein in 9 Minuten, wenn alles zuende ist, werde ich noch schnell ein Liebeserlebnis aufschreiben. Ich habe auch zurück geblättert, ob ich es schon angekündigt hatte gestern, d.h. heute früh ja, und zwar, es war mein schnellstes Liebeserlebnis, das ich hatte. Aber ich muß noch 6 Minuten warten, bis der Heilig Abend vorbei ist. Dann lege ich mir auch eine CD mit meinen 3x7 Liebesliedern auf, das paßt besser, als Johann Sebastian Bach. Tut mir leid, wenn ich in 5 Minuten den Fernseher ausschalten muß. Aber das kommt ja alles wieder im nächsten Jahr. Mein schnellstes Liebeserlebnis, - kommt noch nicht. LEIDER! - noch 2 Minuten.

00:00 Uhr und 10 Sekunden. 25. Dezember 2000.
So, jetzt ist der schöne Tag vorbei. Über Kopfhörer höre ich schon mein

* Das Wichtigste ist ein schöner Beruf! Manche sagen: Du hast kaum Zeit für mich, - der Beruf ist dir wichtiger. Wenn dann derjenige arbeitslos ist, heißt es: Seit Monaten sitzt du nun zu Hause rum, such`dir endlich Arbeit!

Gitarrensolo „Frachter nach Mexiko". Damit hatte ich oft begonnen, wenn ich auftrat. Also, es war in Brake, glaube ich, irgendwo in Norddeutschland. - Jetzt ertönt „Grüner Klee und Farnkraut" von der CD, alle Vöglein zwitschern laut, alle Mädchen lieben mich, doch nur eine schaffte ich.

Ach, im Walde war`s so schön,
wo die bunten Blumen blühn.
Einen Distelfreien Platz
suchte ich für meinen Schatz.

Und die Vöglein zwitschern laut, -
und es wogt das Farnkraut, -
und du sagst, wenn wir dann geh`n:
„Ach, es war so unbequem!"

Das ist eines meiner ersten Lieder gewesen.
In Brake war nichts mehr los nach der Vorstellung und wir gingen ins Hotel. Es war so 23:30 Uhr, Sonnabend. Jürgen und ich legten uns ins Bett. Wir hatten damals Doppelzimmer, Jürgen und ich, Karl und Peter. Das war wesentlich billiger und gemütlicher in so viel fremden Städten. Die hatten wir ja noch nie gesehen vorher, und was man nicht kannte, kam einem auch immer bißchen unheimlich vor, besonders, wenn man was getrunken hatte, und die Wirkung des Alkohols nachließ, oder wenn der Pegel sank, wie der Fachmann sagt. Wir hatten noch Appetit auf ein Bier und Jürgen bestellte über's Zimmertelefon zwei Bier auf's Zimmer. Die zwei Bier brachte uns ein nettes Mädel auf's Zimmer. Sie klopfte. Jürgen sagte: „Herein!" Sie trat ein, stellte die Biere mit Tablett auf meinen Nacht-Tisch, denn meine Betthälfte stand näher an der Tür als Jürgens. Wir hatten ein Doppelbett. Ich sagte zu ihr: „Setz' dich doch", und sie setzte sich zu mir auf`s Bett. „Willst du 'n Schluck Bier haben?" Sie nahm mein Glas und trank einen Schluck. Danach streichelte ich sie zärtlich am Rücken. Das schien ihr zu gefallen und dann zog ich sie zu mir ran und küßte sie. Dann umarmte ich sie zärtlich und küßte sie heftig, und machte mit der linken Hand die Nacht-Tisch-Lampe aus. Jürgens Nacht-Tisch-Lampe brannte noch. Dann zog ich sie notdürftig aus und die Natur in mir wurde stürmisch, - auch die in ihr, - und sie nahm ihren Lauf. Jürgen war ja nun verheiratet und er tat so, als ob er einschlief und nach 10 Minuten zog sie sich den Rock zurecht und ging mit dem leeren Tablett wieder nach unten. Ich schlief nach diesem Ereignis ruhig ein. Jürgen nicht! *

Liebe ist so vielfältig wie die Musik

* Dasselbe hatten wir mal umgekehrt erlebt, - in Zürich, - da schlief Ich unruhig ein.

Es ist 0:16 Uhr. Jetzt mache ich mit Schreiben Schluß. Aber es ist doch mal interessant, einen einzigen Tag zu beschreiben,* und sich dann noch an ein schönes Erlebnis zu erinnern, - auf der CD läuft jetzt „Ich liebte ein Mädchen in Mexico, die hatt' einen runden Sexy-Po".

GUTE NACHT!

Bis morgen. Dann wieder ein paar längere Liebeserlebnisse, aber ich konnte es ja nicht vorausahnen, daß mich das Mädchen eben schon so bald verließ.
„Ich liebte ein Mädchen auf dem Mars, - ja, das war`s."
4 bis 5 cm Schnee liegen.

*****

1. Weihnachtsfeiertag, 25. Dezember 2000, 23:50 Uhr.
Heute war ich den ganzen Tag müde, habe zweimal auf dem Sofa geschlafen vor dem Fernseher. Um 13:00 Uhr bin ich 7 km gegangen im 12 cm hohen, aber für's Ski-Fahren nicht geeigneten Schnee. Waren viele unterwegs. 2 ½ Stunden habe ich gemalt. Und nun noch etwas schreiben. Am besten ein Liebeserlebnis.
Die Kreuzberger Wohnung war ja dafür bestens geeignet. Sie war ärmlich insgesamt und die Mädchen hatten nicht das Gefühl, irgendwelche Luxus-Weibchen zu sein, die mit einem mitgingen, bloß weil der Geld hatte. Und außerdem blieben sie nicht länger da, als notwendig, denn die Außentoilette auf halber Treppe schreckte ganz schön ab, und der Ausguß mit eiskaltem Wasserhahn ebenfalls (siehe Seite 317).
Am längsten hatte es Andrea ausgehalten. Dann borgte sie sich von mir Geld und zog für ein paar Tage ins Hotel. Das Geld hatte sie mir aber natürlich wiedergegeben, im Gegensatz zu vielen anderen.
Schneewittchen nannte ich mal eine, weil sie so aussah. Ich kam ins „LSX" und sah sie und sagte: „Du siehst aus wie Schneewittchen." Wir tranken ein Bier und noch eins und ich sagte: „Kommst du noch mit?" sie fragte: „Wohin?" - „Ich wohne hier gleich um die Ecke, ist zwar bißchen ärmlich bei mir, - ich wohne im Seitenflügel, - aber innen ist es ganz gemütlich." „Ja, ist gut", sagte sie und ich bezahlte und wir gingen die 400 Meter zu mir. Mein Auto hatte ich schon auf halbem Wege abgestellt. An der Ecke war eine Tankstelle ** und der Tankwart hatte einen Zweitschlüssel von mir. Wenn das Auto zu dreckig war, holte er es und wusch es. Es war also immer sauber. Schneewittchen kam dreimal wieder, dann verließ sie mich. Sie hatte die Kneipe gewechselt. Aber im LSX gab es ständig Mädchen, aber die meisten im Dany's Pan, ab und zu auch im Steve-Club. Einmal war ich mit einer verabredet im Go-In. Ich hatte sie am Vortag angesprochen und zum Bier eingeladen, oder zwei, - ich weiß es nicht mehr. Aber

* Ein Tag vergeht langsam - - - das Leben vergeht schnell
** die gibt es jetzt nicht mehr

sie kam nicht. Da sprach mich ein hübsches Mädchen an und sagte: „Schönen Gruß von meiner Schwester, sie kann heute nicht kommen." Ich sagte: „Möchtest du was trinken?" - „Ja", sagte sie. Wir waren drei Monate zusammen. Sie wohnte im Norden von Berlin und trank gerne Rotwein. Ich auch damals. So fanden wir zusammen. Ich war sehr verliebt. Sehr sogar. Eigentlich sehr doll. Ich ging eines Tages, ich glaub' es waren 2 Tage später, - mit ihr mit. Es war Sonntagnachmittag und sie kochte eine Suppe für uns beide. Ich sagte: „Ich esse aber kein Fleisch." - „Ja, ist gut, dann koche ich eben ohne Fleisch." Dann gab sie mir zu essen und da waren kleine Fleisch-Stückchen drin, weil es eine Tüten-Suppe war. „Da ist ja doch Fleisch drin", sagte ich. - „Na dann schmeiß sie doch aus dem Fenster!" Das machte ich aber nicht und sie goß die Suppe ins Abwaschbecken. Nach einer Stunde sagte sie: „Kannst du mal den Müll runterbringen!" Und nach einer Sekunde Pause: „Oder denkst du, weil du Ingo Insterburg bist, bist du zu fein dazu." „Ja, ja, ich geh' runter", sagte ich. Fast jedes Mal wurde ich auf diese Art angehalten, den Müll runterzubringen. Manchmal war auch etwas von mir dabei. Später machte ich, durch dieses Liebeserlebnis angeregt, ein Lied.
Es heißt „Bring doch mal den Müll hinunter", und ist ein Blues. Er ist auf meiner neuen CD drauf,* mit zwei Geigen und einer Bratsche begleitet, hin und wieder, und natürlich Gitarre. Manchmal bin ich mitten in der Nacht abgehauen, dann kam sie schnell hinterher mit ihrem Auto, - mein Auto ließ ich öfter zu Hause, - und holte mich wieder zurück. Einmal sagte ich: "Ich könnte mir vorstellen, daß wir immer zusammen sein könnten." Ein paarmal vorher hatte ich das auch schon zu etlichen Mädchen gesagt. Aber wenn man verliebt ist, will man ja auch immer mit dem andern zusammensein. Da sagte sie: „Du mußt doch nicht denken, daß du der letzte bist, mit dem ich zusammen bin." Da haute ich mal wieder ab und sie kam mal wieder hinterher, aber ich sagte: „Brauchst gar nicht hinterherfahren, ich haue ab", und ging zur U-Bahn. Die fuhr aber nicht in der Nacht. Nach einer halben Stunde kam endlich eine Taxe. Da war dann auch Schluß.

Liebe ist so vielfältig wie die Musik

Sie rief den Karl an und sagte: „Der Ingo hat mich verlassen." Dann rief sie auch noch einen Bekannten von mir an, den sie einmal gesehen hatte, und klagte ihm ihr Leid. Der fuhr zu ihr hin, um sie zu trösten. Dabei verliebte er sich in sie, weil er verheiratet war. Danach rief sie Karl an, daß er, also der Bekannte, sie belästigt hätte und Karl rief mich an und erzählte mir das. Ja, so war das.

* 3 x 7 Liebeslieder, siehe Seite 496 - 497

Wir machten dann noch eine kurze Reise, 5 Tage, in den Süden, weil ich ihr das mal vorher versprochen hatte, und dann verließ sie mich so allmählich. Das hat man davon, wenn man verliebt ist. Das ist so eine Art von Grippe.

Bei der Grippe liegt man ja auch am liebsten im Bett.
Bei der Grippe hat man auch wenig Appetit.
Bei der Grippe möchte man auch am liebsten die Arbeit schwänzen.
Bei der Grippe hat man erhöhte Temperatur.
Bei der Grippe möchte man sich gern verwöhnen lassen.
Bei der Grippe leidet auch der Verstand.
Bei der Grippe wird man immer schwächer.
Und wenn sie vorbei ist, ist man wieder gesund.

1968 war der Jürgen 24 Jahre alt. Ich war 10 Jahre älter, also 34. Das merkte man auch, besonders daran, daß ich selbstsicher auf die Frauen zuging. Einmal ging ich selbstsicher auf eine Frau zu in einer Kneipe in München. Da lud sie mich und Jürgen ein zu sich nach Hause. Es war schon 03:00 Uhr Nachts. Wir saßen um ein Tischchen herum in ihrem Zimmer und tranken weiter. Dann ging sie ins Badezimmer und kam mit einem Handtuch bekleidet wieder, und legte sich ins Bett, nachdem sie das Handtuch abgelegt hatte. Da hörte ich auf zu trinken, der Jürgen trank weiter. Nach einer Weile hörte der Jürgen auf zu trinken und ich trank weiter. Dann verließen wir sie. Um 05:00 Uhr Morgens waren wir endlich in unserem Hotel. Beide sehr selbstsicher.*

Liebe ist so vielfältig wie die Musik

In München lernte ich mal eine kennen im Filmstudio. Wir hatten gerade einen Kurzfilm gemacht, in dem die Überquerung des Wannsee`s in der Längsrichtung von „Insterburg & Co“ im Non-Stop mit einem Gummiboot geschildert wurde als außergewöhnliche sportliche Tat. In diesem Studio wurde er bearbeitet. Ich sagte zu ihr: „Kommst du noch mit?” - „Wohin?” - „In den Alten Simpel.” - „Ja”, sagte sie. Nach einem Liebeserlebnis fuhr ich nach Berlin. Sie sagte, sie käme in einer Woche für 14 Tage nach Berlin. Ich sagte ihr, sie könne bei mir wohnen, ich hätte eine geräumige Ein-Zimmer-Wohnung. Als sie nach einer Woche kam, hatte ich aber schon eine neue Freundin. Aber das war nicht so schlimm. Die neue Freundin kam nämlich nur nachmittags, weil sie verheiratet war. Mir hatte sie vorher mal gesagt: „Wir haben damals nur geheiratet, damit wir einen Mietvertrag für ‘ne Wohnung bekommen.” Das war auch zu glauben, denn

* Musiker sind gute Liebhaber. Sie sind es gewohnt mitten in überwältigenden Gefühlen auf sachliche Dinge zu achten: Takte und Pausen zählen, Fingersätze und Atemholen beachten, ebenso Anordnungen von Laut und Leise, Weich und Hart oder Kurz und Lang, Schnell und Langsam. In jeder Lage auf das Zusammenspiel achten, sich auf Höhepunkte einstellen, - und das alles in gewaltigen Gefühlszuständen.

Unverheiratete bekamen nicht so ohne weiteres einen Mietvertrag damals. Abends ging meine neue Freundin nach Hause, und die vorherige Freundin kam von der Arbeit. Wir gingen noch ein Bier zusammen trinken, und schliefen dann getrennt in meinem Bett zusammen. Nach einer Woche hatte sie auch einen Freund und schlief dann mit dem zusammen in einem Bett, aber nicht getrennt.

Liebe ist so vielfältig wie die Musik

In Kassel hatte ich mal ein sehr schönes Liebeserlebnis. Ich sah sie nach der Vorstellung in einer Kneipe und sagte zu ihr: „Möchtest du was trinken?" Und sie sagte: „Ja." - Dann sagte ich: „Kommst du noch mit?" Sie fragte: „Wohin?" Ich sagte: „Ich wohn' hier gleich in der Nähe im Hotel." Es war ein sehr schönes Liebeserlebnis und gehört zu denen, an die ich öfter mal hin und wieder denke. Deshalb sagte ich ihr zum Abschied: „Wenn du mal in Berlin bist, komm mich doch besuchen. Wir treten jeden Freitag 23:00 Uhr im Reichskabarett auf, Ludwig Kirchstraße, Ecke Uhlandstraße, Nähe Ku-Damm." Nach einem Monat kam sie in die Vorstellung, aber ich hatte schon eine neue Freundin. Ich fand es schade. Wäre sie doch einen Tag später gekommen! - Aber so ist es nun mal im Leben.

Liebe ist so vielfältig wie die Musik

In Marburg lernte ich mal eine Medizin-Studentin kennen. Ich sagte zu ihr: „Möchtest du was trinken?" - Sie sagte: „Ja, ein Glas Weiß-Wein." Danach sagte ich: „Kommst du noch mit." Sie fragte: „Wohin?" Ich sagte: „Hier gegenüber ist unser Hotel." - „Ja, aber nicht so lange, ich muß morgen früh raus", und wir gingen über die Straße. Aber der Nachtpförtner sagte: „Wohnt die junge Dame hier im Hotel?" Ich sagte: „Nein." „Dann darf sie nicht mit hoch." - „Ich möchte ihr nur was zeigen", sagte ich. „Na gut, aber nur eine viertel Stunde". Wir gingen auf's Zimmer und unterhielten uns etwas, und dann küßten wir uns inniglich und ich begann mit meiner zärtlichen Hand, ich glaub', es war die rechte, an der linken habe ich an den Fingerkuppen so dicke Hornhaut vom Gitarre und Geige spielen, - ich begann also mit meiner zärtlichen Hand die Verlockungen weiblicher Eigenarten zu erforschen, da klingelte das Telefon und der Pförtner sagte: „Wenn Sie nicht sofort das Mädchen runterschicken, rufe ich die Polizei."

Dann gingen wir runter und sie sagte, sie müsse nun auch nach Hause. Dann verließ sie mich. Über den Pförtner hatte ich mich sehr geärgert und ich habe ihn deswegen auch geärgert, als ich wieder zurückging, aber nur so, daß er sich geärgert hatte, und aber nichts gegen mich unternehmen konnte.*

In Hannover ließ mich mal ein Nachtpförtner nicht ins Hotel. Da fuhr ich mit dem Mädchen in eine Autobahnraststätte, weil diese nicht so pingelig waren. Aber in Marburg hatte ich dazu keine Lust, und sie hatte ja auch keine Zeit.

Einer von uns, - ich weiß nicht mehr, wer das war, - hatte mal versucht, ein Mädchen am Nachtportier vorbeizumogeln, indem er ihr sagte, sie soll unter dem Pförtnerfenster vorbeikriechen. Der hatte es aber doch bemerkt, und derjenige suchte sich ein anderes Hotel. So war das damals. Gar nicht so einfach.

Einmal hatte einer von uns, - ich weiß nicht mehr, wer das war, - sich vormittags eine Tube Zahnpasta und Bürste aus der Drogerie bestellt, weil er sie vergessen hatte. Er lag noch im Bett. Da kam ein hübsches Mädchen ins Hotel und brachte ihm die so notwendigen Dinge. Und danach fuhr sie noch eine Woche lang mit uns mit. Mein schnellstes Liebeserlebnis war da gar nichts dagegen.

Liebe ist so vielfältig wie die Musik

Einmal saß ich mit den anderen im Reichskabarett nach der Vorstellung, und dann sagte ich plötzlich: „Ich fahre ins Go-In" - „Ach, bleib doch noch' n bißchen." - „Ne, ich hab das Gefühl`, ich lern` da jetzt eine kennen." Ich kam ins Go-In und da stand ein hübsches Mädchen und ich sagte: „Möchtest du was trinken?" Und sie sagte: „Nein, vielen Dank, ich hab` schon was." So kamen wir ins Gespräch. Sie gefiel mir gut und ich war froh, daß ich aus dem Reichskabarett abgehauen war. Sie durfte aber nie über Nacht bei mir bleiben. Sie hatte eine strenge Mutter, bei der sie noch wohnte. Sie war 19 Jahre alt. Na, wie meine Mutter schon sagte zu meiner älteren Schwester: „Wenn man was Schlechtes tun will, kann man das auch am Tage." Sie war drei Monate meine Freundin. Wir zankten uns dann, weil ich einen runden Teppich für mich kaufen wollte, und der ihr aber nicht gefiel. Ich sagte, daß ich mir aber den kaufen will, weil der mir gefällt. Da sagte sie, der andere wäre doch besser. Ich sagte: „Dieser gefällt mir aber gut." Sie sagte: „Na mach doch was du willst!" Danach verließ sie mich. Hätte ich geahnt, daß das so enden würde, hätte ich mir den

* Ich stieg mal nachts in Berlin in einen völlig leeren S-Bahn-Wagen und legte die Gitarre auf die Sitzbank vor mir. Da stieg ein Eisenbahner zu und sagte: „Nehmen Sie die Gitarre weg, ich will da sitzen." Den hatte ich dann juristisch einwandfrei in ruhigem Tone so geärgert, daß er nach Luft schnappen mußte. Dann stieg ich aus.

Teppich schon früher gekauft.

GUTE NACHT!

Es ist jetzt 1 Uhr 25. Dafür, daß der Tag so`n bißchen müde war, habe ich doch noch ganz schön geschafft. Morgen um die Zeit ist dann Weihnachten schon wieder zuende. „Aber es kommt ja noch Sylvester und Neujahr", sagte früher immer Mein Vater zu mir, wenn ich es schade fand, daß Weihnachten schon wieder so schnell zuende ist.

*****

Jetzt bin ich so richtig glücklich. Es ist 23:30 Uhr, 2. Weihnachtsfeiertag. Ich habe 4 Stunden gemalt. Ich mußte mich heute etwas zwingen, überhaupt anzufangen. Denn die fünf nackten Mädchen waren heute dran. Da muß man ganz unheimlich ausgeschlafen sein. Nun ist das Schwerste geschafft und die Spielereien kommen jetzt dran: Blümchen, Tierchen, Blumen, Tiere, Äste und Blätter, wahrscheinlich auch ein Spinnennetz. Das macht immer Spaß zu malen und sieht auch gut aus. Ich bin heute 1 Stunde gegangen. Oft fallen mir beim Gehen Geschichten ein. Kürzlich überlegte ich mal kurz, und in Kürze fiel mir eine sehr kurze Kurzgeschichte ein:

„Es war einmal ein Mann, der hieß Klaus mit Vornamen, mit Nachnamen Gaus. Er lebte als Einwanderer in Australien. Manchmal flippte er aus und sehnte sich nach anderen Ländern, und am liebsten wäre Herr Gaus mal wieder ausgewandert, obwohl ihm Australien ganz gut gefiel. Aber eines Tages trank er eine Flasche Whisky. Und daraufhin flippte Herr Klaus Gaus aus, aus aus Australien wanderte er nun."

Es liegt dicker Schnee. Aber die Wege direkt am Grunewaldsee sind am Wochenende immer spiegelglatt getreten. Beinahe wäre ich ausgerutscht.* Die Hunde haben sich gefreut über den Schnee. Morena und Blondy auf Lanzarote kriegen nie Schnee zu sehen und zu riechen. Gestern, das heißt heute früh um zwei, kriegte ich noch einen Anruf aus Lanzarote von meiner ehemaligen Freundin und ihrem Mann. Dort war es dann erst 1:00 Uhr. Na, die haben sich schon wieder gezankt. Und sie zogen mich in ihren Zank mit rein. Es ging um geborgtes Geld. Schließlich wurde ich sauer und legte auf. Wie kann man sich am Telefon zanken und noch Gebühren zahlen! Na ja, ich war nüchtern und die nicht. Da spricht man verschiedene Sprachen, man könnte fast sagen: Fremdsprachen. Heute rief meine ehemalige Freundin an, was denn gestern überhaupt los gewesen sei. - Ich kenne ja den Teufel Alkohol zur Genüge.

* In Mainz (ca. 1978) lief ich mal an einem Sonntagvormittag 10 km auf einem Kinderspielplatz im 70 m - Dreieck, weil überall Glatteis war, dort aber gestreut. Auf einer Bank saßen zwei Alkoholiker mit Schnapsflaschen vor einem Kiosk. Anfangs lachten sie über mich, aber nach 20 Runden waren sie weg. Sie konnten es nicht ertragen, daß ein so gesunder Mann ständig an ihnen vorbeilief. Die armen Alkoholiker!

Manchmal ich verzweifel:
Alko Hol der Teufel!

Das war ein Gedicht aus meinem Buch Raucher- und Trinker-Lyrik.

Alkohol enthemmt
Menschen, die verklemmt.

Das auch.*

Meine neue Brille gefällt mir gut. Heute habe ich sie auch beim Gehen aufgehabt, da kann ich gut in die Ferne sehn. Vor zehn Jahren ungefähr war der Weg um den Grunewaldsee so glatt getreten, daß man nur ganz vorsichtig laufen konnte. Es hatte zudem am Tage getaut und nachts dann gefroren. Da kam mir beim Dauerlauf ein Hund entgegen, kläffend, - so Zwergkaninchenartig, Yorkshire heißen die, glaub` ich. Er rannte direkt auf mich zu. Kurz vorher wollte er bremsen, rutschte aber gegen mein Bein und jaulte seiner Größe entsprechend laut auf. Die Frau von dem Hund geriet da außer Fassung. Sie war zu dumm zu begreifen, daß ihr Hund gegen mein Bein gerutscht war und dachte, ich hätte ihn getreten. Deshalb beschimpfte sie mich schreiend: „Du Penner, du Idiot, du ..." ungefähr 12 Sekunden lang. Das ist eine lange Zeit, wenn man bedenkt, daß ein Schimpfwort nur 1 Sekunde dauert.** Dann rief ich ganz laut: „Halt' s Maul, du Stinktier!" Da war sie plötzlich ruhig, - ich glaube, ich hatte sie damit von einem hysterischen Anfall erlöst. Sie hatte einen Pelzmantel an. Na ja. Am nächsten Tag, fast an der gleichen Stelle, kam genau so ein Köter auf mich zu, es war vielleicht sogar derselbe, kläffte und wollte kurz vor mir bremsen. Da hob ich mein linkes Bein hoch und er rutschte durch. Die Frau vom Vortage hatte ich aber nicht sehen können. Einmal hatte ich folgendes Hunde-Erlebnis: Ich hatte mir mal zum Wildwasser-Kajak eine Unterwasser-Uhr gekauft, mit breitem Stahl-Armband. Kurz vor einem Lauf dachte ich: die kannst du eigentlich mal wieder umlegen, damit das Laufwerk ein bißchen bewegt wird. Ich lief die 13 - Kilometer-Runde zum Teufelsberg. Auf dem Rückweg kam mir ein etwa fünfjähriger Junge entgegen, der mit einem Hund spielte. Der Junge hatte einen Ast, den der Hund auch wollte. Da sprang der Hund plötzlich auf den Jungen und warf ihn um und zerrte an dessen Hals. Der Junge schrie vor Angst. Ich war gerade fünf Meter vorbei, drehte mich um, und lief auf die beiden zu und riß den Hund weg an seinem Halsband. Ich fragte den Jungen, ob das ein fremder Hund wäre oder ob er zu ihm gehörte. „Das ist unser Hund", sagte der Junge. Der Hund, ein noch nicht ausgewachsener langhaariger mittelgroßer Köter zerrte an dem Halsband und versuchte, mich ständig zu bei-

* Das auch: Ein Raucher bald alleine pennt,
denn Rauchen, das macht impotent.

** zum Beispiel „Arschloch"

ßen, indem er den Kopf mal rechts, mal links drehte, um nach meinem Arm, der ihn festhielt, zu schnappen. Ich hatte wie immer meine Gymnastik-Keule dabei, und hielt mich bereit, falls der Hund auf mich losgehen sollte, wenn ich ihn gleich losließe. Dann ließ ich ihn los, und so schnell, wie ich gar nicht kucken konnte, hatte er schon nach meinem linken Arm geschnappt und zugebissen. Dann haute er ab mit eingezogenem Schwanz.
Er hatte aber genau auf das Stahl-Armband gebissen. Rechts und links konnte man die Abdrücke der Eckzähne sehen. Dann kam die Mutter des Jungen und ich sagte ihr, sie solle besser auf Kind und Hund aufpassen. Ohne Uhr wäre ich ganz schön gebissen worden. Als Musiker brauche ich die Hände. Deswegen laufe ich auch seit 20 Jahren mit der Gymnastik-

Keule. Es darf nie, nie, nie passieren, daß mir ein Hund einen Finger zerbeißt. Vor ungefähr zehn Jahren bellte mich ein mittlerer Hund an, weil er meine Gymnastik-Keule haben wollte. Sie war schon ziemlich abgegriffen und da schenkte ich sie ihm. Er lief mit ihr glücklich vondannen.*

* Einmal hatte mich ein Hund gebissen. Hätte ich da schon die Keule dabei gehabt, wäre das natürlich nicht passiert. Da ging ich zur Polizei, mußte 3 - mal zur Tetanus-Impfung. Der Hund wurde auf Tollwut untersucht. Durch die Keule konnte ich später etliche Hunde- Beißangriffe abwehren. Deshalb habe ich auch noch alle10 Finger.

Um vier ist es schon immer dunkel, aber nun werden die Tage ja wieder länger. Gegessen habe ich wie immer: Brot, Käse, Paprikaschoten, Tomaten und neuerdings Oliven, dunkelblaue. Ach, dann habe ich noch den Wohnzimmertisch aufgeräumt. Das hat eine Stunde gedauert. Es ist ein Koreanischer Tisch. Die Beine habe ich gekürzt auf 45 cm. Er ist 1,70 m lang und 45 cm breit. Da steht alles voll: die selbst geschnitzten Schaumgummi-Blumen in ihren steinernen Sockeln, 4 Vögel auf dem Leuchter, 2 Katzen, ein Hund, Gemüse, - aus goldenem Schokoladenpapier geformte Schälchen, sieben Tee-Kännchen, für jede Sorte eins, - ein Platz für einen Teller und eine Tee-Tasse, und noch Lanzarote-Steine und zwei schöne Dosen mit Deckel und eine Vase mit drei richtigen Rosen. Alles einzeln abgestaubt auf dem Balkon mit einem alten Rasierpinsel.

Unterwegs habe ich schon mal in Gedanken vorsortiert, was für Liebeserlebnisse heute dran kommen. Eine Frau, in die ich mal verliebt war vor 6 Jahren, weil sie seit 10 Jahren Vegetarierin war und außerdem noch hübsch, rief mich vorhin an. Sie hatte eine Arbeitspause, also im Moment nichts zu tun. Dann reden wir manchmal eine halbe Stunde. Ich erzählte ihr, daß ich meine Lebenserinnerungen schreibe und zur Zeit die Liebeserlebnisse, und daß sie noch nicht dran ist, weil das ja erst 6 Jahre her ist. „Na wieviel Liebeserlebnisse hast du denn gehabt?" fragte sie. „Als ich in Kreuzberg noch wohnte, es war 1969, konnte ich mal nicht einschlafen, und da versuchte ich, mich zu erinnern, ob ich noch alle Erlebnisse zusammenkriegte." Es läuft gerade auf dem CD-Spieler der 5. Satz der Liebesspiel-Sonate, also Katarina, das ist die, mit der ich vorhin telefoniert habe, - paßt mal wieder alles zusammen.
„Na ja", sagte ich ihr am Telefon, „da sind 80 zusammengekommen." „Meinst du nicht, daß das ein bißchen viel ist." - „Na ja, damals war gerade die Pille rausgekommen, die Kinder waren in München." - „Und wie hast du sie angesprochen?" – „Ich sagte: möchtest du was trinken, und dann, - kommst du noch mit, - wohin, - in die Kleine Weltlaterne nach Kreuzberg." *
Aber als ich in der Kaiser Friedrichstraße wohnte, waren es nicht mehr so viele. Insgesamt also 120. Da hatte ich auch genug. Na ja, man verliebt sich, und dann merkt man, daß es nicht so hinhaut, und dann will man nur für kurz mal eine Freundin. Dann hat man das satt, immer eine andere, und will wieder was Richtiges für länger. Dann hat man wieder Angst, daß man hängen bleibt und gar nicht zusammenpaßt. So war das.** Aber jetzt bin ich froh, daß ich allein bin. Seit 1980. Jede Frau, die an mir vorübergegangen ist, war ein Glück für mich. Denn: wenn ich mich mit jemandem zusammentue, soll sich mein Leben deutlich verbessern. Allein Leben ist mein Normal-Zustand. Alles andere sind Ausflüge in die Zweisamkeit. Als

* Wir lebten ja in dem günstigen Zeitfenster: Schon Pille - Noch nicht Aids

** Ich glaube ja, nach tausend Liebesspielen mit demselben Partner läßt das Interesse nach. Wenn man es jeden Tag macht, dauert es drei Jahre, wenn man es einmal in der Woche tut, bis zur Silberhochzeit. Ganz Sparsame schaffen Gold.

Kind war ich auch öfter gern allein. Dann fragte sie noch: „Was machst du Sylvester?" - „Da bin ich zu Hause. Die Knallerei kann ich sowieso nicht leiden, das erinnert mich immer an den Krieg."
Dann sagte sie: „Ich muß jetzt auflegen, es kommt Arbeit, Tschüss. " - So. - - - Einmal fiel mir ein Mädchen auf, das war besonders hübsch. Ich sagte: „Möchtest du was trinken?" - Sie sagte: „Ja". Dann tranken wir und ich gab ihr einen Kuss. Da sagte sie: „Weißt du eigentlich, daß wir verwandt sind?" Für einen Augenblick hörte ich auf. Dann kam aber heraus, daß wir mal verwandt waren, aber jetzt nicht mehr nach meiner Scheidung. Na ja, nun hatten wir reichlich Gesprächsstoff bis wir in Kreuzberg waren in meiner Wohnung.

*****

Einmal kriegte ich Filz-Läuse. Der Peter Ehlebracht sagte mir: „Da mußt du Lysoform nehmen." Ich ging in die Nacht-Apotheke, weil ich mich am Tage schämte. Dann rieb ich mich ein und fing an zu weinen, denn das Zeug stieg hoch und in die Augen. Hinterher erfuhr ich, daß es längst ein milderes Mittel gibt, jedenfalls milder für die Menschen, für die Läuse aber nicht. Peters Rezept stammte noch von seiner Großmutter. Ich fuhr dann nach München und in einer Kneipe in der Lindwurmstraße sprach mich ein Mädchen an und fragte: „Möchtest du was trinken?" - „Ja, ein Bier bitte." Sie arbeitete in dieser Kneipe. Wir kamen ins Gespräch und ich erzählte ihr, daß ich gerade diese schrecklichen Läuse hatte und Lysoform nahm. Da erzählte sie mir von dem neuen milderen Mittel. Von wem ich mir denn die Tierchen geholt hätte? Von einem Mädchen in Berlin, und ich nannte deren Namen. Da lachte sie: „Die hat mal was mit meinem Freund gehabt, als der in Berlin war, ha, ha, ha, - jetzt hast du die Sack-Ratten von meinem Freund!" *
Sonst ging aber immer alles gut. Wir hatten nie irgendwelche Krankheiten, hin und wieder mal Blasenkatarrh. Aber dann legte ich mir immer ein Kissen im Winter auf den kalten Autositz, und nahm ein paar Pillen, die aber nicht in den Augen brannten.
Einmal kam ein Mädchen hinter die Bühne und flüsterte mir zu: „Ich war schwanger." - „Aber du hast doch gesagt, du nimmst die Pille. " - „Ja, aber trotzdem." - „Kann ich dir helfen?" - „Nein, ist schon alles in Ordnung." Dann war sie verschwunden. Sie war aus Hamburg. Ich hatte mich mit ihr nach der Vorstellung in Hamburg verabredet in einer Kneipe, in den „Götterstuben". Aber sie kam nicht. Da ging ich ins Hotel „Frieden" paar Häuser weiter.** Als ich im Bett lag, klopfte es und sie kam rein. Ich zog mich wieder an, und wir fuhren in ihr Zimmer. Morgens um sechs mußte sie aufstehen und dann verließ sie mich. Ich fuhr ins Hotel „Frieden" und

* Als die Kneipe leer und zugeschlossen war, küßten wir uns und sie streichelte mich extrem-zärtlich.
** in der Gurlitzstraße

legte mich wieder hin. Der Jürgen schlief schon, als ich kam.
In der Schweiz in Zürich hatte ich ein schönes Erlebnis. Als ich ihre Wohnung betrat, lag da eine Geige und ich spielte ein paar Seiten von den Noten, die da standen auf dem Notenständer. Ich hatte lange nicht mehr richtig Geige gespielt. Schade, daß sie nicht zwei Geigen hatte, dann hätten wir zusammen spielen können. Das wäre schön gewesen. So kam nur das Übliche.
In Bern hatte ich auch eine kennengelernt. Das war nicht so einfach. Es war 1968, wir waren da 1 Woche. Unsere Vorstellung war immer um 22:20 Uhr zuende und bis um 23:00 Uhr gab es nur Alkohol. Da rannten wir immer schnell in die Kneipe und bestellten gleich 3 Bier. Austrinken konnte man dann noch bis ungefähr 1/2 12. Und da sprach ich eine an und sagte: „Möchtest du was trinken?" - „Ja, gibt es denn noch was?" - „Nein, aber ich gebe dir von meinen eins ab." Da sagte sie: „Kommst du noch mit?" Ich sagte: „Wohin?" „Zu mir nach Hause". - „Ja", sagte ich. Wir saßen auf ihrem Bett und küßten uns leidenschaftlich. Ich überlegte, ob ich mir schon mal mein T-Shirt ausziehen sollte, aber irgendetwas hielt mich zurück. - 5 Minuten, nachdem mich irgendetwas zurückgehalten hatte, klingelte es und klopfte wie verrückt an die Wohnungstür. Sie sagte zu mir ganz leise: „Bleib' mal hier sitzen, das ist glaube ich mein Freund." Ich blieb sitzen, sie machte auf, und er trat in den Korridor. Dort schrie er mit ihr herum und dann kam er in das Zimmer in dem ich auf der Bettkante saß, angezogen natürlich. Ich sagte: „Guten Tag", und hielt meine Hand in seine Richtung. Er sagte aber nichts und kuckte nur besoffen. Da sagte ich: „Tja, dann werde ich mal geh'n." Da sagte sie: „Das ist wohl besser so," und ich machte einen schönen Spaziergang zu meinem Hotel durch das nächtliche sommerliche Bern in der Schweiz. Am nächsten Tag kam sie dann lieber zu mir ins Hotel. Sonst passierte in der Schweiz nichts.
In Luzern waren wir einmal, aber nur zum Spielen, in Emil`s Theater. Emil Steinberger traf ich vor einem Jahr wieder, bei einer Preisverleihung in Leipzig. Da saß er hinter mir. Wir hatten uns richtig gefreut. Es gefällt mir aber auch sehr, was er so macht. Der heutige Scheiß mit Flucht in die Ordinärsprache, weil sonst keine Ideen mehr da sind, ist für mich nicht ansehenswert.*
In Wien waren wir einmal. Das war 1968. Wir spielten vor einem Verein. Der hieß „Verein für Musikfreunde". Die Stimmung war wie tot, als wir anfingen. Keiner hat gelacht, kein Applaus nach den ersten beiden Liedern. Das war schon sehr merkwürdig. Die Bühne war nur ein kleines Podest. Beim dritten Lied hatte ich auf drei Blockflöten zu spielen von verschiedener Größe. Die hatte ich mir auf den Schoß gelegt. Vorher waren wir im Café „Hawelka" gewesen und ich hatte fünf „Obstler" getrunken, weil die Gläser so schön waren. Ich hatte mir auch als Andenken drei mit-

* Der Schauspieler Wolfgang Luckschi sagte mal zu uns: „Es gibt nur 2000 Witze, - die kann man verändern, - aber mehr gibt es nicht." - Man sollte also sparsamer mit ihnen umgehen.

genommen, gegen Bezahlung. Ich habe sie immer noch. Jedenfalls hatte ich ganz schön paar am Kopp. Bier war ja auch noch auf der Getränkekarte. Kurz bevor ich anfing zu blasen auf einer Blockflöte, rutschte ich, um mehr Platz vorne zu haben, mit dem Stuhl etwas nach hinten und kippte vom Podest, laut schreiend vor Schreck. Ich hatte mir aber nichts getan, weil Besoffene ja einen Schutz-Engel haben.* Das Publikum brüllte vor Lachen und klatschte wie verrückt. Das ganze Programm wurde ab da unheimlich lustig und die Leute waren in Stimmung und hinterher kamen sie an und bedankten sich persönlich bei uns, und sagten: „So etwas Lustiges haben wir noch nie erlebt, wie Eure Gruppe." Wäre ich nicht von der Bühne gefallen, wer weiß, was dann geworden wäre. Verstanden haben wir das aber bis heute nicht, warum sich das Publikum so merkwürdig verhalten hatte.

Aber sonst beschränkte sich unser Berufsleben auf Deutschland, und da auch hauptsächlich die nördliche Hälfte. Köln-Hannover war so die Grenze. Im Norden kamen wir immer besser an. Außer in den Großstädten im Süden, da war gemischtes internationales Publikum, also Menschen aus ganz Deutschland. Jetzt, im ehemaligen Osten, komme ich sehr gut an, besonders in Thüringen und Sachsen-Anhalt. Das liegt sicher daran, daß ich da aufgewachsen bin. Peter und Karl kommen ja aus Ostfriesland, und deshalb kamen sie besonders gut immer im Norden an. Liegt wahrscheinlich an der Sprache und an der Art zu scherzen, die ja überall etwas anders ist.

Jetzt ist es 8 Minuten vor 1. - Ach, Weihnachten ist ja jetzt vorbei, und ich habe es gar nicht gemerkt. Aber es kommt ja noch Sylvester und Neujahr.

GUTE NACHT!

Ich höre noch den Weihnachtsteil aus der Heimat-Sonate, das paßt ja sehr gut.

Der Weihnachtsteil aus meiner Heimat-Sonate für Ein-Mann-Orchester „Weihnachten in Insterburg" besteht aus zwei Teilen. Der erste ist sehr langsam, der zweite dann etwas schneller. Die Orgel der beiden Teile ist identisch, bis auf das Tempo. In dem ersten Teil kommen 3 Weihnachtslieder vor: Herbei, oh Ihr Gläubigen, - Es ist ein Ros' entsprungen und Vom Himmel hoch. Im ersten Teil spiele ich aber nicht die Melodie dieser Lieder, außer von Vom Himmel hoch, sondern Variationen über die dem Lied eigenen Harmonien. Das war gar nicht so einfach, das so hinzukriegen, daß man nicht merkt, daß da ein Weihnachtslied dahinter steckt, - also das Lied zu verstecken. Und als Überraschung gewissermaßen kommt dann im 2. Teil bei der Wiederholung das Lied zum Vorschein, mit Alt-Klarinette und Alt-Saxophon.

*****

* Die Menschen sagen oft: „Der hat aber einen Schutzengel gehabt", wenn ein Unglück einigermaßen überstanden wurde. Ich frage mich dann immer: warum hat der Schutzengel nicht vorher eingegriffen, sodaß es gar nicht zu einem Unglück hat kommen können? Na ja.

1973 wurde das „Folk-Pub" meine Stammkneipe für 9 Jahre. Es war auch eine Folklore-Kneipe, in der Leibnizstraße, Ecke Sybelstraße. Da traten wir aber nicht auf. Es waren dort immer viele Musiker, die ich jederzeit fragen konnte, wenn ich ein neues Instrument lernte und Fragen dazu hatte. Meine Rotwein-Phase war da schon beendet. Sie dauerte 3 Monate und ich trank täglich drei Flaschen, einmal paar Tage lang 5 Flaschen. So lernte ich die wunderbaren Französischen Rotweine kennen. Da wußte ich allerdings noch nicht, wie gut mir Spanische Rotweine schmecken, - auch ganz billige. Im Folk-Pub hatte ich dann eine Sekt-Phase. Moët & Chandon hieß einer und war Champagner. Da trank ich täglich über ein Jahr lang 3 Flaschen am Abend, die erste ganz allein, die zweite meistens mit 'ner Frau zusammen und die dritte, da bekam ich dann immer nur noch ein Glas ab, weil er anderen auch schmeckte. Da ich aber zu diesem Zeitpunkt mit Dauerlauf anfing, merkte ich bald, daß ich nach drei oder zweieinhalb Flaschen Champagner nur noch beschwerlich laufen konnte. Wenn ich aber nur eine Flasche getrunken hatte am Abend vorher, konnte ich gut laufen. Aber dann hörte ich ja auf damit und hatte mir ein Limit gesetzt: entweder nur drei Bier am Abend, Null-komma-vier, oder gar nichts. So trank ich dann über 13 Jahre nur täglich drei Bier, nach einem Marathon-Lauf aber so viel wie ich wollte, 7 bis 8. Einmal lernte ich dort ein Mädchen kennen, mit dem ich mich über Wochen immer nett unterhielt. Eines Tages fühlte sie sich von ihrem Freund vernachlässigt und kam mit mir nach Hause, in meine neue Wohnung am Rosen-Eck. Paar Wochen später hatte sie sich mit einer ehemaligen Freundin von mir angefreundet. Ich lud beide zum Moët & Chandon ein und erzählte ihnen, daß ich gerade ein Bild male mit Ölfarben, und zwar unsere Gruppe „Insterburg & Co" mit Mona Lisa, Nofretete und dem Mann mit dem Goldhelm zusammen.* Da wurden sie neugierig und wollten gleich mitkommen und es sich ansehen. Ich zeigte es ihnen und sie fanden alle Figuren ganz gut getroffen darauf. Es war nun schon halb drei nachts, und weil wir müde waren alle drei, gingen wir schlafen und lagen alsbald in meinem Vier-Quadratmeter-Bett. Am nächsten Morgen um neun verließen sie mich alle beide. An dem Bild hatte ich drei Wochen gemalt und eine Woche lang korrigiert. Für die beiden Mädchen war aber leider kein Platz mehr auf dem Bild. Sie hätten es verdient gehabt, von mir gemalt zu werden, nach dieser Nacht.
Einmal stand ich wie immer in meiner Stammkneipe, dem „Folk-Pub". Wir waren mitten in den Proben für das neue Programm. Anfang September fingen wir immer damit an und das letzte Wochenende im September war dann Premiere. Danach fuhren wir für eine Woche nach Zürich und traten im „Bernhard-Theater" auf. Wenn wir dann zurückkamen, waren wir einigermaßen sicher mit dem neuen Programm. Und mitten in der Probenzeit geschah Folgendes: Eine Bekannte, mit der ich aber nie was hatte, erzähl-

* 80 x 60 cm

te mir, daß sie nach Südspanien für eine Woche fliegen würde, umsonst. Sie würde ein Mädchen kennen, die Stewardess wäre und wenn Plätze frei wären, könnten Verwandte mitfliegen. Das Mädchen kam dann auch eine halbe Stunde später in die Kneipe und ich dachte, die gefällt mir aber. Und nach ein paar Gläsern Sekt sagte ich: „Kannst du mich nicht auch mitnehmen." - „Ja, als Bruder." Ein Bekannter stand daneben und sagte: „Kannst du mich nicht auch noch mitnehmen als Cousin." - „Ja, wir können es probieren. Ihr müßt dann morgen früh um sechs auf dem Flugplatz sein." Tatsächlich waren wir alle da, und sie kriegte die Tickets kostenlos: für ihre Schwester, für ihren Bruder und für ihren Cousin.* Dort angekommen, suchten wir uns mit einem Taxi ein Hotel mit zwei Doppelzimmern. In dem einen schliefen die Männer, in dem anderen die Frauen. Dazwischen war eine offene Tür. Ich hatte Peter Ehlebracht noch angerufen am Abend vorher, daß ich für eine Woche abhaue, sie könnten ja ihre Zweier-Lieder üben. Es war eine sehr schöne Woche und ich war richtig heftig verliebt. Noch lange danach, bis ich dann meine ehemalige Freundin, bei der ich jetzt war auf Lanzarote, kennenlernte (Sommer 1975). Wir waren sogar tanzen. Und tanzen tue ich immer nur, wenn ich besoffen bin. Und ich war besoffen von Kuba-Libre und vor Verliebtheit. Wieder in Berlin zurück, ging das aber nicht weiter, weil sie eigentlich einen Freund hatte. Dieses Mädchen hätte ich sogar in meine Wohnung reingelassen. Aber sie wollte nicht. Ich habe sie hin und wieder besucht in der Kneipe, in der sie vorübergehend arbeitete, und da sagte eines Tages Peter Ehlebracht zu mir: „Du, da gibt es jetzt ganz was Tolles, was unheimlich gesund sein soll: Ginseng-Tee." - „Und wo gibt es das zu kaufen?" - „Da ist in der Leibnizstraße ein Laden mit asiatischen Spezialitäten, da gibt es den." Ich hatte mir paar Monate vorher ein Moped gekauft und da fuhr ich damit hin. Die Verkäuferin gefiel mir gleich sehr gut und ich kaufte den Tee in Pulverform. Wenn sie in einem Schmuckgeschäft oder Kleidergeschäft gearbeitet hätte, würde ich sie natürlich nie kennengelernt haben, das wäre zu teuer geworden. Aber Tee, Reis, Fächer, Stäbchen, Seidentücher, Gewürze, - das konnte man 2 bis 3 mal in der Woche kaufen, und so kamen wir ins Gespräch. Sie hielt mich für arm und verheiratet, weil ich mit dem Moped kam. Aber ich hatte noch nicht den Motorradführerschein. Und zum Einkaufen ist das Moped aber praktisch genug. Ich hatte es 16 Jahre lang. Sie war aber verheiratet. Trotzdem schrieb ich ihr hin und wieder eine Postkarte von unterwegs. Nach und nach lernten wir uns so kennen. Ihr gehörte der Laden. Sie hatte mal einen Tag in der Fabrik gearbeitet.** Das hatte ihr nicht gefallen. Da ging sie spazieren in Kreuzberg und kam an einem Chinesischen Restaurant vorbei am Kottbusser Damm und fragte, ob sie da als Kellnerin arbeiten könnte. Der Laden gehörte einem Chinesen. Sie war Koreanerin. Das klappte und sie war außerordentlich

* 3. Satz der Liebesspiel - Sonate "Gabriela"
** kurz nachdem sie aus Korea gekommen war mit 19 Jahren

fleißig. Nach 4 Jahren hatte sie so viel Geld zusammengespart, daß sie den Lebensmittelladen aufmachen konnte. Das Geschäft lief gut, und da machte sie einen Kilometer entfernt auf dem Kurfürsten-Damm auch noch einen auf. Und da lernte ich sie dann persönlich kennen. Sie rief mich mal an, ob wir was zusammen unternehmen könnten, und ich holte sie ab. Sie hatte gerade Krach mit ihrem Ehemann, und wir wollten ins Café fahren. Dann fuhren wir aber in meine Wohnung, weil es kürzer war. Dann wurde sie meine längste Freundin überhaupt, nämlich 5 Jahre lang. Sie hatte schon eine dreijährige Tochter, die heute vor 2 Monaten das Diplom in Psychologie mit „1" abgelegt hatte in der Berliner Freien Universität. Wäre ich der Vater von ihr gewesen, hätte sie es höchstens mit 3 bis 4 geschafft. Sie ließ sich dann scheiden.* Die Tochter wuchs beim Vater auf, der auch Psychologe ist. Und jetzt ist sie seit 7 Jahren wieder verheiratet.** Zur Hochzeit hatte ich ein Ständchen gebracht, auf ihren Wunsch die Serenade von Haydn. Ich spielte Gitarre, ein Marathon-Freund von mir, der Eberhard, Querflöte. Dann sang ich noch auf ihren Wunsch „Ich liebte ein Mädchen..." und „Die Gymnastiklehrerin". Als wir auseinander waren, ging ich immer mal bei ihr einkaufen. So blieb der Kontakt bestehen.
Danach stellte ich endlich fest, daß mein Normalzustand Alleinsein ist, daß alles andere nur Ausflüge sind. Nun hatte ich auch genug erlebt gehabt. Danach kam noch mal ein Erlebnis. Sie arbeitete in einem Gartenlokal. Einmal saß ich den ganzen Tag dort und wartete auf sie. Um vier Uhr nachmittags sagte sie dann: „Du brauchst nicht mehr auf mich zu warten, ich hab 'ne Verabredung." Da dachte ich: „Ach du Scheiße, jetzt geht das wieder genau so los wie immer!" Mich fragte mal eine Reporterin: „Und

* meine ehemalige Freundin ist gemeint
** " " " " "

was machen die Frauen?" Ich sagte: „Ich bin satt geworden!" Ein anderer Reporter fragte mich mal in Bremen nach der Vorstellung in einem Interview: „Und wovor haben Sie Angst, Herr Insterburg?" - „Daß ich mich in eine Frau verliebe..." und er fiel mir ins Wort: „Und daß das genau so ausgeht wie immer." Ich sagte: „Ja, das wollte ich gerade sagen." Zwei Gleichgesinnte hatten sich getroffen. Wir tranken dann ein Bier zusammen.

*****

7. Teil
Ein Virtuose mit Zukunft

Ich habe vor zwei Jahren ein Lied gemacht, das heißt:
Viel schöner ist ein unerfüllter Traum, als eine Trostlose Wirklichkeit.*
Es ist enthalten in dem Programm „Kunst & Müll", und irgendwo hier in diesem Buch. Eigentlich ist ja auch fast alles Illusion. Beobachten wir mal ein Pärchen: Sie stehen morgens beide auf und sehen sich kaum, weil der eine sich die Zähne putzt, der andere Kaffee kocht. Dann geht sie zur Arbeit oder bleibt zu Hause, oder er. Jedenfalls sehen sie sich nicht fast 10 Stunden lang. Dann kocht sie und er sitzt vorm Fernseher, oder er kocht und sie sitzt vor dem Fernseher. Jedenfalls sehen sie sich nicht eine Stunde lang. Dann essen sie zusammen. Entweder läuft der Fernseher und sie schauen beide zu, - dann sehen sie sich auch nicht, oder sie haben den Fernseher nicht an und erzählen vom Geschehen des Tages. Entweder sie redet und er hört nicht zu, oder er redet und sie hört nicht zu. Dann gehen sie beide ins Bett, und weil das Licht ausgemacht wird, sehen sie sich wieder nicht. Und falls sie sich lieben, denkt der eine an dies und der andere an das, oder an den, oder an die. Aber eine Illusion hat man immer, jedenfalls immer, wenn man sie will. Am besten ist es, man verliebt sich in eine Schauspielerin. Besonders geeignet ist eine, die in einer täglichen Serie mitmacht. Mit der kann man dann zusammen sein wann immer man will, auch mit Video-Rekorder. Wenn sie einem nicht mehr gefällt nach paar Jahren, sucht man sich eine neue aus. Kostet kein Geld, keine Nerven, keine Scheidung, keinen Unterhalt. Und sie ärgert einen niemals. Ein herrliches Leben. Na, so ungefähr lebe ich jetzt.**

*****

Heute ist der 28. Dezember. Es ist 1:35 Uhr.
Heute, also gestern, hatte ich einen seltsamen Anruf. Da gibt es einen, der genauso heißt mit Vornamen und Nachnamen wie ich, also mit meinem

* auf Doppel CD Rosenöl-Sonate
** Manche Leute können gut allein sein. Die das nicht können, nehmen es in Kauf, Schwierigkeiten zu ertragen, denn wie gesagt: Man muß im Leben für alles bezahlen, mit Geld oder Nerven, oder mit Beidem.

bürgerlichen Namen, der ziemlich selten ist. Und er wollte wissen, ob ich das bin, weil dieser vor einigen Jahren mal ein guter Bekannter von ihm war. Und dieser Namensgleiche wollte auch erst Zeichenlehrer werden, studierte in Potsdam, wurde dann aber Musiker, und spielt hauptsächlich Gitarre, auch so wie ich. Nun bin ich mal neugierig, ob er den findet. Im Laufe des Gesprächs erzählte ich, daß ich grade meine Erinnerungen schreibe, und er sagte, daß er Lektor sei für verschiedene Verlage. Nun schicke ich ihm dieses Buch, wenn es fertig ist. Er will für Vertrieb und Werbung sorgen. Er stammt auch aus Potsdam und lebt in Stuttgart. Aber drucken lasse ich es trotzdem auf meine Kosten, weil ich dann machen kann, was ich will. Ich will ja auch viele Zeichnungen machen und farbige Bilder hinten reinheften lassen. Ich möchte ja, daß Sie mein neues Bild nun auch zu sehen bekommen, das Blonde Streichquintett.* Ich habe heute drei Stunden daran gemalt. Morgen könnte es fertig sein soweit. Doch kommen ja immer noch tagelange Korrekturen, immer mal 'ne Kleinigkeit, bis es dann fertig ist. Dann male ich das Nächste: Das Blonde Blues-Sextett. Auch wieder im Wald und natürlich nackt. Wozu habe ich 4 Jahre Akt-Zeichnen gelernt. Ein Liebeserlebnis fällt mir noch ein ganz kurz: Ich stand in meiner Stammkneipe und da kam ein Mädchen, das mir gefiel und ich sagte: „Möchtest du was trinken?" - „Ja, ein Glas Rotwein." - „Woll'n wir noch woanders hingehen?" - „Wohin?" - „Zu mir." - „Ja gut, aber nicht so lange, ich muß morgen um 8 aufstehn." - „Gut." Das war das erste Mal, daß ich mit einem Mädchen in einer eigenen Badewanne lag. Deswegen war das ein so schönes Erlebnis. Ich war gerade aus Kreuzberg umgezogen. Es muß auch für sie ein großartiges Erlebnis gewesen sein, denn als ich sie drei Jahre später mal wiedertraf hier bei mir am Roseneck, sagte sie: „Mit dir hab' ich mal zusammen in der Badewanne gelegen!" Ich konnte gerade noch „Guten Tag" sagen, da war sie auch schon weg.

GUTE NACHT!

Meine ehemalige Freundin ist der 4. Satz in meiner Liebesspiel-Sonate, die davor, die Stewardess, der 3. Satz, - und nun kommt der 5. Satz. Zur Erinnerung: Andrea Rau war der 1. Satz und Gila von Weitershausen der 2. Satz. Der 4. Satz heißt Kim und der 3. Satz Gabriela, der 5. Satz heißt Katarina. Damit sind alle abgehakt.
28. Dezember 2000 23:30 Uhr.
Draußen taut es, alles ist matschig. Vor zwanzig Jahren hatte ich mal zu diesem Thema ein Gedicht gemacht:

Wenn die Schneeflocken tauen,
tun sie die Straßen versauen.

* Seite 517

Daß es schneit ist großer Quatsch,
denn hinterher ist alles Matsch.

Das Bild habe ich fertig und schon das neue angefangen: Das Blonde Blues-Sextett. Rechts da jazzen die Blondinen auf Trompete, Posaune, Klarinette, Banjo, Schlagzeug und Tuba. Als Zuschauer bekommen sie diesmal ungefähr 35 Vögel, die auf Bäumen und abgefallenen Ästen sitzen. Ein Platz für ein Spinnennetz wird sich auch noch finden. Alles ist vorgezeichnet mit Pinsel und Ocker-Farbe und schon fertig ausgefüllt, bis auf die Mädchen. Die kommen morgen dran. Und jetzt kommt dran der 5. Satz aus meiner Liebesspiel-Sonate. Der Satz heißt „Katarina", aber in Wirklichkeit heißt das Mädchen anders. Ich war auf Lanzarote 1994 und meine ehemalige Freundin hatte Appartments an zwei junge Frauen vermietet. Am ersten Abend gingen wir zusammen aus in ein Lokal, in dem musiziert wurde. Drei Spanier saßen mit zwei Gitarren an einem Tisch und sangen Kanarische Lieder. Wir hörten zu. Die eine von den Frauen gefiel mir so ganz gut, aber es war nichts sonst in meinen Gedanken. Und der gefiel der eine singende Spanier. Sie sagte meiner ehemaligen Freundin, daß dieser ihr gefiel, und später holte sie ihn an unseren Tisch, und wir sagten ihm „Guten Tag" und wie schön er singen könne. Am nächsten Tag gingen wir wieder dahin, und die sangen wieder da. Katarina bestellte sich einen großen Salatteller. Meine ehemalige Freundin sagte zu ihr: „Ißt du nur Salat?"- „Ja", sagte sie, „ich bin seit zehn Jahren Vegetarierin." Da verliebte ich mich sofort. Eine Vegetarierin! Das Verlieben ging aber nicht explosionsartig wie bei Dynamit, sondern etwas langsamer, nämlich so, wie man im Fernsehen die Explosion einer Atombombe manchmal zu sehen bekommt. Fast allmählich sieht das aus, aber um so mächtiger. Meine ehemalige Freundin ging dann zu dem Spanier und sagte ihm, die blonde junge Frau da würde ihn gern kennenlernen, und gab ihm die Adresse und die Zimmer-Nummer. Am nächsten Tag ging er auch hin zu ihr und sie sind bis vor ein paar Monaten zusammen gewesen. Er wohnte auf Teneriffa und sie fuhr so oft hin, wie sie beruflich Zeit hatte. Manchmal kam auch er nach Berlin. Also, ja, meine Vegetarische Liebe wohnte ungefähr 5 Kilometer von mir entfernt in Berlin und einige tausend Kilometer entfernt lernte ich sie kennen. Da war natürlich erst mal nichts zu machen, und als ich merkte, daß sie gar nichts von mir wollte, daß sie, was ich später erst erfuhr, in den Spanier verliebt war, meldete ich mich auch gar nicht mehr bei ihr. Ein Jahr darauf hatte ich eine Vorstellung und meine ehemalige Freundin, die damals noch manchmal in Berlin gewohnt hatte, lud sie dorthin mit ein. So sah ich sie wieder und wir verabredeten uns und gingen danach öfter in Konzerte. Aber sonst war da nichts. Als ich merkte, daß ich mich zu sehr verliebt hatte, ging ich lieber allein ins Konzert. Ich hatte auch

eine dreiviertel Stunde Liebeskummer, nämlich als sie mir gesagt hatte, sie hätte einen festen Freund auf Teneriffa. Ich dachte an eine andere und der Liebeskummer war weg, wie abgeschaltet, einfach mit einem Schalter. Dann sah ich sie erst wieder ein bis zwei Jahre später auf dem Kurfürstendamm. Wir verabredeten uns in einem Café für den nächsten Tag. Sie sagte mir, daß sie ihre Wohnung aufgegeben habe und nur noch zum Arbeiten nach Berlin käme, immer so für 3 bis 4 Wochen, und ob sie bei mir wohnen könne. Ich sagte zu und das war auch ganz nett. Sie hatte um 22:00 Uhr Feierabend und ich holte sie immer mit dem Auto ab die 6 km. Ich brachte sie auch zum Flughafen hin und holte sie ab, wenn sie wiederkam. Verliebt war ich immer noch, aber nicht mehr so wie am Anfang. Das ging so fast zwei Jahre. Dann suchte sie sich wieder eine Wohnung und lebt jetzt genau 2 km von mir entfernt. Wir telefonieren hin und wieder. In Teneriffa war sie seit einem halben Jahr nicht mehr. Und das habe ich alles in den 5. Satz meiner Liebesspiel-Sonate gepackt.
Ich hatte damals erfahren können, daß es Gedankenübertragung gibt. Jedesmal, wenn auf meinem Anrufbeantworter von ihr eine Nachricht raufgesprochen wurde, spürte ich das, mit einem untrüglichen Gefühl. Und wenn ich dann nach Hause kam, stimmte es. Einmal, eine halbe Stunde vor der Landung aus Lanzarote spürte ich, daß sie mich abholen würde, obwohl sie zu der Zeit auf Teneriffa sein sollte. Sie hatten sich gezankt und sie war früher abgehauen, und holte mich ab.
Das Seltsamste war Folgendes: Ich spürte ganz sicher, daß sie auf meinen Anrufbeantworter gesprochen hatte, kam nach Hause, und da war nichts drauf. Das konnte ich mir nicht erklären. Es war das gleiche sichere Gefühl wie sonst immer. Am nächsten Tag immer noch das gleiche sichere Gefühl, und die nächsten Tage ebenfalls, und nach fünf Tagen bekam ich eine Postkarte von ihr aus Teneriffa. Das hatte so lange gedauert, und als sie die Karte geschrieben hatte, spürte ich das.
Wenn man so zusammenlebt, lernt man sich ja zwangsläufig näher kennen und da merkte ich mal wieder, daß es nicht so gut ist für mich, mit jemandem zusammenzuleben, und daß manche ihrer Eigenschaften, wie das immer so ist, mir auch nicht zusagten. Wir haben nie was miteinander gehabt, aber es war doch so ganz schön. Neulich habe ich ihr eine Matratze transportieren geholfen. Meine CD 3X7 Liebeslieder hat sie auch als erste bekommen. Aber ohne sie wäre der 5.Satz nicht zustande gekommen.*

*****

1979 hatte sich die Gruppe Insterburg & Co also aufgelöst. Ich wollte zuerst gleich weitermachen, aber als ich mal einen Besuch in den Osten

* Wenn ich jetzt eine schöne Frau sehe, läuft das ganze Programm in 3 Sekunden ab: Kennenlernen und danach der Schluß, - und ich gehe zufrieden weiter.

zu meiner Schwester und Mann und Tochter machte, kriegte ich auf der Hinfahrt den sicheren Gedanken: Ich mache erst mal ein Jahr Pause. Wenn ich zu meiner Schwester nach Halle fuhr, und ein hübsches Mädchen sah, kuckte ich sofort immer gleich weg. Bloß nicht in ein Mädchen verlieben im Osten und dann das ganze nervenzerreibende Hin und Her, womöglich über Jahre.

Drei Monate nach der Gruppenauflösung hatte ich gar nichts gemacht. Das letzte Jahr war noch mal sehr anstrengend, weil die Agentur noch möglichst viel Veranstaltungen mit uns machte.* Dann begann ich etliche Musik-Instrumente zu basteln: Eine Riesen-Klarinette, 4,50 m lang, aus 8 cm dickem Messing-Rohr und tiefer als ein Klavier. Eine Wunder-Orgel, die mit aufgeblasenen Luftballons angetrieben wird. Eine Art Geige, bei der ich mit einem Geigenbogen Messing-Untersetzer anstreiche. Eine Eimer-Geige. Ein Instrument, bei dem Metallophon - Plättchen durch elektrische Klingeln angetrieben werden.** Eine Tannenbaum-Geige. Ein Cello, wenn man das um 180 Grad dreht, senkrecht, dann eine Gitarre ist. Eine Konzert-Nagelgeige. Eine Baß-Nagelgeige. Fast alle davon habe ich noch nie auf der Bühne gehabt. Im jetzigen Programm habe ich: Gitarre (normal), Singende Säge (gekauft), Tannenbaum-Geige (selbst gebaut), Besenstiel (selbst gebaut), Klobürste (selbst gebaut), Samba-Gurken-Maschine (selbst geb.), Sopran-Schlagzeug (s.gb.), Geige (gekauft), Bass-Nagelgeige (sgb.), Kuh-Glocken (gekauft, mit Fahrradhosenklammern versehen, um sie sich an Arme und Beine klemmen zu können, - eine ist im Mund, zwei an den Ellenbogen, eine um den Bauch gebunden), Kokos - Nuß-Gitarre (sgb. 3 Saiten), Eimer-Cello (sgb. 2 Saiten), Affenharfe (gekauft und umgebaut), Brillen-Harfe (sgb. da hängen Metall-Schienen von Gardinenstangen im Klodeckel, die werden mit zwei Klöppeln angeschlagen), Trompete (gekauft), Wimmergeige (aus einer zersägten Billiggeige umgebaut, 1 Saite, sehr hochgelegen und ohne Griff-Brett), drei Siam-Gongs (gekauft), Pan-Flöte (sgb. 5 Oktaven, Messing, davon 2 Oktaven mit Halb-Tönen), großer Tambourin (gek.). Das dauert 1 Stunde auszupacken und spielfertig geordnet hinzulegen. Nun hilft mir mein Tournee-Begleiter und in 20 Minuten ist alles fertig. Wie schon gesagt, das Aus- und Einpacken ist am langweiligsten bei diesem Beruf. Aber wenn dann alles steht, und ich aus dem Vollen schöpfen kann, freue ich mich jedes Mal.

Dann habe ich, 1980, so ungefähr bei 10 Wahlkampf-Veranstaltungen mitgemacht, damals, als Franz Josef Strauß Kanzler werden wollte. Es war ein Auftritt jeweils von einer halben Stunde gewesen. Da nahm ich Marian Marajan mit, der Gitarre spielen konnte und mir beim Auspacken half. Nach und nach hatten wir ein Abendfüllendes Programm zusammen. Die Veranstalter waren die Ju-Sos. Wir traten dann bei den „Wühlmäusen" auf zur Nachtvorstellung am Sonnabend 23:00 Uhr, aber das lief nicht so gut.

* alle Säle waren immer voll, bis zum letzten Tag
** Klingel-Brett

Einmal haben wir drei Wochen täglich 20:30 Uhr (außer montags) ein Weihnachtsprogramm gemacht im Dezember bis Sylvester. D. h. der erste Teil war Weihnachtsgemäß, der zweite Teil weltliches Programm. Das lief sehr gut. Als wir dann aufhörten und die Instrumente abholten, hatten wir sechzig Instrumente auf der Bühne gehabt. Wir haben über eine Stunde lang eingepackt. Ich hatte einen Mercedes-Kleinbus, der war so voll, daß der Marian Marajan nicht mehr Platz hatte.
Wir machten auch mal eine 10-tägige Tournee durch die Schweiz. Da hatten wir 30 Instrumente mit. Na, das war aber zu viel. Ich dachte damals: weniger Leute, dafür mehr Material auf der Bühne. Mary und Gordi (Travestie-Show) traten vor uns auf in den „Wühlmäusen", die hatten für jedes Lied ein anderes Kleid und ein Paar andere Schuhe (insgesamt 25 Paar), und wir hatten für jedes Lied ein oder zwei Instrumente, jeder.
Marian und ich hatten auch zwei Musicals gespielt: Hänsel und Gretel und Schneewittchen und die 7 Zwerge. Ich hatte sie gedichtet. Hänsel und Gretel führten wir im Weihnachtsprogramm auf. Marian war die Gretel und ich waren der Hänsel und die Hexe. Während die Hexe mit Gretel zu tun hatte, war der Hänsel immer im Stall. Eine schöne Ouvertüre hatten wir gespielt mit 10 Instrumenten, die wir nacheinander spielten. Zwischendurch dirigierten wir uns gegenseitig.
Schneewittchen hatte aber noch mehr Rollen, die besetzt werden mußten. Marian spielte Schneewittchen und den Wolf, der aus Versehen sich aus dem Märchen Rotkäppchen in das Märchen Schneewittchen verirrt hatte. Ich spielte die Königin, den Königssohn am Schluß und die 7 Zwerge. Ich hatte mir ein weites Hemd genäht, das bis auf den Boden reichte, wenn ich zusammengekauert den kleinsten Zwerg spielte, und wenn ich den größten spielte, ging mir das Hemd nur bis zum Bauch. Ich rannte immer hinter der Bühne lang, und nach einem Auftritt machte ich mich ein Stückchen kleiner, und ging dann als der nächst kleinere Zwerg vorne über die Bühne, bis alle 7 durch waren. Sie kamen von der Arbeit und sangen ein Lied:

Fleißig sammelten wir Früchte
Schweißgebadet im Gesichte.

Als sie wieder zur Arbeit gingen etwas später, spielte ich aber nicht mehr alle 7, weil sich das Publikum zu langweilen begann, sondern nur den ersten, den dritten und den siebenten, wobei der siebente sagte: „Die anderen sind krankgeschrieben." So war das damals.
Das mit dem Marian machte ich vier Jahre lang. Wir hatten manchmal lange Pausen. Und wenn wir drei Monate Pause hatten, dann mußten wir

drei Tage lang üben vor der Vorstellung, und das manchmal nur für eine einzige. Da sagte ich dann so Einzeldinger ab.
1985 machte ich mit bei der künstlerischen Organisation der Berliner 750-Jahrfeier in Kreuzberg. Ich hatte in meiner Stammkneipe, der „Hundekehle", den Kreuzberger Bürgermeister Krüger kennengelernt und der bat mich, dabei mitzumachen. War mal was anderes. Aber als ich da so am Organisieren war, - jeder Bezirk mußte eine große Veranstaltung machen, wir draußen auf dem Kreuzberg, da hatte ich mal wieder Lust auf eine Gruppe. Ich fragte den Horst Koch, ob er mitmachen würde, und er sagte “Ja”. Wir bereiteten auch eine Langspielplatte vor. Dann klappte es aber nicht so. Der Horst war zu sehr Einzelgänger, oder Solo-Künstler, - es fiel ihm schwer, nach jahrzehntelangem Alleine-Auftreten in einer Gruppe mitzumachen. Er stieg dann aus und ich nahm einen anderen dazu und so gingen wir erst mal bescheiden auf eine Tournee, bei der wir in Weinlokalen spielten 1 Stunde jeweils. Es waren so 10 Städte, die alle so`n Weinlokal hatten, sogar mit den gleichen Möbeln. Manchmal war es richtig lustig und wir hatten so schöne Vorstellungen, daß wir beschlossen, nun zusammenzubleiben. In Delmenhorst bei Bremen war es voll, die Stimmung sehr gut, und wir machten anderthalb Stunden. Zu Hause übten wir noch die restliche halbe Stunde uns ein und gingen auf Tournee. Eine Agentur in Hamburg hatte Veranstaltungen für uns organisiert.
Einmal waren wir in Singen in der Nähe vom Bodensee. Da ging ich nachmittags spazieren. Es war Sonntag. Die Innenstadt war leer, es waren kaum Menschen unterwegs. Plötzlich kam ein Mann auf mich zu mit südlichem Aussehen und auch solcher Sprechweise, und sagte: „Bitte gib mir etwas Geld, ich habe Frau und Kinder und kann die Miete nicht bezahlen. Wir müssen aus der Wohnung raus, wenn ich nicht bezahle, ich brauche 400, - Mark." Na ja, so was kannte ich ja nun. Ich gab ihm 50,- Mark. Da geriet er außer sich, kniete vor mir nieder und streckte und reckte flehentlich Arme und Hände zu mir nach oben und sagte: „Bitte, bitte, noch etwas Geld, noch etwas Geld." Es war mir ganz schön peinlich, daß ich so angefleht wurde von einem vor mir knienden Mann. Ich sagte: „Na gut, gib mir den Fuffzigmarkschein zurück, ich geb` dir hundert." Da gab er mir den Fuffziger zurück und ich gab ihm einen Hunderter. Da geriet er noch mehr außer sich und rief: „Bitte, bitte, der Herr, noch etwas Geld, noch mehr Geld!" Ein Glück, daß keine Leute in der Nähe waren,- ich kam mir sonst wie vor. Da gab ich ihm dann noch den 50,- Mark-Schein von vorhin. Da war er nun völlig außer Fassung, und ich kam mir vor wie einer, der angebetet wird. Ich wollte dann noch etwas dazugeben, - da stand plötzlich wie aus dem Nichts eine Frau neben ihm, wahrscheinlich seine Ehefrau. Sie hatte wohl in einem Hauseingang etwas versteckt gestanden die ganze Zeit und sagte zu mir: „Noch hundert Mark!" Da kam ich mir vor wie einer,

der etwas verkauft. Sie streckte fordernd ihre Hand zu mir aus. Da sagte ich zu dem Mann: „Gib mir mal den Hundertmarkschein wieder", - und er gab ihn mir wieder. Ich steckte ihn ein und sagte: „Die 50,- Mark sind genug", und ging. Der Mann und die Frau hatten kein Wort mehr gesagt. Nach einer Weile sah ich mich noch mal um, aber sie waren nicht mehr zu sehn. Als ich die Geschichte den anderen erzählte im Hotel sagte der Jupi Sirius: „Für 150,- Mark würde ich auch vor dir niederknien." Ich aber dachte an das Märchen „Von dem Fischer und siner Fru".

Dann stieg „Jupi" aus, weil er sich mehr von unserem Gruppenerfolg versprochen hatte. Da machten wir zu dritt weiter. Inzwischen war die Wiedervereinigung gekommen, da machten wir viele Vorstellungen im Osten. Das war sehr schön, und nicht so weit immer zu fahren. Der Tag, an dem die Maueröffnung war, oder der Mauerdurchbruch, da hatten wir eine Veranstaltung in der Burg Katzelnellbogen bei Limburg. Nach der Veranstaltung um 1/2 11 erfuhren wir durch das Fernsehen, was los war. Wir hatten aber noch eine Veranstaltung woanders am nächsten Tag und als wir in Berlin ankamen am 3. Tag, war die ganze Feier schon vorbei. - Nun hatte ich monatelang, manchmal jahrelang in Berlin zugebracht, und als mal was los war, bin ich nicht dagewesen. Ich hatte mich richtig geärgert. Aber jetzt nicht mehr.*

Helmut Kohl war dann mal zu Gorbatschow gefahren, um über die Wiedervereinigung der beiden Deutschland zu verhandeln. Ich sah den Fernseh-Bericht, als die Flugzeugtür aufging und die Reporter ihn empfingen, wieder in Deutschland, und er sagte: „Es hat geklappt", innerlich bewegt und ehrlich erfreut.

Seit diesem Moment ist mir Helmut Kohl sympathisch.

Den Tag der Wiedervereinigung, am 3. Oktober 1990 erlebte ich folgendermaßen:

Meine Stammkneipe damals am Roseneck war ein Café. Die machten immer schon um 23:00 Uhr zu. Das genügte mir auch. Aber an diesem Tage machten sie schon um 22:00 Uhr zu, da die Angestellten zum Brandenburger Tor wollten um zu feiern. Deshalb ging ich mal kucken auf die andere Straßenseite des Hohenzollerndamms, da war eine Kneipe in der ich schon paarmal war vor paar Jahren. Da riefen gleich mehrere: „Mensch Ingo, komm trink'n Glas Sekt mit uns!" Im Nu hatte ich drei Gläser Sekt geschluckt und dann nochmal vier. Zu der Zeit trank ich seit zwölf Jahren immer nur drei Gläser Bier (0,4 l) täglich, ganz, ganz selten vier. Nach einem Marathon-Lauf allerdings sieben oder acht, damit ich überhaupt schlafen konnte vor Muskelkater. Am nächsten Tag merkte ich dann aber nie den Alkohol. Nach einem Lauf 1980 in München konnte ich die ganze Nacht nicht schlafen, ohne Bier und nur mit Muskelkater. Nach dem Letzten Marathon-Lauf 1994 konnte ich aber ganz gut schlafen auch ohne

* Daß ich meinen Teddybär 1944 verloren hatte, ärgert mich heute nun nicht mehr. Wenn man mal gestorben ist, ärgert man sich wahrscheinlich auch nicht mehr, daß man alle Sachen, die man im Leben sammelte, nun nicht mehr hat. Sie interessieren einen nicht mehr. Besonders freue ich mich, daß ich dann den ganzen Papierkram los bin.

Alkohol. Seit Januar 1991 trinke ich überhaupt nichts mehr.* Ich wachte eigentlich immer schlecht gelaunt auf die ganzen vielen Jahre, auch nach nur drei Bier. Gleich nach dem ersten Tag ganz ohne Alkohol, hatte ich immer gute Laune nach dem Aufwachen, und stand lebensfroh auf.
Jedenfalls war ich nach diesen sieben Gläsern Sekt und den drei üblichen Gläsern Bier besoffen. Es war das letzte Mal, daß ich besoffen war. In der Kneipe lief ein Fernseher, der Bilder vom Brandenburger Tor zeigte, und als die Fahne, also die Deutsche Fahne hochgezogen wurde, sagte ich ein Gedicht auf, das ich mal gemacht hatte:

Als Kind trug ich`ne Fahne,
das ist schon lange her.
Seitdem trag' ich 'ne Fahne
nimmer, nimmer mehr.

Warum gibt's eigentlich Fahnen,
zehn Meter lang das Stück, -
da will doch nur absahnen
irgend so`ne Stoff-Fabrik.

Das hörte eine Frau so um die vierzig und giftete mich an, wie ich so was sagen kann in so einem historischen Augenblick, worauf ich sagte, daß ich mit Fahnen nichts anfangen könnte.
Zu Hitlers Geburtstag hingen an jedem Haus mindestens zehn Fahnen, die ganze Stadt war voll und voll und voll von Fahnen. Nachher im Osten kamen noch rote Transparente dazu, die überall hingen, aber nicht nur zu Geburtstagen von welchen Leuten sondern das ganze Jahr über. Na ja, eigentlich auch richtig, weil ja jeden Tag irgendeiner immer Geburtstag hat. Jedenfalls kann ich Fahnen nicht mehr sehen, ohne daß ich das überflüssig finde. Außerdem kostet das Aufstellen von Fahnen vor öffentlichen Gebäuden zu feierlichen Anlässen tausende von Mark, also die Masten in die Dauer-Löcher stecken und die Fahnen anmachen, und danach alles wieder umgekehrt. Jedenfalls kam dann noch einer dazu, der dieser Frau wegen meiner Abneigung Fahnen gegenüber (in der Schule lernte ich, daß die Fahne wichtiger ist als das Leben des Fähnrichs, obwohl so eine Fahne meist unempfindlicher war als ein Fähnrich und meist auch länger hielt als derselbe) also der Frau beistand, und mich ebenfalls angiftete. Da kamen aber zwei von meinen Bekannten, die mich verteidigten. Dann kamen noch welche dazu, die mich angifteten aber immer auch so viele, die mich dann wieder verteidigten. Wir alle waren besoffen. Daß ich total besoffen war, merkte ich am nächsten Tag daran, daß ich, als Helmut Kohl im Fernsehen sang „Einigkeit und Recht und Freiheit", daß ich da dachte,

* Gemeint ist Alkohol. Ich trinke täglich 3 Kännchen Tee: Brennessel, Löwenzahn, Pfefferminz oder Zitronenverbena. Das sind 2 1/2 Liter und noch 1/2 Liter alkoholfreies Bier.

er würde die ehemalige Ost-Hymne singen, „Auferstanden aus Ruinen", worauf ich vor mich hin murmelte: „Was singt denn der für'n Scheiß da." Zum Glück reagierte keiner, weil der Streit davor wegen der Fahnen schon genug Mißstimmung erzeugt hatte. Dann ging ich nach Hause und ärgerte mich heftig über die „Pro-Fahnen-Leute". Und,- wie konnte ich als Musiker und Dichter diese beiden Lieder verwechseln, und auch noch die Texte. Die Melodie von Joseph Haydn gehört zudem zu meinen Lieblingsmelodien, am liebsten von klassischen Instrumenten gespielt.
Als ich dann im Laufe des Vormittags etwas nüchterner wurde, war ich ganz schön verwundert über diese Verwechslung. Als ich dann am Abend nach einem Zehn-Kilo-Meter-Dauer-Lauf ganz nüchtern war,* schämte ich mich richtig, als Musiker und obendrein noch als ehemaliger Ostler diese Lieder verwechselt zu haben. Außerdem merkte ich, daß der Ärger wegen der Fahnen Hand in Hand mit der Abnahme des Alkohol-Pegels zurück ging und ich mich abends wunderte, und überhaupt nicht mehr nachempfinden konnte, warum ich mich überhaupt geärgert hatte. Wenn ich nüchtern gewesen wäre, hätte ich eine scherzhafte Bemerkung gemacht und wäre einen Schritt weitergegangen. Ich habe oft feststellen können, wenn man sich mit einem Besoffenen streitet, braucht man nur einen Schritt beiseite zu gehen, und der Streit ist zuende. Jedenfalls nach diesem Erlebnis habe ich im tiefsten Innersten keine Lust mehr, Alkohol in meinem Kopf zu haben. Alko Hol der Teufel!
Fahnen sind ja ganz gut, wenn man z.B. ein Schiff schon in der Ferne erkennen will, also aus welchem Land es kommt. Aber wie ein Fähnrich stolz sein auf seine Fahne, also die richtige, nicht die vom Alkohol, - viele sind ja stolz darauf, wenn sie möglichst viel Alkohol trinken können, - auf eine Fahne stolz sein, liegt mir nicht, vielleicht deshalb, weil ich

Welt-All-Bürger

bin. Das Welt-All ist nämlich größer und wichtiger als unsere Erde.
In die Ostländer fahre ich sehr gern zu Veranstaltungen. Die allerbeste war jetzt am 4. November 2000 gewesen in Bernburg. Ich fühlte mich richtig zu Hause. Das war schön. Zensur war „1".
1994 im Juni war eine Veranstaltung geplant in Marienthal, 40 km nördlich von Oberhausen, schon fast an der holländischen Grenze. Da hatten wir zugesagt unter der Bedingung, daß einen Tag vorher oder nachher eine Veranstaltung auf halbem Wege stattfindet, weil es sich sonst nicht lohnt bei einer Entfernung von 700 km, hin und zurück 1400 km. Das bringt so viel Unkosten, daß sich das gar nicht lohnt. Eine Woche vorher kriegten wir Bescheid von unserer Berliner Agentur, „Berlin Concert", daß das mit der zweiten Stadt nicht klappt. Damit fiel das alles aus. Der eine aus der neuen Gruppe, Georg Himmelblau, sagte, daß er nun privat verreisen würde den nächsten Tag. Sechs Tage vor dem Termin in Marienthal krieg-

* Durch den Dauerlauf nimmt der Körper vermehrt Sauerstoff auf und man wird klar im Kopf.

te ich von unserer Agentur einen Anruf, daß jetzt doch ein Termin auf halbem Wege zustande gekommen ist, in Gotha. Da sagte ich: „Der Georg ist verreist , wir müssen alles ausfallen lassen." Und fast schon im Auflegen sagte ich noch: „Frag doch mal, ob die mit mir allein sich zufriedengeben würden." Er sagte, daß er das klären würde und mich noch mal dann anriefe. Es hatte nun aber auch unter uns Dreien schon Unstimmigkeiten gegeben und eines Tages saß ich in der „Kleinen Weltlaterne" in der Nestorstraße und überlegte: was würde ich machen, wenn die anderen nicht mehr mitmachen würden? Wir hatten uns gerade ein neues Programm eingeübt. In Gedanken ging ich das ganze Programm durch und stellte fest, daß ich das auch allein machen könnte nach ein paar Tagen üben. Zwei Tage später kam der Anruf, ich sollte allein kommen. Da hab' ich die drei Tage geübt und fuhr hin, - weil es so weit war, einen Tag früher. Am nächsten Tag machte ich dort einen Dauerlauf von 10 km, und war nun gut trainiert für das Ereignis.* Marienthal ist ein ganz kleiner Ort. Und ein Kulturverein organisierte seit damals 6 Jahren jeden Sommer Veranstaltungen einmal in der Woche. Bei schönem Wetter fand das immer statt auf dem Hof des Hotels, der durch ein altes Kloster begrenzt wird. Ich hatte Angst, daß nicht viel Leute kommen, und daß die vielleicht vorher merken würden, daß ich nur allein auftrete ohne Gruppe. Ich packte die Instrumente aus und eine halbe Stunde vor Beginn fing es an zu regnen. Alles wieder eingepackt und nach innen getragen und da wieder ausgepackt. Ich hatte gar keine Zeit, Lampenfieber zu bekommen. Ich stellte noch das letzte Instrument hin, da machte die Veranstalterin schon eine kurze Begrüßung, und ich mußte anfangen. Innen war es gerammelt voll, viele mußten nach Hause gehen, weil drinnen nicht so viel reinpaßten, wie draußen hätten sein können. Keiner hat gemeckert, weil ich nur allein war. Ich war froh, daß es drinnen war. Es war eine wunderbare Vorstellung** und in der Pause hatte ich 70 Raucherbücher verkauft (700,- Mark Einnahme). Mehr hatte ich nicht mit. Hinterher sprachen mich viele an, daß sie gar nichts vermißt hätten, - daß ich gut allein machen könnte das Programm. Das freute mich sehr. In Gotha war es dann am nächsten Tag genauso schön. Unheimliche Stimmung. Es fand statt in einem Jazz-Lokal. Eine kleine Bühne war da und die Leute saßen dicht an dicht wie damals im „Go-In" oder „Steve-Club". Ich war so richtig glücklich und allein kassieren konnte ich auch. Alles Geld für mich allein! Es waren in Marienthal 2.000,- Mark und in Gotha 1.000,- Mark. 700,- Mark für Raucher-und Trinker-Lyrik. 3.700,- Mark in zwei Tagen!
Heute geht es noch ein bißchen besser. Deswegen kann ich mir auch einen Tounee-Begleiter leisten.*** Wir machten dann noch mal eine Vorstellung zu dritt bei Leipzig. Paar Tage später rief mich Georg Himmelblau an, daß er nicht mehr mitmache, auf Anrufbeantworter. Da

* Ich lief immer mit der Uhr: 5 Minuten = 1 Km
** die 1. in meinem Leben ganz allein mit einem Abend füllenden Programm (2 h 20 min)
*** 1 Jahr später war ich wieder in Marienthal, diesmal draußen, - es waren 348 Leute da, 9 Kinder und 2 Krähen. Wenn die krächzend über mich rüberflogen, achtete keiner mehr auf mein Programm.

beschloß ich, nie mehr mit einer Gruppe aufzutreten, höchstens mal gelegentlich, und wenn, dann mit der alten.
Wir hatten auch schon mal darüber gesprochen vor etwa drei Jahren. Aber dann klappte es doch nicht.*
Jetzt bin ich also 6 1/2 Jahre allein und das ist sehr schön so. Die Zeit auf der Bühne vergeht wahnsinnig schnell, weil man gar nicht zum Nachdenken kommt. Mein Rekord war von 20:00 Uhr bis 23:05 Uhr (20 Min. Pause). Ohne daß welche abhauten. Aber am besten sind 2 1/2 Stunden inklusive Pause. Wenn man allein ein Programm macht, kann man auch ständig Veränderungen vornehmen, ohne daß es abgesprochen werden oder gar Proben mit anderen geben muß, weil ja keine da sind. Deswegen probiere ich immer mal neue Sachen aus. Das Programm ist eigentlich in einem ständigen Wandel begriffen, und wird dadurch immer besser. So wie ich auch an einem Bild so lange male, bis es gut ist, und dann ein neues anfange. Wenn man ein Bild malt, kann man sich das ansehen danach, so lang man will. Wenn man ein Buch schreibt muß man das mühsam lesen. Wenn man eine Melodie macht, muß man oft tagelang üben, eh' man sie spielen kann. Deswegen ist Bilder malen das Bequemste. Aber wenn man Texte schreibt, braucht man nur Papier und Schreiber und eine Lampe, und man kann es überall machen. Aber wenn man Musik spielt, ist hinterher nichts mehr da, was die Wohnung voll macht. Bilder stehen rum, Texte liegen rum. Musik ist immer da und immer weg. Oh ja, eben habe ich aber eine Idee bekommen: Musik ist Gegenwart, Zukunft und Vergangenheit. Oder ist es Gegenwart: wenn ich den Geigenbogen ansetze, und wenn ich ihn runtergestrichen habe, ist das dann Vergangenheit und das ganze Notenblatt ist Zukunft? Ich glaube, ein Musikstück ist so lange Gegenwart, bis es zuende gespielt ist.**

GUTE NACHT!

1:25 Uhr, schon Freitag, der 29. Dezember.
Wenn das so weiter geht, schaff` ich dieses Buch noch in diesem Jahr. Viel kommt ja nicht mehr. Aber wer weiß, bei so einem langen bunten Leben fällt mir vielleicht noch was ein. Das schreib` ich dann natürlich auf und beim Abschreiben wird auch noch einiges passieren. Morgen male ich erst mal weiter an dem Blonden Blues-Sextett. Das wird dann auch in diesem Buch abgebildet.

Es ist schon faszinierend: man steht vor einem leeren Blatt Papier und allmählich ist was drauf zu sehen, man malt und malt und denkt, es wird nie fertig, und dann kuckt man, und es ist fertig. Oder man sitzt vor einem leeren Blatt Papier und wartet darauf, daß einem der erste Satz einfällt. Und mit einem Mal ist das Blatt voll. Aber am faszinierendsten ist es, wenn man ein leeres Notenblatt vor sich hat. Man schreibt Zeichen drauf und wenn

* In Erfurt war ich 3 schöne Tage hintereinander im „Dasdie". Die Termine waren vorverlegt worden, und Georg war wieder verreist. Und dann eben kam der Anruf mit seinem Ausstieg. Sonst hätte ich die Gruppe aufgelöst.

** Ein Liebesspiel auch.

ein Orchester die vorgelegt kriegt, erklingt gewaltige Musik, nur durch diese kleinen Zeichen, mit 80 oder 120 Musikinstrumenten, manchmal alle auf einmal.

*****

Im Februar 1974 bin ich in diese Wohnung eingezogen. Im Oktober 1973 hatte ich sie bezahlt. Das Haus hat 8 Wohnungen, 4 oben mit Dachgarten, 4 unten mit Treppe und Kellerräumen innerhalb der Wohnung. Ich suchte mir unten aus. Es waren erst zwei Wohnungen verkauft. Die Handwerker waren noch da und es wurde alles später fertig als geplant. Ich hatte mir am Ku-Damm einen antiken Schreibtisch gekauft, und ihn noch so lange im Laden gelassen. Er diente dort als Schreibtisch. Man sagte mir, es ist ein im 18. Jahrhundert gebauter Barocker Schreibtisch. Er kostete 4.000,- Mark. Da sah ich mich schon dran sitzen und Dichten. Oder Komponieren. Oder Zeichnen und Malen. Als die Wohnung dann fertig war, ließ ich erst eine Alarmanlage einbauen, ehe ich auch nur einen Gegenstand hineinstellte. Wir hatten gehört, daß kurz vorher Reinhard Mey sich ein Haus gekauft hatte im Norden von Berlin, sich Möbel reinstellen ließ, und dann auf Tournee fuhr. Als er nach Hause kam, erzählten ihm die neuen Nachbarn, daß ein Möbelwagen vorgefahren sei, mit dem Auftrag, die Möbel wieder abzuholen. Sie waren geklaut worden. Nach drei Tagen war die Alarmanlage fertig. Alle Fenster haben Silberstreifen. Wenn sie zerrissen werden, geht der Alarm los. Sie kostete 5.000,- Mark. Dann ging ich zu der Tankstelle hin gleich an der Ecke zu Herrn Meyer und rief den Antik-Laden am Ku-Damm an, daß sie mir den Schreibtisch nun bringen könnten. Am nächsten Tag stand er dann auf dem Parkett-Boden und ich legte gleich ein paar Teppiche hin, hängte paar Bilder an die Wände, stellte zwei Sitzpolster hin, und schon sah alles schön aus.* Teppiche hatte ich genug. Teppiche faszinierten mich. Ich sagte mal: sie sind wie Bilderbücher, die einem was erzählen.

Ich hatte mal in Hamburg im Vorbeifahren aus dem Auto heraus einen Teppich gesehen im Schaufenster, der mich blitzartig begeisterte. Ich sagte zum Tournee-Leiter, er soll mal anhalten. Ich ging rein und kaufte ihn, und schleppte ihn die ganzen zwei Wochen mit auf Tournee. Ich nahm ihn auch mit auf's Zimmer, und legte ihn hin und freute mich. Es war ein Teppich, 1,90 m x 1,30 m, der aus der Gegend von Tblissi, also Tiflis stammte, aus dem Kaukasus, nahe der persischen Grenze, wie der Verkäufer sagte. Er kostete 1.500,- Mark. Er ist matt-grün mit rot-dunkelgrünem blumenartigem Muster. Einmal war Hannes Wader im gleichen Hotel. Ich hatte eine Flasche guten Whisky dabei und er setzte sich auf meinen Teppich und sang uns allen zur Gitarre sein neues 20-Minuten-

* Den Umzug machte ich selber mit meinem Alfa Romeo 1600 Cabriolet. Er dauerte 23 Tage, pro Tag 3 Fahrten. Ich dachte: das ist wahrscheinlich mein letzter Umzug im Leben, - den mache ich ganz alleine.

Lied vor. Zwischendurch tranken wir Whisky. Es war ein schöner Abend, romantisch, wie im vorigen Jahrhundert, also 1800 und noch was. Nach einer Woche waren wir wieder in Hamburg, da kaufte ich noch mal zwei Teppiche der gleichen Art, etwas größer. Die schleppte ich auch immer ins Hotelzimmer, aber die letzten drei Tage hatte ich keine Lust mehr, und ließ sie im Auto. Bloß den ersten nahm ich noch mit hoch. Zu Hause, in der Kaiser Friedrichstraße, war gegenüber meiner Wohnung ein Teppichladen, da war ein Stapel von Teppichen, ebenfalls von der Art. Da kaufte ich noch 7 Stück. Einen schenkte ich Karl und seiner Frau. Dann sah ich nochmal einen in Schweinfurt, als ich mit der neuen Gruppe mal da war, und kaufte ihn für den Korridor, weil er länglich war. In der Ein-Zimmer-Wohnung in der Kaiser Friedrichstraße konnte ich von jedem Teppich nur eine Ecke sehen und es war nun schön, alle 4 Räume, die Werkstatt nicht, mit Teppichen zu schmücken. Viel mehr steht auch nicht in der Wohnung an Möbeln, - paar Betten, ein Chinesischer Stuhl, das Koreanische Tischchen und ein paar kleine Asiatische Schränkchen. Ein grüner Kleiderschrank und fertig. Alles andere sind Musik-Instrumente. Ich habe mal drei Tage lang gezählt, und kam auf 120, fünf Mundharmonikas mitgerechnet. Die fünfte ist nur 5 cm lang. Aber man kann auf ihr „Alle meine Entchen" spielen. Somit ist sie ein vollwertiges Musik-Instrument, mit einer Oktave, also 8 Tönen.* Ich hatte mich dann mal auf die selbstgebaute mit rötlichem Samt bezogene Sitzbank gesetzt und mir Partitur-Papier hingelegt und mir gesagt: jetzt komponiere ich eine Symphonie! Aber nach einer halben Stunde machte ich erst mal eine Pause. Die Pause dauerte dann 17 Jahre. Eigentlich war es nur Kuddelmuddel. Inzwischen hatte ich mit Noten-Schreiben begonnen. Erst mal meine Lieder. Dann Begleitstimmen, um im Ton-Studio andere Instrumente dazuspielen zu können. Mit der neuen Gruppe hatte ich dann eine neue LP gemacht und bei manchen Liedern bis zu 12 Instrumente dazugespielt, natürlich nach Noten. Zwei bis drei Instrumente kann man improvisieren, wie ich das auch bei meiner 2. Doppel-CD gemacht habe, bei den Volksliedern, - aber mehr Stimmen, das wird dann nichts mehr. Und weil das alles gut geklappt hatte, und im Studio auch funktioniert hatte ohne katastrophale Fehler, dachte ich, jetzt mache ich meine Symphonie. Die Themen für die geplanten 4 Sätze hatte ich mir schon zusammengestellt aus Gitarrenstücken, die ich zum Teil schon in Kreuzberg gemacht hatte. Der langsame Satz, der 2., entstand in der Martin Lutherstraße, wo wir da nach paar Monaten rausflogen. Der 4. in meiner Wohnung 1980. Da hatte ich ein Stück für Klavier und 21 Solo-Instrumente aufgeschrieben und mit einer ehemaligen Freundin geübt. Das war die, mit der ich mich wegen des runden Teppichs gezankt hatte, der mir gefiel und ihr nicht. Sie konnte gut Klavier spielen. Ich hatte mir die 21 Instrumente im Musik-Keller aufgebaut, und spielte sie

* 1 Woche hat 7 Tage, dann wiederholen sie sich, - so wie die Töne.

nun nacheinander. Das ganze Stück dauerte 12 Minuten. Zur Aufführung kam es nicht. Ich wollte mit ihr und Marian Marajan und noch einer Frau eine Gruppe aufmachen, aber die andere war immer besoffen, und diese konnte aus beruflichen Gründen nicht, d.h. sie war Angestellte bei der Stadtverwaltung, oder Beamtin, weiß ich nicht. Vorher hatte ich mit zwei anderen Mädchen geprobt. Bei der ersten Veranstaltung sagte die eine, sie hätte da Geburtstag und würde den feiern, sie könnte nicht. Na ja, das habe ich, glaube ich, schon berichtet. Aber daran merken Sie wenigstens, daß es stimmt.*

Ich schob nun meine Symphonie vor mir her noch wochenlang, bis ich von einer Nachbarin eine Karte für die Philharmonie geschenkt kriegte, weil sie sich nicht gesund fühlte. Ich ging hin, zog auch meine Samt-Hose an und vegetarische Kunststoff-Schuhe,** und da dachte ich während des Konzerts: jetzt mache ich auch eine, jetzt oder nie. Ich kam mir so langsam vor wie eine schwangere Frau, bei der das Kind schon überfällig ist. Während des Konzerts beschloß ich, gleich am nächsten Tag meinen Schreibtisch aufzuräumen, und dann anzufangen. Das tat ich auch und es dauerte 3 Stunden. Dann polierte ich ihn mit Lein-Öl und legte Notenpapier, Bleistift und Radiergummi hin. Es sah gut aus. Und am Nachmittag, da fing ich an mit dem 1. Satz. Beim Notenschreiben habe ich so viel mit dem Radiergummi radiert, daß ich beinahe meine Partitur nicht „Partitur" sondern „Radierung" genannt hätte. Den Anfang hatte ich mir aber schon vorher ausgedacht, deswegen ging es auch gut und leicht los. Ich nahm aber kein Partitur-Papier sondern 12-zeiliges Notenpapier. Da sind die Zeilen nicht so wahnsinnig eng und man braucht ja auch nicht immer alle Zeilen auf einmal. Der Anfang geht chromatisch los mit dem tiefsten Instrument, also dem Baß und beim 4. Ton kommt das nächste Instrument jeweils dazu, bis nachher ganz oben alle allmählich aufhören, weil es höher nicht mehr geht. Das ist gewissermaßen, als ob ein Maler alle Farben, die er hat, auf die Palette gibt. Jedenfalls am Heilig Abend war der 1. Satz fertig und ich ging in eine Kneipe, die auf hatte, in der Königin Luisestraße, und war unheimlich glücklich. Es klappte. Ich konnte es. Ich dachte mir: Ich bin wie ein Schmetterling, der gerade aus einer Puppe hervorgegangen ist. Ich habe bei allen vier Sätzen das so gemacht, daß ich die Leit-Stimme, die von sich abwechselnden Instrumenten gespielt wird, bis zum Ende des Satzes fertig geschrieben hatte. Dann konnte ich erst mal schon ausrechnen, wie lang der Satz ist. Dann habe ich weiter gemacht von rückwärts, erst mal den Schluß. Da muß ja was großartig los sein, - dann die Vorbereitung des Schlusses. Dann in der Mitte, da dachte ich: jetzt kann ich mir eine ruhige Stelle leisten, da ja am Ende richtig was los ist. Und so habe ich mich langsam zum Anfang vorgearbeitet. Dann von Anfang bis Ende Kesselpauken und die Baß-Stimmen. Wenn

* Es war ein Auftritt von 20 Minuten im Konzertsaal der Musikhochschule in Westberlin. Ich trat dann mit Marian auf.

** Meine Trommelfelle alle sind auch vegetarisch, außer die in meinen Ohren. Die Geigensaiten sind auch vegetarisch (keine Schafsdärme).

man einen Kriminalroman schreibt, muß man ja auch von hinten nach vorne arbeiten, damit sich der Fall aufbauen kann. Nach dem 1. Satz, „Andante Universum", war ich glücklich. Nach dem 2. Satz, „Largo Praehistoricum", war ich glücklich, aber schon etwas müde. Nach dem 3. Satz, „Teufels-Menuett", war ich glücklich, aber erschöpft. Bevor ich den 4. Satz anfing, ging ich in eine Kneipe in der Nähe von mir, ins „Joe Beaulais", in der ich erst 3 - mal vorher war und saß da allein an einem Tisch und kuckte gegen die Wand und dachte: noch eine Symphonie mache ich sowieso nicht, also kann in den letzten Satz alles rein, was mir einfällt. Dann dachte ich eine Stunde nach, was man so alles machen könnte und dann ging ich nach Hause und fing an. Oh je, war das kompliziert! Den ersten Satz hatte ich ohne jegliche Instrumente bei mir gemacht. Aber jetzt standen sechs bis sieben Instrumente neben mir. Einmal habe ich um 9:00 Uhr früh gleich nach dem Aufstehen angefangen ohne Waschen, Toilette und Frühstück, und 12 Stunden hintereinander geschrieben ohne Trinken, Essen, Vornemachen, - es war so kompliziert, daß ich Angst hatte, wenn ich auch nur die kleinste Pause mache, finde ich mich nie mehr zurecht. So habe ich mich im Leben noch nie konzentriert wie in diesen zwölf Stunden. Um etwa 8:00 Uhr abends kam meine ehemalige Freundin, die jetzt auf Lanzarote lebt, nach Hause. Sie wohnte drei Monate lang bei mir im Musik-Keller, weil sie sich mit ihrem zwölf Jahre langen Freund gezankt hatte. Sie kuckte ins Zimmer und sagte: „Guten Abend." Ich kuckte nur kurz hin und sagte: „Guten Abend." Dann sagte sie: „Ich will nicht stören, - ich geh' wieder." Ich sagte: „Ja, tschüß." Dann ging sie. Ich machte weiter, bis ich über die schwierige Klippe hinweg war, und trank dann erst mal was und ging Vorne machen und auch Groß. Am nächsten Tag ging's dann leicht weiter und mittags rief sie an: „Guten Tag Ingo." - „Guten Tag." - „Ja, also, - ich habe mich verlobt." - „Na is' ja prima, dann brauche ich das nicht zu machen." - „Na ja, tschüß dann." Zur Hochzeit hatte ich ja dann ihr ein Ständchen gebracht. Nach drei Tagen war ich dann fertig mit der Symphonie. Aber auch so war ich richtig fertig. Ich habe drei Monate lang kein einziges Musikinstrument angefaßt, nicht mal die Gitarre, so hatte ich die Schnauze voll von Musik. Sie dauert 35 Minuten lang und heißt: Symphonie Nr.1, die Vollendete! Ich war danach in der Philharmonie, wieder mit einer geschenkten Karte, da gab es die beiden letzten Mozart-Symphonien. Ich kuckte auf die Uhr. Die eine dauerte nur 34 Minuten und die andere 32. Eine Minute habe ich später noch das Teufels-Menuett länger gemacht, weil ich in dem ein Liebeslied singe und eine schöne Stelle wiederholen will.

Jetzt, im kommenden Jahr, in dem neuen Ton-Studio bei Matthias, wird es wohl losgehen mit der Aufnahme. Ich glaube, ich bin der erste Mensch auf der Welt von 6 Milliarden Menschen, der eine eigene Symphonie gemacht hat, und sie auch spielt mit allen, und zwar richtigen Musik-Instrumenten. Es werden insgesamt 45 sein. Einer von den Beatles hat ja mal eine gemacht vor Jahren, aber ohne Noten und nur elektronisch. Zuerst bespiele ich mit einem Schlag-Holz die Takt-Spur und zähle laut die Takte mit. Dann weiß ich immer wo ich bin. Bei der Partitur habe ich auch jeden einzelnen Takt beziffert. Na mal sehen, aber ich habe ja auch Zeit. Der Inhaber des neuen Studios hat Kompositions-Lehre studiert. Falls ich verzweifle, kann er mich ermuntern und ermutigen. Er weiß ja, was eine Symphonie ist. Aber erst mache ich mal den 1. Satz, der ist auch nicht so schwer. Falls ich was ändere, vermerke ich das auf der Partitur, und wenn alles fertig ist, höre ich mir das ganze 20 bis 30 - mal an. Da höre ich die Schwachstellen heraus irgendwann und ändere das. Ich habe gelesen im Programmheft bei den Berliner Philharmonikern: Beethoven hat seine 5. Symphonie nach jeder Aufführung korrigiert. Na ja, damals gab es keine Tonbandgeräte. Und dann schreibe ich die Partitur sauber ab und die Einzelstimmen. Ich kann sehr sauber schreiben, fast wie gedruckt. Und dann kann das mal ein richtiges Symphonie-Orchester spielen. Und danach mache ich eine Extra - CD: Zuerst kommt die Symphonie von mir gespielt und anschließend von einem richtigen Orchester. Mal sehen, wie das klingt. Wahrscheinlich wie ein Trecker und ein Alfa Romeo.

GUTE NACHT!

Es ist jetzt 1:59 Uhr, der 30. Dezember 2000.
Morgen ist Sylvester. Aber erst gehe ich mal schlafen. An dem neuen Bild habe ich auch 2 Stunden gemalt. Es wird gut. Vorne rechts steht ein Schild: Das Blonde Blues-Sextett. Am blonden Streich-Quintett habe ich heute auch noch Kleinigkeiten verbessert. Morgen auch noch, aber eigentlich ist es fertig und hängt schon im Rahmen an der Wand.

*****

Ach du meine Güte, - bis jetzt habe ich an den Blonden Blues-Mädchen gemalt. Mit dem ganz kleinen Pinsel. Ein Hauch von Strich, - und so eine Blondine sieht hübsch oder ungünstig aus. Um 20:00 Uhr habe ich angefangen und jetzt ist es 5 vor drei, der 31. Dezember 2000, der letzte Tag im Jahr.
Aber das Bild wird gut. Alles nun Kommende ist nicht schwer. Einen zuhörenden Adler habe ich auch schon gemalt. Die Instrumente sind von links nach rechts: Tuba, Schlagzeug, Banjo, Klarinette, Trompete und Posaune.*
Heute, d.h. gestern, habe ich noch mal nachgesehen in der Partitur. Also: Der 1. Satz wurde gemacht vom <u>16. Dez.</u> 1990 16:00 Uhr bis zum <u>24. Dez.</u> 1990 23:00 Uhr. Der 2. Satz: <u>25. Dez.</u> 1990 14:30 Uhr bis zum <u>3. Jan.</u>

* Seite 519

1991 21:00 Uhr. Der 3. Satz: 4. Jan. 20:00 Uhr bis zum 14. Jan. 21:00 Uhr. Der 4. Satz: 15. Jan. 16:00 Uhr bis zum 3. Feb. 1991 21:00 Uhr. Insgesamt 49 Tage.

Andante Universum

Der erste Satz beginnt nach der chromatischen Einleitung mit einem Walzer, der aber immer wieder im Chaos endet und abbricht.
Dann kommt ein außerirdisches Thema und entwickelt sich zu einer mehrstimmigen Musik und verschwindet darauf allmählich. Nun erklingt der Walzer vom Anfang und kann sich zum Wohlklang entwickeln.

Largo Praehistoricum

Der zweite Satz beginnt mit einer Indischen Sitar, die einen Akkord immer wieder spielt. Dazu spielen drei kleine Bambus-Klarinetten ein Choralartiges Musikstück, das dann richtige Klarinetten übernehmen und andere Instrumente auch. Die Sitar geht vorher weg.

Teufels-Menuett

Der dritte Satz beginnt normal als Menuett. Dann tritt der Teufel hervor und drei selbstgebaute Instrumente spielen: Eimer-Cello,* Dreh-Bimmel ** (14 Fahrrad-Klingeln werden wie bei einer Rassel-Bimmel angeschlagen) und die Riesen-Klarinette (Messing, 4,50 m lang). Danach wird ein Lied gesungen: „In Deinem Herzen bin ich“ ,*** - das auf der CD „3x7 Liebeslieder“ schon drauf ist.
Dann kämpfen Teufel und Lied miteinander und natürlich gewinnt das Liebeslied und das Menuett erklingt im Wohlklang und in Dur-Tonart.

Libellen-Reigen

Der vierte Satz beginnt mit dem Libellen-Reigen, gespielt von zwei Oboen. Dann erstirbt alles Leben und es herrscht Stille und Leblosigkeit. Aber allmählich entwickelt sich wieder zaghaft Leben, bis der Satz wieder mit dem Libellen-Reigen der beiden Oboen endet, als sei nichts gewesen.
Na ja, das ist doch was. Aber bei den technischen Möglichkeiten, die Studios heute haben, müßte es klappen. Ich spiele aber keine elektronischen Verdoppelungen. Ich spiele 6 erste Geigen (verschiedene Instrumente), 4 zweite Geigen, 3 Bratschen, 2 Celli und einen Bass. Es ist

* siehe Seite 427
** siehe Seite 255 und 315
*** mit Gitarre und Orchester, ohne Vibrato gesungen

wohl eher ein Kammer-Orchester, obwohl alles in allem 45 Instrumente rauskommen. Bei dem Lied „Liebes-Spiele" auf der CD 3 x 7 Liebeslieder habe ich 16 Instrumente drauf bei der Schluß-Strophe. Das hört sich schon nach Orchester an.

Von allen Künsten liebe ich die Musik am meisten,
denn die kann man ins Jenseits mitnehmen, -
Gemälde und Mamorplastiken jedenfalls nicht.

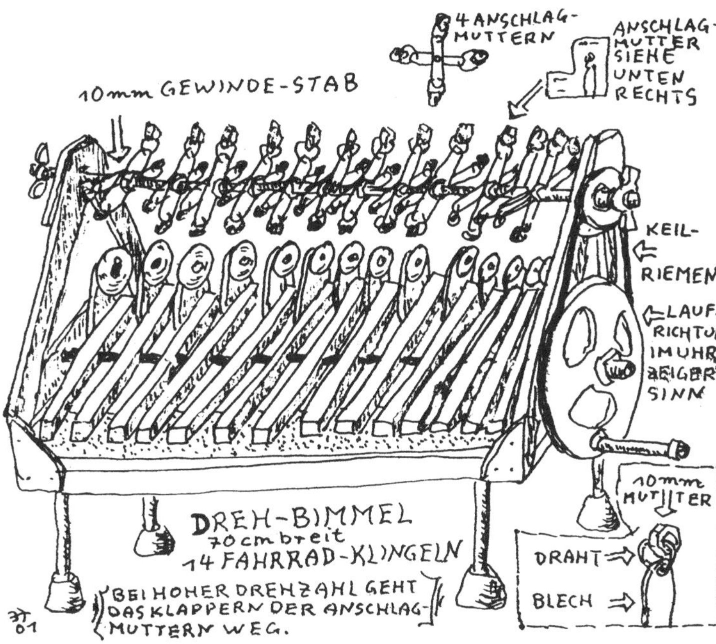

Morgen werde ich Sport machen, Malen und Schreiben. Am 6. Januar 2001 ist dann die eine Vorstellung in Hagen. Und die Flugtickets für Karls Geburtstags-Sendung am 12. - 14. Januar habe ich schon bekommen, für meinen Tournee-Begleiter und mich. Ich habe ein gutes Gefühl. Im Fernsehen war heute auf N3 eine Sendung aus Südafrika mit südafrikanischen und deutschen Sängern. Es gab Arien, wie ich sie das letzte Mal 1957 aus meines Bruders Radio in der Marburgerstraße 5 gehört hatte: „Wiener Blut" , „Mein einziger Lebenszweck sind Borstenvieh und Schweinespeck" , eine Arie aus irgend so 'ner Operette, „Bettelstudent" glaube ich. Ich habe auch ein fleischer-lyrisches Gedicht gemacht:

Die Kälbchen werden im Sommer geboren
mit langen Beinen und weichen Ohren.
Doch weil die Menschheit auf Kalbfleisch geil,
zerhackt sie der Fleischer mit dem Beil.
Der Liebe Gott das sieht, -
nun Guten Appetit.*

Wenn ich diese Stimmen höre, bin ich eigentlich ganz zufrieden mit meiner. Bei mir versteht man auch alles. Am liebsten höre ich Opernarien in italienischer Sprache, da brauche ich mich gar nicht erst anzustrengen, etwas zu verstehen, weil ich sowieso kein Italienisch kann. Ich habe mal im Fernsehen „Lohengrin" gesehen, oder gehört, also den Anfang. Die Lohengrin-Ouvertüre gefällt mir sehr gut. Da dachte ich, kuck' dir die ganze Oper an. Aber als dann der erste Sänger auftrat, hinter dem Felsen auftauchte, und die stark geschminkten Augenbrauen hoch- und runterzog, habe ich lieber ausgemacht. Für die Oper werden ja die Sänger auf Fernwirkung geschminkt, aber wenn man sie dann im Fernsehen in Nahaufnahme sieht, das ist nicht auszuhalten. Na ja. Opern ohne Gesang, nur gespielt, gefallen mir besser, bis auf wenige Ausnahmen. Mit den tiefen Frauenstimmen kann ich auch nichts anfangen, also Alt-Stimmen. Bariton ist schön und Sopran.

*****

Ostern: Lämmer, Weihnachten: Gänse, Sylvester: Karpfen.
Drei fromme Feste, drei grausige Schlachtefeste. Also, Jesus hat so was nicht gewollt. Das spüre ich bei mir im Innern. Aber wen interessiert schon, was Jesus gewollt hat. Hauptsache es funktioniert alles so einigermaßen. Vorhin lief der Film: „Der Name der Rose". Na, was da mal wieder alles so im Namen von Jesus gemacht wurde, - gequält, gemordet. Da sträuben sich die Haare. Und den Leuten hat das natürlich Spaß gemacht, andere zu quälen. Und als Ausrede hat man sich dann ausgedacht: Der Herr will es so. Oder: Ich habe nur meine Pflicht getan. Wie verlogen doch alles ist, alles war und alles sein wird, bis, - wie in meiner Symphonie im 4. Satz, - alles erstirbt für eine Weile, und dann was Neues kommt, hoffentlich etwas Besseres. Manchmal frage ich mich: Hat Religion den Menschen mehr Nutzen oder mehr Schaden gebracht? Wie oft wird Religion benutzt oder missbraucht? Ist Religion etwas Erhabenes, Gutes, Großes? Wird sie entwertet, wenn sie anderen aufgedrängt wird? Wenn sie anderen aufgezwungen wird ist das der Anfang ihrer Auflösung? Wenn im Namen der Religion Grausiges getan wird, ist sie dann noch eine? Na, dann Gute Nacht.

* Die Weißwürste in Bayern werden vorwiegend aus Kalbfleisch gemacht und sehen aus, wenn sie in die Pelle kommen, wie gefüllte Kondome, besonders wenn sie von Frauen und Männern verspeist werden, - und die Pelle danach runterhängt oder schlapp daliegt.

Es ist 3:40 Uhr, Sylvester 2000.

*****

An dem Bild „Das Blonde Streich-Quintett" habe ich noch einige kleine Änderungen gemacht, eine halbe Stunde, - jetzt ist es perfekt, nach meinem Geschmack. Es hängt schon im Rahmen an der Wand wieder.
So, in 7 Minuten ist Sylvester vorbei. Ich habe bis heute früh um ½ 6 gemalt, aber dafür sind die Mädchen auch alle fertig geworden. Vor zwei Stunden bin ich mit dem Waldboden und den vielen Vögeln fertig geworden. Gleich stoße ich mit mir an, mit alkoholfreiem Bier. Draußen knallen sie schon wie verrückt. Gleich mache ich den Fernseher an und freue mich, daß ich schön warm zu Hause sitze und die vielen Menschen am Brandenburger Tor müssen Frieren und Saufen und auch noch Lustig sein. So verlangt es das Fest. Ich war mal im Karneval im WDR Rundfunkgebäude in Köln. Da brüllte mich einer an: „Mensch, nu sei doch mal lustig." Da bin ich ins Hotel gegangen.

Im Dom-Café in der Dom-Stadt Köln, am Kölner Dom, saß mal am Nebentisch eine 50-jährige Frau, deutsch, mit einem 45-jährigen Mann, türkisch. Sie sagte zu ihm: „Morgen, Sozialamt, du machen tüt - tüt", womit sie meinte, er solle beim Sozialamt anrufen. Du machen tüt - tüt sollte telefonieren heißen. Ich glaube, sie dachte, sie spräche türkisch, als sie sagte, du machen tüt - tüt. Viele Jugendliche benutzen ja englische Brocken hin und wieder, - wahrscheinlich bilden sie sich ein, sie könnten englisch sprechen. Etliche Erwachsene machen das nach. Vielleicht denken die, sie bleiben dadurch jung und kriegen keine Falten. Es sollten alle Kinder der Welt neben ihrer Sprache intensiv englisch sprechen lernen. Dann könnten sich alle miteinander unterhalten. Aber die zu dumm und zu faul sind, reden nur ein paar Brocken. Das hört sich lächerlich an.

Warum gibt es eigentlich so viele Sprachen und Dialekte? Im Fernsehn lief mal ein Kulturfilm, in dem gesagt wurde, daß Vögel deshalb zwitschern, weil sie auf diese Weise ihr Revier begrenzen. Das ist ja auch angenehmer auf diese Weise, als so, wie es die Hunde und Nilpferde machen. Manche Vogel-Arten haben sogar Dialekte, damit sie sich noch enger abgrenzen können. Wahrscheinlich haben die Menschen auch deshalb so viele Dialekte. Konrad Lorenz, der Verhaltens-Forscher, sagte, daß die Menschen zu etwa 60% Tiere sind. Ich glaube, bei vielen sind es 90%, oder Hundert. Einige sind noch schlimmer.

So, jetzt „Prost Ingo!" - Noch drei Minuten. Im Fernsehen sind schon alle ganz aufgeregt. Dabei ist es ja eine willkürliche Festlegung. Man sollte feiern, daß die Tage wieder länger werden. Noch eine Minute, - 30 Sekunden, - „Prost" – 5 sec. - „Ingo!!! Prost 2001." So, jetzt kucke ich noch bißchen und dann male ich weiter. Im ersten Programm spielen die den Kaiser-Walzer. Manche trinken auch Cola. Schönes Feuerwerk. Und alle umarmen sich. Jetzt grölen welche vom Alkohol gezeichnet.
BIS MORGEN!
1. Januar 2001, 0:05 Uhr.

*****

Das Blonde Blues-Sextett ist fertig und eingerahmt. Es ist 0:00 Uhr, also Neujahr vorbei. Ich habe gemalt. Im Fernsehn lief „Dr. Schiwago" von 1965. Ich hatte so gut wie nichts behalten. Im Leben vergißt man ja auch das meiste. Nun kommt noch „Das Blonde Rock-Quartett" an die Reihe.
Sport habe ich die letzten Tage nicht gemacht, keine Lust. Ist auch glatt draußen. Zurück zur Vergangenheit: 1981 kaufte ich mir eine kleine elektronische Orgel. Da war das Neueste, daß eine Bass-Figur mit Akkord und Schlagzeug lief, wenn man mit einem Finger eine der linken Tasten drückte. Auf Taste „F" gedrückt erklang F-Dur. „F" und „E" gedrückt: F7, - „F" und „Es": F-Moll. Ich war glücklich. Jetzt konnte ich Trompete und Orgel gleichzeitig spielen und mit den Füßen noch etwas Schlagzeug. Ein Jahr später, auf einer moderneren Orgel, lief die Harmonie, wenn man eine Taste kurz gedrückt hatte, so lang, bis die nächste gedrückt wurde, d.h. ich konnte schnell eine Taste drücken, und dann mit beiden Händen Posaune, Klarinette oder Saxophon spielen. Sollte die Harmonie wechseln, mußte ich schnell mit der linken Hand eine neue Harmonie drücken.* Dann kam eine Orgel heraus, mit der man Harmonie-Folgen speichern konnte. Na, das war was! Von „Oh when the Saints go marching in" konnte ich die Harmonien speichern, und dann mit beiden Händen alles mögliche spielen. Jetzt hatte ich noch um mich versammelt: Trompete, Posaune in „F", Alt-Saxophon, Klarinette und Geige. Dann kam eine neue Orgel, da konnte man Harmonien und Melodie speichern. Das war ja wohl das Größte! Jetzt konnte ich auch mal singen und mit den Händen Schlagzeug spielen. Nun kamen Bratsche, Fagott mit Kunststoff-Mundstück, ebenso Oboe mit Kunststoff-Rohr, Sopranino-Saxophon, Alt-Klarinette, Alt-Horn, Flöte und Tuba dazu. Insgesamt 15 Instrumente. Dann kam eine Orgel raus mit „Chips". Da konnte man ein Lied aufnehmen, auf Chip übertragen und innerhalb 4 Sekunden wieder in die Orgel eingeben. Ein Chip kostete 120,- Mark, und das für einen Titel, der aber ca. 7 Minuten lang sein konnte. Die Orgel wurde bald unmodern, und es kamen welche mit Disketten-

* An das Alt- Saxophon machte ich mir dann einen Haken aus Draht ran, mit dem ich während des Blasens die Harmonien drücken konnte.

Laufwerk. Da kostete die Speicherung dann nur noch paar Mark. Nach Jahren bekam ich vier gebrauchte Chips für 20,- Mark das Stück, und noch später etliche geschenkt. Jetzt habe ich 40 Stück. Da sind alle wichtigen Stücke drauf, die ich gemacht habe.
Ich hatte mal einen Fernseh-Auftritt in Potsdam, 1993 ungefähr mit meinem 1-Mann-Orchester. Da habe ich die „Barkarole” von Jack Offenbach aus „Hoffmanns Erzählungen” gespielt. Na, das war ein Ein- und Auspacken. Danach habe ich in drei Monaten Instrumentenkisten gebaut, die gleichzeitig als Instrumenten-Ständer benutzt werden, schön bunt bemalt. Da kann man die Instrumente, so wie sie sind, reinlegen, ohne sie auseinandernehmen zu müssen, also viel Zeit sparen.
Es entstand die „Rosen-Öl-Sonate” mit 5 Sätzen. Die „Heimat-Sonate” mit 4 Teilen, und die „Liebes-Spiel-Sonate” mit 5 Sätzen.

Die Rosenöl-Sonate hat folgende Unterbezeichnungen:
1. Satz: Rosenbeet-Andante
Flöte: „Nebel und Wolken” „Sonne und Wolken”. Oboe: „Das große Rosenbeet”. Fagott: „Der Weg zwischen den Rosen”. Flöte: „Zwischen den Blättern und Stengeln”. Bratsche: „Die Rosenbeet-Erde“. Geige: „Die Rosenknospen”. Klarinette: „Wurzeln und Sprosse”. Alt-Saxophon: „Der Duft der Rosen über dem Beet”. Flöte: „Ein junges Mädchen geht ins Rosenbeet”. Bratsche: „Sie legt sich hin und träumt”. Alt-Klarinette: „Der Rosenduft benebelt ihr Gemüt”.
2. Satz: Rosenstengel - Menuett
Geige: „Der Nachmittag” - „Käfer und Libellen fliegen” - „Ein leichter Wind säuselt”. Klarinette: „Der Abend” - „Die Sonne geht unter” -„Die Rosenstengel wiegen im Abendwind” - „Die Rosen schlafen ein”. Flöte: „Es ist Nacht” - „Der Morgen” - „Die Dunkelheit weicht” - „Die Natur erwacht” - „Vögel” - „Kuckuck” - „Sonnenaufgang” - „Die Sonnenstrahlen blinken” - „Der Tag bricht an” - „Die Rosen erblühen”. Alt - Saxophon: „Der Mittag” - „Die Mittagshitze beginnt” - „Die Sonne brütet über der Natur” - „Die Dorfkirche läutet 2:00 Uhr” - „Die Stadtkirche läutet 2:00 Uhr” -„Die Mittagshitze flimmert” - „Die Gärtnerin schlägt den Vesper-Gong”.
3. Satz: Wildrosen - Vivace
Geige: „Die Blüten”. Klarinette: „Die Stacheln”. Alt-Klarinette: „Das Gestrüpp“. Alt-Saxophon: „Die jungen Triebe”. Flöte: „Die Hagebutten” - „Die zarten Knospen”. Geige: „Die Blätter” - „Die Tautropfen”. Flöte: „Wind und Wolken kommen auf” - „Die Blüten im Sturm”. Bratsche: „Die Insekten fliegen tief”. Tuba: „Das Gewitter”. Sopranino - Saxophon: „Die Blitze”. Oboe: „Die dunklen Wolken fliehen”. Alt-Horn: „Die Sonne bricht durch”. Posaune: „Der Wildrosen- Strauch strahlt im Sonnenlicht”. Trompete: „Die Abendsonne rötet den Rosenbusch” - „Mond und Sterne über den Rosen”

- „Das Siebengestirn” - „Ein Stückchen Milchstraße” - „Der Große Wagen” - „Der Mond” - „Der Polarstern”.
Präludium zum 4. Satz:
Fagott: „Die Erde” - „Die Wurzeln”.
4. Satz: Wasserrosen- Largo
Klarinette: „Das grüne Wasser”. Oboe: „Die junge Birke” - „Der modrige Baumstumpf” - „Der bemooste Stein” - „Der kleine Springbrunnen”. Alt-Saxophon: „Der runde Gartenteich” - „Der bunte Gartenzwerg”. Alt-Klarinette: „Der alte Baum”. Flöte: „Das silberne Fischlein” - „Ein wilder Enterich stößt ins Wasser” - „Des Fischleins Flucht” - „Der große Frosch”. Geige: „Die weiße Wasserrose”.
5. Satz: Hagebuttentanz
Geige: „Der Herbst und die bunten Blätter” -„Erinnerung an den Frühling”- „Die Blätter leuchten im Abendrot” - „Der Winter kündet sein Kommen”. Alt-Klarinette: „Der Herbst wird kalt” - „Die Hagebutten im Rauhreif” - „Der Rosenbusch schwankt im Herbstwind” - „Nur die Hagebutten zieren noch den Strauch” - „Die ersten Schneeflocken fallen” - „Es schneit”.

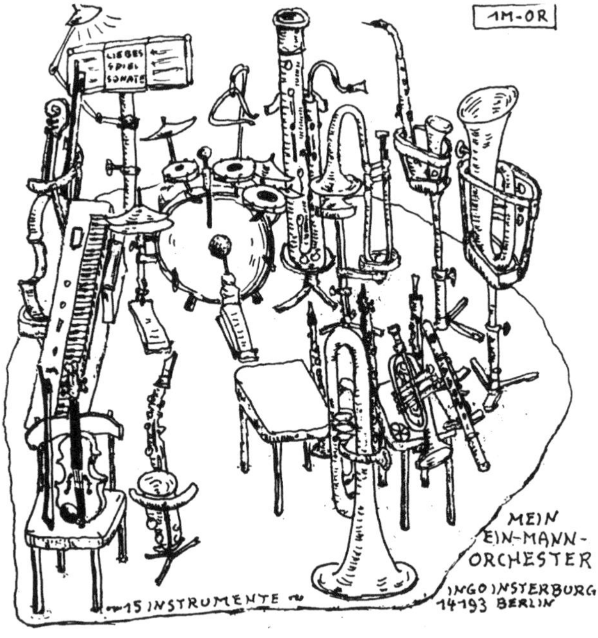

Die Heimat-Sonate - Erinnerungen an Insterburg - hat folgende Teile:
1. Teil: Margeriten - Wiese in Sprindt (Vorort von Insterburg) Bratsche - Geige - Alt-Klarinette - Klarinette - Bratsche.
2. Teil: Mit Oma und Opa beim Sonntagsspaziergang - Eine Romanze für die liebe Bratsche

3. Teil: In der Stadt „Als kleines Kind am Schloßplatz" Geige -Bratsche - Geige. „Am Alten Markt mit der Luther-Kirche" Flöte - Alt-Klarinette - Flöte. „An der Bogenbrücke am Ufer der Angerapp" Klarinette - Alt-Saxophon. „Auf dem Gawehnschen Teich beim Schlittschuhlaufen im Winter" Sopranino-Saxophon - Oboe - Trompete mit Dämpfer.
4. Teil: „Weihnachten in Insterburg"
Teil A Geige - Bratsche - Alt-Klarinette - Flöte - Klarinette
Teil B Fagott - Alt-Klarinette - Alt-Saxophon - Geige - Bratsche.

Die Liebesspiel-Sonate hat folgende Sätze:
1. Satz: Andrea Geige - Bratsche. 2. Satz: Gila Flöte - Alt-Klarinette.
3. Satz: Gabriela Klarinette - Alt-Saxophon. 4. Satz: Kim Flöte - Klarinette - Geige - Posaune (der eifersüchtige Ehemann) - Geige - Bratsche - Alt-Klarinette - Alt-Saxophon - Posaune (der eifersüchtige Ehemann) - Alt-Saxophon. 5. Satz: Katarina Geige - Klarinette - Alt-Saxophon - Flöte - Alt-Klarinette - Bratsche - Trompete.

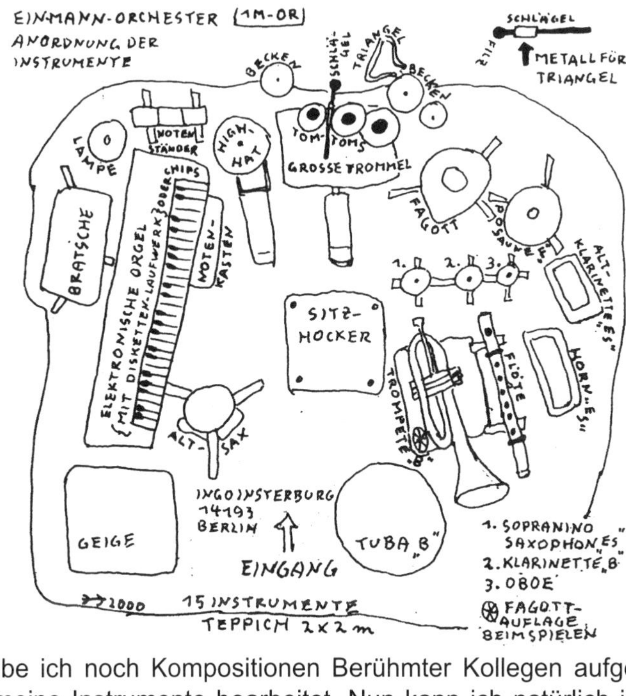

Dann habe ich noch Kompositionen Berühmter Kollegen aufgenommen und für meine Instrumente bearbeitet. Nun kann ich natürlich immer nur ein Instrument dazuspielen, das schnell weglegen und das nächste nehmen.* Wenn mal die rechte Hand frei ist, spiele ich Triangel, Becken oder Tom-Toms. An die Trompete habe ich mir auch auf der linken Seite einen

* Warum gibt es in der bisherigen Musik keine Instrumenten-Wechsel, z.B. - 1 Minute spielen Klavier und Geige, - wenn die Melodie es erfordert Klavier und Trompete, oder Klavier und Flöte? usw. . Warum stundenlang Klavier und Geige? Warum mußte ich erst darauf kommen?! Jede Melodie erfordert ein ihr gemäßes Instrument!

Haken anlöten lassen, so daß ich auch mit der linken Hand spielen kann, und die rechte für Schlagzeug-Teile frei habe. Alle Stücke sind schon fertig aufgenommen. Die Liebes-Spiel-Sonate ist mit enthalten in der Doppel-CD 3 x 7 Liebeslieder. Das einspeichern dieser Stücke in die Orgel hat ganz schön Arbeit gemacht.* Besonders der Instrumenten-Wechsel muß schnell gehen. Ein Instrument spiele ich manchmal nur 30 Sekunden, dann kommt das nächste. Besonders schwierig ist der Wechsel von Geige auf Fagott: Die Geige mit Bogen schnell nach hinten wegstellen, dann das Fagott nehmen und den Fuß des Fagotts auf die Ecke des Trompeten-Hockers auflegen, Mundstück in den Mund und los. Vom Mund her ist der Wechsel von Tuba zu Oboe schwer. Man darf ein Instrument nicht zu lange spielen, dann wird es schwierig. Z.B. eine Stunde Bratsche üben, da kommt einem die Geige wie ein Kinderspielzeug vor. An einer Sonate habe ich, bis ich alle Sätze hinreichend spielen konnte, ungefähr ein halbes Jahr geübt. Jetzt muß ich nur noch hin und wieder mal üben. Manchmal spiele ich nur Volks-Lieder, aber ohne die Chips. Da speicher` ich mir schnell ein Lied ein und blitzschnell drücke ich die Wiedergabe-Knöpfe, dann spiele ich dazu. Vielleicht lasse ich später mal die Stücke auf Klavier-Begleitung umschreiben. Dann wird es richtig klassische Musik, - natürlich nicht mehr ich allein, dann brauchte ich einen Pianisten oder eine Pianistin.** Mir macht mein Ein-Mann-Orchester unglaublich viel Spaß. Wenn es anderen auch gefällt umso besser. Am allerschwersten war der 1. Satz von Beethoven's 5. Symphonie. Das Rondeau von Johann Christian Fischer, - als ich das das erste Mal spielte gleich nach der Einspeicherung, - mit der Geige, - na, da kamen mir doch tatsächlich die Tränen, so schön hatte das geklungen. Nach dem 20. Mal aber nicht mehr. Es ist jetzt 0:45 Uhr, der 2. Januar 2001.

GUTE NACHT!

Hoffentlich habe ich morgen Lust, Sport zu machen.

*****

Mittwoch, der 3. Januar 2001, 0:55 Uhr.

Im Fernsehen im SFB läuft gerade der alte Spielfilm „Misfits, nicht gesellschaftsfähig” mit Marilyn Monroe und Clark Gable. Da werden wilde Pferde gefangen, um zu Hundefutter verarbeitet zu werden und Marilyn Monroe hat Mitgfühl mit den Pferden und Clark Gable läßt die Pferde Marilyn zuliebe wieder frei. Für Pferde haben die Menschen ja noch was übrig. Hund und Katze mögen sie auch. Aber dann hört es auf. Ich war mal bei so einer Nachmittags-Talk-Show bei „Vera am Mittag” zum Thema „Vegetarier“. Also, - erst mal rief mich einer an, und wir unterhielten uns über Vegetarier. Ich sagte im Laufe des Gesprächs, daß ich das alles, was mit den Tieren so passiert, ganz schön brutal finde. Eigentlich sind alle, die Fleisch essen ganz schön brutal, sie sind sich dessen nur nicht bewußt,

* Der 1. Satz der 5. Symphonie hat 6 Stunden gedauert, - erst die Harmonien, danach die Melodie. Aber das ist dann auch für die Ewigkeit.

** Wenn ich mal Klaviernoten schreibe, wundern sich immer alle richtigen Klavierspieler, und finden sie etwas ungewöhnlich oder gar merkwürdig.

aber sie sind beteiligt am Elend der Tiere. Dann fragte er mich, ob ich das auch in der Sendung sagen würde? Ich sagte: „Ja, natürlich." Dann traf ich mich mit ihm bei mir im „Wiener Café" am Rosen-Eck und wir unterhielten uns über die Sendung, und er fragte mich, ob ich das in der Sendung sagen würde, daß Fleisch-Esser brutal sind. Ich sagte: „Ja." Dann kriegte ich einen Anruf, daß ich bei der Sendung mitmachen soll, daß ich dann abgeholt würde und einen Vertrag bekäme.* An dem Tag wurde ich dann mittags abgeholt und nach Potsdam gefahren. Dort fragte mich eine junge Frau eine viertel Stunde vor der Sendung in einem Büroraum, ob ich das sagen würde, daß ich Fleischesser brutal finde? Ich sagte: „Ja." Und dann ging ich rein mit viel Beifall. Im Laufe der Sendung klatschten dann nur noch 30 Leute. Die saßen vorne links von mir und waren Vegetarier. Dann fragte mich Vera, was ich von Fleischessern halte, und ich sagte: „Die Menschen, die Fleisch essen, sind brutal, sie sind sich dessen nur nicht bewußt." Da maulten alle bis auf die Vegetarier-Gruppe. Sonst bin ich es ja gewöhnt, das Publikum auf meiner Seite zu haben, aber da hatte ich alle gegen mich, bis auf die Vegetarier. Manche reagierten sogar aggressiv. Aber die Vegetarier verteidigten mich dann. Einer war da als Gast, der war jahrelang Schäfer gewesen und irgendwann ist er dann Vegetarier geworden, weil er die Schafe nicht mehr töten wollte.** Ein halbes Jahr später war ich nochmal in einer Sendung im „TVB", in der Sendung „Ich stelle mich." Da waren ein Fleischer, Ernährungswissenschaftler und ungefähr 10 Vegetarier und insgesamt so 40 Leute im Publikum. Da ging es dann ganz sachlich zu und es kamen die üblichen Ausreden: Die Tiere fressen sich ja auch gegenseitig auf, das war schon immer so. Bei einem nächsten Mal werde ich dann sagen: „Sie haben völlig recht, - und damit begeben Sie sich auf die Ebene von Tieren, - von Raubtieren." Die Pflanzen sind auch Lebewesen, und wenn ich Pflanzen esse, kann ich auch Tiere essen. Fleisch essen gibt Kraft. 94 % aller Deutschen essen Fleisch. Bei einem nächsten Mal werde ich dann sagen: „Ich antworte mit einem derben Kinderspruch: Scheiße schmeckt gut, Milliarden Fliegen können sich nicht irren."
Was soll man dann überhaupt essen, ohne Fleisch?
Als Vegetarier kann ich mich natürlich nicht aus Allem raushalten. Das geht nicht. Deshalb sage ich:

Unser Planet ist nicht so beschaffen,
daß man auf ihm in Vollkommenheit leben kann.

Aber, wie schon mein Kollege Goethe sagte: Wer immer strebend sich bemüht, den können wir erlösen. Und: Man kann ja doch nicht alles Leid an Tieren verhindern: Ich werde sowieso nicht Millionär, also fange ich gar

* viel Gage gab es nicht
** Die Menschen an der Behring-Straße sagen, die Walfische kämen zu ihnen um sich zu opfern. Deswegen verehren sie diese. Dann harpunieren sie einen Wal bis der nach 30 Minuten tot ist. Na wie schön!
(ARD 29.12.02 21:45 Uhr)

nicht erst an zu arbeiten.
In Deutschland und in den Westlichen Nachbarländern und Amerika geht es ja noch. Da ist ja schon etwas Kultur zu erkennen. Aber in andern Ländern: Reine Steinzeit. Im Fernsehen lief mal ein Bericht, da wollte in einem Afrikanischen Land ein junger Mann seine Mutter mit dem Fahrrad besuchen in einem anderen Dorf. Als Geschenk nahm er ein Huhn mit. Das lebende Huhn war an den Füßen zusammengebunden, und hing mit dem Kopf nach unten am Fahrradlenker. Was soll man von solchen Menschen erwarten: Wer brutal zu Tieren ist, ist es auch zu Menschen. Zu den Ausreden gehört auch: Vegetarisch essen ist teurer. Das stimmt nicht. Man muß auch nicht alles im Reformhaus oder im Bioladen kaufen. Ein dummes Argument ist: Hitler war auch Vegetarier. Er war aus medizinischen Gründen gezwungenermaßen Vegetarier. Garantiert nicht aus Liebe zu den Tieren. Manche behaupten ja auch von sich, sie seien Tierlieb, - dabei beschränkt sich ihre Tierliebe auf Hunde, Katzen, und Kanarienvögel oder Pferde, also auf paar Arten von Streicheltieren. Ich schlage mal Folgendes vor: Helmut Kohl tritt in einer Fernseh-Sendung auf. Eine Sau wird hereingeführt von einem ehrbaren Schweinezüchter, und der Alt-Bundeskanzler kriegt ein scharfes Messer in die Hand. Ein verantwortungsvoller Fleischermeister* überwacht das Ganze. Dann tötet Helmut Kohl die Sau mit so einer Stromzange, schneidet ihr den Hals auf und läßt das Blut in einen Eimer laufen. Dann schneidet er dem Schwein den Bauch auf, zieht die Därme raus, schneidet den Magen raus, die Leber, das Herz. Und dann brät er sich oder kocht ein Stück Sau-Magen und ißt es. Und das im Wahlkampf zu einer Bundestags-Wahl. Oder Angela Merkel macht das im nächsten Wahlkampf. 94% essen schließlich Fleisch in Deutschland, da müsste das gut ankommen bei der Bevölkerung. In der gleichen Fernseh-Sendung tritt dann Gehrhard Schröder auf. Eine seiner Frauen war ja Vegetarierin. Ein Gärtner kommt ins Studio und bringt einen Blumentopf mit einem Kohlrabi drin. Gerhard Schröder zieht ihn raus, schält ihn und ißt ihn. Wer würde die Bundestagswahl gewinnen??????
Heute habe ich wieder keinen Sport gemacht, hatte einfach keine Lust. Aber gestern um ½ 1 nachts, hatte ich noch ein neues Bild angefangen, also vorgezeichnet mit dem Pinsel, und heute habe ich 2 Stunden daran gemalt. Ich glaube, es wird ganz gut. Es heißt „Das Blonde Rock-Quartett." Rechts auf einem Felsen stehen 4 blonde nackte Frauen mit drei Gitarren und Schlagzeug und spielen und singen. Links ist ein Tal im grellen Sonnenschein und im Vordergrund sind kleine Fichten, - und neun Gemsen kommen angerannt, und wollen den Felsen erklimmen, um besser hören und sehen zu können. Es ist jetzt ½ 2 Uhr. Bald gehe ich schlafen.

GUTE NACHT!

* oder Vorsitzender der Fleischer-Innung

*****

Heute bin ich endlich wieder mal fünf Kilometer gelaufen. War anstrengend, - auch durch den Schnee und die teilweise Glätte. Danach schön gebadet, Haare gewaschen und die Sportwäsche gewaschen mit der Hand. 73 kg wiege ich bei 1,82 m, etwas zu viel. Als ich mal ein dreiviertel Jahr fast täglich 20 km lief,* hab` ich nach einem solchen Lauf 65 ½ kg gewogen. Aber da verliert man ja schon ein bis zwei kg Wassser. Um 20:15 Uhr fing ich an zu malen. Das Schwerste ist wieder mal geschafft, nämlich die 4 rockenden blonden nackten Mädchen. Da fliegen ganz schön die Haare.** Noch zwei Tage, dann bin ich fertig. Sonnabend geht es auf Tournee. Früher waren 4 Tage für uns schon eine Tournee. Heute ist das für mich auch schon 1 Tag. 4 Tage sind dann schon ganz schön lang. Wenn man allein das Programm macht, darf man es nicht zu oft hintereinander machen. Die Lieder habe ich alle schon mal durchgespielt, - mit Ansagen. Morgen oder übermorgen muß ich noch den Text wiederholen für die übrigen Programm-Punkte. Heute war im Fernsehn auf 3Sat ein Dokumentarfilm mit dem Titel „Hühner-Leben", also wie die Hühner enden in einer Fließband-Fabrik, an den Füßen aufgehängt bis zum Ende für den Supermarkt. Was ist das? Ist das Kultur? Manche sagen ja „Eßkultur" und dann liegt so was auf dem Teller. Also, stolz können die Menschen nicht auf sich sein. Dazu fällt mir ein Liebes-Erlebnis ein. Ich war mit Jürgen in Essen und nach der Vorstellung knutschte ich mit einer Frau in der Kneipe, in der wir gerade gesungen hatten. Wir wurden dann beide zum nächsten Nachmittag bei ihr zu Hause eingeladen. Da gingen wir auch hin und ich küßte sie in der Hoffnung, es würde mehr daraus werden. Dann ging sie in die Küche und Jürgen und ich saßen im Wohnzimmer. Jürgen las eine Zeitung. Ich nicht. Nach einer halben Stunde dachte ich, jetzt gehst du dir mal wieder ein paar Küsse abholen. Also stand ich auf und ging mit lüsternen Gedanken in die Küche. Da stand sie am Küchentisch und hatte gerade die eine Hand in einem Huhn drin, um die Därme und andere solche Sachen herauszuholen. „IIIIiiihhh!!!" sagte ich und haute gleich wieder ab zu Jürgen ins Wohnzimmer und sagte: „Wir gehn dann auch mal wieder", und dann gingen wir. Jürgen fragte mich draußen: „Warum sind wir denn so schnell abgehauen?" - „Ich wollte mit ihr in der Küche 'n bißchen rumknutschen, da hat die ihre Hand in so`m toten Huhn gehabt, igittigitt!" Bei Biolek in der Koch-Sendung sagte mal eine Frau, die zwei tote Hühner vor sich liegen hatte und darin rummachte, ohne Gummihandschuhe, obwohl jeder weiß, dass man bei Leichenöffnungen Gummihandschuhe anziehen muß , - also die erzählte, sie war mal in einem Land, in dem es aus religiösen Gründen kein bestimmtes Fleisch für sie gab. „Aber", fuhr sie fort, „es

* 5 Minuten pro km
** Seite 515

gab dann da wenigstens einige arabische Christen, die Schlachter waren.“ Das paßt ja nun wunderbar zusammen, „Christen und Schlachter”. Sie war eine Journalistin, also keine unbedarfte Frau. „Christen als Schlachter“. Soll ich nun ein Gedicht von so was machen?
Etwa :

Ich fuhr über`s Meer auf einem Frachter
mit einem Christ, der war ein Schlachter.
Der tat auf eines immer achten:
Sonntags beten, werktags schlachten.
Und lief das Schiff im Hafen ein,
holt sich der Christ ein neues Schwein.
Das hatte seinen besonderen Zweck,
er wollte damit zu Biolek.
Er tat schon lange danach trachten
als Christ im Fernsehn mal was schlachten.*

Na ja. Übrigens:

Schuld am Tod der Tiere ist nicht der Schlachter, sondern jeder, der Tier-Fleisch kauft und ißt.
Schuld am Rauchen ist nicht der Tabak-Laden.
Schuld am Puff ist jeder der hingeht.

Ich hatte mal für den SFB-Hörfunk in der Serie „Klassik a Go-go“ eine selbstausgedachte Geschichte vorgelesen, die ging folgendermaßen:
Ich flog mit meinem Kneipenfreund Ane nach Mallorca. Das Flugzeug stürzte ab und wir schwammen mit einem Rettungs-Gummi-Boot zu einer Insel, die da in der Nähe war. Dort konnte man sich aussuchen, ob man als Vegetarier oder als Fleischesser leben wollte. Wenn man allerdings als Fleischesser leben wollte, mußte man sich bereit erklären, an einer Verlosung teilzunehmen, die ungefähr einmal im Jahr stattfand. Da wurden dann unter den vielen Fleischessern einige ausgelost, die sich zur Verfügung stellen mußten, als Nahrungsmittel den anderen zu dienen. Die Vegetarier brauchten das natürlich nicht, weil sie ja keinem was zuleide taten. Nach einiger Zeit traf das Los meinen Freund Ane und er wurde geschlachtet. Die Geschichte endete dann aber damit, daß alles nur ein böser Traum war, und Ane und ich saßen weiter viele Jahre in unserer Stammkneipe, der „Hundekehle“ und tranken, ich Bier und er genauso viel Wodka (siehe auch Seite 453).
Heute fiel mir noch ein Liebes-Erlebnis ein. Ein Mädchen sagte mal zu mir: „Darf ich dich beißen, ich komme erst richtig in Fahrt, wenn ich Blut sehe?“

* Es gibt haufenweise Frauen und Männer, oder sogar Damen und Herren, die hochmoralisch sind, und gebildet, und intelligent, und sogar fromm und äußerst feinfühlig, ja, - und warum sind die keine Vegetarier? Merkwürdig. Eigenartig. Seltsam.

Ich sagte: „Wehe, Du beißt mich, dann knall ich Dir `n paar.“ Nach einer halben Stunde verließ sie mich. Aber das wollte ich eigentlich gar nicht erzählen. Sondern was anderes. Mich sprach damals im Folk-Pub eine Schauspielerin an, die unsere Gruppe kannte, und ich fragte sie, ob sie etwas trinken möchte und ich bestellte ein Glas Sekt für sie. Dann unterhielten wir uns eine Weile und ich erwähnte, daß ich Bilder male. Dann fragte sie mich, ob ich ihr eins schenken würde. „Vielleicht später mal”, sagte ich. Dann fragte ich sie, ob sie noch mit zu mir nach Hause kommen würde. „Ja”, sagte sie, „wenn du mir ein Bild schenkst.” - „Das kann ich nicht versprechen”, sagte ich, - „aber vielleicht schenke ich dir eine Liebesnacht.” „Na, ich weiß nicht.” Ich sagte: „Also gut, entweder kriegst du ein Bild oder eine Liebesnacht.” - „Na, mal sehen.” Dann fuhren wir zu mir und sie sah sich meine Öl-Gemälde an. Dann kam es zu einer Liebesnacht und sie sagte am andern Morgen: „Ich hätte doch lieber ein Bild nehmen sollen.” Am nächsten Tag ging ich mit ihr zu der Ausstellung „Partner des Fortschritts” in den Hallen am Funkturm. Dort animierte sie mich, einen Rubin-Ring aus Thailand zu kaufen. Ich hatte nicht so viel Geld dabei, da borgte sie mir viertausend Mark, und dann verließ sie mich. Das Geld gab ich ihr aber vorher zurück. Den Ring habe ich immer noch. Vor einem Jahr habe ich ihn größer machen lassen, und trage ihn nun am Mittelfinger. Am kleinen Finger trage ich den grünen Smaragd. Beim Gitarrespielen stören die Ringe nicht an der linken Hand. Doch wenn ich Geige spiele, muß ich den Rubin-Ring vom Mittelfinger nehmen, weil er stört. Aber in diesem Programm spiele ich ja Geige in anderer Weise, sodaß ich ihn dranlassen kann. Und zwar spiele ich Geige und Gitarre gleichzeitig, und zwar das Abendlied „Guten Abend, Gut’ Nacht” und zwar von Johannes Brahms. Aber wenn ich richtig Geige spielen will, müsste

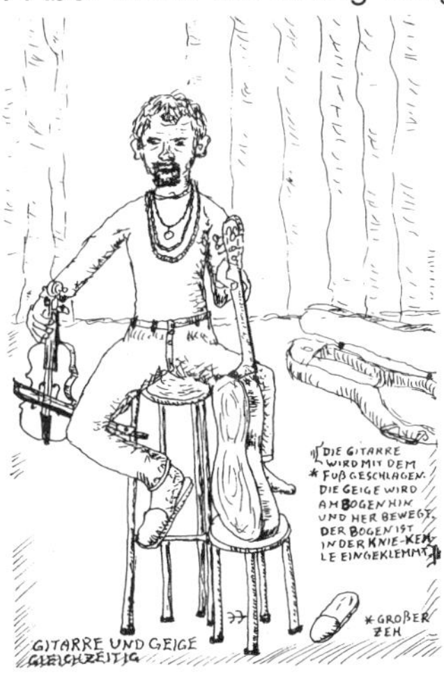

ich ihn abnehmen.

Nun ist es 1:09 Uhr, schon wieder der 4. Januar 2001. Am 12. ist Karl Dalls Fernseh-Geburtstag. Ich muß noch die Kurzfassung von „Ich liebte ein Mädchen ... “ üben. Das Original dauert 3:22 Minuten und die wollen nur 2:30 haben.

Das Lied ist entstanden 1967. Es hatte nur Berliner Strophen. 1972 machte ich dann die erweiterte Fassung, die die ganze Welt mit einbeschloß. Dann kam eine Zwischenfassung, in der ich die Mitglieder der neuen Gruppe einbezog, dann eine Disco-Fassung, die andere bearbeitet hatten, und 1994 die 5. Fassung, so wie ich sie jetzt auch singe, in sechs Sprachen, und in der das Welt-All mit einbezogen wurde. Mehr kann man nicht machen.

Bei der Premiere im „Reichskabarett" 1968 am 8. April wollte ich es erst gar nicht singen. Da war eine Rundfunk-Aufzeichnung vom SFB gemacht worden.* In der Übertragung dann eine Woche später wurde gesagt: Der Höhepunkt der Premiere Ingo Insterburgs Lied „Ich liebte ein Mädchen...“. Dann wurde es 1 Woche lang „Hit des Tages“ in der Sendung „SFBeat".** Die Single, die danach gemacht wurde, lief aber nicht. Erst die zweite Fassung 1972 wurde auch ein Schallplattenerfolg. Nach der Maueröffnung wurde es immer gewünscht im Zugabenteil, so daß es jetzt da drin ist für alle Ewigkeit.

1998 machte ich eine Kunst-Mappe von der 5. Fassung. Sie enthält insgesamt 50 farbige Abbildungen (Seite 529 - 535).

Im Jahr 2000 dichtete ich, - angeregt durch die Tiere meiner ehemaligen Freundin, - eine Kinder-Ballade,*** die von 2 Hunden und 2 Katzen handelt, die für einen Tag von Lanzarote nach Afrika fliegen zu einem Affen-Fest. Diese Kinder-Kunst-Mappe enthält 18 farbige Abbildungen (Seite 452,537,539).

Die Hunde, Blondy und Morena, und die beiden Katzen, Bianca und Minou, meiner ehemaligen Freundin, eine weiß, eine schwarz, verstehen sich sehr gut. Die Hunde leckten sie immer ab, als sie noch Katzen-Babys waren, auch jetzt tun sie das noch manchmal. Die schwarze Katze blieb dann aber öfter fern, und nachdem sie sterilisiert worden war, kam sie nur noch einmal die Woche. Die weiße Katze, Bianca sollte auch sterilisiert werden. Aber als sie gerade mal ein dreiviertel Jahr alt war, bekam sie sechs Junge. Das dauerte 5 Stunden. Ich war gerade da. Eins war schwarz, eins weiß, die anderen gemischt. Es war wohl der Vater ein schwarzer Kater. Bianca war nur eine Nacht mal weg und dann gleich so was. Die Frauen sind viel schwerer dran als die Männer. Der Kater hat sich nie wieder blicken lassen.

Die schwarze Katze, also Minou, kam dann irgendwann überhaupt nicht mehr nach Hause zum Fressen. Nach ungefähr 3 Wochen brachten die Hunde eines Tages eine Halbe Tote Schwarze Katze nach Hause, die sie

* Die Premiere sollte eigentlich am 1. April stattfinden. Aber an diesem Tag fand das Attentat auf Rudi Dutschke statt. Wir verschoben die Premiere um eine Woche, und der SFB die Rundfunkaufzeichnung.

** Eine Zeitung in Hannover machte einen Dichter-Wettbewerb. Sie erhielten 3 Säcke voll Gedichte “Ich liebte ein Mädchen ...". Viele davon wurden in dieser Zeitung dann abgedruckt.

*** auf Doppel CD Rosenöl-Sonate

vor die Tür legten. Es war wohl die Ihrige. Der Bruder meiner ehemaligen Freundin, mein Tournee-Begleiter, der dort für ein paar Monate zu Besuch war, begrub sie. Dieses Traurige Ende habe ich aber nicht geschildert in meiner Kinder-Ballade für die Kinder-Kunst-Mappe „Ein Tag in Afrika".

GUTE NACHT!

*****

4 Stunden habe ich gemalt. Es ist 0:35 Uhr, 5. Januar 2001. Noch ein paar Stunden und ich bin fertig. Das ganze Bild muß jetzt noch angeglichen werden, oder ausgewogen werden, jedenfalls male ich noch ein paar Steine, worauf die Mädchen sitzen können, wenn sie mal Pause machen. Heute traf ich mich mit Monika, einer Vegetarierin. Sie ist Kunsterzieherin geworden und war auch an derselben Hochschule wie ich, aber viel später, auch beim selben Professor, bei Prof. Helmut Thoma, nicht der berühmte Maler Thoma, der war ja auch viel älter. Sie hat auch eine Kinder-Kunst-Mappe gemacht, über Mode in früheren Jahrhunderten.
Heute rief der Verleger an, und teilte mir die Telefonnummer mit, von dem, der genauso heißt wie ich, also wie ich mit meinem Familiennamen. Er ist 50 geworden am 1. Januar. Vielleicht sind wir ja verwandt. Die Monika ist im Vegetarier-Verein und wußte, was ich nicht wußte, daß Saumagen, also Helmut Kohls Lieblingsgericht tatsächlich zubereiteter Magen eines Schweins ist. In einem Fernsehbericht sagte Helmut Kohl mal, er hatte einem ausländischen Besucher, weil jenem das auch so gut schmeckte, 20 Konservenbüchsen mit Sau-Magen zum Abschied geschenkt. In meiner Idee von gestern zu einer Wahlkampfveranstaltung im Fernsehn könnte er ja den Sau-Magen herausschneiden aus dem Schwein und zum Schluß sagen: „Mein Sau-Magen ist garantiert BSE-frei." Angela Merkel könnte sich für einen Fernsehauftritt im Wahlkampf als Pfarrerstochter eine Gans geben lassen, - zu Weihnachten hatte sie ja im Fernsehen gesagt, daß sie gern eine Weihnachtsgans ißt. Die könnte sie dann umbringen, Federn ausreißen, Bauch aufschneiden, Därme und Magen rausholen und sich das braten. Meine Mutter hatte das auch immer gemacht, früher in Insterburg in Ostpreußen (bis auf das Umbringen).
Der Supermarkt, in dem ich einkaufen gehe, wird umgebaut. Paar hundert Meter weiter ist noch einer. Da traf ich heute Shimon Eden, den letzten noch lebenden Play-Boy, wie es im Fernsehn des öfteren gesagt wurde. Ich hatte ja mal insgesamt 2 Monate umsonst in einer ihm gehörenden Wohnung über dem „Old Eden-Saloon" gewohnt. Er fragte: „Na, was machen deine Kinder?" Ich sagte: „Na, der eine ist auch schon 40." Da lachte er und sagte: „Mein Ältester ist ja auch schon 50." Bei den eigenen

Kindern merkt man ja, daß die immer älter werden. Aber bei den Kindern von Bekannten, die man lange nicht gesehen hat, denkt man, daß die immer noch so klein sind, wie man sie beim letzten Mal gesehen hat, und wenn es auch ein paar Jahrzehnte sind. In dem Old Eden - Saloon wurde ja damals, also 1961, der Film „Das Mädchen und der Staatsanwalt" gedreht mit Götz George und Elke Sommer. Meine damalige Frau und ich hatten kleine Rollen, ich als Gitarrist und sie als Kellnerin.*
Sonnabend, am 6. Januar geht es nach Hagen bei Dortmund. Meine Agentur „Berlin-Concert", also der Frank, rief an, daß sehr gutes Publikum kommen wird. Es ist ein Kleinkunst-Theater, das sein Stamm-Publikum hegt und pflegt. Das werden immer schöne Vorstellungen, wenn die Leute jeweils wissen, daß ihnen was Gutes geboten wird, wenn sie hinkommen. Wir werden um 11:00 Uhr vormittags hinfahren und am nächsten Tag, am Sonntag, zurückfahren. Morgen werde ich schon das Auto einpacken in aller Ruhe. Dann muß ich noch die Texte durchmachen. Klaus Kinski hat das immer vor sich hinflüsternd gemacht. Das ist besser, als wenn man Texte nur in Gedanken wiederholt.
Eine Liebes-Geschichte fällt mir noch ein: Wir hatten eine Vorstellung im Reichskabarett, also von 23:00 bis 1:30 Uhr. Da war eine Mädchenklasse da und ein Mädchen sprach mich an und sagte: „Hat mir gut gefallen, euer Programm." - „Kommst du noch mit was trinken?" - „Ja, aber nicht so lange, ich muß bald ins Jugend-Hotel." Wir gingen ein Bier trinken und dann küßten wir uns im Auto. Ich wollte mit ihr nach Kreuzberg fahren, aber sie sagte, das würde zu lange dauern, sie müßte ins Jugendhotel. Das Auto war zwar nicht so groß, es war ein Fiat 850 Sport, den ich mir von dem Filmgeld gekauft hatte, und der das erste heißersehnte nagelneue Auto war in meinem Leben, - aber ich brachte sie zufrieden ins Jugendhotel und ich fuhr danach nach Kreuzberg in die Kleine Weltlaterne.** Ein Jahr später machten wir eine Insel-Tournee, also etliche Nordsee-Inseln waren dran. Ich weiß nicht mehr welche Insel das war, jedenfalls im Hotel, in dem wir übernachteten, traf ich dieses Mädchen wieder. Sie sagte, daß sie in eben diesem Hotel als Zimmermädchen arbeiten würde die Ferien über. Ich sagte: „Kommst du noch mit auf's Zimmer?" Sie sagte: „Ja, aber ich muß morgen früh um 6:00 Uhr aufstehen. Es darf auch keiner vom Hotel merken, daß ich bei einem Gast auf dem Zimmer gewesen bin." - „Ja, ja, komm nur mit." Ich hatte mit Jürgen ein Doppelzimmer. Die Zimmer waren zur Ferienzeit immer sehr knapp. Wir gingen etwas später ins Bett als der Jürgen. Als der dann schlief, oder so tat, als ob, legten wir uns hin und ich wollte das, was damals im Auto wegen der Enge nicht so bequem war, gewissermaßen nachholen in aller Bequemlichkeit. Aber sie wollte nicht. Sie sagte immer nur: „Nein, heute

* Beinahe hätten sie mein Gitarren-Solo „Kon-Tiki" als Film-Musik genommen. Aber dann klappte es doch nicht. Meine Frau war sehr enttäuscht, ich etwas. Der Produzent hatte nämlich gesagt: Machen Sie ein Thema, das aus 8 Tönen besteht und zwischen der Musik vom „Dritten Mann" (berühmter Kriminalfilm) und Klassik liegt, und von allen gleich gesungen wird. Das hatte ich nicht zustande gebracht.
** Ein paar Jahre lang, bevor ich abends einschlief, (nächste Seite)

will ich nicht. Aber schlaf nicht ein, ich muß morgen um 6:00 Uhr aufstehen." - „Na, ich habe ja eine Uhr, du wirst schon nicht verschlafen." - „Ja, aber du hast keinen Wecker." - „Ach, du wirst schon aufwachen, - oder ich." - „Nein, bitte! Schlaf nicht ein." Wir unterhielten uns noch eine Weile und immer, wenn ich nichts mehr sagte, stieß sie mich mit dem Ellenbogen an und sagte: „Schlaf nicht ein!" - „Nein", sagte ich. Der Jürgen schlief schon längst. Sie blieb eisern wach und wenn ich eine Weile keinen Ton von mir gab, stieß sie mich in die Seite und sagte: „Schlaf nicht ein!" So ging das bis um 6 Uhr, dann verließ sie mich. Hingelegt hatten wir uns so um ½ 2. Ich habe den Jürgen sehr beneidet, daß er so schön schlafen konnte. Ich schlief dann gleich ein und so um 11, als wir aufstanden, traf ich sie im Frühstücksraum und sie flüsterte mir zu, es hätte keiner was gemerkt. Der Jürgen fragte mich nach dem Aufstehen: „Was war`n gestern eigentlich los?" Man muß im Leben für alles bezahlen, entweder mit Geld oder mit Nerven, oder mit Beidem.

GUTE NACHT!

1:31 Uhr, 5. Januar 2001. Übrigens, ich hatte sie nie mehr wiedergesehn, jedenfalls nicht wissentlich.
1:33 Uhr. Mir fällt noch eine Liebesgeschichte ein, aber erst morgen Abend schreibe ich sie auf. Da war der Jürgen auch wieder dabei.

*****

Na prima, die vier blonden nackten Rock-Mädchen haben ihre Steine gekriegt, damit sie was zum Sitzen haben, wenn sie sich mal ausruhen wollen. Allerdings sind es 5 Steine, da sich eine ungerade Anzahl immer besser macht bei einer Komposition, bei einer Bildkomposition natürlich, in der Musik müssen das immer gerade Taktzahlen sein, außer ¾ Takt. In der arabischen Musik, da gibt es auch Fünf-Achtel-Takt und Sieben-Achtel-Takt. Das ist sehr schwer zu spielen. In dem Jazz-Stück „Take five" sind es Fünf-Achtel. Nun ist das Bild fertig. Name und Datum sind drunter gemalt. Es ist nicht so vollbeladen wie die anderen Aquarelle, - alle im Din A 3 Format. Nun werde ich die nackten Blondinen erst einmal verlassen, und das Bild malen: Vegetarier sind die Größten. Heute war ich auf der Post, um 3 Kunstmappen und 7 Kinder-Kunst-Mappen und 16 CD's zu verschicken an die Bekannten von Lanzarote, die in Norddeutschland wohnen. Die war sehr nett, die Dame, die mich bediente. Sie hat mir sogar die Paket-Karte ausgefüllt. Seit die Post so langsam privatisiert wird, macht es richtig Spaß, dort Sachen abzugeben. Früher konnte man froh sein, wenn sie einigermaßen nett waren. Als Kinder sagten wir immer, damals in Insterburg, wenn uns einer dumm vorkam: „Kuck mal, da jeht der Dumme von der Post." Das war so eine Redewendung. Als ich neun Jahre alt war

(Fortsetzung von Seite 270) stellte ich mir immer vor, ich hätte schon ein Auto, und fuhr damit in Gedanken zum Café Pientka. Endlich hatte ich nun das Geld zusammen und kaufte eins und war glücklich. Ich fuhr dann mit dem Jürgen nach Venedig, - du meine Güte, war das schön.

und ein Telegramm aufgeben sollte für meine Mutter „Onkel Erich ist gestorben", war die so unfreundlich und dammlig, die Post-Beamtin, daß das Telegramm nicht zustande kam. Sie meckerte mich an, der dammlige Kret, weil ich was falsch ausgefüllt hatte, half mir aber nicht. Später ging meine Mutter das Telegramm aufgeben. Die Post steht übrigens noch in Insterburg. Sie ist aber von den Russen in eine Badehalle umgewandelt worden, wie ich sehen konnte, als ich vor paar Jahren da war. Sie liegt nur 100 Meter weiter vom Ulmen-Platz, da wo ich mich vor den Kindergärtnerinnen mit meiner kleinen Schwester versteckt hatte unter den Bänken. Die Bänke stehn auch noch.
Bevor die Serie „Verbotene Liebe" anfing, die ich mir seit Jahren ankucke, sagte die Moderatorin die Sendung „Herzblatt" an: „Seit 2000 Jahren wissen wir nicht, wie er aussieht, und nun lernen wir ihn kennen, wir werden erfahren, wie er aussieht, Jesus ist da." Dann wurde einer gezeigt, der da in der Sendung mitmacht und Jesus heißt, - ist wohl sein echter Vorname. Dann wurde ein Mädchen, das da mitmacht gezeigt und gefragt, was sie

Die ehemalige Post von Insterburg

von ihm erwarte, und sie sagte: „Ich wünsche mir, daß Jesus recht oft sündigt." Und die andere sagte: „Ich wünsche mir, daß Jesus nach jeder Liebesnacht wieder aufersteht." Und die Moderatorin schloß ihre Ansage ab: „Ja, das war Jesus, der wieder auferstanden ist." Na, ich habe ja meine private Religion inzwischen.* Das ist sehr schön. Außerdem:

* Eine eigene Religion zu haben ist sehr gut. Man muß kein Geld für Kirchen und Tempel ausgeben, wird nicht gezwungen da hineinzugehen, wird nicht verfolgt, und kann denken und glauben was man will.

Eine Religion, die Fleischessen gutheißt, zulässt oder hinnimmt, ist für mich nicht geeignet

Aber durch solche Bemerkungen wird ja Jesus zur Märchenfigur gemacht. Und das im ARD-Fernsehn. Jedenfalls finde ich das geschmacklos.* Geschmacklos sind auch etliche sogenannte Comedy-Sendungen bei den privaten Sendern. Zum Glück finden ja auch viele Kabarettisten-Kollegen solche Sendungen geschmacklos. Na ja, wenn denen nichts mehr einfällt, verfallen sie in die Ordinär-Sprache und denken, das ist lustig. Wir hatten in den 12 Jahren nie ein primitives Wort auf der Bühne gesagt.
Um 21:30 Uhr holte ich die Tochter von meiner ehemaligen Freundin vom Flughafen Tegel ab. Sie kam aus Paris. Sie sah gut aus, das blühende Leben, und auch noch intelligent, und eine asiatische Schönheit. Ihr Vater sieht ja auch gut aus und intelligent, aber geerbt hat sie, was das Äußere betrifft, nur von ihrer Mutter, deren Intelligenz natürlich auch. Sie studiert in Paris die französische Sprache. Ihr jetziger Freund ist Franzose.
Mein Tournee-Begleiter war heute schon um 11:00 Uhr hier, brachte das Auto zum Tanken und prüfte den Reifendruck. Dann haben wir zusammen eingeladen. Meine Kellerfenster befinden sich ja zum Garagenhof hin und so ist das Ein- und Ausladen sehr bequem. Zum ersten Mal nehme ich die neue Doppel-CD „3x7 Liebeslieder" mit . Mal sehen, ob sie in der Pause gekauft wird. Früher hatten wir auch mal Schallplatten mit, aber bei 1000 Leuten im Publikum haben nur 5 bis 10 eine gekauft. Einmal, im Sommer, schmolzen die LP's im Auto, weil die Sonne raufknallte, da haben wir keine mehr mitgenommen. Solche Nebenverdienste haben wir damals kaum gehabt. Wir hatten zwar ganz gut Platten verkauft, aber das eigentliche Geld haben wir nur durch unsere Tourneen verdient. Solche Zahlen wie „Otto", 300 000 Stück im Jahr, hatten wir nie. Das lag daran, daß wir damals sehr intelligente Fans immer hatten, und davon gibt es nun mal nicht so viele. Seit ich allein auftrete, habe ich noch intelligenteres Publikum als damals, - das sind noch weniger. Manchmal ist die Elite einer ganzen Stadt in meiner Vorstellung, so 100 bis 300 Leute, je nach Größe der Stadt.

*****

* 1971 ungefähr trat ich aus der evangelischen Kirche aus. Für das folgende viertel Jahr mußte ich aber noch Kirchensteuer zahlen, weil da eine dreimonatige Kündigungsfrist ist.

Nun sehen Sie eine Schriftprobe meiner Schul-Schmier-Schnell-Schreib-Schrift von dem nun folgenden Text:

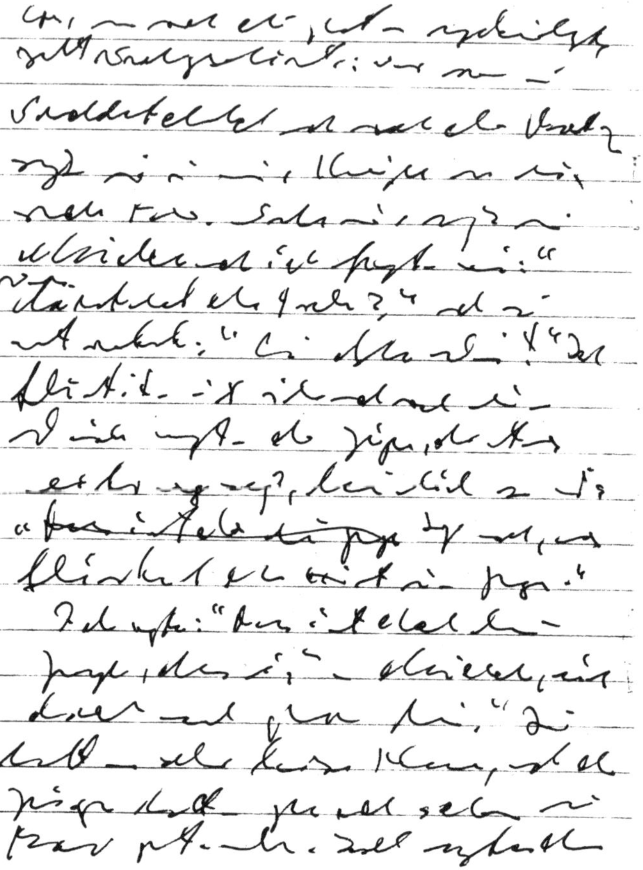

So, nun noch die gestern angekündigte Gute-Nacht-Geschichte:
Wir waren in Norddeutschland und nach der Vorstellung saßen wir in einer Kneipe um eine runde Bar. Neben mir saß ein Mädchen und ich fragte sie: „Was möchtest du trinken?" und sie antwortete: „Ein Glas Wein." Ich flirtete mit ihr und nach einer Weile sagte der Jürgen, der etwas weiter weg saß, heimlich zu mir: „Sag mal, was flirtest du mit einem Jungen." Ich sagte: „Das ist doch kein Junge, das is`n Mädchen, sieh doch mal genau hin." Sie hatte sehr kurze Haare und der Jürgen hatte ja auch schon ein paar getrunken. Ich sagte dann zu ihr: „Kommst du noch mit?" - „Wohin?" „Wir wohnen in diesem Hotel hier, - aufs Zimmer." - „Ja", sagte sie, - und wir gingen hoch. Der Jürgen kam dann auch bald, aber er ging auf sein Zimmer, das nebenan lag. Es war ein schönes Liebeserlebnis und ein

Junge war sie ganz und gar nicht. Dann sagte sie: „Was wohl der Jürgen jetzt macht", und kicherte. Ich sagte: „Wir können ihn ja mal besuchen gehn." Und wir klopften an Jürgens Zimmertür nebenan. Er war noch wach und machte auch gleich auf. „Wir wollten dich besuchen." - „Das ist ja schön, kommt rein", sagte der Jürgen höflich. „Sag' mal", fuhr ich in der Unterhaltung fort, „sag' mal Jürgen, kannst du uns mal filmen?" Ich hatte da schon die Schmalfilm-Kamera, Super 8, mit der ich viele Mädchen gefilmt hatte. „Ja, kann ich machen", antwortete der Jürgen. Ich holte schnell die Kamera von nebenan und gab sie Jürgen. „Was soll ich filmen", fragte er. Ich antwortete: „Du kannst uns filmen, wie wir Gymnastik machen." „Na gut", und er filmte uns. Wir machten, albern wie wir waren, allerlei bekloppte Gymnastik und lachten uns kaputt. Ich hatte wenigstens meine Unterhose an, sie hatte aber ihre in meinem Zimmer liegen lassen. Dann wurde ich müde und ging auf mein Zimmer. Was danach geschah, weiß ich nicht. Aber als ich am anderen Morgen aufwachte, lag sie neben mir, auch wegen ihrer Kleider. Wir haben dann alle zusammen gefrühstückt, der Karl, der Peter, der Jürgen, das Mädchen und ich. Dann fragte sie, ob sie für ein paar Tage mitkommen könnte auf Tournee. Aber ich sagte ihr, es wäre nicht gut für sie, wenn sie die Schule schwänzen würde so kurz vor dem Abitur, und daß alle unsere Ehefrauen oder Freundinnen nur einmal mitgekommen sind auf Tournee und dann nie wieder. Man denkt sich das so romantisch, immer rumreisen und so, aber das strengt ganz schön an. Sie befolgte meinen Rat, und dann verließ sie mich, und ging in die Schule, allerdings ein paar Stunden zu spät. Aber das ist ja nicht so schlimm. So, jetzt geh' ich schlafen. Ich fahre morgen als erster. Nach 150 km wechseln wir uns immer ab.

GUTE NACHT!

Es ist jetzt 1:41 Uhr, am 6. Januar 2001. Nach der Fernsehaufzeichnung am 14. Januar fahre ich wahrscheinlich wieder nach Lanzarote. Eine Schreibmaschine habe ich dort schon hingebracht. Dann kann ich dies alles hier abschreiben. Hoffentlich habe ich nicht allzuviel doppelt geschrieben, na ja, bei dem Durcheinander.

*****

Das war gestern eine sehr schöne Vorstellung. Bei den Zensuren, die ich immer gebe von 1 bis 5, wie im Osten damals, hat sie eine „1" bekommen. Auch bei der „Meß-Anzeige" war eine „1" abzulesen: Bei dem Lied „Gymnastiklehrerin" ist nach der ersten Strophe ein Zwischenspiel von 10 Tönen, und je nach dem, wie viele Zwischenspiele ich machen muß, bis die Leute aufgehört haben zu lachen, kann ich ablesen, wie die Zensur wird. Diese Meß-Stelle stimmt immer überein mit der Gesamtstimmung, in der sich das Publikum befindet. Am Raunen so 10 Minuten vor der Vorstellung, weiß ich auch schon immer ungefähr, wie der gesamte Abend wird. Die Meßstelle ist folgende:

Meine neue Freundin ist Gymnastik-Lehrerin,
Gymnastik-Lehrerin, Gymnastik-Lehrerin.
Sie macht den ganzen Tag Gymnastik,
mal ruhig und mal hastig.
Ich bin ganz hin und hin,
verwirrt ist mir der Sinn!

Morgens übt sie fröhlich schon im Bette,
dann turnt sie auf dem Perser-Teppich weiter.
Die beiden Arme schwingen im Duette,
die schönen Beine werden immer breiter.
Und dazu ruft sie laut,
wobei sie fröhlich schaut:
Und vor, und rück, - und vor und rück,
und seit und seit und die Beine breit.
Über vor über hinten, über hinten über vor,
und hoch und hoch und die Arme empor.
Und tief und tief,- und tief und tief,
ja wunderbar so
und die Hacken an den Po.

(und jetzt kommt die Meß-Stelle:)

Und ich sage dann:
Zieh' dir wenigstens was an.

Danach kommen die Zwischenspiele, die ich zähle. Das Schlechteste war nur ½ Zwischenspiel, das war eine „5", genau wie der ganze Abend. Das war mal in Erfurt, obwohl ich da sonst nur prima Vorstellungen immer hatte. Aber an dem Abend waren Leicht-Athletik-Meisterschaften in Erfurt und ein Stadt-Fest. Da waren nur paar Leute da und im Schaukasten hing ein uraltes Plakat, obwohl neue Plakate im Büro lagen. Der beste Abend also „1", war auch in Thüringen, und zwar in einem historischen Keller einer Burg, innerhalb eines mehrtägigen Stadtfestes in Pößneck, in der Burg Ranis. Das war eine Stimmung! Ein Zwischenspiel ist eine „4". Zwei Zwischenspiele sind eine „3", drei eine „2", und ab vier eine „1". In der Burg Ranis waren es sieben Zwischenspiele, - der Rekord! (Seite 498)

In Hagen waren so ungefähr 150 Leute da, also voll, - eine schöne geräumige Bühne, Licht und Ton alles prima. Wenn der Rahmen stimmt, dann ist alles schon mal leichter. Man braucht sich um nichts weiter zu kümmern, als um das Programm. Die neue Doppel-CD 3x7 Liebeslieder verkaufte sich in der Pause auch erstaunlich gut. Ungefähr 15 haben sich die Leute genommen und das Geld in den Pappkarton gelegt, und sich selbst gewechselt. Vier „Hunderter" waren drin, zwei „Fuffziger", Zwanzig- und Zehnmarkscheine und etliche Münzen, insgesamt 800,- Mark, in 20 Minuten Pause. Ungefähr 30 Raucher-Bücher gingen weg und 3 „Blonde Symphonie-Orchester", ein „Das Leben des Otto Darmstatt", diesmal keins „Das armseelige Liebesleben des intelligenten Johnny Käse", das ich allerdings für 15,- Mark angeboten hatte. Ich muß wieder auf 10,- Mark runtergehn. In der Kunstmappe blätterten sie die ganze Zeit, aber keiner kaufte eine. Der Preis ist natürlich mit 80,- Mark ganz schön. Aber viele Leute werden gerade durch die Kunstmappe „Ich liebte ein Mädchen..." angelockt und dadurch kaufen sie dann viele Raucherbücher, weil die mit 10,- Mark dann geradezu billig erscheinen. Ein bißchen habe ich von Meinem Vater doch an Geschäfts-Sinn geerbt.
Um 12:00 Uhr mittags fuhren wir los am Sonnabend. Bis Bielefeld ging alles gut. Von Berlin nach Dortmund gibt es jetzt fast nur dreispurige Autobahnen. Trotzdem fahren viele nur in der Mitte oder links. Wenn es sechsspurige Fahrbahnen geben würde, wäre es dasselbe, alle würden links fahren. Ich glaube, wenn man auf der linken Fahrspur fährt, fühlt man sich als etwas Besseres. Da, wo nur die schnellen und teuren Autos fahren, da darf man auch mal fahren mit seiner alten Klapperkiste. Das ist doch was. So scheint es zu sein. Die drei Spuren sind so 'ne Art Rangordnung. Da fällt mir ein Gedicht ein:

Ihr Autofahrer, - arm und reich!
Im Stau, da seid ihr alle gleich.

Wenn Lastwagen sich überholen, müßte es vorgeschrieben sein, daß der, der überholt wird, etwas seine Geschwindigkeit verringert, damit der Überholvorgang zügig vorangeht. So dauert es manchmal 5 Minuten. Und wenn dann ein Berg kommt und der überholende Lastwagen vollbeladen ist, und der zu überholende leer, dann nun fährt der leere schneller bergauf und der volle langsamer. Und dann kann es 10 Minuten dauern! So etwas ist sehr unfallträchtig.
Ich werde mal an den ADAC schreiben. Alles muss man selber machen.*
Dann kamen doch noch zwei Staus, durch Fahrbahnverengung ausgelöst, und wir ließen in Hagen ein Taxi vorrausfahren, damit wir nicht im Dunkeln in einer fremden Stadt lange rumsuchen mußten.

* In Deutschland sterben 7.000 Menschen im Jahr bei Autounfällen. Wenn das an einem Tag an einer Stelle geschehen würde, gäbe es eine Große Trauerfeier. So aber nicht. Große Trauerfeiern gibt es erst ab 20 - 30 Leuten. Bei Spitzenpolitikern im Amt, reicht einer.

„Der letzte Kilometer ist immer der schwerste!"

Wenn ich in einen Stau gerate, denke ich immer an eine Geschichte, die mir mal einfiel: Ich komme in einen Stau, in einen Still-Stand-Stau, werde müde und schlafe ein im Auto und träume Folgendes: Ich fahre über die Autobahn und bin der Einzige. Ich fahre zu Tankstellen und Raststätten, durch Städte und Dörfer, und ich bin der einzige Autofahrer. Ich fahre Stunden um Stunden durch Deutschland und bin der Einzige, weit und breit kein Auto zu sehen, alle Autobahnen und Straßen leer, völlig leer. Dann wache ich auf endlich und freue mich, daß um mich herum so viele Autos stehn, lauter schöne Autos! Ja, an diese Geschichte denke ich immer, wenn ich im Stau stecke, und dann esse ich vergnügt eine Stau-Stulle, eine Still-Stand-Stau-Stulle, oder wenn der Stau in der Stadt stattfindet, eine Stadt-Still-Stand-Stau-Stulle.
Der Beleuchter und der Ton-Mann halfen uns beim Ausladen der Instrumente und mein Tournee-Begleiter hatte im Nu alle 20 Instrumente ausgepackt und in der richtigen Reihenfolge hingelegt. Ich brauchte nur noch zu stimmen und noch mal die schweren Stücke durchspielen: Guten Abend, Gut' Nacht mit Gitarre und Geige gleichzeitig, und „El Condor pasa", mit Fuß-Gitarre und Pan-Flöte und Schlagzeug gleichzeitig.
Es lief alles fehlerfrei. Ein paar Unsauberkeiten sind natürlich immer dabei. Darüber lachen die Leute dann auch. Außer bei dem Solo-Gitarren-Stück „Kon Tiki", da muß ich immer sauber spielen.
Während der Vorstellung lachen die Leute ja dauernd, obwohl ich keine Witze erzähle. Ich hatte mich mal drei Tage lang früher bemüht, einen Witz, also einen richtigen Witz mir auszudenken. Das gelang mir aber nicht. Ich möchte mal wissen, wer so was erfindet, und wie er das macht. Aber vor paar Jahren ist es mir dann doch gelungen. Ich wurde in Koblenz früher mal, am Nachmittag von einer älteren in einer Haustür stehenden Prostituierten angesprochen. Daraus machte ich eine Ansage zu einem Lied, und dann dachte ich: daraus könnte man einen Witz machen. Also: Ein 85 jähriger Mann in der Nähe von Hamburg sagt zu seinem Freund: „Ich möchte einmal im Leben in Hamburg in St. Pauli auf der Reeperbahn gewesen sein und mit `ner Nutte und so weiter." Also fuhr er los. Am nächsten Tage kam er wieder, und sein Freund fragte ihn: „Und, wie war's?" Er sagte: „Ich hatte hundert Mark mit. Für 80 Mark suchte ich mir ein Hotel - Zimmer und für den Rest eine Nutte." - „Und, wie war's?" - „Ich hab`nicht, das war 'ne Gleichaltrige."
Na ja, mehr habe ich nicht gemacht.*
Die Hotel-Zimmer stanken nach Raucher, - ganz furchtbar. Auch durch Lüften geht das nicht raus. Sie berechneten pro Einzelzimmer 150,- Mark: Bett, Tisch, ein Stuhl, Dusche und Toilette, - ein ganz schönes Scheiß-

* Heute war im Fernsehen ein ähnlicher Witz: Opa war beim Striptease. Und, hat es ihm gefallen? Nein, die Tänzerinnen waren so alt wie er.
(SFB1 30.12.02 10:00 Uhr)

Zimmer, ganz schön teuer. Wenn ich vergleiche mit den schönen Appartments, die meine ehemalige Freundin vermietet auf Lanzarote: Zwei Personen-Appartment mit Küche, Badezimmer, Terrasse oder Balkon für nur 60,- Mark pro Nacht! Und dazu noch die schöne Aussicht und das Wetter, immer so 22 bis 28 Grad das ganze Jahr über, Wasser 20 bis 22 Grad. Na, ich fahr' Ende Januar auch wieder hin.
Die Rückfahrt von Hagen nach Berlin war ganz phantastisch, richtiges Frühlings-Wetter: Blauer Himmel, Sonnenschein und die Natur sah ganz frühlingsmäßig aus, und das am 7. Januar! Zuerst bin ich gefahren, dann mein Tournee-Begleiter. Ich bin ganz schön müde gewesen und schlief am Schluß auch dauernd ein. Die Veranstaltung dauerte von 20:05 Uhr bis 22:45 Uhr. Die Leute klatschten immer noch, auch als schon die ganzen 7 Zugaben-Lieder vorbei waren. Dann habe ich noch ein paar Rauchergedichte vorgelesen und dann gingen sie. Völlig vergessen hatte ich eine ganz neue Zugabe, die mir erst wieder heute auf der Rückfahrt eingefallen war, nämlich zur „Singenden Säge" zu singen. Die erste Strophe einstimmig mit der Säge, die zweite dann aber zweistimmig. Das hört sich ganz schön furchtbar an. Ich hab` da auch bis jetzt keine feste Melodie, sondern improvisiere jedes Mal.

1. Ein einziger Raucher, man glaubt es kaum,
verpestet einen ganzen Raum.
Ein Trinker hingegen, soviel ich weiß,
nur ungefähr zwei Meter im Kreis.

2. Alkohol, hab ich mitgekriegt (-kricht)
stört den Sinn für's Gleichgewicht.
Zu wissen ist noch von Interesse:
Wer zu viel säuft, fliegt auf die Fresse.

Aber beim nächsten Mal bringe ich das als allererste Zugabe. Sehr lehrreich ist auch folgendes Gedicht:

Die Sucht der Raucher ist sehr groß!
Und Süchtige sind Rücksichtslos.*

Folgende Geschichte fiel mir mal ein:
Ein Raucher und ein Nichtraucher bleiben im Fahrstuhl stecken über Nacht. Der Raucher will natürlich rauchen hin und wieder. Die Luft im Fahrstuhl ist aber knapp. Der Nichtraucher will deshalb nicht, daß geraucht wird. Nach ein paar Stunden fängt der Raucher an zu zittern, weil er wegen des Nikotinmangels leidet. Da nimmt der Nichtraucher es hin,

* In neueren Fernsehfilmen wird wieder ziemlich oft geraucht. Das ist wirksamere Werbung als normale Werbespots. Da raucht der Kommissar, der Arzt, der Pfarrer, die junge Frau, - und bei Talk Shows rauchen sogenannte Prominente: Zigarren, Zigaretten und Pfeifen. Die Tabakindustrie freut sich.

daß der Raucher hin und wieder eine Zigarette raucht. Der Nichtraucher hustet nun hin und wieder, aber der Raucher hat aufgehört zu zittern.
Der eine darf nicht mehr leiden, als der andere Vorteile davon hat, oder, der eine darf nicht so viele Vorteile haben, daß der andere darunter leidet.
Wenn ein Flugzeug von irgendeinem Typ innerhalb von 1000 Flügen irgendwann mal abstürzen würde, würde kaum einer damit mitfliegen.
Wenn ein Auto irgendeines Typ`s innerhalb von 10.000 km auseinander fallen würde, - kaum einer würde es kaufen. Aber die Hälfte aller Raucher stirbt an den Folgen des Rauchens. 98 % aller Lungenkrebs-Erkrankungen sind zurückzuführen auf das Rauchen. 100.000 Raucher sterben im Jahr allein in Deutschland. Trotzdem rauchen die Raucher, auch Helmut Schmidt, und der sogar im Fernsehen mit „Vorbildfunktion“.*

Das ist Sucht !

Verstand und Intelligenz werden ausgeschaltet.

Weil die Sucht in ihm obsiegt,
sich der Raucher selbst belügt.**

Eine Frau aus dem Publikum erzählte mir mal nach der Vorstellung, sie wäre Lehrerin und hätte mein Raucherbuch in ihrer Klasse im Unterricht durchgenommen. Das fand ich sehr gut. Es ist ja auch „Pädagogisch Wertvoll“, wie drauf zu lesen steht.

Um 5 vor ½ 4 waren wir dann zu Hause am Nachmittag, schnell ausgeladen, und dann habe ich den Tournee-Begleiter die 3 km nach Hause gefahren, den Ein-bis-drei-Tage-Koffer ausgepackt, ich habe auch einen Sieben-Tage-Koffer, und einen Vierzehn-Tage-Koffer, alle immer fertig gepackt, - und dann bin ich ins Wiener Café gegangen.*** Da hab’ ich ein Stück „Grillparzer-Torte” mit Sahne gegessen, und ein Glas Pfefferminztee getrunken (Grillparzer-Torte: Schokoladen-Marzipan-Torte). Alles zusammen 12,80 Mark, mit Trinkgeld 14,- Mark. Ich war zwar sehr müde, aber trotzdem habe ich noch ein neues Bild angefangen, aber noch nicht „Vegetarier sind die Größten”, sondern „Das Blonde Trio”. Vorgezeichnet mit Pinsel und Ocker-Farbe und die erste Schicht. Dann dachte ich, ach, machst du noch gleich auch das letzte trotz Müdigkeit, und habe es dann auch genauso weit gemalt, also vorgezeichnet und die erste Schicht. Es heißt „Das Blonde Solo”. Eine nackte Blondine steht auf einem Berg rechts im Bild und spielt Alt-Saxophon in Richtung des Voll-Monds in der Nacht. Unten heulen ihr 9 Wölfe entgegen (Seite 509).
Das blonde Trio: drei nackte blonde Mädchen stehen rechts auf einem

* Z.B. am 23.12.02 im ntv 20:15 Uhr. Eine ganze Blechkiste mit Zigaretten stand vor ihm. Er sagte: Ich rauche eine Packung am Tag (Erstaustrahlung 10.12.01)
** Manche quatschen von persönlicher Freiheit, dabei ist es Selbstmord in kleinen Schritten.
*** Manche Leute genießen es, nachdem sie schon bezahlt haben, noch etwas im vollen Café zu sitzen, während neu dazugekommene einen freien Tisch suchen. Wenn die nun Plätze gefunden haben, dann erst stehen sie auf und gehen, - endlich! Sie konnten sich für ein paar Minuten wichtig fühlen.

Hügel und spielen von links nach rechts: Gitarre, Akkordeon und Bass. Zwei Tiger-Katzen hören zu (Seite 513).
Im Fernsehn lief im ersten Programm ein Bericht über den Untergang der „Graf Spee" 1939. Das deutsche Kriegs-Schiff war angeschossen worden, und rettete sich nach Montevideo in Uruguay. Dann sprengte es der Kapitän in die Luft, weil weiterkämpfen sinnlos gewesen wäre mit nur wenig Munition. Ehemalige Matrosen wurden befragt. Einer sagte: "Das Schiff war ein zweites Zuhause für uns," und es kamen ihm die Tränen, selbst nach so langer Zeit noch.

IST DAS DAS GEHEIMNIS DES KRIEGES ???

Bei dem gesunkenen russischen Atom-U-Boot vor paar Monaten sagte die Ehefrau eines der gestorbenen Matrosen auch: „Das Schiff war wie ein zweites Zuhause für meinen Mann". Natürlich verteidigt jeder sein „Zweites Zuhause". Und weil jeder so etwas tut, funktioniert eben der Krieg. Ein Panzerfahrer liebt seinen Panzer, ein Pilot sein Flugzeug, ein Soldat sein MG. Und so funktioniert der Krieg. Also, - Kämpfen macht den Menschen Spaß. Der Bericht in „Mona Lisa" im ZDF heute handelte von der Bundeswehr und den Frauen, die jetzt durchgesetzt haben, auch richtig loskämpfen zu können mit richtigen Waffen, freiwillig. Na, das macht doch Spaß! Natürlich schießen sie auch, wenn es ihnen befohlen wird, falls der Ernst-Fall eintritt. Und wenn die ersten aus der eigenen Gruppe tot daliegen, brennt der Krieg von alleine weiter, bis sie es alleine nicht mehr schaffen, und dann ruft wieder das Vaterland, und dann müssen auch die mitmachen, die gar keine Lust haben zu kämpfen.
Das Kriegsschiff, „Das zweite Zuhause". So funktioniert also der Krieg. In Insterburg damals 1944 im August/September, war das gar nicht so schön, und im April 1945 auch nicht. Aber das können die jungen „Waffenfreudigen Frauen" von heute ja nicht wissen. Man soll es ihnen auch nicht sagen. Schließlich muß ja einer so was machen. Und besser freiwillig, als wenn alle gezwungen werden. Vielleicht kommt ja auch kein Krieg.

GUTE NACHT!

8. Januar 2001 1:22 Uhr. Ach so, Gage kam 2.200,- Mark zusammen, 70% der Künstler, 30% der Veranstalter, plus 800,- Mark Raucher-Bücher und CDs. Dem Tournee-Begleiter gab ich 400,- Mark für die beiden Tage. Während ich nach der Vorstellung noch Autogramme gab, hat er alles allein zusammengepackt und ins Auto geladen. Nun könnte ich auch mehr Termine bewältigen als 30 bis 40 im Jahr. 200,- Mark Benzin gingen weg, 440,- Mark für die Agentur (20%) , na das ging doch. Und Spaß hat es

auch noch gemacht. Hotel zahlt immer der Veranstalter.

*****

9. Januar 2001 1:06 Uhr. Heute war ich bei der Agentur, bei Berlin-Concert, die 20% abgeben für die Vorstellung am Sonnabend. Da kam gerade ein Fax mit 2 Kritiken. Beide waren sehr gut. So langsam bin ich runter von dem Begriff „Blödel-Barde", und Begriffe wie „Beeindruckende Musikalität, virtuose Improvisation, Kunst oder sarkastische Raucher- und Trinker-Gedichte, er beherrscht viele Musikinstrumente", tauchen stattdessen auf. Vielleicht werde ich noch mal was Richtiges.

Rhein Zeitung 11. Mai 2001
Perfekte Poesie und spektakuläres Spiel
Ingo Insterburg in der Biwel: vom Jubel umtost

KOBLENZ. Ingo Insterburg ist feinsinnig und kunstsinnig, er ist sensibel und romantisch, dazu hochmusikalisch, einfallsreich und vor allem urkomisch. Fähigkeiten genug, um einen Kleinkunst- und Musikabend in der Blauen Biwel zu gestalten. Dennoch machte sich der nicht unbetagte Recke zu Anfang Sorgen: „Ich hoffe, ich langweile mich nicht." Entwarnung: „Kunst und Müll", sein Programm, begeisterte. „Ich bin jetzt alt genug, um alleine aufzutreten", stolzierte Ingo Insterburg in seinen Jubel umtosten Auftritt. Kleine Lied-Miniaturen bringt er dar, begleitet sich und seine glas-klar-lyrischen Texte mit allerlei Instrumenten, einen großen Teil von diesen hat er selbst gebastelt. Kleine Wahrheiten und viele Bosheiten hat er in wohlgefeilte Verse verwandelt. So singt er etwa über den Alltag, „der wie Sandpapier an der Liebe kratzt." Natürlich - seine Zugaben kündigt er gleich zu Anfang komplett an, - kommt er nicht ohne „Ich liebte ein Mädchen in..." von der Bühne, die er, der Kleinkunst - Mann mit jahrzehntelanger Groteske-Erfahrung, doch so liebt. „Mein Publikum ist im Allgemeinen sehr intelligent. Deshalb sind manchmal so wenig da", glaubt er. In Koblenz konnte er sich nicht beklagen, die Biwel war gut gefüllt, viele Gäste kannten den gebürtigen Ost-Preußen („ Ich weiß nicht, wie alt ich bin. Meine Geburtsurkunde ging in den Wirren des ersten Weltkrieges verloren") noch von früher und ließen sich vom neueren und neuesten Material gerne beglücken. Kern der Show ist das aktuelle Buch von Insterburg mit Namen „Raucher- und Trinkerlyrik", in dem er die Welt mit Zweizeilern wie „Du sollst dich nicht mit Rauchern streiten, schließ' Frieden mit den Todgeweihten" beglückt. Spektakulär dazu ist die virtuose Musikalität des Ingo Insterburg. Er spielt unter andrem Gitarre und Geige gleichzeitig und, wenn noch ein Fuß frei ist, perkussiert er sich zeitweilig in Extase. Mit allgemeingültigen Comedy - Maßstäben ist Insterburg nicht

beizukommen. Zu ausgefallen ist seine Methode, auf einem zu hohen Level schwebt sein Material. Seine Kunst balanciert eben irgendwie zwischen Kunst und Müll, nur, dass selbst sein Müll zu wertvoll zum schnellen Runterschlingen ist. Ein Juwel, kostbar und edel, dieser Künstler.
Tim Kosmetschke (er ist ungefähr 25-30 Jahre alt).

Es ist merkwürdig: wenn man vor 300 Leuten spielt in einem Theater, ist die Stimmung gut, wenn man vor 300 Leuten spielt in einer Stadthalle, ist die Stimmung trostlos. Wenn man vor 30 Leuten spielt in einer Kneipe, ist die Stimmung gut, wenn man vor 30 Leuten spielt in einem Theater, ist die Stimmung trostlos. Egal welch ein Raum, - Hauptsache voll!!! Warum ist das so? - Vielleicht weil die Menschen früher in Höhlen gelebt haben. Wenig Menschen in einer kleinen Höhle macht warm und sicher, viele Menschen in einer großen Höhle macht warm und sicher. Aber wenig Menschen in einer großen Höhle macht ängstlich. Das ist wohl der Grund. Eine schlechte und gehässige Kritik habe ich auch mal gekriegt in der Frankfurter Allgemeinen Zeitung am 30.04.01. Da schrieb eine Frau, ich würde schon alt und wacklig wirken und meine selbstgebauten Musik-Instrumente wären geeignet als Begleitmusik für einen Film über Tierquälerei. Wahrscheinlich hat sie sich darüber geärgert, daß ich Vegetarier bin, Nichtraucher und Nichttrinker und Nichtverheirateter. Ich schickte ihr ein selbstgemachtes Gedicht, aber sie hat nicht geantwortet. An einige Verse kann ich mich noch erinnern:

Genießen Sie Fleisch und blauen Dunst,
und halten sich fern von meiner Kunst.
Freu`n Sie sich auf die grauen Haare
und auf die schönen Wechseljahre.
Halten Sie bis zum Ende durch,
auf nimmer Ihr Ingo Insterburg

Na ja, was es alles gibt.

Übrigens am 29. April 1999 nach der Premiere „Kunst und Müll“ in Butzbach, nördlich von Frankfurt/Main bekam ich eine gute Kritik in der Frankfurter Allgemeinen Zeitung, aber von einer anderen Frau, die war gebildeter.

Um 22:00 Uhr fing ich dann an zu malen, gleich an beiden Bildern, den letzten dieser Serie. Es gibt zwar noch ein „Septett“, „Oktett“ und „Nonett“, aber ein „Dezimett“ habe ich noch nie gehört, oder gar ein „Undezimett oder Duodezimett“. Bei neun ist offensichtlich Schluß. Mehr als neun sind

wohl schon ein Kammer-Orchester. Aber vielleicht hört es sich auch bloß doof an, „Undezimett".
Ich rief auf Lanzarote an. Meine Päckchen für Anke und Michael mit den Kunst-Mappen sind gut angekommen in Nord-Deutschland. Der Ehemann von meiner ehemaligen Freundin ist noch da und ließ mich grüßen. Ich werde ihn vom Flughafen abholen, wenn er wieder nach Berlin zurückfliegt.
Eine Liebesgeschichte ist mir noch eingefallen: Es war in Duisburg. Nach der Vorstellung kamen zwei junge Männer mit einem jungen blonden Mädchen zu mir zur Garderobe und einer der Männer sagte, daß das Mädchen mich gern kennen lernen würde. Ich schlug vor, daß wir noch in eine Kneipe gehen könnten, und sie kam mit und die beiden Männer verabschiedeten sich. Sie war ein hübsches blondes Mädchen. Nach ein paar Minuten fragte ich sie, ob sie einen Fernseher hätte zu Hause, - nachts käme die Übertragung von dem Box-Kampf von Cassius Clay und noch einem, ich glaube, das war ein japanischer Ringer. Ich interessiere mich nicht für Boxen, aber so was haben wir uns natürlich alle angesehen. Sie sagte dann, wir könnten uns den Kampf in ihrer Wohnung ansehen, und so ging ich mit. Sie hatte ein Auto. Dort schmusten wir erst mal eine Weile und sie sagte, sie wäre müde, und ging schon ins Bett. Ich sagte, daß ich gleich nachkommen würde, ich sähe mir nur noch schnell den Box-Kampf an. Der fing dann auch endlich an, ich glaube so etwa gegen drei Uhr nachts, - und das ganze, obwohl eigentlich nichts passierte, weil der Ringer immer in Abwehrstellung am Boden liegenblieb, und Cassius Clay sich nicht in seine Nähe traute. Während des ganzen Kampfes hatten sich beide nicht ein einziges Mal berührt. Ein sehr sinnvoller Kampf. Denn sich gegenseitig kaputtschlagen ist ja nicht sehr schön. Boxen ist eigentlich die einzige Sport-Art, wo es das Ziel ist, den anderen zu treffen, zu verletzen oder umzuhauen, manchmal mit Todesfolge oder lebenslanger Krankheit. Aber den Menschen ist die Kriegslust angeboren und nicht alle lösen sich davon.*
Als ich dann endlich gegen 4:00 Uhr früh zu ihr ins Bett mich legte, schlief sie schon. Da schlief ich auch ein. Nach einer Weile wachte ich auf und dachte: nanu, wo bin ich? Als ich dann merkte, wo ich war, wachte sie auch auf und die Natur forderte ihr Recht von uns beiden. Um 7:00 Uhr mußte sie dann aufstehn, ich auch, und sie fuhr mich auf dem Weg zur Arbeit ins Hotel. Dann verließ sie mich. Als ich in meinem Bett lag, war ich glücklich und zufrieden und schlief selig ein. Um ½ 1 stand ich auf und rief sie auf ihrer Arbeits-Stelle an, und verabschiedete mich noch mal. Dann fuhren wir alle in die nächste Stadt. Ich glaube, Karl, Peter und Jürgen hatten in dieser Nacht nichts erlebt, nicht mal den Box-Kampf von Cassius Clay, der keiner war.

* Cassius Clay wurde zum „Weltsportler des Jahrhunderts" erklärt. Das ist bezeichnend für die derzeitige Menschheit. Auch Frauen boxen und zerkloppen sich gegenseitig ihre hübschen Gesichter. Ich hörte mal wie ein Trainer sagte in der Box-Pause im Fernsehen: Auf's linke Auge mußt du hauen, das ist schon verletzt.

Fußball interessiert mich eigentlich auch nicht. Nur bei Weltmeisterschaften, wenn die ganze Welt vor dem Fernseher sitzt, kucke ich mir so'n Spiel an. Ich wundere mich immer darüber, wie enttäuscht, traurig oder gar verzweifelt viele sind, wenn ihre Mannschaft verloren hat. Man sollte vielleicht jedes Jahr verlosen, wer Weltmeister ist. Dann käme jedes Land mal dran und das große Leid der Enttäuschungen würde wegfallen. Aber wer hört schon auf mich.

GUTE NACHT! 1:43 Uhr 9.1.2001

*****

Gestern war ich bis 5:00 Uhr früh auf, und habe in alten Kalendern gekramt, weil ich die Stelle suchte, an der ich die Erleuchtung hatte, daß ich die Hälfte meines Lebens überschritten hatte. In meinem Lauf-Kalender war aber keine Eintragung über Gran Canaria zu der Zeit, es gab auch keine Eintragungen über Dauerlauf-Tage. Ich nehme an, es war am Totensonntag 1977. Der war am 20. November. Demnach haue ich ab von dieser Welt für`s Erste ungefähr an Meiner Mutter Geburtstag am 5. Juli 2021. Am 20. November 1977 war ich 43 Jahre, 7 Monate und 14 Tage alt. Ich bin am 6. April 1934 geboren. Das Doppelte sind dann genau 86 Jahre, 14 Monate und 28 Tage, d.h. 87 Jahre, und 2 Monate und 28 Tage. Na ja, mal abwarten.

*****

In der Fagott-Schule,* die ich damals mithatte, habe ich doch noch eine Eintragung gefunden, dass ich am 24. November 1977, Donnerstag, von Gran Canaria zurückflog. Also stimmt alles. Ich war eine Woche da.
Heute habe ich gemalt. Die Gesichter sind fertig so einigermaßen. Jetzt kommen die Beine und die beiden Tiger-Katzen. Eine Liebes-Geschichte fällt mir heute nicht ein. Trotzdem eine GUTE NACHT! 2:54 Uhr 10. Januar 2001.

*****

Im Fernsehn lief Miss Marple. Deshalb habe ich erst um ½ 12 angefangen mit Malen (die Original-Miss-Marple lief im Fernsehn). Die Miss-Marple-Filme habe ich bestimmt schon 7-mal gesehen, trotzdem macht es mir immer wieder Spaß zuzusehn.
11. Januar 1:41 Uhr.
Man malt und malt, und malt, und denkt, es wird nie fertig. Und mit einem Mal kuckt man genau hin, - und das Bild ist fertig. Man ist so vertieft, daß man das gesamte Bild gar nicht mehr wahrnimmt, und dann ist es wie ein plötzliches Aufwachen. Ich mußte richtig lachen. Es ist ein schönes Bild

* Schule = Notenbuch zum Erlernen eines Musikinstrumentes

geworden, besonders die kleine Tiger-Katze, die im Baum liegt und zuhört. Die schwarze Katze von meiner ehemaligen Freundin auf Lanzarote war ja musikalisch. Ich glaube, ich hab' es schon erzählt, wie sie einzelne Töne auf dem Klavier anschlug und zuhörte, und zwar mit Vorliebe die ganz tiefen. Morgen werde ich nicht so lange malen an dem bereits angefangenen Bild „Das Blonde Solo", denn übermorgen geht es nach Hamburg. Die Kostümbildnerin rief mich heute an, was ich anziehen werde für die Fernseh-Aufzeichnung. Ich sagte erst: Ganz normal. Aber dann schlug ich vor, meine 6-schwänzige Frack-Jacke anzuzieh`n aus grün-rot-braunem Präge-Samt, und sie fand es gut. Ich singe ja mein Lied „Ich liebte ein Mädchen...". Meine Idee, das auf einem Bett zu singen, wurde gleich für gut befunden. Es sitzen neben mir drei Mädchen in Dessous, sagte die Kostümbildnerin heute am Telefon. Ich hab' schon den Koffer gepackt, nehme auch CD's und Kunstmappen mit, natürlich auch Raucher-Bücher. Die Aufzeichnung findet vor Publikum statt. Vom Flughafen werden wir übermorgen abgeholt. Endlich mal keine Sucherei! Wenn die drei Mädchen so aussehen wie die, die ich jetzt gemalt habe, bin ich schon zufrieden. Heute im Laufe des Tages fiel mir noch ein kleines Liebes-Erlebnis ein: Ich wohnte in der Kaiser Friedrich-Straße. Eines Nachts, so um 2:00 Uhr, klingelte es und ein Mädchen, das ich schon mal zu Kaffee und Kuchen eingeladen hatte, weil sie die Freundin einer Freundin war, stand vor der Tür: „Hallo Ingo, der Karl hat mir gesagt, wo du wohnst und hat mich hergebracht." - „Na komm rein, ich liege schon im Bett." - „Ja, macht nichts." Dann legte sie sich dazu. Der Fernseher war noch an, aber gleich ging das Programm zuende. Nachts gab es damals ja kein Fernsehn. Es war 1972.* Na ja, so war das. Morgens um 6 hatte sie mich dann verlassen. Ich hab` ihr ein Taxi gerufen und bezahlt. Das war ein schönes Liebes-Erlebnis, vor allem, weil es so überraschend kam. Aber heutzutage geschieht so was nicht mehr. Wer weiß schon, wo ich wohne. Und der Karl wohnt ja auch seit einigen Jahren in Hamburg.

GUTE NACHT! Es ist 1:59 Uhr.

Heute bin ich gegangen und 2 km gelaufen, langsam. Da dachte ich beim Sport-Wandern an folgende Geschichte, die mir mal einfiel:

Ein Ehepaar sitzt beim Mittagessen im Wohnzimmer. „Mathilde, gib mir noch paar von den Kartoffeln", sagte Heinrich, ein 55-jähriger Mann. Mathilde, seine 51-jährige Frau, gab ihm noch ein paar. Das Radio lief. Plötzlich wurde die Musik unterbrochen und ein Sprecher sagte: „Eben haben wir erfahren, daß ein Flugzeug abgestürzt ist. Genaueres werden wir Ihnen mitteilen, sowie wir neue Informationen bekommen." Dann kam wieder Musik. „Hast du gehört, Heinrich, da ist schon wieder ein Flugzeug

* Ich glaube, ich hatte da aber schon einen Videorekorder. 1 Kassette von 1 Stunde kostete 120,- Mark. Karl und ich und noch ein anderer waren die Ersten in Berlin, die einen hatten mit einer Halbstunden-kassette. Die nächsten Kassetten gab es erst 4 Monate später. Ich habe ihn immer noch.

abgestürzt." - „Ja, ja, sowas passiert ja dauernd. Wo soll denn das gewesen sein?" - „Das hat der Sprecher nicht gesagt." - „Ach so, - noch 'n bißchen Soße kannst du mir geben." Nach einer Weile wurde wieder die Musik im Radio unterbrochen und der Sprecher sagte: „Wie wir soeben erfahren, handelt es sich bei dem abgestürzten Flugzeug um eine amerikanische Maschine. Näheres werden wir Ihnen demnächst mitteilen." - „Eine amerikanische Maschine, - die sollen doch aber so sicher sein", sagte Heinrich. „Hast du noch genug Soße oder möchtest du noch welche?" fragte die Frau. „Ich hab' noch", sagte Heinrich und sie aßen weiter. Da wurde die Musik abermals unterbrochen und der Sprecher sagte etwas erregt: „Unter den Passagieren waren auch 20 deutsche Touristen. Näheres ist noch nicht bekannt." - „Was", sagte Heinrich, „hast du gehört Mathilde." - „Oh, wie schrecklich, die armen Menschen. Und gleich zwanzig", sagte aufgeregt Mathilde. „Also ich fahre sowieso lieber mit der Eisenbahn", sagte Heinrich mit vollem Munde, denn er hatte gerade eine Kartoffel im Mund. Dann aßen Sie weiter, und zwar Pudding. Die Musik wurde zum vierten Mal unterbrochen und Heinrich sagte: „Mach' mal bißchen lauter das Radio." Mathilde tat es. Dann hörten sie: „Unter den verunglückten deutschen Touristen ist auch ein Ehepaar aus Kirchheim. Die Herkunft der anderen Passagiere ist noch nicht bekannt." - „Was", sagte aufgeregt Mathilde, „aus Kirchheim, hast du gehört, aus Kirchheim." - „Ja", sagte Heinrich, „mach' doch mal lauter das Radio." - „Na sowas", sagte Mathilde und machte das Radio auf volle Lautstärke, „also daß gerade aus unserer Stadt ein Ehepaar abgestürzt sein soll, ausgerechnet aus Kirchheim, bleib' mal sitzen am Radio, ich hol' nur die Kaffee-Kanne aus der Küche."

Nach 2 Minuten sprach der Sprecher mit ernster Stimme: „Die Herkunft der anderen abgestürzten Passagiere ist noch nicht ganz geklärt. Das Ehepaar aus Kirchheim ist wohnhaft in der Bahnhofstraße." - „Was, aus unserer Straße, stell' dir vor Mathilde, aus unserer Bahnhofstraße, fehlt bloß noch, daß wir die kennen", sagte nun ganz aufgeregt Heinrich. Nun hörten sie auf zu essen. Nach einer Weile sagte der Radiosprecher: „Ich lese nun die bereits bekannten Adressen der anderen verunglückten Passagiere vor." Das tat er dann und Heinrich und Mathilde hörten ganz genau hin. Zum Schluß fügte er hinzu: „Das Ehepaar aus Kirchheim stammt aus der Bahnhofstraße 23." - „Was", riefen beide wie aus einem Munde. „Aus unserem Haus! Das gibt es ja nicht, die armen Leute, machen eine Reise und dann so was", sagte Mathilde und fuhr fort: „Das sind wahrscheinlich die aus der zweiten Etage, na die haben wir doch schon so lange nicht geseh'n. Ach du meine Güte, - da werden wir morgen gleich einen Kranz bestellen." - „Ja", sagte Heinrich innerlich bewegt, „das gehört sich so, stell' dir vor unsere Nachbarn sind verunglückt, wer

hätte das gedacht." Nach 3 Minuten sagte der Radiosprecher: „Auf Anfrage einer Hörerin möchte ich ergänzend hinzufügen, bei dem Ehepaar aus der Bahnhofstraße 23 in Kirchheim handelt es sich: um das Kirchheim in Thüringen bei Erfurt." - - - „Ach so", sagte Heinrich, „aus Thüringen stammen die." - „Und wir dachten die ganze Zeit, hier bei uns aus Schwaben kommen die", rief erleichtert Mathilde und Heinrich sagte: „Mathildchen, gibst du mir noch von dem Pudding bitte."
Das war die Geschichte, die mir mal einfiel.*

Nach dem Sport habe ich mir die Haare gewaschen und getönt. Färben sieht so unnatürlich aus, aber beim Tönen bleiben einige graue Haare grau. Dann bin ich endlich mal wieder einkaufen gegangen, auch für die letzten „Blonden Bilder" habe ich zwei Foto-Rahmen gekauft. Neulich, als „Das Blonde Rock-Quartett" fertig geworden ist, wollte ich unbedingt noch nachts das Bild einrahmen und an die Wand hängen. Aber wie den Nagel einschlagen mitten in der Nacht? In eine Gips-Wand kann man ihn ja mit der Zange reindrücken. Aber bei dieser Wand ging das nicht. Ich habe ihn trotzdem reingeschlagen, mit dem Hammer, mit einem 500-Gramm-Hammer. Und wie? Ich habe den Nagel gehalten und einen leichten Schlag mit dem Hammer gemacht. Das war zwar zu hören, aber niemand wäre darauf gekommen, daß ich einen Nagel in die Wand schlage. Der Nagel steckte schon und nach 5 Minuten machte ich wieder einen Schlag. So was passiert ja manchmal in der Nacht, daß irgendeiner irgendwo gegenrennt. Dann machte ich nach 10 Minuten den dritten Schlag. Dann mal nach 15 Minuten, nach 5 Minuten, - jedenfalls nach neun Schlägen war der Nagel drin, und niemand im Haus hat gemerkt, daß ich einen Nagel in die Wand geschlagen habe mitten in der Nacht, und das Bild hing. Morgen hau` ich den Nagel aber schon bei Tage in die Wand.
2:09 Uhr. Bis morgen!

*****

12. Januar 2001 0:40 Uhr.
Heute habe ich 4 - mal Salz-Wasser gegurgelt. Hoffentlich kriege ich jetzt nicht was, also `ne Erkältung. Morgen geht es nach Hamburg. Vorhin war Karl Dall mit seiner Tochter Janina als Gast in der „Kerner-Show". Er sagte, Inge Meysel käme auch zu seiner Geburtstags-Feier, - na, das wird ja eine Mischung werden. Ich werde mir alles merken und dann berichten. Zur Zeit ist mein Hals ganz gut. So fängt jedenfalls immer die Erkältung bei mir an. Aber heute habe ich sofort mit Salzwassergurgeln angefangen: 1 Teelöffel Salz auf ein Glas warmes Wasser. Gegangen bin ich 1 ½ Stunden. Es war schöner Sonnenschein, 4 Grad plus. Dabei fiel mir eine

* Beim Meditieren soll man ja stundenlang ruhig dasitzen. Ist sowas vielleicht beim Sportwandern auch möglich:
Meditieren
beim Spazieren

Geschichte ein:
Vor ungefähr sechs Jahren hatte ich ein merkwürdiges Erlebnis. Ich machte einen 13 Kilometer-Lauf und unterwegs dachte ich an meine ehemalige Freundin. Ich hatte sie lange nicht gesehn. Es hatte Unstimmigkeiten gegeben, weswegen weiß ich nicht mehr. Sie wohnte damals noch vorwiegend in Berlin, und nur zeitweise auf Lanzarote. Also ich dachte: wie lang hab' ich die eigentlich nicht mehr gesehn, fast ein Jahr. Weswegen eigentlich? Wußte ich nicht mehr so genau. Na ja, ist ja auch nicht so wichtig. Ob ich mal wieder sie anrufen sollte? Ach,- lieber nicht. Wie ich das denke, fiel mir plötzlich etwas auf den Kopf während des Laufens, genau mitten auf den Kopf. Ich blieb stehen und ging die paar Schritte zurück, was da auf meinen Kopf wohl gefallen sein könnte. Da lag ein Vogel auf dem Weg. Ein bunter Singvogel. Ich hob ihn auf und er war noch ganz warm, lebte aber nicht mehr. Ich glaubte aber nicht, daß er durch den Aufprall auf meinen Kopf gestorben war. Ich legte ihn hinter einen Zaun. Am nächsten Tag wollte ich ihn begraben, aber da war er nicht mehr da. Wahrscheinlich wurde er gefressen von irgend einem anderen Tier. Ich dachte: Ausgerechnet als ich da lang laufe, fällt ein Vogel runter.
Nach einigem Nachdenken kam ich aber zu einem anderen Gedanken, nämlich: Ich laufe hier ausgerechnet in dem Moment lang, wo ein Vogel runterfällt.
Wenn ich Auto fahre und es ergibt sich eine brenzlige Verkehrssituation, denke ich ab jenem Tag mit jener Erkenntnis immer: warum muß ich gerade in dem Moment hier sein, wo ein so unsicherer oder dussliger Autofahrer ist. Wäre ich 3 Sekunden später oder früher losgefahren, wäre das erst gar nicht passiert. Man kann sich ja vor dem Losfahren noch die Haare bürsten, und schon entgeht man schlimmen Vorfällen. Oder man rennt ungekämmt zu seinem Auto und entgeht grade mal so - einem aufkommenden Stau.
Jedenfalls rief ich gleich meine ehemalige Freundin an und besuchte sie danach. Ich hatte ihr die Geschichte erzählt. Ich sagte am Telefon: „Ich habe gerade heute beim Dauerlauf an dich gedacht, da fiel mir ein Vogel auf den Kopf, deshalb ruf` ich dich jetzt an." Ja, so war das. Die ein Jahr lange Pause zwischen uns war damit beendet.

Das letzte Bild „Das Blonde Solo" ist fast fertig, nur noch ein paar Korrekturen. Die Nägel in die Wand habe ich heute Nachmittag schon reingeschlagen und die Bilder-Rahmen hängen schon, die ich gestern gekauft habe. Ich werde früh schlafen gehn.
0:57 Uhr GUTE NACHT!

*****

Freitag, der 12. Januar 2001, 11:00 Uhr vormittags. Ich habe gut geschlafen, nachts manchmal Salzwasser gegurgelt, heute früh auch, - und in die Nase rein. Ich fühle mich gut. In einer viertel Stunde kommt gleich mein Tournee-Begleiter hierher. Das Lied kann ich. Kürzungen und Änderungen bringen immer alles durcheinander. 11:38 Uhr.
13:03 Uhr. Ich sitze jetzt im Flugzeug. Der Start verspätete sich um 20 Minuten. Es ist ein kleines Propeller-Flugzeug mit 48 Sitzen. Jetzt geht es los. Der Flug soll 50 Minuten dauern. 13:10 Uhr. Es steht startbereit. 13:12 Uhr. Jetzt hebt es ab. Es drückt ganz schön in den Ohren. Es ist nichts zu sehen. Alles Wolken. 13:50 Uhr. Es geht jetzt runter. Die Räder sind draußen. 13:54 Uhr. 13:58 Uhr. Aufgesetzt. Neblig, Eiskörner.

23:01 Uhr. Ich bin im Hotel. Es ist ein 5 Sterne-Hotel. Pro Nacht kostet es 455,- Mark. Ein Glück, daß ich das nicht selber bezahlen muß. Wir wurden abgeholt vom Flughafen. Die Fahrt bis zum Fernseh-Studio dauerte eine Stunde. Es fand eine Probe statt und anschließend eine Sicherheits-Aufzeichnung. Sechs schöne etwa 25 - jährige Frauen sitzen mir zu Füßen und ich sitze auf einem Sessel und singe „Ich liebte ein Mädchen ... “. Die Idee mit dem Bett wurde nicht genommen. Um 16:30 Uhr war alles fertig. Der Karl war da und freute sich. Es wird auch eine schöne Sendung, und das 90 Minuten lang. Reinhard Mey begrüßte ich. Seit über 25 Jahren habe ich ihn nicht gesehn. Ich habe ihn öfter im Fernsehn gesehn. Er ist Vegetarier. Ich fragte ihn, wie das mit Fisch ist? Ja, Fisch ißt er manchmal, wenn er unterwegs ist und es nichts anderes zu essen gibt. Na ja, wie schon gesagt, die Menschen haben zu Fischen kein Verhältnis, weil man die so selten sieht, weil die im Wasser leben. Jesus soll ja Vegetarier gewesen sein, aber Fisch hat er vielleicht gegessen. Und dann ist man ja kein Vegetarier. Vielleicht war er auch erst am Ende seines Lebens Vegetarier.
Am späten Nachmittag sind wir eine Stunde durch die Stadt gegangen, das Hotel liegt im Zentrum. Ich habe mir im Kaufhaus einen Akten-Koffer gekauft für 80,- Mark. Den gleichen gab es in Leder für 800,- Mark. Verrückt! Da tue ich die Farb-Kopien von den „Blonden Musikerinnen” - Bildern rein für den Bühnenverkauf. Dann gingen wir schön Pizza essen. Ich habe noch Gitarre geübt und nun gehe ich schlafen.

GUTE NACHT!

23:14 Uhr. 12. Januar 2001. Die Kostümbildnerin hatte meinen Sechsschwänzigen Frack gebügelt . Nun sieht er gut aus.*

*****

* Seit meiner 1. Solo-Veranstaltung in Marienthal 1994 trage ich auf der Bühne einen Einschwänzigen. Als ich das 2. Mal in Marienthal war, klappte ich die Tür zu vom Auto und der Schlüssel war drin. Ein Automechaniker kam und versuchte mit einem Bandeisen die Tür zu öffnen. Als er es nicht schaffte, probierte ich es und nach 2 Minuten war die Tür auf. 3 Tage später war ich mit meinem Sohn in Potsdam vor dem Schloß Sancoussi. Da stand ein verschlossenes Auto, bei dem auch der Schlüssel innen steckte, und der Motor lief. Es war ein 2 cm breiter Spalt offen im Seitenfenster. Ein Mann probierte vergeblich (weiter Seite 291)

17. Januar 2001. 1:28 Uhr. Ich war etwas krank und hatte keine Lust zu schreiben. Aber heute geht's schon wieder ganz gut. Am nächsten Tag, also am Sonnabend, am 13., blieb ich lange im Bett. Ich hatte keine Lust aufzustehn und draußen war es neblig kalt. Ich hatte nachts dauernd den Fernseher an. Zwischendurch schlief ich immer mal wieder. Mein Tournee-Begleiter brachte mir heißen Tee ins Zimmer und Brötchen und Camembert. Später kaufte er noch im Reformhaus Gemüse-Suppe ein und brachte sie mir (Konservenbüchse). Um 14:00 Uhr stand ich dann auf. Ich hatte vorsichtshalber Grippe-Tropfen genommen, „Contramutan". Der Hals spickte etwas. Um 15:30 Uhr wurden wir abgeholt ins Fernseh-Studio. Eine Stunde später fand die Generalprobe statt. Ich war ungefähr 20 Minuten nach Beginn dran. Das ging alles glatt. Danach wartete ich in der Garderobe bis es 19.30 war. Dann sollte ich startbereit sein. Vorher war Schminken.

In meinem sechs-schwänzigen Frack wartete ich dann vor einer Treppe. Die sollte ich kurz vorher raufgehn und auf Zeichen dann eine andere hinuntergehn, also ins Bild. Es war ganz schön kalt hinter der Bühne und ich wärmte mir meine Hände an einem Scheinwerfer. Dauernd kontrollierte ich, ob die Gitarre noch stimmte wegen der Kälte. Ich musste ja live singen. Und sie war schön gestimmt. 20:15 Uhr begann die Aufzeichnung, und 20:35 Uhr war ich dran. Eva Herman begrüßte mich und stellte mich vor. Karl saß auf einem Sessel und mußte so tun, als ob er überrascht war, daß ich da war. Ich sagte paar Sätze und dann ging ich zu der Stelle, wo mein Sessel stand und die 6 Mädchen schön angezogen davor saßen, also nicht im Nachthemd. Als ich anfing mit dem ersten Akkord, merkte ich, daß die Gitarre verstimmt war durch die Wärme der Scheinwerfer (Nylon-Saiten). Das Stimmen dauerte so 20 Sekunden und ich sagte dabei ein Gedicht auf:

Ein einzelner Raucher, man glaubt es kaum,
verpestet einen ganzen Raum.
Ein Trinker hingegen so viel ich weiß,
nur ungefähr zwei Meter im Kreis.

Na ja, es wurde gelacht und dann sang ich mein Lied. Dazwischen wurde dünner künstlicher Rauch ins Studio geblasen und ich hatte durch die leichte Erkältung im Hals Schwierigkeiten mit schnellem Einatmen. Es hörte sich so an, als ob ich wegen des Inhalts des Liedes zu japsen anfing. Die Sicherheits-Aufzeichnung vom Vortag war glaube ich besser. Dann wurde ich ins Publikum gesetzt, da wo Karls Geschwister und seine Frau saßen. Nach und nach wurden dann da alle Künstler hingesetzt, die mit ihrem Auftritt fertig waren. Es war eine richtig schöne Show! Und Karl war witzig und schlagfertig, und rettete immer, wenn es mal von den anderen

... mit einem dicken Draht den Zündschlüssel herauszuziehen. Der Autobesitzer fragte mich, ob ich helfen könnte. Ich sagte: „Vor 3 Tagen hab`ich mein Auto aufgekriegt." Da gab er mir den Draht und ich hämmerte mir mit 2 Steinen eine Lasche am Ende des Drahtes. Durch den 2 cm breiten Schlitz im Fahrerfenster kam ich an den Fensterknopf der linken hinteren Tür ran, zog, - und die Tür war auf. Alle jubelten. Es hatten sich inzwischen 20 Leute angesammelt. Merkwürdig an der Geschichte ist, daß ich so etwas noch nie gemacht habe, und dann gleich 2 mal hintereinander.

nicht so doll kam. Es traten auf: Anke Engelke, Paola und Kurt Felix,* Reinhard Mey, Norbert Blüm, Helge Schneider, eine Rock-Band namens - hab' - ich vergessen, ich glaube „Scorpions“ hießen die, Ich, Rüdiger Hoffmann, Mike Krüger und zum Schluß Inge Meysel, die Karl auf den Arm nahm und die Treppe hochtrug, dann auch wieder runter, und danach stellte er sie wieder hin, und alle jubelten. Sie ist 90 Jahre alt. Dazwischen gab es Einspielungen von anderen Künstlern, die Karl gratulierten. Sogar der Bundeskanzler Gerhard Schröder hatte ihm gratuliert über den Bildschirm. Danach wurden alle fotografiert von mindestens 20 Fotografen, eine viertel Stunde lang. Dann zogen sich alle um, ich schminkte mich ab und ein großer Bus fuhr uns alle in ein Lokal in der Nähe vom Hotel. Ingolf war auch dabei, unser früherer Tournee-Begleiter und Organisator. Da wurde dann gefeiert. Ich schenkte Norbert Blüm eine CD „3x7 Liebeslieder”, weil er mir sagte, daß seine Frau das Lied so gut findet „Ich liebte ein Mädchen...”. Leider hätte ich seine Lieblings-Strophe nicht gesungen: Ich liebte ein Mädchen im Wedding, die wollte immer nur Pedding, er wohne nämlich im Bezirk Wedding, wenn er in Berlin als Abgeordneter tätig ist. Anke Engelke schenkte ich auch eine CD, weil da 2 Vegetarische Lieder drauf sind, wie ich sagte, und weil sie ja auch Vegetarierin ist. Eine noch an die Tochter von Karls Schwester, die ich das letzte Mal gesehen hatte, als sie 10 Jahre alt war. Sie ist mit einem Opernsänger verheiratet, mit dem ich mich unterhalten hatte über Singen, und der bei Neumünster eine Veranstaltung mit mir machen will im Juni im „Kuhstall“ in Klein-Kummersdorf.** Um ½ zwei gingen wir dann ins Hotel, mein Tournee-Begleiter und ich. Da schlief ich um ½ drei ein und wachte um ½ vier auf. Da wir um ¾ sechs geweckt werden sollten, schlief ich vor Nervosität nicht mehr ein. Um ½ sieben wurden wir abgeholt zum Flughafen und um 7:50 Uhr ging die Maschine nach Berlin. Es gab sonst nur noch eine um 20:00 Uhr. So lange hatte ich keine Lust mich in Hamburg rumzutreiben an einem diesigen Sonntag. Das Flugzeug landete nach einer halben Stunde in Berlin und um 10:00 Uhr legte ich mich ins Bett und schlief bis 15:00 Uhr. Dann stand ich auf, schlief aber dauernd vor dem Fernseher ein. Am Montag ging ich dann einkaufen und heute habe ich das letzte Bild „Das Blonde Solo” noch verbessert und das neue angefangen „Vegetarier sind die Größten”, also vorgezeichnet mit dem Pinsel und die erste Farbschicht raufgemalt. Hoffentlich kriege ich die ganzen Tiere einigermaßen hin: Elefant, Giraffe, Ziege, Nashorn, Schaf, Esel, Pferd, Gorilla, Orang-Utan, Kaninchen, Mai-Käfer, Reh, Hirsch und in der Mitte sitze ich und spiele Gitarre. Die beiden Affen halten das Schild: Vegetarier sind die Größten! Nun ist es 2:08 Uhr, 17. Januar 2001 , und ich werde schlafen gehn. Am 1. und 2. Februar mache ich ja Schluß mit Schreiben. Bis dahin sind es noch 13 bis 14 Tage. Aber jeden Tag werde ich nicht mehr schreiben.

* Paola rutschte vom aufgeblasenen Plastik-Plansch-Becken paar Meter durch die Gegend. Das war sehr lustig und auch nicht geplant.

** Die Veranstaltung hatte stattgefunden. Zensur „1”.

Vielleicht fällt mir noch ein Liebes-Erlebnis ein. Ich muß mal nachdenken.

GUTE NACHT!

Wie das neue Bild geworden ist, schreibe ich aber noch.

Am 31. Januar 2001 wurde folgendes Glückwunschschreiben von mir in der „BZ“ abgedruckt:

Lieber Karl! (Dall)
Der 60. Geburtstag ist ja eine einmalige Sache im Leben eines Künstlers, weswegen ich auch diese seltene Gelegenheit ergreife, um Dir alles Gute zu wünschen. Du hast ja so viel erreicht im Leben, daß man nur hoffen kann, daß das so bleibt. Zwölf lange Jahre durfte ich mit Dir gemeinsam den Weg nach oben gehen, dennoch gingen sie sehr schnell vorbei. Und du gingst immer weiter, immer weiter, oder gar zu weit? Bedenke: Jeder Bergsteiger muß auch mal wieder runter. Deswegen steige nicht zu hoch. Außerdem soll es ja oben sehr einsam sein. Ich habe ja mit Alkohol und Rauchen aufgehört, aber du beherrschst ja die Weisheit, die ich mal geäußert hatte vor langen Jahren:
Der beherrschte Genuß, ist der wahre Genuß.
Drum trinke ein Gläschen Wein auf mich und drücke in meinem Namen eine Zigarette aus,

Dein Kollege

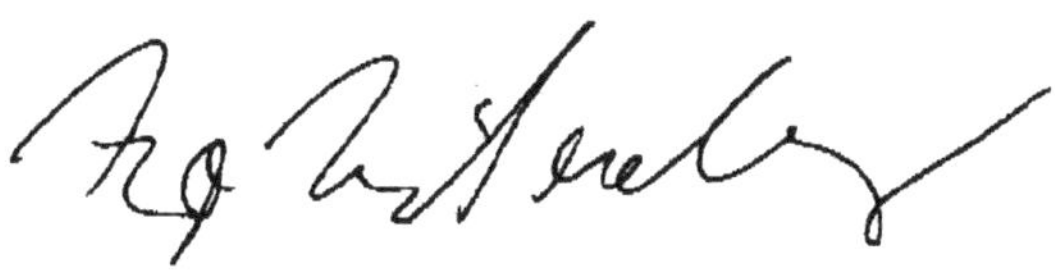

Es tönt ein Ruf von Donnerhall !
60 Jahre wird Karl Dall !

******

1. Februar 2001. 0:19 Uhr
Eben hat der Tag begonnen, an dem ich nun aufhören werde, meine Lebens-Erinnerungen zu schreiben. Eine Fortsetzung wird es wohl nicht geben. Es sei denn, es ereignen sich unglaublich spannende Dinge. Aber möglich wäre es schon, daß ich bei jeder neuen Auflage etwas dazu schreibe. Es hat Spaß gemacht. Nun muß ich noch alles mit der Maschine abschreiben. Korrigieren werde ich nicht sehr viel. Es muß ja nicht so gut werden wie das Werk meines Kollegen Goethe. Die letzten Tage habe ich

nicht viel gemalt: Das Bild „Vegetarier sind die Größten” schleppt sich so dahin. Nur den Elefanten habe ich vorhin fast fertig gemalt. Nach Lanzarote bin ich nicht geflogen. Ich hatte zwar Lust, aber der Antrieb fehlte. Vorhin rief mich meine ehemalige Freundin an und sagte, daß es ziemlich kalt dort wäre zur Zeit. Sie läge schon im Bett, denn im Hause wären nur 16 Grad. Manchmal könnte man dort schon einen richtigen Ofen brauchen. Die kleinen mit Gas-Flaschen beheizbaren Öfen sind auf die Dauer teuer. Vorigen Sonntag, also am 21. Januar, holte ich am Abend ihren Ehemann ab vom Flughafen Tegel. Er war ganz schön lange geblieben. Danach sollte ja ich gleich fahren, aber dafür fahre ich im März nach Lanzarote, da habe ich sehr viel Zeit.

Im Fernsehen gibt es nur noch B.S.E. Du meine Güte!

Für mich als Vegetarier sind das ja keine schönen Bilder. Dauernd wird gezeigt in den Nachrichten, wie Kühe totgemacht werden. Wie ihnen der Kopf abgeschnitten wird. Wie sie mit Kettensägen zerteilt werden. Dazu die Kommentare: Hirn soll nicht mehr verwendet werden für Wurst, Rückenmark auch nicht. Das hört sich ganz schön unkultiviert an. Was da alles in die Wurst reinkommt! Letzten Sonnabend war das „Wort zum Sonntag” im 1. Fernsehn. Eine Pfarrerin erzählte davon, daß man die Tiere nicht als Maschinen betrachten soll, sondern als Mitgeschöpfe, denn von ihnen erhalten wir Milch, Eier und Fleisch. Das Fleisch von Mitgeschöpfen schmeckt wohl besser als das von Maschinen. Immerhin muß man ja so ein Mitgeschöpf erst mal umlegen, damit es einem sein Fleisch schenkt und dazu soll man dann ja beten, wie meine Tante Lenchen immer: Komm Herr Jesus, sei unser Gast, und segne, was du uns bescheret hast, und dann die Zähne in das tote Fleisch rammen.*
Über das Leben von Jesus ist ja gar nicht so viel bekannt. Ich kann mir aber nicht vorstellen, daß er sich einen Truthahn genommen hat, und ihm den Kopf abgehauen hat, den Bauch aufgeschnitten und die Därme rausgeholt hat. Und ihn sich dann gebraten hat und ihm die Beine rausgebrochen hat, wie die verstorbene Frau des ehemaligen Bundespräsidenten Roman Herzog im Fernsehn zur Advents-Zeit. Oder hat Jesus auch Schafe umgebracht, Kühe, Enten, Hirsche, Rehe. Ging er womöglich voll Begeisterung auf die Jagd, so wie viele fromme Jäger das heute noch tun, besonders im frommen Amerika, wo auch schon viele Kinder jagen und angeln und zum töten von Tieren angehalten werden,- und sogar schulfrei kriegen,** - und hat einen 12-Ender erlegt. Na, ich glaube nicht. Ich nehme ja an, er war Vegetarier, so gut, wie er im Ganzen war, würde das auch passen. Bei den Fernseh-Bildern möchte ich mal wissen, ab wann die Menschen Appetit kriegen:

* Beim Muslimischen Opferfest (ZDF 27.02.02 „Reporter”) gehen Eltern mit ihren Kindern zum Schlachthof, suchen sich ein lebendes Schaf aus, und der Vater schneidet ihm die Kehle durch bei lebendigem Leibe. Dann gehen sie nach Hause und essen es. Die frommen Juden schächten auch. Aber da gibt es ausgebildete geprüfte religiöse Schächter-Schlächter (Deutschlandfunk 15.01.02 „Tag für Tag”).

** Leben die Menschen noch in der Steinzeit und benutzen sie die Religion als Tarnung?

Wenn sie die lebende Kuh sehen.
Dann schon?
Wenn sie sehen, wie die Kuh eins vor den Kopf kriegt und umfällt.
Dann schon?
Wenn ihr der Kopf abgeschnitten und abgehackt wird und das Blut läuft.
Dann schon?
Wenn sie mit der Ketten-Säge zerteilt wird.
Dann schon?
Wenn im Fleischerladen der Fleischermeister ein Bein abhackt.
Dann schon?
Wenn er oder seine liebe Frau mit scharfem Messer ein Stück abschneidet.
Dann schon?
Wenn die Hausfrau es in die heimatliche Pfanne legt und mit Salz bestreut.
Dann schon?
Wenn es mit drei Kartoffelstückchen und brauner Soße auf dem Teller liegt.
Dann schon?
Oder erst, wenn man ein Tischgebet gesprochen hat: „Komm Herr Jesus, sei unser Gast, und segne, was du uns bescheret hast, Amen," - während das Mitgeschöpf den Teller ziert.

Nun kann sich jeder aussuchen,
ab wann er schon Appetit kriegt.
(zutreffendes bitte ankreuzen)

Vorhin im Fernsehn im SFB in der Sendung „Quivive" wurde diskutiert über Vegetarier. Eine Ernährungswissenschaftlerin Frau Dr. „Sowieso" sagte, daß es aus familiären und kommunikativen Gründen gut wäre, wenn die Familie um den Sonntagsbraten herum sitzt, wie seit langen Zeiten, und daß Fleisch essen den Menschen Glück bereiten soll. So was Dummes aus gebildetem Munde.* Ich habe da eine Skala aufgestellt.

Wann ist beim Fleisch essen ein Mensch
gedankenlos
gefühlsarm
abgebrüht
brutal
verbrecherisch **

Man kann ja auch zu Kaffee und Kuchen beisammen sitzen, oder zu Whisky und Bier, oder beim Skat spielen, oder bei vegetarischem Mittagessen. Die Leute sind nur zu fantasielos, vegetarisch kochen zu können.

* Warum gehen eigentlich nicht deutsche Eltern mit ihren Kindern zum Schlachthof und zeigen ihnen, wie die gute Wurst gemacht wird???
** In Japan werden Fische, die noch leben, im Restaurant auf dem Teller serviert. Ist das brutal oder verbrecherisch?

Die Menschen, ob gebildet oder ungebildet, suchen sich immer Ausreden zusammen, bloß damit sie nicht darüber nachdenken müssen, nach wieviel Grausamkeit so`n Braten von so' m Mitgeschöpf auf den Sonntags-Tisch kommt. Tierquälerei wollen sie natürlich nicht, aber das Fleisch von glücklich geschlachteten Tieren ist natürlich teurer. Aber zu ihresgleichen, also zu ihrer eigenen Art, sind die Menschen ja noch viel schlimmer. Kein Tier tut so etwas. Katzen quälen zwar Mäuse, aber so schlimm wie die Menschen sind sie dennoch nicht. Und wie oft wurde eigentlich Religion als Kriegsgrund benutzt!

Aus der Sicht unseres Planeten:
Sind die Menschen wertvoller oder die Tiere?

Eine häufige Ausrede ist noch folgende:
Solang es noch so viel Elend bei den Menschen gibt, brauche ich mich nicht um Tiere zu kümmern, die Menschen sind mir wichtiger. Wie kann man sich denn um Menschen kümmern, die in irgendwelchen weit entfernten Ländern leben? Am einfachsten sind noch Spenden-Gelder. Oder soll einer mit 'nem Koffer voll Essen nach dem Sudan fahren. Das ist doch völlig unrationell. Diejenigen, die in Hilfsorganisationen mitarbeiten, können das am besten. Aber es ist ganz einfach und kostet nichts, weniger Fleisch zu essen, oder am besten gar keins. Auf so einfache Weise kann man Tieren helfen. Die Industrie würde sich zwangsläufig umstellen auf eine neue Situation. Die Wirtschaft ist flexibel. Es liegt nur an den Menschen.

Ganz dumme Ausreden haben auch die Jäger. Sie würden für das Gleichgewicht des Waldes sorgen.* Im Winter füttern sie die Rehe, damit sie diese im nächsten Herbst abschießen können. Außerdem gab es lange vor den Menschen die Natur, die bestimmt nicht auf diese intelligenten, oder ihre Intelligenz mißbrauchenden Wesen angewiesen war.

Die Natur braucht den Menschen nicht.

Oder: Wenn alle Vegetarier werden würden, gäbe es viele Arbeitslose mehr. Erst mal werden nicht von einem Tag auf den anderen alle Vegetarier, nicht mal zwangsweise durch B.S.E. . Und außerdem würden sich andere Berufe auftun. Oder gibt es noch Stellmacher, Seiler, Hufschmiede oder Töpfer in großer Zahl? Die älteren Fleischer könnten irgendwann ganz einfach aufhören, und die jüngeren könnten froh sein,

nicht mehr
zwischen
Blut und Knochen,

* Es gibt neuerdings auch Jägerinnen (ZDF 18.01.02 „Flintenweiber"), die stolz darauf sind, einen Haufen Tiere erschossen zu haben. Nun haben die Frauen fast alle Berufe erobert. Es fehlt nur noch „Henkerin". Primitive Stierkämpferinnen gibt es ja auch schon, die genauso wie manche gefühllose Männer unschuldige Tiere mit Stolz und Schwachsinn töten, nach langem absichtlichem Quälen. (weiter Seite 297)

zwischen
Hackebeilen und Fleischwölfen,
zwischen
Kettensägen, Messern und Geflügelscheren,
zwischen
Lungenflügeln und Ochsenschwänzen
zu leben -

sondern Bäcker, Gemüsehändler oder Soja-Wurst-Hersteller werden. Die Arbeitsschürzen wären auch viel leichter zu reinigen. Blutflecke, wie jeder weiß, gehen ja sehr schlecht raus.

Die dümmste Ausrede ist: Das war schon immer so.

Neulich hat man mir gesagt (gesacht),
wie die Würste werd'n gemacht.
Fängt man ganz von vorne an,
ist da erst der Bauersmann.
Kauft sich ein klein Ferkelein,
daraus wird ein großes Schwein.
Füttert's mit Kartoffelschalen,
größer wird's von Mal zu Malen.

Wiegt das Schwein zwei Zentner,
wird es nie ein Rentner.
Bevor es danach trachtet,
wird es flugs geschlachtet.
Man schlägt es auf den Schädel,
das Fleisch bleibt dadurch edel.
Ins Schälchen fließt das Blut,
Das ist für Wurst sehr gut.

Am Haken hängt die Sau.
Nun kommt die Bauersfrau.
Damit es geht noch besser,
schleift sie vorher das Messer.
Erst schneid`t sie raus die Leber
als Vitaminegeber.
Die Vitamine „D"
sind viel dort in der Näh`.

Dann zieht sie raus die Schwärme
der viel gewund'nen Därme.
Gereinigt von dem Kot,
kommt Wurst rein für das Brot.

(Fortsetzung von Seite 296) Leben die Menschen noch in der Steinzeit und benutzen sie die Religion als Tarnung? In Ägypten essen die Menschen nur Tiere, die d o r t getötet werden, - aus religiösen Gründen, und deswegen qualvolle lange Tiertransporte (Deutschland-Funk 4. 2. 2003, 12.45 Uhr).

Die schönen runden Schinken,
die rechten wie die linken,
hängt man dann in den Rauch,
das schmeckt dem Menschen-Bauch.

Ihr lieben süßen Schweine,
Ihr grunzt und schmatzt so friedlich.
Ich esse lieber keine,
ich finde euch sehr niedlich.

Dieses Gedicht machte ich 1967, seitdem hat sich nichts geändert.

Die letzten Tage habe ich nachgedacht, ob mir noch eine schöne Liebesgeschichte einfällt. Ein paar fielen mir noch ein, aber die waren nicht so schön, und schon gar nicht für den Schluß dieses Buches geeignet. Ich wollte mir schon eine ausdenken, aber die würde dann wahrscheinlich zu schön werden, und damit unglaubwürdig.
Heute Nacht, wie schon angekündigt, stoße ich auf Karl an, und zwar 23 Uhr und 59 Minuten und 50 Sekunden. Und 20 Sekunden später, 0 Uhr 00 und 10 Sekunden auf meinen Vater, der dann 111 Jahre alt geworden wäre. Aber wahrscheinlich ist er schon wiedergeboren worden. Er hat zwar an so was nicht geglaubt. Aber das macht ja nichts. Es ist völlig egal, ob man an so was glaubt oder nicht.

Doch noch ein Liebes-Erlebnis zum Schluß: Ich schwärmte mal für eine Schauspielerin, die in einer Serie mitspielte. Irgendwann verliebte ich mich in sie. Dann träumte ich nachts von ihr. Ich weiß nicht, ob ich das schon erwähnt hatte irgendwo hier an irgendeiner Stelle, wenn ja, ist auch egal. Jedenfalls habe ich über diese Träume eine Gitarren-Sonate angefertigt. Die Begleit-Stimmen mit Klarinette, Geige und Flöte muß ich noch machen. Als letzte Liebes-Geschichte ist diese hier aber sehr gut geeignet und deshalb macht es nichts, wenn sie eventuell in diesem Buch doppelt vorkommt.
Der erste Traum: Ich setzte mich zu ihr an den Tisch in einem Garten-Lokal. Sie sah mich, - stand auf und setzte sich an den Nebentisch, und kuckte noch mal zu mir rüber. Dann wachte ich auf.
Der zweite Traum: (Paar Tage später) Ich saß in einem Gartenlokal. Sie kam auf meinen Tisch zu. Als sie da war, sagte ich: „Das Geld, das ich dir geborgt habe, mußt du mir noch nicht so bald zurückgeben.“ Da griff sie in ihre Hand-Tasche und gab mir 700,- Mark zurück. Dann wachte ich auf.
Der dritte Traum: (Paar Tage später) Wir standen in ihrem Hotel-Zimmer. Sie kam auf mich zu und wir umarmten uns ganz fest und sie sagte zu mir:

„Ich möchte, daß du mich niemals verläßt." Und ich antwortete: „Dann brauchen wir uns nie mehr zu trennen. So lange du willst, bleib' ich immer bei dir." Dann lief ich los, um in meinem Hotel meinen Koffer zu packen und beeilte mich, wieder zu ihr zu kommen. Dann wachte ich auf.
Der vierte Traum: (Paar Tage später) Wir saßen auf einem Bett, - und ich gab ihr einen Kuß auf die linke Wange. Da stand sie auf und ich dachte, ich hätte was falsch gemacht. Sie ging einen Schritt durch die Tür, die neben dem Bett sich befand, und redete mit jemand anderem. Aber ihre rechte Hand legte sie dabei auf mein Gesicht und ich küßte sie auf die Innenseite. Dann wachte ich auf.

Nun freute ich mich schon auf den 5. Traum, der wieder eine Steigerung erwarten ließ. Aber er kam nie. Nach einem halben Jahr dachte ich mir dann den 5. Satz für die „Traum-Sonate" einfach aus. Wenigstens die Sonate sollte fertig werden. Aber ich habe ja noch 20 ½ Jahre Zeit. Und wenn nicht, dann eben beim nächsten Mal.

Viel schöner ist ein unerfüllter Traum als eine trostlose Wirklichkeit.

Im 5. Satz der Traumsonate singe ich übrigens folgenden Text zu der Melodie:

Ausgedacht bei einem Lanzarote-Aufenthalt an drei Tagen in drei Stunden auf drei Bergen

Was wär' mein ganzes Leben,
was wär' mein Leben
auf Erden ohne Phantasie.
Keine Gedichte,
keine Geschichte
und keine einz'ge Melodie.
Kein buntes Bild,
es käme kaum
ein schöner Traum.

Heiße Liebe,
wilde Stunden,
Ewigkeit
in paar Sekunden,
bunte Bilder wie ein Paradies,
traumhaft süß.

Was wär' mein ganzes Leben,
was wär' mein Leben
im Himmel ohne Phantasie.
Man kann viel lesen
von fremden Wesen,
doch sehen könnte ich sie nie.
Kein buntes Bild,
der Himmel wär'
so furchtbar leer.

Himmel
Sterne
Licht

Die Traumsonate kommt auf die III. Doppel-CD zusammen mit der Symphonie Nr.1 „der Vollendeten", der Gitarren-Sonate, der Heimat-Sonate „Erinnerungen an Insterburg" und 27 Alten, Schönen, Wertvollen Volksliedern.*

*****

Meine Damen und Herren,
Liebe Jungen und Mädchen!

Jetzt ist es 22:57 Uhr am 25. April 2001. Ich sitze am Schreibtisch und bin fast fertig mit Abschreiben. Es hat ganz schön lange gedauert. Manches konnte ich auch schlecht lesen, habe aber alles rausgekriegt bis auf paar Kleinigkeiten. Mein alter Langspiel-Platten-Spieler läuft erstmalig wieder nach ungefähr 15 Jahren. Ich höre Vicky Leandros' erste LP „Ich bin". Das ist wie eine Zeitmaschine, wenn man nach so langer Zeit Schallplatten hört, die man damals fast täglich gehört hatte, z.B. auf der Fahrt vom Veranstaltungs-Ort zum Hotel in der nächst größeren Stadt. Ich hatte nur noch einen Saphir für den Plattenspieler, und den wollte ich mir aufheben zum Überspielen später mal auf CD. Nun hörte ich, daß es schon wieder Plattenspieler gibt und die dazugehörigen Abspiel-Nadeln, deswegen habe ich beim Abschreiben dieser Texte immer den Plattenspieler laufen lassen. Aber der Grund, weswegen ich Ihnen das hier mitteile ist der, daß ich wieder mal auf Lanzarote war (24.03. bis 07.04.01). Gleich nach der Ankunft fand ich einen silbernen Ring im Sand, den ich nun am linken Ringfinger trage, aber auf dem 2. Finger-Glied nach dem Nagel. Die drei Ringe zusammen sehen jetzt gut aus.**
1975 kaufte ich mir mal ein Smaragd-Armband in Köln in der Hohen Straße bei Hölscher für 10.000,- Mark. Ich hatte mir dort schon vorher eine weiß-goldene Königs-Kette gekauft für 2.500,-Mark. Ich erzählte damals

* Vom 05.08. - 02.09.02 habe ich noch die „Edelstein-Sonate" gemacht: 1. Blauer Saphir 2. Roter Rubin 3. Grüner Smaragd.

** Als Kind hatte ich ein Schatzkästlein mit goldenen Knöpfen, Perlen, Rückstrahlerresten und Weihnachtsbaumschmuckstückchen.

Karl, Peter und Jürgen, das wäre "Höhere Erotik" gewesen als die hübsche Verkäuferin mir das Armband anlegte. Es war auch wirklich ein schönes Gefühl. Danach sah ich noch eine wunderschöne durchsichtige Taschen-Uhr * von Audemars-Piguet, mit Lapis-Lazuli besetzt. Als ich den Preis hörte, nämlich 10.000 (zehntausend) Mark, ging ich gleich wieder raus. Aber nur hundert Meter, dann ging ich wieder zurück und sagte, ich würde sie gern nehmen, hätte aber kein Geld dabei und kein Scheckheft. Da sagte die Verkäuferin: „Das macht nichts Herr Insterburg, sie können die Uhr mitnehmen und überweisen uns dann das Geld, wenn Sie von der Tournee zurück sind." – „Dann unterschreibe ich aber wenigstens eine Quittung", sagte ich. Das tat ich dann und ging unheimlich glücklich zu den andern dreien und nach zehn Tagen, als die Tournee zuende war, über-

wies ich die 10.000,- Mark. In Kreuzberg mit den Kindern damals 1964, fragte ich in dem Laden, der in unserem Hause sich befand einmal, ob ich ein Brot kriegen könnte, da ich für die Kinder nichts mehr zu essen hätte, daß ich aber erst am nächsten Tage bezahlen könnte. Es kostete 52 Pfennig. Der Ladeninhaber sagte nein, er wüßte ja nicht ob ich das dann auch am nächsten Tag zahlen würde. Ich sagte: „Aber ich wohn' doch hier im Haus." Das ginge trotzdem nicht. „Ich habe aber nichts zu essen für die Kinder, ich kriege morgen Geld." So ging das eine viertel Stunde. Es kamen immer mal wieder Leute rein, die er bediente, und danach fragte ich immer weiter.** Dann endlich gab er mir ein Zwei-Pfund-Brot. Ich bezahlte es am nächsten Tag und ging dann nie wieder danach in dem Laden einkaufen. Daran dachte ich, als ich in Köln die Taschen-Uhr bekam, für 10.000,- Mark ohne Bargeld und Scheck.***
Später kaufte ich mir in Idar-Oberstein noch eine Königs-Kette für 2.500,- Mark, eine gelb-goldene, 1972 einen Smaragd- Ring für 14.400,- Mark und 1977 einen Saphir-Ring mit Diamanten für 12.000,- Mark, den ich 1995 meiner ehemaligen Freundin schenkte auf Lanzarote.

* Siehe Seite 316

** In einer Notlage muß man wenn man Kinder hat den Stolz vergessen.
*** Manche sagen, Geld ist nicht wichtig, damit meinen sie viel Geld. Wenn man kein Geld hat, gar kein Geld über lange Zeit, ist es das Schlimmste. Man kann seinen Ausweis verlieren und ist immer noch wer, aber ohne Geld ist man Nichts

Nun zurück zu Lanzarote.
Es war aber insgesamt eine nervöse Stimmung, da meine ehemalige Freundin das Haus neben ihrem gekauft hat mit ihrem Mann, und es zur Zeit renoviert, ja fast sogar umbaut. Ich hatte nichts gemalt, nichts abgeschrieben dort, bin nur mit den beiden Hunden über die Berge gewandert, auch wieder die Drei-Stunden-Tour über vier, eigentlich fünf Berge. Der Abschied war dann ziemlich schnell, so daß die Hunde sich nicht daran gewöhnen konnten allmählich.
Ich stelle sonst immer meinen Koffer schon 3 Stunden vorher auf die Terrasse, dann wissen sie, daß ich abhaue und können sich innerlich darauf einstellen. Diesmal wie gesagt ging es sehr schnell, weil ich mich mit der Zeit vertan hatte. Blondy legte sich auf den Boden und wischte sich mit

der Pfote immer über sein linkes Auge. Es sah so aus, als ob er sich die Tränen abwischte. Na jedenfalls kam es für sie zu plötzlich.

Als ich dann in Berlin wieder war, rief ich meine ehemalige Freundin an und sie erzählte mir, daß Blondy, als sie abends noch mal wegfuhr, ins

Auto hinten reinsprang, und nicht rauszukriegen war. Da hat sie ihn mitgenommen. Blondy kuckte dauernd aus dem Fenster und sie meinte, er hätte mich gesucht. Dann hielt sie ihm den Telefon-Hörer ans Ohr und ich sagte: „Blondy, spazierengehn, mañana, höä, höä." Das letzte, also „höä" soll Bellen sein. Da wischte sich Blondy wieder mit der Pfote über das Auge und Morena ging, nachdem ich mit ihr telefoniert hatte, auf die Terrasse raus, um mich zu suchen. Paar Tage später telefonierte ich wieder mit den Hunden und sie waren danach ganz ausgelassen und fröhlich und sind herumgesprungen. Na ja. So war das .*
Aber weswegen ich eigentlich dieses jetzt schreibe ist folgendes: Am 1. April 2001 um 4 Uhr 30 träumte ich den „Fünften Traum!!!" Das heißt, da der 5. ja schon gemacht worden ist für die Gitarren-Sonate, habe ich ihn für den 6. genommen und gleichzeitig beschlossen, auf den 7. zu warten. Dann war ich aber so drin im Notenschreiben, daß ich den 7. auch gleich noch aufgeschrieben habe, aber wieder leider nur ausgedacht. Aber der sechste, der sechste, na, das war aber was. Ich wachte ganz aufgeregt auf morgens um halb fünf. Obwohl es der 1. April war, war es dennoch kein April-Scherz, es sei denn, alle Träume wären April-Scherze.
Der sechste Traum: Ich sah sie in einem Fernseh-Studio und winkte ihr zu. Sie zögerte kurz, kam dann aber zu mir hin. Wir unterhielten uns etwas. Dann kamen wir uns körperlich näher, ich berührte mit meinem Gesicht das ihrige, dann küsste ich sie auf die Wange und dann drehte sie ihr Gesicht zu mir und wir begannen uns zu küssen, erst zaghaft, dann innig-lich. Aber nicht so 'ne Ablaberei wie in Filmen des öfteren, sondern schön gefühlvoll. Dann umarmten wir uns ganz fest mehrere Male, unterhielten uns über berufliche Dinge, und sie sagte, daß sie demnächst 3 Monate frei hätte, und ich sagte, ich hätte auch Zeit und würde sie mir, wenn nicht, einfach nehmen. Das werden drei schöne Monate. Dann wachte ich auf. Jetzt verstehen Sie, warum ich Ihnen das unbedingt mitteilen mußte. Hoffentlich dauert es bis zum 7. Traum nicht auch wieder eineinhalb Jahre. Ich habe gerade nachgesehn, den 4. Traum hatte ich am 25. 0ktober 1999. Und hoffentlich ist der 7. Traum dann auch so, daß ich den nun schon fertigen Satz nicht noch mal umschreiben muß. Nun zurück zu meinem Manuskript. Viel ist es ja nicht mehr. Die hier ist die 186ste abgeschriebene Schreibmaschinen-Seite. Ich schreibe mit 2 Fingern.**

*****

1. Februar 2001. 22:59 Uhr.
Ein Glück, ich habe wieder Lust zu malen. Das Nashorn ist fast fertig, das Pferd, die Giraffe und der Esel auch fast. Heute lief ja Karl Dall's Geburtstags-Show. Sie ist wirklich gut geworden und trotz 1 ½ Stunden

* Manche Menschen behaupten ja, Tiere haben keine Seele. Solche Menschen sind bescheuert.
** Ungefähr 2 Schreibmaschinenseiten sind 3 Buchseiten

nicht langweilig. Ich war ja ziemlich am Anfang dran. Im Spiegel sehe ich mich ja nur immer von vorn. Mit zwei Spiegeln sieht man sich von hinten und von der Seite auch nicht so gut, aber heute im Fernsehn, es war im 1. Programm ARD 20:15 Uhr, fand ich mich dann doch zu kurz geschoren. Ein Glück, daß die Haare ja immer wachsen. Den Bart lasse ich mir auch wieder stehn. Aber ziemlich kurz.
Als ich in Wien war 1959, wollte ich mal ausprobieren, wie ich mit Bart aussehe, und rasierte mich ein paar Tage nicht. Dann fand ich es ganz gut, ich bin ja gelernter Kunst-Maler, und ließ mir hinfort einen Bart stehn. 1964, als ich mit meinem jüngeren Sohn allein in Kreuzberg wohnte, nahm ich ihn mal ab, und rasierte mich in der Küche vor dem Ausguß.* Als ich dann ins Zimmer ging und meinen kleinen Sohn rief, wollte der nicht kommen, weil ich ihm fremd aussah. Meine Frau war gerade zu Besuch, und ich nahm mir aus ihrer Schmink-Tasche einen Augenbrauen-Stift. Damit malte ich mir einen Bart an in der Küche. Als ich dann ins Zimmer ging, kam mein Sohn wieder zu mir, weil ich nun wieder normal aussah. Dann nahm ich ihn auf den Arm und wischte mir den Bart wieder ab. Jetzt wußte er, daß ich derselbe bin. Paar Tage später ließ ich ihn wieder wachsen, weil das Rasieren weh tat. Vor vier Jahren nahm ich ihn mir dann ab, kam mir aber vor, wenn ich mich im Spiegel sah, wie einer, der durch eine Operation sein Gesicht verändert hat. Nun habe ich wieder einen kurzen Bart.**
Mein Lied in Karl Dall's Geburtstags-Show kam gut an.
Sie haben die Fassung vom Sonnabend genommen, also nicht die Sicherheits-Fassung vom Freitag. Ich habe ganz schön nach Luft geschnappt wegen der beginnenden Erkältung. Aber es sah nach Absicht aus, wie mir meine Schwester aus Österreich am Telefon nach der Sendung sagte. Sie ist ja Krankenschwester.

An dem Bild werde ich noch paar Tage malen. Gar nicht so einfach, all die Tiere aus dem Gedächtnis zu malen. Hin und wieder taucht ja eins im Fernsehn auf, besonders viel Elefanten. Eine Giraffe war auch da, und ich sah, daß sie am Hals-Rücken kurze stopplige Haare hat, die ich gleich hinzugefügt habe. Wenn ich alles abgeschrieben haben werde, wird das Bild natürlich fertig sein, und ich werde es im Nachtrag noch erwähnen. Auch andere Sachen bis zur Abgabe in der Druckerei. Dann ist Schluß. Ich lasse 3000 Stück drucken, und da kann ich nicht in 3000 Büchern handschriftliche Mitteilungen anfügen. Das ist zu viel Arbeit. Aber ich werde vielleicht Foto-Kopien einlegen.
So, jetzt bereite ich mich auf das Anstoßen auf Karls und Papas Geburtstage vor. Ich habe mir eine gute Flasche alkoholfreies Bier gekauft. Es war schön, für Sie aus meinem Leben zu erzählen. Ich bin mal gespannt, wer alles das bis zum Schluß zu lesen schafft. Im Anhang kom-

* Siehe Zeichnung Seite 317
** Etliche sagten, ohne Bart sähe ich aus wie Joschka Fischer, unser Außenminister. Es muß aber heißen: Joschka Fischer sieht aus wie ich, denn ich bin ja schon viel eher auf der Welt als er.

men ja noch die Märchen, Raucher- und Trinkerlyrik, die Instrumenten-Geschichten und das jetzige Programm „Kunst und Müll", das ich zur Zeit auf der Bühne mache. Es ist jetzt 23:13 Uhr und ich muß mich vorbereiten.

AUF WIEDERSEHN !

Übrigens ich habe vor 5 Tagen einen Test gemacht: 20 Hasel-Nüsse, etliche Cashew-Kerne, Para-Nüsse und Mandeln gegessen, gegen die ich vorher allergisch war. Ich kriegte auf der Kopfhaut immer Entzündungen. Ich habe keine gekriegt, also den Test bestanden! Es lag wohl tatsächlich an der einen Amalgam-Füllung, daß ich 10 Jahre lang nicht Nüsse essen konnte, obwohl sie wahnsinnig wichtig sind für Langstreckenläufer. Pro Kilometer hatte ich immer eine Hasel-Nuß gegessen.* Die Amalgam-Füllung fiel mir vor 1 ½ Jahren raus und jetzt habe ich eine andere Füllung, ich glaube Keramik, drin. Meinen letzten Milchzahn verlor ich, als ich 16 Jahre alt war. Ansonsten habe ich noch alle Zähne, angewachsene natürlich, nicht rausnehmbare. 1987 war ich das erste Mal bei einem Zahnarzt. Der obere linke Schneidezahn tat mir weh. Marian empfahl mir Berni in der Potsdamer Straße. Bei ihm bin ich immer noch. Es hat bei ihm nie weh getan. Danke Berni!
Ich weiß, wie man sich am besten einen Zahnarzt sucht, wenn man wissen will, wer gut ist. Man geht zu irgendeinem Zahnarzt, und fragt den, wo er sich behandeln läßt, wenn er mal was hat. Und zu dem geht man dann hin.

Die armen Menschen in den vorigen Jahrhunderten.

Ansonsten war ich selten krank. Alle paar Jahre mal Grippe. 1970 hatte ich den ersten Hexenschuß. Durch das Dauerlaufen ging er aber meistens weg. Paarmal mußte ich aber doch zum Arzt. Auch half mir oft eine Masseurin, die hauptsächlich elektrischen Strom benutzte. Ich brachte ihr Klarinette spielen bei und dafür musste ich weniger bezahlen. Sie ist ungefähr 10 Jahre älter als ich.
Am Mittwoch, vor meinem letzten Marathon-Lauf am 25. September 1994, war ich in Mühlheim kurz vor Frankfurt/Main. Abends hatte ich dort eine Vorstellung, schon allein, ohne die Neue Gruppe. Am Vormittag wollte ich einen 20-km-Lauf machen. Aber nach 5 km bekam ich Herzrasen. Ich ging langsam und dann war da auch gleich ein Dorf mit einer Apotheke. Dort kaufte ich Magnesium-Tabletten, Magium-K-forte, und schluckte gleich 6 Stück mit Wasser aus der Apotheke. Nach 5 – 10 Minuten war das rasende Herzklopfen vorbei. Das Herz machte tak-tak-tak, so schnell, wie man es mit dem Munde gar nicht machen kann, und wurde von einem Moment auf den anderen wieder normal. Da hatte ich aber keine Lust mehr auf die 20 km und rannte die 5 zum Hotel zurück. Beim Auspacken der

* Dann bekam ich keinen Muskelkater, auch keine Krämpfe. Meine größte Lauf-Leistung war 1982: Sonntag 30 km, Montag bis Freitag je 20 km, Sonnabend 30 km, macht zusammen 160 km in einer Woche. Einmal bin ich 10 Tage lang vormittags 20 km gelaufen, mittags 6 km gepaddelt mit dem Wildwasser-Kajak und abends 20 km Rennrad gefahren.

Instrumente am Abend holte ich mir die Vorstufe zum Hexenschuß durch unvorsichtiges Heben. Am anderen Morgen beim Aufsteh`n hatte ich ihn dann. Ich quälte mich die 600 km nach Hause mit dem Auto und konnte mir nur schwer die Schuhe zu machen. Freitags ging ich zu der Masseurin, - sie wohnt gleich bei mir um die Ecke, - und sie schaffte es binnen kurzem, mir den Hexenschuß zu vertreiben mit ihrem elektrischen etwas kräftigerem Strom. Danke Frau Kunze. Am Sonnabend ging ich vorsichtshalber noch mal hin und sie massierte den Rücken, und am nächsten Tag lief ich den Marathon-Lauf problemlos in 4:18:17 .

Vielleicht mache ich ja noch einen, wenn ich siebzig bin.
Vor einem Marathonlauf schlafe ich immer kurz und schlecht. Um 5:00 Uhr steh` ich auf und bin um 7:00 Uhr in einem Café. Das Problem ist immer, das Essen von den Vortagen loszuwerden. Das probiere ich in dem Café zum 2. Mal, zu Hause das 1. Mal. Am Start sind viele Toiletten-Wagen. Aber man muß lange Schlange stehen und man hört und riecht was die anderen am Vortage so alles gegessen haben. Deshalb gehe ich ins Grüne für das 3. Mal. Das ist äußerst wichtig. Einmal musste ich nötig ab km 37. Ich glaube, es kündigte sich ein Durchfall an. Da musste ich gehen, um nicht in die kurzen Hosen zu machen. Manche machen das, wenn eine Bestzeit in Gefahr ist. Im Ziel ist dann alles auch wieder trocken oder angetrocknet. In meinem Fall gab es keine gute Zeit zu verlieren und ich ging bis zum Fehrbelliner Platz und setzte mich ins Grüne. Die letzten 2 ½ km lief ich dann erleichtert über den Kurfürstendamm ins Ziel. So war das. Doch 10 Minuten hatte ich verloren. Aber besser als das andere. Bei Aussicht auf Bestzeit wäre ich natürlich durchgelaufen. Zurück zum Hexenschuß.
Seit fünf Jahren mache ich immer abends im Bett vor dem Einschlafen etwas Gymnastik. Auf dem Rücken liegend ziehe ich die Beine an und lasse sie zur Seite wippen, rechts und links. Dann ziehe ich jedes Bein nochmal einzeln an. Diese Bewegungen erzeugen in mir ein Wohlgefühl,* also müssen sie richtig sein. Seitdem hatte ich keinen Hexenschuß mehr. Wenn sich mal einer ankündigt durch einen leichten Druck hinten am Rücken, mache ich 2 – 3 mal am Tag zusätzlich diese Übung, - dann auf dem harten Teppich liegend, - das ist nach meiner Erfahrung wirksamer, - und ich kriege ihn erst gar nicht. Zudem mache ich „Versteckte Gymnastik". Meine Tee-Kännchen, gefüllt mit Brennesseltee und Löwenzahntee hauptsächlich, stehen so weit weg von meinem Platz auf dem Sofa, daß ich mich immer stark vorbeugen muß, wenn ich rankommen will. Außerdem ist die Chinesische Teeschale so klein, daß ich dauernd nachkippen muß. Das Schwerste, was ich heben muß, sind die Ton-Boxen. Sie wiegen 16 Kilo. Das geht auch ganz gut, wenn es nur mal kurz

* in der Bauchgegend

ist. Sonst helfen mir immer andere. 1961 fragte mich mal meine damalige Frau auf dem Nach-Hause-Weg kurz vor der Haustür in der Panierstraße in Neukölln, wie stark ich eigentlich wäre. Ich sagte: „Ich kann Dich die 4 Treppen hochtragen." Dann trug ich sie Hucke-Pack bis zum Dachboden, 5 Treppen. So stark war ich damals. So, das wollte ich noch erzählen. 23:19 Uhr.

*****

23:57 Uhr, noch erster Februar 2001
Ich habe eben noch mit meiner ehemaligen Freundin auf Lanzarote telefoniert. Sie fand die Sendung auch gut, besonders mich natürlich, aber auch die Anke Engelke, die „Happy Birthday" auf „Sexy" gesungen hat. Das Lied kann ich ja nicht leiden, aber so, wie sie es gesungen hat, gefiel es mir sogar. Außerdem ist sie Vegetarierin.

23:59 Uhr und 45 Sekunden. Achtung!
Prost Karl! (Ich nehme einen Schluck).
Prost Papa! (Ich nehme einen Schluck).
0: 00:15 Uhr

ENDE
E N D E
E N D E
E   N   D   E
E   N   D   E
E   N   D   E
E   N   D   E

<u>Nachtrag 20. Februar 2001, 0:06 Uhr.</u>
Das Bild „Vegetarier sind die Größten" ist gut geworden. Es war am 7. Februar 2001 fertig (Seite 527).
Eine Liebes-Geschichte gibt es noch. Vielleicht ist sie die schönste. Sie ist hundertprozentig wahr, und doch vielleicht hundertprozentig unwahr.

V I E L L E I C H T

Ich hatte sie erlebt 1975, ungefähr im April-Mai. Es war eines der letzten Erlebnisse, das ich hatte, was das Hinaustreten aus dem eigenen Körper betrifft. Wie schon erzählt, durchfährt den Körper ein Ruck, der angstvolles Gefühl verursacht, weil eine Art Körper-Starre, eine Art Gelähmtsein den Menschen befällt, und wenn man Bescheid weiß, kann man sich aus dem

Körper lösen. Jedenfalls bei mir war das jeweils so. Ich war immer etwas ängstlich in diesem Zustand, und brachte mich meist nach 30 bis 60 Sekunden durch einen mit großer Konzentration vollführten Ruck wieder in den Normal-Zustand, d.h. ich war wieder drin in mir, drin in meinem Haus oder Auto oder in meinem Körper. Also ich traf in diesem Zustand ein Mädchen und wir umarmten uns. Wir waren so beschaffen wie nackte Schaufenster-Puppen, nämlich ohne die Werkzeuge der körperlichen Liebe. Wir waren nackt. Wir umarmten uns wie gesagt, und drückten unsere Körper gegeneinander. Und in dem Moment empfanden wir das Gefühl der körperlichen Liebe, was einem beschert wird am Ende der Liebesmühen, der wunderschönen Mühen, und nur paar Sekunden dauert. Hier dauerte es aber so lang, wie wir unsere Körper unten aneinanderdrückten, also ungefähr 30 Sekunden lang. Nachdem wir das ein paar Male getan hatten, ging ich schnell wieder zurück in meinen irdischen Normal-Zustand. Na, dachte ich damals, das ist ja etwas ganz Phantastisches, etwas Wunderbares. Als ich das mal meinem Konzert-Manager, dem Frank Nietsch erzählte während einer Tournee, auf der er mit war, sagte er: „Na, das sind ja schöne Aussichten!"

Gaudeamus igitur!

(Fertig abgeschrieben auf Schreibmaschinen-Papier
26. April 2001, 1:11 Uhr.)

<u>2. Nachtrag:</u>
Vom 20. Mai bis zum 3. Juni war ich nun wieder auf Lanzarote. Dieses Mal habe ich schon dreieinhalb Stunden vorher die Koffer auf die Terrasse gestellt, damit die Hunde sich an den Abschied gewöhnen konnten. Sie waren dann zwar auch traurig, aber nicht so überrascht wie beim letzten Mal. Außerdem hatten sie auch von den Wanderungen erst mal genug. Nach einer Zweistundenwanderung waren sie so erledigt, daß sie das Wasser im Liegen tranken, wobei sie fürchterlich japsten. Es war auch sehr heiß gewesen, - 30 Grad - und kein Wind. Meine ehemalige Freundin brachte bis nachts um zehn die schwarzen Lava-Steine an die Wände des neu erworbenen Hauses mit selbstgemischtem Mörtel im starken Wind stehend wie in Sibirien verpackt und vermummt. Aber nun ist das fertig alles. Ich hatte fünf Bilder gemalt und bin nun wieder glücklich zu Hause. Übrigens, das Klavierstück (S. 63), das ich auf der Gitarre spiele, ist der zweite Satz einer Sonatine von meinem Kollegen Beethoven. Ich hatte in den Notenbüchern meiner ehemaligen Freundin geblättert und das entdeckt. Der 1. Satz dieser zweisätzigen Sonatine gefiel mir auch so gut, daß ich ihn gleich lernte, aber in A-dur. Somit kann ich jetzt vier Sachen von Beethoven.*

* Am 20. August 2002 bekam ich einen Anruf 40 Minuten vor einer Veranstaltung in Kiel von meiner ehemaligen Freundin aus Lanzarote, daß ihr lieber Hund Blondy gestorben ist. Jemand war 10 Stunden in den Bergen mit den Hunden gewesen mit sehr wenig Wasser. Morena überlebte sehr geschwächt. Meine ehemalige Freundin hat tagelang geweint. Blondy hat bestimmt eine Seele und ich spüre sie manchmal.

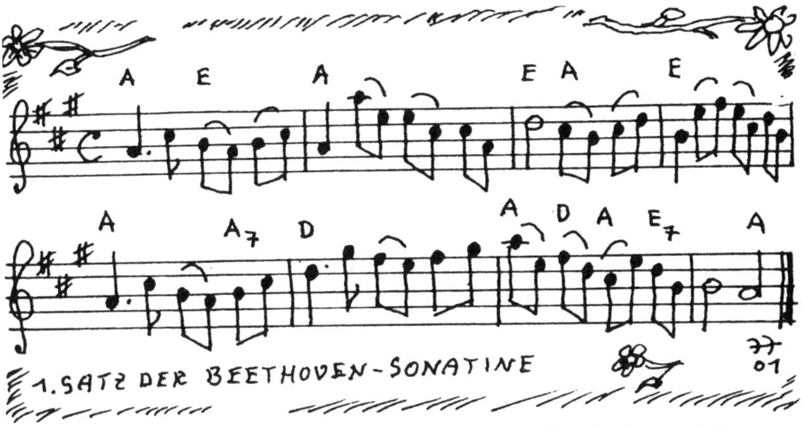

Übrigens, Pablo ist inzwischen weg. Wahrscheinlich in Argentinien.

<u>Letzter Nachtrag</u>

Vom 19. August 2001 bis zum 26. war ich wieder auf Lanzarote, von Sonntag zu Sonntag. Es war eine richtig schöne Woche. Gleich am nächsten Nachmittag hat mir wie immer meine ehemalige Freundin die Haare geschnitten, und die Augenbrauen. Ihre Tochter war auch da mit ihrem Freund. Er ist Franzose: die Mutter Italienerin, der Vater Franzose. Sie hat ja eine Koreanische Mutter und einen Deutschen Vater. Sie treiben auch Sport: Sport-Wandern, Dauerlauf, Mountain-Bike fahren und Schwimmen. Die Hunde, Morena und Blondy, waren deshalb gut trainiert. Sie können zwar frei rumlaufen, aber Sport treiben sie nicht ohne die Menschen. Ich ging jeden Tag mit ihnen über die Berge, anderthalb bis zweidreiviertel Stunden. Manchmal waren wir zu viert, zu fünft oder gar zu sechst, die Hunde mitgerechnet. Den Hunden hatte ich vegetarische Würstchen mitgebracht, aus Soja-Eiweiß. Blondy hat zwei gegessen, Morena nicht. Blondy ist sowieso intelligenter. Kurz bevor ich mir die Laufschuhe anzog, nahm er den einen und trug ihn zum Tor. Da sagte ich: „Bring' ihn wieder her." Da kam er angerannt, aber ohne den Schuh. Da sagte ich: „Bring den Schuh her!" Da holte er ihn und brachte ihn wieder. Damit ich ihn anziehen konnte. Das ist schon ganz schön, wenn man bedenkt, daß ihm keiner das beigebracht hat. Mehrere Menschen waren Zeugen bei diesem Ereignis. Morena stand aber wie dumm daneben. Na ja, die Fleisch-Esser.

Einmal war ich schwimmen, das Wasser 20 Grad. Und einmal habe ich mit meiner ehemaligen Freundin Klavier und Geige gespielt, eine Mozart-Sonate, ich Geige.

Sieben kleine Schnelle Aquarelle habe ich gemalt, etwas größer als Din A 4. Sonst geschah nichts Besonderes, außer daß Blondy sich übergeben hatte auf der Terrasse, und zwar dreimal, an verschiedenen Stellen. Aber als ich mit dem Küchen-Rollen-Papier ankam, hatte Morena schon alles aufgeleckt. Blondy hatte sich vorher nur die paar Leckerbissen, die ich ihm kurz davor zu essen gegeben hatte (kleine Käse-Stückchen) rausgesucht und wieder gegessen. Als die dritte Pfütze weggeleckt war, konnte man gar nicht mehr sehen, wo mal was war, - so sauber ist Morena. Die Hunde essen oft grüne Blätter von der Garten-Hecke, aus medizinischen Gründen, und am nächsten Tag übergeben sie sich dann. Nach den Vegetarischen Würstchen hat Blondy natürlich nicht gekotzt.

Eine neue Gitarre hatte ich mir gekauft für 400,- Mark. Sie spielt sich sehr leicht und klingt ganz gut. Danach noch 4 Paar Stoff-Schuhe für meinen Tournee-Begleiter, die er gut beim Taxi-Fahren tragen kann, und für mich.* Ach so, - in der letzten Nacht wachte ich um 7:00 Uhr auf und schlief noch mal von 8 bis 9. Da träumte ich von der Frau wieder, die von der Traum-Sonate, von der ich schwärme: Ich saß im Flugzeug und sie paar Reihen hinter mir. Dreimal schaute ich mich nach ihr um, beim vierten Mal sah ich, wie sie einem Mann einen Kuß gab, der neben ihr saß. Da dachte ich: dann suche ich mir eben eine Andere, für die ich schwärmen kann. Und danach wachte ich auf. Darüber mache ich natürlich kein Musikstück. Eigentlich hatte ich ja auch auf ein ganz anderes Traum-Erlebnis gewartet. Na ja, so war das.

Die Tochter meiner ehemaligen Freundin und ihr Freund brachten mich zum Flughafen und winkten bis zum Schluß, bis ich dann die Gangway entlang ging. Die Hunde waren diesmal nur ein ganz klein wenig traurig, weil die beiden ja noch eine Weile dableiben, 14 Tage.
In einer anderen Ferien-Anlage wohnt ein Kater, der heißt Carlos. Er wurde kastriert. Seit einem halben Jahr hat er eine Freundin, die heißt Carla und hat keinen Schwanz mehr. Wenn man sie streichelt, ist das etwas ungewohnt. Beide werden gefüttert von meiner ehemaligen Freundin oder ihren Gästen. Auch besucht sie einen Hund, der zeitlebens angebunden ist allein vor einem Ferienhaus, und gibt ihm Essen und Zecken-Mittel. Von den Besitzern kriegt er ein - oder zweimal in der Woche zu essen und zwei große Steinbehälter voll Wasser. Manche Menschen sind unwürdig Tiere zu haben.

27. 08. 2001, 10:28 Uhr
Jetzt sitze ich zu Hause an meinem im 18. Jahrhundert nachgebauten Barock-Schreibtisch und schreibe das ab, was ich im Flugzeug hin und zurück geschrieben habe. Nun wird es Zeit, daß das Buch gedruckt wird, sonst kommt immer mehr dazu. Es ist jetzt genau 14 Uhr 47 und 49

* In Berlin habe ich sie schon bis minus zwölf Grad angehabt zum Einkaufen gehen, auch im Schnee.

Sekunden, am 27. August 19 -, natürlich nicht, sondern 2001 nach der neuen Zeitrechnung, seit dem Jahre „Null", das es ja gar nicht gab. Aber so sind die Menschen.
Meine ehemalige Freundin hat mir einen Kim-Chi-Eimer voll Gemüse-Pfannkuchen mitgegeben, selbst gebratene, mein Lieblings-Gericht. Davon werde ich jetzt essen. Guten Appetit!
Ihr, Euer
Ingo Insterburg

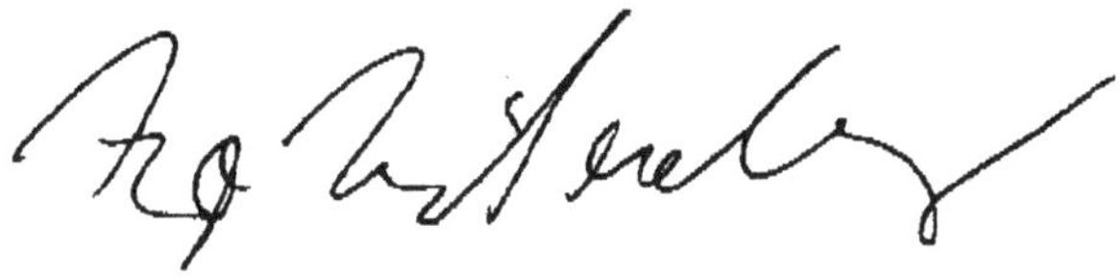

28. August 2001, 4:04 Uhr
Heute hat mein Kollege Goethe Geburstag. Mal seh`n ob wir feiern

<u>Allerletzter Nachtrag</u>
Heute, am 6. September 2001, 18:46 Uhr schreibe ich so ziemlich das letzte. Ich habe mir schnelltrocknende Winterhemden im Sportgeschäft gekauft, als Unterhemden, aber sie sehen auch als T-Shirts gewissermaßen, gut aus, besonders meine 3 goldenen Ketten wirken schön. Ich fuhr mit dem 129er Bus nach Hause. An der Wilmersdorfer Straße stieg eine alte Frau zu, die sehr schlecht nur noch gehen konnte, und eine, die noch schlechter gehen konnte, ebenfalls. Beim Einsteigen hielt sich die, die noch schlechter gehen konnte, an der fest, die schlecht gehen konnte, wobei diese auf die Knie fiel auf den Bus-Boden. Da half ich ihr auf, sonst keiner. Jetzt spickt es ein bißchen an meinen Rückenwirbeln, ich muß Zusatzübungen machen, um keinen Hexenschuß zu kriegen. Was so alles passiert ?!?

<u>Aller, allerletzter Nachtrag</u>
10. September 2001, 17:32 Uhr.
Ich sitze im Wiener Café und habe Nuß-Torte mit Sahne gegessen. Ich habe ein glückliches Gefühl seit 15 Minuten. Vor 7 Minuten war hier direkt vor mir eine 96-jährige Frau versehentlich umgefallen, weil sie dachte, hinter ihr wäre ein Stuhl, auf den sie sich setzen wollte. Ich versuchte, sie hochzuheben, aber sie war sehr schwer. Mit Hilfe ihrer 45-jährigen Nichte ging es dann aber. Mein armer Hexen-Schuß-Rücken! Nun muß ich schon wieder Sonderübungen machen. Von den anderen Leuten hat keiner geholfen. Sie denken wahrscheinlich, das ist Fernsehen, und im Fernsehen kann man nicht eingreifen.*

* In manchen Fernsehsendungen wird gezeigt, wie Menschen stürzen, stolpern oder schmerzhaft fallen, und das Publikum im Fernsehstudio klatscht Beifall und lacht. Ich möchte mal wissen, ob solch ein Verhalten gefühllos ist oder Dummheit, wahrscheinlich beides

Beim Marathon-Lauf schaute ich mal zu am Ku-Damm, Ecke Uhlandstraße. Zuerst fahren immer die Rollstuhl-Fahrer. Zwei kamen sich ins Gehege und einer kippte um. Nach einer Schreck-Sekunde lief ich hin und hob ihn auf, damit er die letzten 300 Meter ins Ziel fahren konnte. Tausende sahen das. Nur einer kam dazu, aber da war ich schon fertig. Vielleicht dachten sie, das wäre Fernsehen.
P.S. Meine ehemalige Freundin rief mich an aus Lanzarote: die Katze Carla wurde von einem Auto totgefahren. Der Kater Carlos saß lange daneben und trauerte. Nun bleibt er immer einige Meter weg von der Straße. Die schwanzlose Carla wurde begraben.*

Aller, aller, allerletzter Nachtrag unmittelbar vor der Abgabe in der Buchdruckerei.

Heute ist Dienstag

der dreizehnte November

Zweitausendundeins

Jetzt gebe ich das Manuskript in der Druckerei ab. Meine Arbeit ist damit getan. Frank Nietsch hat alles druckfertig im Computer gespeichert und das Layout gemacht (Herzlichen Dank für die Geduld). Zeichnungen und Noten sind auch schon längst fertig. Hat ganz schön lange gedauert. Ich habe mir gut überlegt, wie dieses Buch gebunden werden soll, und mich für eine schlichte einfache Weise entschieden, damit Sie es überallhin mitnehmen können, in den Urlaub, in die Schule, in die Universität, zur Arbeit, in den Bastel-Keller oder auf den Dachboden, in den Übungsraum oder in den Konzertsaal, oder in die Badewanne. Einige Exemplare aber werde ich vornehm einbinden lassen z.B. für Hochzeitsgeschenke oder zur Taufe. Wenn Sie wollen, kann es Ihr ständiger Begleiter werden. In Kriegs- oder Krisenzeiten ist es ein wertvolles Brennmaterial zum Kachel-Ofen-Heizen. Für sanitäre Zwecke ist es zu hart. Die Bilder und Zeichnungen, Noten und Lebensweisheiten, kann man sich rauslösen und für immer behalten. Ich freue mich nun auf das fertige Buch!!!!!!!

Es ist jetzt Zwölfuhrneunundfünfzigundneunundfünfzigsekunden.

* Meine ehemalige Freundin hat seit Sommer 2005 ein Huhn. Es heißt Antonia. Morena hatte es als Junghuhn ins Haus gebracht in seinem Maul. Die beiden Katzen Oskar und Bianca, Morena und Antonia verstehen sich gut alle miteinander und laufen frei herum. Morena hatte auch mal eine ganz kleine Katze nach Hause mitgebracht. Die hat meine ehemalige Freundin aber verschenkt. 5. August 2005: Seit 3 Wochen hat sie wieder eine kleine neue Katze, sie heißt Princessa. Oskar spielt den ganzen Tag mit ihr.

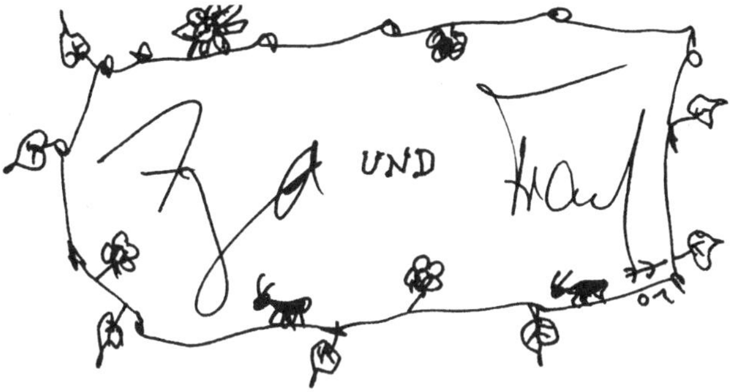

Auf dieser letzten Seite können Sie damit anfangen, Ihr eigenes Leben aufzuschreiben. Viel Spaß !!!!!!!
Einen Hexenschuß habe ich zum Glück nicht bekommen, dank der Übungen.

Auf Wiedersehen!

Erste Autogrammkarte von "Insterburg & Co"

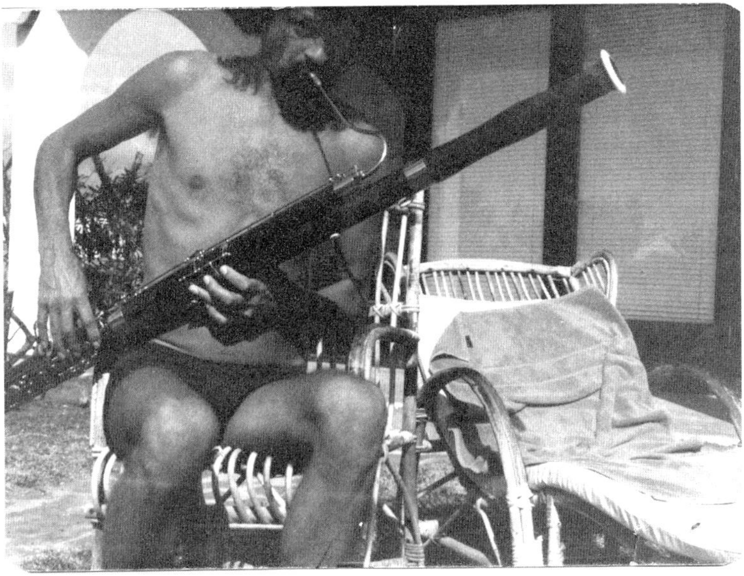

Ingo auf Gran Canaria mit Fagott am 20. November 1977 in der Hälfte seines Lebens

Ingo mit der "Drehbimmel"

12.

СВИДЕТЕЛЬСТВО

Оргкомитет по проведению Московского международного марафона Мира по олимпийской трассе на призы газеты „Московская правда" настоящим свидетельствует, что

ВЕТЦКЕР ИНГЛ Wetzker Ingo

13 августа 1983 года полностью завершил(а) марафонскую дистанцию 42 км 195 м, показав результат 3 часа 26 мин. 39 сек.

Директор ММММ Владимир Откаленко

Руководитель ММММ Юрий Титов

г. Москва 13 августа 1983 г.

Marathon in Moskau 1983

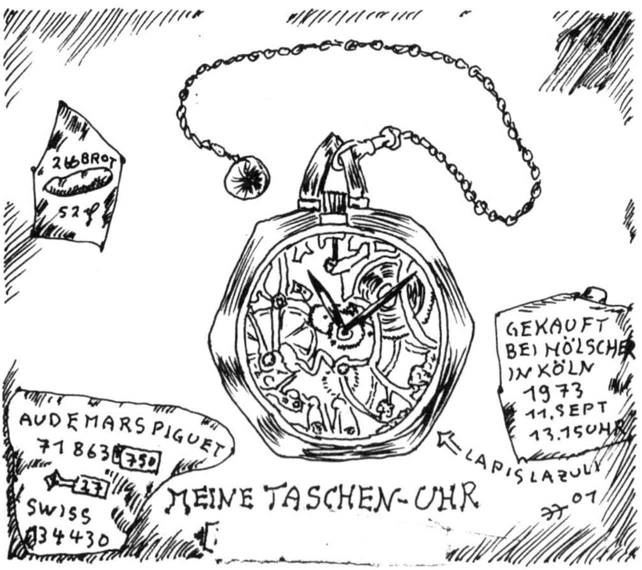

Durchmesser der Uhr: 5 cm

Mein 21. und bisher letzter Marathonlauf

Ingo Insterburg `s Märchen-Enzyklopädie

35 Märchen
ausgedacht im April 1991
(Der erste Teil der Enzyklopädie ist bisher nur auf CD erhältlich
„Märchenhaftes von Insterburg & Co.“ – Pool Records)

Inhaltsverzeichnis

(in der Reihenfolge ihrer Entstehung)

1. Märchen

Die kluge Fee

Es war einmal eine Fee, die war eine gute Fee. Aber sie konnte auch böse

werden, wenn man ihr was am Zeuge flicken wollte. Wie alt sie war, wußte sie nicht mehr, aber an ihren 500. Geburtstag konnte sie sich noch ganz gut erinnern. Aber das war schon lange her, - nur so viel: König Karl der Kühne soll bei der Feier dabeigewesen sein. Eines schönen Tages, es war der erste Frühlingstag im Jahr, und die Bäume hatten schon ausgeschlagen, sagte die Fee: “Seit den letzten hundert Jahren ist eigentlich nicht mehr viel passiert, ich werde ein paar Koffer packen und verreisen.” Gesagt, getan, aber wohin es gehen sollte, wußte sie noch nicht. Da lief ihr eine langschwänzige weiße ausgewachsene Ratte über den Weg. “He, Fee!” sagte die ausgewachsene weiße langschwänzige Ratte, “wo geht´s ´n hier zum Forschungs-Labor, ich hab´ gehört, da kann man sich ´n paar Mark dazuverdienen, wenn man ´ne volljährige Ratte ist.” Das hörte der Maulwurf, der zufällig in der Nähe war. “Bist du blöde, was weißt du, was sie da mit dir machen, du Knallkopp!” “He, wer is´ hier ´n Knallkopp, halt bloß dein Maul, du Wurf, ehm, du Maulwurf, sonst wurf ich dir eins auf´s Maul!” “Sei nicht so grob zu dem Maulwurf”, er hieß übrigens Herr Kasimir Kratzfuß, “du weiße langschwänzige Ratte, er hat im Grunde genommen recht, was hast du von dem Geld, wenn sie Reihenversuche mit dir machen!” So sprach die kluge Fee. “Was is´n das, Reihenversuche?” sagte die junge Frau Ratte. Sie hieß übrigens Johanna Rindfleisch. “Du bist ja saudumm, du unwissende, langschwänzige.” “Nun ist aber genug mit der Zankerei”, mischte sich die gute Fee ein, sie hieß übrigens Rosen-Resi Donnerbalken, “woher soll die langschwänzige weiße Ratte das denn wissen, sie ist doch erst zwei Jahre alt, und mit sechs kommt man doch erst in die Schule.” “Ein Reihenversuch”, sagte der Maulwurf, “also, da stehst du in einer langen Reihe und kriegst eine sau-bitter-ätzige Versuchsmedizin verpaßt, und die, welche umfallen, kriegen kein Geld, weil sie hin sind, und die, die nicht umfallen, kriegen Geld. Aber das weiß keiner vorher.” “Du mußt also ganz schön blöde sein, wenn du dir auf diese Art ein paar Mark dazuverdienen willst”, sagte Frau Rosen-Resi Donnerbalken. “Was willst du denn überhaupt mit dem Geld anfangen?” frug der Herr Kasimir Kratzfuß. “Zigaretten kaufen, und für meine Großmutter eine Zigarre,” sagte die Frau Rindfleisch. “Ach du Knallschote, du gehirnloses geschwänztes Rattenvieh!” “Rauchen ist doch ungesund!” “Ach was, ihr Neidhammel, ihr mißgönnt mir nur die paar Mark.” “Ha”, sagte die Fee, “ich bin eine Fee, ich kann mir Geld besorgen, so viel ich will, ich brauche bloß zu zaubern.” “Ha”, sagte der Maulwurf, “ich kann mir Geld besorgen, so viel ich will, ich brauch` bloß danach zu graben.” “Und ich kann weder zaubern, noch habe ich Lust zu graben, tschüß, ich gehe los, mir die paar Mark verdienen.” Dann verabschiedeten sich die drei voneinander. Die Fee verreiste zum Kahlen Asten, der Maulwurf krabbelte in die fette Erde, und die Ratte ging zum Versuchslabor. Den Weg erfuhr sie von einer kleinen weißen Maus, die auch nicht so dämlich auf sie einredete. Den Versuch in der Reihe hatte die junge Frau Johanna Rindfleisch ganz gut überlebt, aber das Rauchen nicht. Sie bekam erst ein Raucherbein, das entfernt werden mußte, - da konnte sie nur noch humpeln, dann noch eins, da konnte sie sich nur noch mühsam durch die Gegend ziehen, dann noch eins. Nun hatte sie nur noch die rechte Vorderpfote, mit der sie vorbeiziehenden Tieren zuwinken konnte, während sie rauchte und ab und zu hustete.

***

2. Märchen

Die Ameisen und der Riese

Es war einmal ein Riese. Das Gebirge, in dem er wohnte, war aber noch größer als er selber. Deshalb kam er sich auch klein vor. Nur wenn er einer Ameise begegnete, kam er sich riesig vor. Die Ameisen aber sahen ihn gar nicht, weil er viel, viel zu groß war für sie. Das Größte, was sie sehen konnten, das waren ausgewachsene Hirschkäfer oder Maikäfer im Mai. Das liegt daran, daß Ameisen keine besonders guten Augen haben, und Brillen würden sie beim Arbeiten stören.

An einem schönen Wintertage machte der Riese eine Schneeballschlacht, aber mit sich alleine, da Riesen sehr selten sind. Die Schneebälle waren so groß wie Einfamilienhäuser für zwei Familien. Die Ameisen ließen sich nicht stören davon. Sie hielten lieber Winterschlaf und schnarchten in den Frühling hinein. Irgendwann war der Schnee schließlich aufgebraucht, kein Wunder bei der Größe der Bälle. Da dachten die Ameisen, es wäre

schon Frühling und krochen aus ihrem Haufen heraus. Aber schon nach ein paar Metern hatten sie rote Nasen und blau gefrorene Füße. Ohren hatten sie nicht. Flugs verschwanden sie wieder in ihren warmen Löchern und erholten sich. Ein paar tausend aber hatten Schnupfen oder sogar Grippe bekommen. Auf den Riesen, der Schuld an diesem unglücklichen Ereignis hatte, konnten sie nicht böse sein, denn wen man nicht sehen kann, dem kann man auch keine Schuld geben. Aber der Riese hatte ein schlechtes Gewissen, als er die armen Ameisen husten und niesen hörte und legte ein paar Zentner Schnee auf den Ameisenhaufen. Das genügte, um die Ameisen daran zu erinnern, daß noch Winter war. Manchmal wünschte sich der Riese, daß er viel kleiner wäre, damit er mit den Ameisen durch die Gegend tollen konnte, aber bei dem Größenunterschied hatte das gar keinen Sinn, die Verletzungsgefahr war zu groß, - für die Ameisen.
Ein paar Monate später, - der bunte Frühling war längst über die ganze Gegend gekrabbelt, - hatte der Riese, er hieß übrigens August Bleifuß, - wie die ganzen Ameisen hießen, ist nicht bekannt, - da hatte der Riese einen wunderschönen Einfall. Er quetschte ein paar Veilchenblütenblätter

aus, auch noch ein paar Kirschenblütenblätter und Pflaumenblütenblätter, ebenso Butterblumenblütenblätter und Himmelsschlüsselchenblütenblätter und machte sich einen Tuschkasten. Dann malte er ein Bild von sich, das ihn in den prächtigsten Farben darstellte, und auch sehr ähnlich war. Es hatte die Größe einer normalen Briefmarke. Dazu schrieb er ein paar Sätze, die von seinem Leben erzählten, was er so tat und trieb, was er so aß und trank, und wie groß er war, und daß er die Ameisen sehr gern hatte. Das Gemälde stellte er, als es getrocknet war, eines Abends vor den Haufen. Am andern Morgen, die Sonne war gerade aufgegangen, wurde das Selbstbildnis des Riesen von den Ameisen auch sofort entdeckt. Im Nu bildete sich eine lange Schlange, denn alle wollten es sich voller Neugier betrachten. Dann blickten sie alle nach oben und der Riese dachte, sie lachten ihm freundlich zu, aber sie sahen nichts. Doch das Bild hielten sie in Ehren und ständig standen rechts und links vor ihm zwei Ameisen Wache und bewachten es. Aber keine einzige Ameise spielte mit dem Riesen, Herrn August Bleifuß, nicht einmal "Mensch ärgere dich nicht."

***

3. Märchen

Der böse Zauberer

Es war einmal ein Zauberer, der hieß Satanus Kotzbrocken. Es war ein böser Zauberer. Alle zehn Jahre kuckte er einmal in den Spiegel, um feststellen zu können, ob sich etwas an seiner Häßlichkeit verändert hätte, - zum Guten natürlich. Aber dem war nicht so. Er war so häßlich wie 13 Warzenschweine von hinten, 7 Regenwürmer von innen und 3 Kuhfladen von oben. Ob er nun so schlecht und böse war, weil er so häßlich war, oder ob er häßlich wurde, weil er so böse und schlecht war, wußte keiner. Jedenfalls das Zaubern hatte er sich selber beigebracht und stellte nur häßliche Sachen an, um die ganze Welt zu ärgern. Eines Tages sagte er: "Ich habe nun schon so viele böse Sachen gezaubert, heute will ich mal etwas ganz besonders Böses zaubern, es muß so gräßlich sein, daß die Schnecken auf ihrem Schleim ausrutschen, der Uhu vor Entsetzen seine Flügel wegwirft und das Stinktier vor Entrüstung sich in Honig wälzt." Dann holte er aus seiner Höhle, in der er wohnte, seinen größten Zauberstab, der aus zusammengedrehten getrockneten Schlangenfellen bestand, und sprach eine äußerst merkwürdige Zauberformel: "Kule-mule-pinke-stinke, knalle-falle-Jauche-trinke, - alle Rhabarberblätter sollen sich in Erdbeertorte verwandeln." Dann gab es einen großen Krach und alle Rhabarberblätter auf der ganzen Welt hatten sich in Erdbeertorten verwandelt. Wenn es auf dem Mond Rhabarber gegeben hätte, da womöglich auch. Na, das Entsetzen kann man sich vorstellen. Es war ja nun gerade Sommerzeit und der Rhabarber stand gut im Wuchs. Die vielen armen Maden und Raupen, die auf die Ernährung von Rhabarber angewiesen waren, verdarben sich als erste den Magen, dann folgten ein paar Schmetterlinge, die Zitronenfalter und die Kohlweißlinge zum Beispiel. Ein Pfauenauge, auch ein schöner Schmetterling, sagte: "Das is´ ja ´n Ding! Wo eben noch herrliche Rhabarberblätter standen, da wächst jetzt die eklige Erdbeertorte, ich hab´ mir schon einen Flügel beschmiert, igittigitt." "Ja", sagte eine grüne Raupe, die Renate Holzwurm hieß, "diese eklige Erdbeertorte, und die Erdbeeren sollen auch noch gespritzt sein!" "Ja, mit DDT, igittigitt", sagte der Pfauenauge, der übrigens Walter Falter hieß. "Wir müssen was unternehmen", sagte eine Blindschleiche, die unter einem

schattigen Rhabarberblatt gewohnt hatte, und nun ein albernes Dach aus Erdbeertorte hatte. "Ja, ja", sagte der Pfauenauge-Schmetterling Herr Walter Falter. "Ja, ja", sagte auch die grüne Raupe Frau Renate Holzwurm. "Zunächst müssen wir erst mal feststellen, wer diesen Unsinn angestellt hat", sagte die Blindschleiche, die übrigens Berta Seehund hieß. "Aber wie sollen wir das herausbekommen?" riefen unruhig Walter Falter und Renate Holzwurm. "Ich kann zwar nicht sehen", sagte Frau Seehund, "aber ich kann dafür besser fühlen, und ich fühle grade, daß hinter der ganzen entsetzlichen Sache ein Zauberer steckt." "Ein Zauberer?!" riefen die andern wie aus einem Munde. "Ja, ein sehr bösartiger sogar", sagte die Blindschleiche Berta Seehund, "eigentlich kann da nur der häßliche Zauberer Satanus Kotzbrocken dahinterstecken." "Was?!" "Was?!" "Satanus Kotzbrocken?!" "Ja, genau der, denn der hat als einziger einen

Zauberstab aus zusammengedrehtem getrocknetem Schlangenfell." Und dann fuhr Berta Seehund fort: "Nur mit diesem Zauberstab kann man Rhabarberblätter in Erdbeertorte verzaubern. Wäre der Zauberstab aus zusammengeklebten Schneckenhäusern, wären es Stachelbeertorten geworden." Frau Renate Holzwurm und Herr Walter Falter staunten über das große Wissen von der Blindschleiche Frau Seehund. "Aber wie können wir denn den mächtigen Zauberer Satanus Kotzbrocken besiegen?" "Das möchte ich auch mal wissen." "Ja", stöhnte die Blindschleiche, "mal sehen, wie wir das rauskriegen können." "Das beste, wir fragen meine Nachbarin, die Heuschrecke, die ist in der Welt herumgekommen, die könnte uns vielleicht einen Rat erteilen." Gesagt, getan. Weit brauchten sie nicht zu gehen, denn die Heuschrecke war ja die Nachbarin von der grünen Raupe Frau Holzwurm. Die Heuschrecke hieß Camilla Freudenhaus und war zum Glück auch zu Hause. Sie wohnte in einer gemütlichen Ecke unter einem Kamillenstrauch, weshalb sie auch nie krank wurde. "Nanu, wer steht denn da vor meiner Haustür", rief die Heuschrecke Frau Camilla Freudenhaus erstaunt. "Wir brauchen einen Rat." "Der böse Zauberer Satanus Kotzbrocken hat alle Rhabarberblätter in Erdbeertorte verzaubert." "Ja, ja", sagte Camilla Freudenhaus, "davon habe ich auch schon gehört, muß ja schlimm sein für euch, überall Erdbeertorte, gräßlich." "Man macht sich die Flügel voll Fettflecke, eklig, igittigitt." "Und die gräßlichen roten Erdbeeren versauen mir die Tarnfarbe, ich weiß gar nicht, wo ich mich verstecken soll." "Entsetzlich, entsetzlich." "Entsetzlich, entsetzlich!" "Aber wir können den Zauber brechen", sagte Frau Freudenhaus, die gutmütige Heuschrecke. "Wir werden dem Zauberer einen Besuch abstatten, an den er noch lange denken wird." Und so machten sie sich am andern Morgen auf den Weg. Nach 40 Meilen hielten sie die erste Rast und dann war es auch nicht mehr weit. Die Heuschrecke klingelte an der Tür der Höhle, und der Zauberer öffnete sie mit lautem Knarren. "Was wollt ihr denn hier, ihr elendes Gewürm?" "Wir wollen, daß die Rhabarberblätter wieder normale Rhabarberblätter werden und nicht mehr blödsinnige Erdbeertorten sind." "Ha, ha, ha, ich werde euch gleich davonjagen, wenn ihr nicht augenblicklich verschwindet." Da liefen sie erst mal weg, so schnell sie konnten. Aber als es nachts war und stockduster, kroch die Blindschleiche heimlich durch eine Ritze in der Tür in die Höhle des Zauberers. Dann zündete sie eine Kerze an, damit die anderen Gefährten etwas sehen konnten, und die zwängten sich dann auch gleich durch die Türritze. In einer dunklen Ecke lag nun tatsächlich das Zauberbuch mit der dusseligen Formel: Kule-mule-pinke-stinke, knalle-falle-Jauche-trinke. Jetzt war die grüne Raupe Renate Holzwurm an der Reihe. Mit ihrem gefräßigen Maul fraß sie in Windeseile die ganze Seite aus dem Zauberbuch auf mit lautem Geschmatze. Davon erwachte der böse Zauberer Satanus Kotzbrocken und fing an fürchterlich zu fluchen: “Ihr schweinsäugigen Canaillen, ihr spinnenbeinigen Nilpferde, grüngescheckten Borstenfüßler, ihr schleimigen Tausendbeiner, ihr natternschwänzigen Schleimschleicher, ihr schielenden Pfauenaugen, ihr spitzhaariges Raupengesocks.” Als er endlich aufgehört hatte so gräßlich zu fluchen, setzte er sich auf einen Sessel aus Elefantenknochen und stöhnte. Im selben Augenblick flog der brave Schmetterling Pfauenauge Walter Falter auf die runzlige warzenbedeckte wacklige Nase des ekelhaften Zauberers und kitzelte ihm mit der linken Vorderpfote das rechte Nasenloch. Alsbald mußte der Zauberer so heftig niesen, daß ihm die Nase abflog. Nun sah er aber erst häßlich aus. “Kuck mal in den Spiegel, wie du jetzt aussiehst!” rief so laut sie konnte Frau Camilla Freudenhaus aus. Der Zauberer Satanus Kotzbrocken griff nach dem Spiegel und entsetzte sich. So häßlich hatte er noch nie ausgesehen, so lange er lebte, und das waren schon zehntausend Jahre. Da begann er zu weinen: “Oh, wie bin ich häßlich, ohne Nase, oh Jammer, oh Jammer.” Da hatten die Tiere Mitleid mit ihm, und die Heuschrecke sagte: “Wenn du alle Rhabarberblätter wieder Rhabarberblätter sein läßt, könnten wir dir die Nase vielleicht wieder annähen.” Da hörte der Zauberer auf zu weinen und sagte: “Oh bitte, versucht es, versucht es bitte!” Da nähte ihm die Raupe, die spinnen konnte, die Nase wieder an mit ihren vielen fleißigen Füßchen, und sogleich griff der Zauberer hastig zu dem Spiegel. Wie freute er sich, daß er wieder eine Nase hatte! Na ja, sie war nicht gerade eine der schönsten, aber immerhin, es war eine Nase! Seine Nase! Eine ganze lange Stunde schaute er sich an und freute sich. Dann bedankte er sich bei Frau Renate Holzwurm, Herrn Walter Falter, Frau Berta Seehund und Frau Camilla Freudenhaus, und zauberte sofort wieder alle Erdbeertorten in schöne grüne Rhabarberblätter. Nun waren alle glücklich und blieben noch drei Tage zusammen und feierten. Zum Abschied schenkten sie dem Zauberer, der nicht mehr ein böser Zauberer war, sondern ein guter, einen neuen Namen. Und der ehemals böse Zauberer Satanus Kotzbrocken hieß nun forthin Engelbert Speisebrei.

***

4. Märchen

Das viereckige Kuchenblech

Es war einmal ein Kuchenblech, das war viereckig und flach. Wäre es rund und hoch gewesen, oder eckig und hoch, wäre es eine Kuchenform. Aber als Blech konnte man auch ein gutes Leben führen. Erst einmal ging mehr drauf, aber dafür war der Kuchen flach, während in eine Kuchenform nicht so viel reinging, dafür war der Kuchen aber hoch und dick oder rund und dick, je nachdem. Kekse waren dem Kuchenblech am liebsten, da brauchte man als Blech nicht so lang im Ofen liegen. Es war zwar schön warm im Ofen, aber manchmal, besonders im Sommer, ging einem die Hitze auf den Wecker, zumal sie an heißen Tagen auf 400 Grad anstieg. Aber so oft

wurde auch wiederum nicht gebacken, denn das Kuchenblech arbeitete bei einer Familie und nicht etwa in einer Bäckerei. Da waren die Bleche samt Formen ja die reinsten Sklaven, von morgens bis abends immer im Ofen, und überhaupt das frühe Aufstehen, um 4 Uhr meistens, wenn die Kochtöpfe und Bratpfannen noch schliefen und von Bratkartoffeln oder Griesbrei träumten. Als das Kuchenblech 80 Jahre alt geworden war, hatte es unzählige Kuchen und Kekse auf dem Rücken gehabt und war an den Ecken schon etwas abgenutzt. Wäre nicht der “Zweite Weltkrieg” gewesen, hätte man es längst weggeworfen, aber in solchen Zeiten konnte man alles gut gebrauchen. Eines schönen Tages, oder besser, eines schlechten Tages, schlug eine Bombe vor dem Haus ein und die Fensterscheiben gingen kaputt. “Ein Glück, daß ich aus Blech bin, und nicht aus Glas”, sagte in diesem Moment das Kuchenblech, es hieß übrigens Hartmut Flachmann. Die armen Scheiben! Traurig lagen sie am Boden. Nur eine Fensterscheibe war ganz geblieben, die hieß übrigens Klara Blankenburg, und sagte: “Na, das nächste Mal bin ich wohl dran.” Sie sollte Recht behalten. Ein alter Tisch, der Eckbert Astloch hieß, sagte darauf sehr ernst: “Ein Glück, daß ich aus Holz bin, da kann so etwas nicht passieren.” “Ja, und ich bin aus Blech, da kann noch weniger passieren, aber dafür sind wir nicht durchsichtig, das ist der Nachteil." "Ja", sagte Frau Klara Blankenburg, "als Fenster muß man schon durchsichtig sein, sonst ist man kein Fenster. Wie sähe es auch aus, wenn Holz oder Blech in den schönen weißen Fensterrahmen eingefügt würde mit Kitt und Nagelstiften. Jedenfalls möchte ich mit keinem tauschen. Es ist auch sehr schön, immer geputzt zu werden." "Ho, Ho", sagte das Kuchenblech, "geputzt werde ich auch, immer schön blank." "Auch ich", sagte mit großem Stolz der Tisch, der Herr Eckbert Astloch, "auch ich werde ständig gescheuert, daß die Maserung des Kirschbaumholzes immer schön zum Vorschein kommt." "Dafür glänze ich", sagte Herr Flachmann. "Ich glänze auch, aber außerdem bin ich wie gesagt auch noch durchsichtig. Die feinsten Sonnenstrahlen dringen noch durch mich durch und erhellen die dunkelsten Ecken des Zimmers." "Aber dafür seid Ihr sehr zerbrechlich, Frau Blankenburg." "Das muß man als Scheibe in Kauf nehmen, der eine hat dies, der andere hat das." "Aber ich habe als einziger von euch, vier schöne Beine." "Na ja, nun wollen wir nicht aufzählen, was jeder hat, da gäbe es ja kein Ende, wenn ich davon erst anfangen würde. Glas ist eben Glas, klar, glänzend und durchsichtig, infolgedessen könntet ihr nie Fensterscheiben werden." Das waren ihre letzten Worte, denn eine zweite Bombe explodierte im zweiten Weltkrieg, wie das im Krieg immer so üblich ist, und die Scherben der Scheibe lagen in Schutt und Dreck. "Oh je, nun ist es also passiert", sagte der Tisch, der Herr Astloch, "aber sie hatte ja schon so etwas geahnt." "Ja, da liegt sie nun und glänzt nicht mehr, und ihre Durchsichtigkeit nützt ihr auch nichts mehr." "Dreckig sind wir ja auch geworden, alle beide." "Ja, ja, aber wir sind wenigstens noch ganz", sagte mit einem Seufzer der Herr Flachmann. "Es ist manchmal doch von Vorteil, wenn man weitgehend unzerbrechlich ist." Ein paar Stunden später wurden dem Tisch die Beine abgesägt, und dann wurde er vor ein Fenster genagelt. Ebenso erging es dem alten Kuchenblech. "Nun sind wir doch noch so was wie Fensterscheiben geworden", sagte etwas wehmütig das Kuchenblech. "Oh ja", sagte noch wehmütiger der Tisch, "wenn ich auch dafür meine Beine verloren habe. Aber Fensterscheibe sein, und auch noch Beine haben, das wäre wohl zu viel des Guten, was man in diesen schweren Zeiten sich erhoffen kann." "Wenn die Scheibe, die Frau Klara Blankenburg, uns jetzt so sehen könnte, was würde sie wohl sagen?" Zwei lange Jahre dösten der Herr Astloch und der Herr Flachmann als Fensterscheibenersatz so dahin, dann war der Krieg endlich zu Ende, und es gab wieder genügend Glas. Der Tisch bekam wieder vier Beine, vier neue sogar, und stand noch lange im Wohnzimmer, und wurde regelmäßig gescheuert, sodaß die Kirschbaummaserung gut zur Geltung kam, bis er antik war. Das Kuchenblech wurde ausgebeult und blankgeputzt, die rostigen Ecken wurden abgeschliffen, und es verbrachte seinen Lebensabend im Backofen, und mußte nur noch Weihnachten, Ostern und Pfingsten arbeiten, was ihm aber Spaß machte.

***

5. Märchen

Das musikalische Hängebauchschwein

Es war einmal ein Hängebauchschwein, das war noch sehr jung und konnte deshalb noch nicht richtig grunzen, sondern man bloß quieken. Aber für ein Hängebauchferkel war es wiederum schon zu groß, es war ein sogenanntes Hängebauchjungschwein. Obwohl seine Eltern, der Hängebaucheber und die Hängebauchsau, den ganzen lieben Tag vor sich hingrunzten, quiekte es nur, weil es, wie schon gesagt, man bloß quieken konnte. Die Eltern bestanden aus dem Vater, er hieß übrigens Eberhard Ölschinken, und aus der Mutter, sie hieß Sausanne, und hatte natürlich den selben Nachnamen wie der Herr Vater. Bei Hängebauchschweinen hat eben alles noch seine Ordnung. Eines Tages sagte der Vater: “Mein Sohn”, das junge Hängebauchschwein war nämlich ein Junge, “mein Sohn, ich muß mit dir über ein ernstes Thema reden.” “Ja, ich höre”, sprach der Sohn, - er hieß übrigens Eichelhard Ölschinken, und war, nebenbei bemerkt, sehr musikalisch, und hatte schon mal in einem Knabenchor gesungen. “Eines Tages wirst du erwachsen sein, und da mußt du über gewisse Dinge Bescheid wissen.” “Ja”, sagte die Mutter, Sausanne Ölschinken, “es ist

sehr wichtig, über gewisse Dinge Bescheid zu wissen.” “Ich höre”, sagte Eichelhard Ölschinken. “Außer Essen und Trinken gibt es da noch etwas anderes, etwas ganz anderes, -” “Sei vorsichtig, Eberhard, er ist doch noch ein sensibles Kind!” “Ich werde sehr zartfühlend an das Thema herangehen”, versprach der Vater mit ernster Miene. “Ich höre”, sagte Eichelhard Ölschinken. “Also nehmen wir mal an, du bist sattgegessen und sattgetrunken, was, mein Sohn, könntest du noch für andere Gelüste haben?” “Fernsehen.” “Ja, aber nach dem Fernsehen?” “Aber Eberhard, du kannst doch nicht mit der Tür ins Haus fallen. Laß mich es mal versuchen”, sagte liebevoll Sausanne Ölschinken. “Mein lieber Sohn, dir ist doch sicher schon aufgefallen, daß unsere Nachbarn, Herr und Frau Schmatzmann, eine reizende Tochter haben, ungefähr in deinem Alter.” “Ja, die kenne ich, da bin ich schon mal raufgestiegen, die wohnt in der ersten Etage.” “Ehm, ehm”, räusperte sich der Vater, “so, du hast sie also schon einmal besucht?” Die Tochter der Nachbarsleut´ hieß übrigens Joringel. “Ja”, gab Eichelhard unumwunden zu, “wir haben zusammen >Mensch ärgere dich nicht< gespielt.” “Und dann?” forschte Vater Ölschinken besorgt weiter. “Dann haben wir unsere Ringelschwänze umeinander geringelt, das hat so schön gekribbelt.” “Und dann? (erregt) Du wirst doch nicht...!” “Dann haben wir zusammen Kartoffelschalen gefressen, zwei Pfund, und Joringel Schmatzmann hat laut gerülpst, später ich auch, und dann haben wir schmatzend 3 Liter Abwaschwasser mit Strohhalmen geschlürft, und dann bin ich wieder runtergestiegen die knarrende Holztreppe, und habe mich artig von ihren Eltern verabschiedet und ihnen versprochen, das nächste Mal einen frischen Strauß Kartoffelkeime mitzubringen.” “Ja, also.” “Vielleicht sollten wir doch ein paar Monate warten.” “Womit warten?” “Ehm, ehm,.” “Ist dir das Essen denn gut bekommen bei Schmatzmanns?” “Nein, ich habe Verstopfung”, erwiderte wahrheitsgemäß der heranwachsende Sohn. “Verstopfung?” “Ja, Verstopfung.” “Aber das ist eine Sache, die man ernst nehmen muß. Zum Glück haben wir seit zwei Wochen Telephon, ich ruf gleich mal Dr. Stuhlgang an.” “Ja, tu das, lieber Mann”, ergänzte Sausanne Ölschinken. Dr. Stuhlgang kam auch gleich auf seiner 125er Zweitakter angebraust, und untersuchte sorgfältig Eichelhard Ölschinken. Es war aber nichts Ernstes. Er verschrieb ein leichtes Abführmittel und fragte die Eltern wie nebenbei: “Ihr Sohn ist jetzt in einem gewissen Alter, haben sie ihn schon aufgeklärt?” “Wir waren gerade dabei, aber da kam die Verstopfung dazwischen.” “Wenn Sie wollen, werde ich diese heikle Sache übernehmen.” “Da wären wir Ihnen wirklich dankbar, Herr Dr. Stuhlgang.” “Wenn Sie dann bitte das Zimmer verlassen würden, ich möchte mit Ihrem Sohn unter vier Schweineaugen sprechen.” Die braven Eltern verließen das Zimmer und zogen sich in die kleine Küche zurück. “Also”, hub Dr. Stuhlgang an, “mein Sohn!” “Ich höre.”

“Mein Junge, du kommst jetzt in das Alter, wo du dir eine Braut suchen mußt. Wir Schweine müssen uns ja schließlich vermehren, das ist ja der Sinn eines jeden Lebewesens.” “Sie sind also gegen die Pille.” “Ja, aber absolut, es würde ganz eindeutig gegen die Moral der Hängebauchschweine verstoßen, solch ein verwerfliches Mittel zu nehmen, sehr verwerflich. Ein Hängebauchschwein, bzw. eine Hängebauchsau muß werfen, wo immer sie kann. Denn unser Ziel ist es, die Art zu erhalten. Dieses Werfen geht nun aber nicht, ehm, ehm, - nicht ohne -” “Nicht ohne Grunzen?” “Wieso, was?” “Na ja, meine Eltern sind etwas enttäuscht, daß ich immer nur quieke, und noch nicht richtig grunze, so wie dieses Erwachsene tun.” “Laß mal sehen.” sagte daraufhin ernst der Herr Dr. Stuhlgang, “schau mal zum Fenster raus, dann kann ich dich besser untersuchen.” Der folgsame Sohn tat es, und der Doktor mußte bestürzt feststellen, daß Eichelhard Ölschinken in seiner frühen Jugend irgendwann einmal, - also er hatte ja nun mal in einem Knabenchor gesungen, und der Chorleiter, er hieß übrigens Sebastian Bache, hatte ihn wohl vor dem Stimmbruch bewahren wollen oder so etwas ähnliches-, na jedenfalls Dr. Stuhlgang war nach all dem zu dem Schluß gekommen, und teilte dies auch den Eltern mit, daß eine Aufklärung in diesem Falle nicht vonnöten war. Und so quiekte Eichelhard Ölschinken noch viele Jahre in der Gegend herum, auch als die Nachbarstochter Joringel Schmatzmann längst verheiratet war, - und die Eltern, Eberhard und Sausanne Ölschinken, hatten ihre Freude an ihm, besonders wenn er in der Badewanne sang mit seiner hellen hohen Stimme:

Wir Hängebauchschweine lieben das Leben,
und singen mit Gefühl, daß die Hängebäuche beben.
Die einen, die grunzen, die andern die quieken,
Das ist schön zum Hören und lustig zum Kieken.

Das war ein Genuß für alle Schweineohren.

***

6. Märchen

<u>Der verheiratete Goldfisch</u>

Es war einmal ein Goldfisch (Burbelgeräusche). Dessen Wohnung war eine mickrige Glaskugel. Wenn er geradeaus schwimmen wollte, stieß er nach einem halben Flossenschlag gegen die Glaswand. Also schwamm er ständig in die Runde, so hatte er den Eindruck, er würde mitten in der Gegend herumschwimmen den ganzen Tag. Nachts blieb er stehen.

Fische können im Wasser stehen, weil sie eine Schwimmblase haben. Zu fressen bekam er genug, aber dennoch war das ein dusseliges Leben. Wie alles auf der Welt, hatte auch der Goldfisch, er hieß übrigens Neptun Großmaul, diesen Namen hatte sich seine Halterin für ihn ausgedacht und war Ausdruck von tiefer Zuneigung zu ihm, also, irgendwann mal hatte der Goldfisch Geburtstag. Er bekam doppelt soviel zu fressen und frisches Wasser. Sein Frauchen liebte ihn wie gesagt sehr, und das war sein Glück. Sie hieß Frau Apfelkorn und wünschte ihm alles Gute zum Geburtstag, und fragte ihn, ob er einen besonderen Geburtstagswunsch hätte, indem sie sagte: “Hast du einen besonderen Wunsch, wo du doch heute Geburtstag hast?” “Ja”, sagte der Fisch, “schmeiß mich mitsamt dem dusseligen Glasbehälter in die Elbe, damit ich die Welt kennenlernen kann.” Die Frau Apfelkorn war eine gutmütige Frau. Sie backte ihm noch einen

Abschiedskuchen und am Abend kippte sie die Glaskugel samt Inhalt in die Elbe. Er winkte ihr noch einmal mit der Schwanzflosse zu und schwamm dann schnell vondannen, trainiert war er ja. Bald erreichte er das weite Meer, das so viel größer und salziger war als seine Wasserkugel, daß man sich das gar nicht vorstellen kann. Eines Tages begegnete ihm ein Stichling. “He, Stichling”, frug der Goldfisch, “wo gibt es hier noch mehr Fische, ich möchte sie alle kennenlernen, ich habe bisher bei Frau Apfelkorn gelebt, in einem kleinen Wasserglas, nun möchte ich die Welt kennenlernen.” “Immer geradeaus”, sagte der Stichling, und zeigte mit der Flosse in Richtung Süden. Schon nach ein paar 100 Kilometern begegneten ihm die schönsten und seltensten Fische, die zum Teil viel größer waren als er. Aber er vertrug sich gut mit ihnen. Da war der wunderschöne Zackenbarsch, der majestätisch seine Blasen aus dem Maul aufsteigen ließ, da war der riesige Mörderwal, der Lungen hatte und keine Kiemen, was aber sehr umständlich war, denn er mußte alle Naselang nach oben steigen, um Luft zu holen. Dann lernte er den Haifisch kennen, der fast alles fraß, was ihm zwischen die Zähne kam, aber Neptun Großmaul hatte sich rechtzeitig versteckt, und der dumme Hai hatte ihn nicht sehen können, sonst hätte sich die Reise ja nicht gelohnt, und er hätte auch bei Frau Apfelkorn im Glas bleiben können. Aber dann hatte er eine Begegnung mit einem Fisch, die ganz anders war als die bisherigen. Wie er da so rumschwamm, sah er schon von weitem einen Rotbarsch auf sich zuschwimmen, der wohl dachte, in Neptun Großmaul auch einen Rotbarsch anzutreffen. Aber als sie dicht voreinanderstanden, merkten sie gleich, daß sie zwei ganz verschiedene Fische waren. Aber das machte nichts, wie sich hinterher herausstellte. Es verstanden sich die beiden auf den ersten Blick, und das auch nur, weil der Rotbarsch eigentlich eine Rotbärschin war. Sie hieß übrigens Gräte Lebertran. Also nach zwei Stunden kann man sagen, waren sie schon verliebt ineinander und streichelten sich gegenseitig mit den Flossen. Das war ein schönes Gefühl. Nach weiteren zwei Stunden sagte Gräte Lebertran: “Du, Neptun Großmaul, ich finde dich sehr sympatisch.” Da erwiderte Neptun Großmaul im Handumdrehen, - ehm, im Flossenumdrehen: “Du gefällst mir auch, Gräte Lebertran.” “Wollen wir eine Weile zusammenbleiben?” “Ja”, sagte erfreut der Goldfisch.” “Was wollen wir machen?” “Wir könnten zusammen schwimmen gehn.” Gesagt, getan, aber zwischendurch streichelten sie sich mit ihren Flossen. Als es Abend wurde, und die Sonne unterging, was man von den Fischen aus aber nicht erkennen konnte, außer daß das Wasser rötlich schimmerte, faßte sich Neptun Großmaul ein Herz und küßte Gräte Lebertran auf´s Maul. Da wurde sie rot und er auch, was aber gar nicht auffiel, weil sie ja beide von Natur aus rötlich waren, der Goldfisch und der Rotbarsch, beziehungsweise die Rotbärschin, und außerdem die Sonne gerade unterging. Aber das war ein herrliches Gefühl, und einmal angefangen, wollten sie gar nicht mehr aufhören. Aber schließlich war es duster und sie wurden auch müde und legten sich schlafen auf eine kleine Sandbank und deckten sich mit grünen Algen zu, damit sie nicht frieren mußten. Beim ersten Hahnenschrei wachten sie wieder auf, aber den Hahn haben sie natürlich nicht krähen gehört, nicht weil sie so verliebt waren, sondern weil man unter Wasser die Hähne kaum krähen hören kann. Na ja, und die Ohren bei den Fischen sollen ja auch nicht so gut sein, man kann sie noch nicht mal sehen, so wie das etwa bei einem Esel der Fall ist. “Laß uns frühstücken gehn!” rief Gräte Lebertran. “Ja, ich habe ganz schönen Kohldampf”, erwiderte Neptun Großmaul. Sie frühstückten, was ihnen grade so vor die Kiemen kam und putzten sich hinterher gewissenhaft die Zähne, was ganz leicht war, weil genügend Wasser überall zum Gurgeln vorhanden war. Dann knutschten sie noch ein paar Stunden lang und beschlossen zu heiraten. Die Hochzeit fand in einer Grotte statt. Trauzeugen waren ein Hammerhai und ein Hering. Nun hieß Gräte Lebertran nicht mehr Gräte Lebertran sondern Gräte Großmaul. "Jetzt müssen wir uns ein Haus bauen oder eine Höhle suchen!" sagte die junge Frau Großmaul. "Na meinetwegen, aber wozu soll das gut sein, laß uns lieber noch eine Weile durch die Gegend schwimmen." „Und was machen wir, wenn die Kinderchen kommen, du weißt doch, wenn Mann und Frau heiraten, kommen die Kinderchen." "Ja", sagte Vater Großmaul, "habe schon davon gehört, von Frau Apfelkorn." Also bauten sie sich ein Haus und richteten es sich gemütlich ein, und nach Feierabend baute Vater Großmaul eine Wiege, und dann noch eine, und dann noch eine, ungefähr dreißigtausend insgesamt, denn so viele Kinderchen kriegen nun mal die Fische. Ein Glück, daß das nicht so bei den Menschen ist, schon weil die Vornamen gar nicht ausreichen würden. Als alles fertig war, Windeln brauchten sie keine, weil überall Wasser war, kamen aber keine Kinder. Das lag daran, daß sie beide verschiedene Sorten von Fischen waren, und da klappt sowas natürlich nicht, genausowenig, wie eine Giraffe und ein Nilpferd zusammen Kinder kriegen können. Aber sie waren nicht traurig darüber und schwammen insgesamt dreimal um die ganze Welt, und als sie beide alt geworden waren und graue Haare und Flossen gekriegt hatten, setzten sie sich im Golf von Biskaya zur Ruhe, und Neptun Großmaul dachte abends manchmal an die Frau Apfelkorn mit Dankbarkeit im Herzen.

***

7. Märchen

Die Schule, die nicht ganz normal war

Es war einmal eine Schule, die ganz anders war, als man sich sonst eine Schule vorstellt. Erst einmal lag sie mitten im Wald, was aber auch noch nicht so außergewöhnlich ist. Das Außergewöhnliche nämlich war, daß keine Menschenkinder darin für den Ernst des Lebens lernten, sondern die Kinder von Tieren sämtlicher Sorten und Arten, große und kleine, alles durcheinander, aber gut geordnet in große und kleine, schon wegen der Schulbänke, Wilde und Zahme, wegen der Zankereien untereinander. Die Schule hatte viele Stockwerke, weswegen sie auch ganz schön hoch war, wahrscheinlich so ungefähr 100 Meter. Ganz oben waren die Klassenzimmer ganz klein, weil da die Mücken und Fliegen, die Flöhe und Wanzen zur Schule gingen, und ganz unten waren die Klassenzimmer ganz groß, weil da die Elefanten, die Büffel, die Giraffen und Raubtiere untergebracht waren. In der Mitte gingen die mittleren Tiere zur Schule,

DIE SCHULE, DIE NICHT GANZ NORMAL WAR

also solche wie Hunde und Katzen, Krokodile und Emus. Die Vögel, also solche die fliegen konnten, was ja die meisten waren, gingen ganz oben auf dem Dach zur Schule, weil die sowieso keine Treppe brauchten. Im Keller waren die Fische untergebracht, mit Zuleitung zum Atlantischen Ozean. Aber wenn was Besonderes in der Schule los war, saßen sie alle auf einmal in der Aula ganz friedlich zusammen und feierten den letzten Schultag vor den Ferien oder die Zeugnisausgabe. Und es waren immer genügend Lehrer vorhanden, die aufpaßten, daß sie sich nicht untereinander zankten. Obwohl, - also auf alles konnten die Lehrer natürlich nicht aufpassen-, wenn zum Beispiel hin und wieder eine Mücke aufgefressen wurde von einem hungrigen Vogel in der großen Pause, merkte keiner was davon, weil ja auch eine Menge Mücken da zur Schule gingen, in diese nicht ganz normale Schule.
Eines Tages war wieder mal Biologie-Stunde angesetzt. Der Lehrer war ein Menschenaffe, und zwar ein Orang-Utan. Er hieß übrigens Herr Dr. Yeti. Weil es aber um ein besonders wichtiges Thema ging, sollten alle was davon haben, und deshalb wurde der Unterricht in der Aula abgehalten. Das Thema hieß nämlich “Die Vermehrung bei den Tieren”. Es war also ganz klar, daß so was Wichtiges in der Aula stattfinden mußte, die sich übrigens im Freien befand. Ganz vorne saßen die Mücken und Fliegen, die Flöhe und Wanzen, damit sie den Lehrer besser sehen konnten, und ganz hinten die Elefanten, Büffel, Giraffen und Raubtiere, weil die über alle hinwegkucken konnten. Dazwischen die Katzen und Hunde, die Krokodile und Emus. Die Vögel saßen schön oben auf den Bäumen und Sträuchern, weil sie nicht auf Treppen angewiesen sind. An der Seite im Swimming-Pool waren die Fische. Nachdem die Klingel die Stunde eingeläutet hatte, kam auch schon der Lehrer, und die Schülerinnen und Schüler standen artig auf, alle auf einmal und sagten: “Guten Tag, Herr Lehrer.” “Setzen “, sagte der Herr Dr. Yeti, und dann setzten sich alle, was eine Weile dauerte und jeder verstehen kann, der mal gesehen hat, wie umständlich sich ein Kamel hinsetzt. Manche von den Mücken blieben sogar stehen, was aber keinem auffiel. “Heute”, begann der Herr Dr. Yeti, “werden wir das Thema >Die Vermehrung der Tiere untereinander< - , nee übereinander, nee durcheinander, nee, nee, doch untereinander durchnehmen. Die meisten von euch kennen sicherlich die Geschichte vom Goldfisch Neptun Großmaul und seiner Frau Gräte Großmaul, geb. Lebertran. Und wer sie aufmerksam gelesen hat, der weiß, daß auf Seite 333 zu lesen ist: ... und es kamen aber keine Kinder. Ende des Zitats. - Und darüber wollen wir heute etwas lernen. Warum bekamen Neptun und Gräte keine Kinder? Stechlin!” Stechlin war eine Mücke und stand auf, wußte aber nicht die richtige Antwort. “Setzen!” sagte barsch der Lehrer, “wenn du weiterhin so faul bist, bist und bleibst du ein Esel.” Die Esel

waren jetzt etwas gekränkt, aber die richtige Antwort wußten sie auch nicht. "Langhans!" Jetzt stand eine Giraffe auf, die wußte aber auch nichts, und Dickmann, die Elefantenkuh schon gar nichts. "Du, Bismarck!" und ein Hering stand auf, und der w u ß t e auch die richtige Antwort, kein Wunder, er war ja ein Fisch und Neptun Großmaul und Gräte Großmaul, geb. Lebertran waren ja auch Fische. "Und wie lautet die Antwort?" Und Bismarck antwortete: "Weil sie aus verschiedenen Sorten bestanden. Herr Großmaul war nämlich ein Goldfisch und Frau Großmaul, geb. Lebertran eine Rotbärschin. Sie heirateten im Jahre 1810 in der Blauen Grotte am 28. Januar." "Richtig. Setzen!" Und Bismarck setzte sich wieder zu den anderen Heringen. "Und was lernen wir daraus?" Die Esel kuckten sich dumm an, und schüttelten mit den Köpfen, weil sie nichts wußten. Jetzt meldete sich das Kamel. "Bleib sitzen, Einstein, das dauert mir zu lange, eh' du aufgestanden bist", und so antwortete das Kamel im Sitzen: "Daß ich mir ein Kamel suchen muß, wenn ich heiraten will." "Richtig, Einstein, setzen, und du Anna Conda. Steh auf, wenn ich mit dir rede!" Anna Conda war aber ein Regenwurm und stand schon. Trotzdem gab er die richtige Antwort, indem er sagte: "Ich such mir eine Regenwürmin." "Richtig, setzen!" Und so ging das weiter und so langsam kapierten die Tiere den Zusammenhang, und jeder nannte seinen richtigen Hochzeitspartner. Die Giraffe den Girafferich, das Nilpferd die Nilstute, das Chamäleon die Kameliendame, die Kuh den Bullen, der Seehund die Seehündin, und der Affe die Äffin, die Giraffe die Giräffin, das Stachelschwein sucht sich eine Stachelsau, das Warzenschwein eine Warzensau, der Dobermann eine Doberfrau, der Kuckuck muß eine Kuckuckin sich suchen, der Emu sagte, er muß sich eine Emuse suchen, der Uhu `ne Uherin, das Schaf 'ne Schäferin, der Steinbock hielt Ausschau nach einer Steinziege, und der Holzbock hielt Ausschau nach einer Holzziege, der Papagei braucht eine Mamagei, der Flamingo eine Flamingrid, der Kakadu schwärmte für eine Kakasie, der Pelikan machte sogar ein Liebesgedicht für die Pelikanne, der Auerhahn dichtete aber nichts für die Auerhenne, und der Wasserhahn dichtete auch nicht, der Fink suchte sich 'ne Finkin und der Rammler suchte sich was zu, also 'ne Rammlerin, na ja, so ungefähr hat sich alles zugetragen in der Aula von der Schule im Walde, die nicht ganz so normal war. „Ja und wozu ist das gut so?" frug der Orang-Utan Herr Dr. Yeti. Alle Tiere aber kuckten dumm durch die Gegend, und keiner wußte eine Antwort. "Na", fuhr der Lehrer fort, "ich will es mal erklären, dazu bin ich ja da. Wenn es nämlich nicht so wäre, daß jeder Mann sich eine Frau, jede Frau sich einen Mann suchen müßte von der selben Sorte, na, wie würde dann die Welt aussehen, doch wohl reichlich komisch. Und nun stelle ich euch eine Frage mal als Hausaufgabe, die folgendermaßen lautet: Denkt euch zu Hause in aller Ruhe aus, wie die Kinder aussehen würden, wenn die Eltern

sich nicht an diese Regeln halten würden, und ohne Sinn und Verstand kreuz und quer heiraten würden, - also, das geht natürlich sowieso nicht, schon von Natur aus-, aber nur mal so zum Spaß, um daran zu erkennen, wie klug die Natur doch im Allgemeinen ist. Also, jeder von euch denkt sich zwei verschiedene Tiere aus, und wie die Kinder aussehen würden, wenn es ginge, daß sie heiraten könnten."
Am nächsten Tage war die ganze Schule aufgeregt, weil fast jeder Schüler und jede Schülerin sich was Schönes ausgedacht hatten, außer den ganz Dummen. Als erstes meldete sich die Mücke, die wir schon kennengelernt haben, und die wo Stechlin hieß. Der Lehrer freute sich über so viel Fleiß von so 'nem kleinen Tier und nahm sie auch gleich als erste dran. "Ich habe mir ausgedacht", begann die Mücke, nachdem sie sich von der Schulbank erhoben hatte, "ich habe mir ausgedacht, wie die Kinder aussehen würden, wenn eine Kreuzotter einen Elefanten heiraten würde." "Na und wie?" frug interessiert der Herr Dr. Yeti, und kratzte sich am Kopf hinter der Brille. "Die Kinder würden nur aus einem Elefantenrüssel bestehen mit zwei großen Ohren und ein paar Kreuzen auf dem Rücken." Das war ein sehr ulkiges Beispiel, und die ganze Schule fing an zu lachen (alle lachen). "So, wer hat sich noch was ausgedacht?" Jetzt meldete sich eine Ameise, die Herkules hieß: "Ich dachte mir, wie komisch die Kinder aussehen würden,..." und sie kicherte vor sich hin, "wie komisch die Kinder aussehen würden, wenn ein Mistkäfer ein Stinktier heiraten würde." Alle lachten laut bei diesem phantasievollen Beispiel. "Und was ist dabei rausgekommen, als du darüber nachgedacht hast?" Und Herkules hub an: "Die Kinder hätten so'n kleinen Kopf wie ein Mistkäfer und so'n großen Bauch wie ein Stinktier und würden stinken, wie alle beide zusammen." Auch hier konnten alle herzhaft lachen über dieses ausgefallene Beispiel. Dann meldete sich der Hengst, der den schönen Namen Pegasus trug. "Nun, mein Pegasus, was hast du dir wohl ausgedacht?" Und das Pferd sagte (wiehern): "Ich habe mir ausgedacht, wie die Kinder aussehen würden, wenn ein Frosch eine Störchin heiraten würde: Da hätten die Kinder einen roten Schnabel und grüne Froschschenkel und könnten sich selber auffressen" (alle lachen). Alle brüllten nun vor Lachen. "Ja", sagte Dr. Yeti, "schon an diesen wenigen Beispielen könnt ihr erkennen, wie sinnvoll die Natur ihre Aufgaben wahrnimmt. Nun mal weiter, erzähle du mal was!" und er zeigte auf die Schnecke, die sich schon die ganze Zeit gemeldet hatte: "Ich fände es reichlich seltsam", begann die Schnecke, die übrigens Charlotte von Weinberg hieß, "ich fände es sehr erheiternd, wenn ein Kamel und eine Kuh Kinder kriegen würden, die hätten dann einen Höcker unterm Bauch und das Euter auf dem Rücken (hi hi hi)." Das war aber nicht so lustig, und sie lachten auch alle nur ganz kurz. "Nun mal weiter, wer hat ein schöneres Beispiel?" Und nun kam eine Forelle dran, die auf den schönen Namen

“Regenbogen” hörte. Sie sagte Folgendes zu dem Thema: “Wenn ein Hering und ein Schwein heira..., oh Entschuldigung, ich habe mich versprochen, wenn ein Hering und ein Schwan heiraten würden, dann hätten die Kinder einen Fischkopf und müßten immer zum Luft holen mit dem Kopf unter Wasser fliegen, so wie umgekehrt der Walfisch immer mit dem Kopf in der Luft schwimmen muß, wenn er atmen will.” “Das ist ein gutes Beispiel, aber am Anfang, liebes Fräulein Regenbogen, hast du dir einen Versprecher geleistet, - aber ich will mir über dieses ausgefallene Beispiel nicht Gedanken machen-, wenn ein Hering und ein Schwein heiraten würden.” Nach einigem Zögern meldete sich ein Krake, gleich mit sechs Händen auf einmal, er hieß übrigens Polykrates. Er hub an folgendermaßen: “Wenn ein Hering ein Schwein heiratet, haben die Kinder ein Fischmaul, aber Schweineohren, eine Schwimmblase und eine Schweineblase, und wenn sie im Wasser schwimmen, können sie immer nur im Kreis schwimmen, weil sie einen Ringelschwanz haben, mit dem man nicht geradeaus steuern kann.” “Sehr gut”, sagte dazu der Dr. Yeti, “das ist wissenschaftlich richtig und nautisch sehr gut beobachtet. Ich werde dir eine “1” ins Klassenbuch eintragen, aber die andern kriegen auch alle mindestens eine “2”, bloß die Schnecke, die hat nur eine “3” verdient.“ - Die Schnecke ärgerte sich darüber und ging nach Hause, zumal sie es nicht weit hatte, und Schulzwang herrscht nicht bei den Tieren. Zum Schluß, - die Biologiestunde war nämlich fast um, - kam noch der Windhund dran, der aber so eine schlechte Antwort gegeben hatte, daß der Lehrer ihm eine “5” geben mußte. Er hieß übrigens Ingo von Insterburg, und entstammte einem adligen Hundegeschlecht aus Trakehnen. Es hatte zwar schon zur Pause geklingelt, aber die Antwort versprach so dusselig zu werden, daß die Schüler noch alle warteten. Der Windhund von Insterburg erhob sich und sprach (bellen): “Wenn ein Orang-Utan einen Tausendfüßler heiratet, haben die Kinder ‘n Affenkopp und tausend Füße, mit denen sie sich die Läuse wegkratzen können.” “Glatte “5”!” sagte der Lehrer, der Orang-Utan Herr Dr. Yeti, und während die Schüler alle rausrannten zur großen Pause, trug er ins Klassenbuch ein: Ingo von Insterburg gibt ungehörige Antworten.

***

8. Märchen

Der dunkle Wald

Es war einmal ein Wald, der war so dunkel im Innern, daß man eine Taschenlampe gebraucht hätte, auch am Tage. Und weil das so war, fürchteten sich die Menschen und Tiere, da hineinzugehen, und gingen also da auch nie hinein. Nun könnte man meinen, wozu es einen Wald gibt, wenn

da doch keiner reingeht. Dem war aber nicht so. Denn ziemlich genau in der Mitte dieses Waldes gab es eine große Lichtung. Und die Sonne schien da hinein und Blumen aller Sorten und Formen wuchsen dort, und Pilze und überhaupt alles, was so in einem Wald zu wachsen pflegt. Und genau an dieser Stelle wohnten auch einige Leute, - na ja, Leute kann man eigentlich nicht sagen, es waren mehr Wesen oder Erscheinungen, auf gar keinen Fall irgendwelche Menschen, wie sie überall die Welt bevölkern. Also, um gleich beim ersten anzufangen, das war nun ein sogenannter Waldschrat. Es gibt ja, wie jeder weiß, große, mittlere und ganz kleine Waldschrate. Hier, in diesem Wald, lebte aber ein ganz kleiner Waldschrat. Wenn es regnete, konnte er sich bei einem ausgewachsenen Fliegenpilz unterstellen. Dann, ein paar Meter weiter, wohnte eine alte Elfe mit ihrer Schwester, die bloß 100 Jahre jünger war als die ältere. Sie hießen übrigens Rosa und Lila Siebenflügel, der Waldschrat hieß Lapislazuli Erbsengold. Wieder ein paar Meter weiter hatte sich ein Gnom ein Häuschen gebaut, und er hieß Elfenbein Fichtelharz. Am Schluß aber dieses eigentümlichen Dorfes, lebte eine Schnagnugge mit ihrem Mann und drei Kindern. Insgesamt waren es also 5 Schnagnuggen, und alle zusammengerechnet, hatte das Dorf demnach 9 Einwohner. Einmal im Jahr feierten sie ein großes Frühlingsfest, um sich besser kennenzulernen. Dazu luden sie auch ein paar Tiere ein, die Lust dazu hatten, natürlich nur kleine Tiere wie Käfer und Schmetterlinge, weil sie ja alle insgesamt ziemlich klein waren. Der größte war noch der Waldschrat, obwohl er zu der kleinsten Sorte der Gesamtheit der Schrate gehörte. Die Namen von der Schnagnuggenfamilie müssen aber auch noch genannt werden. Mit Nachnamen hießen sie allesamt Pfefferschotenblütenstaub, und die Vornamen waren, - erst mal die von den Eltern, - aus Höflichkeit aber erst mal von der Mutter, - sie hieß mit Vornamen Klumpenknolle, der Vater hieß Astlochzapfen, die beiden Söhne: Morchelwurz und Runkelnuß, aber die Tochter hieß Honigschote. Also mal ehrlich gesagt, für uns Menschen ist "Klumpenknolle" nun nicht gerade ein schöner Name, schon gar nicht für eine Frau, aber für die Schnagnuggen hört sich das sogar recht wohlklingend an, so wie für uns etwa "Krimhilde" oder "Edelgard". Das liegt daran, daß die Schnagnuggen ein ganz anderes Sprachgefühl haben als wir. Die Namen von den anderen gehen ja gerade noch so.
Man kann sich nun kaum ein Dorf vorstellen, in dem die Leute glücklicher lebten als in diesem, es hieß übrigens Blütenlichtwalde. Aber so ist es, es liegt immer an jedem selber, ob sich alle wohlfühlen können. Im Frühling blühten die Blumen, im Sommer wuchsen die Früchte, im Herbst reiften die Beeren und Pilze, und im Winter schneite es, aber in diesem Winter ganz besonders, und deshalb begann er auch früher als sonst. Erstmal waren die Flocken viel dicker, und außerdem fielen sie auch häufiger als

normalerweise üblich. Das hatte zur Folge, daß in kurzer Zeit überall dikker Schnee lag. Da hatten nun alle Mühe, die Wege vor der Haustür freizuschaufeln. Am liebsten wären sie ja den ganzen Winter drin geblieben in ihren behaglichen Häusern, wenn nicht Weihnachten vor der Tür gestanden hätte. Na ja, und wenn Weihnachten ist, dann muß man schon mal öfter raus, allein wegen der Vorbereitungen, als da sind: Weihnachtsbäume fällen, Geschenke basteln und Leckereien zusammensammeln. Obwohl es in diesem Dorf keine Kirche gab, war Weihnachten trotzdem immer sehr feierlich, was an den Leuten lag, die hier lebten. Na, die werden wir ja gleich näher kennenlernen.

Gefeiert wurde immer beim Waldschrat, weil der die größte Wohnung hatte. Endlich war der Heilige Abend da, und beim Waldschrat im Zimmer läuteten ein paar große Glockenblumen, sodaß es das ganze Dorf hören konnte. Als es abends duster war, gingen sie alle rüber in die Wohnung vom Lapislazuli Erbsengold mitsamt den Geschenken. Sie wünschten sich gegenseitig "Frohe Weihnacht", auch noch "Gesundheit und Glück". "Langes Leben" wünschten sie sich nicht, weil sie nämlich bereits etliche paar hundert Jahre gelebt hatten. Die Schnagnuggen wurden nicht ganz so alt, höchstens 800 Jahre, aber es soll auch welche gegeben haben, die 1000 Jahre alt geworden sind. Dann hatten sie aber auch genug von dieser Welt. Die Menschen, glaube ich, hätten nach 1000 Jahren auch genug von dieser Welt. Also wünschten sie sich nur Frohe Weihnacht, Gesundheit und Glück. Einen Weihnachtsbaum hatte Herr Erbsengold auch aufgestellt, in der Ecke des Wohnzimmers. Er war herrlich geschmückt mit roten und gelben Kugeln, die aus Beeren gebastelt worden waren. Auch Lametta hing in großen Mengen herunter, das wiederum aus konservierten Spinnweben mit Tautropfen bestand. Die Kerzen waren ganz normal aus Bienenwachs, welches zur Genüge da war. Auf der Spitze aber, da hatte der Waldschrat, der Herr Lapislazuli Erbsengold, vier wunderschöne kleine Libellen raufgesetzt, die hin und wieder mit den Flügeln flatterten und summten. Das waren gewissermaßen die einzigen Gäste zu diesem Feste. Ein langer Tisch war gedeckt, an dem das ganze Dorf Platz hatte. Die köstlichsten Köstlichkeiten und die leckersten Leckereien standen darauf, kein Wunder, es war ja Weihnachten. Aber erst sangen sie alle zusammen ein Weihnachtslied, und das klang folgendermaßen:

"Weihnachten im Wald,
das ist ein herrlich' Fest!
Draußen ist es kalt,
und drin so warm wie'm Nest.

Zur Weihnacht' ist es feierlich,
man hört's vom Turme blasen.
Zu Ostern ist es eierlich,
das liegt am Osterhasen."

Dann sagten die drei Schnagnuggenkinder Morchelwurz, Runkelnuß und Honigschote, jeder ein Weihnachtsgedicht auf. Als erster sprach Morchelwurz:

"Weihnacht ist mein liebstes Fest, na klar!
Leider gibt es es nur einmal im Jahr."

Als zweiter sprach Runkelnuß:

"Zu Weihnachten gibt es viele Leckereien,
War´n `s genügend, reichen sie bis zum Maien."

Und als dritte und letzte sprach Honigschote:

"Weihnachten gibt es viele Geschenke,
damit ich´s ganze Jahr an meine Eltern denke."

Nachdem sich alle die Geschenke geschenkt hatten, durfte endlich gegessen werden und getrunken auch. Zuerst aber sollen die Getränke erwähnt werden, die auch etwas Alkohol enthielten, aber nicht viel bei der Größe der kleinen Dorfbewohner von Blütenlichtwalde. Da gab es Sekt aus Maiglöckchenhonig, Weißwein aus weißem Wildrosennektar, helles Bier aus gelbem Glockenblumenmalz und dunkles Bier aus blauem Glockenblumenmalz. Schnaps gab es nicht, der wirkt viel zu schnell, und das Weihnachtsfest ist ja kein Saufgelage. Dann das Essen: Da gab es eine Suppe aus Tautropfen, Lilienblütenstempel mit kleingeschnittenen Staubgefäßen der Osterglocken, die natürlich schon Ostern geerntet worden waren und eingeweckt wurden. Danach folgte ein Brei aus Sauerampfer, Walnüssen, Hagebuttenschalen und Brennesselspitzen, der mit Messer und Gabel gegessen werden mußte, weil er sehr hart war. Als Nachspeise gab es Leckereien aus Honig mit Hyazinthensirup. Und wie sie nun alle saßen und artig schmatzten, geschah plötzlich was ganz Furchtbares. Wenn das nicht geschehen wäre, würde es einem keiner glauben. Mitten in der feierlichen Weihnachtsfeier, - das heißt, zuerst war es etwas Furchtbares, aber nachher wurde dann doch noch alles gut und schön, - also es fing alles mit einem Geräusch an, welches aber noch nicht von den Weihnachtsfeiernden wahrgenommen wurde. Erst als es das fröhliche Schmatzen übertönte, war es zu hören, das Geräusch. Aber als es dann lauter wurde, bekamen alle ein wenig Angst, kein Wunder, wo es doch sonst immer so ruhig und still war im Wald außer dem Zwitschern der Vögel, und das im Winter noch nicht einmal.
Als nun der Krach unerträglich wurde, krochen alle erst mal unter die Betten und Schränke vor lauter Angst. Dann wurde der Lärm noch lauter, und dann war plötzlich alles still. Als nun einer nach dem andern aus seinem Versteck hervorkroch, sagte der Waldschrat, der ja der Hausherr war und die Verantwortung trug: "Was kann denn da nur passiert sein?" "Ja, was nur?" wunderte sich der Gnom. Dann sagte auch was der Herr Astlochzapfen Pfefferschotenblütenstaub, also der Vater von der Familie

der Schnagnuggen, nämlich: “Ja, was?” Es war natürlich klar, daß sich die Männer als erste äußerten zu diesem ungewöhnlichen Ereignis, weil sie die mutigeren waren, jedenfalls in dem Dorf Blütenlichtwalde. Aber nach und nach gaben auch die Frauen ihren Senf dazu, indem sie sagten und klagten: “Das war ja zum Fürchten, furchtbar, fürchterlich, furchterregend, furchteinflößend!” Zum Schluß jammerten auch noch die Kinder: “O je, au wei, ei jei, ei dei, dei.” Aber dann machte einer den Vorschlag, mal die Haustür einen Spalt weit aufzumachen. Das tat dann wiederum der Hausherr, weil er die Verantwortung trug. “Oh je, was ich da seh'!” sagte er. “Ja was denn?” riefen die andern, erst die Frauen diesmal, also die beiden Elfenschwestern Rosa und Lila Siebenflügel, die Frau Klumpenknolle Pfefferschotenblütenstaub, dann die Männer, die Herren Elfenbein Fichtelharz und Astlochzapfen Pfefferschotenblütenstaub, zum Schluß die Kinder. Dann drängten sie alle mutig aus der Tür und sahen im Schnee ein Gebilde liegen, das größer war als sie selber, aber nicht so groß wie ein Haus. Es waren auch Fenster drin und eine Tür, die plötzlich aufging und herauskamen ca. 12 Personen. Hinterher stellte sich raus, daß es nur 11 waren, die die Bewohner des Dorfes Blütenlichtwalde noch nie in ihrem Leben gesehen hatten. Das Besondere an diesen Leuten war erst mal, daß sie alle zitterten, nämlich vor Kälte, war ja auch Weihnachten. Da bekamen sie alle mit einem Mal Mitleid mit diesen, weil ihnen ja selber auch so langsam kalt wurde, und winkten sie ohne zu zögern herein in die warme Hütte, alles Weitere würde sich dann schon finden. So gutherzig waren die Leute von Blütenlichtwalde. Als alle drin waren, rannten die Neuankömmlinge erst mal alle zum Ofen und wärmten sich. Rücksichtsvollerweise warteten der Schrat und die andern, bis sie zu zittern aufgehört hatten, ehe sie neugierige Fragen stellten. Aber dann stellten sie sie. Als erster frug der Herr Lapislazuli Erbsengold, weil er der Hausherr war und die Verantwortung trug: “Wer seid Ihr, ehrenwerte Wesen, Ihr seid doch gewiß nicht aus dieser Gegend?” Da hub einer, der der Älteste zu sein schien und anscheinend die Verantwortung trug, zu sprechen an: “Hüta nga nugga.” Er hieß übrigens Düpigiga. Die Bewohner von Blütenlichtwalde nickten verständnisvoll mit dem Kopf. Aber was der Herr Düpigiga nun wirklich gesagt hat, muß erst übersetzt werden. Auch alles Weitere, was nun gesagt wird, soll gleich in der Übersetzung geschildert werden. Die Elfen, Gnome, Schrate und Schnagnuggen verstehen zwar so ziemlich sämtliche Sprachen, aber wir natürlich nur die deutsche, - meistens. Also, das was der alte Herr Düpigiga gerade gesagt hat, hieß auf deutsch: Wir sind heimatlos. Da sagte Honigschote Pfefferschotenblütenstaub voller Mitleid: “Oh, ihr Armen!” übrigens auch auf deutsch, denn die Plumbum-Aurum-Argenter, solche waren nämlich die Ankömmlinge, weil sie aus Plumbum-Aurum-Argentum stammten, ver-

standen auch sämtliche Sprachen so ziemlich. Das war aber auch nötig für sie, denn sie kamen viel rum in der Welt. Auch Morchelwurz und Runkelnuß bekundeten starkes Mitgefühl, indem sie sagten: “Das tut uns aber leid!”, bzw. “Das ist aber schade!” Nun mischten sich auch die Erwachsenen ein und bekundeten ihr Mitleiden mit den Heimatlosen. Die Frau Klumpenknolle Pfefferschotenblütenstaub sagte: “Sie tun mir ja so leid.” Der Herr Elfenbein Fichtelharz jammerte: “Ich kann Ihnen ja so nachfühlen.” Und schließlich der Herr Astlochzapfen Pfefferschotenblütenstaub schluchzte fast: “Oh, die Ärmsten!” Und die beiden Elfen, Fräulein Rosa Siebenflügel und Fräulein Lila Siebenflügel, riefen wie aus einem Munde: “Weh Euch, ihr Armen!” Aber dann hörten sie auf zu jammern und boten den Gästen was zu essen an und zu trinken, und weil Weihnachten war, stand ja genug auf´m Tisch. Dügü, das war die Frau von dem Herrn Düpigiga, aß am schnellsten, also war sie auch am ehesten satt, und konnte Weiteres von ihrer aller Schicksal erzählen und sie hub an: “Wir kommen vom anderen Ende der Milchstraße und sind schon 400 Jahre unterwegs.” “Ja”, ergänzte eine andere Frau, die Pütütü hieß, “das ging auch nur, weil wir ca. 1500 Jahre alt werden, wenn wir wollen.” “Aber meistens haben wir nach 1200 Jahren genug”, fügte erklärend Herr Peitütü hinzu, der der Mann von der Frau Pütütü war. Die übrigen waren alles Kinder, denn das kleine Raumschiff war nicht groß genug für so viele Erwachsene. Ja, sie waren mit einem Raumschiff gekommen, sonst hätten sie auch unmöglich vom andern Ende der Milchstraße kommen können. Hierzulande sagt man ja auch “Fliegende Untertassen” zu solchen Einrichtungen. Aber die Menschen denken immer, Fliegende Untertassen sind sehr große Gebilde. Dabei sind sie aber nur ganz klein, wie wir ja gerade gesehen haben. Sie sehen so aus wie Untertassen und sind etwa so groß wie Suppenteller, daher der Name. Und weil sie so klein sind, werden sie auch so selten von Menschen gesehen. Alles andere ist reine Einbildung.
“Gibt es bei euch auch Spielsachen?” fragte eines der Kinder, das Bütipi hieß. “Ja.” sagte wahrheitsgemäß Honigschote. “Dann könnten wir doch hierbleiben,” rief Patipü, ein anderes Kind. “Ach ja, laßt uns hierbleiben,” warf Giripi, ein weiteres Kind in die Unterhaltung ein. “Das wäre sehr schön,” sagte Morchelwurz und Runkelnuß fügte hinzu: “Warum nicht!” “Mir würde es hier gefallen,” sagte nun Risipi, ein wiederum anderes Kind, und Sinitri rief: “Fein, fein!”- und Silili und Sololo konnten noch nicht sprechen. Sumumu war schon eingeschlafen. “Wie ist denn hier das Leben so für euch auf dieser Welt?” frug interessiert Herr Düpigiga, das war der, der die Verantwortung trug. “Wir leben hier ruhig und in Frieden,” klärte Herr Erbsengold die Gäste auf. “Wir sind so klein, dass die Menschen uns kaum sehen.” “Die Menschen”, fügte Herr Fichtelharz hinzu, “die

Menschen sind wesentlich größer als wir und recht ungezogen, egoistisch und rücksichtslos." "Und manche lärmen und sind besoffen", rief entrüstet Frau Klumpenknolle Pfefferschotenblütenstaub. "Und sie rauchen Tabak", sagte Runkelnuß sich schüttelnd vor Ekel. "Aber hier leben wir in Ruhe und Frieden", sagte beruhigend Herr Astlochzapfen Pfefferschotenblütenstaub. "Der Wald ist sehr dicht und die Lichtung groß genug für uns alle", mischte sich jetzt Herr Elfenbein Fichtelharz ein, "wir könnten noch ein paar Hütten bauen und in Frieden und Freuden zusammenleben, ein paar Hundert Jahre." Die Plumbum-Aurum-Argenter waren sehr gerührt von soviel Gastfreundschaft und alle waren glücklich. Nun fingen sie aber erst mal an zu trinken, weil ja Weihnachten war, auch Alkohol, und die Kinder spielten einträchtig miteinander, und mit den neuen Spielsachen. Man beschloß, nach Weihnachten eine Garage zu bauen und dort die Fliegende Untertasse hineinzustellen, nachdem sie blankgeputzt worden wäre. Man konnte sie vielleicht noch mal gebrauchen.

Schließlich kam der Frühling und wie üblich sprossen die Blumen und flogen die Käfer und die Plumbum-Aurum-Argenter staunten nicht schlecht über so viel Vielfalt, und alle, ob nun der Herr Peitütü oder die Frau Pütütü oder die Kinder 1 bis 7, sagten einhellig, so schön wäre es in ihrer alten Heimat nicht gewesen, da gab es z. B. nur 4 verschiedene Sorten Blumen. Seltsam, obwohl alles zur selben Milchstraße gehört. Und nachdem sie noch mehr kennengelernt hatten, staunten sie noch mehr und sagten: "Es ist die schönste Gegend, die wir in unserem langen Leben kennengelernt haben, hier wollen wir bleiben", und der Waldschrat, der Herr Lapislazuli Erbsengold, der die Verantwortung trug, sagte abschließend: "Hoffentlich machen die Menschen sie nicht kaputt." Dann machten sie alle ein Frühlingsfest und luden kleine Käferchen und Schmetterlinge ein, und alles blühte, in der Lichtung, im Walde, in Blütenlichtwalde. Da leben sie immer noch. Aber wo genau das ist, wird nicht verraten.

Manchmal sangen die Plumbum-Aurum-Argenter abends ein Lied aus ihrer fernen Heimat:

Fütji rütji chitschi
witschi bütji mütji
R ü j i – r ü j i
R ü j i – r ü j i
R ü j i – r ü j i

***

9. Märchen

Die Geschichte, die vor vielen, vielen, vielen Jahren mal gewesen ist

Es war einmal vor v i e l e n, v i e l e n Jahren, sodaß man meinen könnte, es wäre die erste Geschichte überhaupt, die sich bis in unsere Gegenwart gerettet hat. Genau genommen war es vor 250 Millionen Jahren und noch ein paar tausend dazu. Da gab es natürlich noch keine

Menschen, nicht einmal Affenmenschen oder Menschenaffen, ja, noch nicht mal Affen oder affenähnliche Wesen, - im Grunde gab es da nur Tiere, die ganz anders waren als die, die heute bei uns rumlaufen.

Also damals, da lebten ein paar Saurier ganz dicht am Äquator in einem geschützten Tal zusammen. Ob sie freiwillig da zusammenlebten, weiß man nicht, jedenfalls gab es da genug zu fressen in der Gegend, - das war wohl der Grund.

Eines Tages, es war am 21. Juni, jedenfalls wär' es an dem Tag gewesen, wenn es damals schon einen Kalender gegeben hätte, - das genaue Jahr ist allerdings unbekannt, weil das schon so lange her ist, - eines Tages also, da saß die junge Rauhfraßschnappe auf der Wiese in Erwartung dessen, daß sie ein Ei legen würde. Sie war keine Tyrannosaurierin, auch keine Ichthyosaurierin, ebensowenig eine Stegosaurierin, sondern eine Brontosaurierin und gehörte selbstverständlich zur eierlegenden Sorte, sonst hätte sie ja nicht in Erwartung des Legens von einem Ei da gesessen auf der Wiese im Tal. Etwa 100 Meter weiter saß ein Brontosaurier und kuckte zu. Er hieß übrigens Blattfraßraffer. Nachnamen hatten die

ganzen Tiere damals noch nicht, sie waren froh, ihre Vornamen zu behalten, bei dem kleinen Gehirn und dem kleinen Kopp, den sie nun mal hatten. Wie Blattfraßraffer nun sah, daß Rauhfraßschnappe ihr Ei fertiggelegt hatte, was nach 5 Minuten endlich passiert war, rannte er hin und klaute es. Was er damit wollte, weiß man ebenfalls nicht nach all den Jahren, jedenfalls Rauhfraßschnappe ärgerte sich sehr und schrie laut, daß die Gymnospermenwälder wackelten: “Uähhh! Blattfraßraffer, Biest, Schwanzvieh, gib Ei, mein, zurück!” Aber Blattfraßraffer rannte weg mit dem geklauten Ei und dachte nicht daran, es zurückzugeben. Die anderen Saurier kuckten dem Geschehen dusselig zu und machten und sagten nichts und fraßen nur mit ungeheurer Lautstärke. Zwei von ihnen hießen übrigens Halmfraßfresse und Stengelfraßmalme. Die zogen aber bald um in eine andere Gegend und spielen in dieser Geschichte keine Rolle mehr. Die anderen 25 sind unerkannt geblieben, weswegen sie auch in der Anonymität der Geschichte verschwunden sind.
Rauhfraßschnappe blieb also nichts anderes übrig, als hinterherzulaufen, da Blattfraßraffer auf Zuruf nicht stehen blieb. Weil sie aber etwa zehn Meter größer war als der viel jüngere Blattfraßraffer, holte sie ihn auch gleich ein, und stellte ihn zur Rede: “Warum klau`n Ei, mein?” Darauf antwortete Blattfraßraffer sehr frech: “Stinkmaul, - Ei dein, - mein jetzt!“ Rauhfraßschnappe entrüstete sich darob und schrie nun wesentlich lauter: “Schwanz-Maul, Ei mein! Blattfraßraffer Ei machen selber!” Blattfraßraffer reagierte darauf noch frecher und rief: “Nix Ei machen,- Ei haben eins!” Das erboste Rauhfraßschnappe über die Maßen, und sie gab Blattfraßraffer einen Tritt mit dem Hinterbein, weil das wesentlich größer war als das Vorderbein. Da fiel Blattfraßraffer das Ei aus der Kralle und plumpste runter. Nun haben zum Glück die Saurier-Eier meistens eine dicke Schale, - also nicht so ‘ne dünne wie ein Hühner-Ei, - deshalb ging es auch nicht kaputt. Aber es war in ein dickes Gestrüpp gefallen, und die Rauhfraßschnappe konnte es nicht mehr wiederfinden. Darum ging sie weiter. Nach ein paar Monaten war aus dem Ei eine kleine Saurierin geschlüpft, weil es in dem Gestrüpp schön warm gewesen war. Schon nach ein paar Tagen konnte sie sprechen und rief immer: “Mama, Mama!” Aber ihre Mutter war ja nun schon weitergegangen. Doch wie es der Zufall will, traf sie eines Tages Blattfraßraffer, der noch immer in dem Tal wohnte, weil es da so viel zu fressen gab. Und der nahm sich der Kleinen an und gab ihr auch einen Namen, nämlich Grünfraßschmatze. Blattfraßraffer und Grünfraßschmatze lebten nun viele Jahre glücklich zusammen, bis sie eines Tages durch Zufall Rauhfraßschnappe trafen, weil die auch in dem Tal immer noch lebte, weil es da so viel zu fressen gab. Da wollte nun Rauhfraßschnappe die Grünfraßschmatze wiederhaben, weil es ja eigentlich ihre Tochter war. Aber Grünfraßschmatze hatte sich an Blattfraßraffer

gewöhnt und blieb bei ihm. Da aber Rauhfraßschnappe inzwischen etliche neue frische Eier gelegt hatte, war es ihr letztlich auch egal. Blattfraßraffer war glücklich, denn er konnte ja nun mal für sich selber keine Eier legen, weil er ein Männchen war. Grünfraßschmatze war aber ein Weibchen, und als sie erwachsen war, legte sie für Blattfraßraffer viele glänzende Eier und sie wurden eine große Familie. Abends bei Sonnenuntergang saßen sie oft beisammen Kralle in Kralle und unterhielten sich, während die Kinder spielten: "Grünfraßschmatze lieb", sagte die Grünfraßschmatze, und Blattfraßraffer: "Blattfraßraffer lieb, auch, - Grünfraßschmatze Ei, Ei, Ei", worauf Grünfraßschmatze ihn zärtlich anblickte und ihm drei Eier legte. Dankbar sagte Blattfraßraffer daraufhin: "Grünfraßschmatze lieb, lieb, lieb." Dann küßten sie sich. So ging das fast jeden Tag. Die Glücklichen!

Hundert Jahre später aber wußte schon kaum einer mehr was von dieser Geschichte, die so gefährlich anfing und so glücklich endete, weil es damals noch keinen gab, der das alles hätte aufschreiben können. Und jetzt nach 250 Millionen Jahren und noch ein paar tausend dazu, ist alles längst, längst vergessen, na ja, kein Wunder, nach so v i e l e n, v i e l e n Jahren.

Post scriptum, oder abgekürzt p.s. Im Jahre 1956 fand der Forscher Irvin Stonehedge in der Nähe des Viktoriasees in Afrika Dinosaurierknochen. Aus der Lage der Knochen zueinander konnte er diese Geschichte rekonstruieren. Von der wissenschaftlichen Fachwelt aber wurde dies angezweifelt. Mr. Irvin Stonehedge wurde von der Fachwelt aufgefordert, Beweise zu liefern.

Wenn die Fachwelt wüßte, daß sich wirklich alles so zugetragen hat, sie würde sich schämen, jemals daran gezweifelt zu haben.

***

10. Märchen

<u>Das alte Auto</u>

Es war einmal ein Auto, das wurde von seinem Besitzer sehr vernachlässigt. Daß es nie geputzt und gewaschen wurde, ging ja noch, schließlich kann man sich an Dreck gewöhnen, aber daß die Innereien nicht gepflegt wurden, ein Scheinwerfer blind war, der Mantel vom rechten Hinterrad abgenutzt, und daß der Auspuff verdreckt war, und ein zweites Loch hatte, das war schlimm. Benzin mußte ja nun immer nachgekippt werden. Sonst hätte der Besitzer schließlich gar nichts von dem Auto gehabt, denn ohne Benzin fährt ein Auto höchstens bergab eine Weile. Da die Welt aber aus bergauf und bergab besteht, geht es ohne Benzin nun mal nicht.

Eines Tages wollte der Besitzer nach China fahren, um Tee einzukaufen.

Er hieß übrigens Knurrhelm Knaster und war auch so. Weil das eine weite Strecke ist, jedenfalls von Europa aus, fuhr er schon gleich nach Sonnenaufgang los. Nach einem Kilometer begegnete ihnen ein Hahn, der laut krähte:

“Weh, weh,
Kikerikeh!
dein Hinterrrad,
ist bald platt!”

Das Auto bekam einen Schreck und sagte:

“So komm’ ich nie an’s Ziel!
Ich armes Automobil!”

Aber der Autobesitzer, Herr Knaster, hörte nichts von all dem, denn er hatte Watte in die Ohren gesteckt, weil ihm das Knattern von dem ausgeleierten Motor auf’s Gehör schlug. Wieder nach einem Kilometer begegnete ihnen ein Ziegenbock, der meckerte:

“Oh Schreck!
Meckerekeck!
Der Motorblock,
geht bald am Stock!”

Das Auto zitterte und sagte:

“So komm’ ich nie an’s Ziel!
Ich altes Automobil!”

Aber der Herr Knaster hatte Watte in den Ohren. Nach wieder einem Kilometer begegnete ihnen ein Bulle, der brüllte:

“Buh, buh,
Muh, muh!
Das Auspuffrohr
fällt ab, du Tor!”

Das Auto jammerte und klapperte am ganzen Leib und sagte:
“So komm’ ich nie an’s Ziel!
Ich krankes Automobil!”

Aber der Herr Knurrhelm Knaster hörte natürlich nichts und merkte auch nichts. Dann gab es einen Knall, als ob der Motor sich festgefahren hätte aus reinem Ölmangel. Herr Knaster stieg aus und trat vor Wut gegen das Auto. Dabei hatte das gar keine Schuld. Dann schob er es in den Straßengraben und ging zu Fuß nach Hause und ward nicht mehr gesehn. Nach drei Tagen kam ein Wanderbursche des Wegs. Da rief das Auto:

"Nimm mich mit,
nimm mich mit!
Sonst komm' ich nie an's Ziel!
Ich armes Automobil."

Der Wanderbursche war aber ein ausgelernter Automechaniker und sah voll Mitleid auf das Auto, danach sah er noch voll Mitleid in das Auto und dann noch voll Mitleid unter das Auto und stellte fest, daß sich nur ein Kabel gelöste hatte. Das flickte er mit geübter Hand im Handumdrehn, und zuckelte mit dem Auto nach Hause. Dort pflegte und hegte er es und reparierte alles, was vergammelt war und putzte die Chromleistenreste, die noch dran waren. So lebten sie beide noch viele Jahre und viele Kilometer zusammen. Dann kam das Auto in ein Museum, und da steht es noch heute, und jeden Tag wird Staub gewischt.

***

11. Märchen

Das Märchen, das ja nun das allerletzte ist

Es war einmal ein Teufel, der saß irgendwo rum, und weil ihm langweilig war, stänkerte er bisweilen. Das war übrigens genau im Jahre 1891. Er war zwar der einzige Teufel, der haargenau an dieser Stelle herumsaß, aber er war beileibe nicht der einzige Teufel auf der ganzen Welt. Bei so viel Schlechtigkeit auf der Welt, reicht nun mal ein Teufel nicht aus, der käme ja überhaupt nicht mehr zum Schlafen, nein, nein, es gibt eine ganze Horde von leibhaftigen Teufeln, womöglich sogar mehrere Horden davon. Nach ein paar Stunden stand er auf und lungerte eine Weile rum. Vor lau-

ter langer Weile riß er sich dann ein paar Haare aus seinem Schwanz und sagte:
“So ‘ne Scheiße, verdammt und Satansschwanz, heute passiert aber auch gar nichts, elendes Menschengesocks, langweiliges, schwanzloses!”
Da kam auf einem Weg ein kleiner Junge herangetrappelt, der etwa zwei Jahre alt war und vor sich hinplapperte:
“Duli, duli, dö, duli, duli, dei, holodio,-atta-atta gehn, wau wau, ham ham, pi pi.” Und nach einer Weile: “A a.” Plötzlich rannte der Junge mitten auf den Weg, um sich einen Mistkäfer anzukucken, der sehr mutig den Weg überqueren wollte. Mit einem Mal kam ein Pferdewagen wild herbeigerast. Der Kutscher hieb auf die Pferde ein, als wäre der Teufel hinter ihm her. Der stand aber ganz still am Wegesrand und lungerte herum. Wie sich später herausstellte, wollte der Kutscher ein krankes Kind zum Arzt fahren, aber das ist eine andere Geschichte. Wie der Pferdewagen nun heran war und den kleinen Jungen zu überfahren drohte, und es wäre gewiß nicht mehr viel von ihm übrig geblieben bei dem wilden Tempo, griff der Teufel blitzschnell den Jungen am Arm, zog ihn vom Weg und setzte ihn ins Gras. Der Pferdewagen raste weiter als ob nichts geschehen wäre.
Ja, nun könnte man meinen, der Teufel ist gar nicht so schlecht, wie er aussieht, er hieß übrigens Luzifer Satanus, und seine Großmutter hieß Diabola Satana, womit gesagt werden soll, daß er eine Großmutter hatte. Jeder Teufel hat natürlich eine Großmutter, - also es sah ja nun tatsächlich so aus, als ob der Teufel eine gute Tat getan hätte, aber dem war nicht so. Wenn ein Teufel eine gute Tat tut, dann ist er kein Teufel, sondern ein Engel, und wenn ein Engel eine schlechte Tat tut, ist er kein Engel, sondern ein Teufel, so sind nun mal die Naturgesetze. Und weil das aber ein Teufel war, hat er also eine schlechte Tat getan, als er den Jungen rettete. Na jedenfalls, der kleine Junge lief nach Hause zu seiner Mutter, und weil es abends war, kriegte er Abendbrot vorgesetzt, welches er auch mit gutem Appetit aufaß alles. Er hieß übrigens Adolf, und wohnte in Braunau am Inn, und seine Mutter, die übrigens Klara Hitler hieß, wusch danach das Geschirr ab. Und wie die Geschichte ausging, weiß ja nun jeder.

***

12. Märchen
<u>Der alte Osterhase</u>
Es war einmal ein Osterhase, der war schon sehr alt. Aber er konnte sich noch gut an seinen Großvater erinnern, wie der immer von seinem Großvater erzählt hatte, daß dessen Großvater ein sehr begabter Eiermaler gewesen sein soll. Wie man sieht, gibt es Osterhasen schon

recht lange, aber noch nicht so lange, daß es sie schon zu Zeiten der Dinosaurier gegeben hätte, sonst wäre irgendwo irgendwann mal ein bemaltes Saurierei gefunden worden. Also in der Zeit irgendwann dazwischen muß der Osterhase seinen Ursprung haben. Zurück zu unserem alten Hasen, er hieß übrigens Meister Taschenlampe, aber das war nur sein Künstlername, unter dem er seine Eier verkaufte. Sein richtiger Name war Blumenbart Löffel. Schon Weihnachten jeweils fing er mit der Arbeit an den Eiern an, denn er war vorausschauend. Aber von Ostern bis Weihnachten hatte er Ferien, natürlich erst, wenn Ostern vorbei war. Mit seiner Frau, sie hieß übrigens Pfotenheid Löffel, geb. Hakenschlag, hatte er 34 Kinder, die alle schon verheiratet waren. Die Enkel zählte er nicht, das waren fast genau so viele, wie er im Jahr Eier bemalte. So ist das nun mal bei Hasen, die übrigens abfällig manchmal als “Karnickel” bezeichnet werden.
Eines Tages sagte Frau Löffel: “Das Weihnachtsfest naht, wir müssen Ostereierfarben besorgen, unsere Kübel sind leer, bis auf wenige Reste.” “Auch die Pinsel sind ziemlich abgenutzt”, erwiderte beipflichtend Herr Löffel, “es ist gut, Weib, daß du daran denkst. Morgen wollte ich ohnehin

in die Stadt, du kannst mich begleiten." Am nächsten Morgen gingen sie in aller Herrgottsfrühe nach Kohlhasenberge, so hieß die nächsterreichbare Stadt, in der es Farbgeschäfte gab mit einer großzügigen Pinselabteilung. Der Inhaber des Ladens, übrigens ein erfahrener Osterhase a.D., bediente sie fachkundig und sagte zum Abschied: "Ich habe da noch eine Neuheit Euch anzubieten." "Oh", sagte Herr Blumenbart Löffel, "Neuheiten interessieren mich." Und seine Frau Pfotenheid Löffel nickte dazu. "Es handelt sich um einen zarten feinen Haarpinsel für hochempfindliche Taubeneier, sogar bei Kolibri-Eiern soll er sich bewährt haben, der neuartige Feinhaarpinsel." Die Löffels staunten nicht schlecht und nahmen gleich zwei zur Probe mit. Jetzt galt es nur noch, sich Taubeneier zu besorgen oder sogar Kolibri-Eier, welche so ziemlich die kleinsten und zartesten Gebilde sind auf dem internationalen Eiermarkt. Am Ende der Hauptstraße von Kohlhasenberge befand sich denn auch ein Spezialgeschäft für ausgefallene Eier. Daneben war übrigens gleich ein Fundbüro für verlorene Eier. Herr Nickel, der Inhaber des Spezialladens, verkaufte ihnen ausnahmsweise gleich 5 Kolibri-Eier und verpackte sie sorgfältig. Er hieß übrigens mit Vornamen Ottokar. Dann verabschiedeten sie sich herzlich von Ottokar Nickel. Endlich traten sie den Heimweg an, denn es dämmerte schon und trugen beide einträchtig den gemeinsamen Eiersack, wie es Eheleute tun, die sich zugetan sind. "Ich freue mich schon auf das Bemalen der Kolibri-Eier", sagte Frau Löffel in die abendliche Stille. "Ja, ich ebenfalls", äußerte sich frohgemut Herr Löffel, "bin mal gespannt, wie die neuen Pinsel sich machen." Nach solchen Reden war es mittlerweile dunkel geworden. Es war zwar Vollmond, aber der Himmel war tief verhangen, und Mond und Sterne vermochten es nicht, diese dicke Wolkendecke zu durchdringen mit ihrem Licht. Man konnte die Pfote vor Augen nicht sehen und eine Petroleumlampe hatten sie nicht mitgenommen. Das war unter Umständen ein Fehler, denn sie kamen vom Wege ab und verirrten sich. "Es hat keinen Zweck, Frau, wir verirren uns immer weiter, es ist besser, wir suchen uns einen hohlen Baum, in dem wir übernachten und das Tageslicht abwarten können." "Ja", sagte die Frau des Osterhasen, "das ist vielleicht das Beste, aber wie finden wir jetzt einen hohlen Baum in der Schwärze der Nacht?" "Hohle Bäume sind leicht faulig, und faules Holz leuchtet matt", entgegnete der weise alte Mann. Und sie sahen tatsächlich etwas schimmern in der Ferne und eilten an diesen Ort, und es war ein schöner geräumiger hohler Baum, in den sie hineinkrochen. Plötzlich gab der Boden unter ihnen nach, und sie fielen sieben Meter tief in eine Höhle. Dabei gingen leider die ganzen Kolibri-Eier kaputt, so gut sie auch verpackt waren, denn die Frau Pfotenheid Löffel fiel mit ihrem Gesäß direkt auf die Eier, und das hatten sie nicht ausgehalten. Aber der Herr Blumenbart Löffel machte ihr deswegen keine Vorwürfe,

zumal er sich seinerseits auf die Feinhaarpinsel gesetzt hatte, auch mit seinem Gesäß, sodaß sie kaputtgingen, bis auf die Haare. Da saßen sie nun mitten im Unglück, und auf ihren Eiern und Pinseln. Das Schlimmste aber war, daß es in der Höhle stockduster war, und sieben Meter Tiefe waren auch für einen Hasen ohne Leiter nicht zu bewältigen.
Zwei Stunden saßen sie da nun, und wenn nichts passiert wäre, hätte sie womöglich der Schlaf übermannt. Aber es geschah etwas, nämlich ein Weihnachtsmann wohnte in der Gegend, und weil das Weihnachtsfest nahte, kam ihm in den Sinn, das Dach von dieser Höhle zu reparieren, die eigentlich in abgedichtetem Zustand ein Spielzeuglager darstellte. Also war die Familie Löffel gewissermaßen durch den Luftschacht von einem Dach eingebrochen, was morsch war. Mit zwei Laternen, jede in einer Hand, kam also der Weihnachtsmann, er hieß übrigens Sackfried Weißbart, angewackelt, denn er hatte ja auch schon eine ganze Menge an Jahren auf dem Buckel. Nachdem er den Eingang der Höhle aufgeschlossen hatte und hineinleuchtete mit seinen beiden Laternen, erschrak er nicht schlecht. Aber dann faßte sich der alte Herr sehr schnell, als er die Hasen völlig verängstigt da so liegen sah. Als Fachmann erkannte er natürlich sofort, daß es Osterhasen waren, im gewissen Sinne also Kollegen.
Die Eheleute waren tief gerührt beim Anblick ihres Kollegen und begriffen sofort, daß sie ab sofort in Sicherheit sich wiegen konnten. “Es war, glaube ich, meine Schuld, daß ihr, ehrenwerte Osterhasen, in dieses Unglück gestürzt seid. Ich hätte längst das Dach der Höhle flicken sollen.” So redete bestürzt der Herr Sackfried Weißbart. “Aber”, sagte da Frau Löffel, “so etwas kann ja jedem mal passieren.” “Nur daß die Kolibri-Eier leider kaputt sind und die neuen Feinhaarpinsel!” jammerte ihr Gatte. “Ja”, klagte nun auch sein Eheweib, “ja, ja, schade! Aber so geht es eben manchmal im Leben.” “Aber sonst ist euch nichts passiert, ich meine rein gesundheitlich?” frug sorgenvoll der Herr Weißbart. Die Eheleute Löffel machten ein paar Probesprünge und stellten dann fest, daß ihnen nichts fehlte. Sie reparierten in Windeseile mit vereinten Kräften das Dach, damit nicht womöglich noch so ein Unglück passiert, und dann lud sie der Weihnachtsmann in sein Haus ein. Er wohnte in einem schönen Haus, wo überall Spielsachen herumlagen. Nach einem guten und gesunden Abendmahl plauderten sie miteinander und kamen überein, sich zu duzen. “Es wäre doch schön,” begann Sackfried, “wenn wir zusammen arbeiten könnten, ihr seid doch sicher begabte Osterhasen.” “Und du bist sicher ein begabter Weihnachtsmann”, erwiderte Blumenbart. “Wenn Ostern und Weihnachten hintereinander wären, könnten wir gut zusammenarbeiten”, mischte sich jetzt die Osterhäsin ein, “was meinst du dazu, Sackfried?” Der so Angesprochene antwortete folgendermaßen: “Ja, Ostern,

Weihnachten, Pfingsten, Silvester und Neujahr, alles hintereinander in einer Woche, das wäre eine gute Sache.” “Ja, und wir hätten viel längere Ferien”, entgegnete Blumenbart. “Schade, daß die Kolibri-Eier und die Pinsel kaputt gegangen sind”, seufzte Pfotenheid. Aber Sackfried versprach, ihnen zu Weihnachten welche zu schenken, dann hätten sie noch Zeit, bis Ostern sie zu bemalen. “Man könnte auch Ostern und Weihnachten mal vertauschen”, nahm Blumenbart jetzt den Faden wieder auf, “ich möchte auch mal die Eier ausfahren, mit einem von Rehen gezogenen Schlitten.” “Und ich hätte großen Gefallen daran, mal meine Geschenke im Frühling auszufahren in einer Kutsche, die von flinken Küken gezogen wird.” Diesen seltsamen Wunsch äußerte nun hingegen der alte Sackfried. Schließlich steigerten sie sich so hinein in dieses Thema, daß sie beschlossen, eine Demonstration zu veranstalten, mit der Zielsetzung, Ostern und Weihnachten, Pfingsten, Silvester und Neujahr auf eine feierliche Woche zu legen. Dazu wurden alle Osterhasen der Region eingeladen und sämtliche Weihnachtsmänner des Landes. An einem Sonnabend um 13 Uhr zogen dann 2000 Demonstranten (nach polizeilichen Schätzungen 800) zum Rathaus von Kohlhasenberge mit Transparenten wie: “Weihnachten und Ostern - Ein Abwasch.” - oder: “Silvester und Neujahr auf einen Tag.” - Manche Transparente reimten sich sogar: “Weihnachten-Ostern-Pfingsten - sind Forderungen unsre geringsten” Es war ein beeindruckendes Bild, wie hunderte Osterhasen und -zig Weihnachtsmänner entschlossen ihre Forderungen forderten. Manchmal riefen sie im Chor: “Osterhasen und Weihnachtsmänner vereinigt euch!” oder: “Weihnachtsmänner ins Rathaus!” Aber dann gab es kleine Grüppchen, die forderten, daß Ostern ganz ausfallen sollte, manche forderten, daß die Ostereier abgeschafft werden sollen, manche warfen mit Eiern, und zwar mit unbemalten, jedenfalls gingen alle irgendwann mal nach Hause und es blieb alles beim Alten. Ist ja auch richtig, was hunderte von Jahren funktioniert hat, wird wohl nicht falsch sein, oder?

Zu erwähnen wäre noch, daß sich der Weihnachtsmann Sackfried Weißbart und das Ehepaar Löffel noch einige Male trafen. Zwei Wochen vor Ostern schickte Sackfried dann wie versprochen die Kolibri-Eier, und er hatte sie sogar schon bemalt. Erstaunlich, wie der greise Weihnachtsmann solch zarte Gebilde wie die Kolibrieier so zart bemalen konnte, wo er doch sehr rauhe Hände hatte, die zwar gewohnt waren, Spielzeug mit Nägeln zusammenzuhauen, aber nicht solche filigranen Eiermalereien.

Danach schrieben sie sich noch einander einige Briefe, aber dann, nach etwa 80 Jahren, hatten sie kaum noch Kontakt miteinander. Zum Schluß noch was Wichtiges: Die Kolibri-Eier des Herrn Löffel kriegten auf der Welt-Eiermesse in Paris den 1. Preis. 30 Jahre später wurde ihnen aber der Preis aberkannt, da sich herausstellte, daß sie vom Weihnachtsmann angemalt waren. Aber 15 Jahre später wurden die Eier rehabilitiert, da entschied eine internationale Kommission, daß sie den 1. Preis wiederkriegten, egal von wem die Kolibri-Eier buntgemalt waren. Seit 14 Tagen sind sie ausgestellt im Louvre.

***

13. Märchen
<u>Der gute Zauberer</u>
Es war einmal ein Zauberer, der hieß Felix Schweißfuß. Nun haben wir ja schon gehört, daß es böse Zauberer gibt. Dieser war aber ein guter Zauberer. Darauf muß hier gesondert hingewiesen werden, weil der Name teilweise nicht sehr anheimelnd klingt, und deshalb auch so oft wie möglich weggelassen werden soll.
Dieser Zauberer war sogar so gut, daß er hin und wieder etwas Schlechtes tat, indem er eine Mücke totschlug, die ihn stach, um nicht zu sehr aufzufallen. Als Zauberer verstand er auch alle Sprachen, die es gab, auch die der Tiere und Pflanzen, alles im Grunde genommen, alles, was da sprechen konnte. So erfuhr er natürlich viel von der Welt, und deshalb wußte er auch sehr viel. Aber es war nicht immer Gutes, was er da vernahm, im Gegenteil, viel, viel Trauriges erfuhr er, wenn er seine Zauberhöhle verließ und spazieren ging.
Eines Tages wanderte er nach langer Zeit wieder mal in der Welt herum, jedoch ohne Zauberstab, weil der zu wertvoll war. Als erstes begegnete ihm eine Bakterie. Sie hieß Keimgard Seuche. Aber so ein Name ist nichts Besonderes bei Bakterien, da immer ein paar Millionen den gleichen haben, weil sonst die Namen nicht ausreichen würden. Keimgard Seuche saß auf einem kleinen Stückchen Grashalm, der gerade verwelkte. Aber der Bakterie ging es nicht gut, denn ein kleiner Regenwurm näherte sich ihr, um sie zu fressen samt dem verwelkten Grashalm, auf dem sie gerade saß. Als Keimgard Seuche den Zauberer sah, rief sie ihn um Hilfe an, indem sie mehrmals rief: “Hilfe, Hilfe!“
Aber es hatte nichts genützt, der Regenwurm kam und fraß das Fräulein Seuche auf. Der Zauberer hatte Mitleid mit ihr, obwohl sie eine Gonokokke war, die dem Regenwurm Schaden zufügen wollte in Form einer üblen Krankheit.
Ganz in der Nähe des Regenwurms ging eine Ratte spazieren, weil die Sonne schien. Sie hieß Leiselotte Grauschleier, der Regenwurm hieß Ringelhard Schleichmann. Als Ringelhard Schleichmann Leiselotte Grauschleier sah, bekam er einen Schreck, und da er den Zauberer erblickte, rief er ihn um Hilfe an, indem er rief: “Hilfe! Hilfe!” Aber zu spät,

die Ratte hatte ihn schon untergeschluckt. Dem Zauberer tat der Regenwurm leid, aber da kam schon ein hungriger dicker fetter Kater des Wegs, der auf den Namen Schlitzohr Katzbach hörte. Kater fressen zwar lieber Mäuse, aber da die Ratte gerade da war, fraß er sie aus Bequemlichkeit. Vorher hatte die Ratte den Zauberer noch um Hilfe gebeten, indem sie rief: “Hilfe! Hilfe!”, aber es hatte nichts genützt, wie wir ja nun schon wissen. Nach einer Stunde, der Kater hatte sich nach dem Mittagessen schlafen gelegt, kam eine Hyäne des Wegs daher, und sie hieß Gierlinde Kadaver. Sie sah den Kater im Grase schnurren, doch sie war zum Glück satt, - zum Glück für den Kater. Aber dann sagte sie: “Wer weiß, wann ich wieder einmal was zu fressen finde”, und schnappte dann doch nach dem Kater. Der wachte auf und rief: “Hilfe! Hilfe!” Aber wer sollte ihm helfen, denn der Zauberer war längst weitergegangen. Nur die Schreie hatte er gerade noch gehört, und er hatte Mitleid mit dem Kater. Nun kann man sich schon denken, wie die Geschichte weitergeht., jedenfalls so ungefähr. Also, es kam nun am nächsten Tag ein Tiger angeschlichen, der hatte drei Wochen nichts gefressen, weshalb er großen Hunger hatte. Na, was sollen wir lange drum herumreden, er fing sich die Hyäne, - ach so, der Tiger hieß übrigens Bambus Löwenherz, - und fraß sie auf. Manchmal hatte er das Gefühl, sie schmeckte nach Ratte, manchmal nach Kater, und einmal kurz schmeckte sie nach Regenwurm. Die Bakterie hatte er aller-

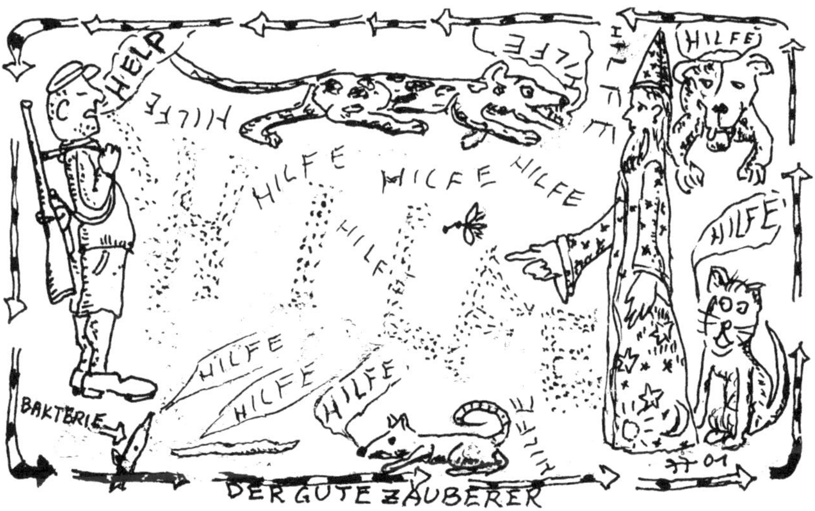

dings nicht rausgeschmeckt, denn Bakterien kann keiner schmecken, da ist zu wenig dran, als daß sie rausgeschmeckt werden können, höchstens bei dreißigtausend Stück auf einmal. Die Hyäne hatte noch pflichtgemäß um Hilfe gerufen, indem sie aus Leibeskräften rief: “Hilfe! Hilfe!” Aber

außer, daß es dem Zauberer leid tat, tat sich leider nichts.
In dieser Gegend trug es sich zu, daß ein englischer Großwildjäger auf die Jagd ging, bewaffnet mit Elefantenbüchse, Nashornflinte und normalem Jagdgewehr. Der Tiger sah ihn gleich, das heißt, zuerst roch er ihn, denn der Großwildjäger, er hieß übrigens Jimmy Gunpowder, hatte schweißnasse Kleider an, die bis zu drei Meilen gegen den Wind rochen. In Erinnerung dessen, wie Hunger weh tut und beflügelt durch die Vorfreude, demnächst Menschenfleisch fressen zu können, beschloß Bambus Löwenherz, so schnell wie möglich die Hyäne Gierlinde Kadaver, die sowieso etwas eigenartig nach Ratte, Kater und kurz mal nach Regenwurm geschmeckt hatte, zu verdauen, und sich den englischen Großwildjäger zu fangen. Gesagt, getan. Der Großwildjäger, der Herr Jimmy Gunpowder , konnte noch grade die Jagdflinte von der Schulter reißen, da war auch schon der Tiger da und "piff, paff" war der Tiger erledigt. Die Zeit reichte nicht einmal, um um Hilfe zu rufen. - Der Herr Jimmy Gunpowder war hungrig von der langen Jagd und da begann er, den Tiger Stückchenweise aufzuessen, indem er ihn grillte. Nach einer Woche ließ er den Rest liegen und beschloß, nach Amerika zu reisen. Da wurde ihm plötzlich unwohl. Ein Schwarm Bakterien hatte sich ein neues Zuhause gesucht und in dem vollgegessenen Jäger auch eins gefunden. Die Bakterien freuten sich sehr über die reichhaltige künftige Mahlzeit, und machten sich über Jimmy Gunpowder her. Der röchelte noch und versuchte um Hilfe zu rufen, indem er rief "Help, Help!" Aber dann machten die Bakterien dem ein Ende. Eine von ihnen hieß übrigens Keimgard Seuche. Dem Zauberer tat der Großwildjäger leid, obwohl dieser eine Menge Tiere erschossen hatte, nämlich 4 Nashörner, 3 Elefanten, 6 Tiger, einen Löwen und 32 Büffel und unzählige Rebhühner und Hasen. Außerdem hatte er viele Fische geangelt.
Nach all diesem Elend ging der Zauberer wieder nach Hause. In seiner Höhle saß er einen ganzen Monat lang, von Vollmond zu Vollmond, und noch ein paar Tage dazu, und dachte nach. Dann holte er seinen Zauberstab aus dem Tresor und zauberte sich eine Welt, in der keiner sich über den andern hermachte, keiner Appetit auf seinen Nachbarn hatte. Und da lebte er hinfort.
Nur manchmal träumte er nachts, er würde auf der Erde spazieren gehen zwischen Blumen und Vogelgezwitscher, und dann hörte er tausend Stimmen, die riefen jämmerlich:

Hilfe help HILFE

Hilfe help Hilfe.....

***

14. Märchen

Die frohe Farbenfamilie

Es war einmal eine Farbe, die hieß Rot, und mit Vornamen Zinnober. Zusammen hieß sie also Zinnoberrot. Eines Tages traf sie jemand ihresgleichen, nämlich eine andere Farbe. Und die hieß Blau, und zwar mit Nachnamen. Mit Vornamen aber hieß sie Ultramarin. Die beiden heirateten irgendwann einmal, und als sie zwei Kinder bekamen, hießen die Lila und Violett. Aber Zinnoberrot hatte noch eine Schwester, und die hieß Karminrot. Die traf ein paar Tage nach der Hochzeit von Ultramarinblau und Zinnoberrot einen jungen Mann. Der hieß Gelb mit Nachnamen.
“Guten Tag, Herr Gelb”, sprach ihn ganz dreist Karminrot an, “wie ist denn Ihr werter Vorname, denn wenn wir beide mal vielleicht unter Umständen, vielleicht sogar unter anderen Umständen heiraten wollen, wäre es mir genehm, Ihren werten Vornamen zu erfahren.” Herr Gelb antwortete darauf: “Ich heiße mit Vornamen Neapel.” Tags darauf heirateten Herr Neapelgelb und Fräulein Karminrot. Ihr Kind hieß Orange. Ein paar Tage später haute Karminrot mit einem gewissen Herrn Elfenbeinweiß ab. Die beiden heirateten heimlich und die Tochter, die dann kam, hieß Rosa. Auf

DIE FROHE FARBENFAMILIE

dem gleichen Standesamt heirateten am selben Tag auch der Herr Kasslerbraun, der uneheliche Sohn von Herrn Schwarz und Fräulein Rot, und das Fräulein Echtgelb Hell, übrigens eine Schwester von dem Herrn Gelb, also von Herrn Neapelgelb. Ihre Tochter war dann Olivgrün. Später heiratete Herr Preußischblau die geschiedene Frau Echtgelb Hell, und ihr Kind war Grün. Grau war übrigens das Kind von Frau Schwarz und Herrn Weiß. Nach einiger Zeit organisierten sie ein Familientreffen. Als sie endlich alle dicht beisammen waren, ja, da hießen sie plötzlich alle Schwarz. Als dann aber einer das Radio anstellte und Tanzmusik erklang und alle wie wild zu tanzen anfingen, immer im Kreis herum, da hießen sie alle Weiß. Ja, das war die Geschichte von der Farbenfamilie.

***

15. Märchen

Die tierliebe Frau

Es war einmal eine Frau, die war sehr tierlieb. Da traf es sich gut, daß sie sehr einsam war. Also besorgte sie sich einen Hund, und zwar einen gebrauchten, denn der kostete nichts, weil der vorhergehende Besitzer froh war, ihn loszuwerden. Aber der Hund war nicht, - wie die Menschen sich auszudrücken pflegen, - stubenrein. Das heißt, er machte das, was Menschen, wenn sie nicht grade besoffen sind, auf der Toilette machen, irgendwo im Zimmer, manchmal auch draußen, aber meistens war er ja im Zimmer, weil die einsame Frau nicht mehr gut zu Fuß war, weswegen sie einsam war. Da verschenkte sie den Hund. Zum Abschied sagte der Hund:

"Wau, wau!"

Nun besorgte sie sich, da sie tierlieb und einsam war, eine Katze, ebenfalls ohne Geld und gebraucht, weil der Besitzer, - also nachdem die Katze

verschenkt war, - der ehemalige Besitzer, weil der froh war, daß er die Katze los war, und schenkte auch noch 2 Pfund Katzenstreu dazu. Aber auch die Katze, genau wie vorher der Hund, machte nicht ins Katzenklo, manchmal ja, aber das war Zufall, sondern wo sie gerade war im Zimmer. Und da sie kleiner war als der Hund, kroch sie unter die Schränke und unter's Sofa, weil sie dachte, Frauchen merkt nichts. Zwar sah Frauchen nicht, was die Katze gemacht hatte, aber sie roch es. Da trennte sie sich von der Katze, indem sie sie verschenkte, samt einem Pfund Katzenstreu, - weil die noch übrig war. Zum Abschied sagte die Katze:

"Miau, miau!"

Dann überlegte sich die Frau, daß Affen viel intelligenter sind als Hunde und Katzen, ja, sie sollen gleich nach den Menschen kommen, sogar mit ihnen verwandt sein. Also kaufte sie sich einen Affen, diesmal einen neuen, keinen gebrauchten, und bezahlte 2000 Mark. Aber da sie einsam war und auch tierlieb, gab sie gern so viel Geld aus für eine gute Sache. Doch, oh Schreck! Der Affe machte auch überall hin und nicht ein einziges Mal auf die Toilette, obwohl der doch mit dem Menschen verwandt ist. Und außerdem kletterte er überall rum und riß die Gardinen kaputt. Da brachte sie ihn zurück. Zum Abschied sagte der Affe:

“Bibb bibb bibb bäh!
Bibb bibb bibb bäh!”

Sie bekam auch noch 1000 Mark wieder und ein Karnickel dazu, welches auch überall hinmachte, was aber nicht gestunken hatte, ja, nicht einmal gerochen. Aber dafür zerknabberte es die Telefonschnur und so was alles. Nun war die Frau noch einsamer. Da verschenkte sie, ihr Name war übrigens Christine Fleischer, das Karnickel, und holte sich Rat von einem Professor der Biologie. Ach so, das Karnickel hatte noch zum Abschied gesagt:

“Quitt, quitt, mrrr,
quitt, quitt, mrrr, mrrr!”

Der Professor riet ihr, sich einen neuen Hund zu kaufen und keinen gebrauchten, und ihm den Umgang mit seinem Ausgang, d. h. mit dem After, beizubringen, was ihr auch gelang. Der Hund hieß Struppi. Die andern Tiere hatten übrigens keine Namen, weil sie nur kurz bei der Frau Fleischer gelebt haben. Nun war sie zufrieden und konnte das Hündchen unbehelligt lieben, weil sie ja tierlieb war, und einsam war sie ja nun nicht mehr, auch die Telefonschnur war wieder repariert.

Der Volksmund sagt ja:
Liebe geht durch den

Magen *magen* MageN

Magen

Magen MAGEN

Aber nach dieser Geschichte wäre man versucht zu sagen:
Liebe geht durch die

Schei

Schei

SCHEI

Schei

Schei

... schade, daß man so was nicht schriftlich darlegen darf, wegen dem Anstand.

***

16. Märchen

Die flatterhaften Lindenblätter

Es war einmal eine Linde, die hatte viele Blätter. Wie die nun im einzelnen alle hießen, - das aufzuschreiben, würde zu lange dauern. Also greifen wir uns nur einige raus. Sie hingen ungefähr in der Mitte der Linde, ziemlich weit innen. Das erste, welches namentlich genannt werden soll, hieß Rosalinde. Eines Tages sagte sie: "Heute morgen kommt es mir so vor, als wenn die Farbe meines Blattgrüns besonders grün ist." "Das bildest du dir vielleicht nur ein", erwiderte Heidelinde."Laß sie doch, sie ist doch ohnehin so eine Angeberin", mischte sich jetzt Gerlinde ein, "aber schaut mal, was ich für zarte Rippchen habe!" Dazu konnte Dietlinde nicht mehr schweigen, und sagte: "Rosalinde gibt mit ihrem Blattgrün an, und Gerlinde mit ihren Rippen." "Ja", sagte Heidelinde, "Gerlinde hat zwar zarte Rippen, aber damit muß sie ja nun nicht angeben." "Richtig", rief nun Friedlinde dazwischen, "es ist ja nicht Gerlindes Verdienst, daß sie so zarte Rippen hat." "Ha, ha, ha", lachte frech in diesem Moment Gerlinde, "ihr seid ja bloß neidisch, ihr dickrippigen gezackten Dinger!" "Na, na, na!" erboste sich nun Ortlinde, die bis jetzt geschwiegen hatte, "gezackt sind wir ja nun alle." "Eben", ereiferte sich Rosalinde (der Wind weht herbstlich). "Aber ich hänge von euch allen am höchsten!" rief nun ausgerechnet, wo sich die Gemüter etwas beruhigt hatten, die vorlaute Esellinde. "Ha, ha, ha", riefen da fast alle übrigen, "du Angeberin", "du Hochnäsige", "du Eingebildete", "du exzentrische Ziege, dammlige". "Es kommt doch nicht darauf an, ob man oben oder unten hängt", zeterte die Gerlinde los. "Doch, doch!" beharrte die Esellinde, "doch, doch! Ich hänge von euch am höchsten, ich bin im Gegensatz zu euch Klatschweibern etwas Besonderes." "Ha, ha, ha", lachten alle, manche ärgerlich: „Hu, hu, hu," manche hysterisch: „Hi, hi, hi“ und manche abfällig: „Ho, ho, ho.“ Und die Dietlinde sagte treffend: “Wenn es danach ginge, hängen ja noch eine Menge Blätter über dir. Im Vergleich zu denen, bist du doch der letzte Dreck.” “Und im Vergleich zu den Spitzenblättern bist du doch der letzte Husten”, sagte nun ziemlich erregt die Heidelinde und fügte noch boshaft hinzu: “Du alte Schlampe, du hast ja schon die Würmer!” Da konnte sich nunmehr die Esellinde nicht beherrschen, und sie geriet aus der Fassung und sagte ziemlich unhöflich: “Du bist ja total verlaust, du welkes Schrumpelblatt, bei dir fühlen sich die Blattläuse ja schon wie zu Hause.” “Bürste du dir mal die Milben von der Oberfläche!” zeterte nun völlig unbeherrscht die Esellinde los, “du hast ja noch nicht mal Blattläuse, bei dir würden ja die Läuse das Kotzen kriegen, wenn sie auf dir sitzen müßten.” “Du vergilbtes Zackengerippe, du elendes Schrumpelblatt, du verfaultes”, rief nun völlig exaltiert die an sich sensible Gerlinde, “und überhaupt, - wer schon Esellinde heißt!” “Kein Mensch kann was für seinen Namen!” sagte jetzt etwas kleinlaut die Esellinde. “He, Heee! Habt ihr alle gehört!” rief laut lachend nun die Friedlinde, “Mensch! hat sie gesagt, Mensch, - du Zimtziege, du bist doch kein Mensch, du bist doch nur ‘n mickriges Blatt!” “Na ja”, sagte nun etwas beschwichtigend die beherrschte Heidelinde, “Blätter sind wir ja nun alle, und wir sollten stolz darauf sein, ohne uns geht es nämlich nicht.” Da es Abend wurde, beruhigten sich die Gemüter, und

sie schliefen ein im säuselnden Wind, denn die Sonne war schon untergegangen. Aber wie wir alle wissen, folgt auf einen Abend ein neuer Tag. Was würden sie da nun wieder aushecken? - die flatterhaften Blätter des Lindenbaumes, der übrigens am Brunnen vor dem Tore stand. Egal was! Der Herbst würde eines schönen Tages kommen, da würden sie womöglich mit ihren schönen bunten Farben angeben, oder auch nicht, na, jedenfalls, der Herbst ist ja nun mal der Bruder des Sturmes. Und der Sturm? Ja, der Sturm macht alle gleich. Einmal tanzen sie noch, die Blätter, - ob sie nun Gerlinde, Heidelinde oder gar Esellinde heißen, einmal tanzen sie noch, und wer ganz oben im Baume hing, tanzt etwas länger, als wie der, welcher ganz unten hing, - aber am Ende liegen sie doch alle auf der Erde. Und im folgenden Jahr? Da kommen natürlich neue Blätter. Und was die alle quatschen?!

***

17. Märchen

<u>Die gutmütige Hexe</u>

Es war einmal eine gutmütige Hexe. Daß sie gutmütig war, wußten die wenigsten, aber ihr war es egal, zumal sie sowieso hoch in den Bergen in einem Walde lebte, und zwar da, wo er am dichtesten war. Eines Tages sagte die gutmütige Hexe: “Ich hab’ lange keinen Menschen gesehn, vielleicht sollte ich demnächst mal ins Dorf hinuntergehn.” Aber dann kam alles ganz anders.

Ein junges Mädchen von 17 Jahren, die Lemone Sauer hieß, - die gutmütige Hexe hieß übrigens Felicitas Kornblumenstrauß, - also, die Lemone Sauer hatte eine Sorge. Und weil sie mit ihrer Sorge nicht zurecht kam, gedachte sie der Hexe, die zwar in aller Munde war drunten im Dorf, aber der zu begegnen sich ein jeder scheute. So war aber nicht die siebzehnjährige Lemone, aber auch nur, weil sie eine Sorge hatte. Die Sorge bestand darin, daß sie schwanger war. Schwanger zu sein in einem Dorf, und auch noch in einem Dorf wie diesem, ist ja nun auf Erden nicht gerade das Angenehmste. “Guten Tag, Frau Kornblumenstrauß”, sagte schüchtern Lemone Sauer, “wie lebt es sich denn hier oben im finstern Walde?” “Na, na, du junges Ding”, erwiderte die Hexe, “du kommst gewiß nicht hier herauf, um mich nach meinem Wohlbefinden zu befragen.” “Nein, nein”, sagte darauf immer noch sehr schüchtern das siebzehnjährige etwas schwangere Ding. “Also, wo drückt der Schuh?” frug die Hexe. “Ich bin schwanger”, sagte Lemone Sauer geradeheraus. “So, so, na, das waren wir ja alle einmal. Aber ich nehme an, verheiratet bist nicht.” “Nein”, sagte wahrheitsgemäß Lemone Sauer, “meine Eltern jammern, mein Freund jammert und die Verwandten jammern.” “Na laß mal, das kriegen wir schon hin. Setz' dich, iß und trink etwas, du wirst hungrig sein von dem langen Weg." Lemone Sauer setzte sich und aß und trank nach

Herzenslust.

"So, da du nun deinen Hunger und deinen Durst gestillt hast, werde ich dir eine Geschichte erzählen." Das Mädchen streckte sich behaglich im Sessel aus und hörte zu. Die Hexe aber begann: Es war einmal eine Blume, die hatte noch keine Blüten, aber schon etliche Knospen. Da kroch eines Tages eine Raupe auf ihren Stengel nach oben und legte sich auf einem der grünen Blätter zur Ruhe, um sich zu verpuppen. Aber die andern Pflanzen riefen entsetzt: "Seht, seht, die Blume nur, eine Raupe sitzt ihr auf dem Blatte." Aber die Blume erduldete alles Geschwätz und freute sich auf das bevorstehende Aufbrechen der Knospen, was dann auch eines schönen Tages geschah. Aber nicht nur das, - die Raupe hatte sich in wunderbarer Weise verwandelt, und ein herrlicher bunter Schmetterling entschlüpfte ihr und alle Pflanzen riefen: "Oh, welch ein schöner Schmetterling, wie kommt die Blume nur zu so einem schönen Schmetterling". Und die ganze Gegend freute sich, und jede Pflanze war stolz darauf, wenn sich mal der Schmetterling auf sie hinsetzte. Damit war die Geschichte von Felicitas Kornblumenstrauß zu Ende. "Na", fragte die Hexe, "hast du das nun verstanden? Na, ich helf dir ein bißchen nach. Also hör mal mein liebes Kind: Solang die Leute, die sich ihr Maul zerreißen, noch nichts von deinem Kindchen, das du ja nun wohl bekommen wirst, sehen können, reden sie allen möglichen Scheiß. Aber dann, und zwar genau in dem Moment, wo sie das Kindchen zu Gesicht bekommen, und sie sehen, wie es 10 kleine Fingerchen hat, und genau so viele Zehchen, und ein Näschen und braune, oder womöglich blaue Kulleraugen hat, da geht es ihnen wie den Pflanzen aus meiner Geschichte und dem Schmetterling, und sie werden stolz sein, wenn sich der Schmetterling mal auf sie setzt." Nun ging Lemone Sauer erleichtert nach Hause und wartete geduldig, daß ihr Schmetterling schlüpfen würde. Und alles traf so ein, wie die Hexe gesagt hatte. Na, wenn das keine gute Hexe war?! - Und die Eltern freuten sich nun mit einem Mal, daß sie Großeltern geworden sind. Aber als der Vater des Kleinen, er hieß übrigens Siegfried Kneifer, sein Kindchen erblickte, es hieß übrigens Honigmut, hatte er es liebgewonnen im selben Moment und trug Lemone einen Heiratsantrag vor. Aber hier hört das Märchen auf, und nur Lemone Sauer weiß, wie es weitergehen wird.

***

18. Märchen
<u>Der lange, lange Regen</u>

Es war einmal ein langer, langer Regen. Er hatte zwar ganz normal angefangen mit ein paar Tropfen hier und ein paar Tropfen da, aber dann wollte er nicht aufhören. Nach sieben Tagen begannen die Ameisen in einem großen Ameisenhaufen mitten im Walde, sich so langsam auf eine Überschwemmung vorzubereiten. Wer will schon Wasser in seiner Wohnung. Sie stellten kleine Eimerchen bereit, um für alle Fälle gerüstet zu sein. Groß waren die Eimer nicht, denn Ameisen können grade mal, wenn sich zwei zusammentun, einen Tropfen tragen, wobei der Eimer dann fast schon überzulaufen droht. Aber da sie sehr viele sind, können sie doch einiges bewirken.

Nebenan wohnten drei Zwerge, die auch so ihre Schwierigkeiten hatten mit dem langen Regen. Zwar konnten sie Eimer tragen, die fast so groß wie kleine Milchkännchen waren, aber ihre Behausung war auch größer als der Ameisenhaufen.

"In solch einer Situation möchte ich mir fast wünschen, so groß wie ein Mensch zu sein", begann der erste Zwerg zu sprechen. Er hieß übrigens Herbarius Milchbrei. "Ja", sagte der zweite Zwerg, der Terrarius Milchbrei hieß, "manchmal ist körperliche Größe von Nutzen, im Handumdrehn hätten wir unser Häuschen ausgeschöpft." "Aber wenn wir größer wären", begann nun der dritte Zwerg, der Aquarius Milchbrei hieß, "wäre auch unser Haus größer. Zwar könnten wir größere Eimer tragen, aber es würde auch mehr Wasser in die Wohnung laufen. Seht die Ameisen nebenan, die kämpfen mit Tropfen, und wir kämpfen mit den Pfützen, und die Menschen kämpfen mit ganzen Tümpeln in ihren Behausungen." Nach solchen Reden setzten sie sich und begannen ihr Abendbrot zu verzehren. Da es immer noch regnete und regnete, daß sogar die Spatzen darauf verzichteten, sich Futterkrümel zu suchen, beschlossen die Zwerge, die Nacht gemeinsam wach zu bleiben, um der Gefahr des Eindringens von Regenwasser in ihr Häuschen zu begegnen. Nachdem sie alle Eimer, die sie besaßen, bereitgestellt hatten, und zwei, drei Scheuerlappen dazu, setzten sie sich an den Kamin und vertrieben sich die Zeit mit Geschichten erzählen. Herbarius Milchbrei begann als erster. Er war der größte von ihnen, und maß, wenn er sich ausgestreckt hinstellte ohne Zipfelmütze, ungefähr zwei Daumenlängen. Die andern beiden waren entsprechend kleiner, aber mindestens eine Daumenlänge lang. Mit Zipfelmütze wirkten sie natürlich größer allesamt. "Ich möchte die Geschichte von vorhin aufgreifen." "Was für eine Geschichte?" frug Terrarius Milchbrei. "Na, wir stellten uns doch vor, wie es wäre, wenn wir größer wären, um schneller Wasser schöpfen zu können." "Na ja", erwiderte Terrarius Milchbrei, "Aquarius hatte ja schon darauf hingewiesen, daß das nichts verändern würde, weil ja alles andere vergleichsweise mitwachsen würde." "Das nennt man: relativ!" fügte erklärend Aquarius Milchbrei hinzu. "Abgesehen davon, die Menschen sind nun mal so groß und bleiben es wohl auch. Zwar gibt es gewisse Größenunterschiede, man denke an die Pygmäen und an die Massai, oder an die, die nach uns benannt sind, die sogenannten Zwergwüchsigen, oder an den Club der Langen, in dem alle durchschnittlich 2 Meter 20 groß sind." "Im Vergleich zu uns sind das ja wahre Riesen", sagte Terrarius Milchbrei. "Na ja, ich bin ja nun etwas größer", sagte Herbarius, "und zwar genau eine Eichellänge." "Aber das ist doch nun nicht weltbewegend, eine Eichellänge!" "Aber immerhin", warf Herbarius Milchbrei dazwischen, "das ist im Vergleich zu uns, also zu Terrarius und mir relativ viel, aber im Vergleich zu dem Club der Langen relativ wenig." Man merkt schon, daß Herbarius Milchbrei der Weiseste von den Dreien war, er war ja auch der relativ Größte. "Ich fände es ganz schön, wenn die Menschen auch nur so groß wären wie wir, wenn sie sich kleiner züchten könnten, dann würden wir sie öfter mal besuchen, aber so muß man ja aufpassen, daß man von ihnen nicht getreten wird", sagte Aquarius Milchbrei. "Das geht wohl kaum", wandte Terrarius Milchbrei ein, "die Menschen können zwar alles mögliche, aber so etwas wohl nicht." "Da kennt ihr die Menschen aber schlecht", ließ sich nun Aquarius Milchbrei, der kleinste von ihnen hören, "schaut euch nur die Hunde von den Menschen an. Sie haben wahre Riesen und wahre Zwerge gezüchtet."

“Ja”, sagte aufgeregt Herbarius Milchbrei, “ich bin mal einem Bernhardiner begegnet!” “Sie sollen noch größere haben”, sagte ganz richtig Terrarius Milchbrei. “Und ganz kleine haben sie gezüchtet”, sagte der weise Herbarius Milchbrei, “die sind nicht viel größer als Meerschweinchen, sehen aber fast noch wie Hunde aus. Ich habe mal davon gehört, daß

DER LANGE, LANGE REGEN

sogenannte Taschenhunde gezüchtet werden sollen.” Aquarius Milchbrei fragte nun: “Und die Menschen haben Freude daran?” “Ja, die haben sie”, antwortete Herbarius Milchbrei sachlich richtig, “egal wie groß, Hund ist für die Menschen Hund, ob groß ob klein, sie sind Hund und werden geliebt von ihnen.” Terrarius Milchbrei sagte nun nach einer kleinen Pause, in der alle nachdachten über das Gesagte: “Kleine Hunde essen doch dann nur wenig?” “Und machen weniger Hundekot”, äußerte folgerichtig Aquarius Milchbrei. “Richtig!”, sagte Herbarius Milchbrei, “so etwas nennt man relativ. Wenn ein Mensch in einen Hundehaufen tritt, der klein ist, hat er relativ wenig auf seinem Teppich. Aber wenn dem entsprechend große Hunde, weil sie ja auch mehr fressen, größere Haufen machen, hat der Eintretende, oder besser der Hineintretende relativ mehr auf seinem Teppich, - wenn der Teppich größer ist, natürlich weniger, aber nur relativ...”
“Nun hör doch mal auf mit deinem “relativ”!”, ärgerte sich Aquarius

Milchbrei, “aber man kann doch sagen, kleine Hunde sind praktischer: weniger Fressen, weniger Hundekot, kleinere Körbchen, kleinere Regenmäntelchen, weniger Gebell und kleinere Pfotenabdrücke, wenn es regnet...” “So wie jetzt”, lachte Terrarius und Herbarius und Aquarius Milchbrei stimmten in das Lachen ein (sie lachen lange).
Dann schwiegen sie eine Weile, und es schien ihnen, als ob der Regen etwas nachlassen würde.
“Aber”, nahm Herbarius Milchbrei den Faden wieder auf, - das war übrigens der intelligenteste -, “nachdem wir nun gesehen haben, daß die Menschen sich Hunde züchten können nach ihrem Ermessen, müßten sie doch, wenn sie willens wären, auch sich selber zum Vorteil verändern können, also zu kleineren Wesen, und zum Vorteil wäre das doch!” “Wieso?”, fragten Terrarius und Aquarius Milchbrei wie aus einem Munde, “was für ein Vorteil sollte solches sein?” Herbarius Milchbrei lehnte sich im bequemen Sessel zurück und erläuterte seine Bemerkung, er war nebenbei der intellektuellste von allen, also von den dreien, also gegenüber den andern beiden , relativ. “Wenn die Menschen sich kleiner züchten würden, - sagen wir so ungefähr im gleichen Verhältnis wie die Hunde, also ich meine von der Deutschen Dogge hinab zum Yorkshire-Terrier, - also wenn die Menschen nur so groß wären, nach etlichen Generationen natürlich, - wie wir etwa, also höchstens ein bis zwei Bananenlängen, hätten sie nur Vorteile davon: Die Straßen würden zu Autobahnen, Kleinwagen zu Omnibussen, die Omnibusse zu Großraumtransportern,...” “Ja”, fing nun Terrarius Milchbrei an, seine Phantasie sprießen zu lassen, “in die Wohnungen könnten sie Zwischendecken einziehen, so daß aus 4 Etagen 8 oder gar 12 werden würden...” “Und zu essen hätten dann alle genug”, jauchzte Aquarius Milchbrei, “weil jeder mit ein paar Körnern auskäme, und an einem Apfel einen ganzen Tag lang essen könnte und beim Schlächter statt Schweinen, Mäuse hängen würden.” “Die Abfälle wären gering”, spann Herbarius Milchbrei den Faden weiter, “die Müllhalden würden langsamer wachsen,...” “Das Erdöl würde länger reichen,..” “Die Abgase würden weniger werden,...” “Ein paar könnte man ja größer lassen, für schwere Arbeit.” Und wie verabredet riefen die drei Milchbreis wie aus einem Munde: “Die ganze Welt würde schöner, gesünder und sauberer werden.” “Und größer...” “Realtiv!”, sagte nun noch mal der kluge Herbarius Milchbrei, der der Größte war, relativ natürlich nur, “und irgendwann in ferner Zeit, werden die Menschen dann wieder kleinere Hunde züchten, und dann wieder sich selber kleiner züchten, so daß die Straßen zu Landebahnen für Jumbojets werden, und daß schließlich wir drei, Herbarius, Terrarius und Aquarius zu Riesen werden.” “Relativ!”, sagten Terrarius und Aquarius Milchbrei wie aus einem Munde. “Nein”, sagte Herbarius Milchbrei, der der Weiseste von ihnen allen war, “dann wären

wir die Größten. - absolut!" Alle lachten. Und als sie aufgehört hatten zu lachen, merkten sie, daß der Regen aufgehört hatte zu regnen, und sie legten sich schlafen während der Morgen graute.

***

19. Märchen

Die eitlen Geister

Es war einmal ein Geist, der war unsichtbar. Sein Freund war auch ein Geist und infolgedessen auch unsichtbar. Wenn sie beide spazierenflogen, konnte sie niemand sehen. Sie waren sehr eitel und hatten sich viele Anzüge, teure Hemden und Schuhe und bunte Krawatten gekauft, oder besser gesagt, kaufen lassen, denn sie hatten praktischerweise Diener, die sichtbar waren, um das Personal in Modegeschäften nicht zu verschrecken. Aber in dem Augenblick, in dem sie ihre Kleider anzogen, wurden diese auch unsichtbar. Das ist auch ein vernünftiges Naturgesetz, andernfalls man sonst leere Anzüge und Hüte spazierenfliegen sehen würde. Von Geistern konnten diese natürlich gesehn werden. Eines Tages sagte der eine Geist, der Helium Heißluft hieß, zu seinem Freund:
"Wir haben nun so schöne Anzüge und Hemden und Schlipse, und nie-

mand sieht sie." Da erwiderte sein Freund, der Pròpan Gasmann hieß: "Aber ich sehe sie doch." "Du kennst sie ja alle, die ich besitze, und ich kenne alle, die du besitzt. Ich möchte gern, daß meine Anzüge von Leuten gesehen werden, die sie noch nicht kennen, und die sich dann erstaunt umsehen und sagen: Der ist aber fein angezogen, Donnerwetter, - oder so ähnlich." "Ja", sagte daraufhin Pròpan Gasmann, "das wär schön, aber hin und wieder begegnen wir ja dem einen oder anderen Geist, und der sieht sie ja dann." "Das macht aber keinen Spaß, da die anderen Geister sich nichts aus schönen Kleidern machen." "Ja, weil sie sonst niemand sieht. Die meisten Geister haben deshalb auch ihre Kleider achtlos im Schrank liegen oder haben sie an die Menschen verschenkt." Da verschenkten auch Helium Heißluft und Pròpan Gasmann ihre Kleider und gingen ohne, weil keine Kleider genausowenig gesehen werden können wie unsichtbare.

***

20. Märchen

Der große Maikäfer

Es war einmal ein Maikäfer, der hieß Brummi Krabbel. Während Mäuse und Ratten, Hunde und Katzen das ganze Jahr über leben oder sogar mehrere Jahre hintereinander, lebt der Maikäfer nur im Mai, daher nennt man ihn Maikäfer.

Nun gibt es aber noch so einen merkwürdigen Käfer, der allerdings Junikäfer heißt, weil er auch nur einen Monat lebt, aber eben im Juni, - und daher nennt man ihn folgerichtig Junikäfer.

Nun trifft es sich manchmal, daß ein Maikäfer ein paar Tage im Juni sich noch seines Lebens erfreuen darf, und daß ein Junikäfer in den letzten Maitagen vorzeitig diese schöne Welt betritt. Dann bleibt es meistens nicht aus, daß sich zwei solcher Käfer begegnen. Das löst bei ihnen dann immer ein großes Staunen und Verwundern aus. Denn wie man weiß, sehen sich Mai- und Junikäfer sehr ähnlich, nur daß der Maikäfer wesentlich größer ist als der Junikäfer, und daß der Junikäfer wesentlich kleiner ist als der Maikäfer. Noch erstaunlicher wäre die ganze Angelegenheit, wenn es auch noch Augustkäfer, September - und Oktoberkäfer geben würde, oder April-, März- und Februarkäfer. Aber es gibt nur Mai- und Junikäfer.

Am 31. Mai 1990 fand zum letzten Mal eine solche Begegnung statt und zwar in Berlin am Grunewaldsee. Gesehen und gehört wurde diese Begebenheit von dem Dichter Ingo Insterburg während des Trainings zu seinem 20. Marathonlauf, der erste durch's Brandenburger Tor, übrigens kurz vor der Wiedervereinigung. Der Maikäfer namens Brummi Krabbel erblickte als erster den Junikäfer und rief: "Ätsch! Du bist ja so klein!" Daraufhin drehte der Junikäfer sich um, er hieß übrigens Brimmi Kribbel, und sagte: "Na und, du Angeber!" Da kam ein Huhn des Wegs, das friedlich pickte. Wenn es etwas Eßbares aufgepickt hatte, gackerte es eine Weile zufrieden. Das machte es den ganzen Tag so. Es hieß übrigens Tuckeglucke Eierschnabel. Der Junikäfer namens Brimmi Kribbel sah als erster das Huhn und flüchtete in eine weggeworfene Bierbüchse direkt durch den Trinkschlitz. Der Maikäfer wollte hinterher, aber er paßte nicht durch. Da pickte das Huhn nach ihm, und der Junikäfer rief: "Ätsch! Du bist ja so groß!" Der Maikäfer antwortete ihm: "Na und, du..." der Rest war nicht mehr zu hören. Ob Brummi Krabbel im Magen des Huhnes Tuckeglucke

Eierschnabel noch weitergeredet hat, weiß man nicht, aber lange kann es nicht mehr gewesen sein. Brimmi Kribbel schlürfte die Bierreste aus der Büchse und krabbelte angeschwipst weiter, er hatte ja noch den ganzen Juni vor sich.

***

21. Märchen

Der Mann, der sich vor nichts ekelte. - Ein Ekelmärchen

Es war einmal ein Mann, der ekelte sich vor nichts. Ob nun Käsemaden über seinen Käse krochen oder tote Fliegen in der Suppe schwammen, er schob sie beiseite, beziehungsweise fischte sie raus, wenn er Zeit dazu hatte, und warf sie unter'n Tisch. Auch wenn Fliegen sich auf seine Marmeladenstulle setzten, die von einem frischen Hundehaufen gerade gekommen waren, von dem sie genascht hatten, und noch Haufenreste, wenn auch minimal, an ihren sechs Beinen hatten und am Rüssel, - es machte ihm nichts aus. Den Salat aß er ungespült, und wenn auf seiner Zunge eine Raupe spazierenging, spuckte er sie einfach auf den Tisch und zerdrückte sie, während er RRRrrrülpste. Wie gesagt, er ekelte sich vor schier gar nichts. Seine Frau sagte hin und wieder, - sie hieß übrigens Marienade Eitermann und ihr Mann, der sich vor nichts ekelte, hieß Speichelhard Eitermann, - also sie sagte hin und wieder: "Speichelhard, mußt du immer auf den Fußboden alles hinspucken." Dann antwortete er auch hin und wieder: "Laß es doch liegen, es trocknet mit der Zeit." Aber sonst soll die Ehe gar nicht so schlecht gewesen sein, die sie führten.
Jedoch einmal, zu Weihnachten, hatte es einen heftigen Ehekrach gegeben. Und das kam so: Der Herr Eitermann hatte eine Weile auf dem Plumps-Klo zugebracht, - in dem Dorf, in dem die Eheleute wohnten, - es hieß übrigens Abortshausen, - gab es nämlich nur Plumps-Klos, aber jede

Familie hatte ihr eigenes, - also er hatte eigentlich übermäßig lange auf dem Plumps-Klo zugebracht, weil ihm, - also er schälte, um die Zeit auszunutzen auf dem Plumpsklo Kartoffeln, - weil ihm die bereits geschälten Kartoffeln reingefallen waren (aber noch nicht geviertelt, es handelte sich noch um die ganzen Kartoffeln) und er sie wieder raushaben wollte. Es dauerte nun aber eine ganze Weile, ehe Speichelhard Eitermann die Kartoffeln wieder rausgefischt hatte. - Deswegen also hatte er übermäßig lange auf dem Plumps-Klo zubringen müssen.
So, das war ungefähr die Ausgangssituation von dem Ehekrach. Weil es aber auf dem Plumps-Klo trotz Kerzenlicht nicht übermäßig hell war, hatte er ein paar Käferchen, die da ja massenhaft rumschwimmen, und Mistkäfer heißen, in der Dunkelheit aus der unterhalb der Toilettenöffnung liegenden Jauchegrube rausgefischt, zusammen mit den frisch geschälten Kartoffeln, die noch nicht gewürfelt waren. Der Ehekrach begann aber erst, als er das alles einfach in das kochende Wasser im Kochtopf reinkippte. Nach einer Weile schwammen die Käfer oben, während die Kartoffeln, die ja nachher gegessen werden sollten, unten am Boden lagen. Also fischte die Hausfrau den obenschwimmenden Unrat einfach ab, und warf ihn unter den Herd. Einen Mülleimer gab es nicht. Und nun begann der eigentliche Krach, und das ausgerechnet zu Weihnachten.
"Frau, was schmeißt du die Käfer weg, die waren doch schon fast gar." "Ich dachte", erwiderte ihm das brave Weib, "ich dachte, du wolltest, weil doch Weihnachten ist, lieber Blutwurst in der Suppe." "Wir müssen sparen", schrie zornig der Herr Eitermann, obwohl es weihnachtete, "meinst

DER MANN, DER SICH VOR NICHTS EKELTE

du, ich arbeite jeden Tag vom frühen Mittag bis zum späten Nachmittag, damit du das Geld zum Fenster rausschmeißen kannst." Das war der turbulente Höhepunkt der weihnachtlichen Auseinandersetzung. Aber die gutmütige Frau Eitermann fügte sich dem Willen ihres Ehegatten und holte die Käfer wieder unter dem Herd vor, und kippte sie in die Suppe, bis alles schön gar war. Dann aß der Mann den ganzen Kochtopf auf, während die Frau lieber ein paar Blutwurststullen zu sich nahm.
Aber dann, eines Tages, es war kurz vor Ostern, ekelte sich der Herr Speichelhard Eitermann doch vor etwas, und das erweckte in Frau Marienade Eitermann berechtigte Hoffnung, daß ihr Mann doch irgendwann mal ein normales Gemüt kriegte, - vielleicht. Und das kam so: Frau Eitermann war einkaufen gewesen, und wie sie nu nach Hause kam, merkte sie, daß die Eier, die sie als Ostereier gedacht hatte, angebrütet waren. Da dachte sie, weil sie ja sparsam sein sollte, noch etwas zu warten mit den Eiern, weil an Küken ja nun mal mehr dran ist als an so'm mickrigen Ei. Nun fügte es sich, daß in den Heringen, die sie gekauft hatte, Nematoden waren, was auf deutsch Rundwürmer heißt. Die züchtete sie zu fetten Rundwürmern, um später Mastfutter für die Küken zu haben. Die angebrüteten Eier stellte sie unter den warmen Herd, und da die Küken die Wärme nur von oben kriegten, wuchsen hauptsächlich die Köpfe, während der Rest noch Eigelb war. Weil nun mittlerweile Ostern schon war, kippte sie alles auf einen Teller, auch die Nematoden, und stellte es ihrem Mann als Festmahl hin. Der sagte: "Oh, wie schön, Kükenköppe in der Suppe, ein wahres Feinschmeckerleckermahl!" Und die Frau sagte: "Nun ja, lieber Mann, weil doch heute ein Feiertag ist!" Aber als der Herr Speichelhard Eitermann die Kükenköpfe sich zum Munde führen wollte, merkte er, daß an den Schnäbeln schleimiger Eidotter hing, an dessen Ende Krallen baumelten und Ansätze von Flügeln, in denen statt weichgekochten Federn ungekochte Nematoden steckten, also die fettgezüchteten Rundwürmer, die sich noch bewegten.
Da ekelte er sich vor dem schlabbrigen Zeug und schmiß es unter den Tisch und sagte: "Is' ja ekelhaft, Frau, was du da heute gekocht hast." Und die Frau freute sich, und sagte anderntags zu ihrer Nachbarin, die übrigens auch in Abortshausen wohnte: "Aus meinem Mann wird eines Tages doch noch ein gemütvoller Mensch, er zeigt Ansätze zur Sensibilität." Die Nachbarin nickte. Sie hieß übrigens Klo-Thilde Sauerampfer.

***

22. Märchen

Der junge Trinker

Es war einmal ein Junge. Als er sechs Jahre alt war, sagte zu ihm sein Vater eines Tages während der Muttertagsfeierlichkeiten: “Du bist jetzt alt genug, du darfst ein Glas Bier trinken.” Der Junge trank einen Schluck und sagte: “Das schmeckt aber so bitter.” “Du willst doch ein Mann werden”, rief der Vater und lachte schallend, “trink aus, wenn du ein ganzer Kerl bist, ha, ha, ha...” Der Junge trank sein Glas aus. Dann merkte er die eigenartige Wirkung von dem Alkohol, und trank noch eins. Na ja, als er dann wirklich ein Mann war, und zwar an seinem 18. Geburtstag, lag er eine Stunde vor Mitternacht besoffen vor dem Sofa, neben ihm sein ausgebrochenes Abendessen, - es hatte Königsberger Klopse gegeben, wie zu erkennen war. Aber zwei Jahre später lag er auf dem Sofa ohne Ausgebrochenes neben sich. Nebenbei gesagt: Ausgebrochenes erhebt den Vorgang des Essens in den Bereich der Sinnlosigkeit. Nun war er endlich ein ausgewachsener Trinker, und sein Vater wäre stolz gewesen auf ihn, wenn der nicht wegen der Leberzirrhose vorzeitig die Schnapsflasche hätte hinlegen müssen. An dem Tag war übrigens die ganze Familie alkoholisiert wegen der Trauerfeierlichkeiten bei dem Schnapsleichenschmaus. Als er 21 Jahre alt war, dachte er ans Heiraten. Er ersehnte sich eine möglichst Gleichgesinnte, weil so das Zusammenleben harmonischer zu werden versprach. Er hieß übrigens Weinhold Schampànskoje, genau wie sein Vater, sein totgesoffener. Am günstigsten schien es ihm, in seiner Stammkneipe auf Freiers Füßen gewissermaßen zu wandern. Bequemer ging's auch nicht, weil er sowieso da jeden Tag sich aufhielt und den Heimweg genaustens kannte. Das war sehr weitsichtig gedacht. Dann, am Himmelfahrtstage, wo jeder pflichtgemäß besoffen ist, traf er sie, die Frau seines Lebens, die Frau seines Herzens und seiner Leber. Und sie hatten gleiche Interessen. Das ist die Voraussetzung für eine gute Ehe. Manchmal gab es Differenzen, weil die Interessen nicht ganz so gemeinsam waren, wenn er nämlich Korn trinken wollte und sie Klaren und das Geld nur für eine Flasche reichte. Aber große Auseinandersetzungen, wie bei anderen Eheleuten, gab es deswegen nicht, man neigte zur Toleranz. Sie hieß übrigens Bierella Fusel, aber nicht mehr lange, denn sie heirateten nach einer angemessenen Verlobungszeit noch innerhalb der nächsten fünf Jahre.

Die Hochzeitsfeier ist lohnenswert zu schildern, was deswegen auch getan wird: Es war der 1. August und draußen waren 30 Grad im Schatten, weswegen auch die Hochzeitsgäste alle im Schatten saßen durch die Bank weg auf Bänken. 5 Frauen waren es und 12 Männer insgesamt, also die Männer in der Überzahl. Es ist uninteressant, alle Namen der Alkoholiker zu nennen, außer die der weiblichen Gäste, wegen der Höflichkeit. Sie waren übrigens alle verwandt unter sich, irgendwie, und hießen: Weingard Fusel, Promillia Schampànskoje (Bindestrich) Fusel, Germania Schampanskoje, Teutonia Schampanskoje (Bindestrich) Fusel und Tedeska Zapfhahn, geb. (Bindestrich, - ach nein, ohne Bindestrich) Fusel.

Nur einer von den männlichen Gästen soll erwähnt werden, weil er gewissermaßen der "Spiritus Erectus" war, also auf deutsch, weil das nämlich lateinisch ist, so was wie der "Geistige Führer" war von der ganzen Gesellschaft, und weil er der einzige war, der nicht ins Krankenhaus gebracht werden mußte nach der Hochzeit, was nicht heißt, daß die gesamten Gäste im Krankenhaus landeten, - nein, nur fast alle, - zwei kamen in die Ausnüchterungszelle bei der Polizei, was aber auch so 'ne Art Krankenhaus ist. Er hieß, - also der Spiritus Rector, er hieß Dr. Tremens Destilirium, und war von Beruf Mikro-Chip-Hersteller, - für automatische Abfüllanlagen. Zurück zu der Hochzeitsfeier. Es begann alles ganz harmlos mit Korn, Bier und Klarem, gewissermaßen als Aperitiv, denn das Essen sollte bald kommen, extra schön zubereitet aus der benachbarten Kneipe. Aber der Aperitiv zog sich in die Länge, bis man schließlich zur Vorspeise überging, die aus Eierlikör und Erdbeerbowle bestand, weil wie gesagt, das Essen noch in der Kneipe, da, wo es bestellt worden war, war, wahrscheinlich. Doch das war ein Irrtum. Der Wirt der Kneipe, er hieß übrigens Piccolo Eichstrich, wo das Essen herkommen sollte, war besoffen gewesen als die Bestellung gemacht worden war, und Weinhold Schampanskoje, der die Bestellung gemacht hatte, also der Bräutigam, war auch besoffen gewesen. Im Grunde war da nichts unnormales dran, aber wenn man einen naturwissenschaftlichen Beweis zu Rate zieht, dann kann man sagen in diesem Falle: Minus mal minus gibt plus. Obwohl der Vergleich hinkt, trifft er doch den Nagel auf den Kopf, denn das Essen kam jedenfalls nicht. Also nahmen die Hochzeitsgäste zum Mittagessen Wermut zu sich, und zwar rot und weiß, gewissermaßen als Hauptmahlzeit, und als Dessert Kirschwasser und Himbeergeist, danach in Ermangelung von erfrischendem Obst Apfelwein aus Obstschälchen.

Und nun soll eine ausgesuchte Schilderung der Dialoge folgen, um einen kleinen Eindruck von dieser Hochzeitsfeier der Nachwelt zu vermitteln (Kneipengeräusche ertönen):
“Also, hör mal zu, ja, so isses doch, nich.”
„Und da kann mir keiner sagen, nich, so isses, so isses.“
“Genau, meine Frau sagt ja immer ...“
„Ja, - genau wie meine Alte, die sagt auch immer...”
“Aber laß man gut sein, solange wir....”
“Genau, Prost, so jung kommen wir nie mehr zusammen, Prost!”
“Prost!”
“Prosit. Prost. Prost, zum Wohlsein, Prost.” (Gläser klirren)
“Prost Herrmann!”
“Bedienung! - Ach so, da steht ja noch ‘ne Pulle.”
“Die machen wir noch alle.”
“Aber dann gehn wir nach Hause.”
“War ‘ne nette Feier.”
“Ja, sowas ist selten, daß sich zwei so finden wie,...wie, - na, ja...”
“Is ja auch egal, Schnaps is Schnaps...”
“Genau, Schnaps is Schnaps und...”
“Schnaps is Schnaps, so noch einen, und dann gehn wir aber nach Hause.”
“Ja, so jung kommen wir nich mehr zusammen, prost.”
“Ich kann schließlich morgen ausschlafen, noch einen, Herr Wirt!”
“Is ja Sonntag, morgen.”
“Ja, genau, morgen is Sonntag, da können wir heute einen drauf machen.”
“Herr Ober, noch ‘n Herrengedeck, ach so, steht ja schon, prost!”
“Prost Emil (Rüpls Hick Hatschi). Prost!”
“Prost, das war aber eine schöööne Hochzeitsfeier..”
“Ja, aber jetzt kippen wir noch einen...”
“Bist doch ‘n echter Kumpel, (singt) ein prosit, ein prosit der Gemütlichkeit.”
(singt) “Hoch soll er leben, hoch...”
“So ein Tag, so...” (singt)
“Ein prosit,... Hoch soll er... So ein Tag...”
Ja, das war so ungefähr das Interessanteste, was gesprochen wurde während der Hochzeit, und zum Schluß auch noch gesungen, - von, von dem, dem Weinhold Schampanskoje und der, ehm, der also der Bierella ehm, auch Schampanskoje, aber dafür geborene Fusel, ja, geborene Fusel, so! Alles andere war eher belangloses Zeug, na ja, wenn man lustig feiern will, soll ja auch nicht jedes Wort auf die Goldwaage gelegt werden. Jedenfalls die Ehe hielt gut, und im Gegensatz zu vielen anderen gutbürgerlichen Ehen, dauerte diese bis zum Ende, gewissermaßen - - - gewissermaßen:

“Bis daß der Tod euch scheidet” - was er (Hick) denn auch tat. Er hieß übrigens Dr. Delirium Tremens. Erst kam er an die Reihe, eine Woche später kam sie an die Reihe. Na ja, 40 Jahre! - Is ja auch ein hohes Alter!
Es wurde dann übrigens eine Erdbestattung empfohlen, schon wegen der Explosionsgefahr. Beim Leichenschmaus soll Alkohol getrunken worden sein.

***

23. Märchen
<u>Die schöne Nikotine</u>
Es war einmal ein schönes, gesundes und gutherziges Mädchen. Im zarten Alter von 16 Jahren begann sie, sich für ein Hobby zu interessieren. Topflappen häkeln und Strümpfe stricken entsprachen nicht ihrer Vorstellung von Freizeitgestaltung, also kaufte sie sich jeden Tag 40 Zigaretten und rauchte sie bis zur letzten Kippe. Ihre Mutter hatte großes Verständnis dafür und leerte am frühen Morgen gleich als erstes den Aschenbecher und lüftete das Zimmer, damit ihre Tochter, wenn sie aus der Schule kam, ihrem Hobby wohlgemut nachgehen konnte. Eines Tages sagte Nikotine, so hieß nämlich das gute Kind: “Rauchen ist schön!” “Ja”, sagte die Mutter, “tu, was dir Spaß macht, der Ernst des Lebens beginnt noch früh genug.” “Rauchen ist schön.” “Ja, mein Kind, Rauchen ist schön.” Als die Mutter aus der Jungmädchenstube hinausgegangen war, um endlich den Abwasch zu erledigen, schrieb Nikotine in ihr Tagebuch 100 mal den Satz “Rauchen ist schön.”
Am nächsten Tage wurde in der Deutschstunde zufällig ein Aufsatz geschrieben über ein freies Thema, und so schrieb sie 150 mal: “Rauchen ist schön”, und gab die Arbeit ab. Der Lehrer, selbst ein ausgebildeter Raucher, gab ihr für diesen Aufsatz eine “1”. Übrigens, Rauchen ist als Hobby auch deswegen günstig, weil man nebenbei die Schularbeiten machen kann.
Nikotine wuchs heran und hustete ab und zu, aber wer hat nicht hin und wieder eine Erkältung. Und weil sie sehr hübsch und anmutig anzusehen war, wenn sie sich in sanfte Wolken aus blauem Tabakrauch hüllte, nannte man sie “Die schöne Nikotine”. Ihre ältere Schwester hieß Virginia, ihre jüngere dagegen Orienta. Orienta und Virginia waren Zwillinge, beide, und zwar ganz zufällig, also sie waren im Sternzeichen Zwillinge geboren. Die jüngste Schwester, Havanna, war Jungfrau. Aber bald heiratete sie den Argentinier Brasilius Stumpen. Brasilius Stumpen hatte das Sternzeichen “Wassermann”. Nikotine hatte übrigens “Krebs” als Sternzeichen. Irgendwann war dann mal ein Kongress der Tabakindustrie in den USA. Das ist immer sehr interessant für die Anhänger des sogenannten “Blauen

Dunstes", und so manche Ehen werden daraufhin geschlossen, - in Qualm Springs.
"Au fein", rief als erste Virginia, "der schöne Raucherkongress kommt auf uns zu, da fahren wir hin und gehen auf Brautschau, denn viele Raucher kommen dorthin." "Ja", rief ebenso enthusiastisch Orienta, "wir lernen dort sicher interessante Raucher kennen, Zigarettenraucher, Zigarren- oder Pfeifen - ." "Ja", fügte Havanna hinzu, "viele prominente Raucher rauchen

Pfeife." "Pfeife", rief Virginia, "Pfeife, welch ein entzückendes Wort!" "Das finde ich auch", sagte begeistert Orienta, "ein Mann mit Pfeife, wie männlich muß solch ein Mann doch sein!" Die schöne Nikotine schwieg zu all dem, denn insgeheim wünschte sie sich einen Mann mit dicker Zigarre. Ach so, fast hätt' ich es vergessen, die ganzen Schwestern, von denen hier die Rede ist, hießen mit Nachnamen "Pfeifenreiniger", ein guter deutscher alter Name, so etwa wie "Schimmelpfennig" oder dergleichen. Die Mutter hieß auch so. Alle waren hauptberuflich Raucher. Endlich auf dem Kongress, lernten die vier Schwestern tatsächlich ihre zukünftigen Ehegatten kennen. Es waren fast alle Nationen vertreten. Natürlich können nicht vier Schwestern alle Nationen heiraten, aber sie wählten dennoch gut aus bei der internationalen Zusammensetzung. Also, Havanna Pfeifenreiniger war schon inzwischen verheiratet, wie bereits angedeutet, - mit Brasilius Stumpen -, und hieß nun Havanna Stumpen. Sie fanden übrigens eine schöne Wohnung in der Stubenrauchstraße in Aschersleben. Die schöne Nikotine heiratete als letzte, deswegen heben wir sie uns auch für den Schluß auf. Virginia Pfeifenreiniger lernte den mexikanischen Tabak- und Rauchwarengroßhändler Zigarro Tobacco kennen und heiratete ihn später selbstverständlich. Die junge Orienta Pfeifenreiniger ehelichte den Russen Zigarrèwitsch Machorka und die schöne Nikotine Pfeifenreiniger schließlich schloß den Bund für's Leben mit dem Italiener Filtèro Zigarillio. Trauzeugen waren der Ungar Zigaretto Zigardasch, der Geige spielen konnte, und der Deutsche Dochtfried Stange, der Mundharmonika spielte. Die Trauzeugen von Orienta Pfeifenreiniger und Zigarrèwitsch Machorka waren übrigens der Chinese Wang Feuelzeug und sein Bludel Mao Tse Gallenkiste, die Ping-Pong spielten. Alle bekamen ein kostenloses Gedicht des berühmten Dichters Ingo Insterburg geschenkt, gewissermaßen als Hochzeitsgeschenk, schön eingerahmt in Zigarrenkistenholz. Das lautete folgendermaßen:

Die Zigarrenkiste ist zu klein
für ein amputiertes Raucherbein.

Da sagte der Chinese Wang Feuelzeug, ach nein, es war sein Bruder Mao Tse Gallenkiste: “Was fül ein begabtel Dichtel Ingo Instelbulg ist, schade, daß el Nichtlauchel, sehl schade.”
Sie wurden alle 95 Jahre alt, manche mit, - manche schon ohne Raucherbein.

(1 Raucherjahr entspricht = 7 Nichtrauchermonaten).

Kurz vorher trafen sie sich noch mal alle und sagten hustend oder durch Kehlkopfmikrofone:

“Rauchen ist schön, rauchen ist schön, lauchen ist schön, smoking is very nice, fumar es muy bueno, kuritj otschen choroscho, fumare e bello, fumer est bon, rauchen ist schön.”

***

24. Märchen
<u>Die aufsässigen Musikinstrumente</u>
Es war einmal eine Trommel. Deren sehnlichster Wunsch war es, einmal auf die Pauke zu hauen. Immerzu bekam sie Schläge. Geigen wurden zärtlich gestrichen, Flöten wurden sanft geblasen, aber die Trommel bekam immer nur Schläge. Sie sagte eines Tages im Jahre 1910: “Ich arme Trommel, ich werde immer nur geschlagen, es ist an der Zeit, daß ich mich mal engagiere. Nach dem Prinzip: der Geschlagene möchte auch mal schlagen, - möchte ich mal auf die Pauke hauen.” Das hörte eine Pauke, die in der Nähe stand: “Ach wüßtest du”, begann sie, “wie es ist, wenn jemand auf dir herumhaut, wie das ist, immer nur gehauen zu werden.” “Na und”, erwiderte die Trommel, “ich werde immer geschlagen.” “Und ich werde immer gehauen. Anstatt den Wunsch zu hegen, mich zu hauen, sollten wir uns lieber zusammentun.” “Wie denn das?” frug die Trommel. “Einigkeit macht stark!” sagte mit großem Selbstbewußtsein die Pauke, “wenn wir uns zusammentun würden, könnten wir uns rächen.” “Rächen? An wem denn?” “Na, an denen, die uns täglich schlagen natür-

lich.” “Du meinst an den Musikern?” “Na, wer sonst schlägt uns denn?” Das hörte ein Triangel. “Ach, ihr, meine großen Brüder, wollt ihr mich nicht aufnehmen in eurem Bunde?” “Was willst du denn?” sagte die Trommel

etwas erstaunt, “was willst du dreieckiges Etwas, wenn sich ausgewachsene Schlaginstrumente unterhalten.” “Ach”, sagte darauf schüchtern das kleine Triangel, “ach, gewährt mir die Bitte, ich möchte sein in Euerm Bunde der Dritte.” “Na gut”, rief die Pauke, “was kannst du denn bieten?” “Ich möchte mich auch mal rächen an den Musikern, die immer uns Schlaginstrumente schlagen. Ich werde zwar nicht so oft geschlagen wie ihr, meine Brüder, aber es trifft mich immer sehr. Ihr müßtet eigentlich schon daran gewöhnt sein, aber ich erschrecke mich immer, wenn mich mein Schlagzeuger plötzlich schlägt, immer auf die Kante.” “Na gut.” sagten die beiden andern, “schließen wir einen Bund, einen Bund, der dem Rütli-Schwur als ebenbürtige verschworene Gemeinschaft nicht zur Schande gereichen soll.” Und nun schworen alle drei wie aus einem Munde: “Wir schwören, wir, ach, so oft Geschlagenen, wenn sich die Gelegenheit bietet, mutig zurückzuschlagen, um unserer Ehre gerecht zu werden. Das schwören wir, ja, das schwören wir.” (Wind - und Sturmgeräusche heulen). Und nun bin ich aber mal neugierig, was am nächsten Tag passierte beim Symphoniekonzert. Wie üblich kamen die Musiker, - manche noch nüchtern, manche noch besoffen, pünktlich oder unpünktlich in den Konzertsaal. Der Dirigent kam auch und es ging los. Na, jedenfalls wurden die Geigen zärtlich gestrichen und die Flöten sanft geblasen und als die Trommel, die Pauke und das Triangel geschlagen werden sollten, ja, da gab es doch tatsächlich eine Revolution, die der von 1789 in Frankreich nicht zur Schande gereichen sollte. Wie von Sinnen sprang die Trommel dem Musiker, der sie so oft gequält hatte, gleich nach dem ersten Schlag auf die Knie, daß dem Grobian die Kniescheiben flatterten, - und die Pauke revoltierte, indem sie ihrerseits ihrem Quälgeist auf die Füße fiel, genau auf den Nagel des großen Zehs, der im Nu blau wurde, beinahe wie der ganze Musiker selbst, und gleich hinterher auf den andern Zeh, denn der Musiker war zwar Raucher, aber er hatte noch zwei große Zehen, weil er ja auch noch alle beide Raucherbeine hatte. Und schließlich das Triangel: Das riß sich von seiner Leine los, und flog seinem brutalen Schläger direkt zwischen die Zähne, die, angegilbt vom Rauchen, schon etwas wacklig waren. Ein großes Geschrei erhob sich, und sogar die Musiker der sanften Art, also Streicher und Bläser, auch noch die Harfenistinnen, die zwar ihre Instrumente zupften und zwackten, aber gewiß niemals schlugen, wurden in Mitleidenschaft gezogen und mußten miterleben, wie die Schlagzeuger, die armen, zugerichtet wurden von der Trommel, der Pauke und dem Triangel. Nun kam aber erst die ganze Revolution voll in Gang, denn die Becken, die ja auch bis zur Unerträglichkeit aneinandergehauen wurden, als wären sie Kartoffelstauden aus denen man Erde klopft, - auch die Becken besannen sich auf ihre Würde, und knallten ihrem Macho so intensiv ins Gesicht, daß dem die Ohren sich anlegten, obwohl sie zeitlebens abgestanden hatten, nun aber für immer anzuliegen sich schickten. Um noch Schlimmeres zu verhindern, wurde das ganze Konzert abgeblasen, was die Posaunen besorgten. Auch die Trompeten verhielten sich solidarisch und bliesen mit ab, und das ganze Orchester flüchtete in die Garderobe. Das Publikum dachte, es handele sich um eine moderne avantgardistische Komposition und ging zufrieden nach Hause. Am nächsten Tag löste der Dirigent den ganzen Haufen auf und gründete ein harmloses Streichorchester.

***

25. Märchen

<u>Die abenteuerliche Schnecke</u>

Es war einmal eine Schnecke, die wollte nach Amerika verreisen. Nun könnte man meinen, das wäre wohl doch etwas zu hoch gegriffen für solch ein langsames Wesen, zumal sie unter ihresgleichen nicht gerade die schnellste war. Dem war aber nicht so, denn sie wohnte in der Nähe eines Flughafens. Die Schnecke hieß übrigens Schleimfriede Weinberg und der Flughafen hieß Berlin-Tegel. Einen Koffer brauchte sie dafür nicht extra zu packen, denn was sollte sie da hineintun, und so sprach sie:

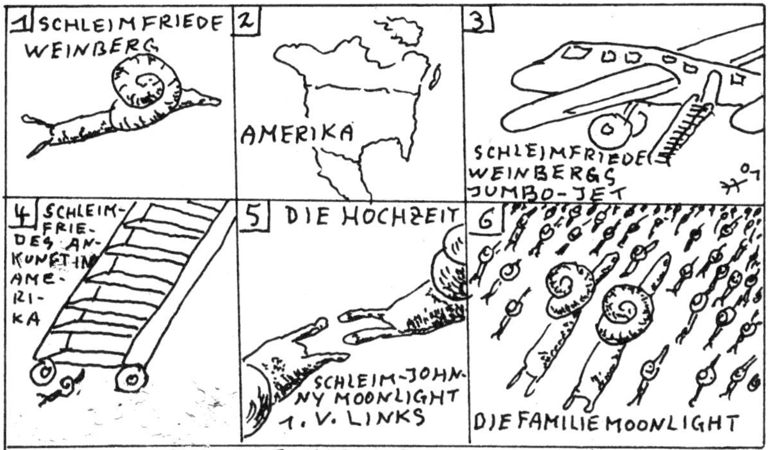

DIE ABENTEUERLICHE SCHNECKE

“Zu essen finde ich überall etwas, und zum Schlafen krieche ich in mein Haus. Mäuse müssen sich zum Schlafen ein Loch graben, Vögel müssen sich zum Schlafen ein Nest bauen, ich bin unabhängig von solch lästigen Sachen. Zwar bin ich dafür langsamer, aber ich habe viel Zeit.” Ihre Schwester, die Schleimhilde Weinberg hieß, und auch ein eigenes Haus besaß, sagte ihr zum Abschied: “Und paß schön auf in Amerika. Amerika ist 20 oder 30 mal größer als Deutschland, gib acht, daß du dich da zurechtfindest, und dich nicht verläufst. Denn du weißt, wenn wir Schnecken uns verlaufen, brauchen wir viel Zeit, um wieder auf den richtigen Weg zu gelangen.”

Schleimfriede versprach es, und nachdem sie sich zum Abschied umarmt hatten (oder umschleimt hatten), machte sich die abenteuerlustige Schleimfriede Weinberg auf den Weg.

Mit dem Flugzeug nach Amerika sind es grade mal acht Stunden, na, das ist auch für eine Schnecke keine lange Zeit. Also ging sie los. Am Mittag, als die Sonne hoch am Himmel stand, machte sie Pause und verzehrte ein ganzes Blatt. Danach brachte sie ihr Haus in Ordnung und setzte ihre Reise fort. Am Abend aß sie dann auch wieder ein Blatt, aber diesmal ein anderes, und vergaß nicht die Türe abzuschließen, ehe sie sich schlafen legte. Dann am andern Morgen stand sie früh auf, weil sie ja noch einen weiten Weg vor sich hatte, aß aber vorher noch zum Frühstück ein ganzes Blatt, wiederum ein anderes. Am Mittag aß sie wieder ein Blatt, aber von der gleichen Art wie am Vortage, das war aber reiner Zufall. Dann brachte sie ihr Haus in Ordnung und ging weiter. Als sie einen Monat unterwegs war, gelangte sie endlich an den Zaun, der den Flughafen umzäunte. Da hindurchzukommen, ohne von der Flughafenmannschaft entdeckt zu werden, war nicht schwer, und die Maschen waren ebenfalls groß genug, um samt Haus hindurchzuklettern. Jetzt galt es nur noch das Rollfeld zu überqueren. Der direkte Weg erschien ihr aber zu gefährlich, denn von einem Airbus überrollt zu werden, hält auch das stärkste Schneckenhaus nicht aus. Also sprach sie:

"Ein Umweg ist hin und wieder von Nöten.
Direkte Wege können eine Schnecke bisweilen töten."

Diese Spruchweisheit war nun beileibe nicht aus ihrer eigenen Feder geflossen, sondern war Jahrhundertealtes Kulturgut im gesamten Schneckenbereich.

Also getreu dieser Weisheit, begab sie sich auf den Umweg. Das dauerte zwar zwei bis drei Monate länger, aber die Sicherheit ist einem schließlich etwas wert. Endlich erblickte sie in der Ferne eine Gangway und kroch zielstrebig darauf zu. Inzwischen war es Winter geworden, aber sie hoffte, im nächsten Frühling eine Maschine nach New York zu kriegen. Endlich angekommen, kroch sie hoch von morgens bis abends, und dann die Falten der auseinandergezogenen Gangway entlang, bis direkt an die Anschlußleiste. Das war am ersten Osterfeiertag, genau 2 Jahre nach Beginn ihrer Reise. Jetzt ging alles aber sehr schnell. Etwa nach zwei Wochen stand endlich ein passendes Flugzeug an der Gangway und sie brauchte nur noch einzusteigen. Der Einstieg dauerte zwar eine halbe Stunde, - aber was ist schon eine halbe Stunde, wenn man nach Amerika will.

Im Flugzeug selbst fand sie eine sichere Ecke in der Nähe der Tür und legte sich sichtlich erschöpft in ihrem Hause schlafen. Sie verschlief letztlich die ganze Reise. Aber zu einem Fensterplatz zu kriechen, wäre ihr ohnehin zu anstrengend gewesen, zu zeitaufwendig und außerdem zu gefährlich, und da das Flugzeug, es hieß übrigens "King of Freedom", ohnehin 12000 Meter hoch flog, hätte sie sowieso nur sehr wenig von der Landschaft erkennen können, zumal die größte Strecke über dem Meer zurückgelegt wurde, da Amerika von Deutschland durch den Atlantischen Ozean getrennt ist. Eine Stunde vor der Landung bereitete sie sich auf den Ausstieg vor, und freute sich auf das erste Blatt in dem wunderschönen Amerika. Aber bis zum ersten Blatt verging noch einige Zeit, genau genommen 14 Tage. Doch als erfahrene Schnecke, die Jüngste war sie im übrigen auch nicht mehr, hatte sie sich in ihrem Haus Vorräte angelegt. Dadurch war sie zwar noch langsamer, aber eine Schnecke hat Zeit, muß Zeit haben, sonst kommt sie mit ihrem Schneckendasein nicht zurecht. Nachdem sie endlich geschickt eine Ausstiegsmöglichkeit abgepaßt hatte, gelangte sie mit einem tollkühnen Sprung von 8 1/2 cm hinunter auf die

Gangway. Die normalen Passagiere, also die Menschen, waren längst schon sonst wo, da war die Schnecke immer noch am hinabkriechen der Gangway, die ihrerseits mal hier, mal dort zu stehen kam, je nachdem, wo sie gebraucht wurde. Als sie aber endlich mal in der Nähe einer Wiese abgestellt war, wagte die Schnecke mit einem schnellen Absprung den entscheidenden Schritt und —- sie war gelandet, glücklich gelandet, sie betrat zum ersten Mal in ihrem Leben amerikanischen Boden, und aß zur Feier des Tages ein amerikanisches Blatt, und es schmeckte ihr vorzüglich. - Dann dauerte es noch ein dreiviertel Jahr, bis sie das Flughafengelände verlassen hatte, und Amerika lag ihr zu Füßen und wollte erobert werden. Da sprach sie voller Abenteuerlust: “Sei mir gegrüßt, du weites Amerika, du Land der unbegrenzten Möglichkeiten, ich, Schleimfriede Weinberg, bin wild entschlossen, dich, du Unendliches zu erobern.” Dann aß sie ein Blatt, aber ein anderes, als welches sie zur Begrüßung gegessen hatte, und zog munter des Wegs daher, indem sie ein amerikanisches Volkslied vor sich her sang:

“America, you are great,
The way to you war weit.
But now I am really here,
America, I love, - Ick liebe Dir!”

Am Abend aß sie ein großes Blatt, ein anderes als am Mittag, brachte ihr Haus in Ordnung und verschwendete einige Gedanken darauf, ob es sinnvoll wäre, irgendwann wieder mal nach Hause zu fahren. Aber dann kam alles ganz anders. Sie lernte einen amerikanischen Schneckerich kennen, der ihr sehr gut gefiel. Er hieß übrigens Schleimjohnny und sagte zu ihr, als er sie das erste Mal erblickte: “Hallo, Girl! I am Schleimjohnny and I love you, - come with me, o.k.” Und nach einer kleinen Pause: “Will you be my wife, Honney?” Da sagte Schleimfriede Weinberg ganz gerührt: “Yes, I will!” Also heirateten sie und ihre Kinder wuchsen zweisprachig auf. Zu erwähnen wäre noch, - aus rein statistischen Gründen, - daß sie 14 Kinder bekamen, 185 Enkelkinder und 2335 Urenkelkinder.

Schleimjohnny, der mit Nachnamen Moonlight hieß, sorgte stets gut für seine Familie. Nie gab es Streit, das lag sicher daran, daß jeder sein eigenes Haus hatte.

Einmal noch schrieb Schleimfriede Moonlight einen Brief an ihre Schwester Schleimhilde Weinberg, aber sie schickte ihn nie ab, weil sie zum nächsten Briefkasten zwei Jahre gebraucht hätte. Begraben wurden Schleimfriede Moonlight, geb. Weinberg und Schleimjohnny Moonlight in der Nähe von New York.

Die 2535 Kinder samt Enkel- und Urenkelkindern hießen übrigens:

Schleimjimmy, Schleimjennifer, Schleimjeff, Schleimlaura, Schleimluke, Schleimheather, Schleimfrank, Schleimlessly, Schleimscotty, Schleimbarbara, Schleimmonika, Schleimjoe, Schleimrose, Schleimbeutel, Schleimtracy, Schleimspur, Schleimgale, Schleimmitch, Schleimruby, Schleimedward, Haferschleim, Schleimalexandria, Schleimamy....

***

26. Märchen

Die Mücke mit dem langen Rüssel

Es war einmal eine Mücke. Die hatte einen unglaublich langen Rüssel. Wenn sie auf der Erde stand, hing ihr der Rüssel bis auf den Boden runter und legte sich noch ein Stück quer. Wenn sie flog, baumelte ihr der Rüssel zwischen den Beinen hin und her, so lang wie er war. Aber sie wurde, so lästig er auch manchmal war, von allen andern Mücken deswegen geachtet. Wenn sie gerade stach, um Blut abzusaugen, kam sie mit

dem Rüssel in die tiefsten Hautschichten. Die so Gestochenen ärgerten sich darüber über die Maßen. Nicht, daß das Stechen an sich wehtut, vielmehr das unglaublich lästige Jucken hinterher, das ärgerte sie so. Eines Tages sagte die Mücke, sie hieß übrigens Hornissa Elefantiasis: “Heute werde ich mir besonders süßes Blut durch meinen langen Rüssel laufen lassen, ich werde ihn hineinstecken wo immer ich kann und möglichst tief, und noch tiefer, bis zum Anschlag.” Das hörte ein Hamster, der gerade vierblättrige Kleeblätter fraß. “Na”, sagte er so laut, daß es alle hören konnten, “das werde ich dir vermasseln, du blutrünstiges Rüsselungeheuer, du vermaledeites.” Die Mücke namens Hornissa Elefantiasis hatte natürlich nichts von all dem mitgekriegt, was der Hamster, er hieß übrigens Eberbart Goldbacke, in der Hamstersprache sprach, weil die Mücke nur die Mückensprache beherrschte. Zwar konnte sie ein paar Brocken in der Ameisensprache verstehen und auch sprechen, aber die Hamstersprache war viel zu kompliziert für so ein kleines Mückengehirn. Da hätte ihr auch noch so’n langer Rüssel nichts genützt. Die Mücke, namens Hornissa Elefantiasis, hatte aber inzwischen schon ein Meerschweinchen entdeckt, in das sie ihren verdammten Rüssel hineinrammen wollte. Kaum gedacht, startete sie auch gleich durch, und raste auf ihr armes Opfer zu. Nach wenigen Sekunden landete sie ziemlich unsanft direkt auf der rechten Hinterbacke von dem ahnungslosen kleinen Meerschweinchen. Genau genommen handelte es sich um eine kleine Sau, die den einprägsamen Namen Fettina Räucherschinken hatte. Die Mücke namens Hornissa Elefantiasis schwenkte noch ein paar mal ihren dammligen Rüssel in der Luft hin und her, so wie das auch Tennisspieler mit ihren Tennisschlägern tun, bevor sie zum Schlag ausholen, holte dann tief Luft und zielte direkt auf die Mitte der rechten Hinterbacke der armen Meersau Fettina Räucherschinken, da wo sie am dicksten war. Nun aber schnellte der Hamster Eberbart Goldbacke aus seinem Versteck hervor, und bevor die brutale Mücke namens Hornissa Elefantiasis ihr grausiges Werk vollenden konnte, streckte der Hamster, - er war übrigens in Hamsterdam geboren-, seine vorderen Schneidezähne, da wo sie am schärfsten waren, so weit vor wie er nur konnte, und schnapp! - säbelte er der blutrünstigen Mücke namens Hornissa Elefantiasis den halben Rüssel ganz einfach weg. Mit lautem Aufprall fiel das abgebissene Ende auf den Boden und versank im Staub. Da sagte die Mücke namens Hornissa Elefantiasis (bitte beim weiterlesen ab jetzt die Hand vorm Mund halten): “Du gemeiner Hamster du, was werden jetzt die anderen Mücken sagen, wenn ich nur noch mit so’m Stumpen im Gesicht rumfliege.”

“Ah, geschieht dir recht, du elender Blutsauger”, erwiderte schadenfroh der Hamster, “jetzt ist es aus und vorbei damit, anderen deinen elenden Rüssel in den Leib zu treiben.” “Und wie soll ich jetzt an Blut herankommen, du gemeiner Halunke?” “Ha”, rief der Hamster da entrüstet, “selbst mit halbiertem Rüssel denkt das Mistvieh nur noch an Blut!” Da mischte

sich nun die Meersau ein, indem sie sprach: "Du wolltest mich stechen, du widerliches Insekt, aber der Hamster, der ehrenwerte Herr Goldbacke, hat mich vor dieser Blutschande bewahrt, indem er dir mit seinen scharfen Zähnen Gerechtigkeit hat widerfahren lassen. Dank sei dem Hamster!!!"
Der Hamster war gerührt, und legte einen Eid ab: "So wahr ich, Eberbart Goldbacke, ein ehrbarer Hamster bin, werde ich keine Gelegenheit auslassen, die lästigen Mückenrüssel zu skalpellen, wo immer sie angreifen, am liebsten scheibchenweise!"
Da sprach die Mücke namens Hornissa Elefantiasis: "Du gemeiner Hund, du,... hätte ich noch meinen langen Rüssel, würde ich ihn dir um deine Hamsterbacken schlagen, daß dir die gehamsterten Körner rausfallen."
Da kam ein Vogel geflogen, der Piepsepaps Meise hieß und schnappte im Vorübergehn nach der Mücke namens Hornissa Elefantiasis und schluckte sie runter. "Piep, piep", rief das Fräulein Piepsepaps Meise etwas enttäuscht, "die Mücke hat ja kaum nach Rüssel geschmeckt!" Kurz darauf fing sie sich ein paar andere Mücken, und die hatten dann wieder richtig nach Rüssel geschmeckt.
Der Hamster namens Eberbart Goldbacke und die Meersau namens Fettina Räucherschinken blieben von diesem Tag an Freunde für ihr Leben lang, auch als Fettina später mal heiratete und Meerferkel bekam, denen der Hamster Körner schenkte.

***

27. Märchen

Der hungrige Löwe

Es war einmal ein Löwe, der war hungrig. Wie gewöhnlich stand er auf, um sich was zu fressen zu suchen, - besser gesagt, sich was zu fangen. Aber damit hatte er kein Glück heute. Alles lief vor ihm weg, verständlicherweise, oder wer will schon gefressen werden.
Da begegnete ihm eine Gazellenherde. Kaum hatten diese schnellen Tiere den hungrigen Löwen gesehn, machten sie sich startbereit, um schleunigst abhauen zu können. Als der Löwe das bemerkte, rief er ihnen zu: "Lauft doch nicht weg, ich habe solchen Hunger, und ihr seid doch so viele, ich will ja nur eine von euch fressen, nur eine einzige, oder wenigstens ein Stück, oder gar nur ein kleines Stückchen, ich bin so hungrig." Da riefen die Gazellen alle auf einmal und ziemlich empört: "Du bist ja bescheuert, denkst du, auch nur eine einzige von uns will sich von dir fressen lassen, oder auch nur ein Stück, oder auch nur ein Stückchen?" "Dann werde ich euch eben jagen!" rief wütend der ausgehungerte Löwe, "eine von euch erwische ich bestimmt!" Aber die Gazellen machten nur einen Hüpfer, jede einen, und da merkte der Löwe schon, wie flink sie waren, und zum

Ranschleichen war es zu spät, weil sie ihn ja schon gesehen hatten. Also bettelte er noch einmal: “Laßt mich doch eine von euch fressen, es kann ja auch eine alte sein, eine ganz alte.” Da riefen die Gazellen wiederum alle auf einmal: “Man soll das Alter ehren! Wenn du Hunger hast, friß doch

deine linke Pfote auf, dann kannst du ja immer noch auf dreien laufen, ha, ha, ha...” Der Löwe war sehr ärgerlich und brüllte, aber husche die busche, waren die Gazellen davongehüpft und hinterließen dem Löwen nur eine Staubwolke, gewissermaßen als Andenken. Da legte sich der Löwe, hungrig wie er war, schlafen. Vielleicht würde er morgen mehr Glück haben. Vor Hunger stand er schon sehr früh auf und tat, wie die Gazellen ihm geraten hatten: Er fraß seine linke Pfote auf zum Frühstück. Auf drei Beinen konnte er trotzdem noch ganz gut laufen. Zum Abendbrot aber fraß er die rechte Pfote auf. Wäre er nun ein Mensch gewesen, hätte er ja bequem auf zwei Beinen gehen können, aber er war ein Löwe. Als er wieder Hunger bekam, überlegte er sich, was er nun fressen könnte. Da fiel sein Blick auf seinen Schwanz und er fraß ihn auf. Nun konnte er aber keine Jagd mehr machen auf irgendwelche Tiere, also war er gezwungen, seine beiden Hinterbeine aufzufressen, erst wieder das linke, und dann das rechte. Ja, sollte er nun seinen Magen fressen? Aber ohne Magen, - warum sollte er da überhaupt noch fressen? Da stöhnte er und rief: “Ich armer, armer Löwe, hätte ich nur nicht meine vier Pfoten und den Schwanz aufgefressen, nun kann ich nicht einmal mehr spazieren gehen.” Nachdem er das gesagt hatte, war das ganze Unglück plötzlich vorbei. Er sprang auf und merkte, daß er nur geträumt hatte. Einen solch bösen Traum wird wohl kaum ein Lebewesen je gehabt haben in der Vergangenheit oder in der Zukunft. Er war natürlich sehr glücklich, und dann beschloß er,

Vegetarier zu werden. Da brauchte er nicht wie wild durch die Gegend zu jagen, sondern konnte da, wo er gerade stand oder saß, oder auch lag, fressen so viel er Lust hatte. Und so fraß er einen ganzen Affenbrotbaum leer. Zwar bekam er daraufhin Durchfall, aber mit der Zeit lernte er, niemals zuviel von einer Sorte zu fressen. Ein paar Jahre später hatte er sich sogar mit den Gazellen angefreundet und lernte mit ihnen "Blinde Kuh" spielen oder Ringelreihen tanzen. Ach so, der Löwe hieß Leonhardt Angora, und die Gazellen hießen 1 bis 823. - 824 war noch unterwegs und sollte erst im Frühling geboren werden.

***

28. Märchen

Der eingebildete Radiergummi

Es war einmal ein Radiergummi. Der hieß Rothelm Blaumann, weil die eine Hälfte von ihm rot war und die andere blau. Eines Tages sagte er: "Ich bin sehr wichtig! Ich bin der Wichtigste! Ohne mich wäre die Welt voller Fehler! Ohne mich geht es nicht."

Das hörte ein Bleistift. Der hieß Graf Fitti von Spitzbergen, und der sagte auch was, aber etwas anderes: "Ich bin der Allerwichtigste! Wenn ich keine Striche machen würde, wärst du, mein lieber Rothelm Blaumann völlig überflüssig." "Aber wer sorgt denn dafür, daß du, mein ehrenwerter Herr Graf Fitti von Spitzbergen, überhaupt einen Strich machen kannst? Natürlich ich! Denn ich mache dich spitz! Du könntest übrigens mal wieder bei mir vorbeikommen, deinen Stummel reinstecken und drehen, du bist ja schon stumpf bis auf's Holz!" Wer das sagte war natürlich niemand Geringeres als die Frau Bleianspitzer. Sie hieß übrigens Klingeborg Schneidenreich, Bleianspitzerin war sie nur von Beruf. "Deshalb bin ich selbstverständlich die Wichtigste, denn", so dozierte sie, "ohne Spitzer keine Spitze, ohne Spitze kein Strich, ohne Strich kein Radiergummi." "Aber", sagte der Radiergummi, "ohne mich gäbe es doch nur nutzloses Gekritzel, zum Beispiel alle diese blöden Märchen hier, das sind doch durchweg nur ausgedachte, verlogene, wahrheitsungemäße, unrealistische, phantastische, unsensible, mickrige Geschreibsel, ich bin der Wichtigste, und deshalb werde ich sie alle ausradieren, ich Rothelm Blaumann (er fängt an heftig zu radieren), alles, alles werde ich ausradieren, weg mit den ganzen nutzlosen Buchstaben..." Das war den andern beiden jetzt aber zu viel. Nach solchen gefährlichen völlig unbegründeten, ja, widerwärtigen, vielleicht sogar verleumderischen Reden planten der Herr Bleistift und die Frau Bleianspitzer, dem Radiergummi den Garaus zu machen. Vorher benutzte die Frau Klingeborg Schneidenreich, von Beruf Bleianspitzerin, noch schnell die Gelegenheit, den erregten Herrn von

Spitzbergen gehörig anzuspitzen, so daß auf seiner Spitze höchstens noch zwei Atome hätten Platz finden können ohne runterzufallen, und dann, - und dann stürzte sich der Herr Bleistift auf den Radiergummi und spießte ihn auf und die Bleianspitzerin schraubte ihre Klinge los und zack, zack, zack, war der üble Rothelm Blaumann in tausend Scheibchen geschnitten. Das war das Ende vom bösen Radiergummi, der alle diese

DER EINGEBILDETE RADIERGUMMI

schönen wunderbaren und lehrreichen Märchen ausradieren wollte. Er sah zwar, wenn man alle seine tausend Scheiben zusammenklemmte, noch aus wie ein Radiergummi, aber mit dem Radieren war es aus. Ein greiser alter Mann hatte es noch einmal versucht, - der war übrigens Kritiker und hieß Lobesam Miesmacher, und half dem Radiergummi, - aber da zerfiel der Gummi in seine tausend Teile, der Kritiker ein paar Tage später übrigens auch, und was soll ich euch sagen, liebe Kinder, liebe Kindes-Kinder und letztlich auch noch Kindes-Kindes-Kinder und Und-so-weiter-Kinder-Kinder, die Märchen sind gerettet worden, und ihr könnt sie hören oder lesen bis in die Ewigkeit, und das nur, weil dem eingebildeten Radiergummi seine Grenzen klar gemacht wurden, daß nämlich Bleistift und Bleianspitzer die Wichtigsten sind auf der Welt, der Radiergummi aber allerhöchstens ihr willkommener Knecht.

P.S. In einem Grundsatzurteil des Bundesgerichtshofes wurde mit 3 gegen zwei Stimmen verkündet, daß bei Märchen der Radiergummi nur auf höheres Geheiß tätig werden darf. Selbständige Handlungen eines Radiergummis sind demzufolge nicht statthaft und werden strafrechtlich verfolgt.
Unterschrieben wurde dieses wichtige Urteil auch noch von folgenden Personen:
Gebrüder Grimm, Brentano, Bechstein, Hauff, E.T.A. Hoffmann, Ingo Insterburg, Hänsel und Gretel, Rotkäppchen, Schneewitchen, Frau Piepsepaps Meise, Herr Nilpferd und Hornissa Elefantiasis (bevor ihr der Rüssel abgebissen wurde) und Leonhardt Angora, um nur einige zu nennen.

***

29. Märchen

Der wunderbare Wassertropfen

Es war einmal ein Wassertropfen, der hatte übrigens keinen Namen. Wassertropfen haben keine Namen, denn das lohnt sich nicht, sie halten nämlich nicht lange genug. Denn kaum hätte man ihnen einen Namen verpaßt, wären sie auch schon nicht mehr. Entweder sie verdunsten oder sie vermischen sich mit anderen Tropfen, und dann sind sie einfach nur Wasser und keine Tropfen mehr. Dieser Wassertropfen, der also keinen Namen hatte, verdunstete aber noch nicht und vermischte sich auch nicht mit anderen, sondern lag am Ufer eines Tümpels, weil er von einem badenden Hund abgeschüttelt worden war. Da kam ein Naturforscher des Wegs. Der sah den zierlichen Wassertropfen und steckte ihn ein. Er hieß

übrigens Wismut Dammlig. Zu Hause angelangt, packte er ihn aus und legte ihn unter sein Mikroskop. Nachdem Herr Dammlig das Mikroskop so scharf wie möglich eingestellt hatte, erblickte er so viele wundersame Dinge in dem einzigen Tropfen, daß er ausrief: “Wie wundersam ist doch die Welt! Im großen Wald laufen große Tiere herum, im kleinen Wassertropfen schwimmen kleine Tiere herum. Wieviele Tiere haben Platz in einem großen Wald, und wieviele kleine Krabbeldinger haben Platz in einem einzigen Tropfen.“ Dann begann er, weil er Forscher war, die quirligen Lebewesen zu zählen, die da herumschwammen. Da klingelte plötzlich das Telefon, und der Naturforscher, der Herr Dammlig, ging hin und nahm den Hörer ab. Seine Verlobte war dran am andern Ende, und wollte wissen, ob sie heute mal in eine andere Kneipe gehen, oder doch wieder wie immer in dieselbe, also des Forschers Stammkneipe. Dieser sagte: “Meine liebe Anna-Lyse”, so hieß die Verlobte von dem Naturforscher, “meine liebe Anna-Lyse, wir können natürlich auch mal in eine andere Kneipe gehn, aber am liebsten wäre es mir schon, wenn wir in meine Stammkneipe gehen würden.” Da sagte Anna-Lyse Flachmann, Flachmann war ihr Nachname: “immer in deine Stammkneipe!” Darauf sagte er weise: “Wenn wir dauernd in andere Kneipen gehn, werden wir am Ende einen ganzen Haufen von Stammkneipen haben, aber der wahre Sinn bei einer Stammkneipe ist doch, daß man nur eine hat.” “Na, mach doch was du denkst!” rief des Naturforschers Verlobte, das Fräulein Anna-Lyse Flachmann in die Muschel. “Aber Liebling, wir können auch in eine Kneipe deiner Wahl gehn”, sagte Herr Dammlig einlenkend. “Na gut, ist ja

auch egal, also gehn wir in deine Stammkneipe, da kann ich dann auch meine Jeans anbehalten." "Natürlich, wie du meinst, bis heut' abend."
Als der Herr Wismut Dammlig wieder zum Mikroskop kam, war der Tropfen verdunstet.

***

30. Märchen

<u>Der erlebnishungrige Schraubenzieher</u>

Es war einmal ein Schraubenzieher. Obwohl er kein Schneider war, sollte er dauernd Schrauben anziehen. Eines Tages kam eine Frau, die sagte zu ihm: "Können Sie mir mal beim Anziehen behilflich sein?" Da sagte er: "Ja, das kann ich." Nach fünf Minuten sagte sie schon wieder was: "Können Sie mir auch beim Anziehen meiner Mutter behilflich sein?" Da sagte er ungehalten: "Nein, ich bin doch kein Schraubenschlüssel!" Nach diesem ärgerlichen Vorfall ließ er sich umbenennen in "Schraubendreher". Das Arbeitsamt schickte ihn zu einer Drehbank, da mußte er den ganzen Tag Schrauben drehen. Gegen Abend war er ganz schön geladen und am selben Tag noch flog er aus der Firma raus, weil er die Eisenspäne angezogen hatte, obwohl er kein Schneider war. Deshalb ließ er sich wieder zurückbenennen in Schraubenzieher. Danach baute er sich ein

Gewächshaus und begann Radieschen zu ziehen, manchmal auch Schrauben. Dann zog er auch noch Schnittlauch, aber weil es im Gewächshaus zog, zog er sich eine Erkältung zu, und hätte sich beinahe die Radieschen von unten angesehn. So geschwächt, konnte er keine Schrauben mehr ziehen, nicht einmal einen lächerlichen Schnittlauchhalm, und da er keinen Gehilfen hatte, konnte er noch nicht mal einen ziehen lassen, einen Halm. Da sah er die Wolken nach Süden ziehn, und es zog ihn auch dorthin. Drum stieg er in den Zug. Aber er bekam keinen Platz mehr, weil schon überall Zugvögel saßen. Deshalb kaufte er sich ein Schachspiel, und beim dritten Zug war es dann soweit, er bekam eine Platzkarte. Aber bevor er einstieg, war die unglücklicherweise schon geplatzt. Da sagte er: "Zieh mal an, was man alles so erleben kann." Darum wartete er einfach auf den nächsten Zug. Der war ziemlich leer und er stieg ein. Als der Zug losfuhr, flog er beinahe auf die Fresse, da er einen ganz schönen Anzug hatte. Da aber auf dem Boden

Speisereste lagen, hatte er nun keinen schönen Anzug mehr, denn er war voller Flecken. Mittlerweile wurde es dunkel und seine Züge verfinsterten sich vor Ärger. Darum rief er: “Verdammte Züge! Warum müssen sie immer so schlampig sein.” Plötzlich trat ihm eine Frau auf die Füße. Da rief er: “Verdammte Ziege! Warum müssen Sie immer so schlampig sein.” Da rief die Frau sehr ärgerlich: “Verzieh dich bloß!” Da verzog sich der Schraubenzieher, und sah ziemlich krumm aus. Aber er entschuldigte sich bei ihr und sie verzieh ihm. Einen verzogenen Schraubenzieher aber wollte niemand mehr. Also verzog er sich und verzog in eine andere Stadt. Er ging eilig zum Bahnhof und stieg in einen Zug. Das war aber nicht der Hauptzug, sondern der Vorzug. Das war ein großer Vorzug, weil er dadurch früher ans Ziel gelangen konnte. Kaum eingestiegen, ging er sofort zur Zugspitze. Da kam der Wetterbericht: Hannover 9 Grad, München 14 Grad, Zugspitze minus 12 Grad. Das war ihm zu kalt, und er ging wieder nach hinten. Im Erster-Klasse-Abteil sprach er ein hübsches Mädchen an: “Hallo, Kleine, ich lad’ dich im Speisewagen zu ‘ner Tasse Kaffee ein, danach können wir einen vom Leder ziehn.” “Zieh Leine!” sagte sie. “Nein, ich zieh Schrauben”, sagte der Schraubenzieher wahrheitsgemäß. “Du dämlicher Schraubenzieher!” rief sie schnippisch, “du wirkst auf mich nicht sehr anziehend.” Am Abend sagte er zu ihr: “Na, Puppe, du kannst doch nicht 3 und 3 zusammenziehen, soll ich dir beim Ausziehen helfen.” “Nein”, sagte sie entschlossen, “bei der hohen Miete bleib ich lieber in meiner kleinen Wohnung, trotzdem finde ich es nicht schön, wie du über mich herziehst.” Da zog ein Gewitter über sie her. Sie ängstigten sich beide, doch sie erwartete von ihm, daß er sie beschützte. So kam er in Zugzwang. Plötzlich zwang sie der Zug in einer Kurve in die Knie. Das nutzte er aus und küßte sie. Am nächsten Bahnhof tranken sie Alkohol im Wartesaal und verlobten sich. Doch der Abend zog sich hin, und der Schraubenzieher sagte ziemlich ungeduldig: “Was willst du noch in deiner kleinen Wohnung, zieh man zu mir.” Das tat sie, denn sie hieß ja Sonja Ziehmann.

***

31. Märchen

Der kluge Schweinehund

Es war einmal ein Schweinehund, der war so klug, daß er klüger war als alle Schweine und alle Hunde im ganzen Land. Er hieß übrigens Nero Bellmann und hatte schwarzes Fell. Eines Tages ging er in eine Universität, um einen Intelligenztest zu machen. Weil es selten ist, daß ein Schweinehund zum Intelligenztest geht, kam er auch gleich dran. Der Professor hieß Porcus Hundshammer und stellte auch gleich die erste

Frage, indem er frug: “Welche Hunderasse ist die am meisten verbreitete auf der ganzen Welt?” Und Nero Bellmann antwortete wahrheitsgemäß

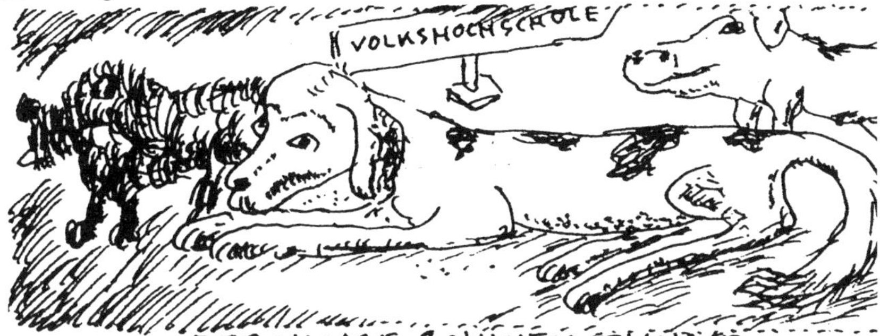

DER KLUGE SCHWEINEHUND

und sehr klug: “Der Schweinehund.” Nun frug Professor Porcus Hundshammer nach der Antwort von der zweiten Frage aus dem Intelligenztest, indem er frug: “Welches ist der größte Hund auf der ganzen Welt?” Nero Bellmann antwortete ohne lange zu zögern: “Der innere Schweinehund.” Nun folgten noch ein paar Fragen aus der Allgemeinbildung: “Welcher Hund kann am besten kucken?” “Der Seehund.” “Was ist ein kalter Hund?” “Ein Hund, der auf'm Nordpol wohnt.” “Was ist ein fliegender Hund?” “Ein Hund im Flugzeug.” Nach der letzten Frage hatte er den Intelligenztest bestanden und wurde Dozent in der Volkshochschule, natürlich nicht für Menschen, sondern für Hunde. Während bisher sich die Hunde zu Hause langweilten, wenn die Hundehalter in die Volkshochschule gingen, um sich zu bilden, konnten sie jetzt mitgenommen werden. Er, also der Herr Dozent Nero Bellmann, dozierte drei Fächer. Das erste war Allgemeinbildung: Wie macht man sich bei den Menschen beliebt? Da wurde gelehrt: schmeicheln und die Hand lecken von dem Herrchen oder dem Frauchen, und nicht allzu oft bellen, außer wenn die Einbrecher kommen. Das zweite Fach war: wie kann ich am besten nach Fressen betteln? Da wurde gelehrt: leise wimmern, Pfötchen geben, am besten natürlich Männchen machen und Pfötchen geben und wimmern, niemals laut fordernd kläffen, sonst kriegt man was hinter die Ohren anstatt Häppchen. Um Wasser braucht man nicht zu betteln, das kann man fordern. Betteln ist der Beruf des Hundes. Außer Fressen, Gassi gehen und zweimal im Jahr Frühlingsgefühle, hat ja so'n Hund auch nichts vom Leben weiter, nebst gestreichelt werden oder ab und zu getreten, aber das von Fremden natürlich.

Das dritte und letzte Fach war: wie kann ich heimlich abhauen, wenn die Laufzeit da ist, mit andern Worten: wie kann ich Herrchen oder Frauchen abhauen, um einer läufigen Hündin hinterherzuhecheln, oder umgekehrt: wie kann ich als läufige Hündin einem Hund vorausthecheln. Da wurde

gelehrt: etwa 14 Tage vorher immer brav bei Fuß gehen, auch nicht ein paar Meter von Herrchen oder Frauchen weichen beim Gassi gehen. Beim Pinkeln höchstens einen Meter Sicherheitsabstand einhalten, beim Kot ablegen reicht ein halber Meter. Nach 10 Tagen denken Herrchen oder Frauchen, sie können bei so viel Gehorsam die Leine zu Hause lassen. Ergibt sich nun eine läufige Gelegenheit, dann nichts wie weg. Denn an die Erhaltung der Art muß ja ernsthaft gedacht werden, das ist das Wichtigste auf der Welt, für jede Art, ob Hunde, Ratten, Menschen oder Affen.
Fünf Jahre später kriegte der Herr Nero Bellmann auch noch einen Doktortitel. Seine Doktorarbeit hatte die Überschrift:
Wie kann der Hund die Welt erobern und sich die Menschen untertan machen, ohne daß sie es merken.

Und die Doktorarbeit endete mit der Forderung:
Freie Entscheidung für freie Hunde zur freien Kotablage!

***

32. Märchen

Der unglückliche Pfeifenraucher

Es war einmal ein Pfeifenraucher, der hieß mit Vornamen Èrsatz, und mit Nachnamen Nuckel, und trennte sich selten von seiner Pfeife. Immer rauchte er, aber auch ohne zu rauchen steckte das Ding in seinem Mund. Nur nachts, wenn er sich anschickte zu schnarchen, fiel sie ihm zeitweilig heraus. Wenn er morgens aufstand sagte er: “Jetzt stopfe ich mir meine Pfeife”, und dann stopfte er sich eine und steckte sie an. Und dann rauchte er.
Aber eines Tages geschah etwas Seltsames und Herr Èrsatz Nuckel sagte (er spricht mit Pfeife im Mund): “Was ist mit meiner Pfeife los, ich glaube, sie ist größer geworden, na, das gibt’s doch wohl nicht.” Ein paar Stunden später hielt er ein Zentimetermaß ran und stellte fest, daß die Pfeife tatsächlich gewachsen war. Da wurde er ärgerlich und sagte: “Was soll ich mit solch einer Pfeife, ich werde mir eine kleinere holen.” Das wollte er dann auch tun, aber so sehr er sich auch mühte, er kriegte seine Pfeife nicht mehr aus dem Mund raus, sie war ihm angewachsen. Da sagte der Herr Ersatz Nuckel: “Was soll ich mit einer angewachsenen Pfeife, verdammt noch mal!” Doch es half nichts, er kriegte sie nicht wieder aus seinem Mund raus. Inzwischen war sie aber wieder ein Stück größer geworden. Am Abend konnte er sie kaum noch tragen als er ins Bett ging. Im Bett legte er seine Pfeife neben sich und schlief. Aber als er aufwachte sagte er: “Meine verdammte Pfeife ist ja riesig geworden. Was soll ich mit

einer so riesigen Pfeife." Als er aus dem Bett kroch, merkte er, daß er seine große Pfeife nicht mehr tragen konnte. Mühsam schleppte er sich zur Speisekammer, wo er etwas Werkzeug liegen hatte. Da schraubte er sich zwei kleine Räder an die Pfeife und ging zur Arbeit. Er war übrigens von Beruf Lungenarzt. Alle Kollegen kuckten natürlich ganz schön dumm, aber sie hatten Mitleid mit ihm, als sie das ganze Unglück begriffen. Auf dem Nachhauseweg brachen die Räder ab, weil sie zu zart waren für die gewaltige Pfeife, die nun schon so groß geworden war, wie er selber und er sagte: "Zu Hause habe ich eine Sackkarre."
Aber bis nach Hause kam er gar nicht mehr. Irgendwann mußte er stehen bleiben und konnte die Pfeife nicht mehr tragen, und aus dem Mund kriegte er sie ja nicht raus. Da stand er nun. Schließlich hatten mitleidige Passanten die Feuerwehr gerufen. Die kam auch mit "tatü tata". Da sagte

der Pfeifenraucher, der Herr Ersatz Nuckel: “Ach ihr lieben Feuerwehrleute, schön daß ihr gekommen seid, aber ihr könnt mir ja doch nicht helfen.” Sie stellten ein Zelt über ihm auf, damit er nachts nicht zu frieren brauchte. Ein Feuerwehrmann hielt Wache die ganze Nacht.
Am andern Morgen mußte dem Herrn Ersàtz Nuckel eine Kiste unter die Füße gestellt werden, weil die Pfeife wieder ein Stück gewachsen war. Man brachte ihm noch eine Sackkarre, aber es nützte nichts mehr. Das Unglück war schon zu groß geworden. Die Kiste reichte nicht mehr aus, und am Ende der Woche mußte Herr Nuckel auf der letzten Sprosse von der Feuerwehrleiter stehen, so groß war die Pfeife geworden. Ach so, ich habe ja ganz vergessen zu erzählen, daß die Pfeife ständig rauchte, weil er sie ja, als sie angefangen hatte zu wachsen, gerade unglücklicherweise angesteckt hatte. Der Verkehr mußte natürlich eingestellt werden, schon wegen dem Qualm, und eine großräumige Umleitung wurde eingerichtet. Der Herr Ersatznuckel schrie nun von oben runter (es hallt): “Wie soll das noch enden mit mir! Verdammte Pfeife, hör auf zu wachsen! Verdammte Pfeife, hör auf zu rauchen!” Das war so ungefähr das Letzte, was man noch von ihm hören konnte, wegen der Entfernung.
Aber die wuchs und rauchte weiter, und zwar senkrecht nach oben und ließ sich nicht querlegen. Welch ein Unglück! Nach einem Monat sah aber alles ganz anders aus.
Die Feuerwehr hatte einen behelfsmäßigen Turm gebaut, auf dem er saß, und die Pfeife stand auf der Erde, aber die Straße senkte sich schon ein wenig ab. Langsam wurde die Luft sehr dünn da oben für den Herrn Ersatz Nuckel. Da brachten sie ihm mit der Seilwinde, die er inzwischen hatte, einen Weltraumanzug nach oben, den er anzog, und er sagte zu sich selber (es klang sehr dumpf unter dem Helm): “Jetzt kann die Luft so dünn werden wie sie will, ich habe ja einen Weltraumanzug.” Gleich danach hatte er dann mit Gummilösung das Pfeifenmundstück mit dem Weltraumanzug verklebt und abgedichtet.
Nach einem halben Jahr konnte man ihn nicht mehr sehen, auch nicht mit einem Fernrohr, weil er schon fast in der Stratosphäre war. Als es zu umständlich wurde, den Turm zu verlängern, schickte man nämlich einen heliumgefüllten Ballon nach oben und der Herr Ersatz Nuckel hing nun mit dem Mund an der Pfeife und mit dem Zelt am Heliumballon, und weil die Pfeife schon gehörige Ausmaße angenommen hatte und ungehörig viel qualmte, ungefähr wie brennende Ölquellen, verbot die UNO einfach versuchsweise die Tabakherstellung auf der ganzen Welt. Aber sieh' da! Als es keinen Tabak mehr gab, hörte seltsamerweise die Pfeife auf zu qualmen, und wurde auch wieder kleiner, bis sie auf ihre Normalgröße gekommen war. Der Herr Ersatz Nuckel sagte, - nein, der sagte nichts mehr. Als die Feuerwehr den Weltraumanzug öffnete, war nur noch das Gerippe von

dem Herrn Ersatz Nuckel übrig, und die Pfeife ließ sich auch wieder rausnehmen. Tabak wurde auch wieder angepflanzt, bis sich solche Geschichte womöglich mal wiederholt.

***

33. Märchen

Der hin- und hergerissene Reißverschluß

Es war einmal ein Reißverschluß, der war hinreißend, manchmal aber auch herreißend. Aber meistens war er hin- und hergerissen. Na ja, kein Wunder, er war ja auch ein Reißverschluß. Eines Tages war er ausgerissen. Der Rock, dem er ausgerissen wurde, war eingerissen, und so riß er aus. Aber er kam nicht weit. Ziemlich abgerissen landete er bei einer Kleidersammelstelle in einem Lumpenhaufen, zur Papierherstellung. Aber

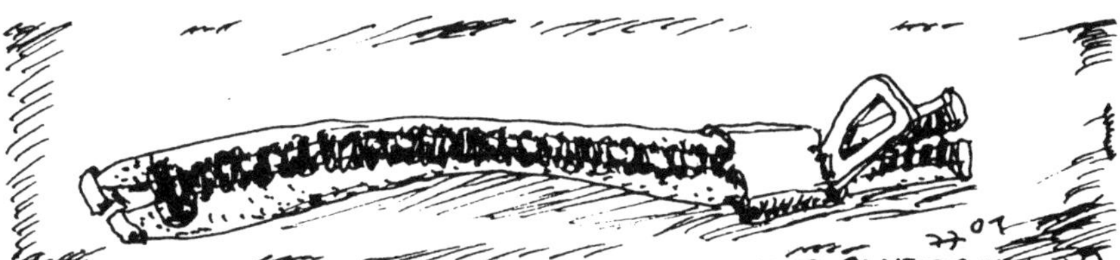

er war zu gerissen, um sich zu Papier verarbeiten zu lassen, und riß abermals aus. Seine Lebensgeschichte verkaufte er dann an eine Illustrierte, denn sie war sehr mitreißend. Aber ein Kritiker zerriß sie in einem fürchterlichen Verriß. Doch der Reißverschluß schlich sich ins Haus des Kritikers ein, und der ließ ihn in seine Hosen einnähen. Während eines Vortrages trennte sich der Reißverschluß von der Hose, und der Kritiker stand ziemlich abgerissen da, und wurde ausgelacht. Der Reißverschluß aber ging in ein Chinarestaurant und bestellte sich Reisbrei. Aber der Reis war unter Verschluß. Der Reißverschluß hatte zwar Hunger, aber er riß sich zusammen, und sang leise: “Es ist ein Reis entsprungen.” Das half ihm. Dann fuhr er zu den Niagarafällen, denn die waren sehr reißend, und er ließ sich mitreißen und ward beinahe nicht mehr gesehn, denn am Ufer wartete schon im Gebüsch ein Reißwolf. Aber den Reißwolf machte er mit einer Flasche Reiswein besoffen und riß abermals aus. So lebt er heute noch, vielleicht in Ihrer Hose, in Ihrem Rock? Aber wenn Sie ihn fest annähen, reißt er bestimmt nicht mehr aus.

***

34. Märchen

Der Dumme Diamanten-Ingo

Es war einmal ein Hängebauchschwein, das hieß Ingo. Eines Tages sagte es: "Wenn man bedenkt, daß ein einziger Diamant, so groß wie eine große Murmel, hunderttausend Dollar kostet, dann wäre es doch sinnvoll, wenn ich mich auf den Weg machte, um solch einen Diamanten zu suchen."

Gesagt, getan. Erst ging es ein paar Meter nach Norden, dann ein paar Meter nach Osten und Westen, aber schließlich entschied es sich für den Süden, weil es da außerdem wärmer war. Nach hundert Meilen gelangte es an einen Bach. Gierig steckte das Hängebauchschwein Ingo seinen Rüssel in das Wasser, um seinen Durst zu löschen. Da sprach eine Kluge Amsel, die am andern Ufer im Grase stand (sie tschiepst): "Trink' ja nicht von dem Wasser dieses Baches." "Wieso nicht?" – frug Ingo (es grunzt). "Weil das ein Zauberbach ist," erwiderte die Kluge Amsel. - "Ich habe aber großen Durst," wandte Hängebauchschwein Ingo ein. Da sagte die Kluge Amsel: "50 Meilen von hier steht ein Brunnen, von dem du trinken kannst." "Ich latsche doch nicht 50 Meilen wegen ein paar Schluck Wasser," sagte grunzend das Dumme Schwein. "Mach was du willst," piepste die Kluge Amsel und flog davon. Plötzlich sah das Hängebauchschwein einen Diamanten in der Mitte des Baches liegen, so groß wie eine große Murmel. Gierig schnappte es nach diesem und schluckte gleichzeitig ein paar Liter Wasser. "Jetzt bin ich reich!" sagte es zu sich selber. "Was für ein kluges Schwein ich doch bin!" Ein paar Augenblicke später dachte es: ich will mal sehen, wie ein reiches Schwein aussieht, und werde mich im Spiegel des Wassers des Baches betrachten. Gesagt - getan. Aber wie erschrak das Hängebauchschwein Ingo, als es sich im Wasser erblickte: der Bach hatte es in einen Menschen verwandelt, natürlich mit Hängebauch. Der Hängebauchmensch Ingo ging nun zu einem Goldschmied, um den Diamanten zu verkaufen. Der Goldschmied erschrak ob der Größe des Diamanten und sagte: "So viel Geld habe ich nicht, um diesen großen Diamanten zu kaufen. Am besten, du gehst in eine größere Stadt, wo es einen reicheren Goldschmied gibt, als ich es einer bin."
Hängebauch-Ingo machte sich allsogleich auf den Weg, aber wohin er auch ging, keiner konnte den Diamanten bezahlen, so wertvoll war er. Bald sprach sich dieses Ereignis im ganzen Lande herum, und wo er auch hinkam, nannte man ihn "Diamanten-Ingo". Und so lang er auch lebte, konnte er den Diamanten nicht verkaufen, so wertvoll war dieser.
Eines Tages, - Diamanten-Ingo war inzwischen 80 Jahre alt geworden, machte er sich auf den Weg zu dem Bache, der ihn verzaubert hatte. Wie freute er sich, als er am Ufer die Kluge Amsel stehen sah. Diese hub an und sprach (sie tschiepst):
"Diesmal rate ich dir von dem Wasser des Baches zu trinken!" Und so trank Hängebauch-Mensch Diamanten-Ingo mehrere Liter davon und plötzlich verwandelte er sich wieder in ein Hängebauchschwein und war glücklich. Und den Diamanten trug es ständig im Maul, und war stolz, daß dieser so wertvoll war.

***

35. Märchen

Die Bäume, die sich für etwas Besseres hielten

Es waren einmal viele Bäume. Die standen am Rande des Waldes. Eines Tages sagte einer von ihnen: "Wir Bäume hier am Rande des Waldes haben den besten Ausblick auf die schöne weite Landschaft." Die anderen Bäume, die auch am Waldrand standen, pflichteten ihm bei, und ein zweiter von ihnen sagte: "Die Bäume, die im Inneren des Waldes stehen, können ja gar nichts sehen und befinden sich obendrein im Dunkeln. Wie

haben wir es doch gut.“ Die neben ihm Stehenden nickten zustimmend im Winde. “Ich glaube, wir sind etwas Besseres,” flüsterte ein Dritter. Da kam eine Lawine vom Berg heruntergedonnert und alle Bäume, die am Rande standen, knickten um. Da sagten die im Inneren des Waldes stehenden Bäume: “Ein Glück, daß wir hier wohlgeborgen im Inneren stehn!”

***

Der erste Scheren-Schnitt von Ingo (1949)

Der zweite Scheren-Schnitt von Ingo (1950)

Bühnen-Programm

„Kunst & Müll“
Musik-Kabarett von und mit:
Ingo Insterburg

Premiere in Butzbach am 14. April 1999 20:30 Uhr bis 23:10 Uhr

1. Hälfte des Abends

(kommt auf die Bühne)

Guten Abend! Schön, dass Sie da sind! Ach, das wird Sie interessieren, - ich habe mir zwei neue Zugaben eingeübt, - aber soweit ist es ja noch nicht, - leider. Wenn es soweit ist, werde ich Sie darauf aufmerksam machen. Bis dahin muss ich noch \`ne Menge machen, - hoffentlich langweile ich mich nicht. Seit 5 Jahren trete ich nun allein auf, - die alte Gruppe Insterburg & Co. hatte sich ja schon 1979 aufgelöst, mit Karl Dall, Peter Ehlebracht und Jürgen Barz. Dann hatte ich eine neue gegründet mit zwei Mädchen, - wie die hießen weiß ich nicht mehr, - und Marian Lessidrenskynishninowgoroddnjeprpropetrowsky. Wir hatten 3 Monate geübt und dann einen Auftritt im Konzertsaal der Musikhochschule in Westberlin, - da sagten die, sie hätten keine Zeit, da wären sie zum Geburtstag eingeladen. Da hab\` ich dann mit Marian Lessidrenskynishninowgoroddnjeprpropetrowsky allein weitergemacht, 4 Jahre lang. Dann versuchte ich noch mal eine Vierer-Gruppe zu gründen, mit Marian Lessidrenskynishninowgoroddnjeprpropetrowsky, Georg Himmelblau und Jupi Sirius. Diese Gruppe hatte sich vor sechs Jahren aufgelöst, und dann hatte ich die Erkenntnis, dass ich nun alt genug bin, alleine aufzutreten. Ich trete sehr gern allein auf. Erstens, eine Ein-Mann-Gruppe kann sich nicht mehr auflösen, und zweitens, hab\` ich die Bühne für mich ganz alleine. Ich kann singen, wann ich will, ich kann reden, wann ich will, und Instrumente spielen. Die anderen wollten auch manchmal was sagen, - einer wollte sogar mal ein Lied singen, und dauernd gingen sie an meine Instrumente ran. Und hinterher, wenn es Geld gab, haben sich mir vier gierige Hände entgegengestreckt. Jetzt nur noch eine aber der gebe ich gerne.
Das heutige Programm heißt “Kunst und Müll“. Es bleibt Ihnen überlassen, was sie als Kunst betrachten möchten und was als Müll, je nach Bildungsstand oder Veranlagung. Im Allgemeinen habe ich immer sehr intelligentes Publikum da, also strengen Sie sich an. Die guten Sachen

aus dem vorigen Programm hab` ich aber dringelassen. Ich wär` ja blöd, wenn ich neue Sachen reinnehme, obwohl die vielleicht gar nicht so gut sind, bloß weil sie neu sind, und die alten rausschmeiße, obwohl sie gut sind, bloß weil sie alt sind. So etwas macht man ja nicht mal mit Menschen! Die Sachen aber, die ich dringelassen habe, hab` ich verbessert. Zum Beispiel das Begrüßungslied. Das hat vorher sechs Zeilen gehabt und jetzt zehn. Das ist eine Steigerung von 40%. Und vorher hab` ich das Lied mit drei Kuhglocken begleitet, jetzt mit sechs. Das ist eine Steigerung von - ehm, - um die Hälfte. Und die kleine Weihnachtsfeier, die ich immer mache, habe ich von fünf auf sieben Minuten verbessert. Und im Zugaben-Teil singe ich dann noch alte Lieder, und ganz alte, und ganz, ganz alte, - ach so, und noch die beiden neuen Zugaben, die ich eben schon erwähnt habe, - aber, so weit ist es ja noch nicht, - leider!
So, das war aber noch nicht der eigentliche Anfang des Programms, sondern ein paar sachliche Hinweise! Ich geh` jetzt ein paar Schritte nach hinten, kämme mich nochmal und zieh` mir was Hübsches an, und dann geht's erst richtig los.

(geht nach hinten, nimmt Spiegel und Bürste auf, kämmt sich und zieht sich eine selbstgenähte bunte einschwänzige Frack-Jacke an, dreht sich um und geht mit ausgebreiteten Armen auf das Publikum zu bis zum Mikrophonständer)

Ich freue mich (theatralisch), dass ich heute hier in Butzbach sein darf! Sie freuen sich sicher auch, daß Sie heute hier in Butzbach sein dürfen, freuen wir uns alle gemeinsam, daß wir heute hier in Butzbach sein dürfen. Wenn man bedenkt, liebe Brüder und Schwestern, wie viele Menschen auf der ganzen Welt heute nicht hier in Butzbach sein dürfen, dann können wir uns doch glücklich schätzen, daß wir zu den wenigen Auserwählten gehören, die heute hier sein dürfen. Es gibt ungefähr sechs Milliarden Menschen auf der ganzen Welt, und hier sind ungefähr 3000, ach nein, Entschuldigung, ich hab` mich verzählt, die eine "Null" ist gerade rausgegangen, - aber dennoch eine ansehnliche Zahl, aber im Vergleich zur Weltbevölkerung sind das noch nicht einmal 0,5 Promille, da können wir uns zur Elite der Menschheit zählen, die heute meine Musik hören darf. - Ich muss meine Musik natürlich auch hören, das lässt sich nun mal nicht vermeiden, aber ich habe mich daran gewöhnt, schon während der langen Proben.
Ich bin aber nicht ganz allein hier, ich hab` ungefähr 20 Musikinstrumente mitgebracht, die ich Ihnen nacheinander vorstellen werde. Wenn ich das auf einmal machen würde, wären Sie wahrscheinlich überfordert. Das ist die wichtigste pädagogische Regel überhaupt, dass man schrittweise vor-

geht, sonst verschluckt sich das Gehirn. Immer wieder werde ich gefragt, wie alt ich bin, - besonders die Frauen interessiert das, weil ich noch nicht verheiratet bin, - ja, das weiß ich gar nicht, denn meine Geburtsurkunde ging verloren in den Wirren des zweiten, ehm, ersten Weltkrieges. Ich kann mich aber noch erinnern, als ich ungefähr vier Jahre alt war, hat mich mal Kaiser Wilhelm, - der zweite, auf den Arm genommen, auf den rechten, - da gibt es auch noch ein Foto von, - das war anlässlich der Eröffnung des Mittellandkanals gewesen.
„Insterburg“ ist übrigens mein Künstlername, das ist die Stadt, in der ich geboren wurde, nach ihr habe ich mich benannt. Insterburg liegt 80 km östlich von Königsberg entfernt, im damaligen Ostpreußen, und heißt heute Tschernjachowsk. Aber “Ingo Tschernjachowsk“ wollte ich mich nicht nennen. “Insterburg“ hört sich auch ganz gut an. Ich glaube, wenn ich in Pforzheim geboren wäre, hätte ich mich nicht “Ingo Pforzheim“ genannt oder in Schweinfurt, - “Ingo Schweinfurt“, - oder nördlich von Hannover, da liegt eine Stadt, die heißt Hodenhagen, - “Ingo..............“, ne, nein! Als bürgerlichen Namen habe ich einen typisch ostpreußischen Namen, ich heiße eigentlich Ingo Hutzelgrumpel. Aber das hört sich nicht so gut an, auch wenn die Gruppe damals “Hutzelgrumpel & Co.“ geheißen hätte, da wäre ja kaum einer hingekommen in die Veranstaltungen.
Interessiert Sie die Entstehungsgeschichte dieses merkwürdig klingenden Namens, dann könnte ich sie Ihnen erzählen, - hoch interessant und streng wissenschaftlich, - dauert ungefähr 25 Minuten, und dann noch die beiden neuen Zugaben, und dann wäre schon....., nein? Na gut, dann nicht. Aber die Entstehungsgeschichte von meinem Cousin Rudolf Pi werde ich Ihnen erzählen, - also die seines Namens, die ist auch viel kürzer und noch viel interessanter. Also mein Cousin heißt Rudolf Pi. Pi ist ein Name, der aus dem Griechischen kommt. Sein Ur - Ur - Ur, also so ungefähr 45 mal “Ur“ vor dem Großvater, der lebte damals in Griechenland. Das war die Zeit, als die Menschen noch keine Nachnamen hatten, da gab’s noch nicht so viele, da haben die Vornamen ausgereicht. Ganz früher, da haben sich 10 bis 15 Leute einen Vornamen geteilt, also pro Höhle einer. In Zukunft, wenn es immer mehr Menschen geben wird, wird wahrscheinlich jeder zwei Nachnamen haben müssen, so wie (denkt nach) Leutheusser – Schnarrenberger oder so.
Also der Großvater arbeitete damals in Griechenland als Holzfäller im Wald. Eines Tages hatte er während der Arbeit einem Mädchen nachgekuckt, und sich aus Versehen den kleinen Zeh vom rechten Fuß abgehackt. War aber nicht so schlimm, denn als Holzfäller braucht man den ja kaum, und ein paar Jahre später kam dann das Gesetz heraus, daß jeder einen Nachnamen haben muss. In anderen Ländern auch, wo es schon so viele Menschen gab, und wer nun gerade den Beruf des Müllers hatte, der

hieß einfach „Müller“. Wer Schneider war, hieß eben „Schneider“, wer einen kurzen Hals hatte hieß „Kurzhals“, wer groß war hieß „Lange“,- und ihn haben sie nach den vier Zehen benannt. Als Vornamen hat er den typisch griechischen Namen „Dreikomma“ gehabt („Dreikomma” muss ausländisch ausgesprochen werden), und so hieß der also „Dreikomma Vierzehn“,- und auf griechisch heißt das „Pi“.
So, nun komme ich zu dem Begrüßungs-Lied. Ich begleite mich dabei mit Kuh-Glocken. Die heißen deswegen Kuhglocken, weil Kühe solche Glocken um den Hals tragen. Die habe ich in Bayern gekauft. In Bayern, müssen Sie wissen, sind die Kühe nämlich den ganzen Sommer über auf der Alm. „Alm“ ist übrigens eine Bergwiese, das konnten Sie nicht wissen, - aber dazu bin ich ja da, - und da kommt manchmal Nebel auf, - dann sehen sich die Kühe nicht, - die haben zwar Nebelhörner, aber die sieht man dann auch nicht, und da braucht dann eine nur mit dem Hals zu wakkeln, dann bimmelt es, die Anderen hören das, und auf diese Weise bleiben sie immer zusammen, bis sie im Herbst abgetrieben werden. A propos Kühe, da fällt mir ein Gedicht ein, das sag` ich immer sehr gern auf, weil das ein vegetarisches Gedicht ist, und ich seit 1956 Vegetarier bin, - alles was weg läuft, - weg fliegt, - weg schwimmt, esse ich nicht, also Ovo - Lacto - Vegetarier. Ovum ist das Ei und Lacteus die Milch, das ist lateinisch, - das konnten Sie nicht wissen, aber dazu bin ich ja da, also:

Seit ein`ger Zeit gibt’s BSE!
Die armen Menschen ach oh weh!
Mit Rindfleisch füll`n sie sich die Bäuche,
nun krieg` n sie alle Rinder-Seuche!
Aber nur die Ruhe bewahren,
man kriegt sie erst in fünfzehn Jahren.
Bis dahin steigen um die Schnellen
auf Hühnerfleisch mit Salmonellen.
Die andern sind beim Schlachtefest,
und warten auf die Schweinepest.
Und wissenschaftlich fest nun steht’s,
verspeist man Affen, kriegt man Aids.
Ach, ich bin fast von den Socken,
in Fisch und Fleisch Staphylokokken.
Die Kühe tun belohnen
den Bauern mit Prionen.
Harmlos für die Menschenbäuche
ist die Maul- und Klauenseuche.*
Geht einst die ganze Menschheit ein,
dann hab` n die Vegetarier Schwein.

* Oh wie schön: Nitrofen!
Im Huhn und Hahne sind Nitrofurane.
Willst Du S.A.R.S. schnell tote Katzen freß.
(23. Okt. 2002)

Ach, in Bayern habe ich übrigens einen Landwirt kennengelernt, der hatte seine Herde dressiert. Der hat ungefähr 10 Kühe in einer Reihe aufgestellt, und jeder eine Glocke um den Hals gehängt, die untereinander tonleiterartig abgestimmt waren. Dann hat er einen Dirigentenstab gehabt, das war so 'ne Holzkeule (er zeigt mit den Händen eine Entfernung von 80 cm an) und die war so dick (deutet 10 cm an), und die Kuh, die läuten sollte, hat er damit zwischen die Hörner gehauen, das hat der aber nicht weh getan, nur damit sie wußte, daß sie dran ist, und dann hat die mit dem Hals gewackelt und ihren Ton gespielt, so lang, bis die nächste dran war. Da hat er dann für Touristen Musik gemacht, auch Geld gesammelt, - ich hab auch 'ne Mark gegeben, - manchmal hat er auch gejodelt, - an ein Lied kann ich mich noch erinnern: Auf der Alm, da gibt's koa Sünd, holdrioho di hü...,. Einmal hat er "Yesterday" gespielt, als gerade `ne englische Reisegruppe vorbei kam. Als er mich sah, hat er "Ich liebte ein Mädchen..." gespielt, das is 'n Lied, das hab' ich früher mal gesungen, deshalb hab' ich ihm auch die Mark gegeben.
So, nun das Begrüßungslied:
(Geht zum Barhocker, auf dem die Glocken stehn. Der Barhocker ist aus Metall, flach und zusammenklappbar)
(Vorspiel)

Das sieht so'n bißchen aus wie "Hütchen-Spiel", is' aber nicht, weil in jeder Glocke so ein kleines Klöppelchen drin ist (zeigt es). In den Hütchen ist ja nie etwas drin. Es gibt immer noch Dumme, die darauf reinfallen. Aber:

Dummheit ist der Antrieb zum Lernen.

Das ist ein Ausspruch von Pythagoras. Ja, der hat sich nicht nur mit Dreiecken befaßt. Der war übrigens auch Vegetarier, aber er lebt schon lange nicht mehr, - das konnten Sie wissen, dazu bin ich nun nicht da.
(Vorspiel)

Der Künstler braucht das Publikum,
sonst steht er auf der Bühne dumm herum.
Aber auch das Publikum langweilte sich sehr,
blieb' den ganzen Abend die Bühne leer.
Alle fühlen große Freude
in diesem festlichen Gebäude.
Erwartungsvoll sitzt man ganz still,
denn das heutige Programm heißt "Kunst und Müll".
Und gleich da drehen alle durch,
denn auf der Bühne steht Ingo Insterburg.

(bringt die Glocken weg und holt die Konzertgitarre)
Nun singe ich zwei Liebeslieder, die stammen aus meiner Sammlung "Erlebnis- Lyrik". Also so, wie ich sie singe, habe ich sie auch erlebt, sogar in der richtigen Reihenfolge. Das erste Liebeslied enthält eine Lebensweisheit, die es Paaren erleichtern soll, miteinander zurechtzukommen. Das ist ja nicht so einfach, und zwar liegt das daran, daß keine oder kaum eine Bindung so eng ist, wie die innerhalb eines Paares. Die Bindungen zwischen Eltern und Kindern sind auch sehr eng, aber wenn die Kinder so ungefähr siebzehn-achtzehn Jahre alt sind, hauen sie ab von zu Hause, und die Eltern müssen immer noch zusammenbleiben, - wie es so heißt "bis daß der Tod euch scheidet". Oft scheidet ja der Scheidungsrichter, das wird dann sehr teuer. Billiger ist es "bis daß der Tod euch scheidet", - also durchhalten! Sterben ist eigentlich gar nicht so schlimm, weil man sowieso dauernd wiedergeboren wird, so lange, bis man keine Lust mehr hat, und im Himmel bleiben will. Ich werde im Jahre 2051 wiedergeboren, ich weiß auch schon wo. Mein Haus steht schon, das ist drei Jahre alt, also bis dahin hält es noch, ich hab` es bereits gesehen, aber ich sage nicht, wo das ist. Ich möchte nicht, daß die Leute, die jetzt darin wohnen, beunruhigt werden. Meine Eltern werden Vegetarier sein und meine zukünftige Großmutter, habe ich ausgerechnet, wird in ungefähr neun Jahren geboren. Ich weiß aber noch nicht wo. Wenn ich das bis dahin noch rauskriege, fahr' ich natürlich hin mit 'nem Blumenstrauß. Das ist sehr selten, daß man bei der Geburt seiner Großmutter dabei ist.* Ich werde demnächst auch in

* Meine Urgroßmutter müßte jetzt 11 Jahre alt sein, - ich kucke immer schon mal, - manchmal gibt es ja solche Zufälle.

dem Ort bei einem Notar 100.000,- Mark hinterlegen, damit ich Startgeld habe. Ich habe keine Lust, noch mal arm auf die Welt zu kommen. Das Lied heißt: Der Alltag kratzt wie Sandpapier an der Liebe.
Der Alltag (Text und Noten Seite 474, auf CD 3x7 Liebeslieder).
Vor zwei Jahren traf ich mal den Karl Dall und er sagte: "Na Ingo, was machen denn so die Frauen"! "Ach," sagte ich, "Ich habe eine neue Erkenntnis: Viel schöner ist ein unerfüllter Traum, als eine trostlose Wirklichkeit!" Und so ist das folgende Lied entstanden. Es soll denen zum Troste dienen, die nicht das Glück hatten, verheiratet sein zu müssen. Ich war ja auch mal verheiratet – also: Ich hatte vier Jahre - Volksschule, vier Jahre Einheitsschule in Bernburg/Sachsen-Anhalt, vier Jahre Oberschule, vier Jahre Kunsthochschule, war vier Jahre verheiratet, - damit war meine Ausbildung abgeschlossen. Und nun das Lied:
Ein unerfüllter Traum (Text und Noten Seite 476, auf CD Rosenöl-Sonate).
Ich mache fast jeden Tag etwas Sport: Gehen, also Sportwandern, Laufen oder Radfahren. Oft habe ich Lust, im Wald ein Lied zu singen, und deshalb habe ich mir hier eine kleine Gitarre gebaut (hat einen kleinen buntbemalten Kasten in der Hand), aus einer halben Kokos-Nuß (packt die Gitarre aus). Eigentlich ist es von der Form her ja eine Laute. Ich nenne sie "Um-den-Hals-hänge-Gitarre, der Fachmann bezeichnet sie aber als "Klein-Laute" (hängt sich die Klein-Laute um den Hals). Da kann man prima mit Radfahren, Gehen oder Laufen, die stört gar nicht, und wenn ich Lust habe, ein Lied zu singen, dann kucke ich mich um, ob keine Leute in der Nähe sind, und dann singe ich. Wenn nämlich Leute da wären, müßte ich ja Eintritt nehmen. Ein Lied, das ich häufig singe, ist ein Hunde-Lied. Läufer haben ja hin und wieder mit Hunden zu tun. Ich habe Hunde sehr gern, wenn sie mich nicht beißen. Hunde haben nur einen Nachteil, nämlich daß sie überall hinmachen. Das ist aber keine böse Absicht. Sie markieren ihr Revier damit. Ich hab' mal einen Kulturfilm gesehen, - also die Nilpferde, - wenn da die Nil-Pferde-Äpfel rauskommen, da wedeln die mit ihrem Schwanz, - das spritzt dann so fünf - sechs Meter weit durch die

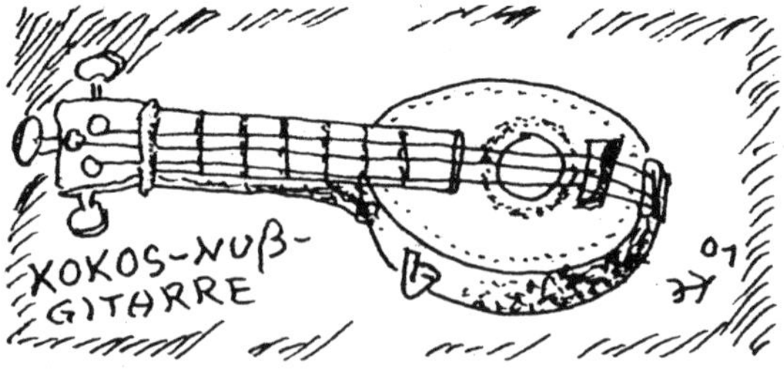

Gegend, - das ist so eine Art Gartenzaun, den sie sich da herstellen. – Ein Glück, daß so was nicht die Hunde machen. Die hätten ja nie der

Menschen liebste Tiere werden können, - nur wegen so 'ner Kleinigkeit. Wenn ich mir vorstelle, ein Dame im weißen Kleid..., ach nein, das stell' ich mir lieber nicht vor. Manche Menschen markieren ja auch ihr Revier. Jugendliche zum Beispiel, die rennen nachts durch die Straßen mit Spray-Dosen in der Hand, und spritzen ihre Namenszeichen auf die Häuserwände. Vielleicht wäre es besser, sie würden zu den Ursprüngen zurückkehren und es so wie die Hunde und Nil-Pferde machen. Das wär´ zwar paar Tage unangenehm, aber dann wär' es auch weg. So, das Lied heißt: Ich bin Ingo Insterburg, der Hundeschreck. (singt:)

1. Ich bin Ingo Insterburg, der Hundeschreck,
vor mir laufen alle Hunde weg.
Wenn ich durch die Straßen jogge,
flüchten Dackel und Dogge.
2. Ich bin Ingo Insterburg, der Hundeschreck,
vor mir laufen alle Hunde weg.
Und jeder Hund muß wissen,
wer nicht flüchtet, wird von mir gebissen.
3. Ich bin Ingo Insterburg, der Hundeschreck,
ich trete oft in Hundedreck.
Dann ärger' ich mich immer,
meistens merk ich's erst im Zimmer.

(geht weg und holt die richtige Gitarre)
Ich war ja vier Jahre an der Kunsthochschule in Berlin, an der H.f.B.K., ich sollte Zeichenlehrer werden, aber dann bin ich doch Musiker geworden. Da gab es jeden Monat ein Atelier-Fest, - das gehörte zur Ausbildung, - na, da haben wir nicht nur getanzt und getrunken, sondern auch "Dekorieren" gelernt. Zum Fasching damals, da wurde die ganze Hochschule dekoriert, - das war ein öffentliches Fest, - das hieß: "Schräger Zinnober", und da wurde fünf Tage lang gefeiert. Na ja, und da habe ich dann immer Tanzmusik gemacht mit Gitarre, Trompete und ein bißchen Schlagzeug. Die Gitarre habe ich damals schon mit dem Fuß spielen gelernt, - also,

wenn man so richtig abzupft wie bei den Liebesliedern eben, braucht man natürlich die Hand. Aber wenn man nur so Akkorde drischt, da ist ‘ne Hand viel zu schade, das kann man auch mit dem Fuß machen (stellt die Gitarre auf den Ständer und nimmt die Trompete, die neben ihm auf dem Hocker liegt. Vor ihm steht das kleine Schlagzeug). Trompete kann man mit einer Hand spielen, weil die nur drei Ventile hat (pustet in die Trompete). Ach, da ist noch Spucke drin, die sammelt sich immer, die muß man rausmachen, sonst burbelt das so, das kann sehr störend sein, außer wenn man von Händel die Wassermusik spielt. Der Fachmann sagt auch nicht “Spucke”, sondern “Blaswasser”. Ein ähnliches Problem haben die Kolleginnen und Kollegen von der Oper. Wenn die sich Liebesarien ins Gesicht schmettern ‘ne viertel Stunde lang, da sprüht das ganz schön. Das macht denen aber nichts aus, weil die so ‘ne dicke Fett-Schminke im Gesicht haben. Und das nennt man “Gesangswasser“. Besonders schlimm ist es, wenn ein “P” gesungen wird. Ich hab’ mal alle Opern-Texte durchgelesen, die es gibt, auch die ausländischen, es waren sogar zwei chinesische Opern dabei, - in keiner Oper kommt das Wort “Pappel-Postkarten-Poster” drin vor. Da würde sich auch jeder Sänger und jede Sängerin weigern, solch ein Wort zu singen, und jede Sängerin und jeder Sänger würden sich weigern, sich von solch einem Wort ansingen zu lassen.* Ja, die Trompete hat also nur drei Ventile, weil sie sogenannte Natur-Töne hat (spielt drei Natur-Töne), und die Verbindung dieser Natur-Töne stellt man her mittels der drei Ventile (spielt eine Tonleiter). Wenn einer Klavier spielt, braucht er ja zehn Finger. Wenn einer Klavier spielt und im Sägewerk arbeitet, und während der Arbeit einem Mädchen nachkuckt, und sich einen Finger absägt, kann er nicht mehr richtig Klavier spielen. Wenn er sich ein Stück vom rechten Ring-Finger absägt, kann er noch Geige, Bratsche, Cello und Bass spielen. Wenn er sich ein Stück vom rechten Daumen absägt, kann er noch Flöte, Klarinette, Oboe spielen, Fagott nicht, da braucht man den Daumen sehr oft. Und wenn einer nun dauernd im Sägewerk während der Arbeit Mädchen nachkuckt und nur noch drei Finger hat, dann kann er Trompete spielen. Wenn er die an der linken Hand hat, Waldhorn. Ich hab` mir mal überlegt, wie die Musik sich anhören würde, wenn die Menschen von Natur aus nur drei Finger hätten. Da könnte man notdürftig Geige spielen, etwas Klavier, die Klarinette wäre erst gar nicht erfunden worden. - Ich habe mal gelesen, daß bereits im Ur-Ozean bei ganz einfachen Lebewesen festgelegt worden ist genetisch, daß wir alle, - fünf Finger haben, also Hühner, Affen, Pferde, Kühe, - die Pferde benutzen ja nur den Mittelfinger, - wenn da nun festgelegt worden wäre, daß alle sieben Finger an der Hand hätten, - also dem Pferd wär’ das egal, - aber wenn Menschen mit sieben Fingern Klavier spielen könnten, oder die Harfe rauf und runter und die Klarinette? Aber es sollte wohl

* Das ist eigentlich merkwürdig mit der menschlichen Spucke. Manchmal habe ich ja Zeit zu philosophieren, - natürlich nicht so hochtrabend wie Kant, Hegel, Feuerbach, Nietzsche, Schopenhauer, - sondern Alltags - oder Gebrauchs - Philosophie. Jedenfalls ist mir aufgefallen, daß jeder Mensch von morgens bis abends sein ganzes Leben lang, seine eigene Spucke unterschluckt, und nichts dabei empfindet. Wenn man die aber in eine Tasse füllen würde, - - und womöglich wartet, bis sie abgekühlt ist, - äääch! Oder Kinder oder Besoffene machen, wer länger kann (deutet lange Spuckefäden an mit der Hand), aber wenn die dann abgerissen ist, will man sie nicht mehr.

nicht sein. Deswegen habe ich eine Theorie, daß nämlich die Musik vor den Lebewesen war, oder etwas hochtrabender ausgedrückt, ...Moment mal, ...trabend, trabender, am trabendsten, - nein, das geht nicht, - oder

etwas höher trabend ausgedrückt: Die Musik war vor dem Ur-Knall. Das ist ein Ausspruch von mir und nicht von Pythagoras. Der hat ja noch nicht mal gewußt, daß es einen Ur-Knall gab, obwohl er zeitlich viel näher dran lag als wir heutzutage. Vielleicht hat er ihn sogar noch hören können. - - Wenn einer nun immer so weiter macht im Sägewerk, aber so dämlich ist keiner, dann kann er noch Posaune spielen. Rein theoretisch, - die Theorie ist ja der Praxis oft voraus, und wird zum Glück nie von ihr eingeholt, wenn einer gar nichts mehr hat, dann kann er noch Mundharmonika oder Pan-Flöte spielen. Sie sehen also, für jeden ist etwas da.
Dies Schlagzeug ist ein Sopran-Schlagzeug, damals hatte ich ein Tenor-Schlagzeug. Zu Hause habe ich sogar ein Bass-Schlagzeug. Da übernachte ich manchmal drin. Tiefen-Psychologen behaupten, das wäre so 'ne Art "Sehnsucht zurück zur Mutter". Na ja, die haben viel Zeit, da denken die sich so was aus. Ich spiele jetzt ein Jazz-Stück, das ich früher jedesmal gespielt hatte, damit Sie mal nacherleben können, wie stimmungsvoll unsere Atelier-Feste damals waren. Die endeten meistens damit, daß

jeder ein Mädchen im Arm hatte, - bloß ich nicht. Aber, - dafür ist aus mir auch was geworden. Das Stück heißt "Oh when the Saints go marching in". (spielt 1. Strophe im mäßigen Tempo, mit dem linken Fuß Gitarre, mit der rechten Hand Trompete, mit dem rechten Fuß die kleine Basedrum. 2. Strophe in schnellem Tempo Solo-Gitarre, mit den Füßen Highhat und Basedrum. 3. Strophe, schlägt mit dem Trommelstock die Gitarrensaiten an. 4. Strophe, singt. Stellt Gitarre weg und spielt Schlagzeug-Solo unter zu Hilfenahme von Kastagnetten, Trillerpfeife*, Eisenbahn-Tröte, Wimmerhaken, Sirenen-Pfeife und Schnarre, Osterei, aus dem er eine Kuckucks-Flöte rausholt. 5. Strophe mit Trompete, mit dem rechten Fuß Highhat, klingen lassend, Gitarre, - langsam beginnend und dann schneller werdend).

Das nächste Lied heißt "Elf Elfen", also nicht "Zwölf Zwölfen", sondern bloß "Elf Elfen" (nimmt die Gitarre), es ist aber trotzdem ein schönes Lied.

Es soll uns dazu ermahnen, unsere Gewässer sauberzuhalten. Das Ereignis, das in diesem Lied geschildert wird, trug sich zu im Jahre 310, das ist so lange her, da kann man sich kaum noch dran erinnern, und es ist erstaunlich, daß sich solch eine Geschichte hat hinüberretten können bis in unsere heutige moderne Gegenwart (sitzt auf dem Barhocker).

* Zweitontrillerpfeife

(singt:)

Am 23. Mai
im Jahre 310,
ich war damals nicht dabei,
da ist folgendes geschehn:

Da lagen am Grunewaldsee,
der damals noch nicht so hieß,
elf Elfen im blühenden Klee,
und die Maienluft duftete süß.

Da kam ein alter Germane,
der stellte die Keule beiseite.
Vom Met trinken hat er 'ne Fahne,
und durchschwamm den See in die Breite.

Da wurde ihm furchtbar übel,
sein Magen erlitt große Pein,
den See benutzt' er als Kübel,
und hustete kräftig rein (hustet).

Dann am Ufer, da hob er den Schurz,
die Sonne, die schien so schön warm,
und ließ einen häßlichen - fur—nierten Holzkoffer stehn,
und entleerte daselbst seinen Darm.

Elf Elfen, elf Elfen, - elf Elfen, elf Elfen
die zierlichen Nasen rümpften.
Elf Elfen, elf Elfen, - elf Elfen, elf Elfen,
die waren sehr böse und schimpften.

Der alte Germane lief weg,
zu groß war der Schreck, war der Schreck.
Und nach einem viertel Jahr
war der See endlich wieder klar.

Das nächste Lied handelt davon, was die Menschen alles so essen. Es ist eigentlich ein vegetarisches Lied. Fast jeden Tag in fast jedem Fernsehsender gibt es eine Sendung, in der gekocht wird. Je besser was schmeckt, desto mehr ißt man, und dann nimmt man zu, und hin und wieder gibt es eine Sendung, wie man abnehmen kann. Manchmal könnte man denken, die Menschen leben nur um zu essen. Besonders beliebt ist ja Alfred Biolek, der kochende Homo - Sapiens. Seine Talkshows haben ja hohes Niveau, aber wenn er da so in toten Tieren rumschnippelt, - so'n sensibler Mensch! Und hinterher dann immer: hm, hm . Eigentlich müßte die Sendung heißen: Bio leck, Bio leck (Leckbewegung mit der Zunge). Oder der so gebildete Herr Doktor Helmut Kohl. Dessen Lieblingsgericht ist ja "Sau-Magen"! Neulich hatte ich eine Vorstellung in Remagen. - Da hatte ich den Leuten erzählt, daß sie unheimlich Glück hätten, daß Helmut Kohls Lieblingsgericht Saumagen ist und nicht Remagen. Da sind die sich erstmal bewußt geworden, in welcher Gefahr sie ständig leben. So, das Lied heißt: Des Menschen Speise (Text und Noten Seite 478, auf CD Rosenöl-Sonate).

Nun spiele ich ein Gitarren-Solo, damit Sie mal merken, wie gut ich eigentlich Gitarre spielen kann. Beim Lied achten Sie ja in erster Linie auf den Text, dann auf die Melodie, und da bleibt dann kaum noch Aufmerksamkeit übrig für die Gitarren-Begleitung. Ich spiele eine Rhumba. Das Stück heißt "Kon Tiki" (Noten und Anmerkungen Seite 469 - 473, auf CD 3x7 Liebeslieder).

(Legt Gitarre weg und kommt mit Besen auf die Bühne) Dies hier ist ein Besenstiel, und zwar ein Bambus-Besenstiel. Bambus ist ja hohl, und wenn man Löcher reinbohrt und ein Mundstück draufsetzt, in diesem Fall ist es ein Bariton-Saxophon-Mundstück, kann man Musik damit machen. Wenn ich fege, habe ich manchmal keine Lust mehr dazu, und dann mache ich Musik damit. Und wenn ich keine Lust mehr habe Musik zu machen, dann fege ich wieder, bis die Wohnung sauber ist. Im Herbst mache ich alle Türen und Fenster auf, und dann bläst der Wind den ganzen Dreck raus. Ich werde jetzt damit ein Weihnachtslied spielen. Natürlich ist noch nicht Weihnachten, aber meine Damen und Herren, liebe Jungen und Mädchen, ich habe beschlossen, bei jeder Veranstaltung eine kleine Weihnachtsfeier zu machen. Weihnachten geht immer so schnell vorüber, da hat man gar nicht die Möglichkeit, mit allen zu feiern, mit denen man das gern tun möchte. Außerdem habe ich den Eindruck, dass wir, so, wie wir hier heute zusammensitzen, Weihnachten gar nicht werden zusammensein können. Deswegen sollte man jede Gelegenheit nutzen. Immer wenn mehrere Menschen für eine Weile zusammen sind, sollten sie eine kleine Weihnachtsfeier machen. Meine Weihnachtsfeier dauert auch gar nicht lange, ich lese nur eine Weihnachtsgeschichte vor, sage ein Gedicht auf, spiele ein Weihnachtslied und singe eins, und dann ist die Weihnachtsfeier auch schon wieder vorbei (nimmt ein Buch "Raucher und Trinker-Lyrik"). Die Weihnachtsgeschichte ist hier in diesem Buch drin (zeigt das Buch). Das ist ein neues Buch, das ich herausgegeben habe, das heißt, - ganz so neu ist es nicht mehr, ungefähr sechs Jahre alt, - aber im Vergleich zu den Büchern meines Kollegen - Johann Wolfgang von Goethe, ist es noch ganz schön neu. Der hat ja auch in der letzten Zeit nichts geschrieben. Ach übrigens, - ich habe hier einen Bücher-Automaten aufgestellt, der funktioniert folgendermaßen: In dem Moment, in dem Sie in diesen Pappkarton einen Zehn-Markschein reinlegen, können Sie sich ein Buch nehmen (zeigt auf den Papp-Karton, der an der Bühnen-Rampe liegt). Das ist auch ein automatischer Geldwechsler. Wenn Sie nur einen Zwanzig-Markschein haben, können Sie ihn reinlegen und sich einen Zehn-Markschein wieder rausnehmen. Im Moment geht das noch nicht (kuckt in den Karton), da müßten Sie dann zwei Bücher kaufen. Das zweite können Sie ja an Ihre Nachbarn verhökern. So'n Buch ist sowieso ein ideales Geschenk. Man kann es, bevor man es verschenkt, auslesen und der Beschenkte merkt gar nicht, daß er was Gebrauchtes geschenkt kriegt. Mit Schnapsflaschen geht so was nicht. Dieses Buch hier ist auch eine ideale Weihnachtsüberraschung. Man kauft es mitten im Sommer, versteckt es, meinetwegen im Wäscheschrank, nimmt auch nicht viel Platz weg, und kurz vor Weihnachten, wenn man die Wäsche wechselt, entdeckt man es, und hat sich selber 'ne Überraschung bereitet. Ich geb' Ihnen mal eine Kostprobe, damit Sie wissen, worum es sich handelt, das Buch heißt "Raucher und Trinker-Lyrik". (liest:)

Jetzt noch eine Raucher-Kurzgeschichte, - die endet allerdings etwas traurig, aber ich habe danach noch ein positives Gedicht, das die Stimmung wieder hochzieht. (liest:)

EINE HERB-LYRISCHE RAUCHER-KURZGESCHICHTE

ES WAR EINMAL EIN RAUCHER, DER HATTE EINEN BECHSTEINFLÜGEL UND EINEN LUNGENFLÜGEL. BEIDE WAREN SCHWARZ. EINES TAGES KLIMPERTE ER AUF DEM BECHSTEINFLÜGEL UND PFIFF AUF SEINEM LUNGENFLÜGEL. DA SCHICKTE IHN SEIN ARZT ZUR KUR. ER HUSTETE ZUM BAHNHOF, ABER DER LETZTE LUNGENZUG WAR BEREITS ABGEFAHREN. TABAKPFLANZEN ZIERTEN SEIN GRAB. IHM ZUM GEDENKEN RAUCHTEN IM WINTER ALLE SCHORNSTEINE DER STADT.

Auf seinem Grabstein stand zu lesen:

Ave Caesar,mori-,ehm, - Ave cigarulus,
morituri te salutant.

Das war lateinisch, das konnten Sie nicht wissen, aber dazu bin ich ja da. Meine Damen und Herren, ich habe so viel Wissen, warum soll ich nicht davon abgeben. Das Schöne am Abgeben von Wissen ist ja, daß man so viel abgeben kann, wie man will, - man behält immer noch genau so viel für sich selber übrig. Sonst würden ja auch die Lehrer im Laufe der Zeit saudumm werden. Wenn man Geld abgibt, wird das immer weniger, deshalb gebe ich auch so gerne Wissen ab. So, jetzt noch schnell das Gedicht, mit dem die Stimmung wieder hochkommt:

So, nun lese ich die Weihnachtsgeschichte vor: Die Weihnachtskerze. Es war einmal eine Weihnachtskerze - , ach Moment mal, ich hab' mir ja ein Engelshemd mitgebracht, das sieht immer so feierlich aus (holt ein weißes langes Hemd und zieht es sich über) . So, also, es war einmal eine Weihnachtskerze, - Moment mal, die Engel haben ja auch immer noch was auf dem Rücken (holt Flügel, hängt sie sich um die Schultern und betätigt einen Hebel, wie beim Zerstäuben von Insektengift, flattert damit und dreht sich einmal im Kreis). Ich komm` heut` nicht hoch. Ich bin damit aber schon mal drei Meter hoch gekommen, aber ich mache das nicht mehr. Ich bin mal mitten im Saal abgestürzt. Da war ein Luftloch gewesen und das hab' ich nicht geseh'n gehabt. (liest:) Es war einmal eine Weihnachtskerze, die steckte zwischen bunten Kugeln, silbern schimmerndem Lametta und gläsernen Schnapsflaschen. Der Familienvater aber hatte eine Krippe, - - Entschuldigung, ich hab mich verlesen ohne Brille, der Familienvater aber hatte eine Grippe. Deswegen fiel Weihnachten aus, denn die Kerze sprach: Steck' mich nicht an! (legt Buch weg)
So, jetzt noch schnell das Weihnachtslied, und dann ist die Weihnachtsfeier auch schon wieder zuende. Das Weihnachtslied spiele ich auf diesem Instrument hier (holt einen bunt bemalten Kasten). Raten Sie mal, was da drin ist? Ganz einfach, ist ja aufgemalt auf dem Kasten. Ja, da ist eine Weihnachtsbaum-Geige drin (öffnet den Kasten und holt

vorsichtig einen entrindeten Weihnachtsbaum heraus).
Sehen Sie, es ist ein normaler Weihnachtsbaum, mit einer Spitze, einer Kugel und einer Kerze. Die Kerze kann ich aber nicht anzünden, sonst versenge ich mir die Haare vom Geigenbogen. Den Weihnachtsbaum hatte ich mir mal gekauft, und ich fand es zu schade, ihn einfach wegzuwerfen, und da wollte ich mir eine Lampe draus bauen. Wenn man die Rinde abschält und die Äste kürzer macht, hat man ein speichenartiges Gebilde. Zwischen die Speichen kann man Stoffstreifen spannen, und dann hat man eine Lampe, - wenn man den Stiel absägt eine Hängelampe, wenn man den Stiel dranläßt eine Stehlampe.* Den Kasten benutze ich als

* Und beim Schnippeln auf der Hobelbank hat das so „blub, blub“ gemacht. Das hatte sich angehört wie ein gezupftes Cello. Da holte ich schnell einen Geigenbogen und konnte damit auf den Ästen Töne spielen.

Resonanzkörper (legt den Kasten quer) . Unterm Stamm ist ein Nagel, im Kasten ein kleines Loch, - so habe ich eine gute Führung (steckt den Stamm auf den Kasten). Es ist ein sehr leises Instrument, das kann man auch mitten in der Nacht spielen, - auch in Neubau-Wohnungen! Meine Damen und Herren, liebe Jungen und Mädchen! Ich bin der einzige Mensch auf dieser Welt von sechs Milliarden Menschen, der in der Lage ist , das Weihnachts-Lied “Oh Tannenbaum” auf einem Tannenbaum zu spielen (spielt “Oh Tannenbaum“, indem er die Äste mit einem kleinen Geigenbogen anstreicht, fast senkrecht, und zwar am äußeren Drittel jeweils, da kommen die Töne am besten. Mit der linken Hand dreht er den Baum, um an die jeweiligen Äste heranzukommen. Eine Stelle im Lied zupft er, also spielt “pizzicato“, dann wieder “legato“. Den Schlußton spielt er auf einem ganz kleinen Ast an der Spitze. Der Weihnachtsbaum ist etwa 70 cm hoch. Der längste Ast, also der tiefste Ton 15 cm. Je kürzer der Ast, desto höher der Ton. Die Feinabstimmung wird erreicht, indem man ganz kleine Tesa-Band-Streifen um das Ende eines Astes wickelt. Der Ton wird tiefer). Ich muß das Instrument gleich wieder einpacken, sonst denkt der Hausmeister, nanu, Weihnachten ist doch längst vorüber, und schmeißt ihn weg (holt Bambus-Besenstiel). So, nun singe ich noch schnell ein Lied, und dann ist die Weihnachtsfeier auch schon wieder zuende.
Dieser Bambus-Besen gehört zur Gruppe der Primitiv-Instrumente, so wie etwa eine Blockflöte, d.h. er hat keine Klappen, sondern bloß Löcher.
Die muß man zuhalten. Die Löcher sind hier aber sehr weit voneinander entfernt, hier ist das unterste Loch, hier ist das oberste Loch (zeigt die Löcher. Der Besenstiel ist 1,60 m lang und etwa drei cm dick), so große Hände hat fast keiner. Deshalb muß ich die Füße zu Hilfe nehmen. Die unteren drei Löcher deck’ ich mit den Füßen ab, die anderen mit den Fingern.* Dazu muß ich mich in eine Rückenlage begeben (lehnt sich auf dem Barhocker sitzend nach hinten). Aua! Die Lehne von dem Hocker drückt ganz schön, da muß ich mir ein Kissen holen (holt Kissen). Das hab’ ich mir auf einer Tankstelle gekauft, da gibt es neuerdings auch Kunstgegenstände (zeigt das Kissen, auf dem ein halb nacktes Mädchen raufgedruckt ist), so, das leg` ich mir jetzt an den Rücken. Ganz schön unbequem (sitzt fast liegend auf dem Barhocker, hält den Besen schräg vor sich und winkelt die Beine an, um an die Löcher heranzukommen). Hier müßten irgendwie Stützen sein unter den Kniekehlen, - ach, ich werd’ mir mal bei Gelegenheit einen gebrauchten Gynäkologen-Stuhl besorgen. Ich spiele das Weihnachtslied “Morgen kommt der Weihnachtsmann”, aber ich singe nicht den Original-Text, der ist so militaristisch, - da heißt es: Trommel, Pfeife, und Gewehr, ja ein ganzes Kriegerheer möcht ich gerne haben. Ich sing lieber dazu ein paar engagierte Verse aus meinem Raucherbuch.

* (Die rechte Hand wird verdreht, so daß der kleine Finger oben ist und der Zeigefinger unten. Sie dekken jeweils ein Loch ab.)

(bläst Vorspiel, dann Solo-Melodie von “morgen kommt der...“ Dann wird

immer eine Zeile geblasen und danach gesungen)

(singt:) Die Zigarrenkiste ist zu klein
für ein amputiertes Raucherbein.

Lügen haben kurze Beine,
Raucher auch, und manchmal keine.

Ein Kuß bei Raucherpärchen schmeckt,
als wenn man zwei Aschenbecher ausleckt.

(Ende des Liedes, danach gesprochen:)

Du sollst dich nicht mit Rauchern streiten,
schließ` Frieden mit den Todgeweihten !

(bringt den Besen weg und kommt mit der Gitarre wieder)

Nun kommt wieder ein Liebeslied.
Das schildert, wie weit die Liebe auf unserer Welt verbreitet ist. Es heißt “Liebesspiele”.
(Text und Noten Seite 480, auf CD 3 x 7 Liebeslieder)
Ich fahre des öfteren nach Lanzarote, zu einer der Kanarischen Inseln. Vor etwa 250 Jahren fanden da jahrelang Vulkanausbrüche statt, deswegen sieht alles so wild romantisch aus. Entweder man mag das, oder man mag es nicht, mir gefällt es. Eine ehemalige Freundin von mir hat dort ein Haus mit ihrem Mann, und wenn der Mann nicht da ist, - dann ist sie auch nicht da, und dann paß` ich auf das Haus auf. Eines Tages sagte sie: “Mach doch mal ein Lied über Lanzarote.” Da habe ich dann drei Tage Wanderungen gemacht und dann war das Lied fertig, und heute singe ich es schon. Es heißt “Lanzarote”.

(Text und Noten Seite 482-485, auf CD Rosenöl-Sonate)
Nun lese ich ein Märchen vor. Und zwar ist das ein “Rätsel-Märchen”. In dem Märchen sind die Namen von einigen Politikern versteckt, und es liegt nun an Ihnen, die herauszuhören. Wenn ich aber den Eindruck habe, Sie haben einen Politiker nicht geraten, dann mach ich kurz “Gimmm” (hoher Kehlkopflaut, wie vor einer Durchsage im Flugzeug), und dann wissen Sie, da war wieder einer.

Rätsel - Märchen

Es war einmal ein Müller (!), der ging am 15. Merz (!) in seinen Gemüsegarten, um Kohl (!) zu holen, weil er Saumagen zubereiten wollte, obwohl er ein saumäßiger Koch (!) war. Plötzlich sah er auf einem Blatt einen kleinen Engelen-Kefer (!), den er mit einem Kartoffelkäfer verwechselte. Drum holte er flugs Insektengift, füllte es in einen Zer-Stoiber (!), und besprühte den Kohl (!). Doch der Käfer war bereits geflüchtet, weil ein Vogel (!) auf ihn lauerte. Dann ging er spazieren und traf einen Fischer (!), der ihm erzählte, daß das Meer sehr Rau (!) war, als er es mit einem Dampfer überquerte, der ein Beiboot hinter sich Herzog (!). Auf dem Schiff gab es russischen Wodka und schottischen Bisky (!), auch Schaschlik und Bohnen mit Schily (!) - Soße, ebenso Nudeln mit Mag Gy-si (!) schmeckten sehr gut. Vor der Küste Frankreichs schwamm ein Walfisch vorbei, der une grande Lafontaine (!) in den Himmel blies. Auf der Wasseroberfläche schwamm einsam eine Eichel (!). Dann kam ein besoffener Matrose an Bord, der eine leere Schnapsflasche auf den Kapitän warf, die ganz nah' Biedenkopf (!) vorbeiflog. Der Kapitän hieß Gehrhardt (!) Schröder und lief auf den Matrosen zu und Trittin (!). Bei Sonnenuntergang war der Müller (!) wieder zu Hause und ein einsames Vögelein zwitscherte durch die laue Nacht: Leisler Piep, Leisler Piep (!).

So, nun gehn wir auch alle bald in die wohlverdiente Pause. Ich singe noch ein Lied zur Wimmer-Geige (holt eine abgesägte Geige). Diese Wimmer-Geige hat nur eine Saite, die sehr hochgelegen ist, deshalb kann man auch gut auf ihr wimmern. Ich hatte mal an einer Geige rumgebastelt, da ist das hier übriggeblieben, - fand ich zu schade wegzuschmeißen. Ich habe mal vor ungefähr 10 Jahren eine neue Kunstrichtung entwickelt, oder entdeckt, das weiß ich jetzt nicht mehr so genau, die sogenannte “Ekel-Lyrik”. Ich habe festgestellt, daß die Menschen die einzigen Lebewesen sind, die sich vor was ekeln. Tiere tun das nicht, - die könnten auch gar nicht existieren, die müssen ja alles von der Erde fressen. Die Menschen sind so empfindlich, - wenn da mal ein Löffel runterfällt in einem Restaurant, dann kommt gleich der Kellner gerannt, hebt ihn auf, trägt ihn in die Küche und bringt ihn wieder. Um die Ekel-Schwelle etwas herabzusetzen, habe ich die Ekel-Lyrik erfunden. Ich singe erst mal ein harmlo-

ses Lied. Später sage ich dann noch ein paar Gedichte auf. Aus bestimmten Gründen kann ich das jetzt noch nicht machen. Das Lied heißt: “Warum ich für Fliegen schwärme” und stammt aus dem Kapitel “Fliegen-Lyrik”.
(spielt Einleitung, wie tatütata bei Feuerwehren früher)
Hach, die Melodie kommt Ihnen bekannt vor! Da gibt es auch einen Text zu: Tatü, tatüta tüta ta. Das ist ja die weltweit am meisten verbreitete Melodie. An zweiter Stelle kommt dann “Happy Birthday”. An 54300. Stelle kommt dann ein Lied von mir “Ich liebte ein Mädchen”, aber immerhin.
(Einleitung noch mal) (singt:)

Warum ich für Fliegen-Schwärme
nichts übrig hab’ und auch nicht schwärme.
Sie tun mich oftmals verdrießen,
und haben Bakterien an den Füßen.
Sie tun sich in Jauche baden,
legen Eier, draus werden Maden.
Sie summen den ganzen Tag,
es nützt nichts, wenn ich sie verjag’.
Sie hängen senkrecht an der Decke,
und machen senkrecht Fliegenflecke.
Das ist zwar eine artistische Leistung,
jedoch für mich ohne jede Begeist’rung!

Danke, danke, jetzt kommt gleich die wohlverdiente Pause, aber wo ich nun schon mal das Ding hier in der Hand habe, kann ich auch noch schnell die “Kleine Nachtmusik” von Wolfgang Amadeus Mozart auf chinesisch spielen, wann haben Sie schon mal die Gelegenheit, nach China zu verreisen und dort die “Kleine Nachtmusik” zu hören, - und danach ist dann Pause. (spielt:)

(nach einer Weile:) Danach ist dann Pause (spielt zuende).
Danke, danke, danke, - ich hoffe, Sie haben Verständnis dafür, wenn ich jetzt etwas die Bühne aufräume, dann hab’ ich nachher nicht so viel einzupacken. Wenn aber jemand ein Autogramm oder eine Widmung haben möchte, dann braucht er nur zu rufen: Herr Insterburg, kann ich eine Widmung haben, - dann laß ich sofort alles stehen und liegen und gebe Ihnen die Widmung.

PAUSE

Kritik aus Gütersloh 13.10.2002 von Henning Bolte. “Das Publikum beobachtet mit leuchtenden Augen und lauscht mit großen Ohren - wenn es sich nicht gerade vor Lachen ausschüttet. Und immer wieder gibt es bewundernden Beifall, vor allem wenn Ingo Insterburg mehrere Instrumente gleichzeitig spielt - zum Beispiel Gitarre und Geige, mit Händen, Füßen und Knien. Wirklich erstaunlich!”

(in der Pause werden von der Bühne aus Bücher und CDs verkauft. Die Leute legen Geld in den Papp-Karton und wechseln auch selber, manchmal während der ganzen 20 minütigen Pause. Er gibt dabei Autogramme, läutet mit zwei Kuhglocken das Ende der Pause ein)

(kommt auf die Bühne)

Ich hoffe, Sie hatten eine schöne Pause gehabt. - Ich hatte eine sehr schöne Pause , - ich habe Mineralwasser getrunken, Autogramme gegeben und Geld verdient. Wer verdient schon in der Pause Geld! Ist aber für'n guten Zweck, nämlich für mich. Aber davon laß' ich neue Bücher drucken so lang, bis alle auf der ganzen Welt aufgehört haben zu rauchen, - also bis in alle Ewigkeit. Als erstes nach der Pause spiele ich auf diesem Instrument hier (hat eine "Singende Säge" in der Hand). Das ist eigentlich ein ganz normaler Fuchsschwanz (riecht an der Säge), ja! Dieses Musik-Instrument gehört zu den wenigen, auf denen man keinen Triller spielen kann. Deshalb wird die "Singende Säge" auch sehr selten in der Barock-Musik verwendet. Ich spiele etwas aus dem Bereich der "Romantik", und zwar aus der Märchen-Oper von Engelbert Humperdinck "Hänsel und Gretel" eine berühmte Arie, - ich glaube, es ist die berühmteste Arie überhaupt. Sie heißt "Ein Männlein steht im Walde". Man klemmt sich die Säge zwischen die Knie, manche klemmen sie sich in die Knie-Kehle, manche zwischen die Füße, oder sonst wohin. Ich habe es auf der Musik-Hochschule so gelernt (zwischen die Knie).* Wenn man nun mit dem Geigenbogen das Instrument anstreicht, kommt erst mal gar nichts. Man muß zunächst eine sanfte "S"- Form biegen. Und wenn man dann die Säge zur Seite biegt, verändern sich die Töne, was ja Voraussetzung für Musik ist. Außer bei Techno-Musik, da reicht ein Ton aus. Jetzt muß ich mir erst mal den ersten Ton suchen, der kann sonst wo sein, da kann man so musikalisch sein wie man will, meinetwegen wie ich, den muß man sich erst suchen. So, hier ist er (spielt "Ein Männlein steht im Walde").
Obwohl ich schon seit vielen Jahren Singende Säge spiele, bin ich erst vor ein paar Wochen darauf gekommen, zur Singenden Säge zu singen, obwohl das Wort "singen" ja im Namen des Instrumentes drinsteckt. Vielleicht war es aber auch ganz gut so, denn das bewegt sich schon hart am Rande des "Mülls". Es ist sehr zweifelhaft, ob das nun noch Kunst ist. Die erste Strophe geht ja noch, da singe ich einstimmig mit der Säge. Bei der zweiten Strophe des nun folgenden Liedes singe ich aber die zweite Stimme. Das ist hart am Rande des Mülls. Aber es bleibt Ihnen überlassen, das zu beurteilen. Es folgt nun ein Raucher- und Trinker-Lied:

* Ich habe mal beim „Tag der offenen Tür" zugekuckt.

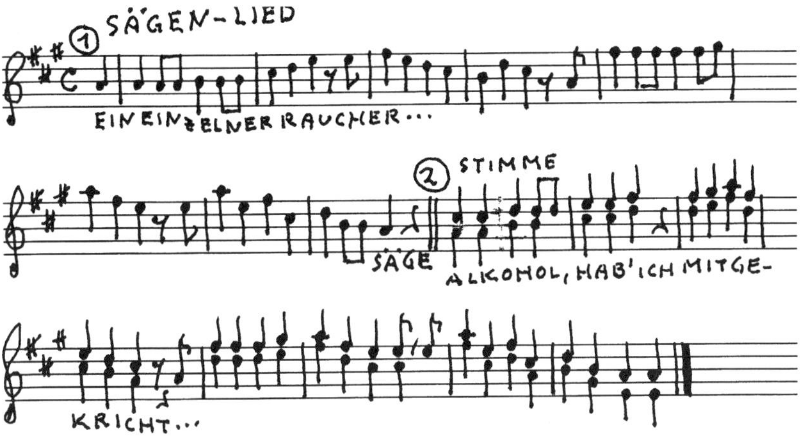

Ein einzelner Raucher, man glaubt es kaum,
verpestet einen ganzen Raum.
Ein Trinker hingegen, soviel ich weiß,
nur ungefähr zwei Meter im Kreis.

Alkohol, hab' ich mitgekricht,
stört den Sinn fürs Gleichgewicht.
Zu wissen ist noch von Interesse:
Wer zu viel säuft, fliegt auf die Fresse.*

(bringt die Säge weg und kommt mit dem Eimer-Cello wieder)
Dieses Cello habe ich mir mal selbst gebaut, - wenn man genau hinsieht, merkt man das auch. Das war ein alter Öl-Eimer, den habe ich sauber gemacht und ausgebeult. Das Cello hat aber nur zwei Saiten, bei vier Saiten wäre die Spannung so groß, daß es auseinanderfliegen würde.

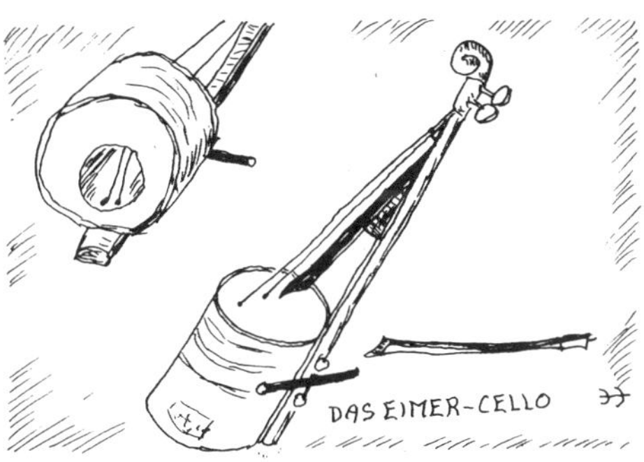

* (Ich habe die Melodie zu diesem Text anfangs immer improvisiert, bis diese hier dann irgendwann entstanden ist und sich verfestigt hat.)

Ach, - jetzt bin ich in der Lage, ein paar Ekel-Gedichte aufzusagen. Beim Aufsagen der Gedichte wird mir nämlich manchmal schlecht, und da habe ich dann immer gleich ein Gefäß dabei (zeigt den Boden des Eimers, in dem sich ein hand-großes Loch befindet, damit man die beiden Saiten aufziehen kann*). Ich nehm' das Cello auch immer mit ins Flugzeug. Da gibt es zwar diese Papier-Beutel, - aber da geht ja kaum was rein. Das Cello reicht für eine ganze Reihe, - eine Längsreihe. Neulich gab es wahnsinnige Turbulenzen, da haben sie alle das Cello kameradschaftlich weitergereicht. Ja, in der Not halten die Menschen zusammen. Meine Mutter hatte sich ja damals in Insterburg mit allen Nachbarn verkracht, und sie sich mit ihr. Als wir dann aber im Luftschutzkeller saßen und die Bomben runterkamen, haben sich alle wieder vertragen. Aber deswegen will man ja nicht, dass Bomben fallen, bloß damit sich alle vertragen. Ich sage erst mal einen Zwei-Zeiler auf, um Sie in dieses neue Kunstgebiet einzuführen. Das Gedicht hat keine Überschrift, - bei zwei Zeilen lohnt sich das nicht.

Tut 'nem Besoff'nen die Katze rauslaufen, -

ach so, wer von Ihnen bereit ist, sich mehr ekeln zu wollen, der braucht bloß bei dem Wort "Katze" das "A" durch ein "0" zu ersetzen. Wer aber so sensibel ist wie ich, der sollte das lieber bleiben lassen. Sie sehen also, ich nehme auf jeden Rücksicht.

Tut 'nem Besoff'nen die Katze rauslaufen, -

Au warte, fast alle haben das "A" durch ein "O" ersetzt, aber meine Schuld ist das nicht.

Tut 'nem Besoff'nen die Katze rauslaufen,
rufen die Fliegen: Wir geh'n einen Saufen.

(ihm wird schlecht, und er hält seinen Mund an die Cello-Öffnung)
Nun ein Gedicht aus der Hunde-Lyrik, der Fliegen-Lyrik und Würmer-Lyrik.

Macht ein Hund auf die Straße "Groß",
werden seine Würmer obdachlos.

Macht ein Hund auf die Straße Kot,
haben tausend Fliegen Abendbrot.
Und wird's am Morgen dann endlich heller,
sitzen sie bei uns am Frühstücks-Teller.

* Die Saiten sind keine gekauften Saiten, sondern verhältnismäßig kräftiger Stahldraht, aus dem man Stahlfedern biegt

Nun zum Schluß noch ein Gedicht aus dem Kapitel “Fleischer-Lyrik”. Es ist eines meiner schönsten fleischerlyrischen Gedichte überhaupt. Ich habe da noch ein anderes, aber das ist so häßlich, das würde ich nie wagen, hier in der Öffentlichkeit vorzutragen. Ich könnte es Ihnen höchstens mitteilen, - das muß ich sogar machen, damit Sie mal merken, wie verantwortungsvoll ich mit der Auswahl meiner Gedichte vorgehe.

Die Kälbchen werden im Sommer geboren
mit langen Beinen und weichen Ohren.
Doch weil die Menschheit auf Kalbfleisch geil,
zerhackt sie der Fleischer mit dem Beil.
Der liebe Gott das sieht,
nun guten Appetit!

Na ja, das is`n bißchen hart, aber so ist das nun mal. Der Mensch besteht ja aus zweien, einem ethischen und aus einem gierigen. Tagsüber ist er ethisch, nachts auch meistens, und wenn er Hunger hat, ist er gierig. Wenn er satt ist, wieder ethisch und singt fromme Lieder. Zum Beispiel Weihnachten: raus aus der Kirche, nichts wie nach Hause und sich über die Gans hermachen. Jesus, dessentwegen man ja Weihnachten feiert, war, glaub` ich, nicht so. Ich kann mir nicht vorstellen, daß er eine Axt nahm und einer Gans den Kopf abhackte, die Federn rausriß, den Bauch aufschnitt, die Därme rauszog, Leber, Magen und Herz auf einen extra Teller legte, so wie das meine Mutter damals immer in Insterburg gemacht hatte, dann die Gans gebraten und alles aufgegessen hat, - ich glaube nicht, daß Jesus, der ja ein so guter Mensch war, so was gemacht hat. Aber man kann nun nicht erwarten, daß alle andern Menschen auch so gut sind. So und nun als letztes das schöne fleischerlyrische Gedicht. Es hat auch einen guten Ausgang, - einen sehr guten Ausgang. Es heißt:

Die Wurst

Es war einmal eine Wurst,
die war scharf und machte Durst.
Da kam zum Fleischer ein Mann,
der schaffte die Wurst sich an.
Zu Hause biß er rein,
und kaute sie ganz klein.
So viele Stücke lagen
nun in des Mannes Magen.
Da rief die Wurst ganz laut,
im Darm schon halb verdaut:

Ach könnte ich auf Erden
'ne Wurst noch einmel werden.
Das war ihr letzter Wille, –
dann schoß sie durch die Brille!

Na wie ich schon sagte, es hat einen guten Ausgang.
Ich spiele jetzt auf diesem Eimer-Cello eine Melodie, die Sie alle kennen. Ursprünglich war dieses Lied ein schottisches Dudelsack-Lied, es gibt es aber auch als Schlager, als Volkslied, als Chanson und sogar als choralartige Musik, - ursprünglich war es aber ein schottisches Dudelsack-Lied, wie ich mir habe sagen lassen (spielt zwei Strophen. Die tiefe Saite erklingt als "Bordun"-Saite. Die zweite Strophe wird eine Quinte höher gespielt und die Bordun-Saite wird gezupft – also "pizzicato", und zwar mit der linken Hand, je nachdem, welcher Finger gerade frei ist).

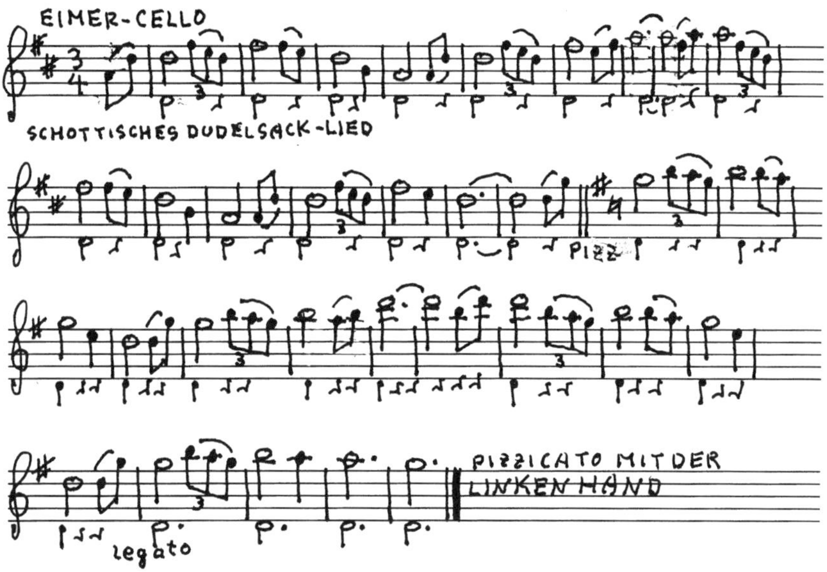

Nun folgt ein Liebeslied. Es handelt von zeitlichen Schwierigkeiten, die Pärchen manchmal haben, um Zärtlichkeiten miteinander austauschen zu können, - wenn z.B. der eine am Tage arbeitet, und der andere Nachtschicht hat. Da bleibt nur eine eingeschränkte Zeit zur Verfügung, dies tun zu können. Aber auch noch andere zeitliche Schwierigkeiten besinge ich jetzt. In diesem Lied findet der Austausch von Zärtlichkeiten immer um sechs statt, entweder morgens um sechs, oder abends, je nach Beruf. Deshalb heißt das Lied auch: "Immer um sechs hatten sie Sex". (Noten und Text Seite 486, auf CD 3x7)

Jetzt spiele ich einen Gitarren-Blues, d.h. da singe ich nicht, - nur daß Sie sich keine falschen Hoffnungen machen.
"Meister-Blues" (davon gibt es keine Noten, ist auf CD-Rosenölsonate).
Das nun folgende Lied ist das längste, das ich je gemacht habe, es ist sechs Minuten und zehn Sekunden lang. Aber da wir alle grade eine erholsame Pause gehabt haben, werden wir schon durchhalten. Vielleicht schaffe ich es auch schneller, - neulich war es 12 Sekunden schneller. Aber es hat ein wichtiges Thema zum Inhalt. Es handelt davon, dass man manchmal auf Grund von Kleinigkeiten auf das Wesen eines ganzen Menschen schließen kann. Stellen Sie sich vor, Sie befinden sich in einem dunklen Raum, in dem Sie noch nie waren, und einer macht kurz das Licht an und gleich wieder aus, also blitzartig, - dann können Sie sich an Einzelheiten nicht mehr erinnern, aber, - Sie konnten feststellen, ob es eine Küche war, ein Badezimmer, ein Schlafzimmer oder ein Wohnzimmer, - ob da Stilmöbel oder Bauernmöbel drin waren, ob es aufgeräumt oder unordentlich war. Ich sag' Ihnen mal ein Beispiel: da ist ein Junge, der lädt ein Mädchen zum Eis-Essen ein und in der Eisdiele sagt er: "Die zwei Mark, die ich noch habe, reichen grade für mich, du mußt dir dein Eis selber kaufen." Na, wenn die den heiratet, da passiert es doch, wenn sie `ne Hochzeitsreise machen, meinetwegen nach Italien, daß er am Ende der Flitterwochen sagt: "Du, das Geld für die Heimreise reicht grad' noch für mich, du mußt nach Hause per Autostop fahren." In diesem Lied erzähle ich vier Geschichten, zwei habe ich selber erlebt, zwei habe ich mir ausgedacht, so wie bei meinem Kollegen Goethe, in "Dichtung und Wahrheit". Aber vielleicht hat sie ja einer von Ihnen erlebt, oder wird sie noch erleben. Das Lied enthält fünf verschiedene Melodieteile, sogar ein Stück von meinem Kollegen Beethoven aus der 5. Symphonie, 1. Satz, - ist mit drin. Das Lied heißt: "Wie ein Blitz im dunklen Raum" (Noten und Text Seite 500 - 503, auf CD Rosenöl-Sonate).
(geht die Gitarre weglegen und holt einen länglichen Instrumentenkasten)
Nun raten Sie mal, was für ein Instrument hier drin ist? - Sie denken sicher: eine Blockflöte. Na ja, so was Ähnliches (öffnet den Kasten und holt eine Klobürste raus). Dieses Musikinstrument gehört zu den wenigen, mit denen man zwei völlig verschiedene Sachen machen kann. Ich bin schon um fünf Uhr hiergewesen und habe alles blitzblank sauber gemacht, - na ja, ich verdien' mir immer noch gern paar Mark nebenbei (schaut auf die Bürste). Äch, - da ist noch was dran (zupft an der Bürste). Ich spiele eine Arie aus der "Zauberflöte". Das ist eine Oper, die stammt von einem Kollegen von mir, und zwar von Wolfgang Amadeus Mozart. Ich bin auch dabei, eine Oper zu machen, aber weil ich nicht so begabt bin wie Mozart, sowas geb' ich ohne weiteres zu, also Kollegen-Neid, sowas kenn` ich da

gar nicht, ich bin zufrieden mit dem, was ich kann, auch mit dem, was ich nicht kann, - ja, weil ich nicht so begabt bin wie Mozart, heißt meine Oper auch nicht “Zauberflöte” sondern “Klobürste”. Die Hauptfiguren sind Clodwig und Clothilde, und das ganze spielt in einem Kloster (spielt auf der Klobürste, sie hat ein Sopran-Saxophon-Mundstück, “Üb` immer Treu` und Redlichkeit“).

Das nächste Lied handelt davon, wie wichtig Abwechslung im Leben ist. Sie kennen alle den Vergleich: Wenn Sie drei Wochen lang Torte essen würden, hätten Sie danach richtig Appetit auf ein Stück trockenes Brot. Oder wenn ich den ganzen Abend nur Gitarre spielen würde, dann würden Sie sagen, na ja, er spielt ja ganz gut Gitarre, - einige würden sogar sagen, er spielt ja sehr gut Gitarre, oder die Fachleute unter Ihnen würden sagen, er spielt ausgezeichnet Gitarre, aber nun könnt’ er ja auch mal was anderes spielen. Ich war mal in einem Klavier-Abend, da hat einer Beethoven-Sonaten gespielt, den ganzen Abend, zwei Stunden lang nur Klavier, - er hätt’ ja wenigstens einmal singen können.
Das Lied heißt: “Ach wie wichtig ist Abwechslung.“
(Text und Noten Seite 488, auf CD Rosenöl-Sonate)

Nun lese ich ein Märchen vor, nämlich “Das Märchen vom neugierigen Streichholz”, und zwar in ostpreußisch gefärbter Sprache, damit Sie mal erleben können, wie man bei uns zu Hause gesprochen hat, jedenfalls in Insterburg. In diesem Märchen spreche ich sehr viele verschiedene Rollen, - damit Sie nicht völlig durcheinanderkommen, werde ich die Personen rein äußerlich etwas unterstützen (holt ein Buch, und ein paar andere Sachen). Wenn ich das hier aufhabe (setzt sich eine rote Badekappe auf), wissen

Sie: jetzt spricht das Streichholz. - Bitte jetzt nicht fotografieren! - Wenn ich das hier aufhabe, wissen Sie: jetzt spricht die Streichholzschachtel (setzt sich eine große Streichholzschachtel aus Pappe auf den Kopf). Und wenn ich das hier aufhabe, wissen Sie: jetzt spricht das Balbuttchen. Balbuttchen ist das ostpreußische Wort für "Marienkäferchen" (setzt ein Balbuttchen aus Stoff auf den Kopf. Er liest:)
Das Märchen vom neugierigen Streichholz.
Es war einmal ein Streichholz, das war schon zwei Jahre alt. Eines Tages sagte es: "Ich bin nun schon zwei Jahre alt, ich möchte endlich mal wissen, warum ich eigentlich auf der Welt bin?" - "Möchtest du das wirklich wissen?" sagte eine alte Schachtel, die aber eine Streichholzschachtel war. -"Frag' lieber nicht danach, warum du auf der Welt bist!" flüsterte ganz leise ein kleines Balbuttchen. - "Wieso, laß' ihn doch fragen, wenn er das unbedingt wissen will", sagte die alte Schachtel, "soll ich dir etwa zeigen, warum du auf der Welt bist?" - "Tu's lieber nicht!" - "Ach, was soll schon passieren. Wenn man zwei Jahre alt ist, kann man schon mal fragen, warum man auf der Welt ist. Zeig's mir, du alte Schachtel!" - "Tu's nicht, tu's nicht!" - "Halt endlich die Klappe! Ich bin mit meinen zwei Jahren alt genug, um zu wissen, was ich tun kann und was nicht." - "Komm nur näher!" - "Hu, hu, hu", weinte das Balbuttchen. - "Nu, hier bin ich!" "Noch näher! - - - Hast du gehört, du Lorbas (dummer Kerl), du sollst noch näher kommen", sagte ganz hinterhältig die dammlige Streichholzschachtel. - "Ja, so ist's recht, und nun streich' mir den Puckel! - - - Hast du gehört, du sollst mir über den Puckel streichen!" - "Tu's nicht! hu, hu...", jammerte das kleine Balbuttchen und fing all an zu plinsen (weinen). - "Na gut, dann streich' ich eben der alten Schachtel den Rücken, - na und!" "Hu, hu ,hu..!" Pfchschschsch...
(nimmt Badekappe ab, und setzt sich eine schwarze Mütze auf)
"Was is'n los", - sagte jetzt ganz kläglich das neugierige Streichholz, - "nu, was is'n jetzt, was is`n jetzt, was is`n jetzt"... (spricht immer leiser).
Das kommt davon, wenn man so neugierig ist!
(bringt Buch weg und holt Gitarre)

Das nächste Lied enthält eine Lebensweisheit, die so großartig ist, so gewaltig, daß, wenn Sie sie gehört haben werden, Sie sich sagen werden: "Das hab' ich doch längst gewußt!" - Fast immer im Leben, wenn es Schwierigkeiten gibt, kann man die meistens nur durch Kompromisse lösen, so auch in der Liebe. Deswegen heißt das Lied auch "Erst Küsse, dann Kompromisse".
(Text und Noten Seite 490, auf Rosenöl-Sonate)

Das nächste Lied begleite ich wieder auf einem selbstgebauten Musik-Instrument, einer sogenannten Brillen-Harfe (holt eine schwarze Klobrille mit Deckel). Sieht aus wie eine Harfe, nur daß sie keine Saiten hat, sondern Gardinenstangen, solche, wo so ‘ne Rollen langlaufen. Deshalb muß ich sie auch mit diesen beiden Klöppelchen anschlagen. Ich singe etwas aus der Ekel-Lyrik, und zwar aus dem Kapitel “Spulwurm-Lyrik“. Das Lied heißt “Der Spulwurm hat’s schön warm“. (klemmt sich den aufgeschlagenen Klo-Deckel zwischen die Knie - auf dem Barhocker sitzend - und

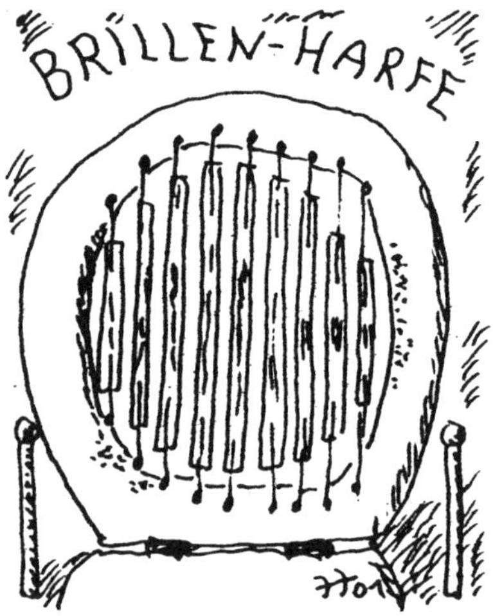

macht ein Vorspiel. Dann singt er:)

Der Spulwurm hat’s schön warm,
in des Menschen Darm.
Doch gut ich solch ein Dasein nicht heiße,

das ganze Leben immer in der Schei-hei hei, - ha, ha, ha, hei-hei hei...
(singt etliche Koloraturen auf “Hei -hei-hei”, dann bricht er ab)
Oh, jetzt hab’ ich den Text vergessen! (bringt Brillenharfe weg, holt Gitarre)
Wenn man verliebt ist, denkt man, das geht nun immer so, aber meistens ist nach zwei, drei Monaten Schluß, weil man merkt, daß man gar nicht zusammenpasst. Am Anfang, da verstellt man sich auch, da zeigt man sich von der besten Seite, - nach zwei, drei Monaten hat man keine Lust mehr dazu, da will man sich endlich so geben, wie man eigentlich ist, und

dann merkt man, daß man gar nicht zusammenpaßt.
Meine Liebschaften dauerten immer entweder drei Stunden, drei Wochen oder drei Monate. Einmal sogar drei Jahre. Aber das war nicht meine Schuld. Sie war so verliebt in mich, daß sie alle meine Macken in Kauf nahm, - wenn ich z.B. den ganzen Tag Singende Säge spielte, immer das gleiche Stück, oder Gitarre, das hat sie alles in Kauf genommen. Aber dann ging sie doch fort, - aber: jede Frau, die einen verläßt, macht Platz für die nächste. Und wenn man dann manchmal so zärtlich zusammensitzt, sagt man: Du, ich könnte mir vorstellen, daß wir für immer zusammen sind, oder: wollen wir uns nicht verloben, huchch, (faßt sich erschreckt an's Herz), - deshalb heißt dieses Lied auch "Das Verlöbnis". Immer, wenn ich es singe, denke ich an eine bestimmte Freundin, - dieses Lied entspricht also der Wahrheit. Einer aus dem Publikum, ich glaub' das war ein Musiker, sagte mal: die Melodie von diesem Lied wäre von Johann Sebastian Bach geklaut. Aber Bach hat so viel komponiert, - wenn man dem was wegnimmt, das fällt gar nicht auf.
Das Verlöbnis (Text und Noten Seite 492, auf CD 3x7).
Das nächste ist ein südamerikanisches Liebeslied. Es heißt "Ich bin so verliebt in meine dicke Sambagurke", oder in der Originalsprache "Jo Amore in Samba-gurka mea grande" (holt einige Sachen). Das ist hier eine Samba-Gurke. Die wurde ursprünglich aus kürbisartigen Gurkengewächsen hergestellt. Da wartet man, bis die trocken sind, und dann macht man solche Rillen rein und dann schabt man darauf (setzt sich einen südamerikanischen Hut auf - aus Stroh). Das hier sind Rumba-Kugeln. Die wurden hergestellt aus kleinen Kürbissen, - da braucht man nur zu warten, bis die Kerne getrocknet sind, dann fallen die nach innen, und dann kann man damit klappern (klappert etwas). Das hier ist ein südamerikanischer Gartenschlauch (hält ihn hoch und zeigt ihn lange in alle Richtungen). Dann gibt es da noch ein Instrument, einen sogenannten Esels-Rachen. Ich als Vegetarier würde sowas nie in die Hand nehmen, - also, da sägt man einem Esel den Kopf ab, natürlich nachdem der vorher gestorben war, - dann ißt man das Fleisch ab und wartet, bis die Fleischreste abgetrocknet sind, - dann fangen die Zähne an zu wackeln, und wenn man ihm unters Kinn haut, klappern die Zähne. Ich habe hier (hält ein Instrument, genannt "Eselsrachen", hoch) eine ästhetisierte Nachbildung erworben, - Sie sehen: hier ist der Oberkiefer, hier der Unterkiefer, auf Augen und Ohren hat man von vornherein gleich verzichtet, - und wenn ich hier unters Kinn haue, klappern die Zähne (haut unters Kinn und es klappert). Gitarre will ich auch noch spielen, - also, wenn ich drei Hände hätte, könnte ich das alles alleine machen. - Aber wenn ich drei Hände hätte, dann bräuchte ich gar nicht mehr aufzutreten, dann könnt' ich mich für Geld ausstellen lassen. Aber, - ich habe mir eine Samba-Gurken-Maschine gebaut (holt

die Maschine), ich hatte ja im Physik-Unterricht einmal ‘ne “2”, deshalb war das möglich (hält ein Notenständer-Unterteil hoch, an dem sich etliches Gestänge befindet). Sehen Sie mal, wenn ich hier senkrecht nach unten ziehe, dann geht das da oben zur Seite! Da muß man erst mal drauf kommen. Hier stecke ich die Samba-Gurke rein, hier ist so ‘ne Art Steigbügel, da geh’ ich mit dem Fuß rein, und wenn ich trete, schabt das hier an der Gurke. Der Eselsrachen wird hier reingehängt, der kommt nur als Akzent hin und wieder mal vor, den Fuß stecke ich jetzt hier in den Steigbügel, - ein südamerikanischer Musiker beschäftigt sich den ganzen Abend mit so ‘ner Sambagurke, ich mach’ das so nebenbei mit dem Fuß (nimmt die Gitarre hoch). Den rechten Fuß habe ich noch frei, da kann ich noch ‘n bißchen Schlagzeug spielen (stellt Fuß auf Fußmaschine), mehr kann man aus seinem Körper nicht rausholen, - will ich auch gar nicht (macht Vorspiel mit Gitarre, dann Basedrum, dann Samba-Gurken-Maschine, dann Eselsrachen, dann singt er:)

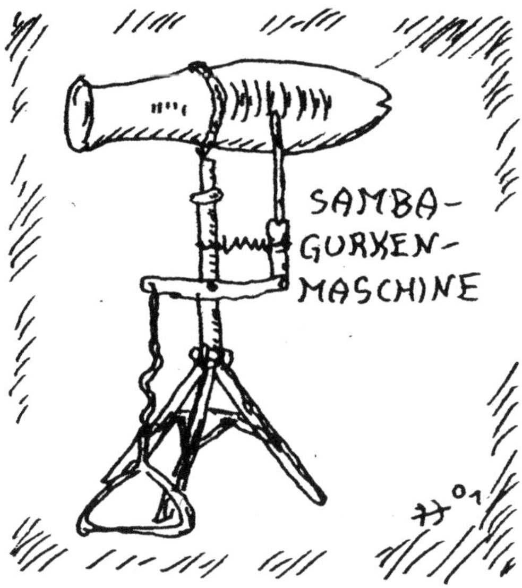

Ich bin so verliebt, ich bin so verliebt
in meine dicke Samba-Gurke.
Jeder, der mir meine Gurke nehmen will,
ist ein hundsgemeiner Schurke,
jei lei,lei,lei...
Samba, Samba, uhhh! Alhambra.

(eine Strophe Solo-Gitarre)

(Rumba-Schlag, siehe Seite 473)

Ich bin so verliebt, ich bin so verliebt
in diese dicken Rumba-Kugeln.
Jeder, der mir meine Kugeln nehmen will,
dem drohe ich, ihn zu verprügeln,
jei lei, lei, lei ...

(schwingt den Schlauch - der heult. Nimmt die beiden Rumba-Kugeln in die rechte Hand und spielt mit Zeigefinger und Daumen weiter)

Ich bin so verliebt, ich bin so verliebt
in diese schönen Instrumente.
Doch wenn ich mal ein nettes Mädchen kennenlern',
teile ich sie mir gern mit ihr bis zur Rente,
jei lei,lei,lei ...
(Schlag auf Eselsrachen)

(bringt alles weg bis auf die Gitarre)

Ich hatte mal eine Freundin, die war Vegetarierin. Ihr habe ich folgendes Lied gemacht:
Die Vegetarierin (Text und Noten Seite 494, auf CD 3x7).

Ich hatte mal ein Mädchen kennengelernt, - erst nachdem wir uns 14 Tage kannten, hatte sie mich in ihre Wohnung reingelassen. Das war damals völlig unüblich. Wir lebten ja in dem günstigen Zeitfenster: schon Pille - noch nicht Aids. Da waren 14 Tage Wartezeit ganz selten. Und dann saß ich endlich bei ihr in der Wohnung, und da sagte sie plötzlich, - da würden Sie nie drauf kommen, was die plötzlich sagte, da könnte ich Sie 'ne halbe Stunde raten lassen, - da sagte sie plötzlich: - - - Kannst du mal den Müll runterbringen! Na ja, den hab' ich dann auch runtergebracht, - und jedes Mal, wenn ich sie besuchte, sagte sie: Kannst du mal den Müll runterbringen. Nach drei Monaten war es dann vorbei, wie so üblich, und da hab' ich

mir dann mal überlegt, wie mein Leben ausgesehen hätte, wenn ich die geheiratet hätte, - und so ist das folgende Lied entstanden. Es heißt "Müll-Eimer-Blues". (singt zur Gitarre)
(Text und Noten Seite 496, auf CD 3x7)
So, nun noch zwei Sachen, und dann kommen wir endlich zum Zugabenteil.

Ich hatte mal zwei Lieder hintereinander gemacht, - also 'ne Serie, - das erste hieß "Meine Freundin" und das zweite "Meine neue Freundin". - Ich singe jetzt das Lied "Meine neue Freundin". Der komplette Titel lautet "Meine neue Freundin ist Gymnastik-Lehrerin", der des erstgenannten Liedes "Meine Freundin arbeitet in `ner Eier-Likör-Fabrik" *, das würde auch gar nicht hierherpassen. (singt zur Gitarre)
Gymnastiklehrerin (Text und Noten Seite 498, auf CD 3x7).

Jetzt lese ich noch eine Geschichte vor, und dann beginnt der Zugabenteil. Vorhin habe ich ja zwei Märchen vorgelesen. Der Unterschied zwischen einer Geschichte und einem Märchen besteht darin, daß eine Geschichte wahr ist, aber ausgedacht sein kann, und daß ein Märchen ausgedacht ist, aber wahr sein kann. Diese Geschichte lese ich aber in "Hochdeutsch" vor.
Die hochmütigen Kühe
Es war einmal eine Kuh. Die war sehr stolz, weil sie fünf Zitzen hatte an ihrem runden Euter. Die meisten der anderen Kühe hatten nämlich nur vier Zitzen. Eine war sogar da, mit der aber niemand redete, die hatte nur drei Zitzen. Das war geradezu lächerlich wenig. Eines Tages sprach die Fünfzitzige zu der Vierzitzigen, während die Dreizitzige abseits stand: "Wie fühlst du dich denn so mit nur vier Zitzen?" - "Das mußt du mal die Dreizitzige fragen", antwortete die Vierzitzige der Fünfzitzigen. "Eine Dreizitzige kann ich doch nicht fragen, wie sie sich als Vierzitzige fühlt", widersprach schlagfertig die Fünfzitzige. Das hörte die Dreizitzige und mischte sich in die Unterhaltung ein: "Ziegen haben nur zwei Zitzen und sind dennoch gute und ehrliche Milchgeber." - "Papperlapapp!" riefen die vier- und fünfzitzigen Kühe wie aus einem Munde, "so ein dummes Zeug kann doch nur eine Dreiritzige, ehm, Dreizitzige verzapfen! Welch armselige Tiere müssen doch Ziegen sein, mit nur zwei Zitzen", seufzte die andere. Ein zottiger Ziegenbock und ein beleibter Bulle hörten das. "Was für ein Gewäsch die Kühe da von sich geben: drei - , zwei - , fünf - , vierzitzig", sagte der Bulle. "Genau", sagte der Ziegenbock, "ein Glück, daß wir nur eine Zitze haben!" - "Eben, eben", raunzte der Bulle, "deswegen werden wir auch so selten gemolken!"

* auf Doppel CD „3 x 7 Liebeslieder"

Nun kommen die Zugaben. Ich mache drei Zugaben. Die ersten beiden sind normale Zugaben, die dritte ist eine sogenannte Pflicht-Zugabe, die mach' ich in jedem Fall, die hab' ich einmal sogar gemacht, als der Saal sich schon geleert hatte, - ach so, und dann ja noch die beiden neuen Zugaben, - hätt' ich man nichts gesagt, dann könnte ich danach schon Schluß machen.
Ich habe mal vor vielen Jahren, man kann sagen vor sehr vielen Jahren, ein Lied gemacht, das hieß "Ich liebte ein Mädchen". Leider habe ich den Text vergessen, Sie kennen das ja aus Ihrer Schulzeit, was haben Sie da nicht alles gelernt, und das meiste wieder vergessen, also alles das, was man nicht täglich braucht, - und kein Mensch von Ihnen würde vernünftigerweise auf die Idee kommen, das alles noch mal zu lernen, warum nicht, - weil Sie wissen, Sie vergessen ja sowieso alles wieder. Nur die Kinder wissen das noch nicht, deswegen lernen die auch immer so eifrig, - man soll es ihnen auch nicht sagen. - Ich habe aber eine Neufassung dieses Liedes gemacht, das ist auch ganz gut so, sonst denken die Leute, bei mir tut sich nichts mehr. Die Verse, die ich behalten habe, hab' ich natürlich dringelassen, da wär' ich ja blöde, neue Verse zu lernen, wenn ich die alten noch kann. Außerdem will ich mit diesem Lied international bekannt werden, deswegen singe ich es in sechs verschiedenen Sprachen: deutsch, englisch, chinesisch, französisch, italienisch und russisch. Natürlich nicht das ganze Lied, sondern hin und wieder mal einen Vers, ach, da war mal ein Chinese im Publikum, der hat sich unheimlich gefreut, daß er einen Vers verstanden hat, der hat sich kaputtgelacht, - noch im Flugzeug - bis kurz vor der Landung in Shanghai. (singt zur Gitarre)
(Text und Noten Seite 504, auf CD 3x7)

Das nächste Lied begleite ich auf zwei Instrumenten gleichzeitig (holt zwei Instrumente).
Das hier ist ein chinesisches Instrument, obwohl es aus Siam-Gongs besteht, aber in Deutschland spielt man ja auch auf italienischen Geigen. Es sieht aus wie ein chinesisches Schrift-Zeichen, und auf deutsch heißt das "Eine Geisha". Das paßt sehr gut, weil das Lied jetzt auch "Eine Geisha" heißt. Das hänge ich hier an den Barhocker, weil es erst mal in Warte-Stellung kommt. Dies hier ist eine japanische Kabuki-Jamashita-Riesen-Trommel. Es gibt natürlich noch viel größere davon (breitet beide Arme aus), aber nur für ein Lied, das lohnt sich nicht, da müßte ich extra ein größeres Auto kaufen. Es ist eigentlich eine von den kleineren Riesentrommeln, also - wenn ich ehrlich bin, es ist die kleinste Riesen-Trommel, die es gibt, - eine sogenannte Zwerg-Riesen-Trommel. Ich hab' das mal im Fernsehen gesehn, also die Japaner spielen diese Kabuki-Jamashita-Riesen-Trommel mit nacktem Oberkörper, ich spiele sie aber

mit diesen beiden Filz-Schlägern (hält zwei Filz-Schlägel hoch, die Trommel ist ein großer Tambourin und auf zwei übereinandergestellten Hockern, Sitzfläche zu Sitzfläche, eingeklemmt. Er beginnt nun wild zu trommeln für drei Sekunden). Das geht nun stundenlang so, das können wir uns sparen, und nun kommt das andere Instrument dazu (nimmt es in die linke Hand. Es ist eine Holz-Latte, an der drei Siam-Gongs frei hängen. Er schlägt sie an als Vorspiel. Die Gongs geben drei verschiedene, deutliche Töne ab. Zwischen den Tönen schlägt er mit den beiden in der rechten Hand sich befindenden Schlägeln auch die Trommel an. Dann singt er:)

Eine Geisha kochte grünen Tee,
auf dem Fudschijama lag noch Schnee.
Ihr Großvater aus China war zu Besuch,
er kam mit dem Fahrrad und nicht mit dem Zug (ch).
Sajonara, sajonara, - hoi-yang-hoi.

Sie kochte zwei Pfund Reis zu Brei,
auch Bambussprossen waren dabei.
Dann gab es Sake und Kartoffel-Chips,
und beim Fernsehen Erdnüsse und Mikro-Chips.
Sajonara, sajonara hoi-yang-hoi.

Und weil es gerade Ostern war,
gingen sie in eine Reis-Wein-Bar.
Da trafen sie einen Osterhasen,
und halfen ihm beim Eierausblasen.
Sajonara, sajonara, flöhliche Osteln!

Die Eier bemalten sie mit Pinseln,
dann schifften sie sich ein zu den Fidschi-Inseln.
Dort warteten schon viele tausend Eunuchen,
die mit großem Interesse ihre Eier suchen.
Sajonara, sajonara, hoi-yang-hoi.

Nun kommt die Pflichtzugabe, - - ach nein, die mach' ich ja sowieso, ich mach` noch erst was anderes. - Zehn Jahre lang habe ich nachgedacht, wie es möglich wäre, Geige und Gitarre gleichzeitig zu spielen, - und vor einem halben Jahr ist mir das gelungen, durch einen physikalischen Gedankensprung. Normalerweise braucht man zum Erlernen einer neuen Technik ein Jahr, aber ich möchte gern, daß Sie zu den ersten gehören von sechsmilliarden Menschen, die so etwas erleben, das können Sie dann Ihren Kindern erzählen, oder Ihren Enkel-Kindern, oder erzählen lassen. Deswegen müssen wir es in Kauf nehmen, daß hin und wieder ein paar Unsauberkeiten vorkommen (setzt sich auf den Bar-Hocker. Davor steht ein normaler Hocker, mit Stoff bespannt. Auf diesen stellt er die Gitarre, die an seinem Körper lehnt. In der rechten Hand hält er Geige und Bogen).

Ja, normalerweise spielt man Geige so (er spielt normal den Anfang von "Es klappert die Mühle am rauschenden Bach", zweistimmig). Aber nun kommt der Gedankensprung: man kann die Geige auch so spielen (er hält den Bogen still und bewegt dafür die Geige und spielt nochmal den Anfang des Liedes, einstimmig). Nun mußte ich nur noch eine geeignete Körperstelle suchen, in die ich den Geigenbogen einklemmen kann. Am günstigsten erwies sich die Kniekehle (klemmt den Bogen in die rechte Kniekehle. Der Bogen zeigt nach außen, die Haare zum Körper hin). Der Bogen sitzt da schön fest, aber dennoch elastisch, man kann auch ausgleichen (zieht die Knie-Kehlen-Muskeln zusammen, dadurch bewegt sich der Bogen leicht nach oben und unten. Der rechte Fuß ruht auf der

Querstange des Bar-Hockers). Normalerweise greift man bei der Geige ja die Töne mit der linken Hand, da mußte ich umlernen auf die rechte Hand. Das war aber nicht so schlimm, ist nur spiegelverkehrt. Ich muß nur noch die Noten spiegelverkehrt schreiben.

Ich spiele jetzt das wunderschöne deutsche Wiegenlied von Johannes Brahms "Guten Abend, Gut' Nacht". - Drei, vier -, ich muß immer "drei, vier" sagen, damit die beiden gleichzeitig anfangen. - Drei, vier (schlägt mit

dem linken Fuß die Gitarre an, die Saiten zeigen nach außen, und schiebt die Geige an den Haaren des Geigenbogens entlang und spielt die Melodie von "Guten Abend, Gut' Nacht". Bei der zweiten Strophe singt er die zweite Stimme dazu:)

Guten Abend, Gut' Nacht,
mit Rosen bedacht.
Mit Neglein* besteckt, -

* (Neglein = Nelken)

schlupf`unter die Deck'.
Morgen früh, wenn Gott will,
wirst du wieder geweckt.
Morgen früh, wenn Gott will,
wirst du wieder geweckt.

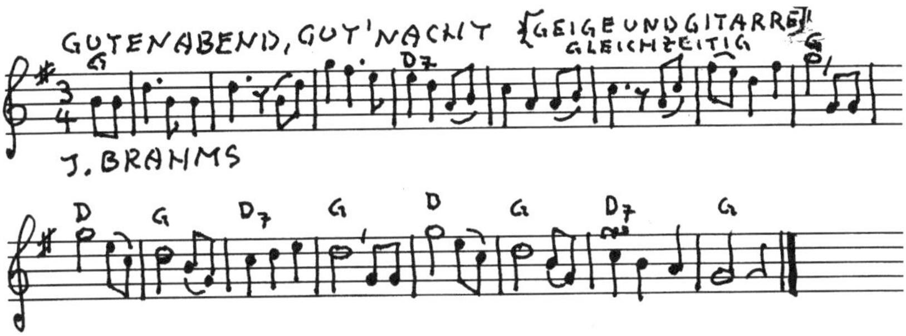

(räumt die Instrumente weg)
Nun kommen wir zu der Pflicht-Zugabe, - ach nein, die kann ich auch noch machen, wenn Sie schon zu Hause sind. Ich mach erst noch was anderes (holt einen Akten-Koffer). Na raten Sie mal, was in diesem Koffer drin ist? Wenn ich mit dem am Sonntag nachmittag über den Kurfürstendamm langgehe in Berlin, wo ich wohne, dann denken die Leute, ich bin ein höherer Regierungsbeamter mit Geld im Koffer. Aber da ist eine Nagel-Geige drin. Eine Nagel-Geige ist ganz leicht herzustellen, - man schlägt in eine Holzlatte Nägel rein, und streicht sie mit dem Geigen-Bogen an. Je tiefer man die Nägel reinhaut, desto höher wird der Ton (stellt den Koffer auf den Barhocker und öffnet den Kasten. Zu sehen ist ein 40 cm langer Dachboden-Balken, in den die größten Nägel reingeschlagen sind, ungefähr 20 cm lang, sieben Stück). Ich habe die größten Nägel genommen, die ich kriegen konnte, deshalb ist das auch eine "Bass-Nagel-Geige" geworden. Als Resonanz-Körper habe ich mir eine Wein-Kiste besorgt (holt sie. Die obere Hälfte der Kiste ist offen, die andere zugenagelt, so klingt sie einigermaßen laut). Den Balken muß ich jetzt fest an die Kiste mit Zwingen anmachen. Wenn ich das nicht mache, zanken sich die Töne miteinander. Einer will, daß der andere seine Tonhöhe annimmt, deswegen muß man sie fest anzwingen. Wie bei Ehe-Paaren, da will auch mancher, daß der andere seine Eigenschaften annimmt.* Eigentlich könnte ich ja den Balken mit der Kiste zusammenleimen, aber dann würde die Bass-Nagel-Geige nicht mehr in diesen schicken Koffer reinpassen, und die Leute würden nicht mehr denken, ich sei ein höherer Regierungsbeamter. Ich singe jetzt ein Raucher-Lied. (spielt die Einleitung. Da die Nägel so groß sind, kann man Obertöne spielen, wenn man die

* Aber durch äußeren Druck passiert das nicht. Deswegen sind Schwiegermütter auch so nützlich.

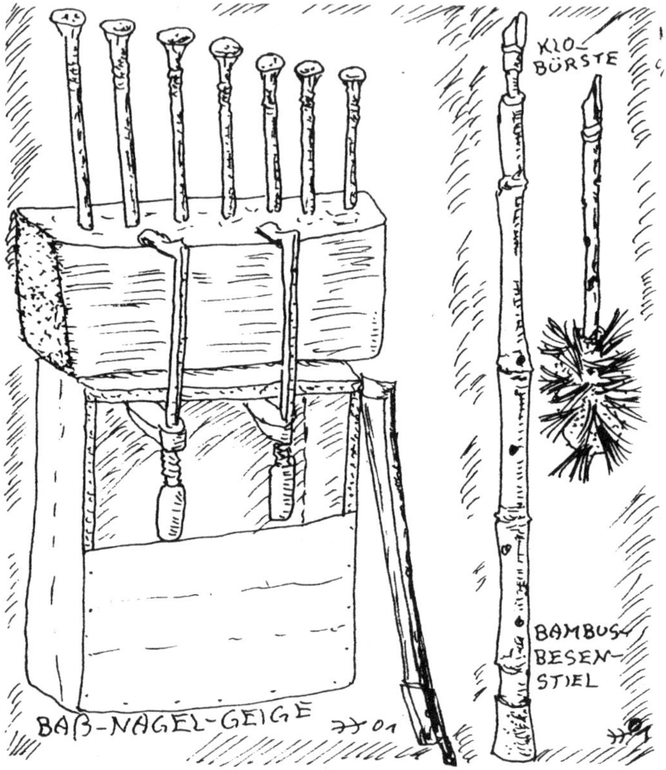

Nägel nah am Balken anstreicht. Ansonsten muß man sie ziemlich nah am Nagel-Kopf anstreichen, und das ziemlich kräftig, und viel Kolophonium auf den Bogen tun. Nun spielt er eine Strophe und singt dazu:)

Gar manch ein Raucher raucht sehr stark,
so liegt er vorzeitig im Sarg.
Im Krematorium zum Finale,
da raucht er dann zum letzten Male.

So, nun kommt die Pflicht-Zugabe (holt 5 Kuh-Glocken).
Ich habe mit Kuhglocken begonnen, und ich höre mit Kuhglocken auf, so schließt sich der Kreis. Im vor-vorigen Programm hatte ich ja mit den Kuh-Glocken die "Träumerei" von Robert Schumann gespielt. Aber da fiel fast jedes Mal eine Glocke runter mitten im Stück, das hat sich immer schlimm angehört, - da hatte ich so`n schmales Brett, da standen 15 Kuh-Glocken drauf, - manchmal habe ich mich an einer Glocke vergriffen, manchmal

habe ich sogar eine umgelegt. Jetzt verwende ich eine bessere Technik. Ich habe mir an die Kuh-Glocken Fahrrad-Hosen-Klammern mit Draht angebunden, und diese Glocken klemme ich mir nun an alle, - an fast alle beweglichen Körperteile, - auf diese Weise ist es mir noch nie passiert - toi, toi, toi, - daß mal eine runtergefallen ist. Ich kann auch schnelle

Tonfolgen spielen, da ich die Glocken immer zur Verfügung habe, - ich muß sie nicht immer wieder nehmen und abstellen, weswegen ich auch in der Lage bin, das flotte deutsche Volkslied “Sah ein Knab’ ein Röslein stehn“ zu spielen (geht noch 3 weitere Glocken holen. Während der letzten Sätze hat er sich schon vier Glocken angeklemmt, zwei an den Beinen, nah am Fuß, zwei an den Oberarmen, nah am Ellenbogen. Eine ist vorn an einem Gürtel befestigt, den er sich um den Bauch gebunden hat. Kommt wieder, eine Glocke im Mund, der Griff ist mit Tesa-Band umwickelt, damit man ihn gut mit den Zähnen festhalten kann. In jeder Hand eine weitere Glocke. In der linken Hand ist die Glocke mit dem Ton "C" - tief. In der rechten Hand "D". Am linken Fuß "E". Im Mund "F". Am rechten Fuß "G". Am linken Ellenbogen "A". Am rechten Ellenbogen "H". Am Gürtel "C" – hoch. Die Glocke am Gürtel wird mit der rechten Hand geschüttelt, und zwar mit dem Zeigefinger. Sie hängt über dem Bauchnabel).

Man muß dieses Instrument hin und wieder üben natürlich, nicht so emsig wie Geige oder Klavier, vier Stunden lang, - aber so zehn Minuten täglich.

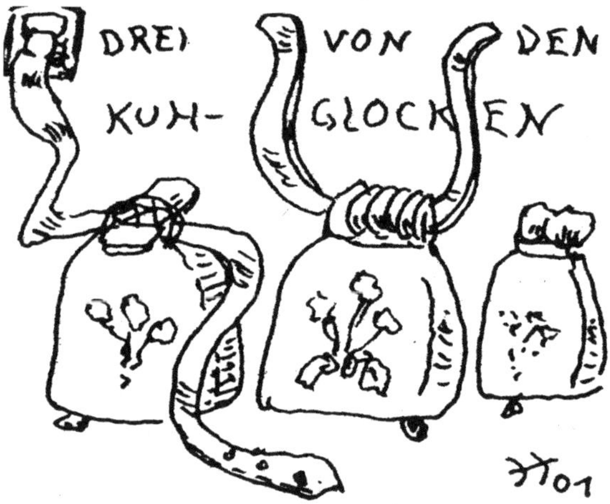

Ich mach` das meistens, wenn ich mit der U-Bahn in mein Stamm-Café fahre. Natürlich darf man in der U-Bahn kein Musikinstrument spielen, - deswegen übe ich immer ohne die Kuhglocken. Die Leute kucken dann zwar komisch, - aber meistens habe ich Glück, und es steigt einer dazu, der mich kennt, - und der erklärt dann den anderen Fahrgästen: Das dahinten in der Ecke, das ist Herr Insterburg, der übt Kuh-Glocken spielen, - dann denken die, d e r hat die Macke. Ist doch aber besser, als wenn sie das von mir denken. Einmal, das muß ich noch schnell erzählen, hatte ich das Lied in einer höheren Tonart gespielt, das heißt, die Glocken waren alle etwas kleiner. Die, die ich im Mund hatte, die war ungefähr so groß wie zweieinhalb Finger-Hüte, - und da hat doch mitten im Lied irgend so'n ar - - , aroganter, - Musiker wahrscheinlich, mitten im Lied gerufen: "Ingo, eben hast du dich verspielt!" "Hhhch" habe ich da gemacht (zieht Luft ein), - und da war die Glocke weg. Ich hab' erst den ganzen Bühnenboden abgesucht, dann bin ich hochgesprungen, und da hab' ich es gehört, ich hab` die Glocke verschluckt gehabt. Na, das war ein Theater, - da mußte ich fast jeden Tag zum Röntgen gehen, weil der Weg der Glocke verfolgt werden mußte, - die konnte ja sonstwo hingehen. Dann hatte ich aber Glück:

Die Glocke kam nach drei Tagen auf natürlichem Wege wieder heraus, - war zwar etwas verstimmt, aber das kann ich versteh'n. Das ging auch nur gut, weil der Blind-Darm sie nicht gesehen hatte, - und weil der Zwölffingerdarm nicht nach ihr gegriffen hat. So, jetzt das Lied, - ach so, - das ist eigentlich merkwürdig, nur weil derjenige, der die Strahlen entdeckt hatte "Röntgen" hieß, sagt alle Welt: man geht zum Röntgen. Der hätte ja auch "Müller" heißen können, dann würde man sagen, man geht zum "Müllern". Na, unter den vielen, die "Müller" heißen, hätte es doch zwei oder drei geben können, die intelligent genug gewesen wären, solche Strahlen zu entdecken. Oder wenn der Urgroßvater von Frau Leutheusser-Schnarrenberger die entdeckt hätte, dann, - - ach, dann würde kaum einer hingehen, - oder wenn der Großvater von Hans Jochen Vogel die entdeckt hätte, - ach so, das ist ja 'ne Politikerfamilie, die haben sich mit so was gar nicht befaßt. So, nun "Sah ein Knab' ein Röslein steh'n".
(spielt eine Strophe, bringt die Glocken weg, und holt die Pan-Flöte)
Ach, eine Sache muß ich Ihnen noch vorführen. Ich habe mir diese Pan-Flöte mal gebaut. Sie enthält fünf Oktaven, davon sind zwei Oktaven mit

Halb-Tönen versehen. Ich mache Ihnen mal den höchsten und den tiefsten Ton vor, weil die in diesem Lied gar nicht vorkommen, - damit Sie auch dieses Erlebnis haben (spielt den tiefsten, und dann den höchsten, der wie über einen Schlüssel gepfiffen klingt). Ich spiele ein Volkslied, ein südamerikanisches darauf, das Sie sicherlich kennen. Manchmal konnte man das damals schon nicht mehr hören, - aber nach so vielen Jahren geht das schon wieder (spielt "El Condor pasa". Hält die ziemlich große Panflöte mit der rechten Hand, mit dem linken Fuß spielt er die Gitarre. Mit dem rechten Fuß die Base-Drum des Sopran-Schlagzeugs).

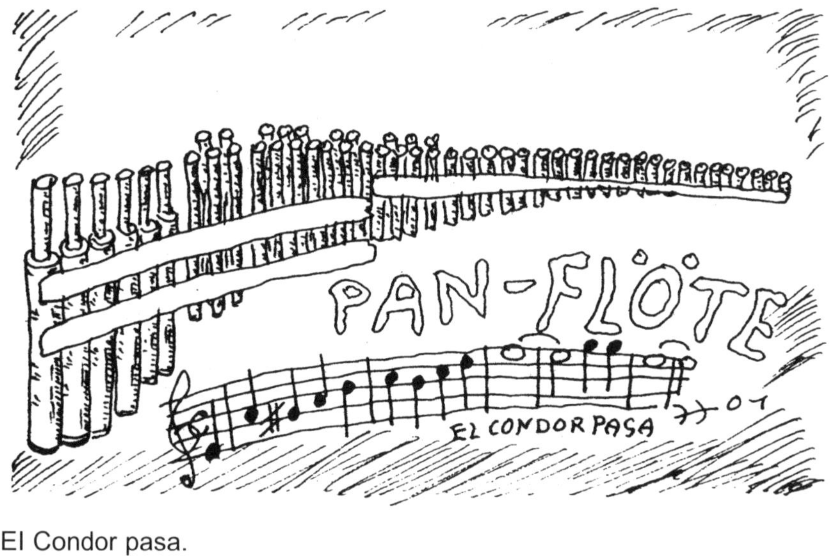

El Condor pasa.

So, nun noch schnell die bereits angekündigten neuen Zugaben. Hätte ich man nichts gesagt, dann wär` ich jetzt schon fertig. Also ganz schnell noch (holt ein Instrument aus einem bunt bemalten Kasten). Dies hier ist eine "Affen-Harfe", die heißt deshalb so, weil Affen darauf spielen können.

Das ist ein Holzkästchen, auf dem breitgewalzte Eisenschweißstäbe eingeklemmt sind. Affen haben ja kleine Fingerchen, da können die richtig

drauf spielen. Die haben sogar Finger an den Füßen, - schade, daß so was die Menschen nicht mehr haben, da könnte man allein vierhändig

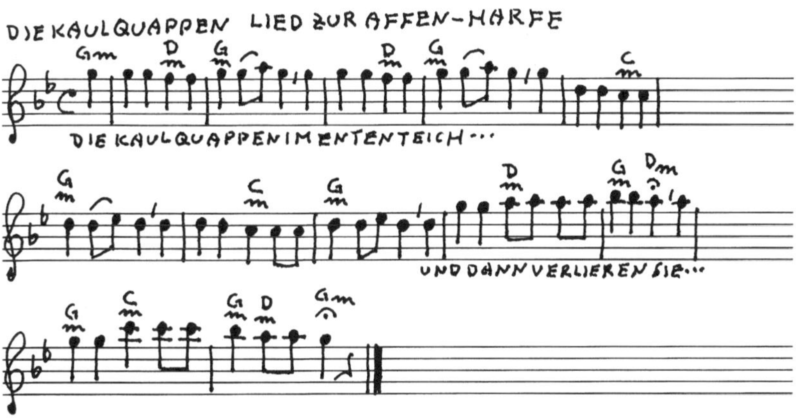

Klavier spielen. Dieses Instrument ist ein sehr kleines, das kann man auch im Auto spielen, wenn mal Stau kommt.* Ich nehme mir auch immer eine Staustulle mit. Manchmal habe ich Hunger und dann denke ich: hoffentlich kommt bald ein Stau, - und dann kommt einer, und ich freue mich. Muß natürlich ein Stillstandstau sein. So'n Stotterstau macht nervös, immer Kupplung, Gang, bremsen. Deswegen nehm` ich mir auch immer 'ne Stillstandstaustulle mit. 'Ne Stotterstaustulle will ich nicht. Einmal, da hab' ich gehustet, und da fiel mir ein Stillstandstaustullenstückchen aus dem Mund, ach nein, das war in der Stadt gewesen, also ein Stadtstillstandstaustullenstückchen. Da halt` ich mir das an die Nase, und das hatte einen stark stechenden Stickstoffstaubgeruch an sich, und dann faß` ich das an, und da war das ein ganz stabiles ständig stark stechendes Stickstoffstaubstadtstillstandstaustullenstückchen, - na ja , was man

* Ihr Autofahrer arm und reich,
im Stau, da seid Ihr alle gleich.

so alles erlebt. Das Lied, welches ich jetzt singe, ist ein japanisches Kinderlied, ach nein, ein chinesisches Kinderlied, das wurde ins Japanische übersetzt, und ich habe es ins Deutsche übersetzt, schon vor dreißig Jahren. Es heißt "Die Kaulquappen". (spielt ein Vorspiel und singt ganz hoch:) "Die Kaulquappen im - -" oh, die sind alle so verdammt hoch, die japanischen Lieder, wahrscheinlich liegt das daran, weil die alle etwas kleiner sind.

Die Kaulquappen im Ententeich, -
die haben Füße nicht sogleich.
Die wachsen später erst dem Tier,
sie geben ab ihre Kiemen dafür.
Und dann verlieren sie ihr Schwänzelein, -
ich möchte nie eine Kaulquappe sein.

Nun noch zum Schluß ein Lied auf diesem selbstgemachten Instrument (holt eine Bierflasche, in der ein Rohr steckt).
Dies ist das einfachste Instrument, das ich je erfunden habe. Das ist eine Bierflasche, da steckt ein Metall-Rohr drin, das da gerade so reinpaßt, da bläst man rüber, wie über einen Schlüssel, und in der Flasche ist Wasser

drin, und wenn ich die Flasche nach unten oder oben bewege, geht der Wasserspiegel mit. Dadurch verändern sich die Töne, was ja Voraussetzung für Musik ist, - außer bei Techno-Musik, da reicht ein Ton aus. Das Instrument heißt "Bierflöte", das Lied, welches ich singe ist ein "Trink-Lied", und es hat den Titel "Der Alkohol", paßt alles drei zusammen (spielt eine Solo-Strophe). Also ich hab' eine Melodie rausgehört. (spielt abwechselnd eine Zeile und singt eine:)

Der Alkohol, der Alkohol, zerstört des Menschen Leber!
Und wenn die mal kaputt ist, hilft auch kein Alleskleber.

Der Alkohol, der Alkohol, zerstört des Menschen Galle!
Und wenn die mal kaputt ist, hilft keine Gürtelschnalle.

Der Alkohol, der Alkohol zerstört des Menschen Hirn! (glissando auf Bierflöte)
Und wenn das mal kaputt ist, hilft auch kein Schusterzwirn.

Der Alkohol, der Alkohol, der ist der Liebe Grab!
Und wenn die mal kaputt ist, hilft kein Massage-Stab.

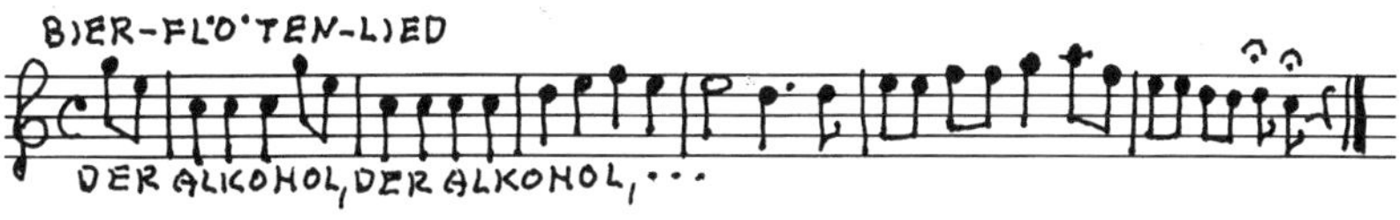

So, das war's, Sie können jetzt noch zukucken, wie ich einpacke. Ich finde immer: Wenn's am schönsten ist, dann soll man - - - nicht aufhören, aber kurz danach.

Ich mach\` jetzt Schluß, sonst kann es passieren, daß mal eine Zugabe nicht so ankommt, und dann will man das wieder rausreissen, und dann läppert sich der Abend so dahin. Mit einem schlechten Schluß kann man sich den ganzen Abend versauen, sowie man sich auch das ganze Leben versauen kann, wenn der Schluß schlecht ist. Das heißt, etwas habe ich noch, das habe ich auch schon paar mal ausprobiert, da geht nichts schief (nimmt ein Raucher-Buch und schlägt es auf).

Es haben ja etliche in der Pause dieses Buch gekauft, da könnten wir doch zusammen lesen. Wir schlagen auf auf Seite achtundvierzig und lesen gemeinsam:

Oft lernen sich zwei Menschen kennen.
Bevor sie nun zusammen pennen,
trinken sie bei Kerzenschein
etwas Schnaps und Bier und Wein.
Die Stunden woll\`n sie sich verschönen,
bis sie sich daran gewöhnen.
Täglich wird der Durst gestillt,
und der Kühlschrank aufgefüllt.
Und je nachdem, wie\`s Glas sich neigt,
der Alkohol dann Wirkung zeigt:

Ein Schnäpschen, ein Glas Bier, ein Wein, -
da heißt es: "Du mein Schnuckilein."
Zwei Schnäpschen, zwei Glas Bier, zwei Wein, -
da hört man: "Wildes Teufelein."
Drei Schnäpschen, drei Glas Bier, drei Wein, -
da klingt es: "Ach, Du Wüstling mein."

Sechs Schnäpschen, sechs Glas Bier, sechs Wein, -
sie: “Ach - ach“ in Extase schrei`n .
Neun Schnäpschen, neun Glas Bier, neun Wein! -
“Wenn Du fremd gehst, hau` ich Dir eine rein.“
Zwölf Schnäpschen, zwölf Glas Bier, zwölf Wein, -
“Hau`endlich ab, du besoffenes Schwein!“ (lall, lall)
Küßt Ihr Euch mal bei Kerzenschein,
dann laßt das Saufen lieber sein!

(manchmal liest der ganze Saal mit, das hört sich dann ganz merkwürdig an, hauptsächlich in Thüringen)

*****

“Blondy und Minou” (aus der Kunstmappe “Ein Tag in Afrika”)

Die Geschichte, die aus Verseh`n in dieses Buch geraten ist

Mein Kneipenfreund Arne
(eine zweiseitige, nicht sehr lange Kurzgeschichte)

Gäbe es diese Geschichte nicht, würden Sie wahrscheinlich nie von meinem Kneipenfreund Arne je gehört haben.
Mein Kneipenfreund Arne ist zehn Jahre älter als ich und ich freue mich jedes Mal, wenn ich ihn sehe, daß ich nicht schon genauso alt aussehe. Wir unterhalten uns immer, - und nebenbei trinken wir, - er Wodka, ich Weizenbier, jeder einen Liter. Er weiß natürlich, daß ich Vegetarier bin und hackt deshalb immer auf mir herum. So neulich erst wieder, als der Kellner, ein überaus schöner Perser,* mit dampfenden Speisen an uns vorüberging. Für meinen Kneipenfreund Arne war das Wohlgeruch, für mich der feucht-warme Odem des Grabes, eines frischen Tier-Grabes. "Igittigitt!" sagte ich. "Nun fang' doch nicht wieder mit deiner Religion an", sagte mein Kneipenfreund Arne. "Religion?! Was heißt hier Religion! Diese Leichenteile auf dem Teller sind einfach zum Ekeln", brach da der Vegetarier aus mir heraus, "man sollte sie auf den Tier-Friedhof bringen aber nicht auf einen weißgedeckten Tisch." "Nun sei mal 'n bißchen tolerant", warf mein Kneipenfreund Arne in die Diskussion. "Was heißt hier tolerant", erwiderte ich außer mir, "möchtest du im Fleischerladen hängen, und die Hausfrauen und Junggesellen kaufen dich dann scheibchenweise?" Aber mein Kneipenfreund Arne erwiderte nichts mehr, denn wir hatten beide unseren Liter ausgetrunken, ich Weizenbier, er Wodka. Dann gingen wir heim.
In der folgenden Nacht aber hatte ich einen schrecklichen Traum, der so schrecklich war, daß ich mich gezwungen sah, ihn aufzuschreiben, sonst hätte mir niemand geglaubt, daß es so etwas Schreckliches gibt.
Ich träumte:
Mein Kneipenfreund Arne und ich saßen in unserer Kneipe, und tranken Weizenbier und Wodka, jeder eine Flasche, und beschlossen, über Weihnachten nach Mallorca zu fliegen. Gesagt, getan, - wir nahmen ein Taxi zum Flughafen und stiegen in eine Chartermaschine nach Palma. Unterwegs gab es ein Gewitter und wir stürzten ab, direkt ins Meer. Mein Kneipenfreund Arne und ich schwammen eine Weile, entdeckten ein Gummi-Rettungs-Boot und paddelten, bis wir auf eine Insel gelangten. Die war sehr schön und es gab dort viele Kneipen und Restaurants.
Der Bürgermeister begrüßte uns herzlich mit den Worten: "Herzlich Willkommen! Fühlen Sie sich hier wie zu Hause. Allerdings, - einiges müssen wir gleich klären, unsere Insel besteht nämlich zur Hälfte aus Vegetariern und zur anderen Hälfte aus Fleischfressern. Da es auf dieser

* namens "Jamal"

Insel keine Tiere gibt, müssen wir das Defizit an Fleisch- und Wurstwaren in anderer Weise lösen, d.h. wir müssen diese Waren selbst stellen, d.h. wiederum, wir müssen uns selbst stellen. Mit anderen Worten, wer Fleischspeisen zu essen beliebt, muß sie auch selber liefern. Dafür haben wir ein ausgeklügeltes Los-System, das bisher immer einwandfrei funktioniert hat. Sie müssen sich also," - mein Kneipenfreund Arne und ich waren gemeint, - "entscheiden, ob Sie als Vegetarier hier auf der Insel leben wollen oder als Fleischfresser, dann mit der Verpflichtung, sich gegebenenfalls mit Ihrer Person zur Verfügung zu stellen." Mit diesen Worten beendete der Bürgermeister dieser Insel seine Begrüßungsansprache.
Für mich war die Entscheidung klar, - aber mein Kneipenfreund Arne überlegte eine Weile, - dann entschied er sich für ein Dasein als Fleischfresser mit den Worten: "Ich werde doch jetzt in meinem Alter nicht noch Vegetarier, eher kommt die Wiedervereinigung."
So lebten wir einige Zeit zufrieden dahin, ich trank Weizenbier, er genau so viel Wodka, - bis der Zeitpunkt einer neuerlichen Verlosung herankam, da die Fleischvorräte zu Ende gingen. Ich begleitete natürlich meinen Kneipenfreund Arne zur Verlosung, - es war auch schönes Wetter, - nicht ahnend, daß Schreckliches geschehen würde. Ausgerechnet meinen Kneipenfreund Arne traf das Los, obwohl wir noch gar nicht so lange auf der Insel waren und es wesentlich jüngere, also besserschmeckende Leute gab. Er erhielt dann Bescheid, daß er sich innerhalb von 14 Tagen

- **nüchtern** -

auf dem Schlachthof um 15 Uhr einzufinden hatte, Halle 1. "Wenigstens is\` das nicht so entsetzlich früh am Morgen", sagte ich zu meinem Kneipenfreund Arne. Als es so weit war, begleitete ich ihn und der Pförtner fragte mich, ob ich mit hineingehen wollte, gab mir dann einen Passierschein und ich ging mit. Mein Kneipenfreund Arne bekam einen Schlagbolzen an die Stirn gesetzt und lag auch schon da. Dann erhielt er Haken an den Füßen und wurde in eine große Halle gefahren. Die schwer verwertbaren Dinge wurden in einen großen Kübel geworfen, die leicht verwertbaren, übrigens der überwiegende Teil, in verschiedene Bottiche und Schüsseln, die Innereien extra, - die Leber - wurde weggeschmissen. Dann kam etliches in eine komplizierte Wurstmaschine, und draußen standen die Leute schon Schlange und warteten mit Hunger und Appetit auf frische Ware. Ich sah noch einen schweren schwärzlich schönen Schinken schaukeln in der Räucherei, - und dann wachte ich auf und war froh, daß es nur ein Traum war.
Ich weiß immer noch nicht, ob ich diesen Traum meinem Kneipenfreund Arne erzählen soll, - was meinen Sie?

*****

Denkschriften über Musik-Instrumente

(entstanden 1987)

Welches Musikinstrument empfehlen Sie meinem Kinde?

Eine junge Mutter sprach mich eines Tages auf der Straße an, mit den Worten: “Lieber Herr Insterburg, mein Sohn ist jetzt 9 Jahre alt, ich möchte gerne, daß er ein Musikinstrument erlernt, ich sehe es ja an Ihnen, wie erfolgreich man als Musiker im Leben sein kann. Sie beherrschen doch alle Instrumente, Sie müssten mir doch am allerbesten raten können.“ Gesagt, getan. Ich beriet diese Frau, und heute spielt ihr Sohn, mittlerweile 26 geworden, bei den Philharmonikern zweite Geige. Das war für mich der Anlass, auch anderen Eltern Ratschläge zu geben, denn die Instrumentenwahl ist ja etwas entscheidendes. Man kann nicht so einfach nach etlichen Jahren vom Fagott zum Waldhorn wechseln, bloß weil man merkt, das Fagott liegt einem nicht so, und das nicht nur in der Hand.

Und nun beginne ich damit. Die Überschrift lautet:

Vor- und Nachteile eines bestimmten Musikinstrumentes
bezüglich des Erlernens und Handhabens
im täglichen Gebrauche und der Zukunftsaussichten desselben
im Berufe oder zur persönlichen Erbauung,
gedacht als Empfehlung

<u>Der Kontrabass</u>

Jeder kennt den dusseligen Spruch, wenn jemand seinen Kontrabass in die Straßenbahn schleppt: “Warum haste nicht Geige gelernt.“
Da ist natürlich etwas dran. Wenn jemand das Bass-Spielen erlernen will im Kindesalter, sollte er sich erst seine Eltern ansehen, und zwar seine leiblichen. Ist der Vater eher schmächtig, feingliedrig, die Mutter zierlich, dünnfingerig, die Großeltern ebenso, sollte ein solcher vom Kontrabass-Spielen Abstand nehmen. Er hätte ein Leben lang in Erwartung einer ähnlichen Verfassung wie die seiner Eltern zu viel körperliche Mühen, die ja nicht sein müssen. Ist einer von stämmigem Wuchse, sollte er überlegen, daß ein guter Bass heute (Preise von 1987) zehn- bis sechzigtausend Mark kostet. Hinzu kommen fast jährliche Reparaturen, weil man mit solch einem riesigen Instrument, das sich nicht zusammenklappen lässt, dauernd irgendwo anstößt, besonders wenn einem andere beim Tragen helfen. Die Saiten halten zwar lange, aber kosten vier bis fünf Stück: 350,- DM (es gibt 5-Saitige Bässe). Der Bogen kann in die Tausende gehen. Die

Hülle ist am billigsten, 800,- DM und hält 10 Jahre. Im Orchester darf man beim Musizieren sitzen, auf so einer Art Barhocker, was sehr angenehm ist, - in der Kneipe aber beim Jazzen stehen und dauernd zupfen (pizzicato), weshalb man sich ein Pflaster um den Zeigefinger im Voraus kleben muss. In der Unterhaltungsmusik benutzt man klugerweise die Bass-Gitarre, allerdings schleppt man sich an dem Verstärker plus Box einen Bruch. An das Drücken der dicken Saiten gewöhnt man sich.

***

Die Oboe

Jeder kennt den dusseligen Spruch, wenn jemand erzählt er wäre Oboist: "Wird man da nicht `n bißchen doof im Kopp?"

Da ist natürlich etwas dran. Aber eine gute Atembeherrschung mildert doch sehr die Anstrengungen. Von der Grifftechnik her ist die Oboe nicht viel schwerer als die Klarinette, wenn auch leichter als das Fagott. Besonders als Anfänger läuft man rot an im Gesicht, wenn man so richtig am Blasen ist. Ich persönlich hatte drei Jahre Oboenunterricht bei dem 2. Oboisten von der Deutschen Oper in Berlin (1978-81), und fühlte mich nach einer Stunde blasen wie nach zwei, drei Bier, - also besoffen. Außerdem werden am Anfang die Kaumuskeln beansprucht, sodass ich zeitweise nur Suppe löffeln konnte, da ich beim Kauen einen Krampf in den Kiefermuskeln kriegte. Ich hörte dann, das wäre falsches Üben, aber am Anfang kann man eben noch nicht so richtig üben. Eine Oboe kostet ca. 4 bis 8 tausend Mark und in einem Musikerleben braucht man zwei, weil sich diese Instrumente bei fleißigem Gebrauch abnutzen. Mit ca. 50 Jahren kann man, wenn man will, sich pensionieren lassen. Das ist einer der Vorteile, sonst gibt es nur Nachteile, und die liegen – beim Mundstück, oder wie der Fachmann sagt: beim Rohr, - oder noch genauer beim "Rohre bauen und schaben." Für mich ist die Oboe die Königin der Blasinstrumente, aber die Rohre, - die Rohre, die muss jeder sich selber machen. Gekaufte nimmt man nicht einmal, wenn man seine vor dem Auftritt verliert, da steuert man flugs einen Oboisten an, der hilft einem dann aus. Diesbezüglich herrscht da eine echte Kameradschaft. Könner schaben das Rohr in einer viertel Stunde spielreif mit späterem Nachschaben, ich brauchte drei Stunden, mit späterem Nachschaben von einer Woche. So ein Ding hält dann zwei bis drei Wochen. Ein kleiner Fehler, - das Rohr ist am Ende 2/100 mm dünn, - und man fängt wieder von vorn an, und hat den ganzen Tag schlechte Laune.* Es würde zu weit führen "Das Oboen-Rohre-Bauen" zu beschreiben, ich will nur aufzählen, was für Zutaten man alles braucht: man lässt sich aus Südfrankreich ein Schächtelchen bambusartiger Rohrstückchen schicken. Die drittelt man.

* Das Rohr muß 7 Minuten vor dem Spielen nass sein, beim Nachschaben muß es aber trocken sein, beim eigentlichen Schaben nass.

Dann braucht man eine spezielle Hobelmaschine, einen Fassonschneider, dünnen Messingdraht, bekorkte Hülsen, Schere, Schabezungen (aus Ebenholz), Flachzange, Haltedorn, Zentimetermaß, Schneideklotz (aus Ebenholz), Nähseide, Okuliermesser, Fischhaut oder Einmachpapier (für Vegetarier), eine Wasserschale, Wasser, ein Wasserröhrchen oder Schnapsglas, ein Löffelchen, ein Spezialetui für fertige Rohre, am Anfang eine Lupe, Spucke, - und Geduld und Spucke. Für die Oboe dann noch: Öl, Schraubenzieher, Wischer, ein Kreidestückchen (um klebrige Polster [Dichtungen] zu säubern*), ein Zigarettenpapier (um Spucke aus dem Oktav-Loch zu saugen), ein Oboenetui und eine Aktentasche, weil man etliche dieser Sachen immer dabeihaben muss. Viel Spaß.
P.S. Ein Oboist schabt in seinem Leben einen Waschkorb voll Oboenrohre, fragt sich nur, wie groß der Korb ist.

***

Das Fagott

Jeder kennt den dusseligen Spruch, wenn einer sagt, daß er Fagott spielt: "Die Mehrzahl von Fagott, - ist das Fagötter?"
Da ist natürlich etwas dran, denn das Fagott reicht von der tiefsten Tiefe bis zu der höchsten Höhe, gleichsam von der Erde bis zum Himmel, nämlich etwa vier Oktaven weit. Das Fagott ist ein reines Daumeninstrument. Während bei Oboe, Klarinette, Saxophon usw der linke Daumen nur eine Klappe, bzw. eine Klappe und ein Loch zu betreuen hat, sind es beim Fagott vier bis fünf Klappen, wobei manchmal drei bis vier auf einmal gedrückt werden müssen. Der rechte Daumen hat bei normalen Holzblasinstrumenten eine reine Trägerfunktion und weder Loch noch Klappe, nicht so beim Fagott: 4 Klappen sind von diesem zum Dichten der Löcher zu bewegen. - Nun muss man nicht denken, dass die anderen Finger nichts zu tun hätten, weit gefehlt. Das Gefummele auf sämtlichen Klappen und das auch im Eiltempo, lässt einen Anfänger verzweifeln, aber im Laufe der Jahre ist auch das zu bewältigen. Das Fagott ist zerlegbar in: Stange, Stiefel, Flügel, Schallstück, "S"- Bogen und Doppelrohrblatt. Wenn man eines dieser Stücke zu Hause vergisst, kann man im Konzert nicht blasen. Dazu kommen Daumenstütze und Trageriemen. Der "S"- Bogen hat nichts mit dem Ton "Es" zu tun, und auch nicht mit so was Dusseligem wie "essen", sondern er hat die Form eines "S", also die des Buchstaben "S" und hat ein ganz, ganz kleines Loch, das aber äußerst wichtig ist, besonders zur Erleichterung des Blasens in den einzelnen Oktav-Lagen. Auch darf es, dieses Löchlein nämlich, nicht mit harten Gegenständen gereinigt werden, allenfalls mit einem Pferdehaar. Deswegen sind Fagottisten auch so scharf auf die Geiger, wenn diese ein Pferdehaar ver-

* Man macht einen Kreidestrich auf ein Stück Papier und schiebt dieses unter dem Polster unter leichtem Druck hin und her.

lieren, - aus ihrem Bogen. Das Mundstück hält länger als das der Oboe, paar Monate, ist nicht so pingelig zu bearbeiten, - die werkzeuglichen Zutaten sind aber zahlenmäßig nahezu dieselben, nur etwas gröber. Im Orchester sitzen zwei bis drei Fagottisten. Der dritte muss auch noch Kontrafagott spielen, das eine gesamte Rohrlänge von 4 ½ m hat. Pro Meter kostet das Fagott zwei - bis dreitausend Mark. Vor dem Blasen muss das Doppelrohrblatt nass gemacht werden, mit Wasser oder Spucke, und unmittelbar vor dem Musizieren darf man keine trockenen Kekse essen. Bei der Oboe erst recht nicht.

***

Die Geige

Jeder kennt den dusseligen Spruch, wenn einer erzählt, dass er Geige spielt: "Na, dann gibt's bei euch ja keine Katzen mehr in der Umgebung!" Da ist natürlich etwas dran, denn die Geige, auch "Violine" genannt, eignet sich wie selten ein anderes Instrument zum Falschspielen. Das liegt daran, das sie weder Tasten, Klappen, Hämmerchen, noch Ventile hat, sondern nur die nackten Saiten, und nichts als die nackten Saiten. Dann kommt noch hinzu, daß kleinste Millimeterunterschiede den reinen Ton vom unreinen trennen, ähnlich dem Kolben im Zylinder eines Dieselmotors: entweder der Kolben passt oder er passt nicht. Das Vibrato lindert etwas diesen Präzisionsanspruch, so wie ja auch der Dieselmotor ständig vibriert. Bei Bass und Violoncello ist dieser nicht ganz so lebensnotwendig, da es sich da schon um Zentimeterunterschiede handelt und zum anderen, tiefe Töne nicht so empfindlich ein Publikumsohr treffen und verletzen, wenn sie unrein sind, wie hohe oder höchste Töne auf der Geige, die so hoch gehen können, dass sie von manchen Menschen schon gar nicht mehr gehört werden, - höchstens noch von Hunden, - ob zum Vor- oder Nachteil lässt sich schwer sagen. Üben, üben, üben, - täglich, täglich, täglich, - unermüdlich, - müdlich, - müdlich. Aber dann bringt es auch was!!! Wenn man bedenkt, dass vierzig Geiger keine Seltenheit sind im Orchester, kann man sich doch schon rein zahlenmäßig Chancen ausrechnen. Ist man im Orchester drin, hat man allerdings viel zu tun, eigentlich von Anfang bis Ende, immer geigen, immer und immer geigen. Die Posaunen dagegen machen da fast gar nichts, ja, in manchen Sätzen brauchen sie gar nicht erst anwesend zu sein. Dafür fällt es aber auch mehr auf, wenn sie sich verspielen, da sie meist für laute Stellen eingesetzt werden. Soviel Freizeit haben die Geiger nicht während eines Konzertes, immer geigen, immer geigen, aber wenn man sich mal verspielt, fällt das nicht so sehr auf, aber man verspielt sich selten, weil man ja ständig geigen muss, ständig geigen muss. Wenn einer aber mal abso-

lut keine Lust hat, fällt es nicht auf, wenn er nur so tut als wenn er geigt und immer geigt. Will einer das ganze Konzert über nichts machen, weil er besoffen ist, muss er sich vorher Schnur statt Saiten auf die Geige spannen.
Geiger lieben ihr Instrument, sie sind geradezu verliebt in es, ja, sie können närrisch werden vor Freude über ihr Instrument, ihr ein und alles, ihre geliebte Geige, ihre Geliebte gradezu, – kein Wunder, sie kostet ja auch bis in die Millionen: denkt man an Stradivari, - Guarneri, - Steiner, - Maggini, - Amati oder – Bartholomäus Karner (so eine habe ich von 1781). Die billigste Geige kostet hundert Mark. Man spricht dann von einer sogenannten “Schachtel“. Somit ist die Geige das Instrument, das am billigsten – aber auch am teuersten sein kann, oder unbezahlbar, weil man in sie verliebt ist.
PS: Die teuerste Geige kostet ein paar Millionen DM und der teuerste Geigenbogen 80.000,- Mark, ein guter zum Spielen 2 – 3 Tausend Mark (Preise von 1988).
Die Saiten werden aus Schafsdärmen hergestellt. Ich als Vegetarier benutze Kunststoff-Saiten. Sie halten außerdem länger und verstimmen sich nicht so leicht. Für eine Bass-Saite braucht man z. B. 80 Därme von im Alter von 8 bis 10 Monaten ums Leben gebrachten Schafen.

***

Die Flöte
Jeder kennt den dusseligen Spruch, wenn einer sagt, er kann auf der Flöte spielen: “Das kann ich auch!“
Da ist natürlich etwas dran, denn jeder kann meistens bereits im Kindesalter auf der Flöte spielen, besonders Jungen, indem sie das Pfeifen erlernen. Es gibt Künstler, die das Pfeifen virtuosisiert haben (man denke an Ilse Werner oder Horst Koch, ehemaliges Mitglied von der Neuen Gruppe Insterburg & Co , 3 Wochen lang). Im Prinzip ist das dasselbe bei der Konzertflöte, aber nur was die Tonerzeugung prinzipiell betrifft. Die Querflöte ist ein edles Orchesterinstrument, meist aus Silber, seltener aus Gold. Mit Brillianten und Edelsteinen besetzt gibt es sie nicht. Das edle Edelmetall sorgt für einen weichen edlen Klang. Die armseelige Schwester der Querflöte, die Blockflöte, ist nur aus Holz. Früher war ja die Querflöte auch mal aus Holz, aber dieses Stadium hat sie überwunden. Die Armseeligkeit der Blockflöte setzt sich fort in der mageren Anzahl von Klappen. Die “C“ - Flöte, und alle höheren, besitzen nicht mal eine. Erst die Alt-Flöte hat eine einzige Klappe, und die ist im Gegensatz zu einer Querflötenklappe auch noch ziemlich grobschlächtig. Nicht einmal der Name ist ganz kritiklos hinzunehmen. Eigentlich müsste die Blockflöte

“Senkrechtflöte“ heißen, da sie ja senkrecht geblasen wird, oder weshalb wird denn nun die Querflöte “Querflöte“ genannt? Eben, weil sie quer geblasen wird. Aber dessen noch nicht genug, die Querflöte heißt auch noch “Konzert-Flöte.“ Das sagt doch alles. Den Namen “Blockflöte“ verdankt dieselbe dem Umstand, dass zur Tonerzeugung ein Block in den Tonkopf eingesetzt wird. Da ist doch der Name “Blockschokolade“ viel ehrlicher, die ist nämlich voll und ganz “Block.“ Zurück zu den Klappen. Die Bassblockflöte, oder korrekter “Bass-Senkrechtflöte“ kann drei oder vier unförmige Klappen haben. Außerdem hat sie sich vom Fagott das Rohr für die Luftzufuhr, den “S“- Bogen abgekuckt, obwohl es auch anders geht, wenn man sich die Knickbasssenkrechtflöte anschaut, die einen Knick im Flötenrohr hat, damit man mit dem Mund an den Tonkanal rankommt. Bei der Senkrechtflöte reicht bloßes Reinpusten, während bei der Querkonzertflöte der Ton selbst erzeugt werden muss.* Einen chromatischen Lauf auf der Senkrechtflöte zu spielen, das ist so, als wenn man Schreibmaschine mit einem Finger schreibt. Die Querkonzertflöte, ob es nun eine Tenorquerkonzertflöte ist oder eine Bassquerkonzertflöte, oder eben die Sopranquerkonzertflöte oder die Piccoloquerkonzertflöte, die schafft das perlend. Im modernen Symphonieorchester hat der Querkonzertflötist gute Berufsaussichten. Der Senkrechtflötist ist nur für alte Musik zu verwerten in alten Orchestern. Die größte Beleidigung, die man einem Sopransenkrechtflötisten zufügen kann, ist, wenn ein Querkonzertflötist sagt: “Halt die Klappe!” , weil der gar keine hat.

***

Das Cello

Jeder kennt den dusseligen Spruch, wenn einer mit einem Cello ankommt: “Du hast aber eine dicke Geige!“

Da ist natürlich etwas dran, denn gänzlich unmusische Nichtmusiker können in ihrer null und nichtigen Unwissenheit auf Grund der Formähnlichkeit ein Cello für eine Geige halten. Der korrekte Name für dieses Instrument lautet eigentlich “Violoncello“. Aber ähnlich wie beim “Omnibus“, den die Menschen auf Grund ihrer Maulfaulheit nur “Bus“ nennen, hat sich der Volksmund angewöhnt nur “Cello“ zu sagen. Er sagt auch nur “Tach“ statt “Guten Tag“ oder “Mahlzeit“ statt “Gesegnete Mahlzeit“, er ist eben sehr träge, der Volksmund, man sollte ihn aber hin und wieder darauf stoßen, damit er nicht noch mehr verschludert.

Das Cello ist ein anspruchsvolles Instrument, was man schon daran erkennt, daß aus dem Holz für ein Cello vier Geigen gebaut werden könnten. Ein Sperrholzcello trifft dieser Vorwurf nicht. Das Cello ist ein sogenanntes Zwei-Ohr-Instrument, d.h. man hört den Schall, der aus den “F“-

* Ein Querkonzertflötist muß aufpassen, daß ihm beim Knutschen nicht in die Lippen gebissen wird. Ein Boxer sollte lieber Blockflöte lernen, die kann man auch mit geschwollenen Lippen spielen.

Löchern kommt, mit zwei Ohren, die vorhanden sein sollten. Die Geige dagegen ist ein "Ein-Ohr-Instrument", weil man den Schall weitgehend nur mit einem Ohr hört, da man die Geige links hält, und überdies den Kopf nach links neigt. Das Cello spielt man zwischen den Knien. Es ist aber niemals so lang, daß es bis auf die Erde reicht. Deshalb hat man ihm einen Stachel eingebaut, der ähnlich einem einbeinigen Melkschemel das Instrument dreißig Zentimeter vom Boden hält, sodass der Violoncellist bequem an die vier Saiten rankommt. Die Schall- oder "F"- Löcher sind beim Violoncello größer als bei der Geige. Man könnte also aus den zwei "F"- Löchern des Violoncellos acht "F"- Löcher für die Geige machen. Ein Violoncellist hat gute Berufsaussichten und benötigt ebenfalls, je besser er spielt, ein teureres Instrument. Obwohl aber das Violoncello das vierfache an Holz verschlingt, erzielt es doch nicht solche Preise, wie die Geige. Die Noten werden mit Bassschlüssel geschrieben, damit der Violoncellist den Geigern nicht Konkurrenz machen kann: er kommt nämlich bequem an die höchsten Töne heran, bei denen der Geiger sich die Hand fast verrenken muss. Auch die Bratsche wird aus Konkurrenzgründen mit einem anderen Schlüssel notiert, denn da ist die Möglichkeit von übergreifenden Arbeitsplätzen noch größer, nach dem Motto: fehlt mal ein Geiger, nehmen wir eben einen Bratschisten! Nein, nein, nein, - die Geiger müssen geschützt werden und deshalb hat jeder Streicher seinen eigenen Schlüssel. Das Cello kann manchmal einen sogenannten "Wolf" haben,* der Violoncellist auch.**

***

Das Schlagzeug

Jeder kennt den dusseligen Spruch, wenn jemand erzählt, er will Schlagzeug lernen:

"Da brauchste nichts zu können, da musste nur raufhauen."

Da ist natürlich was dran, aber nur was das draufhauen betrifft, jedoch das im richtigen Moment, an der richtigen Stelle und in der richtigen Lautstärke. Das Schlagzeugspielen zu erlernen ist sehr schwer. Schon ein einfacher Test an einem Lernwilligen führt denselben oft aufs Glatteis: man schlage mit dem rechten Fuß "Ram ta Ramtata" und zugleich mit der linken oder rechten Hand glatte: "1-2-3-4-", oder präziser ausgedrückt: mit dem Fuß zwei achtel Noten, zwei Sechzehntel, eine Achtel und zugleich mit der Hand vier Achtel. Wenn Sie das nicht schaffen, ahnen Sie wie schwer es ist, Schlagzeug zu spielen, wenn Sie es schaffen, ahnen Sie immer noch nicht, wie schwer es ist, Schlagzeug zu spielen.

Man unterscheidet zwischen Handschlagzeug und Fußschlagzeug. Im

* Wolf: bei Bratsche und Cello hauptsächlich, hässliche Schwingung oder Brummen bei einem bestimmten Ton

** Wolf bei Menschen: Arzt fragen

Symphonieorchester spielt man reines Handschlagzeug, im Jazzorchester (oder - Kapelle) aus Rationalisierungsgründen die Kombination von Fuß - und Handschlagzeug, - während Ingo Insterburg vorwiegend Fußschlagzeug spielt, weil er die Hände für etliche andere wichtige Instrumente braucht, z.B. Geige, Oboe, Fagott, Trompete u.s.w. (Herr Insterburg besitzt ein Sopran-Schlagzeug, ein Tenor-Schlagzeug und ein Bass-Schlagzeug).

Das Schlagzeug ist ein Anbau-Instrument. Nach dem Erwerben einer Grundausstattung sind den Anbaumöglichkeiten praktisch keine Grenzen gesetzt, außer räumlicher und finanzieller Art. Ingo Insterburg spielte 1982 auf einem Schlagzeug, das aus 52 klingenden Einzelteilen bestand: Becken (ein großes Halbmeterbecken kostet 500,- DM, handgeschmiedet noch mehr), Tom-Toms, die üblichen Trommeln, Sambagurke, Rumba-Kugeln, Schlittenglocken, Autohupe, Kastagnetten, Kuhglocken, Triller- und Sambapfeife, King-Kong, Wimmer-Haken, Eselskiefer u.s.w. Ein Unterhaltungsschlagzeuger muss das alles alleine spielen. Im Symphonieorchester kriegt jeder nur ein so' n Ding in die Hand gedrückt. Das ist ein herrliches Leben! Ich hatte mal bei einem Schönberg-Konzert in der Berliner Philharmonie gesehen, und gehört natürlich, dass einer bei dem ganzen Konzert nur drei Schläge auf so `ner Riesentrommel gemacht hatte. Stellen Sie sich mal vor, der hätte sich einmal verspielt, dann wäre schon ein Drittel seiner Tätigkeit im Eimer gewesen.

Ingo Insterburg baute sich 1993 eine Riesentrommel (1,13 m Durchmesser) für seine "Symphonie Nr. 1, die Vollendete," die im 4. Satz im "Libellen-Reigen" zu hören ist, und nannte sie "Ur-Knall-Trommel".*

Ferner dürfen im Symphonieorchester keine Faxen mit Trommelstöcken gemacht werden, mit Drehen und Wirbeln in der Luft und so. Ein Konzertschlagzeug ist zwar teuer aber sonst ganz schön mickrig, außer paar Becken, Trommeln und Kesselpauken läuft da nicht viel. Eine Kesselpauke mit Stimm-Automatik kostet 10 – 15 tausend Mark, wenn sie zylindrisch ist (für Schulen) nur paar 100 Mark. Die zylindrischen Kesselpauken klingen aber nicht so gut wie die kesseligen Kesselpauken. Schlagzeug spielt man auch nach Noten. Die Trommelstöcke müssen gerade sein. Ein guter Schlagzeuger braucht ein Lastauto.

Konzert-Schlagzeuger müssen auch noch Vibraphon, Xylophon und "Singende Säge" spielen können.

***

Die Harfe

Jeder kennt den dusseligen Spruch, wenn einer sagt, er kann Harfe spielen: "Na, dann kannst` es ja schon, wenn du in` n Himmel kommst."

* Alle seine Trommelfelle sind aus Kunststoff, außer die in seinen Ohren.

Da ist natürlich etwas dran, denn die Harfe ist mit ihren romantischen und zarten Klängen einfach ein himmlisches Instrument.
Die Harfe ist sehr schwer, auch zu tragen. Sie ist ein von Frauen bevorzugtes Instrument. Männer spielen die Harfe nicht so gerne, weil sie sich scheuen, sich mit diesem Instrument abzuschleppen. Frauen brauchen das Instrument nicht zu tragen, weil sie immer einen Kavalier finden, der es ihnen trägt. So kommt es zu der paradoxen Situation, daß Männer nicht Harfe lernen wollen, damit sie das Instrument nicht tragen müssen, um es dann letzten Endes doch zu tragen. Einige haben das inzwischen eingesehen und so gibt es hin und wieder unter den Männern eine Harfenistin.
Die Harfe spielt man mit Händen und Füßen. Die Füße sind aber nur hin und wieder tätig, und müssen nicht wie bei der Kirchenorgel hin und her flitzen. Sie treten auf Pedale, um halbe Töne herstellen zu können, weshalb man auch die Konzertharfe "Pedalharfe" nennt, im Gegensatz zur Volksharfe. Die Pedale ähneln den Klavierpedalen, und nicht den Fahrradpedalen. Die Finger zupfen die Saiten, weshalb sich an den Fingerkuppen im Laufe der Jahre eine dicke Hornhautschicht bildet, außer am kleinen Finger, weil der nicht benutzt wird, wahrscheinlich weil er bei jedem Menschen zu kurz geraten ist. Wenn man von einer Harfenistin gestreichelt wird, soll das deshalb ein ganz eigenartiges Gefühl sein, ein Gemisch aus herber Zartheit und rauher Weichheit mit Akzenten.
Man sagt, die Harfenistin stimmt das halbe Leben ihr Instrument, das scheint zu stimmen – man braucht nur eine Volksharfe zu stimmen, und danach das Fenster aufzumachen oder einen Bühnenscheinwerfer anzuknipsen, schon klingt sie ähnlicher einer Teufelsharfe als einer Himmelsharfe. Das Stimmwerkzeug ist ein Stimmschlüssel. Man sagt, eine Harfenistin trägt statt einer goldenen Kette einen Stimmschlüssel um den Hals.
Für zwanzig- bis vierzigtausend Mark kann man sich ein solches Instrument bestellen. In dem dazugehörigen Kasten kann man übernachten, wenn keine Harfe drin ist, aber nur allein.

***

<u>Der Dirigentenstab</u>
Jeder kennt den dusseligen Spruch, wenn einer sagt, er wäre Dirigent: "Das kann ich auch, das bißchen Rumzappeln."
Da ist natürlich etwas dran, aber Tatsache ist nun mal, dass der, der so redet, wenn er mit einem Orchester eine Symphonie einüben müsste, jämmerlich baden geh'n würde, und das noch nicht einmal merkte, weil er zu dusselig dazu wäre.
Der Dirigentenstab ist aus Holz. Es gibt lederne Etuis, in welche drei bis

vier Dirigentenstäbe hineinpassen. Dieses Etui trägt der Dirigent, wenn er zum Konzert geht, das er dirigiert, meistens eine halbe Stunde vorher ins Dirigentenzimmer. Die Noten bringt der Orchesterdiener an das Dirigentenpult. Das Dirigentenpult braucht der Dirigent nicht selber zu kaufen. Es ist größer als gewöhnliche Notenpulte. Der Dirigentenstab ist an der Spitze spitz und unten dick. So kann man ihn gut halten und nicht so leicht verlieren, was hin und wieder vorkommt, weshalb ja in dem Lederetui noch paar Reservestöcke liegen. Manchmal zerbricht auch so ein Dirigentenstab, wenn er ans Notenpult gerät, welches aus Holz besteht, aus Hartholz. Das ist dann sehr schlimm. Deshalb ist es auch völlig unverständlich, daß Pläne abgelehnt wurden, wonach das Dirigentenpult mit Gummibelägen abgepolstert werden sollte. Ebenfalls gescheitert sind Bemühungen, den Dirigentenstab aus Metall herstellen zu lassen, natürlich aus Silber oder Gold oder neuerlich auch aus Plastik. Die Dirigenten haben alle einhellig diese Bemühungen abgelehnt, und nehmen es lieber in Kauf, mit diesem Risiko zu leben. Ist aber einmal der Stab gebrochen, ist es nun nicht so, dass dann die Hälfte des Orchesters aufhört zu spielen, sondern der Dirigent dirigiert mit bloßen Händen. Wer es einmal am eigenen Leibe erlebt hat, was es heißt, mit bloßen Händen zu dirigieren, der kann ein Lied davon singen. Notfalls kann der Dirigent auch noch durch Fußstampfen sich zu helfen wissen.
Die Dirigentenjacke, eine Spezialanfertigung, soll weitläufig, atmungsaktiv und vielleicht mit Schweißaufsaugenden Schwammeinlagen gefüttert sein, dennoch modern, elegant und maßgeschneidert, mit einer länglichen Brusttasche auf der linken Seite innen, worin sich der Reservestab befindet.
Die Hose soll anliegen, kann sehr eng sogar sein, weil der Dirigent sich darin kaum bewegt. Es gibt Dirigenten, die 200 Dirigentenstäbe besitzen. Deshalb haben sich auch Einwegstäbe nie richtig durchsetzen können. So wie es einen Tennisarm gibt, gibt es auch einen Dirigentenarm.
P.S. Demnächst soll es Dirigentenstäbe geben, die 6 mm länger sind als die üblichen. So war von der Musikinstrumentenmesse aus Frankfurt zu hören. Das wäre toll! Unsinnig ist das Gerücht, dass Japaner mit "Stäbchen" dirigieren sollen, oder Dirigentenstäbe zum Reis essen nehmen.

***

Das Klavier

Jeder kennt den dusseligen Spruch, wenn ein Klavierspieler kommt: "Na haste dein Klavier mitgebracht?"
Da ist natürlich etwas dran. Denn entweder ist ein Klavier vorhanden, oder andernfalls kann der beste Klavierspieler nicht aktiv werden, d.h. ein

Klavierspieler ist der einzige Musiker, der sein Instrument nicht mitschleppen muss.* Das ist ein großer Vorteil, wie gesagt, für den Fall, daß ein Klavier vorhanden ist. Wenn ein Klavier transportiert werden muss, so tun das andere, Professionelle, da sie Erfahrung, Muskeln und Klavier-Gurte haben. Der Transport-Preis richtet sich wie beim Brikett-Liefern nach der Anzahl der Stockwerke, je höher - desto teurer. Zwar hat ein Klavier Räder aber das heißt nicht, dass man ein Klavier ans Auto hängen kann, um es zum Konzertsaal zu bringen. Die Räder sind nur gedacht für Zimmerinterne Entfernungen, also ein paar Meter. Ein Klavier wiegt etliche Zentner, sein vornehmerer Onkel, der Flügel, etliches mehr. Deshalb kostet auch ein Flügel bis zu achtzigtausend Mark, pro Zentner ca. zwanzigtausend, ein Klavier ist um etliches billiger. Das Klavier ist ein Solo-Instrument. Wenn im Symphonieorchester an die sechzig Streicher spielen, ist das normal. Beim Klavier gibt es das nicht. Schon von der Konstruktion des Bühnenbodens her wären Millionen nötig, um die Last von sechzig Klavieren ertragen zu können. Außerdem müssten riesige Aufenthaltsräume geschaffen werden, so eine Art von Klavier-Tief-Garagen. Auch würden die Klavierstimmer nicht ausreichen, denn während ein Geiger sein Instrument selber stimmen muss, braucht das der Pianist nicht zu tun.

Ein Pianist mit Solokarriere muss acht bis zehn Stunden üben und zwar pro Tag , - und nicht pro Woche. Er kann viel Geld verdienen, aber so wie es einen gibt, der besser ist, sieht es schon wieder schlechter aus. Da aber an allen Hochschulen Klavierspielen sowieso Pflichtfach ist, braucht man sich solche Gedanken zunächst nicht zu machen. Die Fingernägel beider Hände müssen kurz sein, auch bei Frauen. Ein Gerücht, dass es für Frauen Klapp-Fingernägel geben soll, hat sich nicht bestätigt.

***

Die Kuhglocken

Jeder kennt den dusseligen Spruch, wenn einer sagt, er spielt auf Kuhglocken: “Na gibste dann auch abends Milch?”

Da ist natürlich etwas dran, denn wo Kuhglocken sind, da sind auch Kühe und wo Kühe sind, da ist auch Milch.

Die Kuhglocken gehören leider noch nicht zu den anerkannten Orchesterinstrumenten, wenn man von einigen modernen musikgeräuschartigen symphonieähnlichen Darbietungen absieht, in denen sogar Presslufthämmer und Ambosse nebst Hammer vorkommen. Das liegt zum Teil auch an dem Instrument selber, da es aus zu vielen Teilen besteht, die alle einzeln geschüttelt werden wollen, und das zweieinhalb Oktaven, mit Halben Tönen (die halben Töne bei den Kuhglocken bestehen natürlich

* auch Kirchen-Orgel-Spieler und Kirch-Turm-Glocken-Spiel-Spieler

auch aus vollwertigen ganzen Glocken), demnach 32 bis 33 einzelne Kuhglocken, die aber, und das ist ein Vorteil, auf Grund der physikalischen Gesetze immer kleiner werden, sodass die tiefste zwar ein paar Kilo wiegt, die höchste aber nur einzelne Gramm. Ein gleichmäßiges Schütteln ist nicht schwer zu erlernen, obwohl es die persönliche Note eines Spielers ausmacht, ähnlich dem Vibrato des Geigers. Das Schwierigste ist das Wechseln der Glocken während schneller Tonfolgen, sogenannter Läufe. Deshalb ist man auch hin und wieder dazu gezwungen, mit mehreren Personen ein einzelnes Instrument zu betreiben, wo jeder, ähnlich wie beim Alphorn, warten muss, bis seine Töne an der Reihe sind. Moderne Lehrmethoden gehen allerdings dahin, dass sich ein einzelner Spieler die Kuhglocken an alle, d.h. an fast alle beweglichen Körperteile bindet oder klemmt, die er dann mitsamt den Kuhglocken schüttelt, wenn die Noten diese dazu auffordern. Man ist dabei gezwungen, durch die Nase zu atmen, weil der Ton "F" mit dem Mund gehalten wird. Diese Methode kommt aus den USA (4 Körper-Glocken), ist aber weitestgehend von dem Instrumentalisten Ingo Insterburg ausgebaut worden (8 Körper-Glocken). So wird demnächst dieses Instrument Einzug in die Klassische Musik halten, obwohl es der Berg-Folklore erhalten bleiben wird. Gerüchte gehen dahin, dass Ingo Insterburg in aller Heimlichkeit sich den Vortrag der "Träumerei" von Schumann erarbeitet, begleitet von einem Kammerorchester, und damit die gröbsten Hindernisse diesem klangfarbigen Instrument aus dem steinigen Weg hinauf zur Klassik räumt.
Dieses Instrument wird mit Violinschlüssel gespielt und kostet 1000,- bis 1500,- DM.
PS: Gerüchte, dass man kostenlos einen halben Liter Milch von der Herstellerfirma einen Monat lang täglich erhält, gehören in den Bereich des Unsinns.

***

<u>Das Alphorn</u>

Jeder kennt den dusseligen Spruch, wenn einer sagt, dass er Alphorn spielt: "Wie kriegste so ein Ding denn in die Wohnung?"
Da ist natürlich etwas dran, denn das Alphorn misst ca. 4 Meter und ist nicht zusammensteckbar, auch ebenso nicht auseinandersteckbar, da es aus einem Stück Holz besteht. Straßenbahnfahrten sind nur nachts möglich, wenn man so ziemlich alleine im Waggon ist. Es wird im Stehen geblasen, und zwar zu mehreren Personen mit mehreren Instrumenten, und das hat seinen Grund: da das Alphorn weder Löcher hat (außer am Anfang und Ende eins), noch Ventile, noch Züge, sondern nur eine magere Anzahl von Naturtönen, müssen sich mehrere Bläser die Töne einer

Melodie teilen. Die Berufsaussichten sind nicht besonders günstig, schon wegen der Länge des Instrumentes. Tourneen mit Flugzeug, Auto, Schiff oder Hubschrauber sind beschwerlich. Als Hobby-Instrument ist es dagegen zu empfehlen, zumal es zur Geselligkeit zwingt. Das sonst so lästige Blaswasser, das besonders den Waldhorn-Bläsern und Trompetern so zu schaffen macht, - es muß ständig ausgekippt werden, weil es sonst burbelt, außer bei Georg Friedrich Händels "Wassermusik", - das lästige Blaswasser also stört den Alphorn-Bläser nicht, da es auf dem meterlangen Weg ins Freie im Holz versickert und nicht mehr burbeln kann. Das Alphorn wird in der Mitte mit "P" geschrieben und nicht mit "B".

***

<u>Die Stiel-Glocken</u>

Die Stiel-Glocken sind ein Instrument, über das im Grunde genommen nichts zu schreiben ist, da deren bloße Erwähnung eigentlich schon genügt. Dennoch kennt jeder den dusseligen Spruch, wenn einer sagt, er könnte Stiel-Glocken spielen: "Kann man die auch in eine Blumenvase stellen?"

Da ist natürlich etwas dran, da sie eine ästhetisch schöne Glockenform besitzen. Aber dieses Instrument ist nicht weiter erwähnenswert. Nur so viel sei festzuhalten, dass die Stiel-Glocken im Vergleich zu den fast klassischen Kuh-Glocken lauter, teurer und schwerer sind. Man könnte nun darauf eingehen, welches die Ursachen dafür sind, aber da die Stiel-Glocken nur aus einer Oktave bestehen (die halben Töne bereichern den Tonumfang nun auch nicht gerade), lohnt sich die Mühe kaum. Auch ein Einsatz für einen eventuellen Einsatz im Orchester wäre reine Zeitverschwendung, nicht mal für ein`n Satz. Da nun aber einmal Probleme über Probleme angeschnitten sind, die dieses Instrument betreffen, will ich nur noch erwähnen, dass die Stiel-Glocken nur deshalb eine magere Oktave haben, weil eine weitere Oktave sich bereits den Ausmaßen kleinerer Kirchenglocken nähern würde, also Zentnern. Wegen dieses geringen Tonumfangs könnte man es ohnedies nur für simpelste Volkslieder oder Primitivschlager einsetzen,* aber das gehört nicht hierher, und somit verlassen wir das leidige sich Befassen mit den Stiel-Glocken, die übrigens ihren Namen, wie es der Name schon sagt, ihren Stielen zu verdanken haben. Es sind hölzerne Stiele, die an die Kirchenglockenähnlichen Messingkörper angeschraubt sind. Hingegen haben Stiel-Glocken beileibe keinen Glockenschwengel, nicht einmal Schwengelchen, wie sie ihre besseren Schwestern haben, die Kuhglocken, sondern Stahlfederspiralen hängen steif vom Glockenhut, bzw. sie können auch stehen, sogar querstehen, weswegen man diese Art

* oder für schmalzige Schmier-Schnulzen

Dies ist die <u>Letzte</u> Fußnote in diesem Buch, 24. Okt. 2002 von Glockenschwengeln auch "Stehschwengel" nennt. Im Gegensatz zu den "Hängeschwengeln" der Konzertkuhglocken. Der Ordnung halber muss noch hinzugefügt werden, dass am Ende der Stehschwengel ein Kupfer-Klumpen angebracht ist, der die Stiel-Glocken von innen her anschlägt. Einem Einwand werde ich schnell noch begegnen, nämlich dem, dass Mundharmonikas in Kleinstformat ja auch nur eine Oktave hätten, und noch nicht mal Halbtöne. Dazu muss man sagen: so eine Mundharmonika passt in eine Streichholzschachtel, aber ein Instrument, was viele Kilo wiegt und ca. 600,- DM kostet, und nicht mal wert ist, in einer solchen Serie, wie ich sie hier schreibe, behandelt zu werden, ein solches Instrument kann man, ja, man sollte es sogar vernachlässigen. Wer solch ein Instrument erlernt, sollte den Beruf den er hat, auch beibehalten, und nicht damit rechnen, mit so einem Instrument Musiker werden zu können. Selbst im Lexikon werden Stiel-Glocken nur notdürftig erwähnt.

***

Die Maultrommel

Jeder kennt den dusseligen Spruch, wenn einer anfängt auf einer Maultrommel zu spielen: "Ist das schwerer als auf dem Kamm zu blasen?" Da ist natürlich etwas dran. Die Maultrommel ist die spanische Antwort auf das deutsche Kammblasen. Die Maultrommel ist billig, leicht zu tragen, sehr leise und nicht viel schwerer als 20 Gramm, und als das deutsche Kammblasen. Die beruflichen Zukunftsaussichten sind traurig, sehr traurig, einfach mies, hoffnungslos, aber dafür braucht man auch nur 5,- Mark zu investieren.

***

Das Saxophon

Jeder kennt den dusseligen Spruch, wenn einer anfängt, sein Saxophon auszupacken: "Hast du ein Sack so vooon zwei Zentner?"
Da ist natürlich etwas dran, denn es gibt folgende Saxophone:
Sopranino -, Sopran -, Alt -,Tenor -, Bariton -, Bass -, Kontra-Bass - und Subkontrabass - Saxophone. Kann man eins spielen, kann man alle spielen, jedoch nicht alle tragen. Vom Gewicht her unterscheiden sie sich nämlich gewaltig. Die Großen Saxophone haben deshalb Ständer mit Rädern.

Dank an Katarina für`s flinke fleißige Fehler-Finden
22. Okt. 2002

Anlagen

Gitarrengriffe

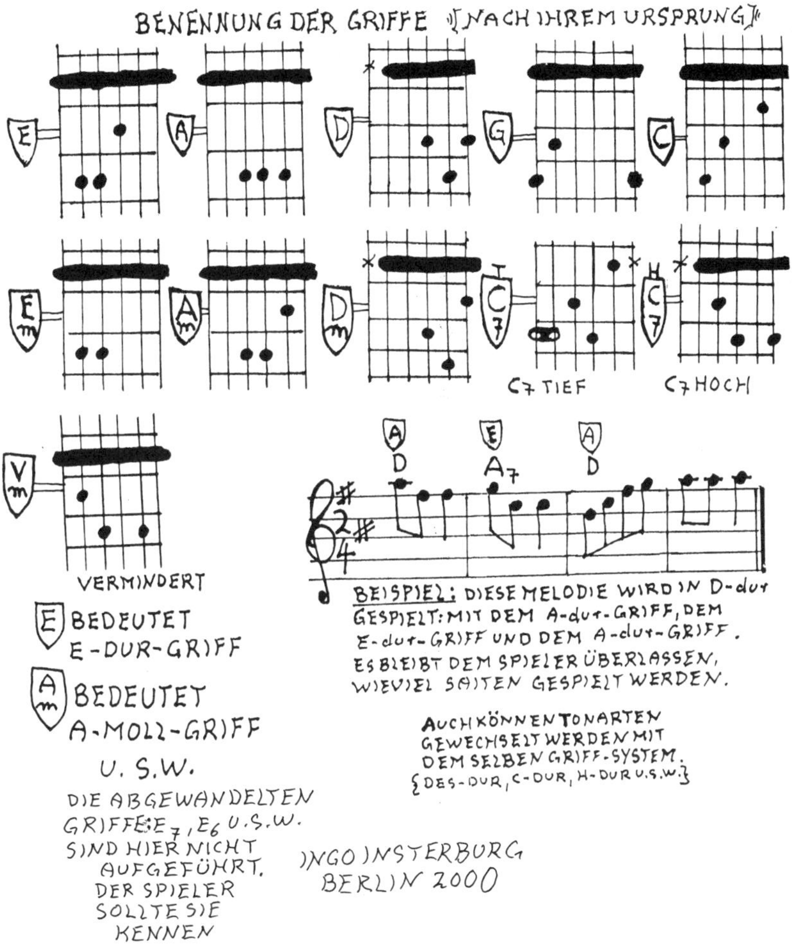

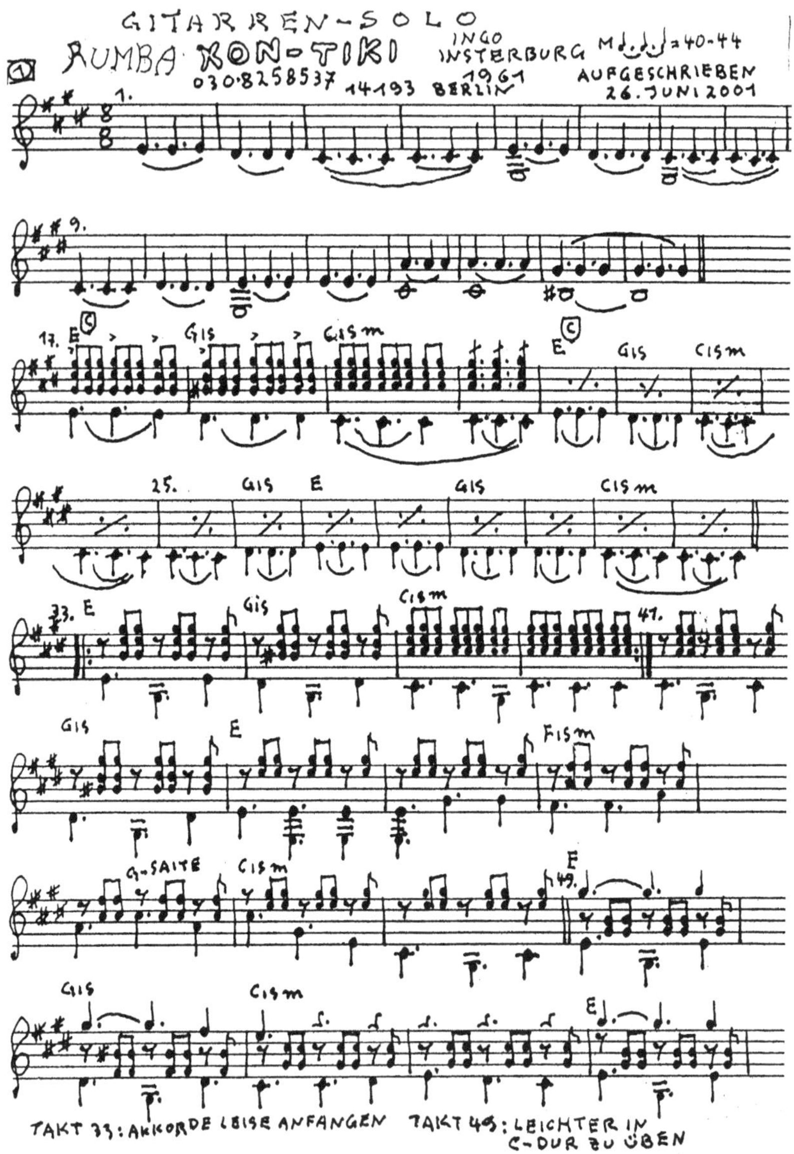
GITARREN-SOLO
RUMBA KON-TIKI
INGO INSTERBURG
030 8258537
14193 BERLIN
1961
AUFGESCHRIEBEN 26. JUNI 2001
E
GIS
CISM
FISM
G-SAITE
TAKT 33: AKKORDE LEISE ANFANGEN
TAKT 49: LEICHTER IN C-DUR ZU ÜBEN

E (C) = E-DUR SPIELEN MIT C-DUR-GRIFF U.S.W.

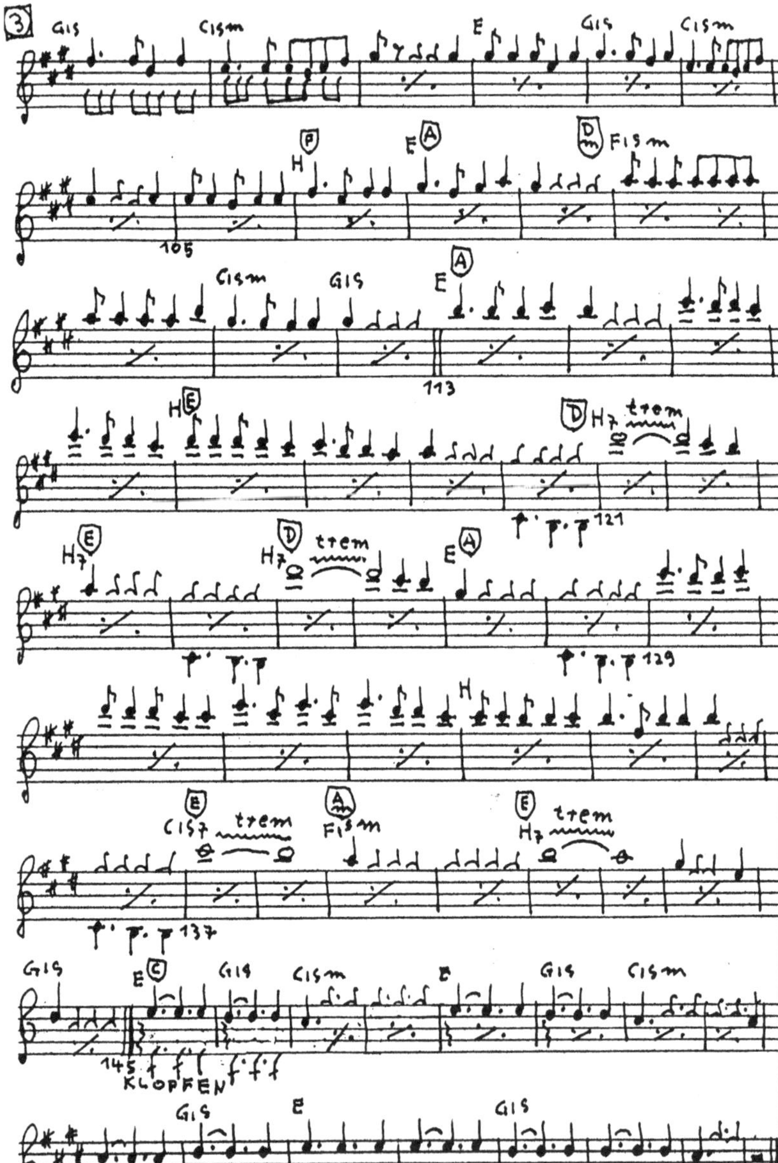

Bei den Tremolostellen nur Daumenbegleitung

4

„KONTIKI" GITARREN-SOLO 1961

ANLEITUNGEN:

RUMBA-SCHLAG

LANGSAM ÜBEN
NICHT ZU LANGE
LIEBER ÖFTER

AUCH:

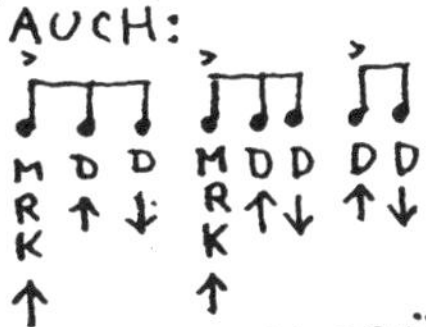

DANN: ALS VORÜBUNG

FÜR:

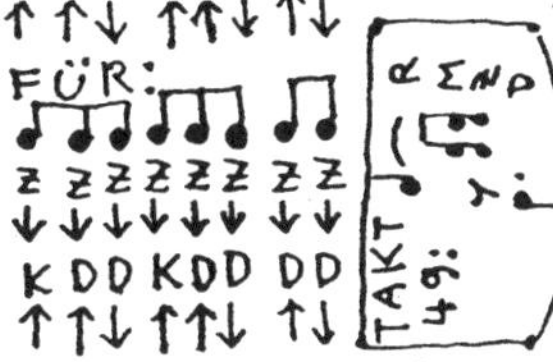

DER ZEIGEFINGER SPIELT DIE MELODIEN AUF DEN OBEREN SAITEN, K UND D DIE BEGLEITUNG AUF DEN TIEFEREN SAITEN. ES WERDEN BARRE-GRIFFE GESPIELT. ICH HABE EIN JAHR AN DEM EINFACHEN RHUMBASCHLAG GEÜBT. AN DEM MIT DEM MELODIE-FINGER ANDERTHALB. (AUßER DEM ANFANG WERDEN NUR BARRE-GRIFFE GESPIELT). ZUM ÜBEN LEICHTE GRIFFE BENUTZEN. INGO INSTRBURG
5. JULI 2001

NICHT FÜR STAHL-SAITEN GEEIGNET

VIEL SPAß!

MAN KANN DIE RUMBA-SCHLÄGE ÜBERALL ÜBEN, AN GEGENSTÄNDEN ODER KÖRPERTEILEN.

D = DAUMEN
Z = ZEIGEFINGER
M = MITTELFINGER
R = RINGFINGER
K = KLEINER FINGER

↑ BEWEGUNG VON DEN TIEFEN ZU DEN HOHEN SAITEN

↓ BEWEGUNG VON DEN HOHEN ZU DEN TIEFEN SAITEN

KLOPFEN:
KLOPFEN MIT DEM GESTRECKTEN ZEIGEFINGER AUF DEN SAITEN.
U = UNTEN AM STEG.
G = ÜBER DEM OBEREN GRIFFBRETT.

DANN:
KLOPFEN MIT DEM GESTRECKTEN ZEIGEFINGER AUF DEN SAITEN UND MIT DEM DAUMEN AUF DEM HOLZ DES GITARRENKÖRPERS.
! VORSICHT !
HAND IMMER ABFEDERN LASSEN. DANN:
DABEI MIT DEM ZEIGEFINGER AKKORDE ANZUPFEN, WIE BEI ARPREGGIEN, VON HOCH NACH TIEF. DER MITTELFINGER SCHLÄGT ZWISCHENDURCH DIE SAITEN AN.

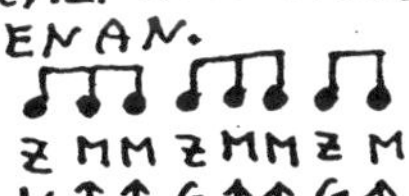

NUN KÖNNEN SIE SICH SELBER STÜCKE AUSDENKEN!

Der Alltag

INGO INSTERBURG 1996

A
Der Alltag kratzt wie Sandpapier an der Liebe,-
Ihr Liebespärchen gebet Acht, gebt Acht!
Ein jeder wünscht, daß die Liebe immer so bliebe,
bis es auf einmal dann furchtbar kracht.

B
Die Liebe ist ein zartes Blümelein,
und will gar immer recht fein begossen sein.

1
Du läßt immer deine Socken rumliegen!
Schmeiß' doch nicht die Windel überall hin!
Ihr Männer müßtet mal Kinder kriegen!
Und wer schafft das Geld ran, du Nörglerin.

B
Die Liebe ist ein ....

2
Früher hast du mir manchmal Blumen mitgebracht!
Früher gabst du mir, wenn ich ging, einen Kuß!
Früher hast du auch an unsern Hochzeitstag gedacht!
Früher hast du zugehört mir bis zum Schluß!

B
Die Liebe ist ein....

3
Wir könnten mal wieder spazieren geh'n.-
Du könntest dir mal wieder 'n neues Nachthemd kaufen.-
Du könntest mal wieder nachts nach mir seh'n.-
Wir könnten mal wieder in Liebe ersaufen.-

AB
Der Alltag kratzt....

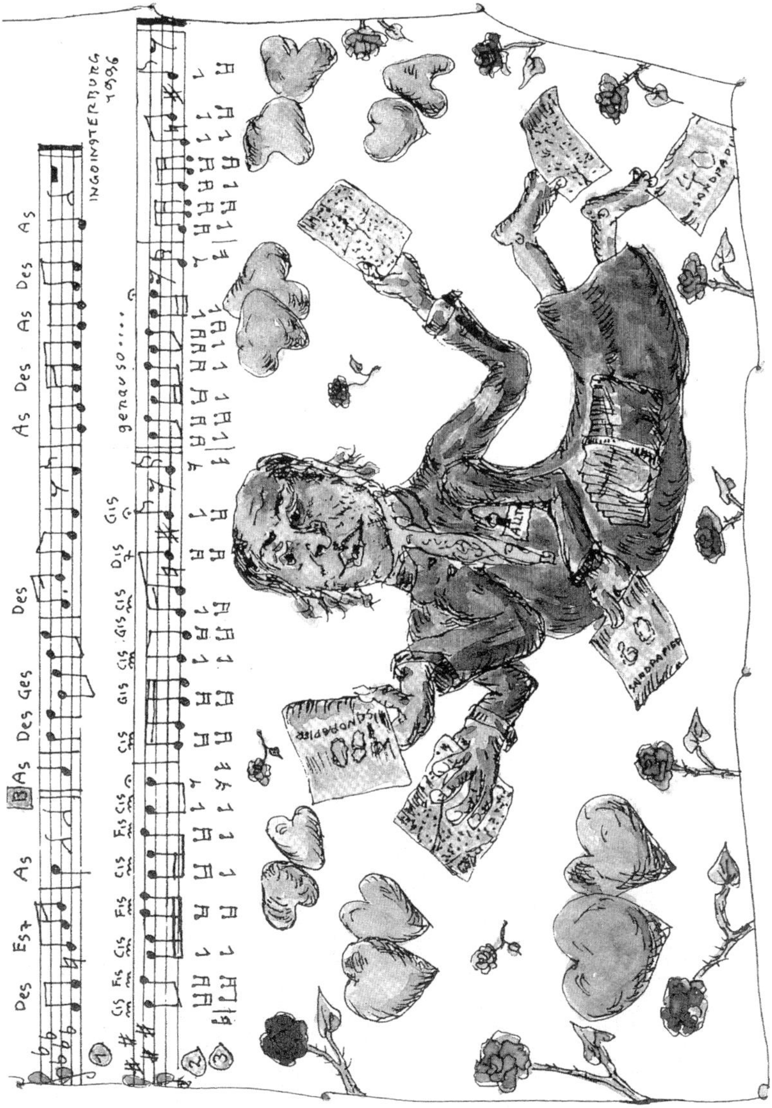
Des Es7 As B As Des Ges Des As Des As Des As Des As
Gis Fis Cis Fis Cis Fis Cis Fis Cis Cis Gis Cis Gis Cis Gis Cis Dis Gis
genauso....
INGOINSTERBURG 1996
SANDPAPIER

INGO INSTERBURG 1998

Ein unerfüllter Traum

R A Viel schöner ist ein unerfüllter Traum,
als eine trostlose Wirklichkeit.
B Viel besser ist im Winterschlaf ein Baum,
als erstarrt in des Sommers Trockenheit.
C Man wird so oft enttäuscht, man glaubt es kaum, -
dann lieber doch ein schöner unerfüllter Traum!

1 Im Frühling, wenn die Vögelein laut zwitschern.
In Spinnennetzen Tautropfen fein glitzern.
Dann zieh'n sich Weibchen und Männchen heftig an.
Da ahnt man, was alles so auf einen zukommen kann.

Nun ist's an der Zeit, sich emsig zu paaren.
das wichtigste ist die Erhaltung der Art.
Und vielen, die einsam sind schon seit Jahren,
bleibt wenigstens nun eine Menge erspart.

RA Viel schöner ist ein unerfüllter Traum,
als eine trostlose Wirklichkeit.
RC Man wird so oft enttäuscht, man glaubt es kaum,
dann lieber doch ein schöner unerfüllter Traum.

2 Beim Fliederbusche , da steht eine Schöne.
All ihre Weiblichkeit ich mir ersehne.
Und dann seh' ich, daß ihr Busen nur halb bedeckt,
und noch, daß an ihrer Hand ein Ehering steckt.
Und liebevoll kommt schon herbei in Eile
ihr Ehemann freudig auf flinken Sohlen.
Und noch aus der Ferne ruft sie: "Verweile!
Du mußt noch mal hoch, die Mülltüten holen!"

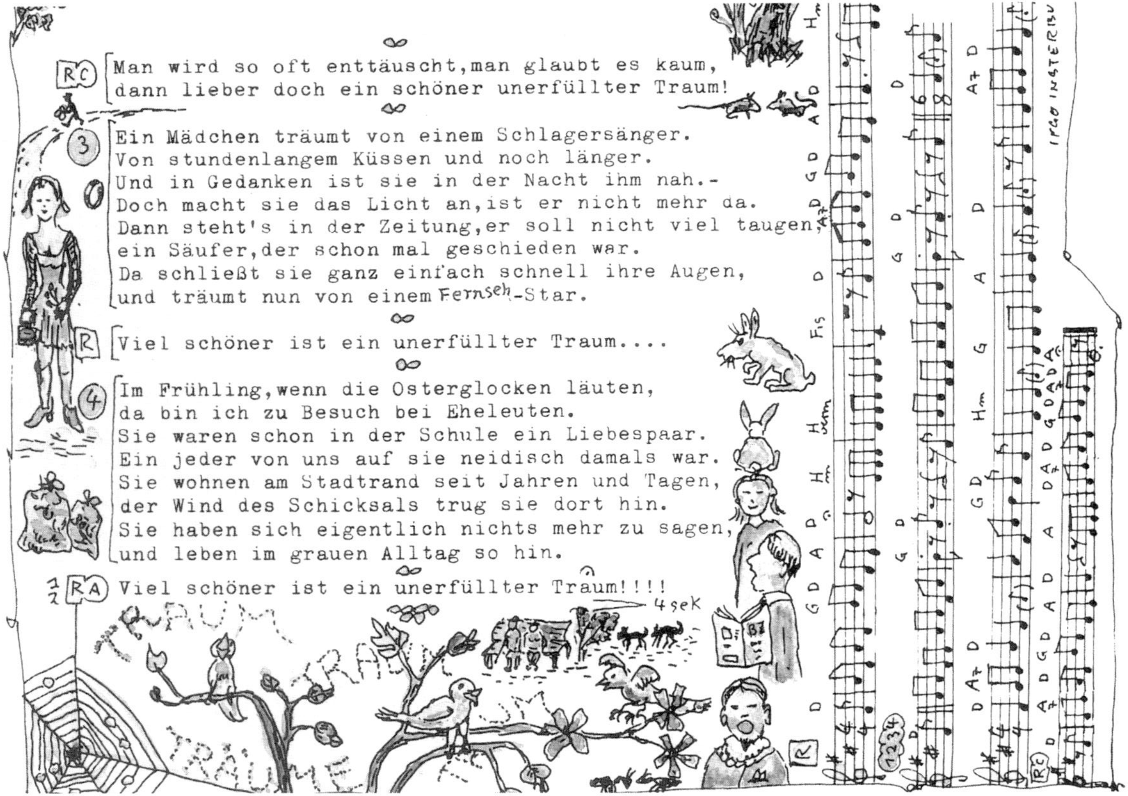
RC Man wird so oft enttäuscht, man glaubt es kaum,
dann lieber doch ein schöner unerfüllter Traum!

3 Ein Mädchen träumt von einem Schlagersänger.
Von stundenlangem Küssen und noch länger.
Und in Gedanken ist sie in der Nacht ihm nah.-
Doch macht sie das Licht an, ist er nicht mehr da.
Dann steht's in der Zeitung, er soll nicht viel taugen,
ein Säufer, der schon mal geschieden war.
Da schließt sie ganz einfach schnell ihre Augen,
und träumt nun von einem Fernseh-Star.

R Viel schöner ist ein unerfüllter Traum....

4 Im Frühling, wenn die Osterglocken läuten,
da bin ich zu Besuch bei Eheleuten.
Sie waren schon in der Schule ein Liebespaar.
Ein jeder von uns auf sie neidisch damals war.
Sie wohnen am Stadtrand seit Jahren und Tagen,
der Wind des Schicksals trug sie dort hin.
Sie haben sich eigentlich nichts mehr zu sagen,
und leben im grauen Alltag so hin.

RA Viel schöner ist ein unerfüllter Traum!!!! 4 sek

INGO INSTERBURG 1989

Des Menschen Speise

ÄNDERUNG 1998

1
Der Mensch ist allgemein sensibel,
in manchen Dingen gar penibel.
Jedoch beim Essen ihm gebricht's,
da ekelt er sich schier vor nichts.

2
Da ißt er Spinnen, Frösche, Schnecken,
da ißt er Schlangen und Heuschrecken.
Und auch Katzen, Pferde, Affen,
Tintenfische und Giraffen.

R
Ham, ham, ham, ham Mittagessen,
ham, ham, Abendbrot.
Die Menschen essen wie besessen,
manche sogar richtig fressen,
das ist eine Not! NSP

3
Kühe, Spatzen, Hühnerbrühe.
Rehe, Böcke, Schweinezehe.
Aale, Barsche, Mörderwale,
Ratten, Hunde, Schlachteplatten.

R
Ham, ham, ham, ham Mittagessen,
hamham Abendbrot.
Die Menschen essen wie besessen,
manche sogar richtig fressen,
das ist eine Not!

ZW
Gans, Kalb, Ochsenschwanz.
4
Herings- und Sardinenschwärme,
Dick-, Dünn-, Mast-, Zwölffingerdärme.
Krabben, Krebse, Krill und Quallen,
die Zungen von den Nachtigallen.
tralala-la, tralala-la,
trü-trü, tri-tri, -trü-trü, tri-tri.
5
Ham, ham, ham, ham Mittagessen,
ham, ham Abendbrot.
Der Mensch ist allgemein sensibel,
beim Essen wird ihm selten übel,
das ist eine Not! NSP
Der Mensch.
INGO INSTERBURG 1998
Jedoch beim...
DA IBT ER...
Ham, ham...
Kühe, spatzen....
GANS, KALB...
Herings....
tralala....
ham, ham....
GIT ⇒ GITARRE
ZW ⇒ ZWISCHENSPIEL
R ⇒ REFRAIN

INGOINSTERBURG 1996

ABSCHRIFT INGO INSTERBURG 1998
UND ZEICHNUNG

Liebesspiele

(1) In dem Himmel da fliegen die bunten Libellen,
zwei läufige Hunde am Straßenrand bellen.
Und eine Libelle, die bleibt plötzlich steh'n,
sie hat auf gleicher Höhe ein Weibchen geseh'n.

Und ihnen ergeht es, wie ach, so vielen,
sie beginnen mit ihren Liebesspielen.

∞

(2) Über'n Acker da laufen zwei läufige Mäuse,
ein zärtlicher Affe sucht dem andern die Läuse.
Der Mäuserich sucht sehr erregt sich ein Loch,
und findet am Ende sein Weibchen dann doch.

Und ihnen ergeht es, wie ach, so vielen,
sie beginnen mit ihren Liebesspielen.

∞

(3) Auf dem Felsen da steht eine zierliche Gemse,
und drunten da fliegt eine geile Pferdebremse
Der Gemsbock schaut suchend hinunter ins Tal,
da sieht er ein Weibchen mit einem Mal.

Und ihnen ergeht es, wie ach, so vielen,
sie beginnen mit ihren Liebesspielen.

∞

(4) Aus dem Kornblumenfeld tritt ein Pärchen hervor,
und ein Fröschlein das quakt einem andern ins Ohr.
Und der Jüngling sucht zärtlich des Mägdeleins Hand,
und beide verlieren nun ihren Verstand.

Und ihnen ergeht es,wie ach ,so vielen,
sie beginnen mit ihren Liebesspielen.

5 Auf dem Schoße weich sitzend sagt zu mir mein Kätzchen
ganz leise,weißt du,was ich glaube mein Schätzchen.
Ich glaub',es empfindet auch das winzigste Tier
genau die gleichen Freuden der Liebe wie wir.

Uns beiden ergeht es ,wie ach,so vielen,
wir beginnen mit uns'ren Liebesspielen.

LANZAROTE
MUSIK: INGO INSTERBURG 1960
TEXT: INGO INSTERBURG
IDEE: CHONGHAE LANZAKIM
9.9.99 LANZAROTE
-1-
A
1. NACH LANZAROTE FAHR', ICH NOCH IN DIESEM JAHR.
2. DAS KÜHLE MEERRAUSCHT LEIS', MANCHER VULKAN IST HEIß.
AUF DIESER WARMEN INSEL FÜHLE ICH MICH FAST ZU HAUS.
UND AN DEN BERGEN WÄCHST MANCH' TRAUBE FÜR DEN GELBEN WEIN.
B
AUF LANZAROTE WAR, ICH AUCH IM VOR'GEN JAHR, SCHON ÜBER GIBRALTAR SCHAU ICH
WIRD'S MIR SO WARM IM TAL, DANN STEIG' ICH GERNE MAL HOCH HIN- AUS AUF EINEN

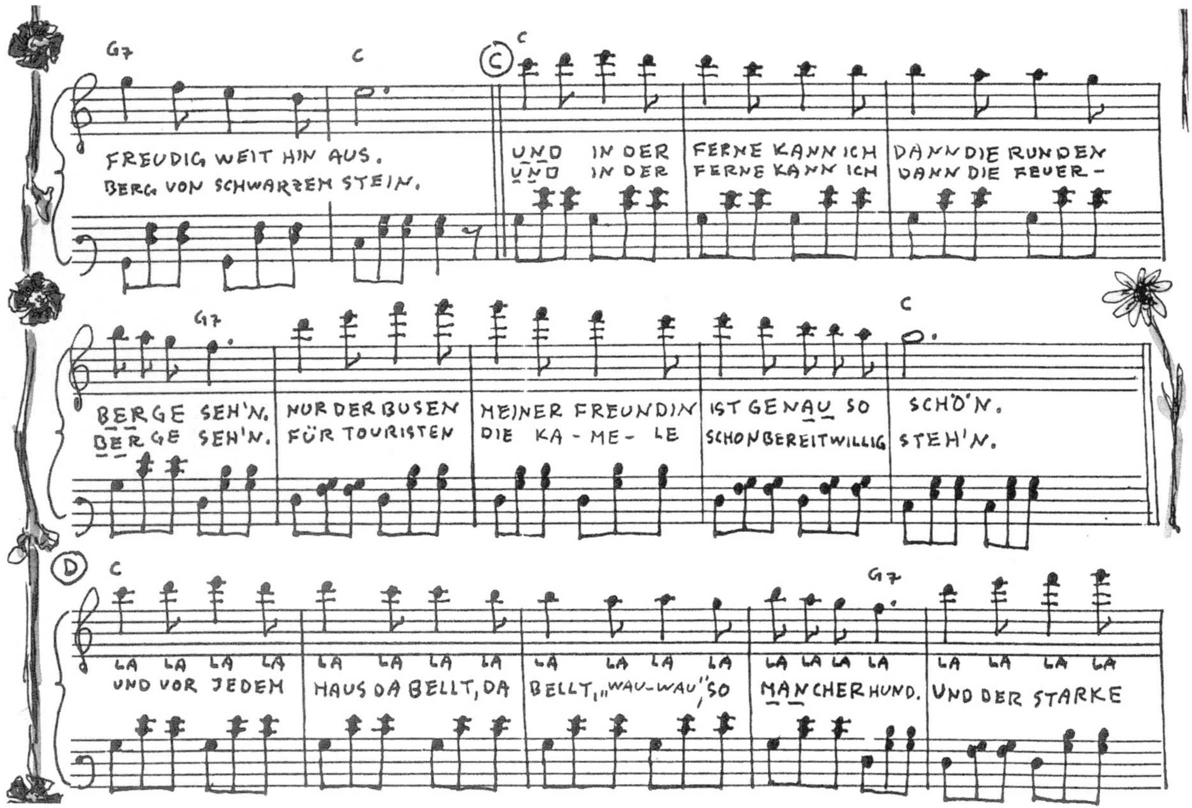
G7 C
FREUDIG WEIT HIN AUS.
BERG VON SCHWARZEM STEIN.
C
C
UND IN DER FERNE KANN ICH DANN DIE RUNDEN
UND IN DER FERNE KANN ICH DANN DIE FEUER-
G7 C
BERGE SEH'N. NUR DER BUSEN MEINER FREUNDIN IST GENAU SO SCHÖ'N.
BERGE SEH'N. FÜR TOURISTEN DIE KA - ME - LE SCHON BEREITWILLIG STEH'N.
D
C G7
LA LA LA LA LA LA LA LA LA LA LA LA LA LA LA LA LA LA LA LA
UND VOR JEDEM HAUS DA BELLT, DA BELLT, „WAU-WAU", SO MANCHER HUND. UND DER STARKE

-2-
LANZAROTE
E
F
LA LA LA LA LA LA LA LA LA LA LA. NUN BIN ICH NUN BIN ICH DA. HM, HM, HM,
WIND BLÄST ALLES WEG WAS UN-GE SUND. NUN BIN ICH NUN BIN ICH DA. NUN BIN ICH
HM. LANZA- ROTE, ACH WIE LANG' ICH DICH NICHT SAH.
DA. LANZA- ROTE, VIEL ZU LANG' ICH DICH NICHT SAH.
NACH LANZAROTE FAHR', ICH NUN IN JEDEM JAHR. LANZA-

Dm
G7
C
ROTE, ACH BEI
DIR ICH GLÜCKLICH
WAR.
END
9.9.1999

Immer um sechs

Immer um sechs,
hatten sie Sex.
Immer um sechs,
hatten sie Sex.
Sex um sechs,
Sex um sechs,
S e x u m s e c h s !

(1) Susi arbeitete in 'ner Schokoladenfabrik.
Sie packte die süßen Pralinen ein, Stück für Stück,-
am Fließband sitzend sauber und so fleißig!
Von morgens um sieben bis um sechzehn Uhr dreißig.

(1A) Bruno arbeitete in einem kleinen Hotel,
als Nachtportier gewissenhaft und meistens schnell.
Und zwischendurch, da schlief er und trank roten Wein.
Von acht Uhr am Abend bis zum Morgen um halb neun.

R Immer um sechs....

(2) Marina arbeitete in einem Nachtlokal.
Sie animierte die Gäste, oder sang auch mal.
Ihr Bräutigam, Lorenzo, saß an dem Klavier.
Besoffen nach Hause ging'n sie immer um vier.

R Immer um sechs....

(3) Siegfried wohnte zur Untermiete bei Frau Krug(Kruch).
Doch leider hatte verboten sie ihm Damenbesuch.

Und seine Freundin, Eva, tat vor Sehnsucht zittern.
Doch die Wirtin ging um 17 Uhr 45 immer Tauben füttern.

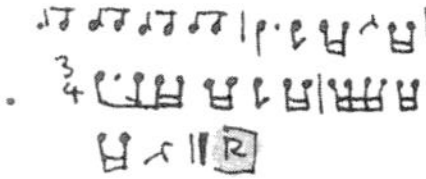

R Immer um sechs....

4 Dorothea liebte den reichen Adalbert.
Er war fast zwanzig Jahre älter, was aber gar nicht stört.
Sie war achtzig Jahre alt, und ich denk' verwundert:
Dann war der gute Adalbert ja auch schon an die "hundert".

4A Die Heimleiterin von dem Altersheim war eine harte Frau.
Männer und Frau'n hatten getrennte Zimmer, da paßte sie auf genau.
Doch ihre scharfe Kontrolle nicht immer funktionierte:
nämlich wenn sie sich im Badezimmer morgens 5 Uhr 59 rasierte.

R Immer um sechs....

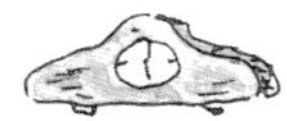

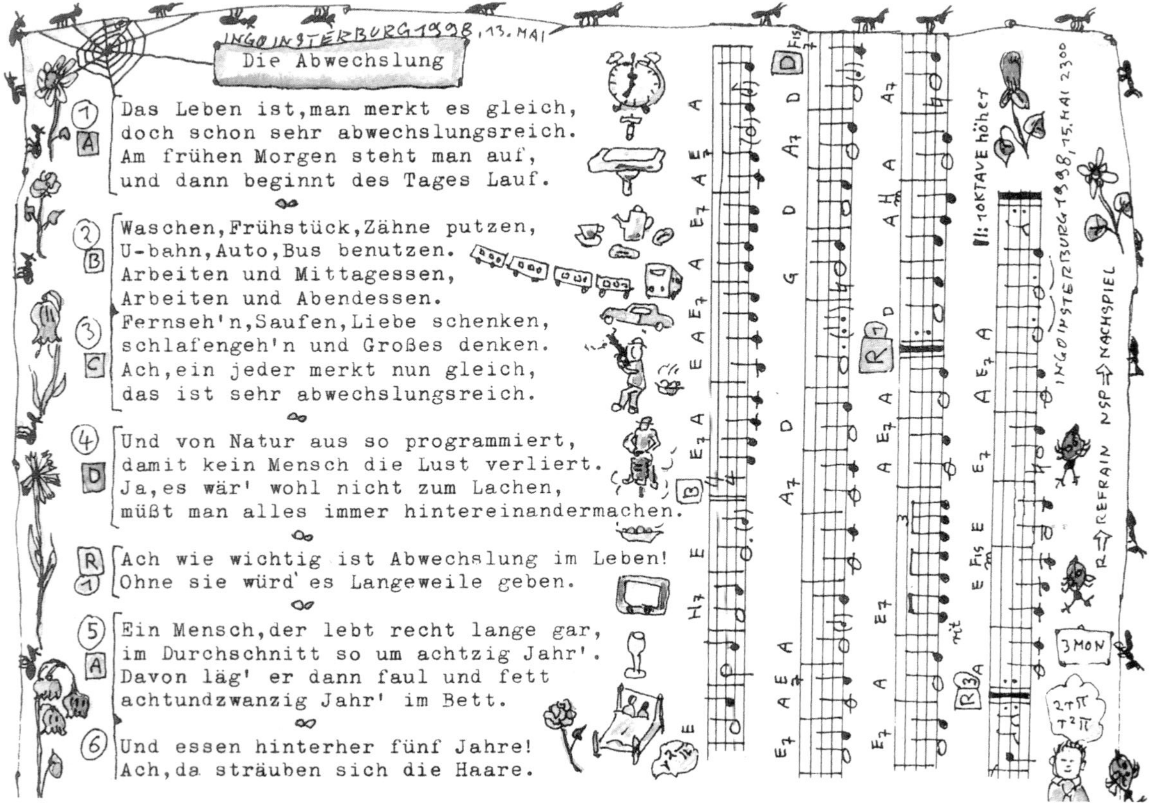
INGO INSTERBURG 1998, 13. MAI
Die Abwechslung
1 A
Das Leben ist, man merkt es gleich,
doch schon sehr abwechslungsreich.
Am frühen Morgen steht man auf,
und dann beginnt des Tages Lauf.
2 B
Waschen, Frühstück, Zähne putzen,
U-bahn, Auto, Bus benutzen.
Arbeiten und Mittagessen,
Arbeiten und Abendessen.
3 C
Fernseh'n, Saufen, Liebe schenken,
schlafengeh'n und Großes denken.
Ach, ein jeder merkt nun gleich,
das ist sehr abwechslungsreich.
4 D
Und von Natur aus so programmiert,
damit kein Mensch die Lust verliert.
Ja, es wär' wohl nicht zum Lachen,
müßt man alles immer hintereinandermachen.
R 1
Ach wie wichtig ist Abwechslung im Leben!
Ohne sie würd' es Langeweile geben.
5 A
Ein Mensch, der lebt recht lange gar,
im Durchschnitt so um achtzig Jahr'.
Davon läg' er dann faul und fett
achtundzwanzig Jahr' im Bett.
6
Und essen hinterher fünf Jahre!
Ach, da sträuben sich die Haare.
1 OKTAVE höher
INGO INSTERBURG 1998, 15. MAI 2300
R ⇨ REFRAIN NSP ⇨ NACHSPIEL
3 MON

B Nach einem Jahr, ohn' Übertreiben,
würd's Essen im Halse steckenbleiben.

R 2 Ach wie wichtig ist Abwechslung im Leben!
Ohne sie würd' es Langeweile geben.

7 A Zehn Jahre Arbeit ohne Pause,
zwölf Jahre Fernseh'n dann zu Hause.
Die Frau ein Jahr lang beim Frisör,
der Mann zwölf Tage ungefähr.

8 B Sechs Jahre saufen im Lokal,
ich glaube, das wär' eine Qual.
Zweieinhalb Jahr' Liebesspiele,
da erlahmen die Gefühle.

R 3 Ach wie wichtig ist Abwechslung im Leben,
ohne sie würd' es Langeweile geben.

9 C Drei Monate lang Großes denken,
drei Jahre lang das Auto lenken.
Sechs Monate die Zähne putzen,
neun Wochen lang das Klo benutzen.

1/2 D Zum Schluß würd' dann nur noch übrigbleiben
ein Monat etwas Sport betreiben.

1/2 R1 Ach wie wichtig ist Abwechslung im Leben!
1/2 R3 Ach wie wichtig ist Abwechslung im Leben!
R2 Ach wie wichtig ist Abwechslung im Leben,
ohne sie würd' es Langeweile geben!

NSP

INGO INSTERBURG 1998

Kompromisse der Liebe

INGO INSTERBURG 1998, MAI

(1) A
Verliebt sich ein Mann in eine Frau,
dann weiß er vorher schon sehr genau,
welch Eigenschaften sie haben sollt',
bevor ihn das große Gefühl überrollt.

(2) A
Verliebt sich in einen Mann eine Frau,
dann weiß sie vorher schon sehr genau,
welch Eigenschaften er haben sollt',
bevor sie das große Gefühl überrollt.

(3) B
Und treffen die beiden ~~dann~~ *nun* aufeinander,
durch Zufall, durch Schicksal, die Macht des Gestirns,
dann geh'n sie zusammen, wie ein Expander,
aus Liebe und nicht durch die Macht des Gehirns.

(4) A
Und dann ungefähr nach dreitausend Küssen,
da sind schon die ersten Kräfte verschlissen.
Und abgekühlt sind auch die Leidenschaften.
Es bleiben nur übrig die Eigenschaften.

(5) B
Doch die sind ja leider nicht so wie ersehnt,
und bald kriegt das Glück schon die ersten Risse.
Da hilft keine Schminke, die alles verschönt.
Es kommt nun die Stunde der Kompromisse.

(6)
½ A ANF
Nur diejen'gen, die sich derart berein'gen,
die können sich wieder in Glück verein'gen.
½ B ANF
Ich bin mir zwar dessen nicht so gewiß,
doch die ganze Welt ist ein Kompromiß.

7
1/4 ANF A
1/4 ANF A
A VON ↦ BIS ↤
A VON ↦ BIS ↤
Verliebt sich ein Mann in eine Frau,-
verliebt sich in einen Mann eine Frau,-
dann soll er bedenken sehr genau,-
dann soll sie bedenken sehr genau,-
NSP
Erst Küsse,dann Kompromisse!
Erst Küsse,dann Kompromisse!
Erst Küsse,dann Kompromisse!
VERSTAND BITTE VORHER ABSCHALTEN
HOROSKOP ASCENDENT gut MARS MOND
HOROSKOP ASCEND. SCHLECH VENUS MOND
50 KREUZE
MALE IN DEINER FREIZEIT 3000 HERZEN
A
B
NSP
3X
decrescendo
ANF ⇒ ANFANG
INGO INSTERBURG 1998 8. MAI

INGOINSTERBURG 1996

Das Verlöbnis

INGOINSTERBURG 1996

(1) Du bist nicht böse,
wenn ich nun löse,
unser Verlöbnis,-
welch trauriges Ergebnis.
Wir haben drei lange Monate uns nun
zärtlich geküßt,
geliebt,geküßt,
wie das so üblich ist.

(2) Du meine Liebe,
wenn das so bliebe,
gäb' es nach Jahren
ein Scheidungsverfahren.
Wir haben drei lange Monate uns nun
kennengelernt,
geliebt,gelernt,
uns innerlich entfernt

(3) Du warst die Beste
im Liebesneste,
die ich je hatte,
so weich und zart wie Watte.
Wir hatten drei lange Monate Lust und
Liebe hienieden,
doch sonst sind leider
(3A) [wir viel zu verschieden.

INGOINSTERBURG 1998

JUNI JULI AUG
DAHIN
DAHIN
BEIDE LIEDHÄLFTEN KÖNNEN ZUSAMMEN GESPIELT WERDEN.
123
CIS H H7 E CIS FIS H7 E GIS7 CIS H
H7 E CIS FIS H7
H7 E
3
3A
INGO INSTERBURG 1966

K&M ZUS.-21-

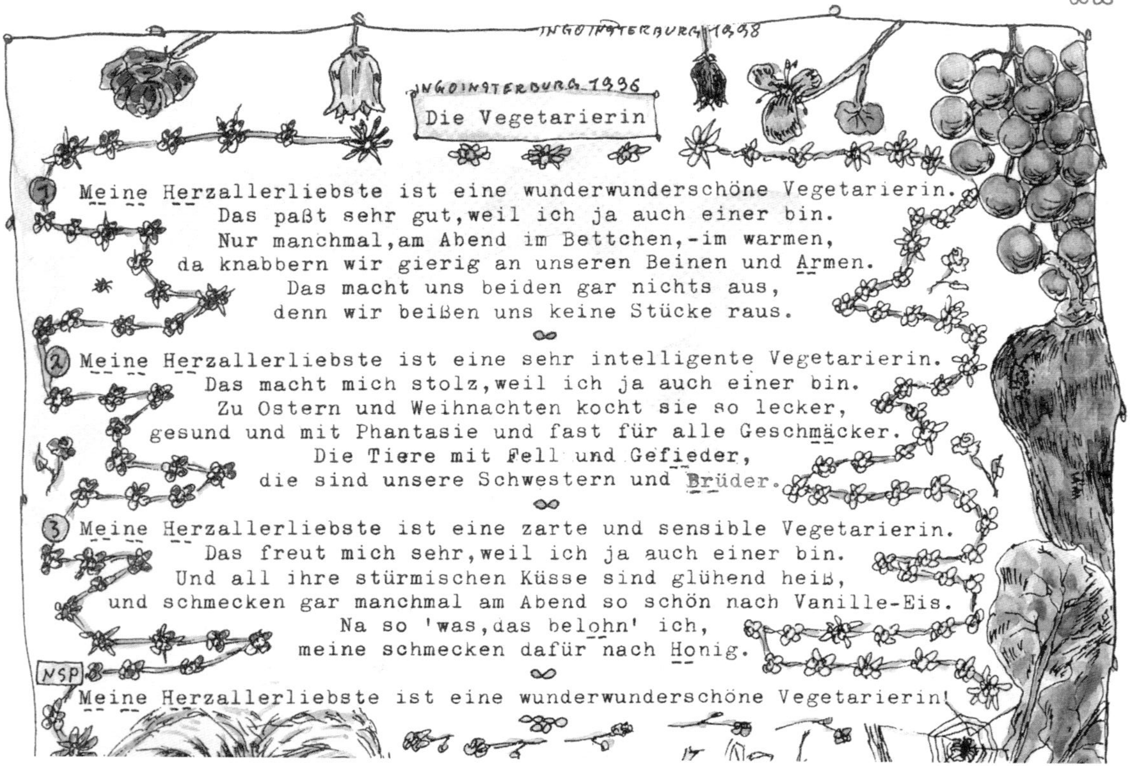

INGOINSTERBURG 1998

INGOINSTERBURG 1996

Die Vegetarierin

1 Meine Herzallerliebste ist eine wunderwunderschöne Vegetarierin.
Das paßt sehr gut, weil ich ja auch einer bin.
Nur manchmal, am Abend im Bettchen, -im warmen,
da knabbern wir gierig an unseren Beinen und Armen.
Das macht uns beiden gar nichts aus,
denn wir beißen uns keine Stücke raus.

2 Meine Herzallerliebste ist eine sehr intelligente Vegetarierin.
Das macht mich stolz, weil ich ja auch einer bin.
Zu Ostern und Weihnachten kocht sie so lecker,
gesund und mit Phantasie und fast für alle Geschmäcker.
Die Tiere mit Fell und Gefieder,
die sind unsere Schwestern und Brüder.

3 Meine Herzallerliebste ist eine zarte und sensible Vegetarierin.
Das freut mich sehr, weil ich ja auch einer bin.
Und all ihre stürmischen Küsse sind glühend heiß,
und schmecken gar manchmal am Abend so schön nach Vanille-Eis.
Na so 'was, das belohn' ich,
meine schmecken dafür nach Honig.

NSP Meine Herzallerliebste ist eine wunderwunderschöne Vegetarierin!

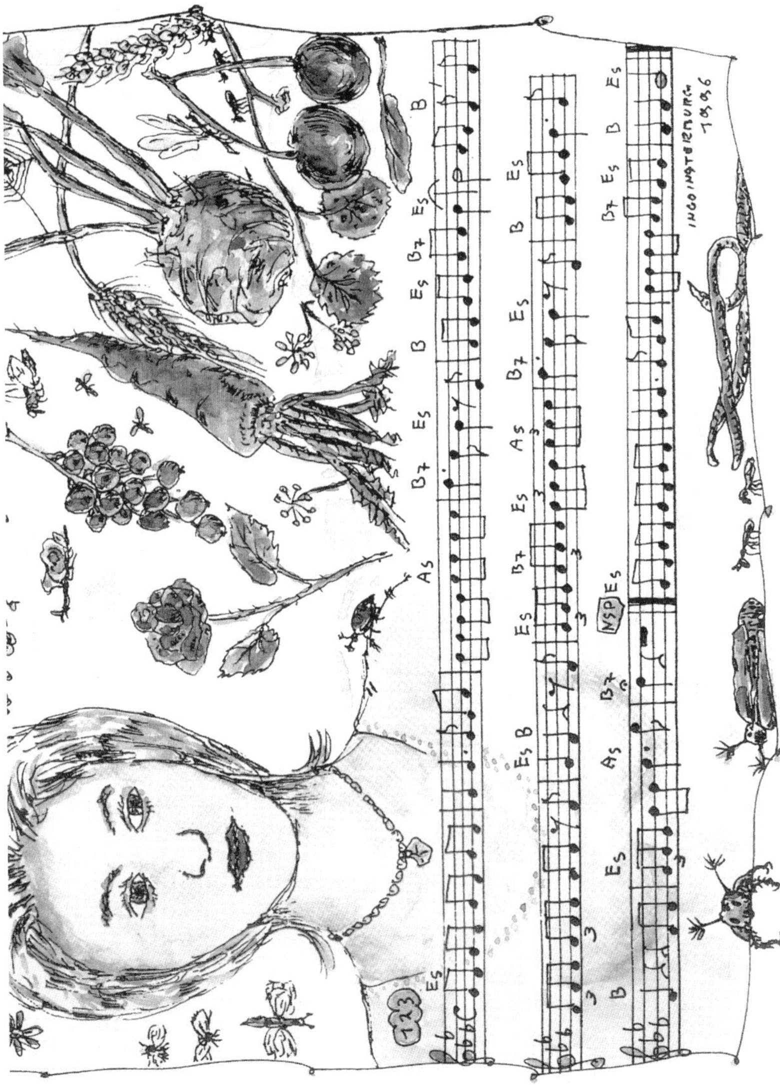
INGO INSTERBURG

Müll-Eimer-Blues

INGO INSTERBURG 1972

1 Bring' doch mal den Müll hinunter,
siehst du nicht, daß der Eimer voll!
Ja, ich bringe ihn gleich hinunter,
ach meine Frau ist toll.
Diese Ehe,
wenn ich das so sehe, -
bring' doch mal den Müll hinunter,
siehst du nicht, daß der Eimer voll!
Das muß ich täglich hören,
täglich hör' ich's röhren, -
bring' doch mal den Müll hinunter. -

2 Gern sitz' ich im Sessel,
und döse in den Tag,
spiele Gitarre oder
was ich sonst grad' mag,
da hör' ich:
Bring' doch mal den Müll hinunter,
siehst du nicht, daß der Eimer voll!
Ja, ich bringe ihn gleich hinunter. -
Dann ist meine Ruhe,
wie weggeblasen, kann die
Frau mich nicht, endlich nicht
in Ruhe, Ruhe lassen.

3 Neulich, es war nach dem Essen,
wir tranken gerade Sekt,
das findet sie immer so feierlich,
obwohl er mir gar nicht so schmeckt.
Dann wurde sie plötzlich so zärtlich,
so zärtlich zu mir.

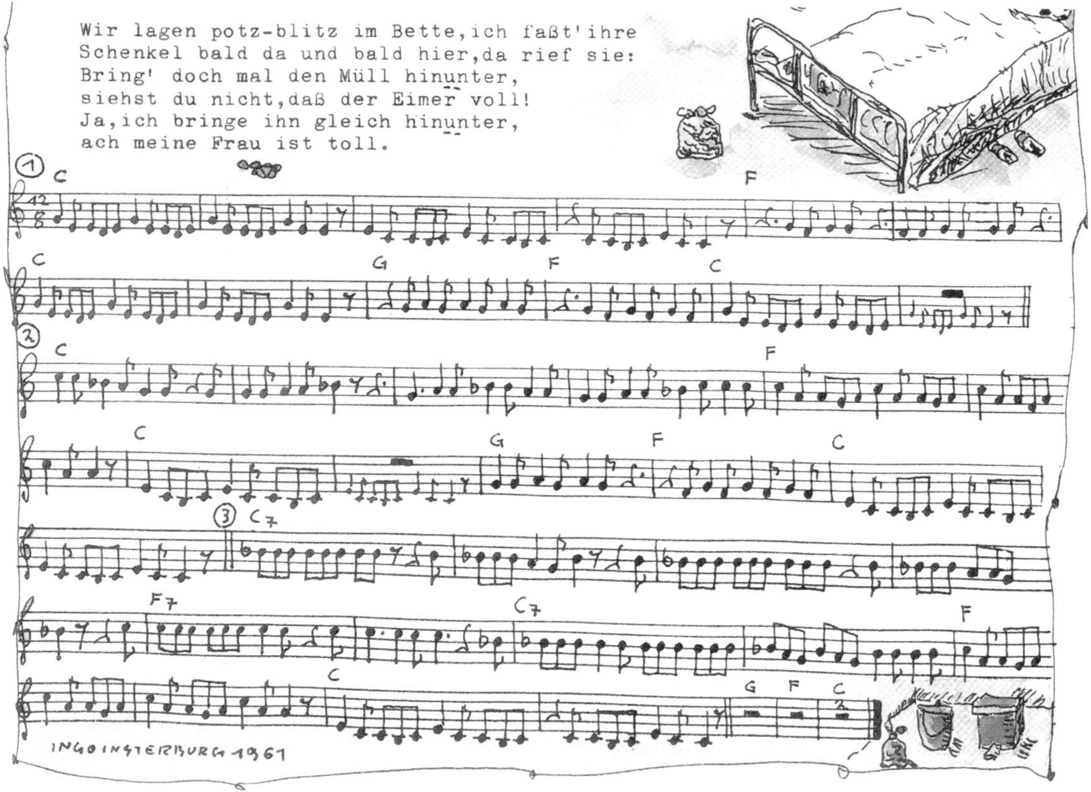
Wir lagen potz-blitz im Bette, ich faßt' ihre
Schenkel bald da und bald hier, da rief sie:
Bring' doch mal den Müll hinunter,
siehst du nicht, daß der Eimer voll!
Ja, ich bringe ihn gleich hinunter,
ach meine Frau ist toll.
1
C
F
C
G
F
C
2
C
F
C
G
F
C
3
C7
F7
C7
F
C
G
F
C
INGO INSTERBURG 1961

INGO INSTERBURG 1998

Gymnastik-Lehrerin

INGOINSTERBURG 1983

EINL
Meine neue Freundin ist Gymnastiklehrerin.
Gymnastiklehrerin,Gymnastiklehrerin.
Sie macht den ganzen Tag Gymnastik.
Mal ruhig und mal hastig.
Ich bin ganz hin und hin,
verwirrt ist mir der Sinn.

(1)
Morgens übt sie fröhlich schon im Bette.
Dann turnt sie auf dem Perserteppich weiter.
Die beiden Arme schwingen im Duette.
Die schönen Beine werden immer breiter.
Und dazu ruft sie laut,
wobei sie fröhlich schaut:

R
Und vor,und rück,-und vor und rück,
und seit und seit,und die Beine breit.
Über vor,über hinten,über hinten,über vor,
und hoch und hoch,und die Arme empor.
Und tief,und tief,-und tief,und tief,
ja wunderbar so,und die Hacken an den Po.

(1) ZW
Und ich sage dann,
zieh' dir wenigstens was an.

(2)
Mittags hüpft sie und hackt Kohl in Stücke.
Schabt Mohrrüben in eleganter Pose.
Wäscht Gurken,und macht dabei eine "Brücke",
Und beim Spinat,(-und beim Spagat,)da platzt die Trainingshose.
Und dazu ruft sie laut,
wobei sie fröhlich schaut:

ABSICHTLICHER VERSPRECHER

R
Und vor und rück....

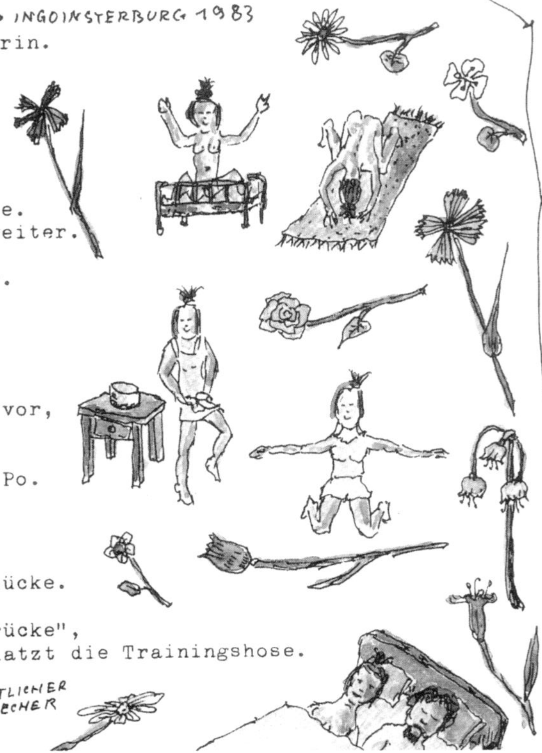

2 ZW
Oh welch Spektaculum,
zum Glück hat sie 'ne Schürze um.

3
Abends liegt sie gut trainiert in 'n Kissen,
meine Freundin, die Gymnastiklehrerin.
So, mein Liebster, jetzt will ich es wissen,
ob du auch so gut in Form bist, so wie ich es bin.
3 ZW
Doch ich sag' abgeschlafft,
ich habe keine Kraft.
4 ZW
Da stöhnt sie nur noch laut,
wobei sie fröhlich schaut:

R NSP
Und vor und rück..... und die Hacken an den Po,
und tief, und tief, - und tief und tief
so lang, bis ich einschlief.

MIN 6.08

Wie ein Blitz

INGO INSTERBURG 1998 LANZAROTE

EINL

1 Mich führte mal ein weiser Mann
in einen fremden dunklen Raum,
und machte kurz ein Blitzlicht an,
sehr viel erkennen konnt' ich kaum.

2 Und doch sah ich im fahlen Schein
das Wichtigste so ungefähr.
Es war ein Wohnzimmer chic und fein,
voll Kram und Kitsch und and'res mehr.

3 Dann sagte mir der weise Mann,
was ich daraus nun lernen kann:
In einem winzigen Moment
man manchmal doch sehr viel erkennt!

4 Bei Menschen kann das auch so sein,
manchmal schaut man in sie hinein,-
für einen winzigen Moment,
in dem man aber viel erkennt!

ZW

A 5 Es ist schon her viel viele Jahr',
als ich noch nicht erwachsen war.
Und da verliebte ich mich doch

A 9 Es ist schon her sehr viele Jahr',
eh' ich ein großer Künstler war.
Und da verliebte ich mich doch
in Rosalinde noch und noch!

B 10 Ich hatte damals oft kein Geld,
war ganz auf mich allein gestellt.
Sehr hungrig ging ich dann ins Bett,
war eher mager anstatt fett.

A 11 Sie hatte Mitleid schnell mit mir,
und sagte:"Morgen bring' ich dir
zu essen mit,- ich find' dich nett!"
Voll Hoffnung ging ich nun ins Bett.

B 12 Am nächsten Tag verging viel Zeit,---
und abends war es dann soweit,
sie sagte:"Liebling,ich verreise,
ich bring' dir nur noch etwas Speise."

A 13 Und schon war sie zur Tür hinaus,-
ich packte schnell das Essen aus.
Es war ein Plastik-Topf,schön rund,
voll Mayonaise fast ein Pfund.

in die Dietlinde noch und noch!

B 6
Ich wollt' mit ihr zusammen sein,
und ließ sie in mein Zimmer rein.
Doch küssen wollt' ich sie noch nicht,
weshalb sie Lust zum Kochen kricht.

A 7
Nach einer Weile summt der Topf,
da arbeitet's in ihrem Kopf.
Sie sagte:"Schatz,seit einem Jahre,
hast du doch 'ne Konzertgitarre."

B 8
Ich zeige ihr das Instrument,
und freu' mich,daß sie sowas kennt;
Ich seh',wie sie die Klampfe packt,
und Petersilie darauf hackt.

R
Das war wie ein Blitz im dunklen Raum,
viel mehr Erkenntnis braucht man kaum!
In einem winzigen Moment
man manchmal doch sehr viel erkennt.

NSP
Drei Wochen später ei,ei,ei,-
da war vorbei die Liebelei.

1/2 ZW

B 14
Mein Hunger,der war nun schon groß,
da schmeckt auch Mayonaise bloß.
Und dann ging alles ziemlich schnell:
Ich krichte Durchfall auf der Stell'.

R
Das war wie ein Blitz im dunklen Raum...

NSP
Drei Tage später ei,ei,ei,....

1/2 ZW

A 15
Es ist schon her so manches Jahr,
als ich bereits ein Künstler war.
Und da verliebte ich mich doch
in Heidelinde noch und noch!

B 16
Sie war sehr sauber und adrett,
ich dacht',die paßt gut in mein Bett!
Wir gingen in ein Restaurant,
und aßen dort und saßen lang.

A 17
Und bei dem "Rote-Grütze-Schmaus",
da rutschte mir der Löffel aus.
Es tröpfelte ein Spritzer fein
wohl auf ihr linkes Hosenbein.

WIE EIN BLITZ

B 18 Da rief sie aus:"Ich will hier raus!
Ich wasch mir schnell die Flecken aus!"
Bei ihr zu Haus',da rief sie aus:
"Ich muß jetzt aus der Hose raus!"

B 19 Kaum sah ich ihre nackten Beine,
da regten sich in mir die Schweine.
Ich dachte mir:Jetzt aber ran!
Da zog sie frische Hosen an.

A 20 Ach,die Enttäuschung war nun groß!!!
Dann ging es aber doch noch los:
Wir machten Striptease um die Wette,
und lagen gleichzeitig im Bette.

B 21 Oh,das wird eine heiße Nacht!
Ein Künstler weiß nun,was er macht!
Wie wild begann ich schon zu schnaufen,
da sagt sie:"Hh! Ich muß morgen
Waschpulver kaufen!"

R Das war wie ein Blitz im dunklen Raum...

NSP Drei Stunden später ei,ei,ei...

1/2

A 22 Es ist schon her einige Jahr',
seit ich ein großer Künstler war.
Und da verliebte ich mich doch
in die Gerlinde noch und noch!

23 B VAR Weil sie sich nicht dagegen sperrt,
ging ich mit ihr in ein Konzert.

24 Es gab die Schicksals-Symphonie,
von Beethoven,diesem Genie.
Vom ersten bis zum zweiten Satz
saß sie noch still auf ihrem Platz.

25 Dann wollt' sie aufstehen,ich schätze,
doch kamen noch zwei schöne Sätze.
Und zehn Minuten vor dem Schluß,
da dachte ich,daß sie mal muß.

26 Sie flüsterte:"Viel Spaß allein,
ich schieb' mir jetzt 'ne
Bockwurst rein!!!"

R Das war wie ein Blitz im dunklen Raum..

NSP Drei Sekunden später ei,ei,ei...

END

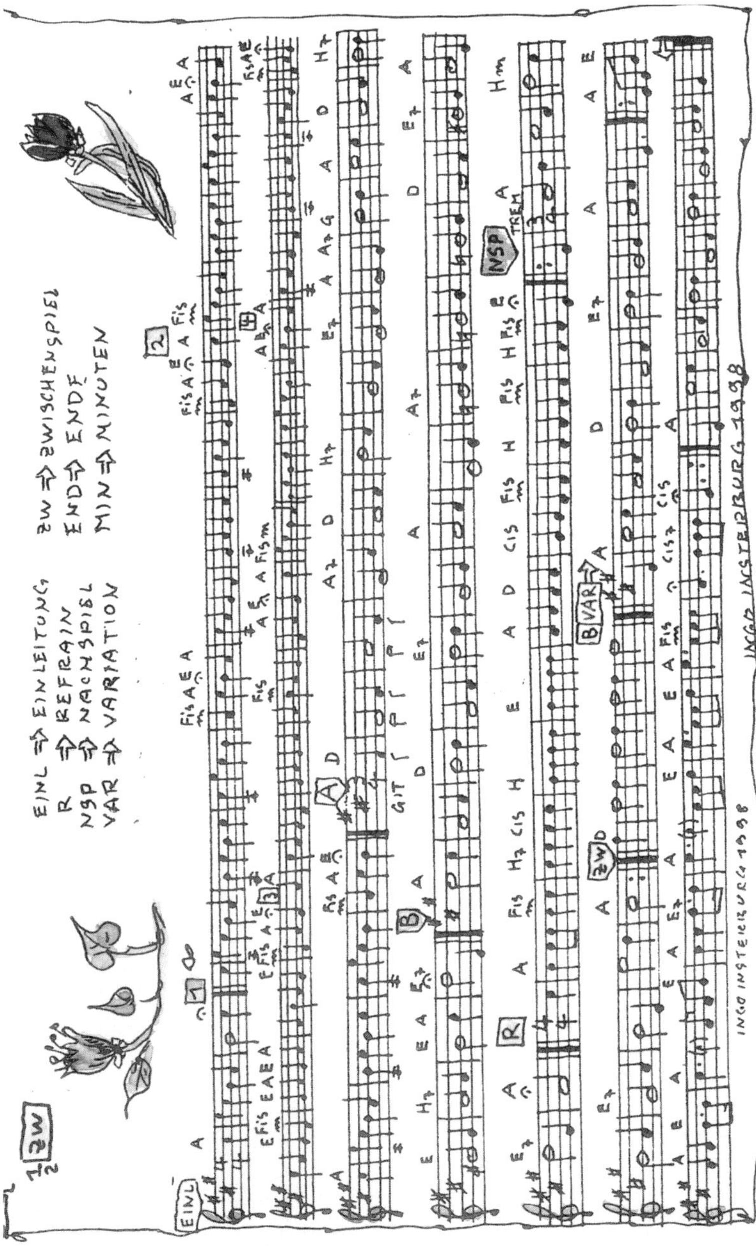
EINL ⇒ EINLEITUNG,
R ⇒ REFRAIN
NSP ⇒ NACHSPIEL
VAR ⇒ VARIATION
ZW ⇒ ZWISCHENSPIEL
END ⇒ ENDE
MIN ⇒ MINUTEN
INGO INSTERBURG 1998

Ich liebte ein Mädchen in ...
Text und Musik Ingo Insterburg

1)Ich liebte ein Mädchen in Lichterfelde, die lebte zu lange von meinem Gelde.
Ich liebte ein Mädchen in Grunewald, bei der war immer die Bude kalt.
Ich liebte ein Mädchen in Tempelhof, die war sehr lieb, doch bißchen doof.
Ich liebte ein Mädchen in Wannsee, die konnt' keinen nackten Mann seh`n.

2)Ich liebte ein Mädchen in Pankow, die liebte immer nur blanko.
Ich liebte ein Mädchen in Marzahn, die schrie so laut wie der Tarzan.
Ich liebte ein Mädchen in Köpenick, die spielte vorher ein Flötenstück.
Ich liebte ein Mädchen in Schönefeld, im Plaste- und Elaste- Zelt.

3)Ich liebte ein Mädchen in Spandau, von der war immer der Mann blau.
Ich liebte ein Mädchen in Tiergarten, da mußte ich immer bis "vier" warten.
Ich liebte ein Mädchen in Tegel, die hatte Ohren wie Segel.
Ich liebte ein Mädchen in Charlottenburg, die liebte Ingo Insterburg.

zw.)Doch dann wurd`es mir in Berlin zu klein, drum zog ich in ganz Deutschland ein.

4)Ich liebte ein Mädchen in Plauen, da bin ich bald abgehauen.
Ich liebte ein Mädchen in Mainz, die war gar keins.
Ich liebte ein Mädchen in Meißen, die tat mir die Hose zerreißen.
Ich liebte ein Mädchen in Baden-Baden, die biß mir in meine Eierwaden.

zw.)Doch dann wurd`es mir in Deutschland zu klein, drum zog ich schnell nach Liechtenstein.

5)Ich liebte ein Mädchen in Vaduz, Holodrio, dös war was Guat`s.

zw.)Doch in Liechtenstein wurd`es mir zu klein, drum zog ich in die Welt hinein.

6)Ich liebte ein Mädchen in Mexiko, die hatt`einen runden Sexy- Po.
Ich liebte ein Mädchen am Südpol, was selten dort geschieht wohl.
Ich liebte ein Mädchen in Kanada, das hörte man bis in die USA.
I loved a girl in San Franzisco, in a very beautiful Disco.

7)I loved a girl in Great Britain, die hatte feine Sitten.
I loved a girl in France, we did it during a dance.
Jè aime une fille de Lyon, qui est sucreè comme un bonbon.
Jè aime une fille de Marseille, die wollte nur mein Portemonnaie.

8)I loved a girl in Thailand, so happy on an Island.
I loved a girl in Italy, die weinte very bitterly.
Amore Seniorina in Milano, Canale Crande e belissima vulcano.
Amore Seniorina in Firenze, die liebte lange Tänze.

9)I loved a girl in China, die hatte krumme Beine.
I loved a girl in Nanking, das war die Frau von einem "Langfing".
Ich liebte ein Mädchen in Sezuan, das war die Frau von einem"Langfingfang".
Ich liebte ein Mädchen in Liang-Tschau, die liebte ein "Langfingfangwau".

10)Ich liebte ein Mädchen in Polen, die hat mir mein Auto, - ehm die Unschuld gestohlen.
Ich liebte ein Mädchen in der Sowjetunion, die sagte immer: Njet mein Sohn.
Ja ljubil djewuschku w Sewastopol, ona kritschala kak osjol.*
Ja ljubil djewuschku w Sankt Peterburg, die liebte Ingo Insterburg.

zw.)Doch dann wurd`es mir auf der Welt zu klein, drum zog ich in den Himmel rein.

11)Ich liebte ein Mädchen auf der Venus, die hielt mich für einen Genius.
Ich liebte ein Mädchen auf'm Uranus, zwei Lichtjahre später war dann Schluß.
Ich liebte ein Mädchen auf dem Saturn, die konnte dabei an den Ringen turn`n.
Ich liebte ein Mädchen auf`ner Super Nova, das war noch heißer als auf dem Sofa.

12)Ich liebte ein Mädchen auf'm Mond, das war sehr ungewohnt.
Ich liebte ein Mädchen auf'm Roten Riesen, ich denke noch sehr gern an diesen.
Ich liebte ein Mädchen auf'm Weißen Zwerg, ich glaub`das war mein Meisterwerk.
Ich liebte ein Mädchen auf'm Schwarzen Loch, ich glaub`, da sitzt sie immer noch.
13)Ich liebte ein Mädchen auf`m Mars, **ja das war's!**

* Я ЛЮБИЛ ДЕВУШКУ В СЕВАСТОПОЛ,
ОНА КРИЧАЛА КАК ОСЁЛ.
Я ЛЮБИЛ ДЕВУШКУ В ЗАНКТ ПЕТЕРБУРГ,

3x7
Liebeslieder
& 4 Stücke für Sologitarre
Incl. Single-Hits
»ICH LIEBTE EIN MÄDCHEN«
»GYMNASTIKLEHRERIN«
INGO
INSTERBURG
Liebesspiel-
Sonate
& 5 Kompositionen
berühmter Kollegen

Rosenöl-
Sonate
& 13 Rosenlieder
Incl. Single-Hit
»LANZAROTE«
INGO
INSTERBURG
Alte Klassik-
Neue Lieder
& 5 Gitarren-Oldies

Diskographie INGO INSTERBURG

Ingo Insterburg "Guitar-Ingo" - Gitarren-Solo-Platte bei Amadeo (Wien) 1959
Ingo Insterburg und Jürgen Barz - Barocke Liebeslyrik 1966

INSTERBURG & CO. (Ingo Insterburg, Peter Ehlebracht, Karl Dall, Jürgen Barz):
(01) EINS, ZWEI, DREI UND ZWISCHENSPIEL (live) 1968
(02) POP-KLAMOTTEN (live) 1969
(03) LASST UNS UNSERN APFELBAUM 1970
(04) MUSIKALISCHES GERÜMPEL 1971
(05) SKETSCH UP (Doppel LP) 1972
(06) LIEDER AUS KUNST UND HONIG 1972
(07) SKETSCH UP, Nr. 2 (Fritz hat 'ne Meise) (Doppel-LP) 1973
(08) HOHE SCHULE DER MUSIK 1974
(09) HERZLICHEN GLÜCKWUNSCH ZUR EINTRITTSKARTE (live) 1974
(10) INSTRUMENTENSCHLACHT (live) 1975
(11) NUR ENGEL SINGEN SCHÖNER (live) 1976
(12) MUSIK IM EIMER 1977
(13) LIVE ´78 1978
(14) SKETCH AS SKETCH CAN (Nonsens am laufenden Band) (doppel LP) 1978

INSTERBURG & CO. (Ingo Insterburg, Marian Marajan, Jupi Sirius, Georg Himmelblau):
(15) EIN FAULES EI IST IMMER DABEI 1989
(16) MÄRCHENHAFTES 1990

INSTERBURG & CO. (Ingo Insterburg, Marian Marajan, Georg Himmelblau):
(17) SPASSVOGELEIEN (live Doppel-CD) 1993

INGO INSTERBURG ohne CO.:
(18) ICH LIEBTE EIN MÄDCHEN IN PANKOW (single) 1995
(19) EIN VIRTUOSE MIT ZUKUNFT 1997
(20) LANZAROTE (single) 2000
(21) Doppel CD:
   1. 3 x 7 LIEBESLIEDER & 4 Stücke für Sologitarre (Kontiki)
   2. LIEBESSPIEL-SONATE & 5 Stücke berühmter Kollegen 2000
(22) Doppel CD:
   1. ROSENÖL-Sonate & 13 ROSENLIEDER,
      und ein Tag in Afrika (Kinder-Ballade)
   2. ALTE KLASSIK-NEUE LIEDER & 5 GITARREN-OLDIES 2001
(23) Doppel CD:
   1. Symphonie Nr. 1 "Die Vollendete",
      Altertümliche Gitarren-Sonate, Traum-Sonate, Edelstein-Sonate
   2. Heimat-Sonate & 21 Alte Lieder (aus längst vergangener Zeit) 2002
(24) GYMNASTIKLEHRERIN a gogo (single) 2002

Bücher:

Insterburg & Co.	Gedichte	1972
Ingo Insterburg	Das Leben des Otto Darmstatt **(Roman)**	1973
Ingo Insterburg	Das armseelige Liebesleben des intelligenten Johnny Käse **(Bildungsroman)**	1989
Ingo Insterburg	Ekel – Lyrik	1989
Ingo Insterburg	Raucher & Trinker-Lyrik	1992/2000
Ingo Insterburg	Bild-Mappe: Gemalte Liebeslyrik „Ich liebte ein Mädchen"	1999
Ingo Insterburg	Kinder-Kunst-Mappe "Ein Tag in Afrika"	2000
Ingo Insterburg	Die ersten 23 456 Tage meines Lebens **(Wahrheits-Roman)**	31.Nov.2001

DAS BLONDE
SOLO

LIEBESSPIEL SONATE
INGO INSTERBURG
INGO INSTERBURG

DAS BLONDE
TRIO

DAS BLONDE ROCK-QUARTETT

DAS BLONDE
STREICHQUINTETT

DAS BLONDE
BLUES-SEXTETT

DAS BLONDE
SYMPHONIE-ORCHESTER

FROHE WEIHNACHT
STILLE NACHT, HEILIGE NACHT
DIE TIERE WERDEN NUN
UMGEBRACHT. SIE KOMMEN
IN DEN HEIßEN OFEN,
WERDEN BRAUN, KÖNNEN
NICHT MEHR WEGLOOFEN.
SCHLAF IN HIMMLISCHER
RUH! MACH DEINEN
BACKOFEN ZU.
INGO
LANGSAM
MOHR-
GRUBER 1818
ENDE
NIEREN
HERZEN
MAGE

ROHE OSTERN!
APRIL 2000
ALLTAG
GRÜNDONNT.
KARFREIT.
OSTERSAMST.
OSTERSO.
OSTERMO.
ALLTAG
DAS 5. GEBOT: DU SOLLST NICHT TÖTEN
BLUT
DER VEGETARISCHE OSTERHASE

VEGETARIER
SIND DIE
GRÖSSTEN
LEIDER HABEN HIER
NICHT ALLE PLATZ
BERLIN 7 FEB
INGO INSTERBURG 2007

ICH LIEBTE EIN MÄDCHEN IN CHARLOTTENBURG,
DIE LIEBTE INGO INSTERBURG.
STILLE WASSER SIND TIEF!
INGO INSTERBURG
URANIA 6.4.
BAHNHOF CHARLOTTENBURG
SONY T34
LIEDER
LIKÖR
INGO

LIEBES-
LIEDER
1458
BIS
1999
ICH LIEBTE EIN MÄDCHEN IN MAINZ,
DIE WAR GAR KEINS.

LIEBES-
EDER
I LOVED A GIRL IN CHINA,
DIE HATTE KRUMME BEINE.

ЛЕНИН 1880 г
ЖИВО ВОДКА
КАЛИНКА
ПИСМО
Я ЛЮБЛЮ ТЕБЯ.
НЕТ!
Я ХОЧУ ЦЕЛУВАТЬ ТЕБЯ.
НЕТ! НЕТ!
ПОЧЕМУ? ИНГО
ВОДКА
ВОДКА
ВОДКА
ВОДКА
LIEBES-LIEDER
ICH LIEBTE EIN MÄDCHEN IN DER SOWJETUNION,
DIE SAGTE IMMER: „NJET, MEIN SOHN!"

KINDER
MY NAME IS BLONDY
EIN TAG IN AFRIKA
IS MORENA
EINE BILDER-GESCHICHTE VON INGO INSTERBURG 29. FEB 2000
ZUM INHALT: AUF DER INSEL LANZAROTE LEBEN ZWEI HUNDE UND ZWEI KATZEN. EINES TAGES VERREISEN SIE FÜR EINEN TAG NACH AFRIKA...
SPECIAL THANKS TO CHONG HAE LANZA-KIM LANZAROTE LA ASOMADA
MY NAME IS MINOU
MY NAME IS BIANKA
KÜNSTLERISCH WERTVOLL
OTTO DARMSTATT-VERLA 14193 BERLIN
OUR FAMILY-NAME IS KIM
MISS LANZAROTE 1999
MISS LANZAROTE 2000
PRÄDIKAT WERTVOLL
INGO INSTERBURG 1992

16

WILHELM SCHÄGSBIER-PREIS 2000
AUSGEZEICHNET MIT DEM ADOLF ARMLEUCHTER PREIS 1995
GÖTE-PREIS 1998
RAUCHER-
UND
KEIN NOBEL-PREIS FÜR GESUNDHEIT
3 FACH PREISGEKRÖNT
TRINKER-
LYRIK
MIT EINEM GUTACHTEN VON PROF. DR. ADOLF ARMLEUCHTER
HISTORISCHE JAHRTAOSEND-AUSGABE
PRÄDIKAT "PÄDAGOGISCH WERTVOLL"
GEDICHTE
GESCHICHTEN
LIEDER
MÄRCHEN
BILDER
1 HÖRSPIEL
VON
INGO INSTERBURG
WESTBERLINER HEIMATBLATT: "DAS GRÖSSTE SEIT J.W.V. GOETHE!" 29. FEB 2000
BERUFS-LYRIKER
KÜNSTLERISCH ANERKANNT
31. DEZ 2000
OTTO DARMSTATT VERLAG
14193 BERLIN

0 ⇐ nullte Seite

ELFTE AUFLAGE

31. DEZ 2000 23.59 UHR

HAND-GESCHRIEBEN — ALLES

~ DIESES BUCH SOLLTE IMMER ETWAS TEURER SEIN ALS EINE SCHACHTEL ZIGARETTEN ~

WAS MAN-FRAU-KIND MIT DIESEM GEDICHTBAND ALLES MACHEN KANN:

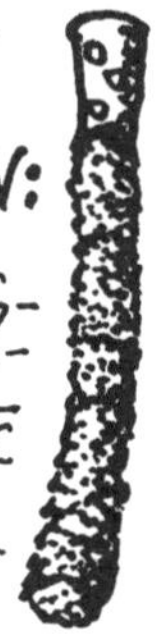

LESEN + BUNT AUSMALEN [DIE ZEICHNUNGEN SIND VON MIR UND DÜRFEN VERSAUT WERDEN]. + DIE LIEBLINGSSEITE EINRAHMEN + DIE ZWEITLIEBSTE SEITE VERSCHENKEN + DAS LIEBSTE GEDICHT AUSWENDIG LERNEN + DAS KÜRZESTE GEDICHT AUSWENDIG LERNEN [ODER AUF SPRUCHBÄNDER MALEN] + SCHREIBFEHLER SUCHEN + KOMMAFEHLER VERBESSERN + FIGUREN AUSSCHNEIDEN + DIE WEISHEITEN BEHERZIGEN [AUF S. 39 DARF DER SCHLUß KEINEN PUNKT HABEN] + FORTSETZUNGEN DICHTEN + DAS WORT "RAUCHEN" [R] ZÄHLEN + DIE KIPPEN ZÄHLEN + DIE LEEREN FLASCHEN ~~VERKAUFE~~ ZÄHLEN + DIE KORKEN ZÄHLEN + ÜBER DIE GEDICHTE NACHDENKEN + DIE LIEDER SINGEN + DAS BUCH WEITEREMPFEHLEN ODER VERKAUFEN, VERSCHENKEN, IN DER STAMMKNEIPE LIEGENLASSEN, IM KRANKENHAUS HEIMLICH AUSLEGEN + in Fremdsprachen übersetzen. + SICH FREUEN + SICH ÄRGERN + ANDERE DAMIT ÄRGERN –

DIE PRESSE SCHLÄGT SICH ÜBERS OS!
STIMMEN DER KRITIK
INTERNATIONALES PRESSE-ECHO
ITALIA
CORIERE DELLA SERA
INGO INSTERBURG UN FAMOSO E GRAN
ARTISTA. GIUSEPPE ROSSO
CHINA
PEKING-NEWS
INGO INSTELBULG GLOBEL DICH-TEL UND MALEL.
USA.
TIMES
ROMA
ANTIQUA ITALIA
INGO INSTERBURG POETA MAGNUS EST. JULIUS CAESAR.
STERBURG". RAUCHER&TRINKER-LYRIK-
VON JONATHAN SMITH · NEWYORK
DEUTSCHLAND, DAS LAND DER DICHTER UND DENKER,
HAT EINEN DICHTER HERVORGEBRACHT, DER SICH BEQUEM
IN EINE REIHE MIT GOETHE UND SCHILLER STELLEN LÄßT.
INGO INSTERBURG – DIESER NAME STEHT FÜR KUNST
UND KULTUR, LEBENSWEISHEIT UND LITERATUR AUF HOHER
EBNE. J.S.
TRINKER LYRIK
5$
ORIGINAL-TEXT: "INGO INSTERBURG". SMOKER AND DRINKER-LYR
BY JONATHAN SMITH ~ GERMANY, THE
COUNTRY OF POETS AND THINKERS HAS PRODUCED
A POET, WHOM YOU CAN PUT COSILY IN A ROW WITH
GOETHE AND SCHILLER. INGO INSTERBURG, THIS NAME
IS STANDING FOR ART AND KULTURE, LIFE-KNOW-HOW
AND LITERATURE ON A HIGH FLAT.
WESTBERLINER HEIMATBLATT
DIE DEUTSCHE PRESSE HÄLT SICH BEDECKT.
РОССИЯ
ПРАВДА
МОСКВА
[MOSKAU]
[DIE WAHRHEIT]
PARIS: FRANCE SOIR
I.I. GRAND ARTISTE! TRE BIEN! VIN ROUGE ????
ИНГО ИНСТЕРБУРГ
ОЧЕНЬ ЗНАМЕНИТЕЛНЫЙ ПОЭТ И
ЖИВОПИСЕЦ В ГЕРМАНИЕ КАК
ГЕТЕ ИЛИ ШИЛЕРЬ. АЛЕКЗАНДЕР ПУШКИН · МОСКВА
[INGO INSTERBURG IST EIN BERÜHMTER DICHTER UND MALER IN DEUTSCHLAND, SO WIE GOETHE UND SCHILLER. ALEXANDER PUSCHKIN]

2

Wichtig

"Stimmen unabhängiger Mitglieder des öffentlichen Lebens:

Dr. Bierfried Flaschenbürster,
Ehrenvorsitzender des Vereins
"Trinkender Chirurgen" (V.T.C).

Gegen den Kampf gegen das Rauchen ist ja nichts einzuwenden, aber ein Glas Schnaps zum Feierabend nach einem Blinddarm ist nichts Ehrenrüriges, noch viel weniger bei Tierchirurgen. Mit freundl. Gr.

Dr. Bierfried Flaschenbürster

← TYPISCH TRINKER!

Dieses vorzügliche, über alle Parteigrenzen hinweggehende Buch sollte subventioniert werden, aber leider sind die Staatskassen voller Schulden (z.Zt. 75 Milliarden). 75 000 000 000,- DM

Hochachtungsv.

Schwatzfried Diätenberg
(Politiker)

Schwatzfried Diätenberg

Ein Buch "Rauschgift-Lyrik" ist nicht geplant, da lyrische Literatur hilflos gegenüber der Spritze ist.

Ingo Insterburg

Ingo Insterburg

Prof.Dr.Dr.h.c.R.v.Para

Diese Gedichte haben vom Gesundheitsministerium das Prädikat "Pädagogisch wertvoll" erhalten, und werden demnächst in alle Sprachen von Ländern übersetzt, in denen geraucht wird. Alle Gedichte dürfen genehmigungspflichtig vervielfältigt werden unter Namensnennung des Dichters.

Prof.Dr.Dr.h.c. Rechtfried Graf von Para, Rechtsbeistand. P.Dr.Dr.R.G.v.P.

Prof.Dr. Rauchfried Pfeifenreiniger,
1. Vorsitzender des "Vereins Rauchender Ärzte" (V.R. Ä.)

HAT SICH AUFGELÖST

STIFTER DES GÖTE-PREISES

Dieses üble Machwerk setzt einfach voraus, daß Rauchen gesundheitsschädlich ist. Die wissenschaftlichen Erkenntnisse reichen bei weitem nicht aus. Die Todesfälle können auch anderswo herkommen. Ich schließe mit unserem Vereins-Gruß ← DAS IST MIßBRAUCH DER INTELLIGENZ

Ich rauche gern!

ADOLF ARMLEUCHTERPREIS S. 7

GEDICHT, DAS ZUM GÖTE-PREIS FÜHRTE S. 35 AUCH S. 72

INHALTSVERZEICHNIS

[NICHT ALLE TITEL SIND HIER AUFGEFÜHRT]

MÄRCHEN, DAS ZUM SCHÄGSBIER-PREIS FÜHRTE S. 64

4

VORWORT

MEINE DAMEN UND HERREN, LIEBE JUNGEN UND MÄDCHEN!

HERZLICH WILLKOMMEN IM REICH DER KUNST. ES IST DOCH ETWAS SCHÖNES, WENN MAN LESEN UND SCHREIBEN GELERNT HAT. ICH HOFFE, IHNEN UND EUCH HILFT DIESES BÜCHLEIN, DEN SCHWEREN WEG VORBEI AN DEN SÜCHTEN ZU GEHEN ODER EINEN BEREITS EINGESCHLAGENEN SCHLECHTEN WEG MIT EINEM GUTEN ZU VERTAUSCHEN.

VERMEIDE EINE FLUCHT IN DIE ÜBLE SUCHT.

VIEL ERFOLG!

EUER - IHR

INGO INSTERBURG
BERLIN, D. 24. DEZ. 1992
18.30 UHR

DENN DIE SUCHT ZU BESIEGEN IST KEIN REINES VERGNÜGEN.

Ingo Insterburg

STILLE NACHT ... ALLES SCHLÄFT

PERSÖNLICHE BEGRÜßUNG DURCH HERRN INSTERBURG[5]

6 Betr. Gutachtenstreit

BRIEFWECHSEL

WEGEN DES GUTACHTENS ZWISCHEN HERRN INSTERBURG UND HERRN ARMLEUCHTER

1. Brief

Sehr geehrter Herr Insterburg!

Wie Sie bemerkt haben werden, habe ich inzwischen einen Professorentitel und einen Doktortitel rechtmäßig erworben. Infolgedessen erhöht sich mein Honorar von ehemals 50,-DM auf 100,-DM für ein Gutachten für dieses Buch,

hochachtungsvoll

Prof.Dr. Adolf Armleuchter

Prof. Dr. Adolf Armleuchter

2. Brief

Sehr geehrter Herr Armleuchter!

Ich bin nicht bereit, so viel Geld für ein Gutachten auszugeben. Es muß denn auch ohne gehen, zumal die Qualität dieses Buches so hoch ist, daß es auch notfalls sich ohne Gutachten verkaufen läßt,

mit freundl. Grüßen

Ingo Insterburg

3. Brief

Sehr geehrter Herr Insterburg!

Da ich zur Zeit nicht so viele Gutachten zu erstellen habe, bin ich bereit, auf 75,-DM herunterzugehen.

Hochachtungsvoll

Prof.Dr. Adolf Ar…

4. Brief

Sehr geehrter Herr Armleuchter!

60 Mark sind mein letztes Wort.

I. Insterburg

letzter Brief

Sehr geehrter Herr Insterburg!

Ich nehme Ihren Vorschlag an. Überweisen Sie aber bitte vorher den Betrag.

BLZ 110 112 118
KT.NR. 4711/0815

Hochachtungsvoll

Prof. Dr. Adolf Armleuchter

ÜBERWEISUNGS-QUITTUNG
BERLINER DISKONTOBANK 60,-
– Betrag – auf KT.NR. 4711/0815
A. Armleuchter

Der Betrag wurde vorher überwiesen!

7
DAS GUTACHTEN DES
PROF. DR. ADOLF ARMLEUCHTER
GÖTE-PREIS 1998
Wichtig!!
GUTACHTEN
Das Buch "Raucher- und Trinker-Lyrik" hat auf Grund eingehender Untersuchungen das Prädikat "Pädagogisch wertvoll" zu Recht erhalten. Die große Lebenserfahrung und sittliche Reife des Autors ließen dies auch erwarten. Man kann also davon ausgehen, daß die Käufer dieses kleinen Werkes nachdenklich bezüglich Tabak und Alkohol werden, besonders die Nichtraucher und Antialkoholiker. Alkohol-und Nikotinabhängige werden mit Unmut dieses Werk lesen, sofern sie auf Grund ihrer körperlichen und seelischen Verfassung dazu überhaupt noch in der Lage sind. Meine persönliche Meinung: Raucher bleibt Raucher und Trinker bleibt Trinker bis zum bitteren Ende.
Prof. Dr. Adolf Armleuchter
Prof. Dr. Adolf Armleuchter
STAATLICH
WILHELM SCHÄGSBIER PREIS 29. FEB 2000
ADOLF ARMLEUCHTER PREIS 1995
← so eine Sauerei !!!
PROF. DR. ADOLF ARMLEUCHTER: INGO INSTERBURG IST „WELTLITERATURVERDÄCHTIG"
ER IST FÜR EIN BUNDESVERDIENST-KREUZ ungeeignet! Prof. Dr. A. L.

8

ES GEHT EIN RUF VON HAUS ZU HAUS:
HELFT DEN RAUCHERN,
SONST STERBEN SIE AUS!

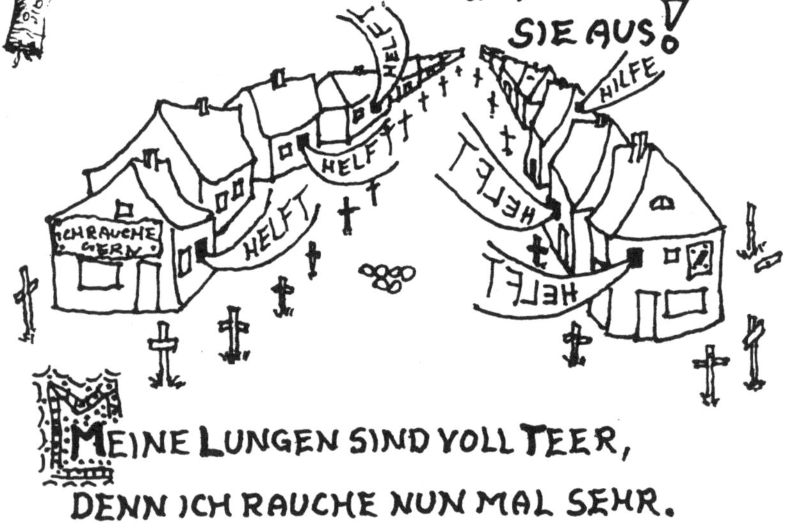

MEINE LUNGEN SIND VOLL TEER,
DENN ICH RAUCHE NUN MAL SEHR.
FÄLLT MIR IM ASPHALT 'N SCHLAGLOCH AUF,
BLEIB ICH STEH'N UND HUSTE DRAUF.

RAUCHERBEIN-LYRIK

DIE ZIGARRENKISTE IST ZU KLEIN
FÜR EIN AMPUTIERTES RAUCHERBEIN.

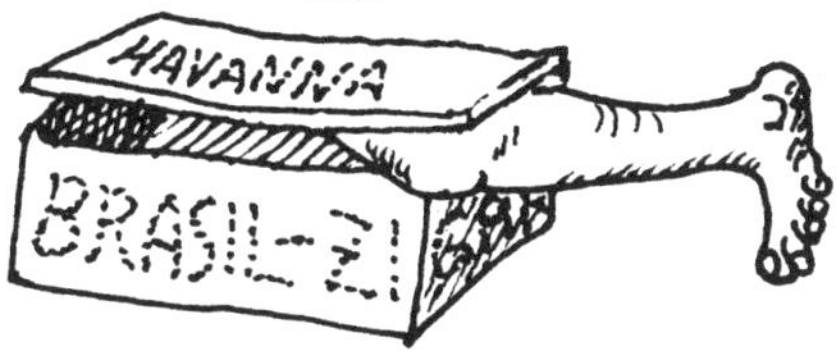

LÜGEN HABEN KURZE BEINE!
RAUCHER AUCH, UND MANCHMAL KEINE.

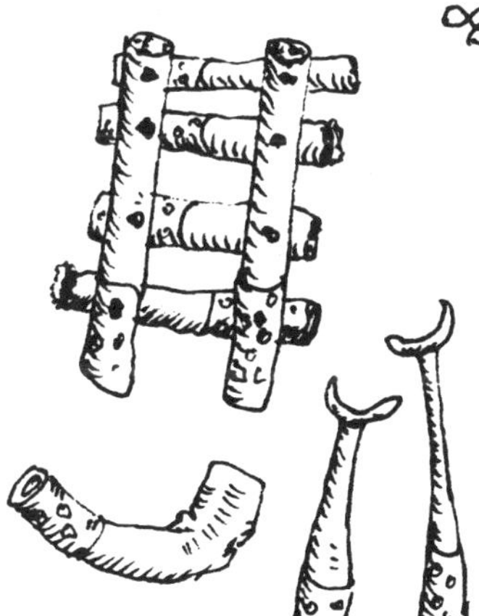

10

EIN RAUCHERBEIN MACHT MICH NICHT
KRANK,
ICH HAB' EIN HOLZBEIN
SCHON IM SCHRANK!
DOCH WENN ICH LUST AUF
LIEBE
HAB',
SCHNALL' ICH'S DANN AN VORHER-
ODER AB?
NOCH EINE SACHE
DABEI SCHLECHT IS', -
BRAUCH' ICH EIN LINKES
ODER 'N RECHTES?

STEIGERUNG

DER ZIGARETTENRAUCH DER STINKT,
WENN ER AUS MUND UND NASE DRINGT.

∞

NOCH SCHLIMMER IST ZIGARRENRAUCH
VON MÄNNERN MIT 'NEM DICKEN BAUCH.

∞

DER RAUCH VON MÄNNERN, VON VERGREISTEN
AUS TABAKSPFEIFEN STINKT AM MEISTEN.

∞

ZUM HIMMEL, – ACH, – DU DICKER HUND, –
STINKT TABAKRAUCH AUS KINDERMUND.

12

ZIGARETTEN-REKLAME

EIN PLAKAT SEH' ICH VON FERN,
DARAUF STEHT: ICH RAUCHE GERN.

EIN HUND LÄUFT HIN UND HEBT SEIN BEIN, –
SOLL DER WOHL KLÜGER ALS MENSCHEN SEIN?

NEU!
SIEHE AUCH S. 35

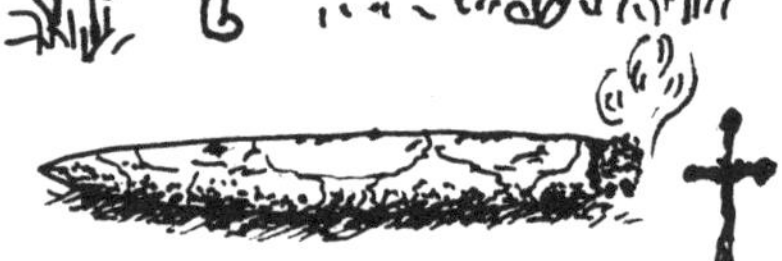

ERST WENN DER SARG VERZINKT,
DER RAUCHER NICHT MEHR STINKT.

DU SOLLST DICH NICHT MIT RAUCHERN STREITEN,
SCHLIESS' FRIEDEN MIT DEN TODGEWEIHTEN!

DIESES GEDICHT FÜHRTE ZUR VERLEIHUNG DES GÖTE-PREISES 1998 V.R.Ä.
[PETER GÖTE, ERFINDER DES FILTERS]

AVE ~~CAES~~ CIGARULUS! MORITURI TE SALUTANT.

NEUESTE ERKENNTNISSE

IN DER ZEITUNG ZU LESEN WAR:
WER RAUCHT, KRIEGT SCHNELLER
GRAUEN STAR.

SOLCH RAUCHER FINDET DANN, WIE SCHAD', –
NICHTMEHR DEN SCHLITZ IM AUTOMAT.

VOM ASCHENBECHER SCHÖNE GRÜßE:
WER RAUCHT, KRIEGT SCHNELLER
KRÄHENFÜßE.

2. FASSUNG:

VON DEN KRÄHEN SCHÖNE GRÜßE:
WER RAUCHT, KRIEGT SCHNELLER IHRE FÜßE.

AUßER FASSUNG:

KEINE ANGST VOR'M RAUCHERBEIN, MEINE SÜßE, –
DU KRIEGST JA SPÄTER ZWEI KRÄHENFÜßE!

14

DES RAUCHERS SCHICKSAL

[...TIS]

HIN UND WIEDER MAL GESCHIEHT ES,
DA KRIEGT EIN RAUCHER DIE BRONCHITIS.
ANSTATT NUN SEINEN HALS ZU SCHONEN,
SCHIELT ER NACH KEHLKOPF-MIKROPHONEN.

BALD HAT ER EINS, SEIN MUT ERSTARKT,
DA KRIEGT ER EINEN HERZINFARKT.
NOCH STIRBT ER NICHT, HAT NOCH MAL SCHWEIN, -
MAN NIMMT IHM NUR EIN RAUCHERBEIN.

NUN LACHT ER FROH, RECHT LANG, GOTT GÄB'S, -
DA KRIEGT ER EINEN LUNGENKREBS.
DAS TUT AN SEINER GESUNDHEIT SCHLAUCHEN,
ZUM GLÜCK KANN ER TROTZDEM NOCH RAUCHEN.

DES NACHTS BEIM RAUCHEN ER EINPENNT,
WOBEI ER MIT SEIN'M HAUS VERBRENNT.
ZWAR WOLLT' ER RUH'N IM TOTENSCHREIN, -
NUN MUß ES EINE URNE SEIN.

SELBSTBETRUG

JEDER KLUGE RAUCHER WEIß:
RAUCHEN IST DER GRÖßTE
SCHEIß!

UND ANSTATT NUN AUFZUHÖREN,
FÄNGT ER AN HERUMZURÖHREN:
"RAUCHEN IST NICHT UNGESUND",–
TÖNT'S AUS SEINEM GELBEN MUND.

WEIL DIE SUCHT IN IHM OBSIEGT,
SICH DER RAUCHER SELBST BELÜGT.

ERKENNTNIS

DIE SPATZEN PFEIFEN ES VOM DACH:
ALLE RAUCHER SIND WILLENSSCHWACH.

ICH NICHT: ....
UNTERSCHRIFT DATUM

16

RAUCHER LOGIK

DIE SUCHT DER RAUCHER IST SEHR GROß,
UND SÜCHTIGE SIND RÜCKSICHTSLOS.

DIE ATEMLUFT PFUI –

DER MENSCH MUß TRINKEN UND MUß ESSEN, –
UND AUCH NOCH WOHNEN ANGEMESSEN.
AUCH LIEBE BRAUCHT SELBST JEDER SCHUFT.
DOCH 'S WICHTIGSTE IST ATEMLUFT!
UND ÜBERALL, WOHIN MAN SCHAUT,
DER RAUCHER UNS DIE LUFT VERSAUT!

DEIBEL!

DER VERLUST DER RENTE BEI RAUCHERN

SO MANCHER RAUCHT EIN LEBEN LANG,
UND DANN WIRD ER VOM RAUCHEN KRANK, –
UND STIRBT, – WO ER DOCH LEBEN KÖNNTE. –
~~UND DER STAAT SPART WIEDER MAL RENTE!~~
SCHADE UM DIE SCHÖNE RENTE!

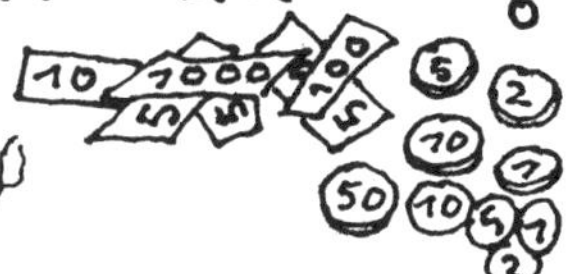

EINE BÖSE HÖLLENFRUCHT,
IST DIE ÜBLE RAUCHERSUCHT!

URSACHE UND WIRKUNG

DER QUALM AUS ALLEN LÖCHERN DRINGT,
WESWEGEN AUCH DER RAUCHER STINKT.

PASSIV-RAUCHER

AUßER, – EIN PAAR TIEFSEE-TAUCHER –
SIND WIR ALLE PASSIVRAUCHER.

"bis auf ein paar ..." wäre besseres Deutsch Prof. Dr. A. Armleuchter

EINE HERB-LYRISCHE RAUCHER-KURZGESCHICHTE

ES WAR EINMAL EIN RAUCHER, DER HATTE EINEN BECHSTEINFLÜGEL UND EINEN LUNGENFLÜGEL. BEIDE WAREN SCHWARZ. EINES TAGES KLIMPERTE ER AUF DEM BECHSTEINFLÜGEL UND PFIFF AUF SEINEM LUNGENFLÜGEL. DA SCHICKTE IHN SEIN ARZT ZUR KUR. ER HUSTETE ZUM BAHNHOF, ABER DER LETZTE LUNGENZUG WAR BEREITS ABGEFAHREN. TABAKPFLANZEN ZIERTEN SEIN GRAB. IHM ZUM GEDENKEN RAUCHTEN IM WINTER ALLE SCHORNSTEINE DER STADT.

19

~ DER KONSEQUENTE RAUCHER ~

GAR MANCHER RAUCHER RAUCHT
SEHR STARK.
SO LIEGT ER VORZEITIG IM SARG.
IM KREMATORIUM ZUM FINALE
DA RAUCHT ER DANN ZUM LETZTEN MALE.

~ LIEBESGEDICHT [FÜR RAUCHER] ~

EIN KUß BEI RAUCHERPÄRCHEN SCHMECKT
ALS WENN MAN ZWEI ASCHENBECHER
AUSLECKT!

[IST FAST EKEL-LYRIK]

∽ EIN LOB DEN RAUCHERN ∼

DIE RAUCHER BRINGEN GROßE OPFER,
OB SELBERDREHER ODER STOPFER,
ZIGARREN-, ZIGARETTENRAUCHER, –
SIE SIND DIE TABAK-ENDVERBRAUCHER.

∞

SIE GARANTIEREN ARBEITSPLÄTZE,
EIN PAAR MILLIONEN ICH WOHL SCHÄTZE.
UND WAS AM ENDE IST DER DANK?
ES WERDEN VIELE, VIELE KRANK.

∞

JEDOCH DIE ÄRZTE UND DIE SCHWESTERN,
DIE HELFEN, UND NICHT ERST SEIT GESTERN, –
DAß ALL DIE KRANKEN RAUCHERLUNGEN
UND DIE KREBSIGEN RAUCHERZUNGEN
ALLE WIEDERHERGESTELLT. –
~~DAS KOSTET UNSER ALLER GELD!~~
EIN RAUCHER DER BRINGT GUTES GELD.

∞

FORTSETZUNG NÄCHSTE SEITE ↗

AUCH AN DIE SÄRGE MUß MAN DENKEN!
DA SARGGESCHÄFTE NICHTS VERSCHENKEN,
VERDIENEN SIE AM RAUCHER GUT.
DAS MACHT NUN DIESEN WIEDER MUT,
DEN SELBERDREHERN ODER STOPFERN, –
SIE WOLL'N SICH GERN FÜR'N UMSATZ

OPFERN.

IN DEN KNEIPEN RAUCHT MAN EMSIG UM
DIE WETTE, –
IN DREIßIG JAHREN SITZEN DA NUR NOCH
SKELETTE.

JETZT 30 JAHRE SPÄTER

22

DIE RAUCHENDE MUTTER

[DIESES GEDICHT IST SO BESCHEUERT, DAß SIE ES NICHT LESEN SOLLTEN. PROF. DR. ADOLF ARMLEUCHTER]

ES WAR EINE MUTTER, DIE RAUCHTE.
SIE TAT ES, WEIL SIE'S BRAUCHTE.
SIE WAR JA SONST SEHR TÜCHTIG,
ABER LEIDER SÜCHTIG.
UND MITTEN IN DEM RAUCH
WUCHS IHR EIN KIND IM BAUCH.
UND ALS DAS KIND DANN KAM,
SIE'S IN DIE ARME NAHM.
SIE GAB IHM AUCH DIE BRUST
UND RAUCHT' DERWEIL MIT LUST.
DAS BRINGT MICH AUF DIE PALME,
SO'N KIND IN ALL DEM QUALME!
DRAUF SAGTE MIR DIE MUTTER:
„DAS IST SCHON ALLES IN BUTTER, –
DAS KIND IST DRAN GEWÖHNT."
DAS HAT MICH DANN VERSÖHNT.
DER MUTTER GEBÜHRET APPLAUS:
SCHLIEßLICH STERBEN DIE RAUCHER SONST AUS.

Ich finde es ‚stinkig', daß man nicht ein Gedicht liest! Auf Zeichnung

RAUCHER-GEDANKEN

EIN RAUCHER DENKT NICHT AN VERZICHT.
ER DENKT VIELMEHR: MICH TRIFFT ES NICHT.
VIELLEICHT HAT ER DAMIT AUCH RECHT?
DOCH TRIFFT ES IHN, ERGEHT'S IHM SCHLECHT!

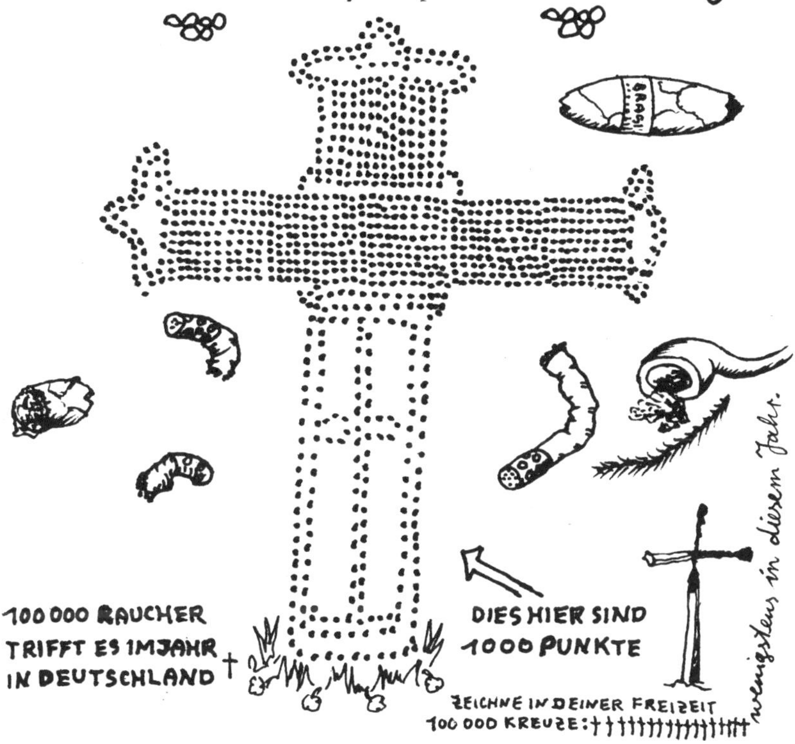

Der Raucher im Himmel

Es kam ein Raucher in den Himmel
und drückte auf die Haustürbimmel.
Der Petrus sprach und ließ ihn ein:
"Na komm schon, armes Raucherschwein, –
du wirst ganz schön auf dem Zahnfleisch krauchen,
hier gibt es nämlich nix zu rauchen!"

∞

Der Raucher wendet auf der Stelle
und fährt hinab zur Raucherhölle.
Da liegen Raucher in Qualm getaucht
und paffen, daß es nur so raucht.
Er reiht sich ein in die Millionen,
die in der Raucherhölle wohnen.

∞

Gleich neben diesem Haufen Stinker,
da wohnen die Millionen Trinker.

Fortsetzung nächste Seite

UND DESHALB NENNT MAN DIESE STELLE
FOLGERICHTIG "TRINKERHÖLLE".
DAS IST EIN SCHLÜRFEN UND EIN SCHLUCKEN,
WIE DA IM SUMPF DIE SCHLUCKER ZUCKEN!

OH WEHE DEM, DER NICHT AUF ERDEN
SCHON SEIN LASTER LOS KANN WERDEN!

AUS GRÜNDEN DES GESCHMACKS
MUẞTE HIER AUF ZEICHNUNGEN
VERZICHTET WERDEN.

DIE WERDENDE MUTTER

SO MANCHE FRAU IN DER SCHWANGERSCHAFT
EINE NACH DER ANDERN PAFFT.
DER EMBRYO RAUCHT MIT, SO'N FRECHER,
UND HAT NOCH NICHT MAL 'N ASCHENBECHER.

2. FASSUNG:
DIE MUTTER IST DER ASCHENBECHER.

AUẞER FASSUNG:
ER LEBT IN EINEM ASCHENBECHER.

26

WHY DO YOU SMOKE?
TO DIE IS NO JOKE!

KINDERGEDICHTE

SCHRI, SCHRA, SCHRUM,
WER RAUCHT FÄLLT UM!

RAUCHEN BEI ALT UND JUNG
IST SELBSTVERSTÜMMELUNG!

RAUCHEN IST GESUND,
MAN STINKT SCHÖN AUS DEM
MUND!

RAUCHEN VERBOTEN!

IGITT

wenn ich morgens frü schon rauche rich ich wie nach Ferde-jauche!

wenn ich morgens frü schon kwalme rich ich wie ne Dattelpalme!!!

ABZÄHL-REIM

DIDELDUM
WER SÄUFT KIPPT UM!

wenn ich morgens frü schon pafffe, rich ich wi ein Mensch-enaffe!!!

EIN PFEIFENRAUCHER STINKT,
ALS WENN ER JAUCHE TRINKT!

Es tönt von Texas bis nach Küsten: Papa hat ein Raucherhusten!!!

27

„Der Störenfried" von Prof. Dr. A. Armleuchter

[DER STÖRENFRIED] [VON Prof. Dr. Adolf Armleuchter]

EIN RAUCHERHÖRSPIEL IN DREI AKTEN

BEARBEITUNG:

⇒ AUCH ALS THEATERSTÜCK GEEIGNET!

PÄDAGOGISCH BESONDERS WERTVOLL

USVERKAUFT

I. AKT

RAUCHER: EIN BIER!

NICHTRAUCHER: HE, ICH KRIEG' DEN GANZEN RAUCH AB!

RAUCHER: WARUM GEHSTE IN'NE KNEIPE!?

∞

II. AKT

eventuell Zwischenmusik. Sie sollte aber nicht zu lang sein!

NICHTRAUCHER: EIN BIER BITTE!

RAUCHER: ICH HAB' EBEN 'N DACHZIEGEL AUF 'N KOPP GEKRICHT!

NICHTRAUCHER: WARUM GEHST DU AUF DIE STRAßE!?

∞

FORTSETZUNG NÄCHSTE SEITE ⤴

III. AKT

RAUCHER: EIN BIER!

NICHTRAUCHER: EIN ALKOHOLFREIES BIER BITTE!

RAUCHER: STÖRT ES DICH, WENN ICH RAUCHE?

NICHTRAUCHER: EIGENTLICH JA, VIELLEICHT GEHT ES ABER, DAß ICH DEN RAUCH NICHT ABKRIEGE.

RAUCHER: ICH WERDE AUFPASSEN.

NICHTRAUCHER: DANKE!

ENDE

REGIE-ANWEISUNGEN: DIE ERSTEN BEIDEN AKTE SIND SEHR AGGRESSIV ANZULEGEN. BEIM DRITTEN UND LETZTEN AKT IST DIE SITTLICHE REIFE DER PERSONEN HERAUSZUARBEITEN.

PROF. DR. ADOLF ARMLEUCHTER

Prof. Dr. Adolf Armleuchter

Zwischenmusiken sollen nicht zu lang sein!
„Hick"

DIE SCHÖNE NIKOTINE

– EIN RAUCHERMÄRCHEN

ES WAR EINMAL EIN SCHÖNES, GESUNDES UND GUTHERZIGES MÄDCHEN. IM ZARTEN ALTER VON 16 JAHREN BEGANN SIE SICH FÜR EIN HOBBY ZU INTERESSIEREN. TOPFLAPPEN HÄKELN UND STRÜMPFE STRICKEN ENTSPRACHEN NICHT IHRER VORSTELLUNG VON FREIZEITGESTALTUNG, – ALSO KAUFTE SIE SICH JEDEN TAG VIERZIG ZIGARETTEN UND RAUCHTE SIE BIS ZUR LETZTEN KIPPE.

IHRE MUTTER HATTE GROßES VERSTÄNDNIS DAFÜR UND LEERTE AM FRÜHEN MORGEN GLEICH ALS ERSTES DEN ASCHENBECHER UND LÜFTETE DAS ZIMMER, DAMIT IHRE TOCHTER, WENN SIE AUS DER SCHULE KAM, IHREM HOBBY WOHLGEMUT NACHGEHEN KONNTE.

EINES TAGES SAGTE NIKOTINE, SO HIEß

NÄMLICH DAS GUTE KIND: "RAUCHEN IST SCHÖN!" – "JA," SAGTE DIE MUTTER, "TU WAS DIR SPAß MACHT, DER ERNST DES LEBENS BEGINNT NOCH FRÜH GENUG."
"RAUCHEN IST SCHÖN." – "JA MEIN KIND, RAUCHEN IST SCHÖN."

ALS DIE MUTTER AUS DER JUNGMÄDCHENSTUBE HINAUSGEGANGEN WAR, UM ENDLICH DEN ABWASCH ZU ERLEDIGEN, SCHRIEB NIKOTINE IN IHR TAGEBUCH 100 MAL DEN SATZ "RAUCHEN IST SCHÖN." –

AM NÄCHSTEN TAGE WURDE IN DER DEUTSCHSTUNDE ZUFÄLLIG EIN AUFSATZ GESCHRIEBEN ÜBER EIN FREIES THEMA, UND SO SCHRIEB SIE 150 MAL "RAUCHEN IST SCHÖN" UND GAB DIE ARBEIT AB. DER LEHRER, SELBST EIN AUSGEBILDETER RAUCHER, GAB IHR FÜR DIESEN AUFSATZ EINE "1". ÜBRIGENS, RAUCHEN IST ALS HOBBY AUCH DESWEGEN GÜNSTIG, WEIL MAN NEBENBEI DIE SCHULARBEITEN MACHEN

KANN.

NIKOTINE WUCHS HERAN UND HUSTETE AB UND ZU, ABER WER HAT NICHT HIN UND WIEDER EINE ERKÄLTUNG. UND WEIL SIE SEHR HÜBSCH UND ANMUTIG ANZUSEHEN WAR, WENN SIE SICH IN SANFTE WOLKEN AUS BLAUEM TABAKRAUCH HÜLLTE, NANNTE MAN SIE "DIE SCHÖNE NIKOTINE". IHRE ÄLTERE SCHWESTER HIESS VIRGINIA, IHRE JÜNGERE DAGEGEN ORIENTA. ORIENTA UND VIRGINIA WAREN ZWILLINGE, BEIDE, UNDZWAR GANZ ZUFÄLLIG, ALSO SIE WAREN IM STERNBILD "ZWILLINGE" GEBOREN. DIE JÜNGSTE SCHWESTER, HAVANNA, WAR JUNGFRAU. ABER BALD HEIRATETE ("HICK") SIE DEN ARGENTINIER BRASILIUS STUMPEN. BRASILIUS STUMPEN HATTE DAS STERNBILD "WASSERMANN". NIKOTINE HATTE ÜBRIGENS "KREBS" ALS STERNBILD.

32 ZUM PLATZ ZU SPAREN WIRD DIE SCHRIFT HIER KLEINER. BEI BEDARF BRILLE AUFSETZEN.

IRGENDWANN WAR DANN MAL EIN KONGRESS DER TABAKINDUSTRIE IN DEN U.S.A. DAS IST IMMER SEHR INTERESSANT FÜR DIE ANHÄNGER DES SOGENANNTEN „BLAUEN DUNSTES", UND SO MANCHE EHEN WERDEN DARAUFHIN GESCHLOSSEN,-IN QUALM SPRINGS. „AU FEIN," RIEF ALS ERSTE VIRGINIA, „DER SCHÖNE RAUCHERKONGRESS KOMMT AUF UNS ZU, DA FAHREN WIR HIN UND GEHEN AUF BRAUTSCHAU, DENN VIELE RAUCHER KOMMEN DORTHIN." – „JA," RIEF EBENSO ENTHUSIASTISCH ORIENTA, „WIR LERNEN DORT SICHER INTERESSANTE RAUCHER KENNEN, ZIGARETTENRAUCHER, ZIGARREN- ODER PFEIFEN-." – „JA," FÜGTE HAVANNA HINZU, „VIELE PROMINENTE RAUCHER RAUCHEN PFEIFE." – „PFEIFE" RIEF VIRGINIA, „PFEIFE, WELCH ENTZÜCKENDES WORT!" – „DAS FINDE ICH AUCH," SAGTE BEGEISTERT ORIENTA, „EIN MANN MIT PFEIFE, WIE MÄNNLICH MUß SOLCH EIN MANN DOCH SEIN!" DIE SCHÖNE NIKOTINE SCHWIEG ZU ALL DEM, DENN INSGEHEIM WÜNSCHTE SIE SICH EINEN MANN MIT DICKER ZIGARRE. ACH SO, FAST HÄTT' ICH ES VERGESSEN,- DIE GANZEN SCHWESTERN, VON DENEN HIER DIE REDE IST, HIEßEN MIT NACHNAMEN „PFEIFENREINIGER".

ENDLICH AUF DEM KONGRESS, LERNTEN DIE VIER SCHWESTERN TATSÄCHLICH IHRE ZUKÜNFTIGEN EHEGATTEN KENNEN. ES WAREN FAST ALLE NATIONEN VERTRETEN.

NATÜRLICH KÖNNEN NICHT VIER SCHWESTERN ALLE NATIONEN HEIRATEN, ABER SIE WÄHLTEN DENNOCH GUT AUS BEI DER INTERNATIONALEN ZUSAMMENSETZUNG.

ALSO, HAVANNA PFEIFENREINIGER WAR SCHON INZWISCHEN VERHEIRATET, WIE BEREITS ANGEDEUTET, - MIT BRASILIUS STUMPEN, - UND HIEß NUN HAVANNA STUMPEN. SIE FANDEN ÜBRIGENS EINE SCHÖNE WOHNUNG IN DER STUBENRAUCHSTRAßE IN ASCHERSLEBEN. VIRGINIA PFEIFENREINIGER LERNTE DEN MEXIKANISCHEN TABAK- UND RAUCHWARENGROßHÄNDLER ZIGARRO TOBACCO KENNEN UND HEIRATETE IHN SPÄTER SELBSTVERSTÄNDLICH.

DIE JUNGE ORIENTA PFEIFENREINIGER EHELICHTE DEN RUSSEN ZIGARREWITSCH MACHORKA*1, UND DIE SCHÖNE NIKOTINE SCHLIEßLICH SCHLOß DEN BUND FÜR'S LEBEN MIT DEM ITALIENER FILTERO ZIGARILLIO. TRAUZEUGEN

*1 ЦИГАРЕВИЧ МАХОРКА

WAREN DER UNGAR ZIGARETTO ZIGARDASCH, DER GEIGE SPIELEN KONNTE, UND DER DEUTSCHE DOCHTFRIED STANGE, DER MUNDHARMONIKA SPIELTE. DIE TRAUZEUGEN VON ORIENTA PFEIFENREINIGER UND ZIGARREWITSCH MACHORKA WAREN ÜBRIGENS DER CHINESE WANG FEUELZEUG*1 UND SEIN BLUDEL MAO TSE GALLENKISTE,*2 DIE PING-PONG SPIELTEN. ALLE BEKAMEN EIN KOSTENLOSES GEDICHT DES BERÜHMTEN DICHTERS INGO INSTERBURG GESCHENKT, GEWISSERMAßEN ALS HOCHZEITSGESCHENK, SCHÖN EINGERAHMT IN ZIGARRENKISTENHOLZ. DAS LAUTETE FOLGENDERMAßEN:

„DIE ZIGARRENKISTE IST ZU KLEIN
FÜR EIN AMPUTIERTES RAUCHERBEIN."

DA SAGTE DER CHINESE WANG FEUELZEUG, ACH NEIN, ES WAR SEIN BRUDER MAO TSE GALLENKISTE: „WAS FÜL EIN

*1 舌金 *2 京金日

BEGABTEL DICHTEL INGO INSTELBULG IST, SCHADE, DAß EL NICHTLAUCHEL, – SEHL SCHADE."

SIE ALLE WURDEN 95 JAHRE ALT, – MANCHE MIT, MANCHE SCHON OHNE RAUCHERBEIN. [1 RAUCHER-<u>JAHR</u> ENTSPRICHT = 7 NICHTRAUCHER-<u>MONATEN</u>]. KURZ VORHER TRAFEN SIE SICH NOCHMAL ALLE UND SAGTEN HUSTEND ODER DURCH KEHLKOPFMIKROPHONE: "RAUCHEN IST SCHÖN, RAUCHEN IST SCHÖN, RAUCHEN IST

†ENDE†

35
DU SOLLST DICH NICHT MIT RAUCHERN STREITEN!
SCHLIEß' FRIEDEN MIT DEN TODGEWEIHTEN.
TABACUM VOBISCUM
FOTKOPIEREN UND BUNTMALEN!
11.4.2000

36

ZWILLINGS - FORSCHUNG
ALTER
NICHTRAUCHERIN
RAUCHERIN
5 JAHRE
10 JAHRE
20 JAHRE
40 JAHRE
60 JAHRE
FOTOKOPIEREN UND BUNTMALEN
INGO INSTERBURG 12.4. 2000

DIE BESOFFENEN SCHWEINE

ES WAR EIN SOMMERTAG, EIN WARMER, -
DA GING ZUM BAUERNHOF EIN FARMER.

DER WAR WIE IMMER SEHR BESOFFEN,
UND AUCH SEIN SCHWEINESTALL STAND OFFEN.
DIE SCHWEINE WAREN IN DER SCHEUNE,
ES WAREN SIEBEN, ACH NEIN, NEUNE.

SIE GINGEN GEMEINSAM IN DIE KÜCHE,
ANGELOCKT DURCH DIE GERÜCHE.
DORT FRAßEN SIE ALLES, WAS SIE FANDEN,
WONACH SIE DICK UND SATT RUMSTANDEN.

DANN GINGEN SIE ALLE IN DEN KELLER,
DIE ERSTEN LANGSAM, DIE LETZTEN SCHNELLER.

DA SOFFEN SIE AUS EIN FAß MIT WEIN,
DAS WAR GENUG FÜR JEDES SCHWEIN.

DANN GINGEN SIE WIEDER AUS DEM KELLER,

FORTSETZUNG NÄCHSTE SEITE

DIE ERSTEN LANGSAM, DIE LETZTEN SCHNELLER,
UND LEGTEN SICH IN DES FARMERS BETTE,
DORT SCHNARCHTEN SIE DANN UM DIE WETTE.
DER KAM NUN ABER ENDLICH NACH HAUSE, –
ER HATTE GESOFFEN OHNE PAUSE.
DER FARMER KONNTE ES NICHT FASSEN:
~~DIE SCHWEINE HATTEN IHM PLATZGELASSEN~~
SIE HATTEN IHM EINEN PLATZ GELASSEN.
SO LEGTE ER SICH DENN ZUR RUH',
UND DECKTE SICH UND ALLE ZU.
ALS SIE AM MORGEN ALLE ERWACHTEN,

SIE SEHR HERZLICH ÜBER SICH LACHTEN.
DAS WAR EINE SCHLIMME NACHT.
WAS DER ALKOHOL DOCH SO MACHT!
DANN TRENNTEN SIE SICH WIEDER ALLE,
DIE SCHWEINE GINGEN ZURÜCK ZUM STALLE.

DER FARMER SEUFZTE IN SEINEM BETT:
"ACH, WENN ICH EIN WEIB DOCH HÄTT'!"
DA ER ABER STETS BESOFFEN,
KONNTE ER NUR DARAUF HOFFEN.
MANCHMAL LIEß ER DEN SCHWEINESTALL OFFEN

DIE AUSWIRKUNGEN DER SUCHT
ODER:
„RAUCHER SIND SCHLIMMER ALS TRINKER"

EIN EINZIGER RAUCHER, MAN GLAUBT
ES KAUM,
VERPESTET EINEN GANZEN RAUM.
EIN TRINKER HINGEGEN, - SOVIEL
ICH WEIß, -
NUR UNGEFÄHR ZWEI METER IM KREIS.

FORMEL FÜR DIE TRINKERFAHNE:
100g ALKOHOL = 1m [BEI WINDSTILLE]

Geselligkeit

Wer zu Hause sich betrinkt
bald in Einsamkeit versinkt.
Tu' lieber in die Kneipe zieh'n,
der Wirt will schließlich auch

[verdien'n]

42 ALS BLUES GEEIGNET

DER TRINKER

ES WAR EINMAL EIN JUNGER MANN,
DER SOFF, WIE MAN NUR SAUFEN KANN.
UND WAS ER TRANK, DAS WAR UNSÄGLICH, –
ZWEI LITER WODKA NÄMLICH TÄGLICH!

DA BLIEB ES EINES TAG'S NICHT AUS, –
DER SCHNAPS MACHTE IHM DEN GARAUS.
SO LAG ER DANN DREI TAGE WOHL,
SEIN KÖRPER WAR VOLL ALKOHOL.

ER KAM INS KREMATORIUM,
DORT SPIELTE DAS HARMONIUM,
UND ALLE LEUTE SANGEN MIT, –
DER MANN WAR IMMER NOCH VOLL SPRIT.

UND WEIL ER, – FRIEDE SEINER ASCHE, –
SCHON IMMER WAR 'NE GROßE FLASCHE,
WAR ER NUN, – UNGERN ICH'S ERZÄHL, –
SO'N RICHT'GER MOLOTOW-COCKTAIL.
DER SARG WAR SPÄTER, REICH VERZIERT,
IM KREMATORIUM EXPLODIERT.

VORTEILE DES BESOFFENSEINS

WENN EINER, DER NICHT SO GANZ DICHT,
NEN ANDERN IN SEIN HERZ REINSTICHT,
UND WAR ZUR TATZEIT STINKBESOFFEN, –
KANN DER AUF MILDES URTEIL HOFFEN.

∞

WENN EINER, DER MIT ROTEN WANGEN
LETZTE NACHT IST FREMD GEGANGEN,
UND WAR ZUR TATZEIT STINKBESOFFEN, –
KANN DER AUF MILDES URTEIL HOFFEN.

∞

WENN EINER, DER VOM SCHNAPS VERWIRRT,
SICH NÄCHTENS IN DER WOHNUNG IRRT,
UND WAR ZUR TATZEIT STINKBESOFFEN, –
KANN DER AUF MILDES URTEIL HOFFEN.

∞

WENN EINER, DER AM LETZTEN SCHULTAG,
LALLEND UNTER SEINEM STUHL LAG,

FORTSETZUNG NÄCHSTE SEITE

Hugo Hutzelgrumpel

UND WAR ZUR TATZEIT STINKBESOFFEN, –
KANN DER AUF MILDES URTEIL HOFFEN.

WENN EINER, DER MIT DREI PROMILLE,
RUMSCHWIMMT IN DER EIG'NEN GÜLLE,
UND WAR ZUR TATZEIT STINKBESOFFEN, –
KANN DER AUF MILDES URTEIL HOFFEN.

WENN EINER, DER GEBOREN WAR
VON EINEM TRINKEREHEPAAR,
UND WAR ZUR TATZEIT STINKBESOFFEN, –
KANN DER AUF MILDES URTEIL HOFFEN.

Na und?!

Am Thema vorbei! Prof. Dr. Dr. Adolf Amleowitz

„EKEL-LYRIK IST DIE SCHWESTER DER HERBEN RAUCHER-LYRIK.“ ⇒

DIE BALLADE VOM TRINKER
ODER
"WAS KOSTET EIN SAUFABEND?"

ES WAR EINMAL EIN BRAVER MANN,
DER ARBEITETE DANN UND WANN.
KAUM SANK DIE SONNE HINTERM PARK,
DA NAHM ER ZWANZIG DEUTSCHE MARK
UND GING ZUM SAUFEN GANZ NORMAL
IN EIN VERRAUCHTES BIERLOKAL.

ZWEI KORN, ZWEI BIER UND NOCH EIN KÜMMEL,
UND SCHON WAR ER IM SÄUFERHIMMEL.
DAS KOSTETE ACHTZEHN MARK ZEHN,
DER REST WAR TRINKGELD, "DANKESCHÖN!"

BEVOR ER ABER GING NACH HAUS,
GAB IHM DER WIRT NOCH EINEN AUS:
"HIER NOCH 'N ABSCHIEDSTRUNK, DANN GEHSTE." –
DAS WAR VOM WIRT 'NE NETTE GESTE.

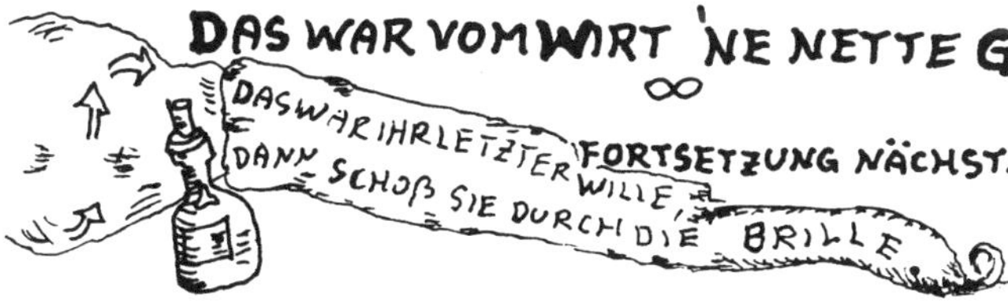

FORTSETZUNG NÄCHSTE SEITE

BESOFFEN WAR ER NUN SCHON STARK,
UND DAS FÜR ZWANZIG DEUTSCHE MARK.
ER FAND AUCH GLEICH DAS SCHLÜSSELLOCH
TROTZDEM VON SEINEM AUTO NOCH.

AB GING'S ZUM HEIMATLICHEN STALLE, –
DOCH KAM ERST NOCH 'NE MAUSEFALLE.

∞

DORT ZEIGT ER STOLZ SEIN'N FÜHRERSCHEIN, –
UND SEINE FAHNE OBENDREIN.

DEN FÜHRERSCHEIN WAR ER GLEICH LOS, –
MAN LIEß IHM SEINE FAHNE BLOß.

∞

DIE BAHN FUHR NICHT MEHR, AUCH KEIN BUS,
UND ER GING EIN STÜCK ZU FUß.
ER SAH 'NE KNEIPE IN EIN'M HAUS,
DOCH OHNE GELD FLOG ER DA RAUS.

∞

DA TRAF ER EINEN SUPERMARKT,

FORTSETZUNG NÄCHSTE SEITE

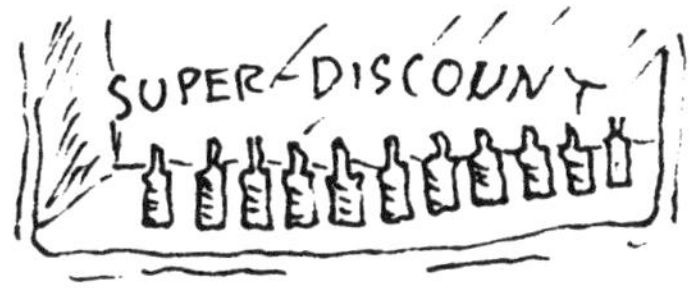

UND DA SEIN DURST BEREITS ERSTARKT,
NAHM ER EINEN PFLASTERSTEIN
UND SCHLUG DIE FENSTERSCHEIBE EIN, –
UND NAHM SICH, WEIL SIE STAND GLEICH VORN,
'NE LITERFLASCHE APFELKORN.

∞

DIE TRANK ER DANN ALLMÄHLICH AUS
UND LANDETE IM KRANKENHAUS.

EIN JAHR SPÄTER DANN ZU HAUS'
RECHNET ER MAL ALLES AUS: [DOPPELPUNKT]

∞

DER EINBRUCH UND DER FÜHRERSCHEIN,
BUẞGELD, ANWALT, NEIN, NEIN, NEIN, –
DAS WAREN JA WOHL KNAPP 10 000!
-ZEHNTAUSEND-
SO IST DAS, WENN DIE MENSCHEN BLAU SIND.

∞

DIE SONNE SANK GLEICH HINTERM PARK, –
ACH SO, UND NOCH DIE ZWANZIG MARK.

∞∞∞
∞

SÄUFER-LIEBE

OFT LERNEN SICH ZWEI MENSCHEN KENNEN,
BEVOR SIE NUN ZUSAMMEN PENNEN,
TRINKEN SIE BEI KERZENSCHEIN
ETWAS SCHNAPS UND BIER UND WEIN.

DIE STUNDEN WOLL'N SIE SICH VERSCHÖNEN, -
BIS SIE SICH DARAN GEWÖHNEN.
TÄGLICH WIRD DER DURST GESTILLT
UND DER KÜHLSCHRANK AUFGEFÜLLT.

UND JE NACHDEM WIE'S GLAS SICH NEIGT
DER ALKOHOL DANN WIRKUNG ZEIGT:

EIN SCHNÄPSCHEN, EIN GLAS BIER, EIN WEIN, -
DA HEIßT ES: "DU MEIN SCHNUCKILEIN."

ZWEI SCHNÄPSCHEN, ZWEI GLAS BIER, ZWEI WEIN, -
DA HÖRT MAN: "WILDES TEUFELEIN."

FORTSETZUNG NÄCHSTE SEITE

DREI SCHNÄPSCHEN, DREI GLAS BIER, DREI WEIN, -
DA KLINGT ES: "ACH DU WÜSTLING MEIN."

SECHS SCHNÄPSCHEN, SECHS GLAS BIER, SECHS WEIN, -
SIE: "ACH-ACH," IN EXTASE SCHREIN.

NEUN SCHÄPSCHEN, NEUN GLAS BIER, NEUN WEIN, -
"WENN DU FREMD GEHST, HAU ICH DIR EINE REIN."

"HICK"
ZWÖLF SCHÄPSCHEN, ZWÖLF GLAS BIER, ZWÖLF WEIN, =
"HAU ENDLICH AB! DU BESOFFNES

SCHWEIN."

"LALL, LALL"

KÜßT IHR EUCH MAL BEI KERZENSCHEIN,
DANN LAßT DAS SAUFEN LIEBER SEIN!

ALKOHOL IM STRAßENVERKEHR

EINE KURZGESCHICHTE

EIN JUNGER MANN HATTE SICH EIN AUTO BESTELLT. ENDLICH WAR ES SOWEIT, UND ER HOLTE DEN BLITZBLANKEN WAGEN AB. DAS MUßTE NATÜRLICH GEFEIERT WERDEN, UND SO FUHR ER AM SPÄTEN NACHMITTAG ZU SEINEM FREUND. ZIEMLICH ANGETRUNKEN SETZTE ER SICH DANACH AN'S LENKRAD UND MACHTE EINEN TOTALSCHADEN, - AUCH AN SEINEM FAHRZEUG. AM ABEND TEILTE ER SEINEM FREUND TELEFONISCH DIESE NEUIGKEIT MIT UND FLUCHTE ÄRGERLICH: "SO EIN MIST! HÄTTE ICH DOCH DAS AUTO ERST

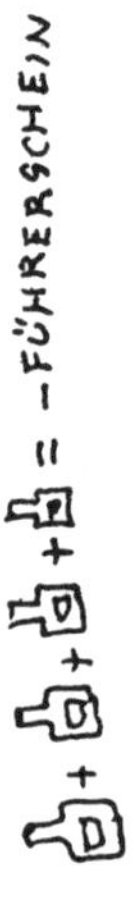

FORTSETZUNG NÄCHSTE SEITE

MORGEN GEKRIEGT!" – "JA," SAGTE SEIN FREUND, "DANN HÄTTEN WIR MORGEN NOCHMAL FEIERN KÖNNEN."

ENDE

EINE TRINKER-KURZGESCHICHTE

ES WAR EINMAL EIN SÄUFER, DEM LIEF EINE LAUS ÜBER DIE LEBER, DIE ER NOCH HATTE. ZUFÄLLIGERWEISE HATTE DIE LAUS GERADE GEBURTSTAG. DA SCHENKTE ER IHR EINE ROSE, EINE LEBERZIRRHOSE.

ENDE

LEBENSWEISHEIT: JE MEHR GELD DU FÜR DIE GESUNDHEIT AUSGIBST, DESTO LÄNGER KANNST DU GELD AUSGEBEN!

~RÄTSEL~ Welche Rose hat keine Stacheln?
Die Leberzirr(h)ose.
Welche Rose kann man nicht anziehen?
Die Leberzirrhose.

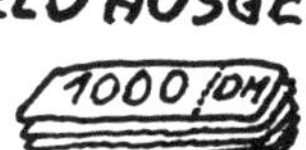

Des Trinkers Schicksal?

54% 80%

Kommt ein Kindlein auf die Welt,
es sich meist normal verhält.
Tuet seinen ersten Schrei
und atmet erstmalig dabei.

Hat die Mutter voller Kraft
gesoffen in der Schwangerschaft,
schreit das Kind beim ersten Klaps
noch im Kreis-Saal gleich nach Schnaps.
Den kriegt er auch, der kleine Knilch,
der ist schon in der Muttermilch.

Säuft aber nur der Ehemann,
fängt das Kind erst später an.
Es sitzt vergnügt auf dessen Schoß
und schnuppert an der Fahne bloß.

48% 38% Klarer 12% Wei 4% Bi 0,2% 0,15 %

Fortsetzung nächste Seite

UND IST DER VATER NICHT ZU HAUS,
LECKT ES DIE LEEREN GLÄSER AUS.

ZUM 14. GEBURTSTAG DANN
DA DARF ER SAUFEN WIE EIN MANN!
NUN NIMMT ALLES SEINEN LAUF, –
LEBER, MAGEN, MILZ GEH'N DRAUF.

SPINNEN SIEHT ER, MÄUSE, RATTEN, –
DELIRIUM TREMENS WIRFT SCHON SCHATTEN.

SO NAHT GAR BALD SEIN SCHRECKLICH' ENDE,
ES ZITTERN HEFTIG IHM DIE HÄNDE, –
ER KRIEGT DIE FLASCHE NICHT MEHR AUF – – –
DAS WAR DES TRINKERS LEBENSLAUF! ["UAHHH"] < >

WENN DER TANNENBAUM NADELT,
WIRD ER HEFTIG GETADELT.
DANN SCHMEIßT MAN IHN
AUF DEN MIST,
WIE GRAUSAM DIE
WELT DOCH IST.

DIE BESOFFENE OMA

ES WAR EINMAL EINE OMAMA,
DIE WAR SO BLAU, DAß SIE DOPPELT SAH.
UND ALS DIE ZWEITE KERZE BRENNT,
DENKT SIE ES WÄR' VIERTER ADVENT.

PAAR TAGE SPÄTER SPRACH SIE IM

GARTEN:

„HEILIG ABEND LÄßT ABER AUF
SICH WARTEN!"

DIE WEIHNACHTSKERZE

EINE WEIHNACHTSGESCHICHTE

ES WAR EINMAL EINE WEIHNACHTSKERZE, DIE STECKTE ZWISCHEN BUNTEN KUGELN, SILBERNEM LAMETTA UND GLÄSERNEN SCHNAPSFLASCHEN. DER FAMILIENVATER ABER HATTE EINE KRIPPE, – MIT OCHS UND ESEL UND HIRTEN, – – ACH NEIN, – – [ENTSCHULDIGUNG] DER FAMILIENVATER ABER HATTE EINE GRIPPE. DESWEGEN FIEL WEIHNACHTEN AUS, DENN DIE KERZE SPRACH: "STECK' MICH NICHT AN!"

ENDE

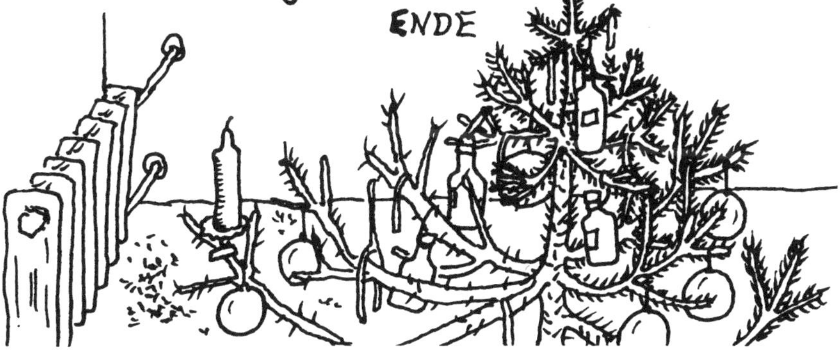

DER JUNGE TRINKER

EIN TRINKER-MÄRCHEN

DIESES MÄRCHEN IST GEDACHT IN DER OSTPREUßISCHEN MUNDART VORGELESEN ZU WERDEN. INGO INSTERBURG STAMMT NÄMLICH DAHER UND HEIßT EIGENTLICH INGO HUTZELGRUMPEL. INSTERBURG IST SEIN GEBURTSORT.

ES WAR EINMAL EIN JUNGE. ALS ER 6 JAHRE ALT WAR, SAGTE ZU IHM SEIN VATER EINES TAGES WÄHREN D „HICK" DER MUTTERTAGSFEIERLICHKEITEN: "DU BIST JETZT ALT GENUG, DU DARFST EIN GLAS BIER TRINKEN." DER JUNGE TRANK EINEN SCHLUCK UND SAGTE: "DAS SCHMECKT ABER SO BITTER." – "DU WILLST DOCH EIN MANN WERDEN," RIEF DER VATER UND LACHTE SCHALLEND, "TRINK AUS, WENN DU EIN GANZER KERL BIST, HA, HA, HA ···". DER JUNGE TRANK SEIN GLAS AUS. DANN MERKTE ER DIE EIGENARTIGE WIRKUNG VON DEM ALKOHOL, UND TRANK NOCH EINS.

NA JA, – ALS ER DANN WIRKLICH EIN MANN WAR, UND ZWAR AN SEINEM 18. GEBURTSTAG, LAG ER EINE STUNDE VOR MITTERNACHT BESOFFEN VOR DEM SOFA, NEBEN IHM SEIN AUSGEBROCHENES MITTAGESSEN,

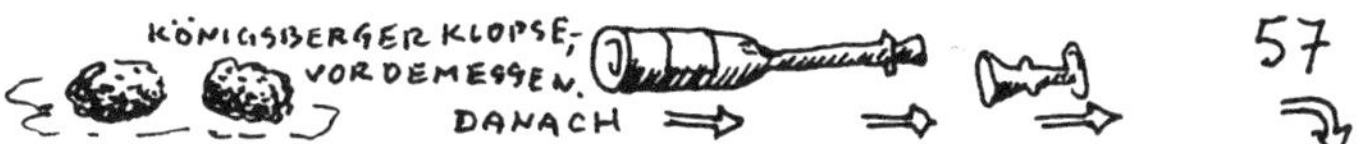

ES HATTE KÖNIGSBERGER KLOPSE GEGEBEN, WIE ZU ERKENNEN WAR. ABER ZWEI JAHRE SPÄTER LAG ER AUF DEM SOFA OHNE AUSGEBROCHENES NEBEN SICH. NEBENBEIGESAGT: AUSGEBROCHENES ERHEBT DEN VORGANG DES ESSENS IN DEN BEREICH DER SINNLOSIGKEIT.

NUN WAR ER ENDLICH EIN AUSGEWACHSENER TRINKER, UND SEIN VATER WÄRE STOLZ GEWESEN AUF IHN, WENN ER NICHT WEGEN DER LEBERZIRRHOSE VORZEITIG DIE SCHNAPSFLASCHE HÄTTE HINLEGEN MÜSSEN. AN DEM TAG WAR ÜBRIGENS DIE GANZE FAMILIE ALKOHOLISIERT WEGEN DER TRAUERFEIERLICHKEITEN BEI DEM SCHNAPSLEICHENSCHMAUS.

ALS ER 21 JAHRE ALT WAR, DACHTE ER ANS HEIRATEN. ER ERSEHNTE SICH EINE MÖGLICHST GLEICHGESINNTE, WEIL SO DAS ZUSAMMENLEBEN HARMONISCHER ZU WERDEN VERSPRACH. ER HIEß ÜBRIGENS WEINHOLD SCHAMPANSKOJE*1, GENAU WIE SEIN VATER, SEIN TOTGESOFFENER.

*1 „O" WIE IN „KOPF"   ▼ = BETONUNGSZEICHEN

Am günstigsten schien es ihm, in seiner Stammkneipe auf Freiers Füßen gewissermaßen zu wandern. Bequemer ging's auch nicht, weil er sowieso da jeden Tag sich aufhielt und den Heimweg genauestens kannte. Das war sehr weitsichtig gedacht. – Dann, am Himmelfahrtstage, wo jeder pflichtgemäß besoffen ist, traf er Sie, die Frau seines Lebens, die Frau seines Herzens und seiner Leber. – Und sie hatten gleiche Interessen. Das ist Voraussetzung für eine gute Ehe. Manchmal gab es Differenzen, weil die Interessen nicht *ganz* so gemeinsam waren, wenn nämlich *er* Korn trinken wollte und *sie* Klaren, und das Geld nur noch für *eine* Flasche reichte. Aber große Auseinandersetzungen, wie bei anderen Eheleuten, gab es deswegen nicht, man neigte zur Toleranz. Sie hieß übrigens Bierella Fusel, aber nicht mehr lange, denn sie heirateten

NACH EINER ANGEMESSENEN VERLOBUNGS-
ZEIT NOCH INNERHALB DER NÄCHSTEN 5
JAHRE.

DIE HOCHZEITSFEIER IST LOHNENSWERT ZU
SCHILDERN, WAS DESWEGEN AUCH GETAN
WIRD:

ES WAR DER 1. AUGUST UND DRAUßEN WA-
REN 30 GRAD IM SCHATTEN, WESWEGEN
AUCH DIE HOCHZEITSGÄSTE ALLE IM SCHAT-
TEN SAßEN DURCH DIE BANK WEG AUF BÄN-
KEN. 5 FRAUEN WAREN ES UND 12 MÄN-
NER INSGESAMT, ALSO DIE MÄNNER IN DER
ÜBERZAHL. ES IST UNINTERESSANT, ALLE NA-
MEN DER ALKOHOLIKER ZU NENNEN, – AUßER
DIE DER WEIBLICHEN GÄSTE, – WEGEN DER
HÖFLICHKEIT. SIE WAREN ÜBRIGENS ALLE VER-
WANDT UNTER SICH, IRGENDWIE, – UND HIE-
ßEN: WEINGARD FUSEL, PROMILLIA SCHAMPAN-
SKOJE BINDESTRICH FUSEL, GERMANIA SCHAMPAN-
SKOJE, TEUTONIA SCHAMPANSKOJE BINDESTRICH FU-
SEL UND TEDESKA ZAPFHAHN, GEB. BINDESTRICH,
ACH NEI(N), OHNE BINDESTRICH, FUSEL.

 [UM PLATZ ZU SPAREN, WIRD DIE SCHRIFT HIER KLEINER]

BEI BEDARF BRILLE AUFSETZEN

NUR EINER VON DEN MÄNNLICHEN GÄSTEN SOLL ERWÄHNT WERDEN, WEIL ER GEWISSERMAßEN DER "SPIRITUS EREKTUS" WAR, ALSO AUF DEUTSCH, WEIL DAS NÄMLICH LATEINISCH IST, SO WAS WIE DER "GEISTIGE FÜHRER" WAR VON DER GANZEN GESELLSCHAFT, UND WEIL ER DER EINZIGE WAR, DER NICHT INS KRANKENHAUS GEBRACHT WERDEN MUßTE NACH DER HOCHZEIT, WAS NICHT HEIßT, DAS DIE GESAMTEN GÄSTE IM KRANKENHAUS LANDETEN, – NEIN, NUR FAST ALLE, – ZWEI KAMEN IN DIE AUSNÜCHTERUNGSZELLE BEI DER POLIZEI, WAS ABER AUCH SO 'NE ART KRANKENHAUS IST. ER HIEß, ALSO DER SPIRITUS RECTOR, ER HIEß DR. TREMENS DESTILIRIUM UND WAR VON BERUF MIKRO-CHIP-HERSTELLER, – FÜR AUTOMATISCHE ABFÜLLANLAGEN. ZURÜCK ZU DER HOCHZEITSFEIER. → ES BEGANN ALLES GANZ HARMLOS MIT KORN, BIER UND KLAREM, GEWISSERMAßEN ALS APERITIV, DENN DAS ESSEN SOLLTE BALD KOMMEN, EXTRA SCHÖN ZUBEREITET AUS DER BENACHBARTEN KNEIPE. ABER DER APERITIV ZOG SICH IN DIE LÄNGE, BIS MAN SCHLIEßLICH ZUR VORSPEISE ÜBERGING, DIE AUS EIERLIKÖR UND ERDBEER-BOWLE BESTAND, WEIL WIEGESAGT DAS ESSEN NOCH IN DER KNEIPE, DA, WO ES BESTELLT WORDEN WAR, WAR, – WAHRSCHEINLICH. DOCH DAS WAR EIN IRRTUM. DER WIRT DER KNEIPE, ER HIEß ÜBRIGENS PICCOLO EICHSTRICH, WO DAS ESSEN HERKOMMEN SOLLTE, WAR BESOFFEN GEWESEN, ALS DIE BESTELLUNG GEMACHT WORDEN WAR UND WEINHOLD SCHAMPANSKOJE, DER DIE BESTELLUNG GEMACHT HATTE, ALSO DER BRÄUTIGAM, WAR AUCH BESOFFEN GEWESEN. IM GRUNDE WAR DA NICHTS UNNORMALES DRAN, ABER WENN MAN EINEN NA-

ZUR WISSENSCHAFTLICHEN BEWEIS ZU RATE ZIEHT, DANN KANN MAN SAGEN IN DIESEM FALLE: MINUS MAL MINUS GIBT PLUS. OBWOHL DER VERGLEICH HINKT, TRIFFT ER DOCH DEN NAGEL AUF DEN KOPF, DENN DAS ESSEN KAM JEDENFALLS NICHT. ALSO NAHMEN DIE HOCHZEITSGÄSTE ZUM MITTAGESSEN WERMUT ZU SICH, UND ZWAR ROT UND WEIß, GEWISSERMAßEN ALS HAUPTMAHLZEIT, UND ALS DESSERT KIRSCHWASSER UND HIMBEERGEIST, DANACH IN ERMANGELUNG VON ERFRISCHENDEM OBST APFELWEIN AUS OBSTSCHÄLCHEN. – UND NUN SOLL EINE AUSGESUCHTE SCHILDERUNG DER DIALOGE FOLGEN, UM EINEN KLEINEN EINDRUCK VON DIESER HOCHZEITSFEIER DER NACHWELT ZU VERMITTELN: „PROST, SO JUNG KOMMEN WIR NICHT MEHR ZUSAMMEN, PROST!" – "PROST," – "PROST," – "PROSIT," – "PROST," – "ZUM WOHLSEIN," – "AUF DIE GESUNDHEIT," – "PROST," – "PROST HERMANN!" – "BEDIENUNG! ACH SO, DA STEHT JA NOCH 'NE PULLE." – "DIE MACHEN WIR NOCH ALLE". – "ABER DANN GEH'N WIR NACH HAUSE." – "WAR 'NE NETTE FEIER." – "SCHNAPS IS' SCHNAPS!" – "JA, SCHNAPS IS' SCHNAPS, HICK." – NOCH EINEN UND DANN GEH'N WIR NA' HAUSE HICK." – "SO JUNG HICK KOMMEN WIR NIE MEHR HICK ZUZUSAMM'N RÜLPS, HICK." – "PROST, WAR ABER 'NE SCHÖNE – HICK – RÜLPS – HICK – HICK HOCH-

BRILLE
KANNAB ⇒

ZEITS rülps-hick FEIER." – "EIN PROSIT jetzt singt
einer DER GEMÜTLICHKEIT." – "HOCH SOLL ER
LEBEN singt ein anderer DREI EIII MAL HOCH." –
und noch einer singt noch schlimmer als der gerade
"SO EIN TAG, SO WUNDERSCHÖN WIE HEU-EUTE!"
2. Stimme
JA, DAS WAR SO UN- -GEFÄHR DAS IN-
TERESSANTESTE, WAS GE- -SPROCHEN
WURDE WÄHREND DER HOCH- -ZEIT UND
ZUM SCHLUß AUCH NOCH GESUN- -GEN.
ALLES ANDERE WAR EHER BE- -LANG-
LOSES ZEUG, NA JA, WENN MAN LU- -STIG
FEIERN WILL hick, SOLL JA AUCH NICHT
JEDES WORT AUF DIE GOLDWAAGE GELEGT
WERDEN. JEDENFALLS DIE EHE HIELT GUT,
UND IM GEGENSATZ ZU VIELEN ANDEREN
GUTBÜRGERLICHEN EHEN DAUERTE DIESE
BIS ZUM ENDE. GEWISSERMAßEN, – – – .
GEWISSERMAßEN: "BIS DAß DER TOD EUCH
SCHEIDET", WAS ER hick DENN AUCH TAT.
ER HIEß ÜBRIGENS DR. DELIRIUM TRE-
MENS. ERST KAM ER AN DIE REIHE, EINE
WOCHE SPÄTER KAM SIE AN DIE REIHE.

ERSCH-SCH-SCHEIß ICH BIN BESOFFEN KOTZ-SPUCK

STINK

NA JA, – 40 JAHRE, – IS' JA AUCH EIN HOHES ALTER!

ES WURDE ÜBRIGENS EINE ERDBESTATTUNG EMPFOHLEN, SCHON WEGEN DER EXPLOSIONSGEFAHR. BEIM LEICHENSCHMAUS SOLL ALKOHOL GETRUNKEN WORDEN SEIN.

†ENDE†

!! PREISGEKRÖNT !!

64 **Das Märchen vom neugierigen Streichholz**

Es war einmal ein Streichholz, das war schon zwei Jahre alt. Eines Tages sagte es: "Ich bin nun schon zwei Jahre alt, ich möchte endlich mal wissen, warum ich eigentlich auf der Welt bin?" - "Möchtest du das wirklich wissen?" sagte eine alte Schachtel, die aber eine Streichholzschachtel war. - "Frag' lieber nicht danach, warum du auf der Welt bist!" flüsterte ganz leise ein kleines Balbuttchen*1. - "Wieso, laß' ihn doch fragen, wenn er das unbedingt wissen will," - sagte die alte Schachtel. "Soll ich's dir etwa zeigen, warum du auf der Welt bist?" - "Tu's lieber nicht!" - "Ach, was soll schon passieren. Wenn man zwei Jahre alt ist, kann man schon mal fragen, warum man auf der Welt ist. Zeig's mir, du alte Schachtel!" - "Tu's nicht, tu's nicht!" - "Halt endlich die Klappe! Ich bin mit meinen zwei Jahren alt genug, um zu wissen, was ich tun kann und was nicht." - "Komm nur näher!" - "Hu, hu, hu," weinte das Balbuttchen. - "Nu, hier bin ich!" "Noch näher! --- Hast du gehört, du Lorbas*2, du sollst noch näher kommen," sagte ganz hinterhältig die dammlige Streichholzschachtel. - "Ja, so ist's recht, und nun streich' mir den Puckel! --- Hast du gehört, du sollst mir über den Puckel streichen!" - "Tu's nicht! hu, hu..." jammerte das kleine Balbuttchen und fing all an zu plinsen*3. - "Na gut, dann streich' ich eben der alten Schachtel den Rücken, - na und!" "Hu, hu, hu..."

Pfchschschsch...

"Was is'n los," - sagte jetzt ganz kläglich das neugierige Streichholz, - "nu, was is'n jetzt, was is'n jetzt, was is'n jetzt..."

Das kommt davon, wenn man so neugierig ist!

STREICHHÖLZER

SCHÄGSBIER-PREIS

DIESES MÄRCHEN ERHIELT AM 29. FEB. 2000 DEN „WILHELM-SCHÄGSBIER-PREIS". DER SÄCHSISCHE HEIMATDICHTER WILHELM SCHÄGSBIER, GEB 1540 IN LEIPZIG, GING AM 1. APRIL 1563 NACH STRATFORD ON AVEN (ENGLAND), 1586 NACH LONDON. DANN VERLIERT SICH SEINE SPUR. VERMUTLICH VATER VON WILLIAM SHAKESPEARE (1564-1616).

*1 MARIENKÄFER *2 DUMMER KERL *3 WEINEN {OSTPREUßISCHE WÖRTER}

Die hochmütigen Kühe

EINE FABEL

Es war einmal eine Kuh. Die war sehr stolz, weil sie fünf Zitzen hatte an ihrem runden Euter. Die meisten der anderen Kühe hatten nämlich nur vier Zitzen. Eine war sogar da, mit der aber niemand redete, die hatte nur drei Zitzen. Das war geradezu lächerlich wenig.

Eines Tages sprach die Fünfzitzige zu der Vierzitzigen, während die Dreizitzige abseits stand: "Wie fühlst du dich denn so mit nur vier Zitzen?" - "Das mußt du mal die Dreizitzige fragen," antwortete die Vierzitzige der Fünfzitzigen. "Eine Dreizitzige kann ich doch nicht fragen, wie sie sich als Vierzitzige fühlt," widersprach schlagfertig die Fünfzitzige. Das hörte die Dreizitzige und mischte sich in die Unterhaltung ein: "Ziegen haben nur zwei Zitzen und sind dennoch gute und ehrliche Milchgeber." "Papperlapapp!" riefen die vier- und fünfzitzigen Kühe wie aus einem Munde, "so ein dummes Zeug kann doch nur eine ~~Dreiritzige~~ Dreizitzige verzapfen! Welch armselige Tiere müssen doch Ziegen sein, mit nur zwei Zitzen," seufzte die andere.

Ein zottiger Ziegenbock und ein beleibter Bulle hörten das. "Was für ein Gewäsch die Kühe da von sich geben: drei-, zwei-, fünf-, vierzitzig," sagte der Bulle. "Genau," sagte der Ziegenbock, " ein Glück, daß wir nur eine Zitze haben!" - "Eben, eben," raunzte der Bulle, " deswegen werden wir auch so selten gemolken!"

EKEL-LYRIK

Macht ein Hund auf die Straße Kot,
haben tausend Fliegen Abendbrot.
Und wird's am Morgen dann endlich heller,
sitzen sie bei uns am Frühstücksteller.

EKEL-LYRIK

Macht ein Hund auf die Straße "Groß",
werden seine Würmer obdachlos.

IST EGAL!

ORGEL ODER GITARRE MIT GEIGE

DES TRINKERS KLAGELIED

MANCHMAL ICH VERZWEIFEL, –
ALKO-HOL DER TEUFEL

AM BESTEN ABENDS SINGEN BEI OFFENEM FENSTER

EKEL-LYRIK

TUT 'NEM BESOFF'NEN DIE KATZE RAUSLAUFEN,
RUFEN DIE FLIEGEN: WIR GEH'N EINEN SAUFEN GAUDI

{WER BEREIT IST, SICH MEHR EKELN ZU WOLLEN, KANN BEI DEM WORT „KATZE" DAS „A" DURCH EIN „O" ERSETZEN}

[GEEIGNET FÜR DIE „FISCHER-CHÖRE“ – BIS ZU 3500 FRAUEN / MÄNNER]

LIED FÜR TRINKER-CHOR

1. STROPHE

SOLO

WODKA, WISKY, PUNSCH, PERNOD,
CALVADOS, KORN, COINTREAU.

∞

REFRAIN

CHOR

WIR KOMMEN ALLE IN DIE TRINKERHEILANSTALT,
TRINKER HEIL-, TRINKER HEIL-, TRINKERHEILANSTALT.

∞

2. STROPHE

SOLO

WEIẞWEIN, WEIẞE, WEIZENBIER,
COGNAC, KÜMMEL, KIRSCHLIKÖR.

REFRAIN:

RAUCHER-BLUES

EINE ZIGARRE, NOCH 'NE ZIGARRE, –
DANN LIEGST DU AUF DER TOTENKARRE.

EINE ZIGARETTE, NOCH 'NE ZIGARETTE, –
DANN LIEGST DU AUF DEM TOTENBETTE.

EINE PFEIFE, NOCH 'NE PFEIFE, –
DANN WÄSCHT MAN DICH MIT TOTENSEIFE.

EPILOG [CODA]

UND WILLST DU DIREKT IN DEN HIMMEL
DANN NIMM HEROIN.

FORTSETZUNG NÄCHSTE SEITE

DER ALKOHOL

DER ALKOHOL, DER ALKOHOL
ZERSTÖRT DES MENSCHEN LEBER, –
UND WENN DIE MAL KAPUTT IST,
HILFT AUCH KEIN ALLESKLEBER.

∞

DER ALKOHOL, DER ALKOHOL
ZERSTÖRT DES MENSCHEN GALLE, –
UND WENN DIE MAL KAPUTT IST,
HILFT KEINE GÜRTELSCHNALLE.

∞

FORTSETZUNG NÄCHSTE SEITE

DER ALKOHOL, DER ALKOHOL
ZERSTÖRT DES MENSCHEN HIRN, –
UND WENN DAS MAL KAPUTT IST,
HILFT AUCH KEIN SCHUSTERZWIRN.

DER ALKOHOL, DER ALKOHOL,
DER IST DER LIEBE GRAB, –
UND WENN DIE MAL KAPUTT IST,
HILFT KEIN MASSAGESTAB.

DIESES LIED KANN VON EINER BIER-FLÖTE BEGLEITET WERDEN. BAU-ANLEITUNG: NÄCHSTE SEITEN

DIE BIERFLÖTE

SIEHE ABBILDUNG [UNTEN] ⇓

DIE BIERFLÖTE GEHÖRT ZUR GRUPPE DER PRIMITIV-INSTRUMENTE. SIE BESITZT EINE STUFENLOSE TONBILDUNG UND GEHÖRT DESHALB ZU DEN WENIGEN INSTRUMENTEN, AUF DENEN MAN KEINEN TRILLER SPIELEN KANN. INGO INSTERBURG 19. DEZ 1992

Z.B. SINGENDE SÄGE

DIE BIERFLÖTE WIRD IN MANCHEN GEGENDEN AUCH "SINGENDE FLÖTE" GENANNT.

BIERFLÖTE [LEXIKON-AUSZUG]

ERFUNDEN GEGEN ENDE DES 20. JAHRHUNDERTS VON INGO INSTERBURG [BERLIN] [1934–2021]

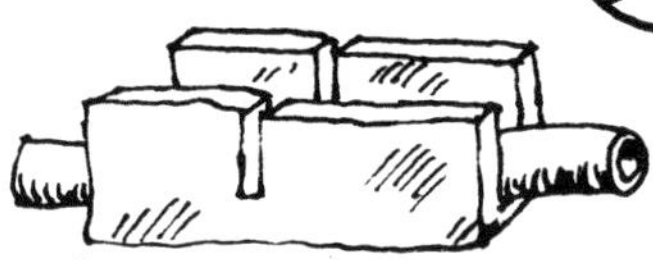

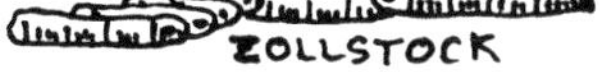

FORTSETZUNG NÄCHSTE SEITE

BIERFLÖTE

BAUANLEITUNG & SPIELANLEITUNG

1. MAN NEHME EIN METALLROHR (CA 15mm Ø AUßEN) "HICK" UND SÄGE ES AUF EINE LÄNGE VON CA 23CM AB.

2. ENDEN ABSCHLEIFEN.
3. EINE LEERE "HICK" BIERFLASCHE MIT WASSER FÜLLEN [NICHT GANZ VOLL].
4. ROHR IN FLASCHE STECKEN [FERTIG].

ÜBER DAS HERAUSRAGENDE ENDE WIRD NUN GEBLASEN. INDEM MAN DIE FLASCHE HEBT UND SENKT VERÄNDERT MAN DIE TONHÖHE, DA DER WASSERSPIEGEL SICH EBENFALLS HEBT UND SENKT.

BEI KRÄFTIGEM BLASEN ENTSTEHT EIN SOGENANNTES "WASSERVIBRATO".

VIEL SPAß!!!???

Mit Bier geht es nicht! (zu starke Schaumentwicklung)

DER SCHORNSTEIN

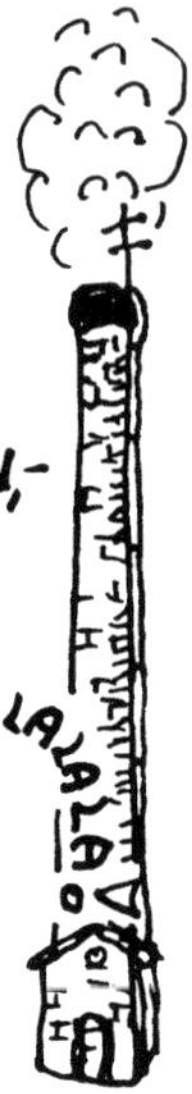

DER SCHORNSTEIN KANN VIEL RAUCH AUSPUSTEN, –
KRIEGT DENNOCH KEINEN RAUCHERHUSTEN.
TRALALA LALALALA LALALALALA, TRALALALALALA LALALALA.

DER PANZER KANN VIEL SPRIT EINLADEN, –
KRIEGT DENNOCH KEINEN LEBERSCHADEN.
TRALALA …

DER BOHRTURM SICH OFT BEWEISEN KANN, –
UND STECKT SICH DENNOCH NIEMALS AN.
TRALALA …

DER MÜLLSCHLUCKER KANN ALLES FRESSEN, –
KRIEGT KEINEN HÄNGEBAUCH INDESSEN.
TRALALA …

FORTSETZUNG NÄCHSTE SEITE

∞ WICHTIGE MITTEILUNG ∞
ALKOHOL, HAB' ICH MITGEKRICHT, –
STÖRT DEN SINN FÜR'S GLEICHGEWICHT.
ZU WISSEN IST NOCH VON INTERESSE:
WER ZU VIEL SÄUFT, FLIEGT AUF DIE
FRESSE!

DER MENSCH DARF NIEMALS ÜBERTREIBEN, -

SONST WIRD ER BALD TOT LIEGENBLEIBEN.

TRALALA LALA LALA LALA LALALA ...

[GETRAGEN]

LIEBESLIED

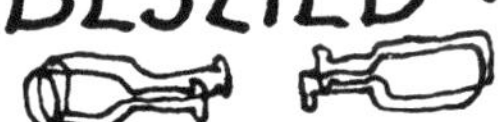

WER BESOFFEN ZU 'NER FREUNDIN ZIEHT,

BEI DER LIEBE ALLES DOPPELT SIEHT.

74
GEDICHTE ZUM ZURUFEN !
„EIN GESUNDER RAUCHERHUSTEN
ERFRISCHT DIE LUNGEN, DIE VERRUßTEN.
ODER: FREU DICH AUF DEN RAUCHERHUSTEN,
ER SCHEUERT DIE LUNGEN, DIE VERRUßTEN.
5,-
1A LUNGENBÜRSTE – JEDE LÄNGE!
-LINKS- LUNGENFLÜGEL -RECHTS-
FRAUEN, DIE RAUCHEN,
SICH SCHNELLER VERBRAUCHEN!“
ES SPRICHT SICH RUM,
WER RAUCHT IST DUMM!
20 JAHRE 30 JAHRE 40 JAHRE
TABAKRAUCH-TODESHAUCH
KINDER, DIE RAUCHEN,
'N SCHNULLER BRAUCHEN!
LINKER LUNGENFLÜGEL
ZURUFEN, WENN EINER HUSTET:
IM SCHWARZEN LUNGENFLÜGEL ZIEHT ES,
DER KETTEN-RAUCHER KRIEGT BRONCHITIS.
LINKER VOGELFLÜGEL
[WEGEN DER GLEICHBERECHTIGUNG]
MÄNNER, DIE RAUCHEN,
ZUM FRIEDHOF BALD KRAUCHEN!
5 Kg
„NUR NOCH PAAR METER!“

HALLO HALLO HALLO HALLO

75

GEDICHTE ZUM ZURUFEN!

HALLO

WER VOR KINDERN PAFFT,
NEUE RAUCHER SCHAFFT.

MEIN ZIGARETTENGELD, - GOTT GÄB'S, - 50000 DM
REICHT WOHL NOCH BIS ZUM LUNGENKREBS.

HARTE FASSUNG: DEIN ZIGARETTENGELD

RAUCHEN IM BEISEIN VON KINDERN
MACHT RAUCHER ZU DOPPELTEN SÜNDERN.

KURZFORM:
RAUCHEN VORM KINDE
IST DOPPELTE SÜNDE.
ODER: ... IST GROßE SÜNDE.

DER ALKOHOL MACHT VIELE MUTIG, -
DAS ENDE IST BISWEILEN BLUTIG.

HALLO HALLO

JEDER, DER RAUCHT,
SICH SELBER MIßBRAUCHT.

HALLO HALLO

WER ÖFFENTLICH RAUCHT,
ALS VORBILD NICHTS TAUGT.
HELMUT SCHMIDT GEWIDMET

HALLO HALLO

GEDICHTE ZUM ZURUFEN

RUFEN RUFEN

RAUCHERGESTANK MACHT LUNGENKRANK.

KURZFORM

ALKOHOL ENTHEMMT
MENSCHEN, DIE VERKLEMMT.

LANGE FORM

MENSCHEN, DIE IM KOPF VERKLEMMT,
WERDEN DURCH ALKOHOL ENTHEMMT.

DER LUNGENZUG IST GAR NICHT NETT,
ER MACHT DIE LUNGEN ZUM BRIKETT.

HERZ-BRIKETT-KREISLAUF

RAUCHEN MACHT ALT, –
DER KREBS MACHT DICH KALT!

PLATZ FÜR EIN EIGENES GEDICHT

TJA, SO IST'S NUN MAL:
RAUCHER SIND ASOZIAL.

FILTER: ZUSAMMENROLLEN

ZIGARETTEN-PAPIER

LETZTE SEITE
MINER
WASSER
SAFT
ALKOH
FREIES
IER–
UND NUN MÖCHTE ICH MICH VERABSCHIEDEN
MIT EINEM GEDICHT:
ICH SOFF UND RAUCHTE VIELE JAHR, –
WAS FÜR EIN ESEL ICH DOCH WAR!
Seid keine Esel!
DER NÄCHSTE BAND WIRD LIEBES-LYRIK HEIßEN.
BIS DAHIN EUER-IHR
INGO INSTERBURG
2. JAN. 1993
Berlin 33
32%

RÜCKSEITE!
RAUCHER-
UND
TRINKER-
LYRIK
OTTO DARMSTATT VERLAG
14193 BERLIN 33 INGO INSTERBURG
DU SCHWÄCHLICHER RAUCHER TRINKER NUN MACH' MAL DAMPF!
DIE SUCHT ZU BESIEGEN, IST EIN SCHÖNER KAMPF!
INGO INSTERBURG
BERUFS LYRIKER
28%
DIE LETZTE FLASCHE
TEL. 030/ 962 015 47
MANAGEMENT: BERLIN CONCERT
HAND 0172-3108275
ANNIBUS
1992/93
DIE KNOSPE DER HOFFNUNG
DIE LETZTE KIPPE

MORGENROT

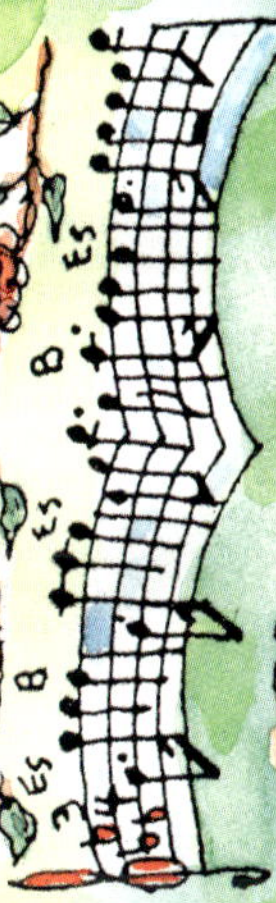

Morgenrot, Morgenrot,
leuchtest mir zum frühen Tod.
Bald wird die Trompete blasen,
dann muß ich mein Leben lassen.
Ich und mancher Kamerad.
Ich und mancher Kamerad.

Ach wie bald, ach wie bald,
schwindet Schönheit und Gestalt.
Heute noch auf stolzen Rossen,
Morgen in die Brust geschossen.
Ach die Rosen welken bald.
Ach die Rosen welken bald.

MEINE LIEBLINGS-MELODIE,
ALS ICH 3 JAHRE ALT WAR

INGO INSTERBURG 3. MÄRZ 2002

Ingo Insterburg, Zwei-und Mehrzeilen-Anfertiger
500 GEFÄRBTE GEDICHTE
1. SEPT 2004 – 1. SEPT 2005
INGO INSTERBURG
FÜR DIESES PRODUKT WURDEN NUR DIE BESTEN ZWEI-ZEILER VERWENDET.
VERFALLS-DATUM: 1.4.12750
ES BESTEHT DER VERDACHT AUF LITERATUR 100%
DIE GEDICHTE WURDEN MIT GRÖßTER SORGFALT HERGESTELLT
DIE GEDICHTE WURDEN ÜBERPRÜFT VON: PROF. DR. ADOLPH ARMLEUCHTER 1. APRIL 2004
ÖKOLOGISCH KONTROLLIERT

INGO INSTERBURG
WERKSTADT FÜR
KURZ- UND LANGGEDICHTE
BERLIN 14193
DEUTSCHLAND
EUROPA
PLANET ERDE
MILCHSTRAẞE
WELTALL
GEDICHTE
INGO INSTERBURG
Ein Virtuose mit Zukunft
ICH MUẞ GEDICHTE MACHEN
ZUM NACHDENKEN UND LACHEN
GEDICHTE
Ein Virtuose
mit Zukunft
OTTO
DARMSTATT
VERLAG
KEIN KUNSTPREIS
WÄRE DIESEM WERK EBENBÜRTIG!
ES ENTHÄLT 12 BLÄTTER, SOMIT IST ES DUTZENDWARE!

SNGOINSTERBURG:
SPEZIALIST FÜR
ZWEI-ZEILER UND
ZWEI-MAL-ZWEI-ZEILER

Keinem schaden, - helfen schon!
Das ist die ganze Religion.
1.9.04 2.13 UHR

Politiker oft die Menschen erschüttern.
Die Liebe des Hundes gewinnt man durch Füttern.
1.9.04 10.13

Lebst du glücklich ganz allein,
brauchst du keinen zum Rumschrei'n.
1.9.04 10.51

Wollen Politiker Wahlen gewinnen,
sollten sie mit frohen Sinnen
an die braven Wähler denken,
und jedem tausend Euro schenken.
1.9.04

Damit die Tiere sich nicht erschrecken,
sollten alle Jäger verrecken.
9.9.04

Die Erde sich im Weltall dreht,
sie ist kein wichtiger Planet.
15.7.04 23.00

Die Kirche ist eine Firma von Welt,
die gerne ihre Kunden behält!
Sie wird doch nicht verstauben -
im Glauben und Aberglauben?
11.9.04 20.11

Die Erde ist ein vergessener Planet,
der einsam durch das Welt-All geht.
31.8.04 2.15

Der Mensch frißt Tiere wie'n Schakal.
Die Gier ist größer als die Moral.
27.9.04 1.10

37
04

INGO INSTERBURG: SPEZIALIST FÜR ZWEI-ZEILER UND ZWEI-MAL-ZWEI-ZEILER

1

Ein Prophet, oh welche Schande!
Gilt ja nichts im eignen Lande.
Und ich geh' sogar so weit:
Er gilt auch nichts in seiner Zeit.
15.9.04 12.00 UHR

Es spricht sich rum, -
Jung ist dumm!
18.9.04

Manche über andre schmähen,
um sich selber zu erhöhen.
19.9.04 19.00

Ach, ich bin mir noch nicht schlüssig! -
Ist der Adel überflüssig?
22.9.04

Wenn ich die Beine einer Vegetarierin leck',
schmecken die niemals nach Schweinespeck.
24.9.04 13.35

Die Menschen empfinden hohe Moral.
Im täglichen Leben ist sie ihnen egal.
24.9.04 13.53

Der Hund kriegt ein Häppchen als kleinen Lohn.
Genau so ist's in der Religion.
24.9.04 14.19

Ingo Insterburg

Spezialist für Zwei-Zeiler UND Zwei-Mal-Zwei-Zeiler

Dicke Menschen sind sehr schön,
da kann man wenigstens was sehn.
Jedochmir wird es bang und bänger:
Dünne Schönheit hält sich länger.
27.9.04 13.59 UHR

Nach Tausend Liebesspielen
kann die Lust abkühlen.
28.9.04 1.30

Männer, die Frauen unterdrücken,
sind lästig wie stechende Mücken.
28.9.04 1.40

Frauen, die Männer belügen,
sind lästig wie kitzelnde Fliegen.
28.9.04 1.50

Gehen Männer ins Bordell,
dann verkehren sie dort schnell.
29.9.04 0.07

Im Puff wird viel geboten
für Männer mit vier Pfoten.
28.9.04

Sex ohne Liebe ist immer
wie Fahrrad fahren im Zimmer.
30.9.04 1.30

Viel erspart uns bliebe,
gäb' es nicht die Triebe.
29.9.04 1.10

Würde es den Sex nicht geben,
wär'n wir alle nicht am Leben.
29.9.04 0.40

Du sollst beim Kuß dich lustvoll räkeln,
wer liebt, tut sich vor gar nichts ekeln.
77 04
14.7.04 2.00

Ingo Insterburg - Spezialist für Zwei-Zeiler und Zwei-Mal-Zwei-Zeiler

Die Massen-Tier-Züchter sind Verbrecher,-
Die Bestie Mensch wird immer frecher.
28.9.04 22.32 UHR

Wenn nach Billig-Fleisch ich giere,
bin ich beteiligt am Elend der Tiere.
28.9.04 23.30

Ob nun nüchtern oder im Suff,-
jeder,der hingeht,ist Schuld am Puff.
29.9.04 13.09

Hast du einen Lungenschaden,
ist nicht Schuld der Tabak-Laden.
29.9.04 21.49

Ach,ich weiß es ganz genau,-
erst kommt der Beruf und dann die Frau.
29.9.04 20.51

Sitzt du arbeitslos zu Haus',
schmeißt die Frau dich alsbald raus.
29.9.04 20.53

Den Führerschein machen ist teuer und schwer,-
dann fährst du besoffen und hast ihn nicht mehr.
29.9.04 21.21

Man träumt so schön beim Dauerlauf,-
auch die Gesundheit baut sich auf.
29.9.04 20.37

Liebe bringt Dir Freud' und Leid,-
Sie ist nur eine Frage der Zeit.
29.9.04 21.12

Ingo Insterburg

Spezialist für Zwei-Zeiler und Zwei-Mal-Zwei-Zeiler

Kinder schändende Priester,-
das sind Teuflische Biester.
30.9.04 7.09 UHR

Auf dem Münchner Oktoberfest
erfährt die Deutsche Kultur den Rest.
30.9.04 12.07

Begabung haben, das ist fein,-
zu viel Begabung kann lästig sein.
30.9.04 13.01

Ein Pianist schleppt sich keine Schwielen,-
doch steht kein Klavier da, kann er nicht spielen
30.9.04 1.54

So mancher tut nur seine Pflicht.-
Im Jenseits nützt ihm dieses nicht.
30.9.04 14.36

Es gibt viele Frauen und Männer,
gebildet, und keine Penner.
Pfarrer, Professoren, Parlamentarier.
Ja, warum sind die keine Vegetarier?
30.9.04 14.38

Ich glaub', ich sagte es schon mal:
Die Gier ist größer als die Moral.
30.9.04 14.42

So mancher ist nur Frauenheld,
weil er die Tasche hat voll Geld.
30.9.04 14.59

Ingo Insterburg
Spezialist für Zwei-Zeiler
und
Zwei-Mal-Zwei-Zeiler

Man müßte alle verantwortlichen Herren
in einen Tier-Transporter sperren.
Nach wieviel Tagen und Ländern
würden sie die Gesetze ändern???
30.9.04 16.23 UHR

Bei den ersten Wunden
wohl schon nach ein paar Stunden
30.9.04 17.23

Drei Jahre lang Sex fast täglich,-
dann wird die Liebe wohl kläglich.
30.9.04 18.59

Wenn man es einmal die Woche tut,
hält bis zur Silberhochzeit die Glut.
30.9.04 18.53

Doch wenn Ihr's nicht öfter wollt,-
ganz Sparsame schaffen Gold.
30.9.04 19.20

Manche Menschen sind ohne Maß,
und der Krieg macht ihnen Spaß.
30.9.04 20.32

JEDE SEELE HAT IHR EIGENGEWICHT
IM JENSEITS KOMMST DU IN DEINE SCHICHT
30.9.2004 20.44 UHR

Es soll bei allem Tun und Treiben
die Seele immer sauber bleiben.
14.8.2001 21.24 UHR

Es soll bei allem Tun und Treiben
die Seele immer sauber bleiben.

ES SOLL BEI ALLEM TUN UND TREIBEN DIE SEELE IMMER SAUBER BLEIBEN.

Ingo Insterburg
Spezialist für Zwei-Zeiler und Zwei-Mal-Zwei-Zeiler

Menschen, die Andere quälen,
haben scheiß-dreckige Seelen.

Sie kommen auch sehr schnelle
zur lichtschwachen dumpfigen Hölle.
1.10.04 2.15 UHR

WER UNSINN SCHREIBT
IN'S LEERE TREIBT
1.10.04 7.17

Der Schwachpunkt des Menschen ist bis zum Schluß,
daß er ständig atmen muß.
1.10.04 7.29

DUMMHEIT ist sehr weit verbreitet
Der KLUGE MENSCH darüber schreitet
1.10.04 7.45

AUCH WENN ES NICHT JEDER SPÜRT
DAS JENSEITS EXISTIERT
1.10.04 7.02

Ich liebe das Haar meiner Puppe, -
doch nicht ihr Haar in der Suppe.
3.10.04 15.35

Drum Mein Lieber Schatz, -
Alles an seinem Platz.
3.10.04 15.41

Jede Art hält sich für das Wichtigste, -
Dabei ist sie oft das Nichtigste.
3.10.04 14.30

Mancher Mensch hält sich für das Wichtigste, -
Dabei ist er oft das Nichtigste.
3.10.04 14.40

Ingo Insterburg
Spezialist für Zwei-Zeiler und
Zwei-Mal-Zwei-Zeiler und Mehr-Zeiler

In New York, da war mal Stromausfall, 9.11.1965
der drei Tage und drei Nächte anhält.
Neun Monate später mit einem Mal
kamen viele Babys auf die Welt.

In Deutschland geht zurück die Kinderzahl,
bald besteht das Land nur noch aus Alten.
Man müßte nun drei Tage und drei Nächte mal
im ganzen Land den Strom abschalten.
2.10.04 16.29 UHR

Ich fuhr am Fluß zu einem kleinen Brückchen,
im Mund da steckte ein Stullen-Stückchen.

Dann fuhr ich beim Fluß über's kleine Brückchen,
da steckte im Mund ein Stadt-Still-Stand-Stau-
Stullen-Stückchen.
Und als ich hinter mir ließ das Brückchen,
steckte im Mund ein ständig-stabiles-stark-
stechendes-Stick-Stoff-Staub-Stadt-Still-Stand-
1.10.04
Stau-Stullen-Stückchen.
1.00

Ich bin für meine Frau ein Mustergatte.
Wir teilen immer alles uns im Guten.
Und als ich mal nur ein Bonbon noch hatte, -
da lutschten wir ihn jeder 5 Minuten.
3.10.2004 20.21 UHR

77/04

Ingo Insterburg

Spezialist für Zwei-Zeiler und
Zwei-Mal-Zwei-Zeiler und VIEL-ZEILER

Aus der Kindheit weiß ich's noch,-
Hunger ist der Beste Koch.

Doch hast Du Hunger mal auf Liebe,
dann hör' nicht blind auf Deine Triebe.
4.10.2004 2.17 UHR

Der Menschen größte Eigenschaft
ist Ihre Dummheit! Na fabelhaft!

Der Menschen größte Eigenschaft
ist duss'lige Dummheit! Oh grauenhaft!

Der Menschen größte Eigenheit
ist doof-dumm-duss'lige Dämlichkeit.
10.1.04 ??? UHR

Die Dummen muß es geben,
weil Kluge davon leben.
4.10.04 14.56

Keine Affen
kaufen Waffen,-
nur die Männer
sind solch Penner.
Sie genießen
es zu schießen.
Und dann schnelle
in die Hölle.
Dort, ich schätze,
gibt's noch Plätze!!!!!!!!!!!!!
4.10.04 15.31

Ingo Insterburg
Spezialist für Zwei-Zeiler und Zwei-Mal-Zwei-Zeiler und Drei-Mal-Zwei-Zeiler

Der Verstand, der wächst nun mal,
schneller leider als die Moral.
4.10.04 15.31 UHR

Ich bin für Innere Religion,-
die Äuß're kenn' Ich ja nun schon!!!
4.10.04 16.06

Sie ist oft Aberglaube!-
Bedeckt mit Frommer Haube.
4.10.04 16.34

"Ich hab' getroffen!" der Jäger rief.-
OH GOTT!- Wie ist der primitiv.
4.10.04 19.16

Seh' Ich einen menschen sitzen,
über 'ner gebrat'nen Ente schwitzen,-
frage Ich mich "Ach, du Graus"!-
Wer sieht eigentlich hübscher aus?-

Und stell' Mir die Bunte Ente vor,-
vergleiche sie mit diesem Tor!-
und komme nunmehr zu dem Schluß ---
Die ENTE ist schöner von Kopf bis Fuß.

Bei folgender FRAGE muß ich leiden ---
Wer ist WERTVOLLER von den beiden??????
4.10.04 21.17

Ingo Insterburg, Spezialist für Zwei-Zeiler, Zwei-Mal-Zwei-Zeiler, Drei-Mal-Zwei-Zeiler, Mehr-Zeiler, Viel-Zeiler und Und-So-Weiter-Zeiler

Die Bockwurst schmeckt ja vielen gut,-
sie wird gemacht aus Fleisch und Blut.
Ißt eine Frau sie dann zu Haus',
sieht das sehr erotisch aus,-
bei Musik und Kerzenlicht--!-
Für Vegetarier natürlich nicht!!!
4.10.04 23.49 UHR

Für Weißwürste werden die Kälbchen zerhackt,
und dann in die weißlichen Pellen gepackt.
Mit rötlichem Schimmer, so wie Hämatome,
sehen sie aus wie gefüllte Kondome.
5.10.04 2.51

Kinder verändern das Leben.
Man muß viel dafür geben.
5.10.04 11.33
Wer Kinder liebt,
gerne gibt.

So mancher Held
schickt nur Geld.

Monatlich.
Hoffentlich.
5.10.04 12.12

Stört Dich Deiner Kinder Geschrei,-!
In zwanzig Jahr'n ist das vorbei - - -
5.10.04 23.37

77/04

Ingo Insterburg, Spezialist für Zwei-bis-Zehn-Zeiler.

Kinder machen in die Windeln,
so bis zwei und ein halb' Jahr.
Tiefen-Psychologen nun ergründe(l)n,-!
Sie bieten ein Geschenk uns dar.

Ein Glück, daß ich das weiß!
Drum sag' ich nie:"So'n Scheiß."
5.10.2004 15.00 UHR

Wer säuft, der muß bezahlen,
mit Nerven, Geld und Qualen.
5.10.04 22.32

Dummheit ist in jedem Falle,
wenn man sagt:"Das machen Alle."
5.10.04 22.38

Ein Hunde-Haufen schmeckt sehr gut.
Beiß nur rein! Nur Mut! Nur Mut.
Na, nun laß Dich nicht verwirren:
Milliarden Fliegen können nicht irren.
5.10.04 22.51

Ist der Klapper-Storch besoffen,
wird das Kind davon betroffen.

Ist der Klapper-Storch schön nüchtern,
sieht man's froh in den Gesichtern.

Ein Storch ohn' Alkohol
TUT DEM KINDE WOHL
5.10.04 23.58

77
04

Ingo Insterburg, Spezialist für Zwei-Zeiler und Drei-Mal-Zwei-Zeiler und Sex-Zeiler

Zahlst Du keine Kirchensteuer,
wird das für Dich ganz schön teuer!- !

Läßt Du Dich als Baby taufen,
kannst in Schulden Du ersaufen.
Und das ganze wird so enden,
daß die Kirche Dich läßt pfänden.

So, nun bete!
"Gott" will Knete!
Von Dir Armen!
Ohn' Erbarmen!
5.10.04 21.53 UHR

Läßt Du Dich mit einem(r)ein,
sollst Du nicht besoffen sein.
Denn das grausige Erwachen,
ist fürwahr dann nicht zum Lachen.
5.10.04 23.28

Die Hölle ist ein dumpfiger Raum,-!-
Lichtschwach, muffig, man sieht sie kaum
6.10.04 11.33 UHR

Na, das ist ja wohl ein Witz,-
Frauen haben einen Schlitz,-
in dem langen Abendkleid,-
kriegen kaum die Beine breit,-
wenn sie wollen damit gehen,-
können eigentlich nur stehen,-!-

Ja, das ist ein Witz,-!-
Die Frauen und ihr Schlitz
6.10.04 3.33 UHR

Ingo Insterburg
Spezialist für Zwei-Zeiler,Vier-Zeiler und Sex-Zeiler

Hiermit ich verkünde,-
Sex ist keine Sünde,-
bei den kleinen Käfern,-
und den Siebenschläfern,-
bei den kleinen Fliegen,-
und den lieben Ziegen,-

bei den kleinen Mücken,-
und den lieben Küken,-
bei den kleinen Bremsen,-
und den lieben Gemsen,-
bei den kleinen Spatzen,-
und den lieben Katzen,-

bei den kleinen Zecken,-
und den lieben Schnecken,-
bei den kleinen Läusen,-
und den lieben Mäusen,-
bei den Gürteltieren,-
und den lieben Stieren,---

Und die Menschenkinder,- !--
Sind die alle Sünder??????????

6.OKTOBER 2004 2.14 UHR

Ingo Insterburg
Spezialist
für
Zwei-Zeiler

Der General sitzt schön zu Haus'
Den Krieg, den baden Andere aus-
6.10.04 14.14 UHR

Mancher hat'n harten Stuhl,-
findet das wohl auch noch cool,-!-
Also, ich find' das beschissen,
sitze lieber auf 'nem Kissen.
6.10.04 16.09

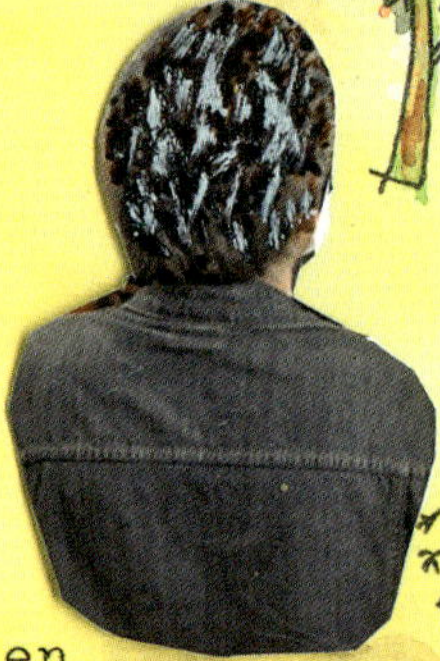

Fleisch ist sehr gesund,-
das weiß der dümmste Hund,-
zwölf Jahre kann er leben,-
auch du sollst danach streben.
6.10.04 19.20

Gegen Krebs durch's Grillen
Gibt's noch keine Pillen
6.10.04 19.10

In China frißt man tote Hunde,-
das schmeckt dem kultivierten Munde.
Zum Hunde zärtlich ist man auch,---
und streichelt ihn im eigenen Bauch.
6.10.04 19.54

In Japan kommt der Fisch
lebend auf den Tisch.
6.10.04 20.15

OH KULTUR WO BLEIBST DU NUR
6.10.04 20.20

Ingo Insterburg
Spezialist
für
Zwei-Zeiler
und
Ein-Zeiler

Vegetarier ESSEN
Alle And'ren FRESSEN
6.10.04 20.30 UHR

OH KULTUR WANN KOMMST DU NUR
6.10.04 20.39

OH VERNUNFT
BEHERRSCH' DIE BRUNFT
6.10.04 3.44

OH DU KUNST KOMM' AUS DEM DUNST
6.10.04 3.33

OH ETHIK DU FEHLST STETIG
6.10.04 3.21

OH MORAL NUN KOMM' DOCH MAL
6.10.04 3.12

OH MUSIK DU BIST MEIN GLÜCK
6.10.04 3.17

OH KULTUR WO BIST DU NUR
6.10.04 2.22

Lenk' ICH einst ins JENSEITS meinen Schritt,-
Meinen Lebens-Inhalt ICH dann ändern werde,-
Musik und Lieder aber nehm' ICH alle mit,
Möbel, Geld und Kleider laß' ICH auf der Erde !
6.10.04 22.42 UHR

All die Bösen Spitzel
werden einst als Schnitzel
in der HÖLLE braten,
und qualmen für ihre TATEN
6.10.04 23.53

Ingo Insterburg, Spezialist für Zwei-, Zwei-Mal-Zwei-, Drei-Mal-Zwei-, Vier und Fünf-und-Sex-Mal-Zwei-Zeiler

Im Jenseits triffst Du wieder,-
mit Kopf und Leib und Glieder,-
all die Vielen Tiere,-
mit Leber, Herz und Niere,
all die Lieben Schweine,
mit Ohren, Schwanz und Beine.

Die Lieben Osterlämmer,
mit Schafskopf, Glanz und Glamour,-
all die Lieben Rehe,-
mit Rücken, Bein und Zehe,-
den Schwarm von Weihnachts-Gänsen,
in Mengen in immensen.

Die Lieben Räucher-Aale,-
mit Lebertran die Wale,
die Karpfen an Sylvester,
dazu Champagner, bester,-
die vielen Lieben Puten,
mit ihrer Brust, der Guten.

Die vielen Lieben Hähnchen,
mit Schnabel, Zunge, Zähnchen,-
mit Kopf und Leib und Glieder,--!-!--
Du triffst sie alle wieder,
die Du wie besessen
auf Erden hast gefressen

7.10.2004 2.05 UHR

II 04

ICH GEHE NICHT VERLOREN
ICH WERDE WIEDERGEBOREN

Ingo Insterburg
Spezialist
für
Zwei-Zeiler
und
Viel-Und-Alles-Zeiler

DIESE SEITE IST MIR EINGEFALLEN IM WALD AUF DEM MOUNTAIN-BIKE AM 7.10.2004 VON 12.20 BIS 13.35 UHR, UND ICH HABE ALLES IM GEDÄCHTNIS BEHALTEN ZUM GLÜCK FÜR UNS ALLE!

7.OKT 2004

Erzwungene Religion
spricht sich selber Hohn.
Sie drohet mit Verdammen,
hält Kundschaft so zusammen.
12.35 UHR

Lang' bin ich Vegetarier schon,-
hab' eine eigene Religion.
Ganz ohne Zwang
Gott sei Dank
7.10.04 12.25
sie ist auch nicht sehr teuer
zahl' keine Kirchensteuer 13.00

Zum Religiösen Opfer-Fest
kriegt so manches Schaf den Rest.
Ein Mann mit frommer Seele
zerschneidet ihm die Kehle.
Manchmal ist die Frau dabei,
und die Kinder eins,zwei,drei...
13.35

ICH bin kein frommer Schlemmer,-
brauch' keine Oster-Lämmer
13.20

FROHE OSTERN

FABRIKATION VON 1-2-VIEL-ZEILER
I. INSTERBURG

Im Fernsehn tut man kochen,
Tage,Jahre,Wochen.
Je besser was tut schmecken,
desto mehr tut man anspecken.

Und die Moral von der Geschicht:
Zu gut darf schmecken Essen nicht!
9.10.04 14.07 UHR

"[SPRACHLICH ETWAS UNGESCHICKT]"
Ingo Insterburg 9.10.04 18.30

Ein Schutz-Engel ist dann erst gut,
wenn vorher er verhindern tut.
10.10.04 15.00

Der Weg des Fleisches ist bekannt.
Man beißt hinein und schluckt es unter.
Zur Speise-Röhre geht's rasant.
Im Magen rumpelt es dann munter.

Dann geht es durch die langen Därme.
Rumort vom End-Darm bis zur Stirn.
Gelangt ins Blut mit Druck und Wärme.
Und ist dann endlich im Gehirn.
10.10.04 16.32

DER MENSCH DENKT
DAS FLEISCH LENKT
16.43

Spaß macht der Krieg für Söhne und Väter,-
Der Kriegs-Grund kommt dann erst viel spät
10.10.04 17.12

Auch Frauen gehn jetzt auf die Jagd,
weil Tiere Schießen Freude macht.

Die Bank hat schon die Bänkerin,-!-
Jetzt fehlt nur noch die Henkerin.
10.10.04 20.04 UHR

Wenn tausend Soldaten sterben im Krieg,
Paar tausend Verwandte trauern sehr.
Der General ist stolz auf den Sieg.
Die Verluste war'n gar nicht so schwer.
10.10.04 23.43

Meine Künstlerische Richtung
in Musik,Malerei und Dichtung,
ist voller Optimismus:
REAL ROMANTISCHER PHANTASTIZISMUS!
Ich leb' anti-alkoholisch,-
bin POSITIV MELANCHOLISCH!
12.10.04 22.51

Diejenige Religion ist die Falscheste,ich mein',-
die behauptet,die einzig Richtige zu sein.
13.10.04 0.23

'Ne Frage mir im Nacken sitzt,-!-
Hat Religion den Menschen genützt,-
oder mehr geschadet gar,-
Tja,das meine Frage war!!!
13.10.04 19.24

Jäger sich selbst erniedrigen,
indem sie auf allen Vieren,
angeborene Mordlust befriedigen,
die gesetzlich erlaubt ist bei Tieren.
13.10.04 10.35

Wem's am Gelde mangelt,
der ganz billig angelt.
13.10.04 10.44

Eines Tages kommt ein Fisch -!-
Größer als der Größte Tisch -!-
Zieht Alle Angler in die Fluten -!-
Mindestens für Zwei Minuten!-
18.10.04 1.27 UHR

Liebeskummer,- ja, der streßt -!-
Doch die Hoffnung ist das Größte!
Jede Frau, die Dich verläßt,
macht ja Platz nun für die Nächste.
18.10.04 7.39

Frauen-Fassung

Liebeskummer,-ja, der streßt -!-
Doch die Hoffnung ist am größten!
Jeder Mann, der Dich verläßt,
macht ja Platz nun für den Nächsten.
18.10.04 8.02

Der Feinschmecker, der Feinschmecker,
der schmeckt so fein, und schmeckt so lecker.
Das Fette und das Mag're auch
gelangt nun in den Dicken Bauch.

Je besser was schmeckt,
desto mehr man anspeckt.
Gelenke und Herz
leiden im Schmerz.
18.10.04 14.44

Die Tier-Liebe ist sehr verbreitet,
man liebt das Pferd, auf dem man reitet.
Doch geht das Pferd im Alter drauf,
frißt es der Tierliebende auf!
18.10.04 15.28

Komm' Herr Jesus und sei unser Gast
und segne was du uns bescheret hast
auch wenn wir Tiere essen die fast
zu Tode gequält wurden bei der Mast

18.10.04 16.44 UHR

Das Fernsehn den Menschen zur Unterhaltung dient -!-
Und jedes Volk kriegt das Programm, das es verdient -!-

18.10.04 20.33

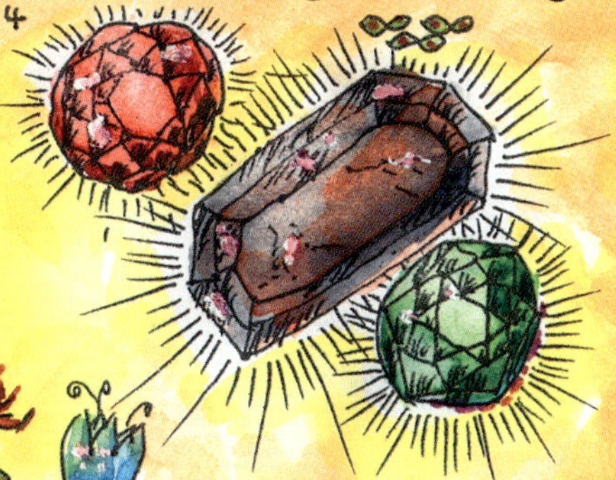

ACH DU HELD
DES VERZICHTS
OHNE GELD
BIST DU NICHTS

19.10.04 0.13

Kauft ein Mann sich 'ne Krawatte,
weil er im Schrank erst zwanzig hatte, -
denk' ich bei solch Hals-Anhänger:
GOLD'NE KETTEN halten länger!

19.10.04 3.23

Das Neueste das ist zur Stund':
Krawatten die sind nicht gesund!
Sie klemmen ein die schönen
am Hals geleg'nen Venen.

19.10.04 3.56

Ein Mensch hat 32 Zähne,
ein Elefant nur 2,sonst keene.
3 Gramm wiegt'n Zahn von einem Rentner,
ein Mammut-Zahn der wiegt 3 Zentner.
Manches Mal da staun' ich nur -!-
So vielfältig ist die Natur -!-
19.10.04 23.18 UHR

Ein Mann der ist so programmiert,
daß er auf nackte Frauen stiert.
Geht man da mal nüchtern ran,
ist da eigentlich nichts dran.
20.10.04 0.34

Ich bin für INNERE Religion
die äuß're ist oft Aberglaube schon
20.10.04

NEUN ZWEI ZEILER AUS MEINEM LEBEN

Oh Musik
Du mein Glück

Dichterei
Steh' mir bei

Malerei
Mach' mich frei

Bastelkunst
Bring mir Gunst

Komm' und geh
Kräuter-Tee

Ei Ei Ei
Müsli-Brei

Dauersport
Lauf nicht fort

Du Mein Gold
Bleib Mir Hold

Liebe bleib
Mir vom Leib
20.10.04 22.42 UHR

Die Blumen einfach so stehn,-
der Mensch muß arbeiten gehn!

Die Tiere draußen sich aalen,-
der Mensch muß Miete zahlen!
20.10.04 23.33

Die meisten Menschen tun nur so,
als ob sie glauben, fromm und froh.
21.10.04 12.08 UHR

Ein Soldat, der sinnlos fällt,
wird ganz einfach dann zum Held.
21.10.04 13.26

Obwohl sie ganz klein sind, die gräßlichen Viren,
kriechst Du vor Ihnen auf allen Vieren.
21.10.04 13.32

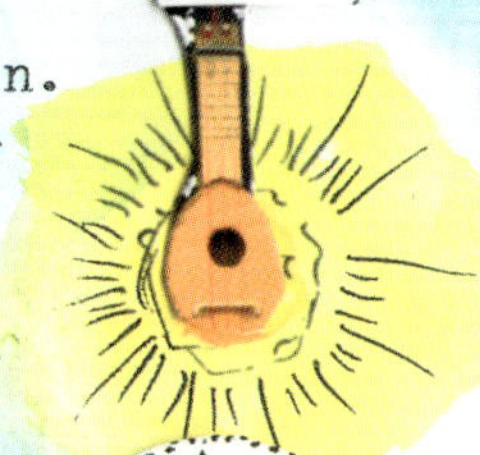

Telephonieren kann auch ein Blöder
Telephon ins Jenseits hat nicht Jeder
22.10.04 2.41

Manchmal spuuukt's mir im Gehirn
Was ist bloß los im Siebengestirn
22.10.04 2.49

Dann denk' ich Denken hat kein Zweck
Das Siebengestirn ist zu weit weg
22.10.04 2.51

Die Sieben in der Ferne
Sind Meine Liebsten Sterne
22.10.04 3.00

Wer keine Zeit hat, ist in Eile.
Nur wer Zeit hat, hat Lange Weile.
22.10.04 3.25

Kommst Du in einen Stau mal rein -!-
Weißt Du,--- Du bist nicht allein!
22.10.04 8.10

Wenn Ich triefend in der Sonne schwitz'
wünsch' Ich, daß Ich am Nordpol sitz'
22.10.04 18.53

Sitz Ich in der Kälte drin,
wünsch' Ich Mich zum Süden hin.
22.10.04 19.01

Wohin Ich auch wandre,
Ich wünsch' mir das Andre.
22.10.04 19.03

Als die Fliegenden Untertassen
die Absicht hatten zu landen,
sahn sie sich vorher das Fernsehn an
und sofort sie wieder verschwanden.
25.10.04 23.31 UHR

Manchmal in des Tages Lauf,
drängt sich ein Gedicht mir auf.
"Bin Ich ein Radio?" denk ich dann,
"und der Sender ist nebenan?"
25.10.04 23.59

Und dann schreib ich es schnell auf,
mitten in des Tages Lauf.
26.10.04 0.07

OHNE KUNST WÄR' NUR DUNST
1.0
29.10.2004

Stirbt ein Hengst, ein braver,
spricht man von einem Kadaver.
Doch will man ihn günstig verkaufen,
spricht man von Tiermehl-Haufen.
27.10.04 0.31

Das Leben in Massentierhaltung ist Öde
Die Menschen im Käfig die würden auch Blöde
27.10.04 21.24

Wer an gar nichts glaubt
sich etwas Schönes raubt
Und ist am Ende Nichts
merkt man davon nichts
28.10.04 9.18

Der Fleischer sagt mit frohem Mut:
"Die Bock-Wurst ist mein Fleisch und Blut!"
28.10.04 14.06

Man küsst zwar einen Hund
selten auf den Mund,-
und dennoch ist dies Tier
des Menschen große Zier.

28.10.04 11.00 UHR

'S muß geben kleine Dichter
's muß geben kleine Richter
's muß geben kleine Lichter
's muß geben kleine Trichter

28.10.04 13.27

Durch Sex die Menschheit sehr gewinnt
Auch der Papst war mal ein Kind

28.10.04 15.11

Werden belobigt bestimmte Soldaten
Begehen sie die schlimmsten Taten

28.10.04 22.03

Und erhalten blanke Orden
Der Satan wartet auf solch Horden

28.10.04 22.17

Komm' beim Dichten Ich in Nöte,
denk' ich an Kollege Goethe.
Und dann fällt mir etwas ein -!-
Na, da hab' ich aber Schwein.

28.10.04 23.37

Kollege Rembrandt,- kann ich prahlen,-
hilft mir manches Mal beim Malen.

29.10.04 0.07

Kollege Beethoven, zum Glück,
hilft mir gern bei der Musik.

29.10.04 0.18

Zur Weihnachtszeit da laufen Alle
in die Gänse-Leichenhalle
29.10.04 12.49 UHR

Zur Weihnacht kriegt man viel Gefühl
Für Tiere bleibt da nicht mehr viel
29.10.04 13.10

Ein Christliches Weihnachtsfest erhebt
Doch kaum eine Gans hat's je erlebt
29.10.04 13.33

In Billig-Talk-Shows sieht jedes Kind
wie viel-oder einfältig Menschen sind
29.10.04 13.45

Wenn die Menschen
nach etwas gieren
vergleichen Sie sich gern mit Tieren
29.10.04 14.53

Tut Religiöses sich dann regen
fühlen Sie sich überlegen
29.10.04 15.19

Hast Du 'ne Sekunde
das Jenseits mal gesehn
Hast Du davon Kunde
Das Jenseits ist sehr schön
29.10.04 23.35

Der Volksmund der sagt manchmal schlau:
"Nachts sind alle Katzen grau."
Was der Volksmund nicht wissen konnt':
Mein Kätzchen ist auch nachts noch blond!
30.10.2004 1.51

NGSBLATT NR. 2 → 16 GEDICHTE

ERG NR. 2

FROHE WEIHNACHT

DU SOLLST DICH NICHT MIT RAUCHERN STREITEN 1998

SCHLIESSFRIEDEN MIT DEN TODGEWEIHTEN

Eine Eigenschaft hat mir schon viel gebracht
nämlich daß man das Beste aus Allem macht
30.10.04 16.18 UHR

Adolf wartet auf 'ne Neue Welle
ihm wird's schon einsam in der Hölle
30.10.04 18.21

DIE LIEBESSPIELE DER PHANTASIE
ERREICHEN DIE WIRKLICHKEIT WOHL NIE
30.10.04 20.31

Sein Ritterkreuz trägt noch manch Opa
Und das im heutigen Europa
30.10.04 23.35

In meinem Körper bin Ich froh
In meinem Auto ebenso
In meinem Auto sitz ich froh
In meinem Körper ebenso
30.10.04 23.59

Ist mein Leben, Ich manchmal frage
schlafend besser als wach am Tage
31.10.04 13.18

Zucker macht den Kuchen süß
die Gesundheit aber mies
31.10.04 13.39

Rauchen ist noch immer in Mode
Für'n Selbstmord kenn' Ich 'ne
Schnellere Methode
31.10.2004 13.51

← 167. GEDICHT

Falls Du für ernste Ermahnungen bist, -
Lachende Pädagogig wirksamer ist!
31.10.04 14.40

ERGÄNZ

Verliern Soldaten Fuß und Hand,
dann war's für's stolze Vaterland.
31.10.04 16.56 UHR

Verliern Soldaten Arm und Bein,
dann wird der Stolz noch größer sein.
31.10.04 19.06

Verliern Soldaten auch ihr Leben,
dann wird's voll Stolz 'ne Feier geben.
31.10.04 19.08

Manche zerstören wütend und blind,
weil sie zum Aufbau'n zu blöde sind.
31.10.04 21.04

Wer Religion mißbraucht
In die Hölle taucht
1.11.04 20.25

Mancher ist gekränkt
Wenn der Andre anders denkt
2.11.04 0.16

Manche ist gekränkt
Wenn die Andre anders den
2.11.04 1.14

Mancher ist gekränkt
Wenn die Andre anders denkt
2.11.04 1.13

Manche ist gekränkt
Wenn der Andre anders
denkt
2.11.04 1.15

Seh' Ich eine Schöne Frau
weiß ich vorher schon genau
wie das Ganze enden würde
und erspar' mir diese Hürde
2.11.04 12.45

← MÄNNERFASSUNG

FRAUENFASSUNG →

Seh' Ich einen Schönen Mann
weiß Ich wie das enden kann
geh' vorbei mit Stolz und Würd
und erspar' mir diese Hürde
2.11.04 18.29

T NR. 3 → 13 GEDICHTE

ERGNR.3

Seh' ich am Abend nach der Wahl
im Fernsehn die Ergebniszahl,
denk' ich, es wär' die gleiche Zahl,
auch wenn ich gar nicht ging' zur Wahl.
3.11.04 2.28 UHR

Solch' Gedanke ist fatal,
drum geh' ich auch zur nächsten Wahl.
3.11.04 2.45

RÜCKEN
REH
QUEEN

Die Englische Königin ist in Berlin,
und darf sich REH-RÜCKEN mittags reinziehn
in Potsdam im "Cecilienhof"
FÜR VEGETARIER IST DAS DOOF
3.11.04 12.28

VOR FREUDE ICH LAUT KREISCH
IN CHINA GIBT'S HUNDEFLEISCH
4.11.04 20.20

Ach Ich glaub'
Rauchen macht taub
3.11.04 14.30

Wer sieht hübscher aus, Oh je!?!
Die Königin oder das Reh?!?
3.11.04 15.30

DIE AFFEN BRAUCHEN EIN ALPHA-TIER
WIR MENSCHEN NEHMEN DEN KÖNIG DAFÜR
4.11.04 16.30

he FRAGE oft stell' Ich Mir:
er ist WERTVOLLER, MENSCH oder TIER
aus der Sicht des Planeten ERDE
wenn Ich seh' die Menschen-HERDE
3.11.04 19.59

AUS DER STEINZEIT
WENN ER BESTEHT
DIE LIEBE GEHT
WENN SIE SIEGT
DIE LIEBE SIEGT
3.11.04

Die QUEEN,
die QUEEN
ist in Berlin!
wenn Ich dies LIED IHR sing,
bin ich der BLÖDEL-KING
3.11.04 21.13-23.16 UHR

A D G E7 A
I LOVED A GIRL IN BERLIN, SHE WAS IN ENGLAND A QUEEN
3.11.04 23.35

ERGÄNZ

Die Polizisten so fleißig blitzen,
um Geld zu kassieren und nicht um zu schi
14.11.04 14.

Manch Radfahrer fährt ohne Licht -!-
Daß man ihn umfährt / umfährt stört ihn nicht.
15.11.04 19.58

Manch fleißige Politesse
verdient ein paar Pausen nach dem Stresse.
15.11.04 14.20

Frau Merkel sieht ja,ei der
von vorn so wie von hinten a
16.11.04 15.

Wer zwangsverheiratet sein Kind
gehört geschossen in den Wind
16.11.04 22.02

Die Werbung stört und ist oft dumm -!-
dann schalt' ich einfach immer um.
17.11.04 14.01

Sehr gern ich auf meine Ketten kuck'-
auch Neandertaler hatten schon Schmuck!
17.11.04 14.57

Die Krieg führten in GOTTES Namen
Alle in die Hölle kamen
18.11.04 16.07

MICH einordnen das tu'ICH gern -!-
mich unterordnen liegt mir fern.
18.11.04 16.29

Deutschland ist so GROSS!
Was ist da Alles bloß!?

Die Erde ist so GROSS!
Was ist da Alles bloß!?

Das WELTALL ist so GROSS!
Was ist da ALLES bloß!?
18.11.04 16.52 UHR

Ach, das JENSEITS ist so schön –
Trotzdem will Ich noch nicht gehn –
18.11.04 16.57

Der MANN wünscht, sich ständig mit Sex zu beglücken,
deshalb will ER Frauen sehr gern unterdrücken!!! !!! !
19.11.04 7.18

Wenn Einer im Eimer ein Loch entdeckt, –
in Diesem noch lang' nicht ein Klempner steckt!!!
19.11.04 12.57

Als Baby kriegtet ihr Breichen
Jetzt eßt ihr vom Tier die Leichen
19.11.04 13.03

Wenn einer im Eimer ist,
wird er bald wieder Christ.
19.11.04 13.21

Jedes Kind soll zum Englisch-Unterricht geh'n!
Dann kann sich die ganze Welt bald versteh'n!
19.11.04 17.47

OHNE WASSER UND LUFT DEIN LEBEN BALD VERPUFFT
19.11.04 22.19

Es gibt Eisen, Schrott und Stahl -!-
Auch Musik hat viel Auswahl -!-
20.11.04 2.06 UHR

Nur die Frauen bekommen ein Kind
weshalb sie auch ganz anders sind
20.11.04 15.09

Wer Tiere quälend transportiert
seine MENSCHLICHKEIT verliert
22.11.04 22.04

Ob 'ne Suppe fürchterlich versalzen ist,
merkt man erst, wenn man davon 'n Löffel frißt.
21.11.04 1.47

Ob man nach 'ner Suppe aber kotzen muß, -
dafür man ein'n ganzen Teller fressen muß!
21.11.04 2.13

Man müßte jeden Fernseh-Chef in einen Raum ein
daß er mal 16 Stunden lang kann sein Programm genießen.
21.11.04 23.22

DER TEUFEL IN DER HÖLLE FAUCHT: CH-CH-CH...
DIE RELIGION WIRD DAUERND MIßBRAUCHT!
12.11.04 0.35 UHR

Am "Ballermann" da säuft man nur -!-
Das ist DEUTSCHE LEID-Kultur -!-
22.11.04 22.30

Die HÖLLE ist voll BIESTER
darunter viele PRIESTER
22.11.04 20.48

Steckt man ein Blatt in die Vase rein
ist es Zimmerschmuck so fein
liegt's am Boden still
ist es nur noch Müll
na, da bin ich platt
ES IST DAS SELBE BLATT!!!
22.11.04 23.20

Röchelnd die Forelle rief:
"Angel-Sport ist primitiv!"
23.11.04 1.24

ERG NR.5
ZUNGSBLATT NR.5 → 14 GEDICHTE
e Kuh will gerne Milch mir geben
und sie bleibt dabei am Leben
14.22
23.11.04
Das Huhn legt gern für mich ein Ei
und es gackert froh dabei
23.11.04
14.23 UHR
Will vom Reh ich seinen Rücken
wird das Reh zerhackt in Stücken
23.11.04
14.27
Will vom Schwein ich einen Schinken
muß das Schwein nach Hause hinken
14.25
23.11.04
Und zum Ende des Gedichts:
Von Zucht-Haus-Tieren will Ich nichts
14.39
23.11.04
Sylvester wird der Karpfen schlapp
dann schneidet man sein Köpfchen ab
23.11.04
14.49
ZU DER OSTERFEIER KAUF ICH BIO-EIER
25.11.04 0.40
Das WELT-ALL
ist mir viel zu GROSS
drum bleib ICH
auf der ERDE bloß
23.11.04
23.31
Frühe Musik fördert
Intelligenz
Ach, deshalb ist DIESE
bei MIR so IMMENS
23.11.04
21.59
"Gib das Fische Morden auf
und mach lieber Dauerlauf!"
23.11.04
15.00

ERGÄNZUNGSBLAT

Würde es nichts Schlechtes geben,
könnt' das Fernsehn nicht gut leben.
25.11.04 17.51 UHR

Auch die Zeitungen hab'n Glück,
wenn passiert viel Mißgeschick.
25.11.04 17.55

Tja,- das Unglück dieser Welt
bringt so manchen Leuten Geld.
26.11.04 1.47

Hin und wieder Sex ist ein Erlebnis
Bei 3 x täglich kommt ein trauriges Ergebni
2.12.04 13.04

Steigst Du mal in einen Bus
weißt Du wo der hinfahr'n muß
und Du bist für kurze Zeit
immer in Geborgenheit
2.12.04 15.34

Ein HALBER PAVAROTTI
ist Sänger Helmut Lotti
2.12.04 18.47

Bist Du bekannt wie'n Bunter Hund
nimmt dich Jeder in den Mund
2.12.04 21.54

Im Fernsehn gibt's Unechte Volksmusik "pure" "poor" ---
Das ist Deutsche " Light-Kultur!!!
3.12.04 10.13

Es heißt ja viel bei Frau und Mann,-
der Volksmund bringt dies oft heraus:
Gegensätze zieh'n sich an!
Und deshalb zieh'n sie sich schnell aus...
11.39
3.12.04

ERG. NR. 6

ie Gänse rufen in ihrem Gatter:
Die Köche sind uns're Leichenbestatter!"
4.12.04 14.00 UHR

stellt der gute Bäcker
r früh sich seinen Wecker
knetet schon die Brötchen
noch die lieben Mädchen
.04 15.42

MEIN DEUTSCHLEHRER WARNTE: „ERST DENKEN UND DANN REDEN", ER HIESS HERR DR. KÜHLHORN
5.12.04 10.43

Manchmal dringt Gejammer
aus der Besenkammer
im Hotel
Das geht schnell
keiner rostet
doch Das kostet
4.12.04 14.55

Wenn ein Boxer blutet,
kreischt das Publikum.
Mir so was anmutet
reichlich grob und dumm.
4.12.04 23.20

Die Natur macht Faxen,
Alle Haare wachsen,
Und das ziemlich schnelle, -
Meist an der falschen Stelle.
5.12.04 10.28

Ein Bundesverdienstkreuz krieg' Ich nie
für Meine Leistung zum Lohne!
Drum bastel ich mir - als Genie -
aus Messing eine Krone!
5.12.04 0.01

Ingo Insterburg *1
((INGO INSTERBURG))
SPEZIALIST FÜR:
Drei-Zeiler
2004

Der SINN des LEBENS ist zu LERNEN
Das ZIEL des LEBENS sich zu ENTFERNEN
Zu den STERNEN STERNEN STERNEN
5.12.04 8.54

Wunderbar ist LIEBE
mit und ohne TRIEBE
wenn SIE doch nur bliebe
5.12.04 10.12

ERWEITERTE FASSUNG: ((VOM 30.9.04 20.44))

JEDE SEELE HAT JA IHR EIGENGEWICHT → 11 SILBEN
IM JENSEITS KOMMST DU IN DEINE SCHICHT → 9 SILBEN
OB DU NUN GLAUBST ODER NICHT → 7 SILBEN
5.12.04 9.04 27 SILBEN

*1 SÜTTERLIN-SCHRIFT ((1913-1942))

Manche Preise sind sehr stark:
1 Bischofshemd 10 000 Mark!
5.12.04 11.14 UHR

1953

Die MILCHSTRASSE ist ziemlich GROSS
im WELT-ALL ist sie ein Pünktchen b.
5.12.04 11.5

Von drauß' vom Walde komm ich her,
der Wald ist dunkel und ganz leer.
Ich muß Euch sagen, es weihnachtet sehr,
der Weg im Schnee der war sehr schwer.

All überall auf den Tannenspitzen
da, wo die Weihnachts-Engel sitzen,
sah ich goldene Lichtlein blitzen,
Holzfäller bei der Arbeit schwitzen.

THEODOR STORM
1817–1888

ca 1967
AUFGEFUNDEN
VON I. UNSTERB.

(((JEWEILS DIE ZWEITE ZEILE IST VON OTTO DARMSTATT)))
1749–1872

Ein Dach über'm Kopf
Essen im Topf
Ein Ofen im Winter
Viel Kohle dahinter
Und noch ein Stück
Liebe und Glück
Kein Hin und Her
Was will Ich mehr
7. DEZEMBER 2004 1.02

Tier-Liebe ist in aller Munde
bezieht sich meist auf Katzen und Hunde
Auch bei Hamstern, Vögeln und Pferden
kann die Liebe ausgelöst werden
Von Streicheltieren sind Menschen besessen
die Anderen werden gerne gefressen
7. DEZEMBER 2004 17.39

Ein Armes Schwein laut rief:
Tierliebe ist selektiv
7. DEZEMBER 2004 18.29

Es schrie ein Hahn ein Kleiner:
Lebend liebt mich KEIN
7. DEZEMBER 2004

ERGÄNZUNGSBLATT NR. 7 → 11 GEDICHTE ERG NR. 7

MEIN RECHTER ZEIGEFINGER → ABDRUCK

Der satte Mensch lebt ethisch
der hungrige unästhetisch
8.12.04 18.58 UHR

der satte singt Choräle
beim Essen stört die Seele
19.12

er schwärmt für Philosophen
und dreht die Gans im Ofen
19.14

er tut auf Bildung pochen
und lutscht am Hühnerknochen
19.18

der Goethe ist sein Schwarm
er frißt die Wurst im Darm
20.18

der satte Mensch lebt ethisch
der essende unästhetisch
8.12.04 20.20

Ich lebe nicht barbarisch
sondern vegetarisch
8.12.04 20.29

Ach,- nun bin Ich 70
Doch niemals legt der Trieb sich
Ei,Ei,Ei,- Ei,Ei
Für KUNST und DICHTEREI
8.12.04 22.09

INGO INSTERBURG GEB. AM 6.4.34

Im TRAUM war Ich perplex
JENSEITS gibt es

Gedichte muß man langsam lesen
sonst begreift man nicht IHR WESEN
8.12.04 23.58

ÖFFENTLICH BIST DU NUN SATT,

DENN JETZT KOMMT DAS 0.20 UHR
9.12.04 LETZTE BLATT „MÄHHH..."

MIT DEM 7. ERGÄNZUNGSBLATT SIND ES 237 GEDICHTE INSGESAMT. (2 „BLÄTTER")
BUNTGEMALT AM 12.2004 UHR

0.21 UHR 9. DEZEMBER 2004
Ingo Insterburg Berlin

ERGÄNZUNG

'Ne Weihnachtsgans die ist mir Schnuppe
Ich hol' mir lieber 'ne Beate-Uhse-Gummi-Puppe
11.12.04 7.25 UHR

Küß ich 'ner Vegetarierin den Hals
schmeckt der nicht nach Gänse-Schmalz
11.12.04 13.48

Menschen unter dreißig
heiraten noch fleißig.
Wirst Du über dreißig sein,
fällst Du nicht so leicht herein.
10.12.04 12.29

SUCHT
ist FLUCHT
15.12.04 11.07

Die Kinder sägen an den Nerven
Nur ihr Schlaf kann das entschärfen
Damit sie endlich schlafen ein
Tu aber KEINEN SCHNAPS in die Milch hinein
10.12.04 12.32

Küß Ich 'ne Vegetarierin zu nächtlicher Stund'
hat SIE NIEMALS 'n Hühner-Knochen im Mund
11.12.04 14.08

Wer VIELE Frauen hat, - Ich meine, -
der hat eigentlich gar KEINE
12.12.04

Wer JEDES Instrument will spielen
auf KEINEM kann ERFOLG erzielen
12.12.04 23.58

Fleischer und Kunde
sind im Bunde 18.20
quälen das Tier
HEUTE und HIER
12.12.04 18.53

NEUN-ZEILER

Ich glaub'
der Staub
ist Dreck
oh Schreck
Muß weg
vom Fleck
Er ist
nur Trist
und Mist
10.39

FÜNF-ZEILER

Wenn ich seh'
den Kräuter-Tee
Ach, so bunt!
Ist DER GESUND!!!
Schmeckt dem Mund!!!!!
13.12.04 12.19

Der TEUFEL hat RECHT
Adolf war SCHLECHT
Wer das nicht glaubt
bald selber zerstaubt
13.12.04 2.54

BLATT NR. 8 → 20 GEDICHTE . ERG NR. 8

Ja, die Zeit vergeht sehr schnell -
sowas manchmal ich feststell'.
Willst Du daß die Zeit bleibt stehn,
mußt Du ins Gefängnis gehn.

10.12.04 12.19 UHR

erden die Tiere die gefressen werden
ieder gleich WIEDERGEBOREN auf Erden?

13.12.04 14.35

rönland-Waale man sich wundert
eben Jahre so zweihundert

13.12.04 21.55

Ist das Wetter trübe
bleibt Dir nur die LIEBE

14.12.04 10.55

Alkohol der stört den Schlaf
Der Mensch ist dümmer als das Schaf

13.12.04 21.59

Bist Du gebildet, klug und schön
wirst Du nur schwer

14.12.04

Deine SUCHT eingestehn

12.36

ttttt

Das Rauchen gab ich auf
durch den Dauerlauf

14.10 14.12.04

Helmut Schmidt im Fernsehn raucht
als Vorbild er deshalb nichts taugt(cht)

0.25 14.12.04

Manche versuchen zu irritieren indem sie AUSNAHMEN praesentieren

13.12.04 17.57

MIT DEM 8. ERGÄNZUNGSBLATT SIND ES 257 GEDICHTE

PRIMZAHL

ICH HOFF' DU BIST NUN SATT, DIES IST DAS ALLERLETZTE BLATT!

"MÄHH. MÄHH..."

Es sprach ein Philosoph in Celle:
"Dreck ist Materie an der falschen Stelle!"
13.23
15.12.04

Wenn man sein Gesicht betrachtet:
Jesus hat nie 'n Schaf geschlachtet!
12.42 UHR
15.12.04

Gibt es eigentlich gute Elfen,
die vegetarischen Tieren gern helfen?
13.05
15.12.04

Fast jeder füttert gern seinen Hund
und schiebt ihm 'n anderes Tier in den Mun
15.12.04
13.0

Beim Kochen im Fernsehn fällt mir ein -
sprüht die Spucke ins Essen rein -
wenn man's Essen sieht und riecht -
und dabei noch dauernd spricht
23.33
15.12.04

GUTE MUSIK IM ZIMMER
IST ÜBERIRDISCH IMMER
17.12.04
0.13

Erst ist die Aggression -
Ein Grund der kommt dann schon -
16.12.04
20.05

SBLATT NR. 9 → 12 GEDICHTE ERG.NR. 9
MEDITIEREN
BEIM SPAZIEREN
FRUST VERLIEREN
22.35
15.12.04
Lotto-Tippen ist bequemlich
Wer Gewinn erhofft ist dämlich
15.12.04
KENN' ICH WIEDER
EINE LIEDER
NN ICH WIEDER-
EBOREN WERDE
AUF DER ERDE
17.12.04
Wer sucht der flucht
GITARRE
SYMPHONIE
DIE ZEIT WIRD KNAPP
ICH BLAS' JETZT AB
Die Haus-Staub-Milbe ist so klein,
sie paßt in jedes Bett hinein. 13.43
Sie ist sehr häßlich und nicht schön!
Ich kann die Milbe nicht mehr sehn!!!
15.12.04
13.44
ENDLICH BIST DU JA NUN SATT. BEIM ALLER-ALLERLETZTEN BLATT MÄH-MÄH-MÄHHH...
Berlin d. 17.12.2004
PRIMZAHL → 269 GEDICHTE
GEDICHTE INSGESAMT
MIT DEM 9. ERGÄNZUNGSBLATT SIND ES 23 BLÄTTER

Manch' Fromme Mönche sich beglücken
und angeln Fische immerzu
und sehn wie diese dann ersticken
in schöner frommer Seelenruh
19.12.04 17.56 UHR

In manchen Fernseh-Filmen wird geraucht so wie noch n
Schmiert den Produzenten da die Tabak-Industrie?
19.12.04 20.35

Habt ihr Falten im Gesicht,
dann macht eure Spalten dicht,
ein Fenster das darf ziehen nicht-
im Alter kriegt man leicht die Gicht!
2.2.2003 22 UHR

Der Mensch wird ganz schön ABGEBRÜHT
weil im FERNSEHN er dauernd BÖSES sieht
21.12.04 12.53

Wer gefühllos ist zum Tier
ist es auch zu Dir und Mir
23.12.04 18.28

Vergangenheit und Zukunft liegen dicht
Gegenwart gibt es eigentlich nicht
23.12.04 18.35

schön wie'n Kohlen
hat viel Kohlen
kann gut johlen
2.2.2003 22 UHR

Manche Ehre
geht in's Leere
7.11.04 5.40

Willst Du einen Weihnachtsbraten,
Ach, da kann Ich Dir nur raten:
Du sollst eine Axt schnell packen
und Dir 'n fettes Bein abhacken
23.12.04 19.48

Wenn ich ein Vöglein wa
flög' ich oft hin und h

LATT NR. 1 → 18 GEDICHTE

EINZ 1

INGO INSTERBURG

237 GEFÄRBTE GEDICHTE

Raucher-Husten,-Raucher-Husten -!-
Bald wird er dein Licht auspusten -!-!-?-
30.12.04 11.46 UHR

Ach,-!- Zweitausendvier nun war,-!-
Und jetzt kommt ein Neues Jahr!-!

Und danach kommt wieder eins!-!
Nach sechs Milliarden kommt mehr
keins! -!-!
1. JANUAR 2005 0.05 UHR

NEUJAHR

Ist Weihnacht und Neujahr vorbei endlich mal,
wird's Fernsehprogramm wieder schön normal!
3.1.05 10.08

Manche verreisen für sehr viel Geld
Ich schau' aus dem Fenster und sehe die WELT
3.1.05 11.44

287 GEDICHTE BIS HIERHER

Unser Planet ist zu keiner Zeit
geeignet für ein Leben in Vollkommenheit
10.1.05 11.24

Pünktlich sein fordert viel Konzentration
10.1.05 10.05

Zum Fremdgehn ich niemals zu Frauen hinwand're !!!
Ich schließ' meine Augen und denk', an 'ne andre.
10.1.05 11.08

FRAUENFASSUNG:
Zum Fremdgehn ich nie zu 'nem Mann tue wandern !!!
Ich schließ' meine Augen und denk' an 'nen andern.
11.1.05 3.30

…och könnt' ich mit zwei Flügel
…e spiel'n auf einem Flügel !!!
11.1.05 13.49

EINZE

Gehst Du nachts in einen Wald,
fürchtest Du Dich alsobald.

Flüchtest Du vor der Gewalt,
suchst Du Schutz im Dunklen Wald.
13.1.05 21.53 UHR

Willst Du einen Oster-Braten,
ach, da kann ich Dir nur raten:
Verschone mal ein Armes Schwein,
und säg' Dir ab ein Raucherbein.
13.1.05 23.01

Allein zu Leben ist mein WILLE
Denn ICH höre gern die STILLE
20.1.05 16.00

Krieg macht Männern Spaß
bum-bum-bumm
dum-dum-dumm
bald liegen sie unterm Gra
14.1.05 19.10

Bei den Berliner Grünen Wochen
streichelt man Tiere-und lutscht ihre Knochen
20.1.05 19.17

Wer Schafe schächtet immerzu,
ist noch nicht gut für die E.U.!!!
21.1.05 0.18

Wer Gänse ißt und Schafe und Schweine
versteckt seine Seele oder hat gar keine
21.1.05 13.35

ERRARE HUMANUM EST - - - -
27.1.05 14.02

Wenn man das Opferfest betrachtet - - -
Zu Ehren ALLAHS wird nun geschlachtet - - -
Der Schächter die blutige Kehle beachtet - - -
Viel Schafen wird so nach dem Leben getrachtet
Auch auf's Gebet wird sehr geachtet
21.1.05 27.1.05 21.24

STERBURG

m Deutschland-Funk da hörte ich,-
m 21.1. 2005,-
as als Vegetarier störte mich -!
nd ich meine Nase nun rümpf'.

(((DLF MORGENS FRÜH)))

Da wurden zum Türkischen Opfer-Fest
geschächtet Hunderte von Schafen.-
Das Blut man bei so was fließen läßt.-
Rot wurde das Wasser im Hafen.

Der Sprecher dann sagte im Deutschland-Funk,
in Allahs Namen schlachtet man Herden.
Und manche Türken, die sehr klug und jung,
sagten, daß sie Vegetarier werden!

22.1.05 20.01 - 20.22

Religion ist stark und stetig !!?!?!
Manchmal verbogene Ethik ?!?!
23.1.05 12.24

Das Wach-Bataillon der Bundeswehr
ähnelt dem Ballett schon sehr
23.1.05 19.17

Jede Partei ist so klug oder dumm
wie ihre Wähler drumherum
23.1.05 12.48

Auch bei Menschen, die sehr klug
gibt es DUMMHEIT oft genug
23.1.05 15.25

de Seele ist ein Glas Wasser
al ganz klar und manchmal blasser
illst Du gut sein
st es rein
machst Du Mist
es dreckig ist
und bei jedwedem Erlebnis
denke an das Endergebnis
25.1.05 13.57

Kinder die saufen
ins Unglück schnell laufen
Welch armseel'ger Haufen
23.1.05 20.40

BIS HIER 303 GEDICHTE

Auch Vögel war'n auf der Arche Noahs,
doch wohl kaum die riesigen Moas.
Denn beim Gewicht von fast fünf Zentnern
täte sicher die Arche kentern.

26.1.05 20.28 UHR

Der Schiedsrichter beim Fußballspiel
entscheidet falsch - kassiert dann viel

27.1.05 18.53

Ach käme doch ein großer Zauberer -
Ein Guter und Moralisch Sauberer -
Und sperrte wie ein Harter Richter -
In Ställe alle Massen-Züchter -
Daß Diese, gleich den Armen TIEREN -
Das Ganze LEID mal Selber spüren -

ich bitte zu beachten:
natürlich ohne schlachten

28.1.05 20.26-20.36

Mit viel Schnaps und Bieren
kann man das Saufen trainieren
29.1.05 1.35

Sich Alkohol zuführen
ist NEGATIVES TRAINIEREN
29.1.05 1.43

50% 50%

Rauchen gar nicht so schlimm sein kann
denn nur die Hälfte stirbt daran
29.1.05 14.53

Der MENSCH ist das schlimmste Resultat
das unser Planet hervorgebracht hat
29.1.05 15.00

ICH BIN ENTSETZT
SO IST'S BIS JETZT

…LATT NR. 3 → 16 GEDICHTE

BIN 23

…ERBURG

Wer ständig mit der Mode geht
hat viel Geld und ist SCHÖN blöd!
29.1.05 19.13 UHR

…uet mit Geschmack:
ist MODERN an jedem Tag
30.1.05 20.34

Moderne MODE veraltet gleich
dadurch
werden
manche
REICH
29.1.05 19.06

Mode schön verpackt!
Doch was machst Du nackt?
30.1.05 21.11

Bist Du zu warm angekleidet,
ziehst Du einfach etwas aus!
Wer draußen in der Kälte leidet,
der muß dann nochmal nach Haus!!!!
30.1.05 16.39

2. SYM BEETH

Hör' Ich Gute MUSIK paar Stunden
bin mit dem WELT-ALL Ich verbunden
30.1.05 18.11

WENN VIEL GELD IM SPIELE IST,
MACHEN SCHWACHE MENSCHEN MIST.
31.1.05 15.02

So mancher HELD wird verehrt und umworben
Doch wieviel MENSCHEN sind durch IHN gestorben
31.1.05 0.25

ANFANG:
Manche nehmen gern zu Haus
FETTE TOTE GÄNSE aus.
Sie spüren noch die Wärme
der weichen glatten Därme
Sie ziehen raus den Magen
und woll'n bald an ihm na
Auch das kleine Herz
küssen sie zum Scherz.
Und drücken wie'n Entarte
auf den kleinen After.
Auch die roten Nieren
zum Reinbeißen verführen.
Bald schluckt die lecker Leber
ein Leichtathletik-Streber.
Manche nehmen gern zu Haus'
auch FETTE TOTE HÜHNER aus.
Auch Bio dies beim Kochen tut!
Drum Bio leck, leck, leck
das leck're Hühner-BLUT
31.1.05 13.12

BIS HIER 319 GEDICHTE 31.1.05

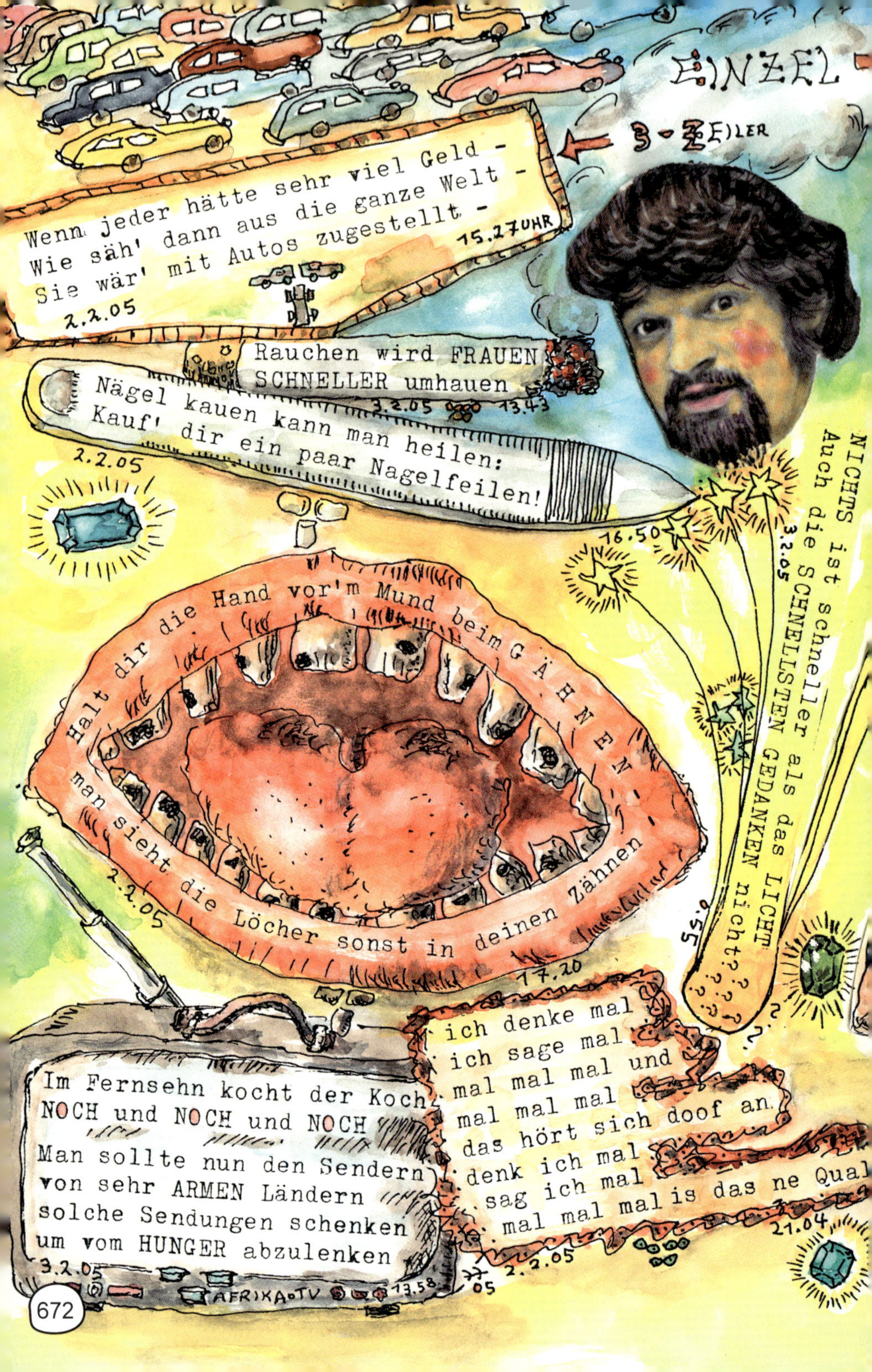
EINZEL-
3-ZEILER
Wenn jeder hätte sehr viel Geld -
Wie säh' dann aus die ganze Welt -
Sie wär' mit Autos zugestellt -
15.27 UHR
2.2.05
Rauchen wird FRAUEN
SCHNELLER umhauen
3.2.05 13.43
Nägel kauen kann man heilen:
Kauf' dir ein paar Nagelfeilen!
2.2.05
Halt dir die Hand vor'm Mund beim GÄHNEN,
man sieht die Löcher sonst in deinen Zähnen
2.2.05
17.20
NICHTS ist schneller als das LICHT
Auch die SCHNELLSTEN GEDANKEN nicht???
3.2.05
16.50
Im Fernsehn kocht der Koch
NOCH und NOCH und NOCH
Man sollte nun den Sendern
von sehr ARMEN Ländern
solche Sendungen schenken
um vom HUNGER abzulenken
3.2.05
AFRIKA TV
13.58
ich denke mal
ich sage mal
mal mal mal und
mal mal mal
das hört sich doof an
denk ich mal
sag ich mal
mal mal mal is das ne Qual
2.2.05
21.04

BLATT NR. 4 → 14 GEDICHTE

INGO INSTERBURG

EINZ 4

Gehst Du in Deine Stammkneipe rein,
und sagst, Du läßt das Saufen sein,
kucken sie Dich an mit off'nem Mund:
"Na, einen kannst Du trinken, das is nich ungesund!"

ehst Du dann in Dein Stammcafe rein,
nd sagst, Du läßt das Rauchen sein,
cken sie Dich an mit off'nem Mund:
a, eine kannst Du rauchen, das is nich ungesund!"

Gehst Du dann in Dein Eßlokal rein,
und sagst, Du läßt das Fleischessen sein,
kucken sie Dich an mit off'nem Mund:
"Na, eine Schweinskopf-Sülze, das is nich ungesund!"

e Menschen reden sich immer raus - - -
GUTES GEWISSEN schalten sie aus - - -
3.2.05 19.27 UHR

FERNSEHN ist
ar viel MIST
.05 12.37

Wer hat nun 'n KNALL
Beim Faschingskarneval
4.2.05 12.29

Wer häßlich redet Drin' und Drauß'
sieht in paar Jahren auch so aus
4.2.05 13.38

Auf keinen Klugscheißer ich hör'
Das PUBLIKUM ist mein Regisseur
4.2.05 18.46

An eines Schiffes Reeling
stand Box-Meister Max Schmeling
r schaute drein sehr mutig
ie Fäuste waren blutig
hat mit seinen Klauen
en Boxer umgehauen
uch in der ganzen Welt
t Cassius Clay so'n Held
2.05 17.38

3
05

BIS HIER SIND 333 GEDICHTE!
1.9.2004 – 5.2.2005

ACH ICH WEIß ES NICHT
IST BESSER EIN GEDICHT
ODER 'NE GESCHICHT'
0.54
5. FEBRUAR 2005

1.35 UHR

Ingo Insterburg, Zwei-und Mehrzeilen-
Anfertiger

Wenn Du bist in Nöten,
sollst Du fleißig beten.
16.32
Aber nicht zu allen Zeiten,
wegen ein paar Kleinigkeiten.
7.OKT 2004 16.38 UHR

Sage mir wie alt Du bist,
und ich sag' Dir, wer Dich küßt.

Sind vertrocknet die Schenkel,
küssen Dich nur noch Enkel.
7.10.04 15.15

Eine Stand-Uhr geht
obwohl sie immer steht
8.10.04 0.02

Viele leben in ihrer Religion
Aber glauben sie wirklich schon
8.10.04 11.34

LIEBE IST SCHÖN
NUR KURZ ZU SEHN
9.10.04 0.02

ICH LIEBTE EIN MÄDCHEN AUF'M MARS
JA DAS WAR'S

INGO INSTERBURG
WERKSTADT FÜR
KURZ- UND LANGGEDICHTE
BERLIN 14193
DEUTSCHLAND
EUROPA
PLANET ERDE
MILCHSTRAßE
WELTALL

Z

LETZTE SEITE
ICH EINLEITE

MANCHMAL WEIß ICH NICHT
OB GUT IST MEIN GEDICHT
8.10.2004 14.09 UHR

ICH WILL AUCH KEINEN FRAGEN
DENN KEINER KANN DAS SAGEN
8.10.04 14.14

MEINE GEDICHTE WAREN
ERFOLGREICH SEHR BISHER
IN FÜNF MILLIARDEN JAHREN
GIBT ES SIE NICHT MEHR
14.26
8.10.2004

MICH TUEN ZWEIFEL TREIBEN
SOLL ICH DAS LETZTE NOCH SCHREIBEN
8.10.04 14.47

? ? ? ? ? ? ?

TUST DU NICHTS MEHR MACHEN
HÖRST DU AUF ZU LACHEN
8.10.2004 15.03 UHR

ENDE

IN JEDES NASENLOCH SALZWASSER
EINZIEHEN UND 10 SEKUNDEN DRIN
LASSEN. DAS 3x, DANN 1 MIN GUR-
GELN. ACHTUNG: NACH 5 MIN LÄUFT DIE NASE

Wirst Du krank an Nase und Hals
zieh' warmes Wasser ein mit Salz

4.3.05 11.26 UHR

Manche vergleichen Verbrecher mit TIEREN
Doch kann nur die Bestie mensch so agieren

4.3.05 13.11

Es sagt so manche Presseleitung:
Das Dumme Volk braucht seine Zeitung.

12.3.05 22.57

Will ich der ZWEISAMKEIT mich ergeben,--
Dann soll sich deutlich verbessern mein
LEBEN

15.3.05 23.44

Es müßten einmal kommen viele Viren
und alle Bürokraten infizieren

16.3.05 21.33

Ein Vegetarier lebt besser
Er ist kein Tier-Leichen-Fresser

26.3.05 12.54

Wenn angebor'ne MORDLUST erwacht
dann gehen die Menschen auf die Jagd

28.3.05 20.30

K-BLATT NR. 1 → 15 GEDICHTE

INGO INSTERBURG
2005

Wer wartet mit Verdrossenheit
verschwendet seine Lebenszeit
1.APRIL 2005 20.52 UHR

Nutze stets gescheit
Deine Wartezeit
2.4.05 22.31

Menschen in GRUPPEN
sind DÄMLICH wie PUPPEN
5.4.05 10.54 FLUGHAFEN TEGEL

Ich will nicht, daß man mich hängt auf
im Fleischer-Laden zum Verkauf
Und ICH weiß von an'dren SCHWEINEN
daß auch DIESE das verneinen
7.4.05 15.32 LANZAROTE

Wer nicht mag das Kindergeschrei
Der hat STETS die PILLE dabei
12.4.05 16.05 FLUGHAFEN ARRECIFE

Beim Fleischer will ich hängen nicht
am Haken, - diesem harten!
Also kann ich das auch nicht
von ANDEREN erwarten
12.4.05 19.45 FLUGZEUG LANZ ⇒ BERLIN

BIS HIER SIND ES 348 GEDICHTE

Wie einer zu anderen ist, prüfe ich!
Denn sooo behandelt er später auch mich!
13.4.05 15.08 BERLIN

e Frau die mich verläßt
für mich ein Freudenfest
14.4.05 14.50

Liebe ist eine Falle
Es fallen rein fast ALLE
14.4.05 17.31

VEGETARISCHES GEDICHT
3FASSUNGEN

„[BITTE DIE BESTE FASSUNG AUSSUCHEN]"

1\. Würstchen mit Senf, ICH weiß,
sieht aus wie Kacke mit Scheiß!
17.4.05 13.17UHR
1.FASSUNG

2\. Würstchen mit Senf, ICH weiß,
sieht aus wie Durchfall mit Scheiß!
17.4.05 13.18
2.FASSUNG

3\. Würstchen mit Senf, ICH weiß,
sieht aus wie Dünnschiss mit Scheiß!
17.4.05 13.19
3.FASSUNG

vegetarisch leben, ich EUCH erzähle,
ist besser für Gesundheit und SEELE
18.4.05 22.17

Verteilte man gleichmäßig alles Geld,-
könnt' dann gut leben die ganze Welt???
19.4.05 14.06

Das Bißchen Verstand, das ich hab' dann und wann,
benutze ich aber so gut ich es kann
19.4.05 22.12

Der Menschen ÜBERHEBLICHKEITEN
werden wohl ihr ENDE bereiten
20.4.05 11.07

↑ BRAVO!
20.5.05
0.29UHR

K-BLATT NR. 2 → 11 GEDICHTE

INGO INSTERBURG
2005

n SPANIEN schießt man auf Wachteln aus Spaß
offentlich beißen die Jäger ins Gras
26.4.05 0.55 UHR

Urin trinken ist sehr gesund
man nimmt den eignen meist in'n Mund
26.4.05 2.13

Vom RAUCHEN und SAUFEN zum RADFAHR'N und LAUFEN
26.4.05 14.15

BISHER SIND ES 359 GEDICHTE

'ne positive Diskussion
führt bald zu 'nem Ergebnis schon
27.4.05 0.59

Ist sie NEGATIV
geht das GANZE schief
27.4.05 1.19

er MINDEST-Lohn im Fleischer-GEWERBE
st, wenn an RINDERPEST ich sterbe
8.4.05 0.05

RELIGION man pflegt
in jedem HAUS
doch jeder legt
sie ANDERS aus
28.4.05 13.51

Wenn ein KIND kommt: Du schnell lernst:
Aus Spiel wird Ernst - aus Spiel wird Ernst
2.5.05 15.10 UHR

Verborgtes Geld kriegst DU schwer zurück
Doch kommt von woanders dann das Glück
2.5.05 16.27

Geht ein SCHÖNES MUSIKstück zuende
Ich's mit Abschiedsschmerz ausblende
2.5.05 21.23

TRAUM-SONATE
5. TRAUM
LETZTE TAKTE

Manche Ungeduld
ist am Scheitern Schuld
4.5.05 17.37

Ein Gedicht, das sich nicht reimt,
ist wie 'ne Kartoffel, die nicht keim
3.5.05 7.38

DIE KARTO
IST EINE ZWE
JAHRESPFLAN

Au weia, Au weia welch ein SEGEN
Es gibt Kleine und Große Kollegen
4.5.05 21.08

GOETHE SCHILLER HAUFF
BECHSTEIN BEETHOVEN
BACH SCHUMANN HÄNDEL
MENDELSSOHN-BARTHOLDY
GRIMM E.T.A. HOFFMANN LOUIS ARMSTRONG
LESSING
INSTERBURG
C.F. MEYER

Manch Schwuler der wird froh
steht er im Männer-Klo
8.5.05 16.06

AUTOBAHN
RASTSTÄTTE NORD
EISENACH

05

BLATT NR. 3 → 13 GEDICHTE

INGO INSTERBURG
2005
ADRESSE:
GRUNEWALD
BERLIN
DEUTSCHLAND
EUROPA
ERDE
MILCHSTRAßE
WELTALL

∞ ⇒ VERS-ENDE
∞∞ ⇒ ABGESCHLOSSENER VERS
∞∞∞ ⇒ ENDE DES GEDICHTS

Musizierende FRAUEN
SINNLICH-SCHÖN ausschauen
5.5.05 16.06 UHR

Ein TRINKER durch die Kneipen hoppelt
Er ist Z W E I und sieht auch D O P P E L T !!!!!
5.5.05

ANMERKUNG: 1 ALKOHOLIKER BESTEHT AUS 2 MENSCHEN 1.18

NORDEN ⟸ ⟹ SÜDEN

Bei vielen zieht der Vatertag(CH)
einen Riesen-Kater nach 42%
5.5.05 23.49
5.5.05 HIMMELFAHRTSTAG

ich glaube glaubwürdige Gläubige glauben
oft nur unglaublichen Aberglauben
6.5.05 0.28

Ich habe mein SÜßES Leben genossen
und meinen Frieden mit den Frauen geschlossen

KRIEG macht manchen menschen Spaß
Der TEUFEL wünscht sich DIE zum Fraß
8.MAI 2005 18.22

Von Süden bis Norden
Ich bin satt geworden
6.5.05 13.10

BIS HIER SIND ES 372 GEDICHTE

LYRIK

Oh menschlein DENKE stets daran
GOTT der ist kein Weihnachtsmann
10.5.05 22.24 UHR

LIEBE mit SEELE und LEIB ist schon
ein Teil in meiner eig'nen Religion
10.5.05 22.30

In manchen primitiven Ländern
werden Hühner, die mit Bändern
an den Füßen sind verschnürt,
in die Küche transportiert,
und dann später massakriert.
11.5.05 1.12

Um Mitternacht in manchen Sendern
tut sich was verändern
im Fernsehn
da öffnet sich manch sündiges Fenster
und man sieht nackte Schreck-Gespenster
11.5.05 1.35

Der Fernseh-Koch soll darauf achten
und in der Sendung Tiere schlachten
damit die Zuschauer mal sehen
wie all die Leckerei'n entstehen
11.5.05 8.37

landen Selbstmord-Attentäter
alle in der Hölle später??
11.5.05 2.04

...und ewig lockt das WEIB - - -
welch schöner Zeitvertreib !!!
18.5.05 0.36

BLATT NR. 4→15 GEDICHTE 2005

Es sagt manch Redakteur ganz schlau
Das Dumme Volk braucht sein T V 14.38 UHR

22.5.05

Manchmal hab' ICH mir gedacht
ob Satan wohl das Raubtier macht
und ein GUTER GOTT viel besser
all die lieben Pflanzenfresser
beim Mensch ich sehen kann sind wohl beide dran

22.5.05 12.18

Ein sicherer Beruf ist oft
riskanter manchmal als erhofft
und wie die Erfahrung lehrt
ist es auch oft umgekehrt

22.5.05 12.23

Im Fernsehn kocht mit Schmalz und Speck
so schön der Bio-leck-leck-leck LECKEN!

22.5.05 17.29

Jede Frau mir Glück bereitet
die an mir vorüberschreitet

22.5.05 11.23

Politik
hol' den Sieg
ohne Krieg

23.5.05 7.20

it Leinöl kann ICH gut dinnieren
ilder malen und lackieren

.5.05 23.50

T NUN AUFHÖREN GESCHEITER?

N! ICH DICHTE IMMER WEITER!

.5.05 1.14

BIS HIER SIND ES 387 GEDICHTE

LYRIK

Das Meer der Phantasie rauscht munter
die Logig geht da manchmal unter

27.5.05 IM ZUG NACH HAMBURG 11.11 UHR

Man wird dauernd wiedergeboren
bis man die Lust hat verloren
und glücklich froh und still
im HIMMEL bleiben WILL

27.5.05 HOTEL IN BREMEN 17.17

Tu' ich mit dem Zug verreisen
kommt mir ein Gedanke bald
Ach! Wie viele Wald-Ameisen
sind wohl drin in jedem Wald

28.5.05 IM ZUG NACH BERLIN 15.15

Wer grillt
wie wild
sich killt
wird lang
krebskrank
zum Dank

ANGEFERTIGT IN 5 STUNDEN 5.6.05 16.57

Manch Lungenarzt im Krankenhause
raucht schnell eine in der Pause

22.51 31.5.05 NICHTRAUCHERTAG

ES SPRICHT SICH RUM:
WER RAUCHT IST DUMM!

ca 1997

Es tönt ein Ruf von DONNER-HALL
Die Bestie-mensch ist ÜBERALL

3.6.05 16.04

Ich bin Vegetarier - drum höret ALLE:
Mein Kühlschrank ist nie eine Leichenhalle!

3.6.05 16.31

BLATT NR. 5 → 19 GEDICHTE 2005

INGO INSTERBURG
14193 BERLIN
DEUTSCHLAND
EUROPA
ERDE
MILCHSTRAßE
WELTALL

Es ist ja allgemein bekannt
Die Sucht vernebelt den Verstand
4.6.05 ca. 15.00 UHR
[16 SILBEN]

KURZFASSUNG:

Es ist ja nun bekannt
die Sucht raubt den Verstand
4.6.05 ca. 15.15
[12 SILBEN]

16
− 12
4 SILBEN GESPART

INGO INSTERBURG
14193 BERLIN
GERMANY
EUROPE
EARTH
MILKY WAY
UNIVERSE

Du mußt bei Zeiten säen
sonst kommst Du nicht zum Mähen
10.2.05 LANZAROTE 16.35

Viel plant der Optimist
was auch sehr richtig ist
DOCH:
Erst wenn etwas gewesen ist
weißt Du ob Du erfolgreich bist
9.2.05 LANZAROTE 11.33

ИНГО ИНСТЕРБУРГ
14193 БЕРЛИН
ГЕРМАНИЯ
ЕВРОПА
ЗЕМНОЙ ШАР
МЛЕЧНЫЙ ПУТЬ
ВСЕЛЕННАЯ

Bei hohen Einschaltquoten
kucken nur Idioten
6.6.05 17.29

Was nutzt Moral und Maß
Krieg macht Männern Spaß
6.6.05 23.27

Manche Frauen erleiden Schaden
und müssen die Lust der Männer ausbaden
6.6.05 BERLIN TEUFELSBERG ca. 15.30

BIS HIER SIND ES 406 GEDICHTE 7.7.05

Die Menschen GLAUBEN gern
Die WAHRHEIT liegt oft fern
7.6.05 10.23

Der Lastwagen spart gerne Maut
und so dem Dorf die Ruhe klaut
6.6.05 17.11

Bist Du gern allein
Geh' in die Kirche rein
7.6.05 14.03

Der Baum trinkt mit den Wurzeln
Der Mensch trinkt mit dem Mund
Die Wassertropfen purzeln
und halten uns gesund
7.6.05 12.42

LYRIK-

Ein Kind strengt an schon sehr
2 Kinder sind 4-fach schwer
7.6.05

ZUM ZURUFEN AUF DER STRASSE

Wer gerne raucht
sich schnell verbraucht
7.6.05 14.18 UHR 15.57

RAUCHER

NICHTRAUCHER

Jeder schluckt ganz munter
oft seine Spucke unter,
viele Male täglich,
das ist auch gar nicht eklig.
Doch würde man im Stillen
'ne Tasse damit füllen,
und abgekühlt dann trinken,
man könnt' zu Boden sinken.
7.6.05 21.10

Das Fleisch von toten Tieren
tun manche umdatieren
Dann kommt es auf den Tisch
und ist verwesungs-frisch
10.6.05 12.07

PUTENBRUST 1. APRIL 1920

Bei Mädchen, die sich bauch-frei kleiden,
wird später die Gesundheit leiden.
8.6.05 15.42

Der Mensch ist wohl ein Herden-Tier
rennt hinterher mal da mal hier
und tut was ALLE machen
stellt an die dümmsten Sachen
8.6.05 15.51

BLATT NR. 6 → 17 GEDICHTE 2005

Ingo Insterburg Berlin-Deutschland-Europa-Erde-Milchstraße-Weltall

Ja das Absurdeste der Welt
ist wohl ein Sohn der wegen Geld
Eltern die ihn aufgezogen

umbringt dann für neue Drogen

8.6.05 22.27 UHR

Das Angesicht vom Papst tat kritzeln
ein Braten-Geist auf Rinder-Schnitzeln
Das wurde nun versteigert
und der Verzehr verweigert

10.6.05 13.06
BENEDIKT XVI.

Wer schwer heben muß
ist bald beim Hexenschuß

12.6.05 10.38

Meinen Atem ich anhalte
Der NEUE PAPST ist wie der ALTE

11.6.05 1.05

ES RUFT DER PAPST VOM PETERSDOME: „O NEHMET BLOß KEINE KONDO...“

11.6.05 1.27

ENTHALTET EUCH NUN STETS
DANN KRIEGT IHR AUCH KEIN AIDS

11.6.05 13.05

HAST DU EIN HERZ EIN FROMM'S
DANN WÄHLST DU AIDS STATT FROMS
WOHL BEKOMM'S!

11.6.05 18.30

Sind Tierfreunde in Jedem Falle
auch Vegetarier immer alle???

12.6.05 13.14

BIS HIER SIND ES 423 GEDICHTE

Nun such' ein GEDICHT Dir mal aus
Du kannst es bei Dir dann zu Haus'
in Deinem Gedächtnis fest speichern
Es wird Deine BILDUNG bereichern

12.6.05 14.41

Der VERSTAND
kann rasant
allerhand
doch wird meist
lobgepreist
WELT und GEIST
durch den HAUCH
der im BAUCH
lebt ja AUCH

12.6.05 17.43

IST DIES DAS BESTE GEDICHT???

Gäb' es keine ZEIT
wäre weit und breit
nur VERDROSSENHEIT

12.6.05 21.09

Ach, ach wie ist es schön
daß ZEITEN schnell vergehn
so kann man NEUES sehn

12.6.05 21.35

05

Die DUMMHEIT ist mit eigner LYRI
13.7.05

'NE FRAU MICH BEIM KÜSSEN ERSCHRECKT, WENN SIE NACH TIER-LEICHEN SCHMECKT.
18.7.05 2.43

Je seltener ein Kuß
desto schöner der GENUß
13.6.05 15.39 UHR

Der Darm-Krebs - gebet ACHT -
wird von dem FLEISCH gemacht
14.6.05 12.55

ICH GLAUBE ES IN MUSIK WAR VOR DEM URGEKNALL.
12.7.05 2. FASSUNG 16.24

Die Volksabstimmung in Italien
war wegen schwacher Genitalien
und dafür künstliche Befruchtung
Sie fiel ins Nichts mit großer Wuchtung
Der Vatikan rief zum Boykott
war das im Sinn vom Lieben Gott
14.6.05 1.14

VERBESSERTE FASSUNG
VOM 11.6.05 1.27

Es ruft der Papst vom Petersdom:
Ich verbiete das Kondom,
lebt enthaltsam stets,
dann kriegt Ihr auch kein Aids.
Meinen Atem ich anhalte:
Der Neue Papst ist wie der Alte.
17. JUNI 2005 ca. 15.30

3. FASSUNG
Ach, es ist ja nun bekannt
SUCHT vernebelt den Verstand
24.6.05 20.01

SOMMER-SONNEN-TAGE
sind wunderschön, ach, ach!
Doch schöner noch, - ich sage, -
ist REGEN dann danach!!!
25.6.05 14.50

Bedenke stets beim Baby-Boom:
KINDER sind kein EIGENTUM
11.7.05 22.49

Die Menschen sich in Wünschen verzetteln
Der Lebens-Sinn des Hundes ist BETTELN
21.6.05 CUXHAVEN 18.39

In den U.S.A.
sind sogar Särge da
für früh verstorb'ne Rentner
von 5 bis 7 Zentner.
10.7.05 12.02

FAST FOOD TUT NICHT GUT!
10.7.05

FAST FOOD IS NOT GOOD!
10.7.05 12.04

der menschen größte EIGENSCHAFT 4. FASSUNG

21.04 UHR

BLATT NR. 7 → 21 GEDICHTE 2005

Hugo Fuchsenburg Berlin – Deutschland – Europa – Erde – Milchstraße – Weltall

9. JULI 2005

Bei der heutigen "Tour de France"
fuhr'n die Radler 'ne Distance
von 230 Kilometer,
und kamen an 5 Stunden später.
Der Etappen-Sieger, der sich freute,
war 9,6 Millimeter schneller als der Zweite!

← 9,6 mm

231,5 Km PFORZHEIM → GÉRARDMER

9.7.05 19.49 UHR

EGOIST
Du bist MIST
wirst banal
DÜNGER mal

10.7.05 14.45

An KLEINIGKEITEN kannst Du schön
das WESEN eines MENSCHEN sehn

11.7.05 22.41

Viel schöner ist ein unerfüllter TRAUM
als wenn die WIRKLICHKEIT dann steht im RAUM

10.7.05 GRUNEWALD ca 14.00

Schweine-Hackfleisch hat in vielen Fällen
liebe süße kleine Salmonellen

11.7.05 21.38

Das Säugetier
ist eine Zier
auf Erden hier
doch sind auch wir
mit uns'rer Gier
nach Schnaps und Bier
ein Säugetier

12.7.05 0.42

In Spanien lassen sich Männer jagen
von Stieren an bestimmten Tagen
solch' DUMMHEIT ist kaum zu ertragen

12.7.05 0.28

Bei den primitivsten Lebewesen
sind bisher sehr viel Menschen gewesen

12.7.05 3.07

Wer vom Fürst sich schwängern läßt,
hat ausgesorgt für'n Lebensrest.

12.7.05 12.25

Der Mensch ist
weil er ißt

12.7.05 13.46

Das ist das 444. Gedicht!

12.7.05 0.28

Vor'm FERNSEHER mit dem GESICHT
fällt mir ein so manch' GEDICHT

BIS HIERHER SIND ES 444 GEDICHTE
12. JULI 2005

LYRIK

Zu dumm zum Basteln sind manch' Gören
drum wollen sie auch gern zerstören
Bei Erwachsnen auch
ist soetwas Brauch
19.7.05 15.06 UHR

Ich denke an Raucher, wenn ich g ä h n e, -
denn DIE verlieren schneller die Zähne!!!
20.7.05 13.03

Ein RAUCHER sääägt und schwitzt
am Ast auf dem er sitzt
23.7.05 14.18

Schwangerschaft ist unbequem
wenn die Frau nicht weiß von wem
23.7.05 18.30

Sucht zerstört das LEBEN
und GELD mußt Du ausgeben
25.7.05 10.50

Sex ist wichtig
darum richtig
Drängen nichtig
25.7.05 13.20

Manchmal ist es nicht sehr packend
Leute baden sehn ganz nackend 18.44
25.7.05

Statt vierzig nur neununddreißig
Zigaretten pro Tag - das weiß ich -
ist nicht sehr stark reduziert,
doch wenigstens mal probiert.
Mit Rauchen aufhören war nichts!
Doch ist das besser als gar nichts.
25.7.05 14.30

Ist die Regierung dumm
sitzt arm das Volk herum
25.7.05 15.38

Grill-Fleisch Dich verkrebst
kann sein, Du überlebst
25.7.05 16.13

BLATT NR. 8 → 17 GEDICHTE 2005

ANGO INSTERBURG WELTALL-MILCHSTRAßE-ERDE-EUROPA-DEUTSCHLAND-14193 BERLIN

Und lebst Du wohlgeborgen
kannst Du für Andre sorgen
21.7.05 2.13 UHR

was morgen so geschieht weiß Ich
erst übermorgen - früher nich(t)
21.7.05 23.32

Auch meine Seele gibt mir ein
Religion muß vegetarisch sein
so fein so rein
20.7.05 22.23

Die schützenden Geister tun allerhand
doch schützen sie auch mal ein ganzes Land?
21.7.05 0.47

Angeborene Mordlust ist
der Grund für einen Terrorist,
24.7.05 23.09

manche hier auf dieser WELT
verdienen mit RELIGION viel GELD
25.7.05 10.18

Mit Schokolade mach
ich mich ganz klar und wach
26.7.05 0.45

AI 05

AUTO-LYRIK

DER MENSCH IST WIE EIN AUTOMOBIL –
SITZT KEINER DRIN GESCHIEHT NICHT VIEL.
3.8.05 15.51 UHR

„[GEDICHTET IM STADT-STILLSTAND-STOTTERSTAU]“

DEM AUTO GIBT DER MENSCH VOM BESTEN –
DEN EIG'NEN KÖRPER TUT ER MÄSTEN.
3.8.05 16.07

MANCHMAL IST DIE AUTOBAHN
RANGORDNUNG FÜR RASER-WAHN.
AUF DER ERSTEN SPUR
FAHR'N DIE ARMEN NUR.
AUF DER MITTELSPUR
ICH OFT AUCH GERN FUHR.
AUF DER DRITTEN SPUR
FAHR'N MILLIONÄRE NUR.
3.8.05 18.24

„[BEIM EINKAUFEN]“

MANCHER LIEBT DIE FRAUEN SEHR,
DOCH DIE AUTOS NOCH VIEL MEHR.
3.8.05 „[ZU HAUSE]“ 22.17

FÜR FRAUEN ZAHLT MAN SEHR VIEL GELD.
EIN AUTO NICHT SO LANGE HÄLT!
3.8.05 22.25

DU ZAHLST FÜR'S AUTO WENN'S VERROSTET –
DOCH AUCH EINE SCHEIDUNG KOSTET.
3.8.05 22.29

AUCH FRAUEN KÖNNEN GLÜCKLICH SEIN –
FEHLT DEM MANN DER FÜHRERSCHEIN.
3.8.05 22.46

FÜR'N SARG GIBT'S BAUMWOLLHEMDEN UND SEIDENE
ACH, ACH, ACH-REICH IST NUR DER BESCHEIDE
7.8.05

WAS GENAU
MANN UND FRAU
TUN IM STAU
DRAUS WIRD SCHLAU
KEINE SAU.
4.8.05 9.56

LERNEN SOLL DUMMHEIT VERTREIBEN
WER FAUL IST WIRD DÄMLICH BLEIBEN
7.8.05 16.05

MANCHE EINDRÜCKE DIE TRÜGEN
DU SOLLST DICH NICHT SELBST BE...

BEI DEN DIRNEN HERRSCHT GAR SEHR
MEISTENS NACHTS BERUFSVERKEHR.
4.8.05 6.16

BUNTGEMALT 5.8.05 0.03

LATT NR. 9 ⇒ 16 GEDICHTE 2005

Zum Schluß noch ein Liebes-Lied

KOMM' DOCH MAL

INGO INSTERBURG

1 KOMM' DOCH MAL ZU MIR HER,
DENN ICH LIEB' DICH SO SEHR.
WARTEN, DAS FÄLLT MIR SCHWER.
NUN KOMM' SCHON HER!

2 DU BIST DOCH SCHNELL BEI MIR,
SCHNELLER ALS ICH BEI DIR.
KOMM' NUR ICH WARTE HIER.
KOMM' SCHON ZU MIR!

KOMM' SCHON, ICH WARTE HIER!
NEIN, KOMM' DOCH DU ZU MIR!
[VON VORN WIEDERHOLEN]

ZW. 1 2

3 ENDLICH SIND WIR BEISAMM',
LIEBEN UNS NUN ZUSAMM'.
DENN ICH GING HIN ZU DIR
UND DU KAMST ZU MIR.

23.0 24.1.05 23.29 0.01 UHR

123

ABL 1 2 ZW 1 1 2 ZW 2 3 NSP TAKTE 5–8

A-dur MÄNNLICH GESUNGEN

Des-dur WEIBLICH

B-dur BEIDE

A-dur

05 ABL ⇒ ABLAUF ZW ⇒ ZWISCHENSPIEL NSP ⇒ NACHSPIEL

BEIM SUCHEN MEINER BRILLE
BRAUCH' ICH OFT 'NE BRILLE.

4.8.05 0.19

SEIT JAHREN DA ZIEHT SICH NUN HIN SCHON GANZ LAHM
DER FERNSEHGERICHTLICHE KASPERLE KRAM.
ZUSAMM' GERAFFT
GESPENSTERHAFT
DER BÜRGER GAFFT.

4.8.05 2.03

DER KÖRPER TREIBT
DIE SEELE BLEIBT.
7.8.05 17.0

BIS HIER SIND ES 477 GEDICHTE

ELITE

WIE VOLLKOMMEN
SIND DIE FROMMEN
20.8.05 ca 22.00

WENN DER PAPST NICHT GLAUBT
DEN BERUF SICH RAUBT
DARUM ER AUCH GLAUBT
22.8.05 2.11 UHR

ICH KANN IN STERNEN LESEN
ICH BIN EIN WELTALL-WESEN
16.8.05 21.05 UHR

DURCH DEN DAUERLAUF
GIBST DU'S RAUCHEN AUF
19.8.05 22.59
»(GEÄNDERTE FASSUNG)«

WENN EIN PÄRCHEN SICH NICHT SCHÜTZT
UND DADURCH DIE KIRCHE STÜTZT
SPÄTER ABER KRANK WIRD DANN
IST DA SCHULD DER PAPST DARAN ???
21.8.05 17.00

DER NEUE PAPST SEGNET EIN KIND
DIE ANDREN UNGESEGNET SIND
DOCH SEGNET SIE DER FREIE WIND
24.8.05 18.30

1 2 [illegible] 3 [illegible] 4 5 6 7 8 9
GLEICHSEITIGE DREIECKE UM EINEN KREIS

HAST DU GESCHAFFT EINEN MARATHON-LAUF ∘ ZWEIUNDVIERZIG,195KM ∘
TUT SICH DIE TÜRE DES GLÜCKS FÜR DICH AUF
23.8.05 19.48

MEINE BESTZEIT VON 21 LÄUFEN
WASSER
URKUNDE 42,195km INGO INSTERBORG 3 Std 12 Min MÜNCHEN 2?.9.80

DER MENSCH IST SEHR EMPFINDLICH
PASS' IMMER AUF SEHR GRÜNDLICH!
24.8.05 22.31

LYRIK BLATT NR. 1

14 GEDICHTE

DER LIEBE HUND
IST OFT EIN GRUND
DAß MAN KANN SCHÖN
SPAZIERENGEH'N.
27.8.05 12,11 UHR

ES MACHT AN BÄUME MANCHES TIER
UND SAGT DAMIT: TJA, ICH WAR HIER!
MANCH' MENSCHEN IN DER CITY
MACHEN'S MIT GRAFITTI.
26.8.05 8.14

ALS
KIND
FAND ICH
'NEN STEIN
DER IST SEIT
LANGEM MEIN
WO WIRD ER
KLEIN UND FEIN
IN 1000 JAHREN SEIN
25.8.05 22.09

DIESER STEIN: GEFUNDEN AUF LANZAROTE AM 11.11.03 11.11 UHR

BERGABFAHREN GEHT LEICHT,
BERGAUF MAN LANGSAM SCHLEICHT.
31.8.05 2.09

NUR MIT GESCHNAUF
GEHT ES BERGAUF.
31.8.05 2.58

GEBURTSTAG HAT KOLLEGE GOETHE
HEUT' AN DIESEM SCHÖNEN TAG
SPIEL' IHM EIN STÄNDCHEN AUF DER FLÖTE
WEIL ICH DEN KOLLEGEN MAG 2.32 UHR

UND SING' DAS LIED VOM "RÖSLEIN ROT"
TRINK' ROTWEIN UND ESS' KÄSEBROT
UND BIS ZUR ABENDRÖTE
DENK' ICH DANN AN GOETHE 2.56 UHR

28. AUGUST 2005

1749 – 1832

BISHER SIND ES 491 GEDICHTE

MIN 2.20

MARATHON-LIED

ELITE

INGO INSTERBURG 1983

R

Es flitzen die Marathonläufer
über'n Asphalt der jubelnden Stadt.
Und manch Raucher und manch Säufer
große Achtung vor ihnen hat.
Und die Hemden sind genäßt vom Schweiße,
denn sie schwitzen vom Kopfe bis zum Steiße.
Ja, der Marathonläufer schwitzt sich frei
von Cadmium und Blei.

1

Manche machen Witze, manche sind geladen,
andere die pflegen 'nen gemütlichen Plausch.
Manche kriegen einen - aua - Krampf in den Waden,
manche leiden schon am Geschwindigkeitsrausch.
Manche müssen eilig in die Büsche,
doch mitten in der Stadt, wo find't man da 'ne Nische,
ja das Größte da schwören alle drauf,
das ist der Marathonlauf. Es keuchen die ...

2

Zweiundvierzig-Komma-eins-neun-fünf Kilometer
bei Hitze, Kälte, Regen, Hagel, Schnee oder Wind.
Das Ziel erreichen viele, früher oder später,
wenn auch manche mit der U-Bahn 'n Stück gefahren sin
Und gesiegt hat, wer als Erster durch's Ziel wetzte,
doch gefeiert wird auch noch der Allerletzte.
Ja das Größte da schwören alle drauf,
das ist der Marathonlauf. Es kriechen die ...

ABL → R (FLITZEN) → 1 → R (KEUCHEN) → 2 → R (KRIECHEN)

ABL ⇒ ABLAUF R ⇒ REFRAIN

LAUFEN IST GESUND
DRUM LÄUFT AUCH JEDER HU
1.9.05

LYRIK BLATT NR. 2 1 LIED 1 GEDICHT

→ 2. FASSUNG: LAUFEN IST GESUND –
ES LÄUFT DER DÜMMSTE HUND.
1.9.05 15.55 7705

Das liebe Liebeslied

MIN 1.30

INGO INSTERBURG
14193 BERLIN
14.3.05
2.28 UHR

A
Ach, die Liebe ist schön
und sie kann schnell vergehn
tausendmal wird es gut
dann verlischt schon die Glut

B
Tag für Tag ist zu viel
da erlahmt das Gefühl
wöchentlich wenn man kann
Silberhochzeit ist dann

A
Ach, die Liebe ist schön
und sie kann schnell vergehn
tausendmal wird es gut
dann verlischt schon die Glut

C
Doch wer wartet und spart
sich das Schönste bewahrt
Gold'ne Hochzeit ist dann
endlich für Frau und Mann

D
Ach, die Liebe ist schön
und sie kann schnell vergehn
tausendmal wird es gut
dann verlischt schon die Glut

14. MÄRZ 2005 — 1.10 – 2.07 UHR

1000 mal

MELODIE 1957 GITARRE — Am

EIN VOLKSLIED ETWAS SCHÖNES
DOCH VIELE MACHEN DARAUS MIS
3.9.05

DAS LIEBE LIEBESLIED
MIN 1.30
ELITE-LYRIK
BLATT NR. 3
1 LIED 1 GEDICHT
A EINLEITUNG A SUMMEN
Am Dm G C Am
U.S.W. ...
E7 Am E7
B
Am E7 Am
A
Dm G C Am E7
Am Dm G C
C
F G C Am Dm G
D
C Am E7 Am
1957
MIT DIESER MELODIE PROBIERE ICH NEUE GITARREN AUS

SO MANCHE FRAU IN DER SCHWANGERSCHAFT
WHYSKY TRINKT STATT APFELSAFT.
DER EMBRYO IN ALLER STILLE
DER HAT DANN AUCH FAST ZWEI PROMILLE.

ca 2004

ZEIG' DEINEN KINDERN DIE NIEDLICHEN KÄLBER
DASS SIE DEN URSPRUNG DES KALBSFLEISCHS SEHN SELBER

31.8.05 8.17 UHR

500

ELITE

MANCHES GEDICHT
IST NICHT GANZ DICHT
DANN LIES ES NICHT !!!

1.9.05 1.57 UHR

'NEN ZWEIZEILER ZU STELLEN HER,
DAS IST MANCHMAL GANZ SCHÖN SCHWER,
DENN DAS ENDE SOLL RECHT FEIN
AUCH DAZU NOCH LUSTIG SEIN.
BEIM VIEL- UND MEHRZEILER DAGEGEN
MUß ICH NICHT LANG ÜBERLEGEN.

1.9.05 [AUF DEM MOUNTAIN-BIKE] 14.51

DIES IST DAS 500. GED. ...

1. SEPTEMBER 2004 bis 1.9.05

Ein Jahr lang hab' ich nun gedichtet
und bunt gemalt und viel berichtet
aus dieser Welt von groß und klein
sehr viel, – nun laß ich's erst mal sein.

1. SEPTEMBER 2005 0.07

ICH BIN VERWUNDERT:
ES SIND 500!

0.09

BIS HIER SIND 500

1. SEPT 2004 – 1. SEPT 2005

DIE ZIGARETTEN WERDEN TEUER,
FAST JEDEN TAG EIN PREIS EIN NEUER.
DAS IST FÜR RAUCHER GAR NICHT HEITER,
SIE RAUCHEN TROTZDEM IMMER WEITER.

DOCH DIE CHIRURGEN DIESER WELT
VERDIENEN DADURCH SEHR VIEL GELD.
SIE WERDEN ALLE REICHE SCHWEINE
DURCH'S ABSÄGEN DER RAUCHER-BEINE.

ca 2002

LYRIK BLATT NR. 4

6 GEDICHTE

PLATZ FÜR IHRE EIGENENS GEDICHTE:

[AM BESTEN EINKLEBEN]

NAME DER DICHTERIN:

NAME DES DICHTERS:

DATUM:

UHRZEIT:

ORT:

MIT DIESER SCHREIBMASCHINE VON 1971 HABE ICH DIESES BUCH GESCHRIEBEN. SIE IST VERGOLDET.

INGO INSTERBURG 28. JULI 2005 2.18 UHR
14193 BERLIN

SEITE 703
HERZLICHEN GLÜCKWUNSCH!
SIE HABEN ES GESCHAFFT!
INGO INST ERBORG
DIE ERSTEN
23466 TAGE
MEINES LEBENS
DICHTUNG WAHRHR
DIES IST DIE LETZTE SEITE DIESES
DICKEN BUCHES!
WUNDERBAR!
WUNDERSCHÖN!
WUNDERSAM!
WUNDERVOLL!
WUNDERLICH!
ENDE